Platon | Nomoi

Platon

Nomoi

Aus dem Griechischen übersetzt
von Klaus Schöpsdau
Mit Anmerkungen, Literaturhinweisen
und Nachwort versehen von Michael Erler

Reclam

RECLAMS UNIVERSAL-BIBLIOTHEK Nr. 19355
2019 Philipp Reclam jun. GmbH & Co. KG
Siemensstraße 32, 71254 Ditzingen

Gestaltung: Cornelia Feyll, Friedrich Forssman
Druck und Bindung: Kösel GmbH & Co. KG,
Am Buchweg 1, 87452 Altusried-Krugzell
Printed in Germany 2019
RECLAM, UNIVERSAL-BIBLIOTHEK und
RECLAMS UNIVERSAL-BIBLIOTHEK sind eingetragene Marken
der Philipp Reclam jun. GmbH & Co. KG, Stuttgart
ISBN 978-3-15-019355-6
www.reclam.de

Erstes Buch

Ein Fremder aus Athen. Kleinias, ein Kreter. Megillos, ein Lakedaimonier.

[624a] ATH. Ist es ein Gott oder irgendein Mensch, ihr Gastfreunde, dem ihr den Ursprung eurer Gesetzgebung zuschreibt?

KL. Ein Gott, Fremder, ein Gott, wie man gerechterweise sagen muss: Bei uns Zeus, bei den Lakedaimoniern aber, von wo unser Freund da herkommt, sagen sie, glaube ich, es sei Apollon. Nicht wahr?

MEG. Ja.

ATH. Dann behauptest du also mit Homer, dass sich Minos jeweils [b] alle neun Jahre zu einer Zusammenkunft mit seinem Vater begeben und nach dessen Weisungen euren Städten ihre Gesetze aufgestellt hat?

KL. Ja, so erzählt man bei uns; und auch, dass sein Bruder Rhadamanthys – den Namen habt ihr ja schon gehört – überaus gerecht [625a] gewesen sei. Dieser soll – so behaupten jedenfalls wir Kreter – dadurch, dass er damals das Gerichtswesen in der rechten Weise regelte, eben diesen Ruhm erlangt haben.

ATH. Wahrlich ein schöner Ruhm, wie er einem Sohn des Zeus auch ganz angemessen ist! Da nun aber ihr beide, du und unser Freund hier, in einer durch solche Gesetze geregelten Lebensweise aufgewachsen seid, so wird es euch vermutlich nicht unlieb sein, wenn wir uns jetzt über Staatsverfassung und Gesetze unterhalten, indem wir auf unserer [b] Wanderung abwechselnd reden und zuhören. Der Weg von Knossos zur Grotte und zum Heiligtum des

Zeus ist ja, wie wir hören, dafür gewiss lang genug, und es gibt längs des Weges, wie es sich bei dieser drückenden Hitze gehört, schattige Ruheplätze unter den hohen Bäumen; und unserm Alter wird es wohl angemessen sein, dort öfters auszuruhen und, indem wir uns durch Gespräche aufmuntern, den ganzen Weg in aller Bequemlichkeit zurückzulegen.

KL. In der Tat, Fremder, gibt es, wenn man weitergeht, in den Hainen [c] Zypressen von wunderbarer Höhe und Schönheit und auch Wiesen, wo wir uns ausruhen und verweilen können.

ATH. Ein guter Vorschlag.

KL. Gewiss; wenn wir sie aber erst gesehen haben, werden wir dies noch mehr sagen. Doch lasst uns nun gehen in der Hoffnung auf gutes Gelingen.

ATH. Das wollen wir. Und so sage mir denn: Zu welchem Zweck hat euch das Gesetz die gemeinsamen Mahlzeiten und die Gymnastik und die Art eurer Bewaffnung vorgeschrieben?

KL. Ich glaube, Fremder, unsere Einrichtungen sind wirklich für jeden leicht zu begreifen. Ihr seht ja die Beschaffenheit des gesamten [d] kretischen Landes, dass es keine Ebene ist wie das Land der Thessalier, weshalb sich auch diese mehr der Pferde bedienen, während wir uns ans Laufen halten; denn das Land hier ist im Gegenteil uneben und eher geeignet, um sich im Laufen zu Fuß zu üben. Unter solchen Bedingungen muss man daher leichte Waffen besitzen und darf nicht mit schwerer Belastung laufen; und so erscheint die Leichtigkeit von Bogen und Pfeilen ganz zweckmäßig. Dies alles nun ist bei uns auf den Krieg hin [e] ausgerichtet, und der Gesetzgeber hat, wie mir scheint, alles im Hinblick darauf angeordnet; denn auch die gemeinsamen Mahlzeiten hat er offenbar deswegen eingerichtet, weil er sah, dass alle, wenn sie ins Feld ziehen, dann durch das Unternehmen selbst genötigt werden, zur eigenen Sicherheit während dieser Zeit gemeinsam zu speisen. Damit hat er also, scheint mir, das Urteil über den Unverstand der großen Masse gesprochen, die nämlich nicht begreift, dass stets ein lebenslanger gegenseitiger Krieg zwischen allen Städten herrscht. Wenn es nun im Kriegsfall erforderlich ist, dass man aus Sicherheitsgründen gemeinsam [626a] isst und bestimmte Anführer und Untergebene als Wachen eingeteilt sind, dann muss man das auch im Frieden tun. Denn was die meisten Menschen Frieden nennen, das sei ein bloßes Wort; in Wirklichkeit befänden sich von Natur aus alle Städte mit allen Städten ständig in einem Krieg ohne Kriegserklärung. Und wenn du es so betrachtest, wirst du finden, dass der Gesetzgeber der Kreter fast alle gesetzlichen Bestimmungen für unser öffentliches und privates Leben mit Blick auf den Krieg getroffen hat und dass er uns aus diesem Grund auch die Gesetze gegeben und [b] ihre Einhaltung aufgetragen hat, weil nichts anderes, kein Besitz und keine Einrichtung, irgend etwas nütze, wenn man eben nicht im Krieg der Stärkere bleibe; vielmehr würden alle Güter der Besiegten den Siegern zufallen.

ATH. Recht gut, Gastfreund, scheinst du mir darin geübt, die Gesetze und Bräuche der Kreter zu durchschauen. Doch erkläre mir Folgendes noch deutlicher. Denn mit der Definition, die du für eine gut eingerichtete Stadt aufgestellt hast, willst du offenbar sagen, sie müsse so [c] eingerichtet sein und verwaltet werden, dass sie im Krieg die andern Städte besiegt.

KL. Allerdings; und ich glaube, auch unserm Freund hier scheint dies so.

MEG. Wie könnte denn, du Göttlicher, ein Lakedaimonier darauf eine andere Antwort geben?

ATH. Ist denn dies nun zwar für Städte gegen Städte richtig, für Dorf gegen Dorf dagegen etwas anderes?

KL. Keineswegs.

ATH. Sondern dasselbe?

KL. Ja.

ATH. Und weiter: Gilt für Haus gegen Haus innerhalb des Dorfes und für einen einzelnen Mann gegen einen andern Mann auch noch dasselbe?

KL. Dasselbe.

[d] ATH. Soll man aber auch selber gegen sich selbst wie ein Feind gegen einen Feind gesinnt sein? Oder was sagen wir nunmehr?

KL. Lieber Fremder aus Athen – denn als einen Mann aus Attika möchte ich dich nicht anreden; mir scheint nämlich, du verdienst eher, mit dem Namen der Göttin angeredet zu werden; denn du hast meine Rede richtig auf ihren letzten Grund zurückgeführt und dadurch verständlicher gemacht, so dass du umso leichter entdecken wirst, dass wir eben zu Recht behauptet haben, dass alle mit allen im staatlichen Bereich verfeindet seien und im persönlichen Bereich jeder einzelne mit sich selbst.

[e] ATH. Wie hast du das gemeint, mein erstaunlicher Freund?

KL. Auch hier, Fremder, ist sich selbst zu besiegen von allen Siegen der erste und der beste, sich selbst zu unterliegen aber das Allerschimpflichste und zugleich Allerschlimmste. Das deutet nämlich darauf hin, dass in jedem von uns ein Krieg gegen uns selbst herrscht.

ATH. Wir wollen also unseren Gedankengang umkehren. Wenn nämlich jeweils der eine von uns sich selbst überlegen, der andere sich selbst [627a] unterlegen ist, sollen wir da behaupten, dass auch Haus und Dorf und Stadt diese selbe Eigenschaft in ihrem Innern aufweisen, oder nicht?

KL. Dass das eine sich selbst überlegen ist, meinst du, und das andere sich selbst unterlegen?

ATH. Ja.

KL. Auch diese Frage hast du mit gutem Grund gestellt. Denn ganz gewiss kommt so etwas vor, und nicht zuletzt in den Städten. Von der Stadt nämlich, in der die Besseren die Masse und die Schlechteren besiegen, kann man wohl zutreffend sagen, dass sie sich selbst überlegen sei, und ganz zu Recht würde man sie wegen eines solchen Sieges preisen; im entgegengesetzten Fall aber gilt das Gegenteil.

[b] ATH. Die Frage nun, ob überhaupt jemals das Schlechtere dem Besseren überlegen ist, wollen wir auf sich beruhen lassen; denn sie würde eine längere Untersuchung erfordern. Was du aber jetzt sagst, begreife ich: dass bisweilen Bürger, verwandt und derselben Stadt entstammend, sich in ungerechter Absicht und in großer Zahl zusammentun und die minder zahlreichen Gerechten überwältigen und versklaven wollen und dass diese Stadt, wenn sie die Oberhand gewinnen, mit Recht als sich selbst unterlegen und schlecht bezeichnet werden könnte, wo sie aber unterliegen, als überlegen und gut.

[c] KL. Recht seltsam, Fremder, klingt diese Behauptung; aber dennoch kann man nicht umhin, ihr zuzustimmen.

ATH. Doch halt. Auch Folgendes wollen wir noch einmal

betrachten. Es könnten doch viele Brüder als Söhne eines Vaters und einer Mutter geboren werden, und so wäre es nicht zu verwundern, wenn die Mehrzahl von ihnen ungerecht und die Minderheit gerecht wäre.

KL. Gewiss nicht.

ATH. Und für mich und euch würde es sich wohl kaum schicken, dem weiter nachzuspüren, dass man bei einem Sieg der Schlechten das Haus und die ganze Sippe als sich selbst unterlegen bezeichnen könnte, [d] dagegen als überlegen, wenn jene unterliegen. Denn nicht im Hinblick auf die Angemessenheit oder Unangemessenheit von bloßen Wörtern prüfen wir gegenwärtig die Ausdrucksweise der großen Menge, sondern im Hinblick auf die Richtigkeit oder Fehlerhaftigkeit von Gesetzen, um zu erkennen, worin diese von Natur aus besteht.

KL. Was du da sagst, Fremder, ist völlig richtig.

MEG. Ja, wirklich schön, wie auch mir, so weit wenigstens, jetzt scheint.

ATH. Wir wollen auch noch Folgendes betrachten. Die eben erwähnten Brüder können doch einen Richter finden?

KL. Gewiss.

ATH. Welcher Richter wäre nun der bessere: derjenige, der alle [e] Schlechten unter ihnen beseitigen und den Besseren befehlen würde, über sich selbst zu herrschen, oder derjenige, der es fertig brächte, dass die Rechtschaffenen herrschen und die Schlechten, nachdem er sie am Leben ließ, sich freiwillig der Herrschaft fügen? Aber vielleicht sollten wir noch einen dritten Richter der Tüchtigkeit nach einführen, sofern es einen solchen gäbe, der, wenn er eine entzweite Sippe übernähme, [628a] niemanden beseitigen, sondern sie miteinander aussöhnen würde und ihnen für die Zukunft Gesetze gäbe und so dafür Vorsorge zu treffen verstünde, dass sie untereinander Freunde bleiben?

KL. Weitaus besser wäre wohl ein solcher Richter und Gesetzgeber.

ATH. Und doch hätte er gerade das Gegenteil von Krieg im Auge, wenn er ihnen seine Gesetze gäbe.

KL. Das ist allerdings wahr.

ATH. Wie steht es nun mit einem, der die Stadt zu einem einheitlichen Gefüge machen will? Würde er das Leben der Stadt mehr mit Blick auf den auswärtigen Krieg regeln oder mit Blick auf den jeweils im Innern [b] der Stadt ausbrechenden Krieg, den man bekanntlich Bürgerkrieg nennt? Gerade von ihm wünscht allerdings jedermann, dass er in seiner Stadt niemals ausbrechen möge, und wenn er doch ausgebrochen ist, dass er möglichst rasch wieder beseitigt werde.

KL. Natürlich mit Blick auf Letzteren.

ATH. Was würde nun jemand lieber wollen: dass der Friede beim Bürgerkrieg durch Vernichtung der einen Partei und Sieg der anderen zustande kommt oder dass Freundschaft und Friede durch eine Aussöhnung entsteht und man erst danach, wenn es nötig sein sollte, seine [c] Aufmerksamkeit den äußeren Feinden zuwendet?

KL. Jeder würde wohl wünschen, dass lieber dies als jenes in seiner Stadt geschieht.

ATH. Also auch der Gesetzgeber ebenso?

KL. Gewiss.

ATH. Nun erlässt doch jedermann seine gesetzlichen Anordnungen alle um des Besten willen?

KL. Natürlich.

ATH. Das Beste ist aber nicht der Krieg noch der Bürgerkrieg – man muss vielmehr darum beten, dass man ihn nicht nötig hat –, sondern gegenseitiger Friede und Freundschaft. Und so gehört denn auch, wie [d] es scheint, der Sieg der Stadt über sich selbst nicht zu dem Besten, sondern zu dem Notgedrungenen. Das ist so, wie wenn jemand meinen wollte, ein kranker Leib, der sich einer ärztlichen Purgierung unterzog, befinde sich dann im besten Zustand, während er einem Leib, der eine solche überhaupt nicht nötig hatte, keinerlei Beachtung schenken würde; ebenso würde wohl auch jemand, der gegenüber dem Glück einer Stadt oder auch eines Einzelnen eine solche Einstellung hätte, niemals ein wirklicher Staatsmann werden, wenn er nämlich sein Augenmerk allein und zuerst auf die auswärtigen Kriege richten würde, und auch nie ein Gesetzgeber im strengen Sinn, wenn er nicht lieber die kriegerischen Anordnungen um des Friedens willen als die friedlichen um des Krieges [e] willen träfe.

KL. Diese Behauptung scheint zwar irgendwie richtig zu sein, Fremder; doch würde es mich wundern, wenn die gesetzlichen Einrichtungen bei uns und auch die in Lakedaimon nicht all ihr Bemühen auf Letzteren gerichtet hätten.

[629a] ATH. Vielleicht ist es so. Doch dürfen wir jetzt nicht selber in einen harten Streit miteinander geraten, sondern müssen in aller Ruhe unsere Fragen stellen, als ob sowohl wir wie jene ihr Bemühen vor allem hierauf gerichtet hätten. Und so folgt mit mir dem Gang der Untersuchung. Unser Führer hierbei soll Tyrtaios sein, ein gebürtiger Athener, der aber Mitbürger der Lakedaimonier wurde; er hat ja von allen Menschen hierauf den größten Wert gelegt, indem er sagte: »Niemals würd' ich erwähnen den

Mann und nie ihn beachten«, [b] auch wenn er der reichste von allen Menschen wäre, fährt er fort, oder viele Vorzüge besäße (die er dabei fast alle aufzählt), der sich nicht im Krieg stets als der Beste erwiese. Diese Verse hast doch auch du schon gehört, denn unser Freund hier kennt sie, glaube ich, bis zum Überdruss.

MEG. Ja, allerdings.

KL. In der Tat sind sie von Lakedaimon auch zu uns herübergelangt.

ATH. Wohlan denn, so wollen wir gemeinsam diesen Dichter etwa folgendermaßen befragen: »Tyrtaios, du göttlichster Dichter – du [c] scheinst uns nämlich ein kluger und tüchtiger Mann zu sein, weil du die, die sich im Krieg auszeichnen, auch in ausgezeichnetem Maße gepriesen hast –, darin sind wir, ich und dieser hier und Kleinias aus Knossos, mit dir bereits ganz einig, wie wir glauben; ob es aber dieselben Männer sind, von denen wir sprechen, oder nicht, das möchten wir genau wissen. Darum sage uns: Nimmst auch du ganz klar zwei Arten von Krieg an wie wir? Oder wie?« Hierauf würde, glaube ich, selbst ein [d] viel unbedeutenderer Mann als Tyrtaios das Richtige erwidern, dass er nämlich zwei Arten annehme, die eine, die wir alle Bürgerkrieg nennen, was ja von allen Kriegen der schlimmste ist, wie wir eben sagten; als die zweite Art des Krieges aber werden wir alle, glaube ich, denjenigen ansetzen, den wir bei Streitigkeiten gegen auswärtige und fremde Völker führen und der viel harmloser als jener ist.

KL. Ohne Zweifel.

ATH. »Nun, welche Männer und welche der beiden Arten des Krieges hattest du denn bei deinem Lob vor Augen, dass du sie so überschwenglich gepriesen, die andern aber getadelt hast? Offensichtlich doch den Krieg gegen die auswärtigen Feinde; jedenfalls hast du in deinen [e] Gedichten erklärt, du könntest solche Leute auf keinen Fall ertragen, die es nicht über sich brächten, ›das blutige Morden zu schauen, / und sich dicht an den Feind drängten voll Kampfesbegier‹.« Würden wir darauf nicht sagen: »Du, Tyrtaios, lobst offensichtlich vor allem diejenigen, die sich in einem fremden und auswärtigen Krieg auszeichnen.« Würde er das wohl bejahen und uns zustimmen?

KL. Sicherlich.

[630a] ATH. Wir aber behaupten, obwohl dies treffliche Männer sind, dass diejenigen sogar noch viel trefflicher sind, die sich in dem größten Krieg als die Vortrefflichsten hervortun. Einen Dichter haben aber auch wir zum Zeugen, den Theognis, einen Mitbürger der Megarer in Sizilien, welcher sagt: »Sein Gewicht, o Kyrnos, ist wert in Gold und in Silber / ein verlässlicher Mann, wenn der Parteienkampf tobt.« Von diesem nun behaupten wir, dass er sich in einem schrecklicheren Krieg um sehr vieles trefflicher erweist als jener, und zwar etwa um so [b] viel, wie Gerechtigkeit und Besonnenheit und Einsicht vereint mit Tapferkeit vortrefflicher sind als die bloße Tapferkeit allein. Denn verlässlich und lauter wird er sich bei Parteikämpfen wohl niemals erweisen können ohne die gesamte Tugend; Leute aber, welche »fest auf die Füße gestemmt« und kämpfend zu sterben bereit sind in dem Krieg, von dem Tyrtaios spricht, gibt es unter den Söldnern sehr viele, von denen die meisten verwegen, ungerecht und übermütig und fast die unvernünftigsten von allen Menschen sind, ausgenommen nur einige ganz wenige. Wohin zielt denn nun diese Rede, und was will sie uns mit dieser [c] Feststellung deut-

lich machen? Offenbar doch dies: Mehr als jeder andere wird auch der hiesige Gesetzgeber und überhaupt jeder, der nur etwas taugt, seinen Blick stets auf nichts anderes als hauptsächlich auf die größte Tugend richten, wenn er seine Gesetze gibt. Dies ist aber, wie Theognis sagt, die Verlässlichkeit in der Gefahr, die man auch vollkommene Gerechtigkeit nennen könnte. Die Tugend aber, die Tyrtaios am meisten gepriesen hat, ist zwar schön und auch vom Dichter angemessen verherrlicht worden; nach der Reihenfolge und der Bedeutung ihres [d] Wertes jedoch kann sie mit vollen Recht nur als die vierte bezeichnet werden.

KL. Aber damit, Fremder, verbannen wir ja unsern Gesetzgeber auf einen hinteren Rang unter den Gesetzgebern!

ATH. Nicht ihn, mein Bester, sondern uns selbst, wenn wir glauben, dass Lykurg und Minos alle gesetzlichen Anordnungen in Lakedaimon und hierzulande hauptsächlich im Hinblick auf den Krieg getroffen hätten.

KL. Aber wie hätten wir denn sonst sagen sollen?

ATH. Wie es die Wahrheit, meine ich, und die Gerechtigkeit bei einer [e] Unterhaltung über eine göttliche Gesetzgebung erfordert, hätten wir sagen müssen, dass der Gesetzgeber nicht mit Blick auf irgendeinen Teil der Tugend, und noch dazu den unbedeutendsten, seine Anordnungen getroffen hat, sondern mit Blick auf die gesamte Tugend; und ihre Gesetze müssen wir nach Gattungen untersuchen, jedoch nicht nach denen, die sich die Leute heutzutage bei ihrer Untersuchung vornehmen: Denn was einer jeweils gerade braucht, das nimmt sich heute jeder bei der Untersuchung vor, der eine die Bestimmungen über Erbschaften und Erbtöchter, ein anderer die über Misshandlungen und wieder andere tausenderlei anderes in dieser Art. Wir aber behaupten, dass eine [631a] Untersuchung von Gesetzen, wenn man sie richtig durchführt, so vor sich geht, wie wir sie jetzt begonnen haben. Und dein Vorgehen bei der Erklärung der Gesetze bewundere ich durchaus; denn von der Tugend auszugehen, indem man behauptet, dass der Gesetzgeber ihretwegen seine Gesetze gegeben hat, das ist richtig. Dass aber du gesagt hast, er habe sie alle nur im Hinblick auf einen Teil der Tugend, und dazu noch den kleinsten, gegeben, diese deine Behauptung erschien mir nicht mehr richtig, und deswegen habe ich die ganze darauf folgende Überlegung vorgetragen. Welches ist nun die Einteilung, der du bei deinen Darlegungen hättest [b] folgen sollen und die ich mir als Zuhörer gewünscht hätte? Willst du, dass ich es dir sage?

KL. Unbedingt.

ATH. »Lieber Fremder«, hättest du sagen müssen, »die Gesetze der Kreter genießen nicht ohne Grund unter allen Hellenen einen besonders guten Ruf; denn sie sind richtig, weil sie diejenigen, die nach ihnen leben, glücklich machen. Denn sie verschaffen ihnen alle Güter. Güter aber gibt es von zweierlei Art, die einen sind menschlich, die andern göttlich; von den göttlichen aber sind die andern abhängig, und wenn eine Stadt die größeren bei sich aufnimmt, so erwirbt sie auch die [c] kleineren; wenn nicht, so büßt sie beide ein. Die kleineren Güter sind nun diejenigen, an deren Spitze die Gesundheit steht, während die Schönheit das zweite ist, das dritte die Kraft zum Laufen und zu all den anderen körperlichen Bewegungen, das vierte der Reichtum, nicht ein blinder, sondern ein scharfsichtiger, sofern er mit der Einsicht zusammengeht. Diese ist nun andererseits das erste Gut, das die göttlichen Güter anführt, die Einsicht nämlich; das zweite ist die mit Vernunft verbundene besonnene Haltung der Seele; aus diesen, wenn sie mit Tapferkeit vermischt sind, ergibt sich als drittes wohl die Gerechtigkeit; das vierte aber [d] ist die Tapferkeit. Diese Güter sind sämtlich von Natur aus jenen andern übergeordnet, und daher muss sie auch der Gesetzgeber dementsprechend anordnen. Hierauf muss er den Bürgern einschärfen, dass auch die andern ihnen gegebenen Verordnungen auf diese Güter hinzielen und dass von diesen die menschlichen Güter auf die göttlichen, die göttlichen insgesamt aber auf die Vernunft als Führerin hinblicken. Und über die untereinander eingegangenen Ehen, danach bei der Erzeugung und Aufzucht [e] der Kinder, der männlichen wie der weiblichen, sowohl wenn sie noch jung sind als auch wenn sie in den Jahren fortschreiten bis ins Greisenalter, muss er die Aufsicht führen, indem er in der rechten Weise Ehren zuerkennt oder entzieht; bei allen Formen ihres Zusammenlebens muss er ihre Schmerz- und Lustempfindungen, ihre Begierden und die [632a] Bestrebungen all ihrer Leidenschaften beobachten und überwachen und sie durch eben die Gesetze in der rechten Weise tadeln oder loben; bei den Regungen des Zornes andrerseits und der Furcht, bei allen Erschütterungen, die durch Unglück in den Seelen ausgelöst werden, sowie bei der Befreiung von diesen in glücklichen Lagen und bei allen Empfindungen, die bei Krankheiten oder bei Kriegen oder bei Armut oder den diesen entgegengesetzten Zuständen die Menschen befallen, bei allem dem muss er darlegen und abgrenzen, was an der Gemütsverfassung der [b] Menschen jeweils schön ist und was nicht. Danach muss der Gesetzgeber den Erwerb der Bürger und ihre Ausgaben beaufsichtigen, in welcher Weise beides erfolgt, sowie die gegenseitig von all diesen Bürgern freiwillig oder unfreiwillig eingegangenen Verbindungen und Auflösungen überwachen, auf welche Weise sie jeweils derartige Geschäfte miteinander tätigen und bei welchen das, was gerecht ist und was nicht, beachtet und bei welchen es vernachlässigt wird; und denen, die den Gesetzen gehorchen, muss er Ehren zuerkennen, den Ungehorsamen aber [c] bestimmte Strafen auferlegen, bis er schließlich, wenn er an das Ende der ganzen Staatseinrichtung gelangt ist, erkennt, wie die Bestattung der Verstorbenen jeweils durchzuführen ist und welche Ehren ihnen zu erweisen sind. Hat er dies erkannt, wird der Gesetzgeber über das alles Wächter setzen, von denen die einen von Einsicht, die andern von wahrer Meinung geleitet werden, damit die Vernunft dies alles zusammenbindet und als der Besonnenheit und Gerechtigkeit dienlich erweist, [d] nicht aber dem Reichtum oder der Ehrliebe.« So, ihr Gastfreunde, wollte ich und möchte es immer noch, hättet ihr darlegen sollen, inwiefern in den dem Zeus und in den dem pythischen Apollon zugeschriebenen Gesetzen, die Minos und Lykurg aufgestellt haben, dies alles enthalten ist und in welcher Weise es eine bestimmte Ordnung erhalten hat, die demjenigen ganz klar ist, der im Gesetzeswesen durch Sachkenntnis oder auch bloß eine Art Gewöhnung erfahren ist, während dies uns andern keineswegs deutlich ist.

KL. Wie also, Fremder, sollen wir nun unser Gespräch weiterführen?

ATH. Mir scheint, wir müssen wieder von Anfang an, wie wir bereits [e] begonnen hatten, zunächst die auf die

Tapferkeit zielenden Einrichtungen durchgehen; danach werden wir eine weitere und wieder eine weitere Art der Tugend durchgehen, wenn ihr wollt. Sobald wir aber die erste Art durchgegangen sind, wollen wir sie zum Muster nehmen und versuchen, auch die andern in dieser Weise durchzusprechen und uns so auf unserem Weg aufzumuntern. Nach der Behandlung der gesamten Tugend aber werden wir, so Gott will, zeigen, dass auch das, was wir eben erörtert haben, auf sie hinzielt.

[633a] MEG. Ein schöner Vorschlag; und so versuche denn zuerst, unsern Fürsprecher des Zeus hier zu prüfen.

ATH. Das will ich versuchen, und zugleich auch dich und mich; denn diese Untersuchung geht uns gemeinsam an. Sagt also: Die gemeinsamen Mahlzeiten und die Gymnastik sind doch nach unserer Ansicht vom Gesetzgeber mit Blick auf den Krieg ausgedacht worden?

MEG. Ja.

ATH. Und als Drittes oder Viertes? Denn vielleicht brauchen wir eine solche Aufzählung auch bei den Teilen der übrigen Tugend oder wie man sie sonst zu bezeichnen hat, wenn man nur klar macht, was man damit meint.

[b] MEG. Als Drittes also, würde ich und jeder Lakedaimonier sagen, hat er die Jagd erdacht.

ATH. Versuchen wir doch noch ein Viertes, oder wenn wenn wir können, ein Fünftes anzuführen!

MEG. Nun, so möchte ich auch noch das Vierte anzugeben versuchen, nämlich die Abhärtung gegenüber den Schmerzen, wie sie vielfach bei uns geübt wird, sowohl bei den gegeneinander ausgefochtenen Faustkämpfen als auch bei gewissen Räubereien, die jedesmal mit allerhand Schlägen verbunden sind. Ferner gibt es noch eine sogenannte

Krypteia, [c] die mit ihren vielen Strapazen wunderbar zur Abhärtung beiträgt, mit Barfußgehen im Winter und Schlafen auf nacktem Boden und mit Handreichungen, die man sich ohne Diener selbst erweisen muss, während man nachts im ganzen Land herumstreift und auch am Tag. Ferner finden auch bei den Gymnopaidien schreckliche Abhärtungen statt, indem man mit der Gewalt der Hitze zu kämpfen hat, und noch vieles andere in solcher Zahl, dass man fast nicht damit fertig würde, es einzeln durchzugehen.

ATH. Gut gesprochen, Fremder aus Lakedaimon. Doch sag: Was sollen wir unter der Tapferkeit verstehen? Etwa so ganz einfach das Ankämpfen [d] bloß gegen Furchtgefühle und Schmerzen oder auch gegen Sehnsüchte und Lustgefühle und gegen manche gefährlichen schmeichelnden Verlockungen, die das Herz selbst derer, die sich darüber erhaben dünken, zu Wachs werden lassen⟨, oder gegen das alles zusammen⟩?

MEG. Ja, das glaube ich: gegen das alles zusammen.

ATH. Wenn wir uns nun an unser Gespräch vorhin erinnern, so sagte unser Freund hier sowohl von einer Stadt wie auch von einem Mann, dass manch einer sich selbst unterlegen sei. Nicht wahr, Fremder aus Knossos?

KL. Ganz recht.

[e] ATH. Wollen wir jetzt also den, der dem Schmerz unterliegt, für feige erklären oder auch den, der der Lust unterlegen ist?

KL. Eher denjenigen, scheint mir, der der Lust unterlegen ist. Und wir alle erklären doch wohl eher diesen von der Lust Überwältigten für schmählich sich selbst unterlegen als den vom Schmerz Überwältigten.

[634a] ATH. Der Gesetzgeber des Zeus und der pythische Gesetzgeber haben nun aber doch gewiss keine hinkende Tapferkeit durch ihre Gesetze verordnet, die nur nach der linken Seite hin widerstandsfähig ist, während sie nach der rechten und reizenden und verlockenden Seite hin kraftlos ist. Oder nicht vielmehr nach beiden Seiten?

KL. Nach beiden, behaupte ich.

ATH. Wir wollen also wiederum angeben, welche Einrichtungen es in euren beiden Städten gibt, die von der Lust kosten lassen und nicht vor ihr fliehen, wie sie auch vor den Schmerzen nicht geflohen sind, sondern mitten in sie hineingeführt und dazu gezwungen und durch Ehrungen [b] dazu überredet haben, sie zu bemeistern: Wo ist also das Gleiche bezüglich der Lust in den Gesetzen angeordnet? Es soll angegeben werden, was das ist, das bei euch dieselben Männer ebenso wie gegen die Schmerzen auch gegen die Lust tapfer macht, so dass sie besiegen, was man besiegen muss, und auf keinen Fall ihren nächsten und gefährlichsten Feinden unterliegen.

MEG. So freilich, Fremder, wie ich viele gegen die Schmerzen aufgestellte Gesetze anzugeben wusste, werde ich wohl bei der Lust dazu nicht [c] in der Lage sein, soweit es um bedeutende und auffallende Beispiele geht; mit unbedeutenden könnte ich vielleicht aufwarten.

KL. In der Tat, auch ich wüsste nicht in den Gesetzen von Kreta so etwas in gleicher Weise aufzuzeigen.

ATH. Ihr besten Freunde, das ist auch gar nicht zu verwundern. Hat aber einer von uns jeweils an den Gesetzen seiner Heimat etwas zu bemängeln, weil er das Wahre und zugleich Beste zu erkennen trachtet, so wollen wir das nicht ärgerlich, sondern freundlich voneinander hinnehmen.

KL. Du hast recht, Fremder aus Athen, und wir wollen deinen Worten gehorchen.

[d] ATH. Denn für Männer unseres Alters, Kleinias, würde sich so etwas doch nicht schicken.

KL. Gewiss nicht.

ATH. Ob allerdings jemand zu Recht oder Unrecht etwas an der lakonischen oder kretischen Verfassung zu bemängeln hat, das ist wohl eine andere Frage. Die Äußerungen der großen Masse jedenfalls vermag ich vielleicht eher vorzutragen als ihr beiden. Denn wenn auch eure Gesetze insgesamt schon zweckmäßig beschaffen sind, so ist doch bei euch eines der schönsten Gesetze wohl dies, dass man keinem jungen Mann zu untersuchen erlauben soll, was an den Gesetzen gut oder nicht [e] gut ist, sondern es sollten alle mit einer Stimme und aus einem Munde einhellig erklären, alles sei schön angeordnet, da es Götter angeordnet hätten, und wenn jemand etwas anderes sage, so dürfe man es auf keinen Fall dulden, ihn anzuhören; wenn aber ein Greis irgend etwas an euren Einrichtungen bemerke, so solle er derartige Beobachtungen vor einem Beamten und vor einem Altersgenossen ohne Anwesenheit eines jungen Mannes zur Sprache bringen.

KL. Du hast völlig recht, Fremder, und wie ein Seher, scheint mir, [635a] hast du trotz des zeitlichen Abstands zu den damaligen Überlegungen des Gesetzgebers diese jetzt genau erraten und ganz zutreffend wiedergegeben.

ATH. Nun sind doch im Augenblick keine jungen Leute hier bei uns anwesend, und wir selbst haben aufgrund unseres Alters vom Gesetzgeber die Erlaubnis, uns gerade über diese Fragen unter uns allein zu unterhalten, ohne damit einen Verstoß zu begehen?

KL. So ist es. Darum lass nicht davon ab, unsere Gesetze zu kritisieren. Denn etwas Unrichtiges zu erkennen bringt keine Schande, sondern es kann sich daraus eine Heilung für den ergeben, der das Vorgebrachte [b] nicht mit Neid, sondern mit Wohlwollen aufnimmt.

ATH. Schön. Allerdings werde ich noch keine Kritik an euren Gesetzen vortragen, ehe ich sie nicht möglichst genau geprüft habe, sondern eher meine Ratlosigkeit äußern. Denn euch hat als einzigen unter den Hellenen und Barbaren, von denen wir Kunde haben, der Gesetzgeber geboten, euch von den größten Lustgefühlen und Vergnügungen fernzuhalten und nicht davon zu kosten; was aber die Schmerzen und Furchtempfindungen betrifft, von denen wir eben sprachen, so war er der Meinung, wenn jemand von Kind an fortwährend vor ihnen davonlaufe, so [c] werde er, wenn er einmal in unausweichliche Mühen, Ängste und Schmerzen gerate, vor denjenigen davonlaufen, die darin trainiert sind, und zu deren Sklaven werden. Dasselbe nun, meine ich, hätte derselbe Gesetzgeber auch bei der Lust bedenken müssen, indem er zu sich selbst sagte: Wenn unsere Bürger von Jugend auf mit den größten Lüsten unbekannt bleiben und nicht darin trainiert sind, falls sie mit der Lust in Berührung kommen, standhaft zu bleiben und sich zu keinem schändlichen Tun zwingen zu lassen, dann werden sie wegen des süßen Dranges [d] zur Lust dasselbe erleiden wie diejenigen, die der Furcht unterlegen sind: Sie werden auf andere und noch schimpflichere Weise Sklaven derer werden, die zur Standhaftigkeit gegenüber der Lust fähig sind und über die Kunst des Umgangs mit der Lust verfügen, von Menschen, die zuweilen ganz schlecht sind, und sie werden eine teils sklavische, teils freie Seele besitzen und nicht wert sein, einfach tapfer und frei genannt zu werden. Nun seht zu, ob euch etwas von dem Gesagten richtig gesagt zu sein scheint.

[e] KL. Das scheint es uns irgendwie, wenn man deinen Worten zuhört; aber in so bedeutenden Fragen leichtfertig sofort Glauben zu schenken dürfte wohl eher die Art junger und unvernünftiger Leute sein.

ATH. Nun gut. Wenn wir aber den nächsten der von uns aufgestellten Punkte erörtern, Kleinias und du, Fremder aus Lakedaimon – nach der Tapferkeit wollen wir nämlich über die Besonnenheit sprechen –: Was werden wir da in diesen euren Städten Besonderes finden verglichen mit den aufs Geratewohl verwalteten Städten, so wie vorhin die auf den [636a] Krieg abzielenden Einrichtungen?

MEG. Eine nicht gerade leichte Frage; doch scheinen die gemeinsamen Mahlzeiten und die Gymnastik zweckmäßige Erfindungen zur Förderung beider Tugenden zu sein.

ATH. Gewiss scheint es schwierig zu sein, liebe Freunde, dass die Staatsverfassungen bei ihrer Verwirklichung ebenso tadellos ausfallen wie im Entwurf. Denn damit steht es so wie den Leibern, wo es kaum möglich ist, für einen Leib eine bestimmte Lebensweise zu verordnen, bei der sich nicht herausstellt, dass eben dieselbe unseren Leibern teils [b] schadet, teils aber auch nützt. So bringen auch diese Gymnastik und die gemeinsamen Mahlzeiten heutzutage den Städten im Allgemeinen vielerlei Nutzen; doch im Hinblick auf Parteikämpfe sind sie gefährlich – das beweisen die jungen Leute bei den Milesiern, Boiotern und Thuriern –, und ferner scheint diese Einrichtung auch eine alte und naturgemäße Ordnung, nämlich die geschlechtliche Lust, wie sie nicht nur Menschen, sondern auch Tiere empfinden, verdorben zu haben; und hierfür kann man wohl in erster Linie eure Städte verantwortlich machen und alle [c] diejenigen unter den übrigen Städten, die sich ganz besonders der Gymnastik widmen. Und ob man nun so etwas von der scherzhaften oder von der ernsthaften Seite aus zu betrachten hat, so muss man doch bedenken, dass dem weiblichen und dem männlichen Geschlecht, wenn sie sich zur gemeinsamen Zeugung vereinigen, die damit verbundene Lust offensichtlich gemäß der Natur zuteil geworden ist, beim Verkehr von Männern mit Männern oder von Frauen mit Frauen jedoch gegen die Natur, und dass diese Tollheit zu den allerersten Vergehen gehört wegen der Unbeherrschtheit gegenüber der Lust. Wir alle machen daher den [d] Kretern den Vorwurf, dass sie die Sage von Ganymedes erfunden hätten; da sie überzeugt waren, dass ihre Gesetze von Zeus stammen, so hätten sie noch diese Sage zu Lasten des Zeus hinzugefügt, damit sie eben ganz nach dem Vorbild des Gottes auch diese Lust genießen könnten. Doch wollen wir diese Sage auf sich beruhen lassen. Wenn aber Menschen über Gesetze eine eingehendere Betrachtung anstellen, dann gilt fast die ganze Betrachtung den Lust- und Schmerzgefühlen in den Städten wie in den Gemütern der Einzelnen. Denn diese beiden Quellen lässt die Natur frei dahinströmen, und wer aus ihnen schöpft, wo und wann und [e] so viel sich gehört, der ist glücklich, und zwar eine Stadt ebenso wie ein einzelner Mensch und überhaupt jedes Lebewesen; wer das aber ohne Verstand und ohne rechtes Maß tut, der wird wohl ein jenem entgegengesetztes Leben führen.

MEG. Das klingt ja ganz schön, Fremder; uns erfasst jedoch eine sprachlose Verlegenheit, was denn darauf zu erwidern sei. Trotzdem scheint mir der Gesetzgeber in Lakedaimon mit Recht zu befehlen, dass man vor der Lust fliehen soll; was aber die Gesetze in Knossos angeht, so mag ihnen unser Freund hier, wenn er will, zu Hilfe kommen. Von [637a] den Bestimmungen in Sparta scheinen mir die über die Lust die allerschönsten zu sein; denn das, wobei die Menschen am ehesten in die stärksten Lüste und Frevel und in alle mögliche Unvernunft verfallen, das hat unser Gesetz aus unserem ganzen Gebiet verbannt, und weder auf dem Lande noch in den Städten, soweit sie der Verantwortung der Spartiaten unterstehen, wirst du Trinkgelage sehen können und alles das, was damit zusammenhängend machtvoll alle möglichen Gelüste weckt, und es gibt niemanden, der, wenn er einem betrunkenen [b] Nachtschwärmer begegnet, diesem nicht sogleich eine tüchtige Strafe verabreichte, und selbst wenn er sich zur Entschuldigung auf die Dionysien beriefe, würde er ihn nicht laufen lassen, so wie ich einmal bei euch solche Leute auf Karren gesehen und in Tarent, bei unseren Kolonisten, die ganze Stadt an den Dionysien betrunken gesehen habe; bei uns dagegen kommt nichts Derartiges vor.

ATH. Lieber Fremder aus Lakedaimon, alles Derartige ist lobenswert, wo eine gewisse Standhaftigkeit vorhanden ist; wo diese aber erschlafft ist, da ist die Liederlichkeit umso größer; denn leicht könnte jemand [c] von unserer Seite zu seiner Verteidigung dich damit fassen, dass er auf die Zuchtlosigkeit der Frauen bei euch hinwiese. Für alle derartigen Gepflogenheiten, sei es in Tarent oder bei uns oder bei euch, genügt nun offensichtlich eine einzige Antwort, um sie als keineswegs verkehrt, sondern als richtig zu rechtfertigen. Jedermann wird nämlich einem Fremden, der sich über das Ungewohnte wundert, das er bei ihnen sieht, zur Antwort geben: »Wundere dich nicht, Fremder; bei uns ist eben dies Sitte, bei euch aber vielleicht auf eben demselben Gebiet etwas anderes.« [d] Was aber uns betrifft, liebe Männer, so hat es unsere Untersuchung jetzt nicht mit den andern Menschen zu tun, sondern mit der Unfähigkeit oder Vorzüglichkeit eben der Gesetzgeber. Darum wollen wir noch ausführlicher über den Rausch im Allgemeinen sprechen; denn diese Gewohnheit ist nicht ohne Bedeutung und erfordert keinen schlechten Gesetzgeber, um sie recht zu verstehen. Ich spreche aber nicht vom Weintrinken oder vom Verzicht auf Wein überhaupt, sondern eben vom Rausch, ob man es damit so halten soll wie die Skythen und die Perser und auch die Karthager und die Kelten und die Iberer und die Thraker, [e] die doch ausnahmslos kriegerische Völker sind, oder so wie ihr. Denn ihr enthaltet euch, wie du sagst, ganz des Rausches; die Skythen dagegen und die Thraker, die den Wein, Frauen wie Männer, ganz ungemischt trinken und ihn sogar über ihre Kleider schütten, glauben damit einen schönen und beglückenden Brauch zu vollziehen; die Perser aber huldigen eifrig auch noch den andern Schwelgereien, die ihr verwerft, doch in einer geregelteren Weise als jene Völker.

[638a] MEG. Aber mein Bester, die jagen wir doch alle vor uns her, wenn wir die Waffen in die Hand nehmen!

ATH. Mein Bester, sage das nicht! Denn schon manche unerklärliche Flucht und Verfolgung hat es gegeben und wird es geben; also würden wir damit niemals ein eindeutiges, sondern nur ein anfechtbares Kriterium für schöne oder nicht schöne Einrichtungen anführen, wenn wir einen Sieg oder eine Niederlage in der Schlacht anführen wollten. Denn da nun einmal die großen Städte die kleineren in der Schlacht besiegen, [b] so unterjochen eben auch die Syrakusaner die Lokrer, die doch im Ruf stehen, in der dortigen Gegend die besten Gesetze erhalten zu haben, und die Athener die Keer, und ähnliche Beispiele könnten wir zu Tausenden finden. Vielmehr wollen wir jeweils nur über die betreffende Einrichtung als solche sprechen und uns so zu überzeugen suchen; Siege und Niederlagen dagegen wollen wir jetzt aus unserer Betrachtung ausscheiden, und wollen lediglich sagen, dass eine Einrichtung von der und der Beschaffenheit schön und eine von der und der Beschaffenheit nicht schön ist. Zuerst aber hört von mir, wie man bei eben diesen Dingen das, was gut ist und was nicht, prüfen muss.

[c] MEG. Wie also meinst du?

ATH. Mir scheint, dass alle, die in einem Gespräch irgendeine Einrichtung aufgreifen und, sobald sie nur genannt ist, sich sofort daranmachen, sie zu tadeln oder zu loben, auf keinen Fall angemessen vorgehen, sondern dass sie ebenso verfahren, wie wenn jemand, falls ein anderer den Weizen als gute Kost lobt, ihn sogleich tadeln wollte, ohne sich genau nach dessen Wirkung und Darreichung zu erkundigen, in welcher Weise, wem, mit welchen Speisen zusammen, in welcher Beschaffenheit und bei welchem Befinden er zu verabreichen sei: Genau so, scheint mir, [d] verfahren wir jetzt bei unserer Untersuchung. Denn kaum haben wir vom Rausch nur so viel gehört, da tadeln ihn sogleich die einen, die andern loben ihn, und dies in einer recht wunderlichen Weise. Wir berufen uns nämlich beide bei unsern Empfehlungen auf Zeugen und Fürsprecher, und auf der einen Seite meinen wir, weil wir deren viele anführen, etwas Entscheidendes vorzubringen, auf der anderen, weil wir diejenigen, die auf den Rausch verzichten, in der Schlacht siegen sähen; doch wird auch dies wiederum von uns bestritten. Wenn wir nun auch [e] jede der andern Einrichtungen in dieser Weise durchgehen wollten, so wäre das nicht nach meinem Sinn. Vielmehr möchte ich in einer anderen Weise, die mir geboten erscheint, über eben diese Frage, den Rausch, sprechen, um zu versuchen, ob ich vielleicht das bei allen solchen Fragen angemessene Verfahren uns deutlich machen kann, zumal da sich tausend und abertausend Völker, die hierüber anderer Ansicht sind, mit euren beiden Städten in ein Wortgefecht einlassen könnten.

MEG. Gewiss, wenn wir eine richtige Betrachtungsweise für solche [639a] Fragen kennen, dann dürfen wir nicht zögern, sie zu hören.

ATH. Wir wollen die Sache also folgendermaßen betrachten. Nehmen wir an, jemand rühmt das Halten von Ziegen und dieses Tier selbst als einen schönen Besitz, ein anderer dagegen, der einmal Ziegen ohne Hirten auf bearbeiteten Feldern weiden und Schaden anrichten sah, macht sie schlecht und schimpft in dieser Weise über jedes Haustier, das er ohne Hüter oder mit schlechten Hütern sieht: Glauben wir da, dass der Tadel eines solchen Mannes jemals auch nur im geringsten vernünftig wäre?

MEG. Wie sollte er auch!

ATH. Und gilt uns ein Kommandant auf einem Schiff als tüchtig, wenn [b] er lediglich die Navigationskunst versteht, gleichgültig, ob er an Seekrankheit leidet oder nicht? Oder was meinen wir?

MEG. Keineswegs, falls er neben seinem Können auch noch dieses Leiden besitzt.

ATH. Und wie steht es mit dem Kommandanten eines Heeres? Ist er, wenn er die Kriegskunst versteht, zur Führung geeignet, mag er auch ein Feigling sein und daher in den Gefahren vom Rausch der Furcht gleichsam seekrank werden?

MEG. Wie sollte er!

ATH. Wenn er aber diese Kunst nicht beherrscht und noch dazu feige ist?

MEG. Da sprichst du von einem ganz untauglichen Mann, der keinesfalls Kommandant von Männern, sondern von rechten Weibern ist.

[c] ATH. Und was halten wir von einem Lobredner oder einem Kritiker irgendeiner Gemeinschaft, die ihrer Natur nach einen Leiter braucht und sich erst unter dessen Leitung als nützlich erweist; jener aber hätte diese niemals unter einem Leiter in richtiger Gemeinsamkeit, sondern immer nur ohne Leitung oder unter schlechten Leitern versammelt gesehen: Glauben wir denn da, dass solche Beobachter solcher Gemeinschaften jemals ein vernünftiges Urteil mit ihrer Kritik oder ihrem Lob abgeben werden?

MEG. Wie sollten sie, da sie ja niemals eine richtig durchgeführte [d] Geselligkeit dieser Art erlebt oder daran teilgenommen haben?

ATH. Doch halt! Könnten wir zu den vielen Gemeinschaften nicht auch die Trinkgenossen und die Trinkgelage als eine Form des Beisammenseins zählen?

MEG. Ganz gewiss.

ATH. Hat denn nun schon jemals einer dieses Beisammensein in der rechten Weise verlaufen sehen? Ihr beide werdet ohne Weiteres antworten: Überhaupt noch nie; denn bei euch ist dies nicht landesüblich noch gesetzlicher Brauch. Ich dagegen habe schon vielerorts viele solcher Geselligkeiten erlebt und habe mich ferner über fast alle, kann ich sagen, genau erkundigt; und doch habe ich fast keine gesehen oder von einer [e] gehört, die als Ganzes richtig durchgeführt worden wäre, sondern, wenn überhaupt, dann nur in unbedeutenden und wenigen Einzelheiten; meistens waren sie in fast jeder Hinsicht, wie man sagen muss, verfehlt.

KL. Wie meinst du das, Fremder? Drücke dich noch deutlicher aus. Denn wir würden, wie du gesagt hast, mangels Erfahrung in solchen [640a] Dingen vielleicht selbst dann, wenn wir eine solche Geselligkeit erleben könnten, nicht ohne Weiteres erkennen, was dabei richtig verläuft und was nicht.

ATH. Das wäre nur natürlich, was du da sagst. Doch versuche es mittels meiner Hinweise zu begreifen. Dass nämlich bei allen Zusammenkünften und Vereinigungen, ganz gleich zu welchem Tun, es richtig ist, dass die jeweiligen Teilnehmer stets einen Leiter haben, das begreifst du doch?

KL. Gewiss.

ATH. Wir haben aber doch eben gesagt, dass der Anführer von Kämpfenden tapfer sein muss.

KL. Gewiss.

ATH. Nun wird der Tapfere doch sicherlich von Furcht weniger verwirrt als die Feiglinge.

[b] KL. Auch das ist richtig.

ATH. Wenn es aber einen Weg gäbe, um einen, der überhaupt nichts fürchtet und durch nichts zu verwirren ist, als

Heerführer an die Spitze eines Heeres zu stellen, würden wir das dann nicht auf jeden Fall tun?

KL. Unbedingt.

ATH. Jetzt aber sprechen wir nicht von einem, der ein Heer befehligen soll beim Zusammentreffen von Feinden mit Feinden im Krieg, sondern Freunde, die im Frieden mit Freunden in Freundschaft vereint sein sollen.

KL. Richtig.

[c] ATH. Aber ein solches Beisammensein, zumal wenn es mit Berauschung verbunden sein soll, verläuft nicht ohne Verwirrung. Nicht wahr?

KL. Wie könnte es! Vielmehr genau umgekehrt, glaube ich.

ATH. Also brauchen auch diese als Erstes einen Leiter?

KL. Gewiss, wie kein anderes Unternehmen sonst.

ATH. Muss man nicht zu einem solchen Leiter, wenn möglich, einen Mann aussuchen, der sich nicht verwirren lässt?

KL. Unbedingt.

ATH. Und natürlich muss er sich auch auf Geselligkeiten gut verstehen; denn er hat ja über die zwischen ihnen bestehende Freundschaft zu [d] wachen und dafür zu sorgen, dass sie durch das Beisammensein jeweils noch enger wird.

KL. Sehr richtig.

ATH. Also muss man einen nüchternen und sachverständigen Mann als Leiter von Betrunkenen einsetzen und nicht umgekehrt? Denn ein unverständiger junger und betrunkener Leiter von Betrunkenen müsste schon großes Glück haben, wenn er nicht irgendein schlimmes Unheil anrichtete.

KL. Sehr großes Glück sogar.

ATH. Wenn also jemand diese Zusammenkünfte auch dann, wenn sie in den Städten in der bestmöglichen Weise durchgeführt werden, kritisieren wollte, weil er an der Sache als solcher etwas auszusetzen hat, so [e] würde er sie vielleicht mit Recht kritisieren. Wenn aber jemand eine Einrichtung in der denkbar verkehrtesten Gestalt sieht und sie daraufhin schlecht macht, so ist erstens klar, dass er nicht weiß, dass eben diese nicht richtig durchgeführt wird, und ferner, dass auf diese Weise jedes Unternehmen einen schlechten Eindruck macht, wenn es ohne einen nüchternen Befehlshaber und Leiter vor sich geht. Oder siehst du das nicht ein, dass ein betrunkener Steuermann und überhaupt jeder Leiter [641a] jeglicher Unternehmung alles zugrunde richtet, seien es Schiffe oder Wagen oder ein Heer oder was sonst immer von ihm gelenkt wird?

KL. Damit hast du völlig recht, Fremder. Als Nächstes sage uns aber dies: Was würde denn dieser Brauch des Trinkens, sofern er richtig durchgeführt wird, uns Gutes bringen? Wenn zum Beispiel, wie eben gesagt, ein Heer eine richtige Führung erhielte, so würde denen, die ihr folgen, der Sieg im Krieg zufallen, also kein geringes Gut, und ebenso [b] in den andern Fällen. Würde aber ein Trinkgelage richtig geleitet, was könnte da wohl Großes für Einzelne oder für die Stadt herauskommen?

ATH. Und weiter: Wenn ein einziges Kind oder auch ein einziger Chor richtig geleitet würde, was könnten wir da Großes nennen, das für die Stadt hierbei herauskäme? Vielmehr würden wir doch auf eine solche Frage erwidern, dass sich, wenn es sich nur um einen einzigen handelt, daraus für die Stadt wohl nur ein geringer Vorteil ergeben kann. Wenn du aber ganz allgemein fragst, was die Erziehung derer, die eine Erziehung erhielten, dem Staat Großes einbringe, so ist die Antwort nicht schwer: Diejenigen, die eine gute Erziehung erhalten haben, werden zu [c] guten Männern; als solche werden sie sich nicht nur sonst rühmlich bewähren, sondern auch in der Schlacht die Feinde besiegen. So führt also die Erziehung auch zum Sieg, der Sieg aber bisweilen zu ungebildeter Rohheit; denn schon viele sind durch Siege im Krieg übermütig und infolge dieses Übermuts mit tausend anderen Übeln erfüllt worden; und eine kadmeische Erziehung hat es noch nie gegeben; kadmeische Siege hat es unter den Menschen schon viele gegeben und wird es geben.

KL. Du behauptest offenbar, lieber Freund, dass die gemeinsame [d] Geselligkeit beim Wein einen großen Beitrag zur Erziehung leistet, wenn sie richtig durchgeführt wird.

ATH. Gewiss.

KL. Wärst du nun auch noch imstande darzulegen, dass das eben Gesagte wahr ist?

ATH. Die Wahrheit, Fremder, sicher zu behaupten, nämlich dass es sich so verhält, das vermag angesichts der vielen Zweifler nur ein Gott. Soll ich aber sagen, wie sich mir die Sache darstellt, so will ich euch das nicht vorenthalten, da wir ja aufgebrochen sind, um uns jetzt über Gesetze und Staatsverfassung zu unterhalten.

KL. Nun, gerade das ist ja unsere Absicht, deine Meinung zu dem [e] gegenwärtigen Streitpunkt zu erfahren.

ATH. Gut. Folgendes aber müssen wir tun: Ihr müsst euch anstrengen, die Sache zu begreifen, und ich, sie euch klarzumachen, indem ich es, so gut es geht, versuche. Zuerst aber hört von mir Folgendes. Von unserer Stadt nehmen alle Hellenen an, dass sie gern und viel rede, von Lakedaimon und Kreta dagegen, dass jenes wortkarg sei, dieses aber sich mehr um Reichtum an Gedanken als an Worten bemühe. Daher will ich [642a] achtgeben, dass ich nicht den Eindruck bei euch erwecke, als machte ich über Geringfügiges viele Worte, indem ich über den Rausch, eine geringfügige Sache, einen überlangen Vortrag entwickele. Aber dessen sachgemäße und richtige Behandlung kann ohne eine richtige Regelung der Musik wohl niemals eine klare und erschöpfende Darstellung in unserem Gespräch erhalten; die Musik wiederum kann das nicht ohne die gesamte Erziehung; das aber erfordert sehr viele Worte. Seht also zu, was wir tun sollen: ob wir wohl das für jetzt sein lassen sollen und [b] zu einem andern die Gesetze betreffenden Punkt übergehen sollten?

MEG. Lieber Fremder aus Athen, du weißt vielleicht nicht, dass gerade unser Haus die Fremdenvertretung für eure Stadt innehat. Vielleicht ergeht es nun allen Kindern so, wenn sie hören, dass sie Vertrauensleute für die Fremden aus irgendeiner Stadt sind: Von klein auf erfasst einen jeden von uns Vertrauensleuten eine Art Wohlwollen für diese Stadt, als sei sie eine zweite Vaterstadt nächst der eigenen Stadt; und ebenso ist es [c] nun auch mir ergangen. Denn wenn ich schon die kleinen Kinder hörte, wie sie jedesmal, wenn die Lakedaimonier an den Athenern etwas tadelten oder lobten, zu mir sagten: »Eure Stadt, Megillos, hat uns nicht schön oder schön behandelt!« – wenn ich also das hörte und daraufhin stets für euch Partei ergriff gegen diejenigen, die eurer Stadt Vorwürfe machten, da empfand ich jedes erdenkliche Wohlwollen für euch; und auch jetzt klingt mir eure Mundart angenehm, und das oft zu hörende Wort, dass diejenigen Athener, die gut sind, dies in ausgezeichnetem Maße seien, erscheint mir sehr wahr gesprochen; denn nur sie sind ohne Zwang kraft [d] ihrer eigenen Natur durch göttliche Fügung wahrhaft und ungeheuchelt gut. Darum magst du meinetwegen so viel reden, wie dir beliebt.

KL. Ja, Fremder, wenn du auch noch meine Geschichte gehört und freundlich aufgenommen hast, dann magst du ganz getrost so viel reden, wie du willst. Denn vielleicht hast du gehört, dass hier Epimenides geboren wurde, ein göttlicher Mann, der mit unserer Familie verwandt war, und dass er zehn Jahre vor den Perserkriegen gemäß dem Orakelspruch des Gottes [e] zu euch kam und bestimmte Opfer vollzog, die ihm der Gott aufgetragen hatte; insbesondere versicherte er den Athenern, die sich vor dem persischen Heereszug fürchteten, dass die Perser in den nächsten zehn Jahren nicht kämen; wenn sie aber kämen, so würden sie wieder abziehen, ohne etwas von dem erreicht zu haben, was sie wollten, und nachdem sie mehr Unheil erlitten als angerichtet hätten. Damals nun schlossen unsere Vorfahren mit euch Gastfreundschaft, und seit so langer Zeit schon [643a] empfinden ich und meine Vorfahren Wohlwollen euch gegenüber.

ATH. So wärt ihr also offenbar bereit, mir zuzuhören. Ich meinerseits habe zwar den Willen, aber das Können ist nicht ganz leicht; dennoch muss es versucht werden. Zunächst also wollen wir im Hinblick auf unsere Erörterung definieren, was überhaupt Erziehung ist und welche Wirkung sie besitzt; denn durch sie, so behaupten wir, muss die jetzt von uns in Angriff genommene Erörterung ihren Weg nehmen, bis sie zum Gott gelangt.

KL. Ja, das wollen wir gewiss tun, wenn es dir so lieb ist.

[b] ATH. Wenn ich euch nun sage, was man eigentlich unter Erziehung zu verstehen hat, so seht zu, ob euch das Gesagte gefällt.

KL. So sprich.

ATH. Das tu ich denn und behaupte, wer in irgendeinem Fach ein tüchtiger Mann werden will, der muss sich eben darin schon gleich von Kind an üben, indem er sich in Spiel und Ernst mit allem beschäftigt, was zu diesem Gebiet gehört. Wenn zum Beispiel jemand ein tüchtiger Landmann oder etwa ein Baumeister werden will, so muss sich der eine im Spiel damit beschäftigen, kindliche Häuschen zu bauen, der andere [c] damit, das Feld zu bearbeiten; und der Erzieher der beiden muss jedem kleine Werkzeuge, Nachbildungen der wirklichen, an die Hand geben, und so müssen sie sich auch alle Kenntnisse, die man als Voraussetzung erworben haben muss, im Voraus aneignen; zum Beispiel muss der künftige Baumeister den Umgang mit Maßstab und Richtschnur und der Kriegsmann reiten lernen, indem er spielt oder sonst etwas Vergleichbares treibt; und man muss versuchen, durch diese Spiele die Lust und Liebe der Kinder dorthin zu lenken, wohin sie selbst gelangt sein müssen, wenn sie erwachsen sind. Für die Hauptsache bei der Erziehung erklären wir [d] also die richtige Pflege, die die Seele des spielenden Kindes soweit wie möglich dazu bringt, das zu lieben, worin es, wenn es ein Mann geworden ist, seine vollkommene fachliche Meisterschaft erweisen soll. Nun seht zu, wie gesagt, ob uns das Vorgetragene, wenigstens bis hierher, gefällt.

KL. Wie könnte es anders sein!

ATH. Es darf nun aber auch das, was wir unter Erziehung verstehen, nicht ohne genauere Abgrenzung bleiben. Denn gegenwärtig sagen wir, wenn wir jeweils die Erziehung eines Menschen tadeln oder loben wollen, dass der eine von uns gebildet, der andere ungebildet ist, auch wenn [e] dieser bisweilen zu den im Kaufmannsgeschäft oder im Seehandel und anderen Tätigkeiten dieser Art sehr gut ausgebildeten Menschen gehört. Der gegenwärtige Sprachgebrauch rührt nämlich von Leuten her, die anscheinend nicht dies Letztere unter Erziehung verstehen, sondern vielmehr die Erziehung zur Tugend vom Knabenalter an, welche die Lust und das Verlangen erweckt, ein vollkommener Staatsbürger zu werden, der es versteht, der Gerechtigkeit gemäß zu herrschen und über sich herrschen zu lassen. Diese Bildung grenzt dieser Sprachgebrauch ab, wie [644a] mir scheint, und möchte sie jetzt allein als Erziehung bezeichnen; die Bildung dagegen, die auf Gelderwerb oder Körperkraft oder auf sonst eine Fertigkeit ohne Vernunft und Gerechtigkeit abzielt, betrachtet er als handwerksmäßig und eines Freien unwürdig und überhaupt nicht wert, Erziehung zu heißen. Wir wollen nun nicht über die Bezeichnung miteinander streiten, sondern die eben von uns anerkannte Behauptung soll gültig bleiben: dass diejenigen, die richtig erzogen worden sind, durchweg zu guten Menschen werden; und so darf man die Erziehung [b] auf keinen Fall geringschätzen, da sie von den schönsten Gütern das erste ist, das den besten Menschen zuteil wird. Und wenn sie einmal schwindet, aber wiederhergestellt werden kann, so muss dies jedermann sein Leben lang stets tun, so gut er kann.

KL. Richtig, und wir stimmen dem zu, was du sagst.

ATH. Und schon längst haben wir doch eingeräumt, dass diejenigen gut sind, die sich selbst zu beherrschen vermögen, schlecht dagegen, die das nicht vermögen.

KL. Sehr richtig.

ATH. Wir wollen nun eben dies wieder aufgreifen und noch deutlicher [c] machen, was wir damit eigentlich meinen. Und lasst mich versuchen, ob ich es euch vielleicht durch ein Bild klarmachen kann.

KL. Sprich nur.

ATH. Nun denn: Wollen wir annehmen, dass jeder von uns als Person eine Einheit ist?

KL. Ja.

ATH. Dass er jedoch in seinem Innern zwei einander entgegengesetzte und unvernünftige Ratgeber besitzt, die wir als Lust und Schmerz bezeichnen?

KL. So ist es.

ATH. Und neben diesen noch Meinungen über das Künftige, deren gemeinsamer Name ›Erwartung‹ ist; der besondere Name lautet ›Furcht‹ für [d] die Erwartung, die dem Schmerz, und ›Zuversicht‹ für diejenige, die dem Gegenteil vorausgeht. Zu diesen allen kommt noch die vernünftige Überlegung, was denn von diesen besser oder schlechter sei, welche, wenn sie zur gemeinsamen Überzeugung einer Stadt geworden ist, ›Gesetz‹ heißt.

KL. Ich kann dir zwar nur mit Mühe folgen; doch sprich nur weiter, als ob ich dir folgte.

MEG. Auch mir geht es wahrhaftig ebenso.

ATH. Machen wir uns also darüber folgende Vorstellung. Wir wollen ein jedes von uns Lebewesen als eine Marionette der Götter ansehen, mag sie nun als deren Spielzeug oder mit irgendeiner ernsten Absicht zusammengefügt worden sein; denn das können wir ja doch nicht [e] erkennen. Das aber wissen wir, dass die erwähnten Gefühle, die gleichsam eine Art Drähte oder Schnüre in uns darstellen, an uns ziehen und dass sie uns, da sie als Gegensätze einander entgegenwirken, zu entgegengesetzten Handlungen hinzerren, gerade dahin, wo Tugend und Schlechtigkeit voneinander getrennt liegen. Denn einem einzigen dieser Züge, so besagt unsere Rede, müsse ein jeder stets folgen und ihn auf keinen Fall loslassen und müsse so gegen die andern Drähte anstreben; dieser [645a] sei die goldene und heilige Leitung der vernünftigen Überlegung, die man das gemeinsame Gesetz der Stadt nenne; die andern Züge dagegen seien starr und eisern, dieser aber biegsam, da er aus Gold sei, während die anderen den verschiedensten Arten glichen. Daher müsse man der schönsten Leitung, der des Gesetzes, allezeit zu Hilfe kommen; denn da die vernünftige Überlegung zwar schön, aber sanft sei und keine Gewalt anwende, so bedürfe ihre Leitung der Helfer, damit in uns die goldene [b] Art die andern Arten besiege. Und auf diese Weise wäre denn der Mythos der Tugend, dass wir nämlich gleichsam Marionetten sind, gerettet, und es dürfte so irgendwie deutlicher werden, was es bedeutet, sich selbst überlegen oder unterlegen zu sein, und für die Stadt und den Einzelnen würde deutlich, dass dieser in sich selbst eine wahre Ansicht über diese Zugkräfte gewinnen und ihr folgend leben muss, während die Stadt eine solche Ansicht von einem der Götter oder von eben dem, der dies erkannt hat, übernehmen und sie zum Gesetz machen und demgemäß mit sich selbst und mit den anderen Städten verkehren muss. Auf diese Weise wären also auch Schlechtigkeit und Tugend von uns noch [c] deutlicher unterschieden worden; ist das aber klarer geworden, dann werden vielleicht auch die Erziehung und die andern Einrichtungen verständlicher werden und somit auch das über das Beisammensein beim Wein Gesagte, das zwar als langes und überflüssiges Gerede über etwas Belangloses erscheinen mag, wovon sich aber vielleicht schon bald herausstellen dürfte, dass es diese Ausführlichkeit durchaus verdient.

KL. Gut gesprochen. Und so wollen wir alles zu Ende bringen, was bei unserm jetzigen Beisammensein erörtert zu werden verdient.

[d] ATH. So sag denn: Wenn wir dieser Marionette einen Rausch verabreichen, in was für einen Zustand versetzen wir sie da?

KL. Was bezweckst du mit dieser Frage?

ATH. Zunächst noch nichts; sondern ich frage ganz allgemein, in was für einen Zustand sie gerät, wenn sie mit dem Rausch Bekanntschaft macht. Ich will noch deutlicher zu machen suchen, was ich meine. Wonach ich frage, ist dies: Verstärkt das Weintrinken die Gefühle der Lust, des Schmerzes, des Zornes und der Liebe zu größerer Intensität?

KL. Ja, sehr.

[e] ATH. Wie steht es andererseits mit Wahrnehmungen, Erinnerungen, Meinungen und Gedanken? Verstärkt es diese ebenfalls? Oder entschwinden diese jemandem ganz, wenn er vom Rausch übersättigt ist?

KL. Ja, sie entschwinden ihm ganz.

ATH. Gerät er also nicht in denselben Zustand, was die Verfassung seiner Seele angeht, wie damals, als er noch ein kleines Kind war?

KL. Ohne Zweifel.

ATH. Am allerwenigsten ist er also dann doch wohl Herr seiner selbst.

[646a] KL. Am allerwenigsten.

ATH. Nun befindet sich doch ein solcher Mensch, wie wir sagen, im schlechtesten Zustand?

KL. Bei Weitem.

ATH. Somit würde also, wie es scheint, nicht bloß ein Greis zum zweiten Mal zum Kind werden, sondern auch der Betrunkene.

KL. Eine vortreffliche Bemerkung, Fremder.

ATH. Gibt es nun irgendeine vernünftige Begründung, die uns davon zu überzeugen vermöchte, dass man diese Gepflogenheit des Rausches kosten und ihr nicht mit aller Kraft nach Möglichkeit aus dem Weg gehen soll?

KL. Die scheint es zu geben; du selbst jedenfalls behauptest es und warst eben bereit, sie vorzutragen.

[b] ATH. Daran erinnerst du mich freilich mit Recht; und auch jetzt noch bin ich dazu bereit, zumal da ihr beide versichert habt, dass ihr mir gerne zuhören wollt.

KL. Warum sollten wir dir nicht zuhören? Wenn auch aus keinem andern Grund als wegen der befremdlichen und seltsamen Forderung, dass sich jemals ein Mensch freiwillig in einen ganz schlimmen Zustand stürzen soll.

ATH. Du meinst den Zustand der Seele, nicht wahr?

KL. Ja.

ATH. Und was nun ferner den Leib, mein Freund, und dessen schlechte Verfassung, nämlich Magerkeit, Hässlichkeit und Kraftlosigkeit, [c] betrifft: Würden wir uns wundern, wenn sich jemals einer freiwillig in einen solchen Zustand begibt?

KL. Ohne Zweifel.

ATH. Wie nun? Meinen wir denn, diejenigen, die von selbst in die Arztstuben gehen, um Arzneien zu trinken, die wüssten nicht, dass sie sich bald danach und für viele

Tage in einem solchen körperlichen Zustand befinden werden, dass sie, wenn sie sich dauernd so fühlen müssten, nicht mehr leben wollten? Oder diejenigen, die die Gymnasien mit ihren anstrengenden Übungen aufsuchen: Wissen wir nicht, dass diese zunächst kraftlos werden?

KL. Das alles wissen wir.

ATH. Und auch, dass sie wegen des danach sich einstellenden Nutzens freiwillig dorthin gehen?

[d] KL. Ganz richtig.

ATH. Müssen wir nun nicht über die andern Gepflogenheiten ebenso denken?

KL. Gewiss.

ATH. Auch über das Beisammensein beim Wein müssen wir also ebenso denken, vorausgesetzt, dass man dieses mit Recht unter diese Gepflogenheiten zählen darf.

KL. Warum nicht?

ATH. Sollte sich nun herausstellen, dass dieses Beisammensein einen Nutzen gewährt, der nicht geringer ist als jener dem Körper gewährte Nutzen, dann übertrifft es von vornherein die Leibesübung dadurch, dass diese mit Schmerzen verbunden ist, es aber nicht.

[e] KL. Da hast du recht. Doch würde ich mich wundern, wenn wir an ihm so etwas entdecken könnten.

ATH. Eben das müssen wir offensichtlich jetzt aufzuzeigen versuchen. Und so sage mir: Können wir zwei Arten von Furcht wahrnehmen, die einander so ziemlich entgegengesetzt sind?

KL. Welche denn?

ATH. Folgende. Wir fürchten doch die Übel, wenn wir ihr Eintreten erwarten.

KL. Ja.

ATH. Oft fürchten wir aber auch die Meinung der Leute, weil wir glauben, dass wir für schlechte Menschen gehalten werden, wenn wir [647a] etwas Unschönes tun oder sagen; diese Furcht nun bezeichnen wir und auch alle andern, glaube ich, als ›Scham‹.

KL. Gewiss.

ATH. Diese beiden Arten von Furcht also meinte ich. Von ihnen widerstreitet die zweite den Schmerzen und den andern Arten der Furcht, sie widersteht aber auch den meisten und stärksten Lustgefühlen.

KL. Du hast ganz recht.

ATH. Also hält doch auch ein Gesetzgeber und überhaupt jeder, der nur im Mindesten etwas taugt, diese Furcht in höchsten Ehren; und während er diese als ›Scham‹ bezeichnet, nennt er die ihr entgegengesetzte Zuversicht ›Schamlosigkeit‹ und betrachtet diese als das größte [b] Übel für alle, für den Einzelnen wie die Stadt?

KL. Du hast recht.

ATH. Nun rettet uns doch diese Furcht auch sonst in vielen großen Gefahren; besonders aber im Krieg bringt uns – eins mit dem andern verglichen – nichts so sehr den Sieg und die Rettung? Denn zweierlei ist es doch, was den Sieg hervorbringt: Zuversicht gegenüber den Feinden, aber den Freunden gegenüber Furcht vor übler Schande.

KL. So ist es.

ATH. Furchtlos muss also jeder von uns werden und zugleich [c] furchtsam; warum aber beides, das haben wir schon auseinandergesetzt.

KL. Allerdings.

ATH. Und wenn wir jemanden furchtlos und frei von vielen Arten der Furcht machen wollen, so erreichen wir das, indem wir ihn mithilfe des Gesetzes der Furcht aussetzen.

KL. So ist es anscheinend.

ATH. Wie aber, wenn wir es unternehmen, jemanden furchtsam im Einklang mit der Gerechtigkeit zu machen? Müssen wir ihn da nicht der Schamlosigkeit gegenüberstellen und ihn gegen sie einüben und ihn so dazu bringen, dass er im Kampf mit seinen Lüsten Sieger bleibt? Oder soll er zwar dadurch, dass er gegen die ihm innewohnende Feigheit [d] ankämpft und sie besiegt, vollkommen in der Tapferkeit werden (während umgekehrt ein jeder, der in solchen Kämpfen unerfahren und ungeübt ist, wohl nicht einmal zur Hälfte der ihm erreichbaren Tapferkeit gelangen wird); besonnen dagegen soll er in vollkommenem Maße werden können, ohne dass er gegen vielerlei Lüste und Begierden, die zu Unverschämtheit und Ungerechtigkeit antreiben, gekämpft und über sie gesiegt hat mithilfe von Vernunft, Übung und Können, sei es im Spiel oder im Ernst, sondern obwohl er gar nichts dergleichen mitgemacht hat?

KL. Das kann wohl keine Wahrscheinlichkeit für sich beanspruchen.

[e] ATH. Sehen wir nun weiter: Hat vielleicht ein Gott den Menschen zur Erregung der Furcht einen Trank geschenkt, der bewirkt, dass einer, je mehr er davon trinken will, umso unglücklicher nach jedem Schluck zu werden glaubt und sich vor allem Gegenwärtigen und Zukünftigen [648a] fürchtet und dass zuletzt sogar der tapferste von allen Menschen in völlige Angst gerät, aber wenn er dann ausgeschlafen hat und von der Wirkung des Trankes befreit ist, jedesmal wieder derselbe wie zuvor wird?

KL. Und von welchem Trank dieser Art könnten wir behaupten, Fremder, dass es ihn unter den Menschen gibt?

ATH. Von keinem. Wenn es aber von irgendwoher einen gäbe, wäre er dann für den Gesetzgeber zur Erzeugung der Tapferkeit überhaupt brauchbar? Wir könnten uns zum Beispiel ganz gut folgendermaßen mit ihm darüber unterhalten: »Sag, Gesetzgeber, einerlei, ob du nun den Kretern oder sonst jemandem Gesetze gibst: Wärest du nicht zufrieden, [b] wenn du zuallererst die Bürger hinsichtlich ihrer Tapferkeit oder Feigheit auf die Probe stellen könntest?«

KL. Das würde doch gewiss jeder bejahen.

ATH. »Und wie? In Sicherheit und ohne große Gefahren oder auf die entgegengesetzte Weise?«

KL. Auch hier wird sich jeder für das sichere Verfahren entscheiden.

ATH. »Und würdest du den Trank so anwenden, dass du sie in diese Situationen der Furcht versetzt und sie dabei in ihren Gefühlen prüfst, um sie zur Furchtlosigkeit zu zwingen, wobei du sie ermunterst und [c] ermahnst und mit Ehren auszeichnest, demjenigen aber die Ehren aberkennst, der sich nicht in jeder Hinsicht zu einem solchen Verhalten überreden lässt, wie du es befiehlst? Und wenn er sich gut und tapfer eingeübt hat, würdest du ihn ohne Strafe gehen lassen, wenn aber schlecht, dann mit Auferlegung einer Strafe? Oder würdest du den Trank überhaupt nicht verwenden, obwohl du sonst nichts an ihm auszusetzen hast?«

KL. Und wieso sollte er ihn nicht anwenden, Fremder?

ATH. Jedenfalls wäre das ein Training, mein Freund, das im Unterschied zu den heutigen Übungen erstaunlich bequem wäre für einen Einzelnen wie auch für wenige und für so viele, wie immer man nur [d] wollte. Und wenn jemand meint, er dürfe sich nicht sehen lassen, ehe er nicht die rechte Haltung besitze, und sich deshalb allein und zurückgezogen und hinter dem Schutze seiner Scham sich gegen die Furchtempfindungen in der Weise einüben würde, dass er sich nur mit einem Trank statt mit tausend anderen Dingen ausrüstete, so würde er recht daran tun; ebenso aber auch, wenn jemand im Vertrauen darauf, dass er durch Naturanlage und Übung gut dazu gerüstet ist, keine Bedenken hätte, sich zusammen mit mehreren Zechgenossen einzuüben und zu zeigen, wie er die in der unvermeidlichen Erschütterung sich äußernde [e] Wirkung des Trankes hinter sich lässt und besiegt, so dass er nicht einen einzigen großen Fehler aus Mangel an Haltung begeht noch eine Veränderung erleidet dank seiner Tüchtigkeit, der sich dann aber, bevor er zum letzten Schluck gelangt ist, davonmachen würde aus Furcht vor der Niederlage, die der Trank allen Menschen zufügt.

KL. Ja. Denn Besonnenheit, Fremder, würde auch ein solcher Mann zeigen, wenn er sich so verhielte.

[649a] ATH. Wir wollen also wieder Folgendes zum Gesetzgeber sagen: »Nun gut, Gesetzgeber; zur Erregung der Furcht hat offenbar weder ein Gott den Menschen einen solchen Trank geschenkt noch haben wir selbst einen solchen erfunden – denn die Zauberer rechne ich nicht zu unserer Gesellschaft; was jedoch die Furchtlosigkeit betrifft und die übertriebene und unzeitige Zuversicht gegenüber Dingen, bei denen sie nicht angebracht ist: Gibt es zu deren Erregung einen Trank, oder was meinen wir?«

KL. »Den gibt es«, wird er wohl sagen, indem er auf den Wein hinweist.

ATH. Und gewiss hat dieser die entgegengesetzte Wirkung wie der eben erwähnte Trank? Den Menschen, der davon trinkt, macht er als Erstes [b] sogleich heiterer als zuvor, und je mehr er davon kostet, mit desto mehr frohen Hoffnungen wird er erfüllt und mit vermeintlicher Kraft; und am Ende wird ein solcher Mensch ganz voll von Zügellosigkeit im Reden, weil er sich weise dünkt, und voller Hemmungslosigkeit, ganz voll auch von Furchtlosigkeit, so dass er rücksichtslos alles Mögliche heraussagt und ebenso auch tut? Jeder, denke ich, wird uns darin zustimmen.

KL. Gewiss.

ATH. Wir wollen uns nun daran erinnern, dass wir gesagt haben, zweierlei müsste in unseren Seelen geübt werden: einmal dass wir möglichst [c] mutig, andererseits dass wir im Gegenteil möglichst furchtsam werden.

KL. Was du eine Eigentümlichkeit der Scham genannt hast.

ATH. Da erinnert ihr euch gut. Da man aber die Tapferkeit und die Furchtlosigkeit in den Zuständen der Furcht einüben muss, so ist zu überlegen, ob nicht die entgegengesetzte Haltung in den entgegengesetzten Zuständen gepflegt werden muss.

KL. Das ist jedenfalls wahrscheinlich.

ATH. In den Zuständen also, in denen wir naturgemäß besonders zuversichtlich und verwegen sind, in diesen müssen wir uns offenbar darin üben, dass wir möglichst wenig schamlos und voller Verwegenheit, sondern vielmehr zu furchtsam sind, um uns jemals zu erdreisten, etwas [d] Schändliches zu sagen oder zu dulden oder gar zu tun.

KL. So scheint es.

ATH. Sind nun nicht dies lauter Zustände, in denen wir so gestimmt sind: Zorn, Liebe, Übermut, Unwissenheit, Gewinnsucht, Feigheit, und ferner Reichtum, Schönheit, Körperkraft und alles, was durch Lust berauscht und unbesonnen macht? Um nun hierin zunächst eine billige und ziemlich unschädliche Prüfung anzustellen, sodann um sich darin zu trainieren: Welche zweckmäßigere Lust könnten wir da nennen als [e] die spielerische Prüfung beim Wein, sofern sie nur mit einiger Vorsicht durchgeführt wird? Denn überlegen wir: Einen unverträglichen und rohen Charakter, dem tausenderlei Ungerechtigkeiten entspringen, dadurch zu prüfen, dass man mit ihm in Geschäftsbeziehungen tritt und [650a] dabei ein Risiko eingeht, ist das nicht gefährlicher als dadurch, dass man mit ihm beim Dionysosfest beisammen ist? Oder eine der Wollust ergebene Seele dadurch auf die Probe zu stellen, dass man ihr die eigenen Töchter, Söhne und Frauen anvertraut und so das Liebste aufs Spiel setzt, um den Charakter der Seele zu erkennen? Und so könnte man noch tausenderlei Beispiele anführen, ohne damit fertig zu werden, wieviel besser es ist, bei scherzendem Spiel auf harmlose Weise ohne empfindliche Vergeltung seine Prüfung anzustellen. Und eben dies, glauben [b] wir, werden denn auch im vorliegenden Fall weder die Kreter noch andere Menschen bestreiten können, dass dies eine zweckmäßige Form gegenseitiger Prüfung ist und dass sie an Sparsamkeit, Sicherheit und Raschheit allen andern Prüfungen überlegen ist.

KL. Das ist allerdings wahr.

ATH. Dies nun, ich meine das Erkennen der natürlichen Wesensart und Haltung der Seelen, dürfte von einzigartigem Nutzen für jene Kunst sein, deren Aufgabe die Pflege dieser Anlagen ist. Das ist aber doch, behaupten wir, wie ich glaube, Aufgabe der Staatskunst. Nicht wahr?

KL. Ganz gewiss.

Zweites Buch

[652a] ATH. Als Nächstes müssen wir offensichtlich noch jene Frage bezüglich der Trinkgelage prüfen, ob sie nur dieses Gute aufweisen, dass wir unsere natürliche Veranlagung erkennen, oder ob noch sonst ein großer und wirklich ernstzunehmender Nutzen in der richtigen Handhabung der Geselligkeit beim Wein enthalten ist. Was meinen wir also? Nun, es ist einer darin enthalten, wie unsere Untersuchung anscheinend andeuten will; inwiefern aber und auf welche Weise, das wollen wir mit aller [b] Aufmerksamkeit hören, damit wir nicht von ihr irregeführt werden.

KL. So sprich nur.

ATH. Ich möchte nochmals darauf zurückkommen, was wir überhaupt [653a] unter der richtigen Erziehung verstehen. Denn dessen Bewahrung beruht, wie ich jetzt vermute, auf dieser Institution der Trinkgelage, sofern diese richtig geregelt wird.

KL. Das ist ein großes Wort.

ATH. Ich behaupte also: Bei Kindern ist die erste kindliche Empfindung Lust und Schmerz, und dies sind die Gestalten, unter denen sich Tugend und Schlechtigkeit erstmals in den Seelen einstellen. Was aber Einsicht und festgegründete wahre Meinungen angeht, so ist es ein Glücksfall, wenn sie jemandem auch nur im hohen Alter zuteil werden; jedenfalls ist ein Mensch vollkommen, wenn er diese und alle darin [b] enthaltenen Güter besitzt. Erziehung nenne ich also die erstmals bei den Kindern sich einstellende Tugend; wenn nun Lust und Liebe, Schmerz und Hass auf richtige Weise in den Seelen der Kinder entstehen, solange diese noch nicht zu einem vernünftigen Urteil fähig sind, dann aber, nachdem sie ein vernünftiges Urteil erlangt haben, diese Gefühle mit der Vernunft übereinstimmen, ⟨weil⟩ sie durch die entsprechenden Gewöhnungen richtig eingeübt worden sind, so stellt diese Übereinstimmung die ganze Tugend dar; den Teil von ihr aber, der in der richtigen Bildung hinsichtlich der Lust- und Schmerzgefühle besteht, so dass man [c] gleich von Anfang an bis zum Ende hasst, was man hassen, und liebt, was man lieben soll – wenn man eben diesen Teil begrifflich abtrennen und als Erziehung bezeichnen wollte, so würde man ihn meiner Meinung nach richtig bezeichnen.

KL. Ja, Fremder, wie deine früheren, so scheinen uns auch deine jetzigen Ausführungen über die Erziehung richtig.

ATH. Schön denn. Die in der richtigen Heranbildung dieser Lust- und Schmerzgefühle bestehende Erziehung lässt nun bei den Menschen oft in ihrer Wirkung nach und schwindet vielfach im Laufe des Lebens; die [d] Götter aber, die Mitleid mit dem zur Mühsal geborenen Geschlecht der Menschen empfanden, haben zu ihrer Erholung von den Mühen als Gegengabe die Feste zu Ehren der Götter angeordnet und ihnen die Musen, den Musenführer Apollon und den Dionysos zu Festgenossen gegeben, damit sie die ⟨damals⟩ erfolgte Erziehung an den Festen mithilfe der Götter wieder erneuern. Wir müssen nun zusehen, ob die Theorie, die wir jetzt vortragen, der Natur der Sache nach wahr ist oder wie es sonst damit steht. Sie behauptet, dass fast jedes junge Wesen, wie man sagen muss, sowohl mit dem Körper wie mit der Stimme außerstande sei, sich [e] ruhig zu verhalten, sondern sich unablässig zu bewegen und Laute von sich zu geben suche teils durch Hüpfen und Springen, als ob sie gleichsam voller Lust tanzten und spielten, teils durch Äußerung von Tönen aller Art. Die übrigen Lebewesen nun hätten kein Gefühl für Ordnung und Unordnung in den Bewegungen, also für das, was ›Rhythmus‹ und ›Harmonie‹ heißt; uns Menschen dagegen hätten dieselben Götter, die, [654a] wie gesagt, uns zu Reigengefährten gegeben sind, auch das mit Lust verbundene Gefühl für Rhythmus und Harmonie gegeben, und diese würden uns sodann in Bewegung setzen und unsere Chöre leiten, indem sie uns in Gesängen und Tänzen aneinanderreihten, und sie hätten dies ›Chorreigen‹ genannt nach dem der Natur der Sache ganz angemessenen Wort *chará* (›Freude‹). – Wollen wir nun als Erstes dies gelten lassen? Sollen wir annehmen, dass die erste Erziehung durch die Musen und Apollon erfolgt, oder wie?

KL. So ist es.

ATH. Also wird uns ein Mensch ohne Erziehung als ungeübt im [b] Chorreigen gelten, während wir den hinlänglich Erzogenen als hinlänglich im Chorreigen geübt ansehen müssen?

KL. So ist es.

ATH. Nun besteht aber der Chorreigen insgesamt aus Tanz und Gesang.

KL. Notwendigerweise.

ATH. Demnach wäre also einer, der schön erzogen ist, imstande, schön zu singen und zu tanzen.

KL. So scheint es.

ATH. Sehen wir nun zu, was die jetzt aufgestellte Behauptung besagt.

KL. Welche denn?

ATH. »Er singt schön«, sagen wir, »und tanzt schön«. Sollen wir noch [c] hinzufügen: »wenn er Schönes singt und Schönes tanzt« oder nicht?

KL. Das wollen wir.

ATH. Wie nun, wenn er das Schöne für schön und das Hässliche für hässlich hält und auch demgemäß damit umgeht? Wird nach unserer Meinung ein solcher Mensch besser erzogen sein im Chortanz und in der musischen Kunst oder einer, der zwar mit Körper und Stimme das, was er sich als schön vorstellt, jeweils hinlänglich auszudrücken vermag, der sich aber nicht am Schönen freut und das Nichtschöne hasst? Oder sogar jener, der zwar vielleicht nicht vollkommen fähig ist, das Schöne [d] mit Körper und Stimme richtig auszudrücken oder auch bloß sich vorzustellen, der aber mit seiner Lust- und seiner Schmerzempfindung das Rechte trifft, indem er alles, was schön ist, freudig begrüßt, aber Widerwillen gegen alles empfindet, was nicht schön ist?

KL. Da erwähnst du einen sehr bedeutenden Unterschied in der Erziehung, Fremder.

ATH. Wenn wir drei nun das Schöne am Gesang und am Tanz erkennen, dann wissen wir auch, wer richtig erzogen ist und wer nicht. Bleibt uns das aber unbekannt, so werden wir wohl auch nie erkennen können, ob es ein Mittel zur Sicherung der Erziehung gibt und wo dies zu finden [e] ist. Ist es nicht so?

KL. Gewiss, so ist es.

ATH. Dem müssen wir also anschließend wie die Hunde auf der Fährte nachspüren: der schönen Körperhaltung und Melodie und dem schönen Gesang und Tanz. Wenn uns das aber entwischt und entgeht, so wird wohl unsere weitere Rede über die Erziehung, sei es hellenische oder barbarische, vergeblich sein.

KL. Ja.

ATH. Gut. Doch was sollen wir denn unter der schönen Körperhaltung oder der schönen Melodie verstehen? Sag: Wenn eine tapfere und eine [655a] feige Seele sich in denselben, gleich schweren Bedrängnissen befinden, kann es da sein, dass ihre Haltung und ihre stimmlichen Äußerungen die gleichen sind?

KL. Wie sollten sie, da dies ja nicht einmal bei ihrer Gesichtsfarbe der Fall ist!

ATH. Schön, mein Freund. Aber nun gibt es ja in der Musik sowohl Körperhaltungen wie auch Melodien, da es die Musik mit Rhythmus und Harmonie zu tun hat. Daher ist es zwar möglich, sich richtig auszudrücken, indem man vom guten Rhythmus und der guten Harmonie, nicht aber, indem man von der guten Farbe einer Melodie oder einer Körperhaltung spricht, wie das die Chorlehrer in bildlicher Redeweise tun. Für die Körperhaltungen und Melodien des Feigen und des [b] Tapferen gibt es jedoch eine zutreffende Redeweise, und zwar kann man die der Tapferen mit Recht als schön bezeichnen und die der Feigen als hässlich. Und damit wir über das alles nicht zu viele Worte machen, sollen ganz einfach alle Körperhaltungen und Melodien, die mit einer Tugend der Seele oder des Leibes zusammenhängen, sei es mit dieser selbst oder einem Bild derselben, für schön gelten, diejenigen, die mit der Schlechtigkeit zusammenhängen, für das genaue Gegenteil.

KL. Dein Vorschlag ist richtig, und unsere Antwort für jetzt sei, dass es sich so verhält.

ATH. Nun noch Folgendes. Freuen wir uns alle an allen

Reigentänzen [c] im gleichen Maße, oder sind wir davon weit entfernt?

KL. Völlig entfernt sogar.

ATH. Was könnte uns denn nun unserer Meinung nach zu so abweichenden Urteilen geführt haben? Ist etwa nicht dasselbe für uns alle schön, oder ist es zwar dasselbe, scheint uns aber nicht dasselbe zu sein? Denn gewiss wird doch niemand sagen, dass die Chortänze der Schlechtigkeit jemals schöner seien als die der Tugend, und auch nicht, dass er selbst an den Körperhaltungen des Lasters Freude finde, andere Leute aber an einer entgegengesetzten Muse. Und dennoch sagen die meisten, [d] dass die Richtigkeit der Musik in ihrer Fähigkeit bestehe, den Seelen Lust zu verschaffen. Aber das zu behaupten ist unerträglich und gar nicht fromm; wahrscheinlich ist es eher Folgendes, was uns zu abweichenden Urteilen führt.

KL. Was denn?

ATH. Da Chortänze nachahmende Darstellungen von Charakteren sind und mit allen möglichen Handlungen und Situationen und Gesinnungen zu tun haben und da diese von den Tänzern jeweils mimisch dargestellt werden, so müssen notwendig diejenigen, deren Charakter das durch Worte oder durch Gesang oder sonstwie im Tanz Dargestellte, [e] sei es aufgrund ihres Naturells oder aufgrund von Gewöhnung oder von beidem, entspricht, sich auch daran freuen, es loben und als schön bezeichnen; diejenigen dagegen, deren Naturell, Charakter oder Gewohnheit dies widerspricht, die können sich weder daran freuen noch es loben, sondern nur als hässlich bezeichnen. In den Fällen aber, wo jemandes Naturanlage richtig ist, die Gewohnheiten jedoch entgegengesetzt oder die Gewohnheiten richtig, die Naturanlage jedoch entgegengesetzt, da werden die Betreffenden ein Lob äußern, das mit ihren [656a] Lustempfindungen im Widerspruch steht. Jede dieser Darstellungen bezeichnen sie nämlich als lustvoll, aber schlecht; und vor andern Leuten, denen sie Einsicht zuschreiben, schämen sie sich, so etwas durch Körperbewegungen darzustellen, und schämen sich auch, so etwas zu singen, als ob sie dergleichen im Ernst für schön erklärten; im Herzen aber freuen sie sich daran.

KL. Du hast völlig recht.

ATH. Bringt es nun jemandem einen Schaden, wenn er an den Körperhaltungen oder den Melodien der Schlechtigkeit Freude hat, oder umgekehrt einen Vorteil, wenn er am Gegenteil seine Lust findet?

KL. Wahrscheinlich.

[b] ATH. Ist es nur wahrscheinlich oder nicht sogar unvermeidlich, dass es sich damit genauso verhält, wie wenn jemand mit verdorbenen Charakteren von schlechten Menschen zusammen ist und diese nicht hasst, sondern sich an ihnen freut und Gefallen findet und sie nur wie im Scherz tadelt, weil er seine eigene Schlechtigkeit nur wie im Traum wahrnimmt? In diesem Fall ist es doch ganz unvermeidlich, dass derjenige, der sich freut, jeweils dem ähnlich wird, worüber er sich freut, auch wenn er sich schämen sollte, es zu loben. Was für ein größeres Gut oder Übel könnten wir nun anführen, das uns ganz unvermeidlich trifft, als ein solches?

KL. Keines, glaube ich.

[c] ATH. Wo nun in der rechten Weise Gesetze aufgestellt sind und auch künftig aufgestellt sein sollen für die musische Erziehung und das musische Spiel, glauben wir, dass

es dort den dichterischen Talenten gestattet sein wird, alles, was dem Dichter selbst an seiner Komposition gefällt, mag dies nun mit dem Rhythmus, der Melodie oder den Worten zusammenhängen, das auch die Kinder und jungen Söhne der gesetzestreuen Bürger in den Chören zu lehren und dadurch das, was der Zufall gerade will, aus ihnen zu machen hinsichtlich der Tugend oder der Schlechtigkeit?

KL. Das hätte gewiss keinen Sinn; wie sollte es auch?

[d] ATH. Heutzutage ist dies aber in fast allen Städten, muss man sagen, erlaubt außer in Ägypten.

KL. In Ägypten sagst du? Wie ist denn das dort geregelt?

ATH. Das auch nur zu hören weckt Bewunderung. Schon längst nämlich, scheint es, ist bei ihnen der Grundsatz erkannt worden, den wir jetzt aussprechen: dass die jungen Leute in den Städten ihre Gewohnheiten und Neigungen auf schöne Körperhaltungen und schöne Melodien richten müssen. Nachdem sie nun festgesetzt hatten, welche das seien und wie sie beschaffen seien, machten sie sie in den Tempeln öffentlich [e] bekannt. Und entgegen diesen Mustern durften weder Maler noch all die andern Künstler, welche Formen und ⟨Farben⟩ hervorbringen, Neues einführen und etwas anderes als das von den Vätern Überlieferte erfinden, und auch jetzt noch ist es ihnen nicht erlaubt, weder auf diesem Gebiet noch in der gesamten sonstigen Musenkunst. Und bei genauem Hinsehen wirst du finden, dass die vor [657a] 10 000 Jahren gemalten oder geformten Kunstwerke – und zwar nicht bloß wie man so sagt, sondern wirklich vor 10 000 Jahren – im Vergleich mit den heute verfertigten weder schöner noch hässlicher, sondern nach derselben Kunst gearbeitet sind.

KL. Das ist wunderbar, was du da sagst.

ATH. Nein, vielmehr das Ergebnis einer überragenden Gesetzgebung und Staatskunst. Allerdings könnte man dort auch manches Schlechte daneben finden. Was jedenfalls die Musik betrifft, so ist es eine Tatsache und verdient Beachtung, dass es sich offensichtlich als möglich erwiesen hat, auf solchen Gebieten, wenn man nur mit Zuversicht zu Werke geht, durch Gesetze dasjenige unabänderlich festzulegen, was von Natur aus eine richtige Beschaffenheit aufweist. Das dürfte aber eine Aufgabe für einen Gott oder einen göttlichen Mann sein, wie sie denn auch dort [b] behaupten, die durch diese lange Zeit erhaltenen Lieder seien Schöpfungen der Isis. Wenn aber jemand ihre richtige Beschaffenheit auch nur irgendwie erfassen könnte, so sollte er, wie ich sagte, sie voller Zuversicht zum Gesetz und zur Regel machen; denn das aus Lust und Schmerz entspringende Verlangen, das nach immer neuer Musik verlangt, hat schwerlich eine so große Macht, um den geheiligten Chortanz durch den Vorwurf der Antiquiertheit zugrunde zu richten; den dortigen jedenfalls vermochte es offenbar keineswegs zugrunde zu richten, sondern ganz im Gegenteil.

[c] KL. Es scheint, als verhielte es sich so, nach dem, was du gerade gesagt hast.

ATH. Also können wir zuversichtlich behaupten, dass die Verwendung von Musik und Spiel mit Chortanz richtig ist, wenn sie etwa auf folgende Weise geschieht? Wir freuen uns, wenn wir uns wohl zu befinden glauben, und wenn wir uns freuen, glauben wir uns auch wohl zu befinden. Ist es etwa nicht so?

KL. Gewiss, so ist es.

ATH. Und gerade in einem solchen Zustand, wenn wir uns freuen, können wir nicht ruhig bleiben.

KL. Das stimmt.

[d] ATH. Ist es nun nicht so, dass unsere jungen Leute selber zu tanzen bereit sind, wir Älteren es dagegen für einen schicklichen Zeitvertreib halten, wenn wir ihnen zuschauen und uns an ihrem Spiel und ihrem Fest erfreuen, da ja unsere Behendigkeit nun nachlässt? Weil wir uns aber nach dieser sehnen und an ihr hängen, veranstalten wir Wettbewerbe für diejenigen, die am besten imstande sind, durch die Erinnerung unsere Jugend wieder in uns wachzurufen?

KL. Sehr wahr.

ATH. Dürfen wir demnach die heute zu hörende Ansicht für so ganz [e] unbegründet halten, die die große Masse über die äußert, die ein Fest begehen: dass man den für den Geschicktesten halten und zum Sieger erklären müsse, der uns am meisten Vergnügen und Freude bereite? Denn da wir uns bei derartigen Gelegenheiten an Spaß und Spiel ergötzen dürfen, so muss doch derjenige, der den meisten Leuten die größte Freude bereitet, auch die größte Auszeichnung erhalten und, wie eben [658a] gesagt, den Siegespreis davontragen. Ist das nicht richtig gesprochen, und wäre es nicht richtig gehandelt, wenn man so verfahren würde?

KL. Vielleicht.

ATH. Nein, mein Bester, so leichthin wollen wir so etwas nicht beurteilen, sondern wir wollen es in Teile zerlegen und etwa folgendermaßen betrachten. Sag: Wenn jemand einmal so ganz einfach einen beliebigen Wettbewerb ansetzen würde, ohne ihn auf Gymnastik oder Musik oder auf Pferderennen einzugrenzen, sondern wenn er alle Bürger der Stadt zusammenriefe und nach Aussetzung von Siegespreisen verkünden würde, wer da wolle, möge antreten zu einem Wettbewerb bloß um die Lust; [b] es gehe darum, wer die Zuschauer am meisten ergötze, ohne dass ihm vorgeschrieben wird, auf welche Weise, sondern wer einfach dadurch, dass er eben dies am besten fertigbringt, gewinnt und vom Preisgericht zum Unterhaltsamsten unter den Wettbewerbsteilnehmern erklärt wird: Was meinen wir, wäre wohl der Erfolg einer solchen Ankündigung?

KL. In welcher Beziehung meinst du?

ATH. Es ist doch wahrscheinlich, dass dann der eine wie Homer eine Rhapsodie darbieten wird, ein anderer ein Lied zur Kithara, wieder ein anderer eine Tragödie, ein vierter eine Komödie, und zu verwundern wäre es nicht, wenn einer sogar durch die Vorführung von Puppen am [c] ehesten zu siegen glaubte. Wenn nun solche und noch tausenderlei andere Wettkämpfer antreten würden, können wir da sagen, wer mit Recht Sieger sei?

KL. Eine unsinnige Frage. Denn wer könnte sie dir beantworten, als wüsste er dies, noch bevor er dabei zugehört und jeden einzelnen Teilnehmer mit eigenen Ohren erlebt hätte?

ATH. Was nun? Wollt ihr, dass ich euch diese unsinnige Antwort gebe?

KL. Gewiss.

ATH. Nun also: Wenn die ganz kleinen Kinder zu entscheiden hätten, so würden sie sich für den entscheiden, der die Puppen vorführt; nicht wahr?

[d] KL. Zweifellos.

ATH. Wenn aber die größeren Kinder, so würden sie sich für den mit den Komödien entscheiden; für eine Tragödie dagegen die gebildeten unter den Frauen und die jungen Leute und vielleicht die Mehrzahl von allen.

KL. Vielleicht wirklich.

ATH. Den Rhapsoden jedoch, der die Ilias und die Odyssee oder ein Stück aus Hesiods Dichtungen schön vorträgt, den würden vermutlich wir Alten am liebsten hören und behaupten, dass er mit weitem Abstand Sieger sei. Wer nun wohl mit Recht Sieger sei, das war unsere nächste Frage, nicht wahr?

KL. Ja.

[e] ATH. Da bleibt mir und euch natürlich nur die Antwort, dass diejenigen, für die sich unsere Altersgenossen entschieden haben, mit Recht Sieger sind. Denn unsere Denkweise scheint sich ja gegenüber den heutzutage in allen Städten und überall herrschenden Gewohnheiten als die weitaus bessere zu erweisen.

KL. Gewiss.

ATH. So viel räume nun auch ich der großen Menge ein, dass die Musik nach der Lust zu beurteilen ist, jedoch nicht nach der von ganz beliebigen Leuten; sondern jene Muse, behaupte ich, ist wohl am schönsten, welche die Besten und hinlänglich Gebildeten erfreut, ganz besonders aber diejenige, [659a] die den einen erfreut, der sich durch Tugend und Bildung unter allen auszeichnet. Tugend aber, behaupten wir, benötigen die hierfür zuständigen Richter deshalb, weil sie sowohl der Einsicht überhaupt als auch speziell der Tapferkeit teilhaftig sein müssen. Denn der wahre Richter darf sich bei seinem Urteil nicht vom Publikum belehren und vom Lärmen der Menge und von seiner eigenen Unwissenheit einschüchtern lassen und darf auch nicht, wenn er Sachverstand besitzt, aus Unmännlichkeit und Feigheit mit demselben Munde, mit dem er, als er sich zu richten [b] anschickte, die Götter zu Zeugen aufrief, bei seinem Urteil leichtfertig eine Lüge aussprechen. Denn nicht als Schüler, sondern vielmehr, wie es sich gehört, als Lehrer der Zuschauer sitzt der Richter auf seinem Platz und um denen entgegenzutreten, die den Zuschauern auf unangemessene und unrichtige Weise Lust gewähren – das durfte er nämlich nach dem alten hellenischen Gesetz –, so wie zum Beispiel heutzutage das sizilische und italische Gesetz dadurch, dass es der Masse der Zuschauer die Entscheidung überträgt und den Sieger durch Handaufheben bestimmt, einerseits die Dichter selbst verdorben hat (denn sie zielen beim Dichten [c] auf die Lust ihrer Beurteiler, die aber eine verkehrte ist, so dass die Zuschauer sich selbst erziehen), andererseits aber auch die Lust eben der Zuschauer verdorben hat; während sie nämlich stets edlere Charaktere als ihre eigenen zu hören bekommen und dadurch auch eine edlere Lust empfinden sollten, widerfährt ihnen heute durch ihre eigene Schuld das völlige Gegenteil. Was will uns nun diese Feststellung, die sich soeben in unserem Gespräch ergeben hat, andeuten? Seht zu, ob Folgendes.

KL. Was denn?

ATH. Mir scheint, unser Gespräch ist zum dritten oder vierten Mal im [d] Kreis herum zu demselben Punkt gelangt: dass nämlich Erziehung im Hinziehen und Hinführen der Kinder zu der Denkweise besteht, die vom Gesetz als richtig verkündet und auch von den tüchtigsten und ältesten Männern aufgrund ihrer Erfahrung als wirklich richtig anerkannt ist. Damit sich nun die Seele des Kindes nicht daran gewöhnt, mit ihrer Freude und ihrem Schmerz in

Widerspruch zum Gesetz zu geraten und zu denen, die sich vom Gesetz überzeugen ließen, sondern damit sie mit ihnen übereinstimmt, indem sie über dieselben Dinge Freude und [e] Schmerz empfindet wie der Greis: Deswegen also ist das, was wir als Lieder bezeichnen, in Wahrheit jetzt zu Zauberliedern für die Seele geworden, die in ernsthafter Absicht auf eine solche Übereinstimmung abzielen, wie wir sie andeuten. Da aber die Seelen der jungen Leute den Ernst nicht vertragen können, so werden sie als Spiele und Lieder bezeichnet und unter diesem Namen dargeboten – gerade so wie diejenigen, die für die Kranken und körperlich Schwachen zu sorgen haben, [660a] diesen die heilsame Nahrung in bestimmten süßen Speisen und Getränken zu verabreichen suchen, die schädliche aber in übelschmeckenden, damit sie jene gern einnehmen und diese in der rechten Weise zu verabscheuen lernen. Dasselbe nun auch mittels schöner und lobenswerter Worte zu tun, dazu wird ein richtiger Gesetzgeber den Dichter überreden und wird ihn dazu zwingen, falls er ihn nicht überreden kann: nämlich in den Rhythmen die Körperhaltungen und in den Harmonien die Melodien von besonnenen und tapferen und in jeder Hinsicht guten Männern darzustellen und damit richtig zu dichten.

[b] KL. Aber beim Zeus, Fremder, hast du denn den Eindruck, dass man in den andern Städten so dichtet? Denn soweit ich selbst sehe, wüsste ich nicht, dass – außer bei uns oder bei den Lakedaimoniern – das von dir beschriebene Verfahren praktiziert würde. Vielmehr sehe ich, dass immer irgendetwas Neues bei den Tänzen und in der gesamten übrigen Musenkunst aufkommt und dass diese Änderungen nicht durch Gesetze veranlasst werden, son-

dern durch irgendwelche ungeordneten Lüste, die weit davon entfernt sind, stets dieselben und von derselben Art zu sein, wie [c] du das von den Ägyptern berichtest, sondern die niemals dieselben sind.

ATH. Sehr gut, Kleinias. Wenn ich aber bei dir den Anschein erweckt habe, als würde ich mit dem, wovon du sprichst, ein bereits heutzutage praktiziertes Verfahren schildern, so sollte es mich nicht wundern, wenn ich dadurch, dass ich meine Gedanken nicht deutlich genug dargelegt habe, diesen Eindruck hervorgerufen habe und hervorrufen musste. Ich habe vielmehr das Verfahren, das ich bei der Musik praktiziert zu sehen wünsche, geschildert, und dies vielleicht in einer Weise, dass dir jenes als meine Meinung erscheinen konnte. Denn unheilbare Zustände anzuprangen, die in ihrer Verkehrtheit schon zu weit vorangeschritten sind, [d] das ist niemals angenehm, zuweilen jedoch unumgänglich. Da aber auch du dieser Meinung bist, so sprich: Du behauptest, dass bei euch und bei den Lakedaimoniern ein solches Verfahren eher als bei den übrigen Hellenen praktiziert wird?

KL. Allerdings.

ATH. Und wie, wenn man auch bei den andern so verfahren würde? Würden wir dann eine Verfahrensweise, bei der man so vorgeht, schöner finden oder eine, bei der man so, wie es heute üblich ist, vorgeht?

KL. Viel besser wäre es wohl, wenn man hierin so verfahren würde wie bei den Lakedaimoniern und bei uns und überdies auch noch so, wie du es eben gefordert hast!

ATH. Nun, so wollen wir jetzt zu einer Übereinstimmung gelangen. [e] Nicht wahr, was bei euch in der gesamten Erziehung und Musenkunst verkündet wird, ist

Folgendes? Ihr zwingt die Dichter zu sagen, ein guter Mann, der besonnen ist und gerecht, der sei glücklich, ja überglücklich, ganz gleich, ob er groß und kräftig oder klein und schwächlich sei, und einerlei, ob er reich sei oder nicht. Sei er dagegen »reicher als Kinyras und Midas«, aber ungerecht, so sei er elend und führe ein bitteres Leben. Und »niemals würd' ich erwähnen den Mann«, sagt euer Dichter, wenn er richtig dichtet, »und nie ihn beachten«, der nicht all das, was man als schön bezeichnet, im Einklang mit der Gerechtigkeit ausführen und [661a] erwerben würde und dann auch als ein solcher gerechter Mann »sich heran an den Feind drängte voll Kampfesbegier«; ist er jedoch ungerecht, so wäre zu wünschen, dass er es nicht über sich brächte, »das blutige Morden zu schauen«, und nicht »besiegte im Lauf Boreas, Thrakiens Wind« noch dass ihm sonst etwas von dem zuteil würde, was man Güter nennt. Was nämlich die meisten Leute Güter nennen, das heißt zu Unrecht so. Als das Beste nennt man nämlich Gesundsein, als das Zweite Schönheit, als das Dritte Reichtum und führt noch tausenderlei andere Güter an, so auch ein scharfes Auge und Ohr und ein feines [b] Gefühl für alles, was mit den Sinnen wahrgenommen wird; ferner auch, als Tyrann zu tun, was einen gelüstet; der Gipfel der Glückseligkeit aber sei es, im Besitz von all dem möglichst rasch unsterblich zu werden. Ihr und ich dagegen, wir behaupten doch wohl dies: dass das alles für gerechte und fromme Männer die besten, für ungerechte aber samt und sonders die schlimmsten Besitztümer sind, angefangen bei der [c] Gesundheit; und so ist sogar das Sehen und Hören und Fühlen und überhaupt das Leben das größte Übel, wenn man für alle Zeit unsterblich ist und alle diese sogenannten Güter besitzt außer der Gerechtigkeit und der gesamten Tugend; ein geringeres Übel wäre es, wenn ein solcher Mensch nur eine möglichst kurze Zeit leben würde. Das also vorzutragen, was ich da sage, dazu werdet ihr, denke ich, die Dichter bei euch überreden und zwingen und ferner auch dazu, diesen Worten die angemessenen Rhythmen und Harmonien beizugeben und so eure jungen Leute zu erziehen. Nicht wahr? Denn seht, ich sage es mit aller Deutlichkeit: Die [d] sogenannten Übel sind Güter für die Ungerechten, für die Gerechten aber Übel; die Güter dagegen sind für die Guten wirklich Güter, für die Schlechten aber Übel. Sind wir nun – danach hatte ich ja gefragt – hierüber einer Meinung, ich und ihr, oder wie?

KL. In einigen Stücken scheint es mir irgendwie, in andern aber ganz und gar nicht.

ATH. Dass also einer, der fortwährend Gesundheit, Reichtum und Tyrannenmacht besitzt, ja ich füge euch zuliebe noch hinzu: ausgezeichnete [e] Körperkraft und Tapferkeit vereint mit Unsterblichkeit, und dem kein anderes der sogenannten Übel widerfährt, sondern der nur Ungerechtigkeit und Frevelmut in sich trägt – dass also jemand, der so lebt, eben nicht glücklich, sondern ganz offenkundig unglücklich wird, davon vermag ich euch vermutlich nicht zu überzeugen?

KL. Da vermutest du ganz richtig.

ATH. Nun gut. Was hätten wir denn hierauf als Nächstes vorzubringen? Ein tapferer und starker und schöner und reicher Mann, der sein ganzes [662a] Leben lang tut, was ihn gelüstet, der scheint euch also, wenn er ungerecht und ein Frevler ist, nicht notwendigerweise ein schimpfliches Leben zu führen? Oder würdet ihr vielleicht wenigstens das zugeben, dass sein Leben schimpflich ist?

KL. Das ganz gewiss.

ATH. Und weiter: dass es auch schlecht ist?

KL. Das nicht mehr in gleicher Weise.

ATH. Und weiter: dass es auch ohne Lust ist und ihm selbst keinen Gewinn bringt?

KL. Wie könnten wir auch das noch zugeben?

[b] ATH. Wie wohl? Wenn uns ein Gott, so scheint es, ihr Freunde, Übereinstimmung bescheren wollte, da wir ja jetzt untereinander ziemlich dissonante Töne anstimmen. Denn mir scheint dies so unwiderleglich, lieber Kleinias, dass selbst die Tatsache, dass Kreta eine Insel ist, mir nicht so gewiss ist. Und wäre ich Gesetzgeber, so würde ich versuchen, die Dichter und überhaupt alle Leute in der Stadt zu zwingen, sich in diesem Sinne zu äußern, und würde so ziemlich die härteste Strafe darauf setzen, wenn in meinem Lande einer behaupten wollte, dass es jemals [c] Menschen gebe, die zwar schlecht sind, aber ein lustvolles Leben führen, oder dass etwas zwar gewinnbringend und vorteilhaft, etwas anderes aber gerechter sei. Und noch zu vielen andern Äußerungen, die von dem abweichen, was heute anscheinend von den Kretern und Lakedaimoniern und doch wohl auch von den übrigen Menschen behauptet wird, würde ich meine Bürger zu überreden suchen. Denn sagt, beim Zeus und Apollon, ihr besten aller Männer: Wenn wir eben diese Götter, die [d] euch eure Gesetze gegeben haben, fragen wollten: »Ist das gerechteste Leben das lustvollste, oder gibt es zwei verschiedene Lebensweisen, von denen die eine die lustvollste und die andere die gerechteste ist?« und wenn sie dann sagten: »zwei«, so würden wir

sie, wenn wir sie richtig befragen wollten, vielleicht weiter fragen: »Welche Leute muss man glücklicher nennen: diejenigen, die fortwährend das gerechteste, oder die, welche das lustvollste Leben führen?« Wenn sie nun sagten: »Wer das lustvollste Leben führt«, so würde ihre Rede unsinnig. Doch will ich [e] so etwas nicht über die Götter gesagt haben, sondern lieber über unsere Väter und Gesetzgeber, und so sei meine vorige Frage an einen Vater und Gesetzgeber gerichtet, und dieser erwidere, wer das lustvollste Leben führe, der sei der glückseligste. Darauf würde ich dann sagen: »Mein Vater, wolltest du nicht, dass ich ein möglichst glückliches Leben führe? Und doch hast du nie aufgehört, mich zu ermahnen, dass ich möglichst gerecht leben solle.« Und so würde, glaube ich, derjenige, der sich in diesem Sinne äußerte, sei dies nun ein Gesetzgeber oder auch ein Vater, unsinnig erscheinen und in Verlegenheit geraten hinsichtlich seiner Übereinstimmung mit sich selbst. Wenn er dagegen das gerechteste Leben für das glücklichste erklärte, so würde wohl jeder, der das hört, [663a] weiter fragen, was denn das der Lust überlegene Gute und Schöne sei, welches das Gesetz an diesem Leben preise. Denn welches Gut könnte wohl einem Gerechten zuteil werden, das von der Lust getrennt wäre? Sag: Ist denn Ruhm und Lob seitens der Menschen und der Götter etwas Gutes und Schönes, aber Unangenehmes, ein schlechter Ruf jedoch das Gegenteil davon? Nichts weniger als das, lieber Gesetzgeber, werden wir sagen. Und ferner niemandem ein Unrecht zuzufügen und auch von niemandem zu erleiden, ist das etwa unangenehm, aber gut und schön, das Gegenteil jedoch zwar angenehm, aber hässlich und schlecht?

KL. Wie sollte es!

ATH. So ist also die Ansicht, die das Lustvolle und das Gerechte und [b] Gute und Schöne nicht auseinanderreißt, selbst wenn sie sonst keinen Vorzug besäße, doch zumindest dazu geeignet, jemanden zu überreden, dass er bereit ist, das fromme und gerechte Leben zu leben; so dass für einen Gesetzgeber die schimpflichste und widrigste Ansicht die ist, welche behauptet, dass dem nicht so sei. Denn niemand möchte sich doch überreden lassen, freiwillig etwas zu tun, das nicht mehr Freude als Schmerz zur Folge hat. Allerdings verursacht das aus der Ferne Gesehene allen Leuten, muss man sagen, besonders aber den Kindern eine nebelhafte Trübung des Blickes. Der Gesetzgeber aber wird diesen unseren Eindruck in sein Gegenteil umwandeln, indem er den Nebel [c] beseitigt, und wird uns irgendwie, durch Gewöhnung, Lobsprüche und Vernunftgründe, davon überzeugen, dass das Gerechte und das Ungerechte Bildern gleichen, die nach der Technik der Schattenmalerei gemalt sind, indem nämlich das Ungerechte, im Gegensatz zum Gerechten, vom Standpunkt der eigenen Ungerechtigkeit und Schlechtigkeit aus gesehen, als angenehm erscheint, das Gerechte dagegen als höchst unangenehm, während vom Standpunkt des Gerechten aus in beiden Fällen jedem Menschen genau das Gegenteil erscheint.

KL. So scheint es.

ATH. Welche Wahrheit sollen wir nun bei dieser Entscheidung als die maßgeblichere bezeichnen? Die, die von der schlechteren Seele, oder die, die von der besseren vertreten wird?

[d] KL. Notwendigerweise doch die von der besseren.

ATH. Notwendigerweise ist also das ungerechte Leben

nicht bloß hässlicher und schlechter, sondern in Wahrheit auch unangenehmer als das gerechte und fromme.

KL. So scheint es wenigstens nach der jetzigen Argumentation, ihr Freunde.

ATH. Aber selbst wenn sich das nicht so verhielte, wie es jetzt auch unsere Argumentation bewiesen hat: Hätte ein Gesetzgeber, der auch nur ein bisschen etwas taugt – vorausgesetzt, dass er überhaupt auch sonst um des Guten willen die jungen Leute zu belügen wagte –, je eine Lüge ersinnen können, die nützlicher als diese wäre und eher bewirken könnte, [e] dass alle alles, was gerecht ist, nicht aus Zwang, sondern freiwillig tun?

KL. Etwas Schönes ist die Wahrheit, Fremder, und etwas Beständiges; es scheint allerdings nicht leicht, ihr Glauben zu verschaffen.

ATH. Das mag sein. Doch der Sage vom Sidonier, die doch so unglaublich klingt, war leicht Glauben zu verschaffen und noch vielen andern.

KL. Welchen denn?

ATH. Dass einmal Zähne ausgesät wurden und daraus Gewappnete hervorsprossen. Und für einen Gesetzgeber ist dies ein sehr lehrreiches [664a] Beispiel, um die Seelen der jungen Leute von allem zu überzeugen, was man ihnen nur einreden will; daher braucht er nichts anderes zu erforschen und herauszufinden als dies: Was er die Stadt glauben machen muss, um ihr damit die größte Wohltat zu erweisen. Zu diesem Zweck muss er alle erdenklichen Mittel und Wege ausfindig machen, wie eine solche Gemeinschaft in ihrer Gesamtheit hierüber möglichst immer ein und dieselbe Ansicht ihr ganzes Leben lang äußern könnte in Liedern, Sagen und Reden. Sollte aber jemand hierüber eine andere Meinung als diese haben, so ist es ihm nicht verwehrt, hiergegen seine Zweifel im Gespräch vorzubringen.

[b] KL. Mir scheint es allerdings nicht, als ob einer von uns beiden hiergegen jemals Zweifel äußern könnte.

ATH. So wäre es denn nun wohl meine Aufgabe, den nächsten Punkt vorzutragen. Ich behaupte nämlich, dass alle Chöre, deren es drei geben soll, mit ihrem Gesang die noch jugendlichen und weichen Seelen der Kinder bezaubern müssen, indem sie all das sonstige Schöne vortragen, das wir durchgegangen sind und noch durchgehen werden; die Hauptsache aber soll dabei Folgendes sein: Wenn wir behaupten, dass von den Göttern ein und dasselbe Leben für das lustvollste und zugleich für das beste erklärt wird, so werden wir die lauterste Wahrheit sagen und [c] zugleich diejenigen, die es zu überzeugen gilt, besser davon überzeugen, als wenn wir irgendeine andere Ansicht äußern wollten.

KL. Dem, was du da sagst, kann man nur zustimmen.

ATH. Zunächst also wird der den Musen geweihte Chor der Kinder am zweckmäßigsten als Erster auftreten, um solche Lehren öffentlich mit allem Ernst und vor der ganzen Stadt zu singen; als Zweiter dann der Chor der Leute unter 30 Jahren, der den Apollon Paian als Zeugen für die Wahrheit seiner Worte anruft und ihn anfleht, dass er sich mit seiner Überredungsmacht den jungen Leuten gnädig erweisen möge; als [d] Dritte müssen aber auch noch die Leute von 30 bis 60 Jahren ihre Lieder anstimmen. Die noch Älteren aber, die ja nicht mehr die Kraft haben, um die Anstrengung des Singens zu ertragen, sollen übrig bleiben, um über dieselben Gesinnungen Geschichten aus göttlicher Eingebung zu erzählen.

KL. Und was meinst du mit diesen dritten Sängern, Fremder? Denn wir verstehen nicht ganz deutlich, was du über sie sagen willst.

ATH. Und doch sind es so ziemlich gerade diese, derentwegen die meisten unserer früheren Erörterungen vorgetragen wurden.

[e] KL. Das haben wir noch nicht verstanden; versuche dich also noch klarer auszudrücken.

ATH. Wenn wir uns erinnern, so hatten wir beim Beginn unserer Erörterung gesagt, dass die Natur aller jungen Wesen, feurig, wie sie ist, nicht fähig sei, Ruhe zu halten, weder mit dem Körper noch mit der Stimme, sondern dass sie stets regellos Laute ausstoße und herumspringe; was aber das Gefühl für die geregelte Ordnung dieser beiden Äußerungen angeht, so könne kein anderes Lebewesen diese Ordnung erfassen, sondern die menschliche Natur allein besitze diese Fähigkeit; die Ordnung [665a] der Bewegung nun werde mit dem Wort ›Rhythmus‹, die der Stimme dagegen, wenn hoch und tief sich mischen, werde mit dem Wort ›Harmonie‹ bezeichnet, beides zusammen endlich heiße ›Chorreigen‹. Und die Götter, hatten wir gesagt, hätten uns aus Mitleid zu Reigengefährten und Reigenführern den Apollon und die Musen gegeben, und als Dritten nannten wir noch, wenn wir uns erinnern, den Dionysos.

KL. Wie sollten wir uns daran nicht mehr erinnern!

ATH. Die Chöre des Apollon und der Musen sind nun besprochen; der [b] dritte und letzte Chor hingegen muss dem Dionysos zugewiesen werden.

KL. Wie denn? Sprich! Denn recht seltsam – jedenfalls wenn man das so plötzlich hört – muss einem doch ein Dionysoschor von alten Leuten vorkommen, wenn wirklich die Männer über 30 und sogar über 50 Jahre bis zum 60. Lebensjahr ihm zu Ehren Reigentänze aufführen sollen.

ATH. Da hast du in der Tat völlig recht. Es bedarf also, glaube ich, einer Begründung, inwiefern dies vernünftig wäre, wenn es so geschähe.

KL. Gewiss.

ATH. Sind wir uns denn nun wenigstens über das vorhin Gesagte einig?

[c] KL. Worüber denn?

ATH. Dass ein jeder, Erwachsener und Kind, Freier und Sklave, Mann und Frau, ja die ganze Stadt der ganzen Stadt ohne Unterlass das, was wir durchgegangen sind, als einen Zaubergesang vorsingen muss, und zwar mit allen möglichen Abwandlungen und in der größten Mannigfaltigkeit, so dass daraus für die Sänger eine Art Unersättlichkeit nach Hymnen und Lust daran erwächst.

KL. Wie sollten wir uns nicht darin einig sein, dass dies zu geschehen hat!

[d] ATH. Wo könnte denn nun dieser beste Teil der Stadt, der aufgrund seines Alters und zugleich seiner Einsicht die größte Überzeugungskraft von allen in der Stadt besitzt, die schönsten Lieder singen und ihr dadurch die größten Wohltaten erweisen? Oder wollen wir so unvernünftig sein und auf diesen Teil verzichten, der doch wohl im höchsten Maße über die schönsten und nützlichsten Gesänge verfügen wird?

KL. Aber darauf zu verzichten ist unmöglich nach dem eben Gesagten.

ATH. Wie wäre also hierbei angemessen zu verfahren? Seht zu, ob folgendermaßen.

KL. Wie denn?

ATH. Jeder, der älter wird, ist doch voller Hemmungen vor dem Singen [e] und empfindet immer weniger Freude dabei. Und wenn er dazu gezwungen würde, so würde er sich noch mehr genieren, und dies umso mehr, je mehr er an Jahren und Besonnenheit zunimmt. Ist es nicht so?

KL. In der Tat, so ist es.

ATH. Und nun gar im Theater und vor allen möglichen Leuten aufrecht dazustehen und zu singen – da würde er sich doch gewiss noch mehr genieren. Und wenn solche Männer noch dazu gezwungen würden, wie die bei den Agonen um den Sieg wetteifernden Chöre durch Stimmbildungsübungen abgemagert und ausgehungert zu singen, so würden sie doch wohl erst recht voller Widerwillen und Hemmungen singen und dies nur ungern tun?

[666a] KL. Ganz unvermeidlich ist das, was du sagst.

ATH. Wie können wir sie denn aufmuntern, dass sie zum Singen gern bereit sind? Sollen wir nicht folgendes Gesetz erlassen? Zunächst sollen die Kinder bis zum 18. Lebensjahr überhaupt keinen Wein genießen, indem wir sie belehren, dass sie nicht Feuer zu Feuer in den Leib und in die Seele leiten dürfen, bevor sie sich anschicken, an die harten Aufgaben heranzugehen, weil sie sich vor der ungestümen Tollheit der Jugend in Acht nehmen müssen. Danach mögen sie Wein mit [b] Maßen genießen bis zum 30. Jahr, doch auf den Rausch und auf übermäßiges Trinken soll der junge Mann völlig verzichten. Geht er aber auf die Vierzig zu, so soll er sich's bei den gemeinsamen Mahlzeiten wohl sein lassen und dabei die Götter anrufen und unter andern insbesondere den Dionysos herbeirufen zur Feier und zum Vergnügen der Alten, das er den Menschen als helfendes Heilmittel gegen den strengen Ernst des Alters geschenkt hat, so dass wir wieder jung werden und durch [c] das Vergessen des Missmuts die harte Sinnesart der Seele wieder weicher wird – ganz wie das Eisen, das man ins Feuer gelegt hat – und sich so besser formen lässt. Würde nicht als Erstes jeder, der in eine solche Stimmung versetzt würde, bereit sein, mit größerer Lust und weniger Hemmungen zwar nicht vor vielen, aber doch vor einer mäßigen Zahl, und nicht vor Fremden, sondern vor Bekannten zu singen und, wie wir schon wiederholt gesagt haben, den Zaubergesang anzustimmen?

KL. Und zwar viel bereitwilliger.

ATH. Um sie dazu zu bringen, sich mit uns am Gesang zu beteiligen, [d] dürfte sich dieses Verfahren demnach als nicht ganz unpassend erweisen.

KL. Gewiss nicht.

ATH. Welchen Ton oder Musengesang sollen aber diese Männer anstimmen? Das muss doch offenbar einer sein, der sich für sie schickt?

KL. Ohne Zweifel.

ATH. Welcher würde sich denn nun wohl für göttliche Männer schicken? Der der Chöre?

KL. Wir jedenfalls, Fremder, und die Lakedaimonier könnten keinen andern Gesang anstimmen als den, den wir in den Chören gelernt haben, als wir an das Singen gewöhnt wurden.

ATH. Natürlich. Denn in Wahrheit seid ihr noch nicht zum schönsten [e] Gesang gelangt. Ihr habt nämlich eine Verfassung, wie sie einem Heerlager angemessen ist und nicht Bewohnern von Städten. Vielmehr haltet ihr eure jungen Leute wie Fohlen, die zusammen in einer Herde auf der Weide grasen, und keiner hat das seine genommen und es von seinen Weidegenossen gerissen, auch wenn es sich äußerst wild und störrisch gebärdete, und ihm einen eigenen Pferdeknecht gegeben und erzieht es, indem er es striegelt und zähmt und der Kindererziehung alle gebührende Aufmerksamkeit schenkt, wodurch der junge Mann nicht bloß ein [667a] guter Soldat würde, sondern auch fähig, Staat und Städte zu verwalten, ein Mann also, von dem wir anfangs gesagt hatten, er sei ein tüchtigerer Krieger als die Krieger des Tyrtaios, weil er stets und überall die Tapferkeit nur als das vierte Besitzstück der Tugend für Einzelne wie für einen ganzen Staat und nicht als das erste in Ehren halte.

KL. Ich weiß nicht, Fremder, irgendwie machst du damit schon wieder unsere Gesetzgeber schlecht.

ATH. Nicht in dieser Absicht, mein Guter, tue ich das, wenn überhaupt; sondern wohin uns unser Gespräch führt, dahin müssen wir ihm folgen, wenn ihr wollt. Wenn wir nämlich eine schönere Musenkunst als [b] die der Chöre und als die bei den gewöhnlichen Schauspielen kennen, dann wollen wir sie denen zuzuweisen suchen, die sich, wie wir behaupten, jener Letzteren schämen und an derjenigen teilzuhaben suchen, die die schönste ist.

KL. Gewiss.

ATH. Muss nun nicht als Erstes für alle Dinge, die eine Art angenehmer Reiz begleitet, Folgendes gelten: dass entweder eben dies allein das Wichtigste daran ist oder eine gewisse Richtigkeit oder drittens ein Nutzen? Zum Beispiel behaupte ich, das Essen und Trinken und überhaupt die Nahrungsaufnahme begleitet der angenehme Reiz, den wir als Lust [c] bezeichnen könnten; was aber die Richtigkeit und den Nutzen betrifft, so ist eben das, was wir von dem Dargereichten jeweils als gesund bezeichnen, gleichzeitig dabei auch das Richtigste.

KL. Allerdings.

ATH. Aber auch das Lernen, behaupte ich, begleitet ein angenehmer Reiz, die Lust; was aber seine Richtigkeit und seinen Nutzen und das Gute und Schöne daran bewirkt, das ist die Wahrheit.

KL. So ist es.

ATH. Doch wie steht es mit all den Künsten, die wegen der [d] Hervorbringung des Ähnlichen nachbildende heißen? Könnte man nicht, wenn sie dieses Ziel erreichen, das damit verbundene Auftreten von Lust, sofern sie als Begleiterscheinung auftritt, am angemessensten als ihren Reiz bezeichnen?

KL. Ja.

ATH. Aber die Richtigkeit solcher Werke wird doch wohl, um es ganz allgemein zu sagen, eher durch ihre genaue Übereinstimmung in Größe und Beschaffenheit bewirkt als durch die Lust.

KL. Sehr wahr.

ATH. Also wird man doch nach der Lust richtigerweise nur das allein beurteilen dürfen, was weder einen Nutzen noch eine Wahrheit noch [e] eine Ähnlichkeit als Erzeugnis darbietet, andererseits aber auch keinen Schaden, sondern dessen alleiniger Zweck das ist, was die andern Wirkungen begleitet, nämlich der angenehme Reiz, den man ja am besten dann als Lust bezeichnen würde, wenn keine dieser anderen Wirkungen mit ihm verbunden ist.

KL. Du meinst also bloß eine unschädliche Lust.

ATH. Ja, und für ein Spiel erkläre ich eben diese Lust,

wenn sie weder einen Schaden noch einen Nutzen bringt, der ernsthafter Beachtung oder der Rede wert wäre.

KL. Da hast du völlig recht.

ATH. Müssten wir also nicht für jede Nachahmung aufgrund des eben Gesagten fordern, dass sie auf keinen Fall nach der Lust und einer [668a] unwahren Meinung beurteilt werden darf und überhaupt jede Gleichheit – denn nicht deshalb, weil es jemandem so scheint oder nicht, oder weil sich einer an etwas freut, ist doch wohl das Gleiche gleich und das Ebenmäßige ebenmäßig –, sondern vor allem nach der Wahrheit, auf keinen Fall aber nach irgendetwas anderem?

KL. Unbedingt.

ATH. Nun sagen wir aber doch, dass jede Musik eine nachbildende und nachahmende Kunst ist?

KL. Was auch sonst?

ATH. Wenn also jemand behauptet, die Musik werde nach der Lust beurteilt, so dürfen wir diese Behauptung auf keinen Fall hinnehmen und dürfen auf keinen Fall nach einer solchen Kunst wie nach einer [b] ernsthaften Sache suchen, auch wenn es wirklich irgendwo eine solche geben sollte, sondern vielmehr nach derjenigen, die ihre Ähnlichkeit durch Nachahmung des Schönen erreicht.

KL. Sehr richtig.

ATH. Also müssen auch diese Männer, die ja nach dem schönsten Gesang und der schönsten Muse suchen, offenbar nicht nach einer suchen, die lustvoll, sondern nach einer, die richtig ist. Denn bei der Nachahmung, hatten wir gesagt, besteht die Richtigkeit doch darin, ob sie das Nachgeahmte in seiner Größe und Beschaffenheit wiedergibt.

KL. Ganz gewiss.

ATH. Und dies zumindest wird doch jedermann bei der Musik [c] zugeben, dass ihre Schöpfungen Nachahmung und Nachbildung sind; und werden sich darin nicht alle Dichter, Zuhörer und Darsteller einig sein?

KL. Allerdings.

ATH. Also muss man, wie es scheint, bei jeder künstlerischen Schöpfung erkennen, was sie eigentlich ist, wenn man dabei nicht fehlgehen will. Denn wer ihr Wesen nicht kennt, was sie überhaupt beabsichtigt und wovon sie wirklich ein Abbild ist, der wird kaum die richtige Ausführung dieser Absicht oder auch ihr Verfehlen erkennen.

KL. Kaum; wie sollte es auch anders sein?

[d] ATH. Wer aber die richtige Ausführung nicht erkennt, wird der wohl jemals die gute und die schlechte Ausführung unterscheiden können? Doch ich drücke mich nicht ganz klar aus; vielleicht lässt es sich folgendermaßen deutlicher ausdrücken.

KL. Wie denn?

ATH. Es gibt doch im Bereich des Sichtbaren tausenderlei Nachbildungen?

KL. Ja.

ATH. Wie, wenn nun jemand auch hierbei nicht wüsste, was denn ein jeder der dargestellten Körper überhaupt ist? Könnte er da wohl je erkennen, welcher von ihnen richtig ausgeführt ist? Ich meine damit etwa dies: ob die Ausführung zum Beispiel die Maßverhältnisse des Körpers [e] und die Lage all seiner Teile bewahrt, wie groß diese Verhältnisse sind und welche Teile neben welche gesetzt sind und dadurch die angemessene Anordnung erhalten haben, und ebenso auch die Farben und Körperhaltungen, oder ob dies alles ganz verworren ausgeführt ist. Scheint dies etwa jemals einer richtig beurteilen zu können, der überhaupt nicht weiß, was denn das dargestellte Lebewesen eigentlich ist?

KL. Wie sollte er!

ATH. Wie aber, wenn wir nun wüssten, dass das gemalte oder plastische Kunstwerk ein Mensch ist und alle ihm eigentümlichen Teile, Farben [669a] und Haltungen von der Kunst erhalten hat? Wird einer, der das erkannt hat, zwangsläufig auch sogleich ohne Mühe erkennen, ob das Bild schön ist oder inwiefern es der Schönheit ermangelt?

KL. Aber dann müssten wir doch fast alle, Fremder, die schönen Kunstwerke erkennen können!

ATH. Da hast du ganz recht. Muss also nicht bei jeder Nachbildung, in der Malerei und der Musik und überall, derjenige, der ein verständiger Beurteiler sein will, über folgende drei Fähigkeiten verfügen: [b] erstens muss er wissen, was das Dargestellte ist, dann wie richtig, dann als Drittes, wie gut eine jede Nachbildung in Worten, Melodien und Rhythmen ausgeführt ist?

KL. So scheint es jedenfalls. –

ATH. Wir wollen also nicht müde werden zu erörtern, worin die Schwierigkeit bei der Musik liegt. Denn da man über sie mehr Worte macht als über die andern Arten der Nachbildung, so erfordert sie die größte Vorsicht unter allen Nachbildungen. Denn einerseits würde jemand, der hier fehlgreift, den größten Schaden erleiden, indem er [c] schlechte Gesinnungen lieb gewinnt; andererseits ist es sehr schwer, so etwas zu bemerken, weil die Dichter schlechtere Dichter als die Musen selbst sind. Diese würden nämlich nie einen so großen Fehler begehen, dass sie, wenn sie Worte für Männer dichten, diesen die Klangfarbe und Melodie von Frauen zuwiesen und wenn sie eine Melodie und Körperhaltungen für Freie komponieren, damit die Rhythmen von Sklaven und Unfreien kombinieren würden, oder dass sie umgekehrt die Rhythmen und Körperhaltungen von Freien zur Grundlage nähmen und eine den Rhythmen zuwiderlaufende Melodie oder Worte hinzufügten; ferner würden sie wohl auch niemals die Laute von Tieren, Menschen und [d] Instrumenten und alle möglichen Geräusche zusammen ertönen lassen, als ob sie damit etwas Einheitliches darstellten. Menschliche Dichter dagegen, die das bunt ineinanderflechten und ohne Sinn zusammenmengen, werden wohl bei allen Menschen Gelächter hervorrufen, die, wie Orpheus sagt, »zur Reife des Genusses« gelangt sind; denn sie sehen, dass das alles zu einem Mischmasch verrührt ist. Darüber hinaus trennen die Dichter sogar den Rhythmus und die Körperhaltungen von der Melodie, indem sie bloße Worte in Versmaße fassen, und tragen umgekehrt [e] Melodie und Rhythmus ohne Worte vor, indem sie das Kithara- und Flötenspiel rein instrumental einsetzen, wobei natürlich nur sehr schwer zu erkennen ist, was Rhythmus und Harmonie, die ohne Worte vorgetragen werden, besagen wollen und mit welcher der Nachahmungen, die der Rede wert sind, man sie vergleichen könnte. Vielmehr müssen wir annehmen, dass eine solche Kunst ganz voller Rohheit ist, wenn sie so sehr in Geschwindigkeit und fehlerloses Spiel und in tierische Laute verliebt ist, dass sie die Flöte und die Kithara auch anders als nur zur [670a] Begleitung von Tanz und Gesang benutzt, wo doch deren rein instrumentale Verwendung zu ganz unmusischer Artistik führt. Damit hätte dies also seine Erklärung gefunden. Wir aber untersuchen ja nicht, wozu diejenigen von uns, die bereits über die Dreißig oder gar die Fünfzig hinaus sind, die Musen nicht gebrauchen, sondern wozu sie sie gebrauchen sollen. Folgendes nun scheint mir unser Gespräch als Konsequenz hieraus bereits anzudeuten: Die 50-Jährigen, denen es zukommt zu [b] singen, müssen besser ausgerüstet sein, als es die Musik der Chöre erfordert; denn für Rhythmen und Harmonien müssen sie ein feines Gefühl haben und beides gut kennen; oder wie sonst sollte einer die richtige Beschaffenheit der Lieder erkennen, für welches die dorische Tonart angemessen ist oder nicht und ebenso der Rhythmus, den der Dichter damit verbunden hat, ob er dabei richtig verfahren ist oder nicht?

KL. Das ist natürlich unmöglich.

ATH. Denn es ist doch lächerlich, wenn der große Haufen genau zu erkennen glaubt, was in Harmonie und Rhythmus gut gelungen ist und was nicht, Leute, die nur darauf gedrillt worden sind, zur Flöte zu singen [c] und im Takt ihre Schritte zu setzen; dass sie das aber tun, ohne die Einzelheiten davon zu kennen, das bedenken sie nicht. Und dabei ist doch jedes Lied nur richtig, wenn die Elemente, die es enthält, angemessen sind, und fehlerhaft, wenn diese nicht angemessen sind.

KL. Unbedingt.

ATH. Doch wie steht es mit dem, der nicht einmal erkennt, was ein Lied überhaupt enthält? Wird der wohl jemals, wie wir es verlangt haben, bei irgendeinem Lied erkennen können, dass es richtig komponiert ist?

KL. Wie sollte das möglich sein?

ATH. Dies also haben wir jetzt offensichtlich erneut herausgefunden: Für unsere Sänger, die wir jetzt aufrufen und gewissermaßen zu [d] freiwilligem Singen zwingen, ist es geradezu unerlässlich, dass sie zumindest so weit ausgebildet sind, dass ein jeder fähig ist, den Taktschritten der Rhythmen und den Tönen der Melodie zu folgen, damit sie aufgrund ihrer Einsicht in die Harmonien und die Rhythmen das Angemessene auszuwählen vermögen, das Männern solchen Alters und von solcher Art zu singen ziemt, und damit sie dies dann auch dementsprechend singen und durch ihr Singen nicht nur selber für den Augenblick eine [e] harmlose Lust empfinden, sondern auch die Jüngeren zur rechten Freude an guten Gesinnungen hinleiten. Sind sie aber so weit ausgebildet, so werden sie damit wohl über eine gründlichere Bildung verfügen als die, die der Masse angemessen ist, ja sogar als die der Dichter selbst. Denn jenes Dritte braucht ein Dichter überhaupt nicht zu wissen, ob die Nachahmung schön ist oder nicht schön; die Kenntnis von Harmonie und Rhythmus dagegen ist für ihn so gut wie unerlässlich. Jene Sänger aber müssen alle drei Aspekte kennen, um das Schönste und das Zweitschönste auswählen zu können, oder sie werden niemals fähig sein, junge [671a] Leute durch ihren Zaubergesang für die Tugend zu gewinnen. Und was unser Gespräch sich am Anfang vorgenommen hat, nämlich unser Eintreten für den Chor des Dionysos als wohlbegründet zu erweisen, das hat es nach bestem Vermögen dargelegt. Sehen wir nun zu, ob dies erreicht worden ist. Eine solche Gesellschaft muss doch zwangsläufig, je weiter das Trinken fortschreitet, immer lärmender werden, was wir ja bereits anfangs als einen unvermeidlichen Vorgang bei den Trinkgelagen, [b] wie sie heutzutage verlaufen, vorausgesetzt haben.

KL. Das ist unvermeidlich.

ATH. Und ein jeder fühlt sich über sich selbst erhoben und ist voller Freude und wird von zügelloser Redseligkeit erfüllt und ist in einem solchen Zustand nicht mehr bereit, auf seinen Nachbarn zu hören, sondern glaubt fähig geworden zu sein, über sich selbst und über die andern zu herrschen.

KL. Zweifellos.

ATH. Haben wir nun nicht gesagt, wenn das geschehe, so würden die Seelen der Zechenden wie ein Stück Eisen, vom Feuer durchglüht, weicher werden und jugendlicher, so dass sie für den, der die Möglichkeit [c] und die Fähigkeit besitzt, sie zu erziehen und zu formen, leicht lenkbar werden, so wie damals, als sie noch jung waren? Dieser Formende aber sei derselbe wie damals, nämlich der gute Gesetzgeber, von dem Gesetze für die Trinkgelage aufgestellt sein müssen, welche imstande sind, denjenigen, der hoffnungsfroh, dreist und schamlos über Gebühr wird und sich nicht der Ordnung und der Abwechslung von Schweigen und Reden, von Trinken und Singen fügen will, dazu zu bringen, dass er ganz das Gegenteil hiervon tun will, und welche die Trinkenden dazu befähigen, der unschönen Dreistigkeit, wenn sie auf den Plan tritt, die [d] schönste Furcht als Kämpferin im Bunde mit der Gerechtigkeit entgegenzustellen, jene göttliche Furcht, die wir als Scheu und Scham bezeichnet haben?

KL. So ist es.

ATH. Und Gesetzeswächter und Mitarbeiter dieser Gesetze seien die unerschütterlichen und nüchternen Befehlshaber der Nichtnüchternen, ohne die mit dem Rausch zu kämpfen gefährlicher sei als mit dem Feind ohne unerschütterliche Anführer; und wer es nicht fertig bringt, diesen [e] Gesetzen und den Führern des Dionysos, den Leuten über Sechzig, zu gehorchen, der solle die gleiche und noch größere Schande davontragen als der, der den Führern des Ares ungehorsam ist.

KL. Richtig.

ATH. Wenn nun der Rausch und das heitere Vergnügen in einer solchen Weise gehandhabt würde, würden dann nicht solche Zechgenossen dadurch gefördert und noch enger als zuvor miteinander befreundet [672a] auseinandergehen, nicht aber wie jetzt als Feinde, weil nämlich ihr ganzes Beisammensein den Gesetzen gemäß verlaufen wäre und sie Folge geleistet hätten, sooft die Nüchternen den Nichtnüchternen Anweisungen gaben?

KL. Richtig, vorausgesetzt, dass der Rausch wirklich so gehandhabt würde, wie du dies jetzt vorschlägst.

ATH. Wir wollen also nicht mehr so ohne Weiteres jenen Tadel gegen die Gabe des Dionysos vorbringen, dass sie schlecht sei und es nicht verdiene, in die Stadt aufgenommen zu werden. Denn man könnte in der Tat noch mehr hierüber sagen; doch selbst das größte Gut, das er schenkt, scheut man sich vor der großen Menge zu erwähnen, da es die [b] Leute verkehrt auffassen und verkennen, wenn man davon spricht.

KL. Welches denn?

ATH. Eine Erzählung und zugleich alte Sage geht irgendwie heimlich um, dass dieser Gott von seiner Stiefmutter Hera seines Verstandes beraubt worden sei; deswegen errege er die bakchischen Verzückungen und den ganzen rasenden Reigentanz, um sich zu rächen; deshalb habe er auch den Wein zum selben Zweck geschenkt. So etwas zu erzählen überlasse ich den Leuten, die es für unbedenklich halten, solche Dinge über die Götter zu erzählen. So viel jedoch weiß ich, dass kein Lebewesen [c] jemals mit demselben und mit ebensoviel Verstand geboren wird, wie es besitzen muss, wenn es erwachsen ist. Während der Zeit nun, in der es noch nicht die ihm zukommende Einsicht besitzt, gebärdet sich ein jedes ganz rasend und stößt ein regelloses Geschrei aus, und sobald es sich aufrichten kann, springt es auch regellos herum. Wir wollen uns aber daran erinnern, dass wir dies als die Anfänge von Musik und Gymnastik bezeichnet haben.

KL. Wir erinnern uns; wie sollten wir auch nicht!

ATH. Und doch auch daran, dass wir gesagt haben, das Gefühl für [d] Rhythmus und Harmonie habe uns Menschen zu diesem Anfang verholfen, und von den Göttern seien Apollon, die Musen und Dionysos seine Urheber?

KL. Gewiss.

ATH. Was nun insbesondere den Wein angeht, so behauptet offensichtlich das Gerede der andern Leute, er sei uns geschenkt worden, damit wir rasend würden, um so Rache an den Menschen zu nehmen. Die von uns jetzt vertretene Ansicht aber behauptet, dass er uns als Heilmittel zum entgegengesetzten Zweck gegeben worden ist, damit die Seele Scham und der Leib Gesundheit und Kraft erwirbt.

KL. Sehr schön, Fremder, hast du uns unser Gespräch wieder ins Gedächtnis gerufen.

[e] ATH. Und so wären wir denn mit der einen Hälfte des Chortanzes am Ziel; die zweite Hälfte aber wollen wir je nach unserem Gutdünken zu Ende bringen oder auch sein lassen.

KL. Von welcher sprichst du, und wie zerlegst du beide Hälften?

ATH. Der Chortanz als Ganzes machte doch in unsern Augen die ganze Erziehung aus; davon wiederum besteht ein Teil in Rhythmen und Harmonien, nämlich der, der mit der Stimme zu tun hat.

KL. Ja.

ATH. Der andere aber, der mit der Bewegung des Körpers zu tun hat, hatte zwar den Rhythmus mit der Bewegung der Stimme gemein, die Körperhaltung aber als besondere Eigentümlichkeit, so wie dort die [673a] Melodie der Bewegung der Stimme eigentümlich ist.

KL. Sehr wahr.

ATH. Was nun von der Stimme bis in die Seele hineindringt, das haben wir, als eine Erziehung zur Tugend hin, irgendwie als ›Musik‹ bezeichnet.

KL. Aber doch gewiss mit Recht.

ATH. Was aber die Bewegung des Körpers angeht, die wir, wenn man sie als bloßes Spiel betreibt, als Tanz bezeichnet haben, so wollen wir, wenn eine solche Bewegung bis zur körperlichen Tüchtigkeit betrieben wird, die methodische Hinführung des Körpers zu einem solchen Zustand ›Gymnastik‹ nennen.

KL. Sehr richtig.

[b] ATH. Was aber die Musik betrifft, von der wir eben sagten, dass wir mit ihr ungefähr eine Hälfte des Chortanzes durchgesprochen und abgeschlossen haben, so soll es auch jetzt bei dieser Feststellung bleiben. Wollen wir aber auch die andere Hälfte besprechen, oder wie und in welcher Weise sollen wir verfahren?

KL. Mein Bester, da du dich mit Kretern und Lakedaimoniern unterhältst und da wir die Musik besprochen haben, mit der Gymnastik aber noch im Rückstand sind, was wird dir da wohl der eine oder der andere von uns beiden auf diese Frage antworten?

ATH. Ich würde sagen, du hast mit dieser Frage ziemlich deutlich [c] geantwortet, und ich begreife, dass diese, obgleich eine Frage, jetzt nicht nur, wie ich gerade sagte, eine Antwort darstellt, sondern darüber hinaus eine Aufforderung, die Gymnastik durchzusprechen.

KL. Du hast mich sehr gut verstanden, und so tue dies denn.

ATH. Das muss ich wohl; es ist ja auch nicht besonders schwer, Dinge zu besprechen, die euch beiden vertraut sind; denn in dieser Kunst habt ihr mehr Erfahrung als in jener.

KL. Da magst du recht haben.

ATH. Nun denn: Der Ursprung auch dieses Spiels liegt wiederum [d] darin, dass jedes Lebewesen von Natur gewohnt ist zu springen; der Mensch aber, der, wie gesagt, das Gefühl für den Rhythmus empfangen hat, zeugte und gebar den Tanz, und da das Lied zum Rhythmus anregte und ihn weckte, erzeugten sie beide miteinander vereint den Chortanz und sein heiteres Spiel.

KL. Sehr wahr.

ATH. Und einen Teil davon haben wir, wie gesagt, bereits erörtert; den andern aber wollen wir im Anschluss daran zu erörtern suchen.

KL. Unbedingt.

ATH. Zuerst wollen wir nun auf die Handhabung des Rausches den [e] Schlussstein setzen, falls auch ihr beide damit einverstanden seid.

KL. Welchen und was für einen Stein meinst du?

ATH. Wenn eine Stadt in der Überzeugung, dass es sich bei der eben genannten Gepflogenheit um eine ernste Sache handelt, diese mithilfe von Gesetz und Ordnung handhabt, indem sie sie zur Einübung der Besonnenheit benutzt, und wenn sie sich auch die andern Genüsse in derselben Weise und nach demselben Grundsatz nicht versagt, indem sie Maßnahmen zu ihrer Bemeisterung trifft, dann mag sie sich dies alles in der angegebenen Weise gestatten. Wenn man sie aber wie einen Spaß handhabt und wenn jedem, der will und wann und mit wem er will, zu [674a] zechen erlaubt ist, und dies in Verbindung mit allen möglichen sonstigen Gepflogenheiten, dann möchte ich nicht meine Stimme dafür abgeben, dass eine solche Stadt oder ein solcher Mann sich jemals berauschen darf; sondern lieber noch als für die Praxis der Kreter und Lakedaimonier würde ich für das Gesetz der Karthager stimmen, dass niemand jemals im Heerlager von diesem Getränk kosten darf, sondern er sich während der ganzen Zeit ans Wassertrinken halten soll, und dass in der Stadt weder eine Sklavin noch ein Sklave jemals davon kosten darf, und [b] dass auch die Beamten im Jahre ihres Amtes und auch die Steuermänner und Richter, solange sie im Dienst sind, überhaupt keinen Wein kosten dürfen, ferner niemand, der sich als Ratsmitglied zu irgendeiner wichtigen Beratung begibt, und überhaupt niemand am Tage, es sei denn zur Kräftigung des Körpers oder krankheitshalber, und auch nicht nachts, falls jemand, ob Mann oder Frau, Kinder zu zeugen beabsichtigt. Und so könnte man noch viele andere Fälle anführen, in denen diejenigen, welche Vernunft und ein richtiges Gesetz besitzen, keinen Wein [c] trinken dürfen;

so dass bei diesem Grundsatz auch keine Stadt viele Weinstöcke benötigen würde; vielmehr würden nicht nur alle andern Anpflanzungen und die ganze Lebensweise fest geregelt sein, sondern namentlich auch der Weinanbau nur in bescheidenstem und geringem Maße betrieben werden. Das, liebe Freunde, sei für uns, wenn auch ihr damit einverstanden seid, als Schlussstein unserer Erörterung über den Wein vorgetragen.

KL. Schön, und wir sind damit einverstanden.

Drittes Buch

[676a] ATH. Damit verhält es sich denn so. Was aber ist denn unserer Ansicht nach der Ursprung staatlicher Ordnung gewesen? Könnte man ihn nicht von folgendem Standpunkt aus am leichtesten und besten erkennen?

KL. Von welchem aus?

ATH. Von dem aus, von wo man auch die Entwicklung der Städte in ihrem Fortschreiten zur Tugend und zur Schlechtigkeit jeweils betrachten muss.

KL. Und von welchem aus meinst du?

ATH. Ich meine, ausgehend von der Länge und Unendlichkeit der Zeit [b] und von den Veränderungen in einer solchen Zeit.

KL. Wie meinst du das?

ATH. Sag: Glaubst du wohl jemals die Länge der Zeit erfassen zu können, die vergangen ist, seit es Städte gibt und Menschen, die in staatlichen Ordnungen leben?

KL. Das ist keineswegs leicht.

ATH. Aber das siehst du ein, dass der Zeitraum unendlich und unvorstellbar lang ist?

KL. Das allerdings.

ATH. Sind uns nun nicht tausend und abertausend Städte in dieser Zeit entstanden, aber auch im selben Größenverhältnis nicht weniger [c] Städte vernichtet worden? Und haben sie nicht überall viele Male alle Arten von Staatsverfassungen durchgemacht? Und bald sind aus kleineren größere, bald aus größeren kleinere und schlechtere aus besseren und bessere aus schlechteren geworden?

KL. Notwendig.

ATH. Für diese Veränderung wollen wir nun, wenn wir

können, die Ursache zu erfassen suchen; denn vielleicht kann sie uns die erste Entstehung und Umgestaltung der Staatsordnungen aufzeigen.

KL. Ein guter Vorschlag; und wir müssen uns alle Mühe geben: du, indem du uns deine Gedanken hierüber mitteilst; wir, indem wir dir dabei folgen.

[677a] ATH. Nun denn: Meint ihr, dass die alten Sagen irgendeine Wahrheit enthalten?

KL. Welche Sagen denn?

ATH. Dass viele Vernichtungen der Menschheit stattgefunden haben durch Überschwemmungen, durch Seuchen und vieles andere, wobei immer nur ein kleiner Teil des Menschengeschlechts übrig blieb.

KL. Ja, das erscheint jedermann ganz glaubhaft.

ATH. Nun, so wollen wir uns eine von den vielen Vernichtungen vorstellen, nämlich diejenige, die einst durch die Überschwemmung verursacht wurde.

KL. Und welche Vorstellung sollen wir uns davon machen?

[b] ATH. Dass die, die damals die Vernichtung entgingen, durchweg Berghirten gewesen sein werden, schwache Funken des Menschengeschlechts, die irgendwo auf den Berggipfeln gerettet worden sind.

KL. Das ist klar.

ATH. Ferner werden doch solche Leute zwangsläufig in den Kunstfertigkeiten überhaupt unerfahren gewesen sein und so besonders in den Schlichen, die man in den Städten zur Befriedigung der Gewinnsucht und des Ehrgeizes gegeneinander anwendet und was man sonst noch an Schurkereien gegeneinander aussinnt.

KL. Das ist jedenfalls wahrscheinlich.

[c] ATH. Sollen wir nun annehmen, dass die in den Ebenen und am Meer erbauten Städte in der damaligen Zeit bis auf den Grund vernichtet wurden?

KL. Das wollen wir.

ATH. Also werden wir auch behaupten müssen, dass alle Werkzeuge untergingen und was es etwa an ernstzunehmenden Erfindungen auf dem Gebiet der Staatskunst oder sonst einer Fertigkeit gab, dass also diese alle in der damaligen Zeit verloren gingen?

KL. Ja, mein Bester; denn wenn diese die ganze Zeit hindurch in der Form erhalten geblieben wären, in der sie heute vorhanden sind, wie hätte da jemals auch nur irgend etwas Neues erfunden werden können? [d] Dies beweist, dass diese Dinge offenbar zahllose Jahrtausende hindurch den Leuten damals unbekannt geblieben sind und dass erst 1000 oder doppelt so viele Jahre vergangen sind, seit sie wieder entstanden sind: Einiges ist von Daidalos entdeckt worden, anderes von Orpheus, wieder anderes von Palamedes, die Kunst der Musik von Marsyas und Olympos, das Lyraspiel von Amphion und von anderen wiederum sehr vieles andere, das sozusagen erst gestern und vorgestern entstanden ist.

ATH. Sehr hübsch, Kleinias, dass du den Freund ausgelassen hast, der recht eigentlich erst gestern geboren wurde.

KL. Meinst du etwa den Epimenides?

[e] ATH. Ja, ihn; denn weit, mein Lieber, hat euer Freund jene alle insgesamt durch die Erfindung übertroffen, die zwar Hesiod längst mit Worten angedeutet hatte, er aber erst durch die Tat verwirklicht hat, wie ihr behauptet.

KL. Allerdings behaupten wir das.

ATH. Müssen wir also nicht sagen, dass damals, als die Vernichtung stattgefunden hatte, die Lage der Menschen folgende war: eine ungeheure, schaurige Einöde, aber eine sehr große Menge von ergiebigem Land; an Tieren jedoch gab es, da die andern Arten verschwunden waren, nur einige Rinderherden und vielleicht ein Ziegengeschlecht, das etwa zufällig irgendwo am Leben geblieben war, und auch diese reichten [678a] in den Anfängen damals für ihre Hirten nur knapp zum Leben aus?

KL. Gewiss.

ATH. Was aber Staat, Verfassung und Gesetzgebung angeht, wovon unser jetziges Gespräch handelt: Glauben wir, dass sich davon, um es genau zu sagen, überhaupt auch nur eine Erinnerung erhalten hatte?

KL. Auf keinen Fall.

ATH. Aus diesen damaligen Zuständen sind also erst unsere heutigen Einrichtungen insgesamt hervorgegangen, Staaten und Staatsverfassungen, Künste und Gesetze, und so auch viel Schlechtigkeit, aber auch viel Tugend.

KL. Wie meinst du das?

[b] ATH. Meinen wir denn, mein Bester, dass die Menschen damals, die mit dem vielen Schönen in den Städten, aber auch mit dessen Gegenteil unbekannt waren, vollkommen in der Tugend oder in der Schlechtigkeit gewesen sind?

KL. Das hast du schön gesagt, und wir begreifen, was du meinst.

ATH. Also erst mit dem Fortschreiten der Zeit und mit dem Anwachsen unseres Geschlechtes ist alles jeweils zu dem jetzigen Zustand fortgeschritten?

KL. Ganz richtig.

ATH. Natürlich nicht mit einem Mal, sondern in kleinen Schritten im Laufe sehr langer Zeit.

[c] KL. Ja, so muss das wohl gewesen sein.

ATH. Denn um von den Höhen in die Ebenen hinabzusteigen, dazu dröhnte ihnen allen, glaube ich, der Schrecken noch zu sehr in den Ohren.

KL. Zweifellos.

ATH. War es nun nicht so: Wegen ihrer geringen Zahl empfanden sie in der damaligen Zeit eine große Freude, wenn sie einander sahen, die Fahrzeuge jedoch, um damals zu Lande oder zu Wasser zueinander zu gelangen, waren zusammen mit den technischen Fertigkeiten fast alle, muss man sagen, untergegangen? Miteinander zu verkehren war ihnen daher, denke ich, nicht leicht möglich. Denn Eisen und Kupfer und alle [d] übrigen Metalle waren durch Verschüttung verschwunden, so dass es ganz unmöglich war, solche von neuem auszuscheiden, und auch mit dem Holzfällen waren sie in Verlegenheit. Denn wenn sich auch irgendwo ein Werkzeug auf den Bergen erhalten hatte, so ging das durch Abnutzung bald wieder verloren; neue aber ließen sich nicht herstellen, ehe nicht die Technik der Metallgewinnung wieder unter die Menschen gelangt war.

KL. Wie hätte das auch möglich sein sollen?

ATH. Wie viele Generationen später mag das wohl unserer Meinung nach geschehen sein?

[e] KL. Natürlich sehr viele.

ATH. Also werden auch die Techniken, die auf das Eisen angewiesen sind und auf Kupfer und alle Metalle dieser Art, damals denselben Zeitraum hindurch und noch länger verschwunden gewesen sein?

KL. Ohne Zweifel.

ATH. Und so waren auch Bürgerzwist und Krieg in der damaligen Zeit aus vielerlei Gründen verschwunden.

KL. Wieso?

ATH. Erstens hatten sie einander gern und waren einander freundlich gesonnen wegen ihrer Vereinzelung. Sodann gab es unter ihnen keinen [679a] Streit um die Nahrung. Denn an Weideland herrschte keine Knappheit – außer vielleicht bei einigen am Anfang –, womit sie ja damals zum größten Teil ihren Lebensunterhalt bestritten; denn an Milch und Fleisch hatten sie keinerlei Mangel. Ferner verschafften sie sich durch die Jagd keine schlechte oder kärgliche Nahrung. Auch Kleider, Decken, Wohnungen und Gefäße zum Gebrauch auf dem Feuer und solche zum Gebrauch ohne Feuer hatten sie reichlich. Denn die Techniken des Formens und die Flechtkünste benötigen keinerlei Eisen, und diese beiden [b] Techniken hat Gott den Menschen gegeben, um sich all das zu verschaffen, damit das Menschengeschlecht immer, wenn es in solche Not gerate, eine Möglichkeit des Wachsens und Gedeihens habe. Arm waren sie also nicht sonderlich in einer solchen Lage, auch gerieten sie nicht unter dem Zwang der Armut in Streit miteinander; reich allerdings wären sie wohl nie geworden, da sie kein Gold und Silber besaßen, wie es damals bei ihnen der Fall war. In einer Gemeinschaft aber, in der weder Reichtum noch Armut einen Wohnsitz haben, da werden wohl so ziemlich die edelsten Gesinnungen entstehen; denn weder Übermut noch [c] Ungerechtigkeit noch umgekehrt Eifersucht und Neid entstehen in ihr. Gut also waren sie aus diesen Gründen und auch infolge der sogenannten Gutmütigkeit; denn wenn sie hörten, wie etwas als schön oder als schimpflich bezeichnet wurde, so hielten sie diese Aussage, gutmütig wie sie waren, für die reine Wahrheit und glaubten ihr; denn niemand wusste wie heutzutage aus Schlauheit eine Lüge dahinter zu vermuten, sondern sie hielten das, was über Götter und Menschen gesagt wurde, für wahr und lebten auch danach. Aus diesem Grund waren sie ganz so geartet, wie wir sie eben geschildert haben.

[d] KL. Mir jedenfalls und unserem Freund hier scheint es auch so.

ATH. Wollen wir also nicht behaupten, dass viele Generationen, die in dieser Weise gelebt haben, im Vergleich mit den vor der Flut und mit den heute Geborenen zwar ungeschickter und unwissender gewesen sein werden sowohl in den übrigen Kunstfertigkeiten als auch besonders in den kriegerischen Techniken, wie sie heute zu Lande und auf dem Meere angewandt werden, und auch in denjenigen, die bloß innerhalb einer Stadt praktiziert werden, wo sie ›Gerichtsprozesse‹ und ›Aufstände‹ heißen und in Wort und Tat alle möglichen Schliche hervorgebracht [e] haben, um einander Böses und Unrecht anzutun – dass sie aber gutmütiger waren und tapferer und zugleich besonnener und in allem gerechter? Die Ursache davon aber haben wir bereits dargelegt.

KL. Du hast recht.

ATH. Dies und alles, was sich daran noch anschließt, sei nun von uns zu dem Zweck vorgetragen, dass wir erkennen, welches Bedürfnis nach [680a] Gesetzen die Leute damals überhaupt hatten und wer ihr Gesetzgeber war.

KL. Wirklich ein schöner Vorschlag.

ATH. Nun, jene Menschen brauchten doch noch gar keine Gesetzgeber, und so etwas war zu dieser Zeit noch gar nicht üblich? Denn die Leute, die in diesem Abschnitt des Zeitenumlaufs geboren worden sind, haben ja noch keine Schrift, sondern sie leben, indem sie den Gewohnheiten und den sogenannten Bräuchen der Väter folgen.

KL. Das ist jedenfalls wahrscheinlich.

ATH. Doch ist auch dies bereits eine Form staatlicher Verfassung.

KL. Und was für eine?

[b] ATH. Mir scheint, dass alle die Verfassung jener Zeit als eine dynastische Herrschaft bezeichnen, wie sie auch heute noch vielerorts bei den Hellenen und Barbaren besteht. Sie erwähnt auch Homer und sagt, dass sie im Wohngebiet der Kyklopen bestanden habe; seine Worte lauten:

»Ratsversammlungen kennen sie nicht, auch keine Gesetze,
sondern sie alle bewohnen die Häupter der hohen Gebirge
in gewölbeten Höhlen; und jeder herrscht selber als Richter
[c] über Kinder und Frauen, und kümmern sich nicht umeinander.«

KL. Es scheint, dass ihr in ihm einen reizvollen Dichter besitzt; denn wir haben auch noch anderes von ihm gelesen, das recht hübsch ist, freilich nicht vieles; wir Kreter geben uns nämlich nur wenig mit ausländischer Dichtung ab.

MEG. Wir hingegen tun dies, und er scheint alle andern Dichter dieser Gattung zu übertreffen; allerdings schildert er keine spartanische, [d] sondern immer wieder eine eher jonische Lebensweise. Jetzt erweist er sich aber offenbar als ein guter Zeuge für deine Behauptung, indem er diese ihre altertümliche Lebensweise in seiner Erzählung auf ihre Rohheit zurückführt.

ATH. Ja, er unterstützt uns mit seinem Zeugnis, und wir wollen ihn zum Gewährsmann dafür nehmen, dass solche Staatsformen irgendwann einmal entstehen.

KL. Richtig.

ATH. Und entstehen sie nicht gerade unter diesen Menschen, die jeweils in einem Haus und einer Sippe zerstreut wohnen infolge der bei [e] den Vernichtungen entstandenen Notlage? Und werden darin nicht die Ältesten herrschen, weil die Herrschaft von Vater und Mutter auf sie gekommen ist, während die andern ihnen folgen und sie so wie Vögel einen einzigen Schwarm bilden werden, indem sie unter dem väterlichen Regiment und somit unter der gerechtesten von allen Formen der Königsherrschaft leben?

KL. Auf jeden Fall.

ATH. Danach schließen sie sich zu einer Gemeinschaft zusammen, wobei sie wegen ihrer größeren Anzahl auch größere Siedlungen anlegen, und wenden sich dem Ackerbau zunächst an Berghängen zu und [681a] errichten ringsum wallartige Umfriedungen als schützende Mauern wegen der wilden Tiere und bringen so wiederum eine gemeinsame und große Wohnstätte zustande.

KL. Eine solche Entwicklung ist jedenfalls wahrscheinlich.

ATH. Und ist nicht auch Folgendes wahrscheinlich?

KL. Was denn?

ATH. Wenn diese größeren Wohngemeinschaften aus den kleineren und ursprünglichen hervorwachsen, so wird jede der kleineren bei ihrem Anschluss nicht nur in jeder Sippe den Ältesten als Herrscher mitbringen, [b] sondern weil sie voneinander getrennt wohnen, auch gewisse ihr eigentümliche Gewohnheiten, und zwar, da sie von verschiedenen Erzeugern und Erziehern herstammen, jeweils verschiedene Gewohnheiten, an die sie sich in ihrem Verhalten gegenüber den Göttern und untereinander gewöhnt haben und die umso zuchtvoller sind, je zuchtvoller, und umso mannhafter, je mannhafter jene gewesen sind. Und weil sie so regelmäßig ihre eigenen Anschauungen jeweils ihren Kindern und Kindeskindern einprägen, bringen sie, wie gesagt, ihre eigenen Bräuche mit, wenn sie in die größere Wohngemeinschaft eintreten.

KL. Natürlich.

[c] ATH. Und gewiss ist es unvermeidlich, dass die eigenen Gebräuche jeweils ihnen am besten gefallen, die der andern aber erst an zweiter Stelle.

KL. So ist es.

ATH. Damit wären wir ja unversehens am Ursprung der Gesetzgebung angelangt.

KL. Allerdings.

ATH. Als Nächstes jedenfalls müssen diese nach ihrem Zusammenschluss gewisse gemeinsame Leute aus ihrer Mitte wählen, die sich die Bräuche und Gesetze aller Gruppen ansehen und die dann das, was ihnen davon für die Gemeinschaft am besten gefällt, den Anführern und [d] denen, die die Völker nach Art von Königen lenken, offen vorlegen und ihnen die Annahme anheimstellen; sie selbst werden daher Gesetzgeber heißen; und indem sie jene Anführer als Herrscher einsetzen, werden sie eine Art Aristokratie aus den dynastischen Herrschaften oder auch eine Art Königsherrschaft schaffen, und unter dieser umgewandelten Verfassung werden sie dann leben.

KL. So und in dieser Form könnte sich das wohl nacheinander abspielen.

ATH. Als Drittes nun, wollen wir sagen, entsteht noch eine Form staatlicher Organisation, in der alle möglichen Arten und Veränderungen von Verfassungen und zugleich von Staaten zusammen auftreten.

KL. Welche wäre denn das?

[e] ATH. Diejenige, die auch Homer nach der zweiten angedeutet hat, indem er sagt, die dritte sei folgendermaßen entstanden: »er wurde Dardanias Gründer«, sagt er nämlich irgendwo, »die heilige Ilios nämlich / stand noch nicht in der Ebne als Stadt der sterblichen Menschen, / sondern am Abhang wohnten sie noch des quellreichen Ida.«

[682a] Diese Verse nämlich und jene, die er über die Kyklopen gedichtet hat, sind irgendwie aus göttlicher Eingebung heraus und ganz der Natur der Sache gemäß gesprochen; denn da die Zunft der Dichter ein göttliches Geschlecht ist und beim Singen von einem Gott inspiriert wird, so treffen sie vielfach mithilfe irgendwelcher Chariten und Musen jeweils den wahren Ablauf der Ereignisse.

KL. Jawohl.

ATH. Wir wollen also der Sage, die uns jetzt in den Sinn gekommen ist, noch weiter nachgehen; vielleicht könnte sie uns einen Hinweis für unser Vorhaben geben. Sollen wir das nicht tun?

[b] KL. Unbedingt.

ATH. Ilion wurde also von hohen Bergen aus, behaupten wir, in einer großen und schönen Ebene gegründet, auf einem nicht besonders hohen Hügel mit vielen Flüssen, die oben vom Idagebirge herabströmen.

KL. So erzählt man jedenfalls.

ATH. Müssen wir nun nicht annehmen, dass das erst ziemlich lange Zeit nach der Flut geschehen ist?

KL. Gewiss, erst lange danach.

ATH. Damals muss anscheinend ein gewaltiges Vergessen der eben [c] erwähnten Vernichtung bei ihnen eingetreten sein, als sie so dicht an zahlreichen von den Höhen herabströmenden Flüssen eine Stadt gründeten, indem sie ihr Vertrauen auf nicht besonders hohe Hügel setzten.

KL. Demnach ist klar, dass sie bereits durch einen ganz langen Zeitabstand von einem derartigen Unglück getrennt waren.

ATH. Und auch andere Städte, denke ich mir, wurden damals bereits in großer Zahl gegründet, weil die Menschenmenge anwuchs.

KL. Gewiss.

ATH. Diese Städte unternahmen doch wohl auch Kriegszüge gegen Troja, vielleicht sogar zur See, da bereits alle Leute ohne Furcht das Meer befuhren.

[d] KL. So scheint es.

ATH. Und nachdem die Achaier etwa zehn Jahre hier ausgeharrt hatten, zerstörten sie Troja.

KL. Gewiss.

ATH. In diesem zehnjährigen Zeitraum, während dessen Ilion belagert wurde, ereignete sich nun in der jeweiligen Heimat der Belagerer viel Schlimmes durch die Aufstände der Jüngeren, die sogar die in ihre eigenen Städte und Häuser heimkehrenden Krieger nicht schön noch so, wie es gerecht gewesen wäre, empfingen, sondern so, dass Mord und [e] Totschlag und sehr viele Vertreibungen die Folge waren. Die Vertriebenen aber kehrten unter anderem Namen wieder zurück, indem sie jetzt ›Dorier‹ statt ›Achaier‹

hießen, weil es Dorieus war, der die damaligen Flüchtlinge gesammelt hatte. Und alles weitere von hier an berichtet ihr Lakedaimonier in euren Sagen und erzählt es bis zu Ende.

MEG. Allerdings.

ATH. Von wo wir also am Anfang unseres Gesprächs über Gesetze abgeschweift sind, als wir auf die Musik und die Trunkenheit zu sprechen kamen, eben da sind wir jetzt wie durch eines Gottes Fügung wieder angelangt, und unser Gespräch lässt sich gleichsam wie mit einem Ringergriff wieder fassen: Denn es ist unmittelbar bei der Gründung in [683a] Lakedaimon angelangt, von der ihr behauptet habt, dass sie eine richtige Ordnung besitze wie auch die in Kreta, da beider Gesetze verschwistert seien. Jetzt haben wir also durch die Abschweifung unseres Gesprächs, nachdem wir mancherlei Verfassungen und Gründungen durchgegangen sind, Folgendes gewonnen: Wir haben einen ersten, einen zweiten und einen dritten Staat betrachtet, die, wie wir annehmen, mit ihren Gründungen in unermesslichen Zeiträumen aufeinander gefolgt sind; und jetzt kommt als vierter dieser Staat oder, wenn ihr lieber wollt, dieser Volksstamm in unsern Blick, wie er einstmals angesiedelt worden und noch [b] jetzt angesiedelt ist. Wenn wir nun aus dem allen irgendwie zu ersehen vermögen, welche Einrichtung schön getroffen worden ist oder nicht und welche Gesetze das, das davon bewahrt geblieben ist, bewahren und welche das, was zugrunde geht, zugrunde richten und welche Bestimmungen durch welche ersetzt werden müssten, um eine Stadt glücklich zu machen, lieber Megillos und Kleinias, dann müssen wir das gleichsam von Anfang an noch einmal besprechen, es sei denn, dass wir an dem bisher Gesagten etwas auszusetzen hätten.

MEG. Fremder, wenn uns nur irgendein Gott versprechen würde, dass [c] wir, wenn wir zum zweiten Mal an die Betrachtung der Gesetze gehen, keine schlechteren und keine kürzeren Darlegungen als die eben vorgetragenen zu hören bekämen, so wollte ich gewiss dafür gerne einen weiten Weg gehen, und der heutige Tag würde mir kurz vorkommen. Und dabei ist es doch fast genau der Tag, an dem sich der Gott von der Sommerseite zur Winterseite wendet.

ATH. So müssen wir denn offenbar diese Betrachtung durchführen.

MEG. Unbedingt.

ATH. Versetzen wir uns also in Gedanken in die damalige Zeit, als Lakedaimon, Argos und Messene und alles, was dazu gehörte, [d] vollständig in die Hand eurer Vorfahren, Megillos, geraten war. Darauf beschlossen sie, wie die Sage erzählt, ihr Heeresvolk in drei Teile zu teilen und drei Stadtstaaten zu gründen: Argos, Messene und Lakedaimon.

MEG. Ganz richtig.

ATH. Und König von Argos wurde Temenos, von Messene Kresphontes und von Lakedaimon Prokles und Eurysthenes.

MEG. Richtig.

ATH. Und alle Leute damals schworen diesen Beistand zu leisten, falls [e] jemand ihre Königsherrschaft zu vernichten suche.

MEG. Richtig.

ATH. Aber beim Zeus, wird denn eine Königsherrschaft oder ist überhaupt jemals eine Herrschaft durch andere gestürzt worden als durch sich selbst? Oder haben wir zwar eben noch, als wir kurz vorher auf diese Gedankengänge stießen, diese Behauptung aufgestellt, jetzt aber hätten wir sie vergessen?

MEG. Wie könnten wir?

ATH. Also wollen wir dies jetzt noch fester begründen. Denn indem wir auf geschichtliche Tatsachen stießen, sind wir anscheinend zu demselben Gedankengang gelangt, so dass unsere Untersuchung nicht eine [684a] leere Einbildung, sondern Geschehenes und Wirkliches betreffen wird. Geschehen ist nun Folgendes. Die drei Königshäuser und die drei von ihnen regierten Staatsgemeinden leisteten einander gegenseitig einen Eid entsprechend den Gesetzen, die sie als gemeinsame Grundlage für das Regieren und Regiertwerden aufgestellt hatten, und zwar Erstere, dass sie ihre Herrschaft nicht mit dem Fortschreiten der Zeit und ihres Hauses verschärfen würden, und Letztere, dass sie, solange die Herrscher diesen ihren Eid hielten, weder jemals selber die Königsherrschaft stürzen noch [b] dies anderen, die das versuchten, erlauben würden; die Könige wollten den Königen, falls ihnen Unrecht geschehe, und deren Völkern beistehen und die Völker den Völkern und den Königen, falls diesen ein Unrecht geschehe. War es nicht so?

MEG. So war es in der Tat.

ATH. War nun damit nicht die wichtigste Voraussetzung für den Bestand der Verfassungen vorhanden, die in den drei Staaten durch Gesetze geschaffen wurden, mochten nun die Könige diese Gesetze geben oder irgendwelche anderen Leute?

MEG. Und die wäre?

ATH. Dass zwei Staaten Beistand gegen den einen Staat

leisten sollten, der den aufgestellten Gesetzen nicht gehorchen würde.

MEG. Das leuchtet ein.

[c] ATH. Die meisten Leute schreiben den Gesetzgebern allerdings Folgendes vor: Sie sollten solche Gesetze geben, welche die Völker und Massen willig annehmen – gerade so wie wenn jemand den Gymnastiklehrern und Ärzten befehlen wollte, die von ihnen behandelten Leiber auf angenehme Weise zu behandeln und zu heilen.

MEG. Genau so ist es.

ATH. Und doch muss man oft schon damit zufrieden sein, wenn jemand auch nur imstande ist, den Leibern ohne große Schmerzen zu Wohlbefinden und Gesundheit zu verhelfen.

MEG. Allerdings.

[d] ATH. Auch folgender nicht unwesentlicher Umstand erleichterte damals den Leuten die Gesetzgebung.

MEG. Welcher denn?

ATH. Als die Gesetzgeber eine gewisse Gleichheit des Besitzes bei ihnen einführten, da traf sie nicht der schwerste aller Vorwürfe, wie er in vielen anderen Staaten, denen Gesetze gegeben werden, erhoben wird, wenn einer versucht, am Grundbesitz zu rütteln und die Schulden zu erlassen, weil er einsieht, dass ohne diese Maßnahmen das Prinzip der Gleichheit sich wohl niemals befriedigend verwirklichen lässt; sobald nämlich ein Gesetzgeber auch nur versucht, an so etwas zu rühren, so tritt ihm jedermann mit dem Spruch entgegen, er solle das Unantastbare [e] nicht antasten, und verwünscht ihn, wenn er eine Neuverteilung des Bodens und Schuldenerlasse einführt, so dass jeder Gesetzgeber in Schwierigkeiten gerät. Bei den

Doriern hingegen ging eben auch das schön und ohne Vorwürfe vonstatten, dass das Land ohne Streit verteilt wurde, und große alte Schulden gab es nicht.

MEG. Das ist wahr.

ATH. Wieso hat denn nun eigentlich, ihr Besten, ihre Staatsgründung und Gesetzgebung einen so schlechten Verlauf genommen?

[685a] MEG. Wie meinst du denn das? Und was hast du an ihnen auszusetzen?

ATH. Dies: dass, nachdem drei Gründungen entstanden waren, zwei Drittel von ihnen alsbald ihre Staatsverfassung und ihre Gesetze zugrunde richteten, und nur ein Drittel Bestand hatte: eure Stadt.

MEG. Da stellst du keine ganz leichte Frage.

ATH. Und doch müssen wir diese Frage jetzt betrachten und prüfen, indem wir über Gesetze ein vernünftiges Spiel spielen, wie es alten Leuten angemessen ist, und so unsern Weg ohne Beschwerden zurücklegen, [b] wie wir beim Beginn unserer Wanderung gesagt hatten.

MEG. Gewiss; und wir müssen tun, wie du sagst.

ATH. Welche schönere Betrachtung über Gesetze könnten wir denn wohl anstellen als über die Gesetze, die diese Städte geordnet haben? Oder welche berühmteren und bedeutenderen Städte gibt es wohl, deren Einrichtung wir betrachten könnten?

MEG. Andere statt ihrer zu nennen ist nicht leicht.

ATH. Nun ist es doch ziemlich klar, dass die Leute damals dachten, diese Einrichtung werde nicht bloß der Peloponnes hinreichenden [c] Beistand bieten, sondern sogar allen Hellenen, falls einer der Barbaren ihnen Unrecht zufügen sollte, so wie damals die Bewohner rings um Ilion im

Vertrauen auf die unter Ninos entstandene assyrische Macht durch ihre Dreistigkeit den Krieg gegen Troja entfesselt hatten. Noch war nämlich das verbliebene Ansehen jenes Reiches nicht gering: Wie wir heute den Großkönig fürchten, so fürchteten damals die damaligen Menschen jene vereinigte Staatsmacht. Denn zu einem schweren Vorwurf gegen die [d] Griechen war zum zweiten Mal die Einnahme Trojas geworden; dieses war nämlich damals Teil des assyrischen Reiches. Im Hinblick auf dies alles war die auf drei Städte verteilte Organisation des damaligen Heeres als eine Einheit unter verbrüderten Königen, Abkömmlingen des Herakles, wie es schien, schön ausgedacht und ausgerüstet und hierin [e] derjenigen überlegen, die gegen Troja gezogen war. Denn erstens glaubten sie in den Herakliden bessere Anführer zu besitzen, als es die Enkel des Pelops gewesen waren, sodann sei auch dieses Heeresvolk an Tapferkeit jenem Heer überlegen, das nach Troja gezogen war; denn sie hätten gesiegt, jene aber seien von ihnen geschlagen worden, nämlich die Achaier von den Doriern. Meinen wir nicht, dass die Leute damals so und in etwa solcher Absicht ihre Einrichtungen getroffen haben?

MEG. Gewiss.

ATH. Ist es nun nicht auch wahrscheinlich, dass sie glaubten, diese [686a] würden dauerhaft sein und lange Zeit bestehen bleiben, da sie miteinander viele Mühen und Gefahren geteilt hatten und ihre Staatsordnung einem einzigen Herrschergeschlecht verdankten (ihre Könige waren ja Brüder) und da sie außerdem noch viele Seher befragt hatten, unter anderen auch den delphischen Apollon?

MEG. Wie sollte es anders sein?

ATH. Doch diese so großen Erwartungen sind damals anscheinend rasch verflogen, ausgenommen, wie eben gesagt, den kleinen Teil, der [b] eure Heimat umfasst, und dieser hat bekanntlich bis heute nicht aufgehört, gegen die beiden andern Krieg zu führen. Wenn jedoch die damalige Absicht verwirklicht worden wäre und zu einträchtiger Harmonie geführt hätte, so hätte sie eine im Krieg unwiderstehliche Macht hervorgebracht.

MEG. Gewiss.

ATH. Wie und in welcher Weise ging sie also zugrunde? Lohnt es sich nicht zu untersuchen, welches Geschick ein so bedeutendes und so beschaffenes Machtgebilde vernichtet hat?

MEG. Gewiss; denn wer auf anderes schauen wollte, der wird [c] schwerlich andere Gesetze oder Verfassungen zu sehen bekommen, die imstande wären, schöne und bedeutende Verhältnisse zu bewahren oder auch umgekehrt völlig zu zerstören – falls er also diese hier außer Acht lassen wollte.

ATH. Damit wären wir also, wie es scheint, durch einen glücklichen Umstand zu einer ganz bedeutsamen Untersuchung gelangt.

MEG. Ganz gewiss.

ATH. Ergeht es nun nicht allen Menschen und ist es nicht auch uns jetzt unbewusst so ergangen: Wir meinen immer eine Sache vor uns zu sehen, die sich zu etwas Schönem entwickelt und Wunderbares hervorgebracht hätte, wenn es nur jemand verstanden hätte, diese Sache in [d] bestimmter Weise schön zu gebrauchen? Im vorliegenden Fall jedoch denken wir vielleicht gerade darüber nicht richtig und nicht der Natur der Sache gemäß, und ebenso auch bei allen sonstigen Dingen alle Leute, wenn sie so darüber denken?

MEG. Was meinst du denn damit, und worauf sollen wir annehmen, dass deine Bemerkung abzielt?

ATH. Mein Guter, ich musste eben sogar selbst über mich lachen. Als ich nämlich auf diese Heeresmacht schaute, von der wir sprechen, da schien es mir, dass sie etwas ganz Herrliches war und dass den Hellenen mit ihr ein bewundernswertes Gut zugefallen wäre, wie gesagt, wenn [e] nur jemand damals einen schönen Gebrauch davon gemacht hätte.

MEG. War also nicht alles richtig und vernünftig, was du gesagt hast und wir gebilligt haben?

ATH. Vielleicht. Gleichwohl meine ich, dass jeder, der etwas Großes sieht, das über viel Macht und Kraft verfügt, sogleich unwillkürlich fühlt, dass der betreffende Besitzer, wenn er etwas so Vortreffliches und Bedeutendes zu gebrauchen verstünde, damit viel Bewundernswertes zustande brächte und glücklich wäre.

[687a] MEG. Ist denn nicht auch das richtig? Oder wie meinst du?

ATH. So prüfe nur, worauf derjenige, der jeweils dieses Lob über etwas äußert, seinen Blick richten muss, wenn er richtig urteilen will. Was zunächst das eben Besprochene betrifft: Wie hätten wohl die damaligen Staatsordner, wenn sie es verstanden hätten, das Heeresvolk angemessen zu ordnen, die Gunst der Stunde recht genutzt? Nicht dadurch, dass sie es fest zusammengeschlossen und es für alle Zeit bewahrt hätten, so dass sie nicht nur selbst frei geblieben wären, sondern auch über andere, so viele sie wollten, geherrscht hätten und überhaupt unter allen Menschen, [b] Hellenen wie Barbaren, hätten tun können, was sie selbst und ihre Nachkommen begehrt hätten? Würde man sie etwa nicht deswegen loben?

MEG. Gewiss.

ATH. Und wer beim Anblick großen Reichtums oder hervorragender Ehren einer Familie oder auch sonst eines Vorzugs dieser Art dasselbe sagt, der würde doch dies gleichfalls mit Blick darauf tun, dass dem Betreffenden dadurch alles, was er sich wünscht, zuteil werden wird oder doch das meiste und Bedeutsamste davon?

MEG. So scheint es jedenfalls.

[c] ATH. Nun, ein gemeinsamer Wunsch aller Menschen wird doch soeben durch unser Gespräch sichtbar gemacht, wie ja unser Gespräch selber sagt.

MEG. Und welcher wäre das?

ATH. Dass das, was geschieht, gemäß dem Befehl der eigenen Seele geschehe, am liebsten alles, wo nicht, so doch wenigstens die menschlichen Dinge.

MEG. Freilich.

ATH. Da wir nun alle allezeit so etwas wünschen, als Kinder wie als bejahrte Männer, werden wir da nicht notwendig aufhörlich darum beten?

MEG. Gewiss.

[d] ATH. Und sicherlich würden wir doch auch für unsere Lieben das miterbitten, was diese für sich selbst erbitten?

MEG. Freilich.

ATH. Lieb ist nun aber der Sohn dem Vater, als Kind dem Manne.

MEG. Ohne Zweifel.

ATH. Und doch wird wohl bei vielem von dem, was das Kind für sich selbst erbittet, der Vater die Götter anflehen, dass es auf keinen Fall nach dem Gebet des Sohnes geschehen möge.

MEG. Du meinst, wenn dieser betet, während er noch ohne Verstand und noch kindisch ist?

ATH. Aber auch wenn der Vater, weil er ein Greis oder noch sehr jung [e] ist, ohne jede Einsicht in das Schöne und Gerechte ganz inbrünstig in einem Zustand betet, der mit dem verwandt ist, in dem sich Theseus gegenüber dem so unglücklich geendeten Hippolytos befand, während der Sohn jene Einsicht besitzt: Glaubst du, dass da der Sohn sich am Gebet des Vaters beteiligen wird?

MEG. Ich begreife, was du sagen willst. Denn du behauptest offenbar, dass man nicht darum beten und darauf dringen dürfe, dass alles dem eigenen Wollen gehorche, ohne dass das Wollen deshalb umso stärker der eigenen Einsicht folgt; sondern darum müsse ein Staat und jeder einzelne von uns beten und sich bemühen: dass er Vernunft besitzt.

[688a] ATH. Ja, und dass insbesondere ein Gesetzgeber, der als Staatsmann gelten will, bei seinen gesetzlichen Anordnungen stets darauf seinen Blick richten muss, daran musste ich soeben denken und erinnere auch euch daran, wenn wir das anfangs Gesagte noch im Gedächtnis haben: Eure Forderung war die, dass ein guter Gesetzgeber alle Anordnungen um des Friedens willen treffen müsse, ich aber meinerseits hatte behauptet, das hieße verlangen, dass die Gesetze mit Blick auf nur eine Tugend aufgestellt würden, während es doch deren vier gebe; vielmehr müsse [b] man die gesamte Tugend ins Auge fassen, vor allem aber und an erster Stelle die Führerin der gesamten Tugend; das sei aber die Einsicht und die Vernunft und die Meinung, vereint mit der Neigung und der Begierde, die sich diesen

fügen. So ist denn unser Gespräch wieder an demselben Punkt angelangt, und ich, der ich jetzt das Wort führe, sage noch einmal, was ich schon damals gesagt habe – wenn ihr wollt, im Scherz; wenn nicht, im Ernst. Ich behaupte nämlich, dass es gefährlich ist, ein Gebet zu sprechen, ohne Vernunft zu besitzen; vielmehr wird einem [c] dann das Gegenteil seiner Wünsche zuteil. Wollt ihr nun annehmen, dass ich im Ernst rede, so tut das. Ich bin nämlich fest davon überzeugt, dass ihr jetzt herausfinden werdet, wenn ihr dem kurz zuvor von uns dargelegten Gedankengang folgen wollt, dass am Untergang der Könige und ihres ganzen Planes nicht Feigheit schuld war und auch nicht, dass die Regenten und die, denen es zukam, regiert zu werden, das Kriegshandwerk nicht verstanden, sondern dass dies durch ihre ganze sonstige Schlechtigkeit zugrunde gegangen ist, vornehmlich aber durch ihre [d] Unwissenheit in den wichtigsten menschlichen Dingen. Dass es in der Tat bei den damaligen Ereignissen so zugegangen ist und auch heute, falls etwas Derartiges irgendwo geschieht, so zugeht und auch in Zukunft sich nicht anders zutragen wird, das werde ich, wenn ihr wollt, im Fortgang des anschließenden Gesprächs herauszufinden und euch als meinen Freunden nach bestem Vermögen klarzumachen versuchen.

KL. Mit Worten dich zu loben, Fremder, wäre dir peinlich; durch die Tat aber wollen wir dir ein kräftiges Lob bekunden: aufmerksam werden wir nämlich deinen Darlegungen folgen, wodurch ja ein freier Mann am deutlichsten zeigt, ob er zustimmt oder nicht.

[e] MEG. Sehr gut, Kleinias, und wir wollen tun, was du sagst.

KL. Das soll geschehen, so Gott will. Sprich nur.

ATH. Wir behaupten also, um damit das restliche Wegstück unserer Überlegung zu beschreiten, dass die größte Unwissenheit damals jene Macht vernichtet hat und dass es in ihrem Wesen liegt, eben dies auch heute noch zu tun, so dass der Gesetzgeber, wenn dem so ist, versuchen muss, den Staaten so viel Einsicht wie möglich einzupflanzen und die Unvernunft möglichst daraus zu entfernen.

KL. Das ist klar.

[689a] ATH. Was könnte man nun mit Recht als die größte Unwissenheit bezeichnen? Seht zu, ob auch ihr beide dem zustimmt, was ich sage; ich jedenfalls verstehe darunter die folgende.

KL. Welche denn?

ATH. Wenn jemand etwas, obwohl es ihm schön und gut scheint, nicht liebt, sondern hasst, das aber, was ihm schlecht und ungerecht erscheint, liebt und sich daran freut, so nenne ich diesen Missklang zwischen Schmerz und Lust und der vernunftgemäßen Meinung die äußerste Unwissenheit; die größte aber nenne ich sie, weil sie die Hauptmasse der [b] Seele betrifft; denn der Teil von ihr, welcher Schmerz und Lust empfindet, entspricht dem Volk und der großen Masse im Staat. Wenn sich also die Seele dem Wissen oder den Meinungen oder der Vernunft widersetzt, die von Natur zur Herrschaft berufen sind, so nenne ich das Unvernunft; ebenso beim Staat, wenn die Masse den Herrschenden und den Gesetzen nicht gehorcht; und so auch bei einem einzelnen Menschen, wenn die schönen Grundsätze, die in seiner Seele wohnen, nichts weiter ausrichten, sondern ganz das Gegenteil davon bewirken: alle diese Arten von Unwissenheit möchte ich als die unharmonischsten [c] betrachten, sowohl beim Staat wie bei jedem einzelnen seiner Bürger, nicht aber die der Handwerker, wenn ihr begreift, meine Freunde, was ich damit sagen will.

KL. Das begreifen wir, Freund, und wir stimmen dem zu, was du sagst.

ATH. Das also soll in dieser Weise als unsere Überzeugung und Behauptung feststehen: dass denjenigen Bürgern, die in dieser Unwissenheit befangen sind, nichts anvertraut werden darf, was mit dem Regieren zu tun hat, und dass man sie als unwissend schelten muss, auch wenn sie sehr kluge Rechner und in allen Finessen und in allem, was zur [d] Geistesgewandtheit führt, wohlgeübt sein sollten; die entgegengesetzt Veranlagten aber muss man als weise bezeichnen, auch wenn sie, wie es im Sprichwort heißt, weder lesen und schreiben noch schwimmen können, und die Staatsämter muss man ihnen übertragen als Leuten mit Verstand. Denn wie, ihr Freunde, könnte ohne Harmonie auch nur der geringste Grad von Einsicht entstehen? Das ist unmöglich. Vielmehr wird die schönste und größte von allen Harmonien doch wohl am angemessensten als die größte Weisheit bezeichnet, an welcher derjenige teilhat, der nach der Vernunft lebt, während einer, der es daran fehlen lässt, sich als Zerstörer seines Hauses und für den Staat sich keineswegs als Erhalter, sondern ganz im Gegenteil bei jeder Gelegenheit als unwissend auf [e] diesem Gebiet erweisen wird. Das also sei, wie wir eben sagten, in dieser Weise als unsere Behauptung festgestellt.

KL. So sei es.

ATH. Aber Regierende und Regierte muss es doch wohl in den Staaten geben?

KL. Gewiss.

[690a] ATH. Gut. Was nun die Ansprüche auf Regieren und Regiertwerden betrifft, welche und wie viele gibt es da, sowohl in großen und kleinen Staaten wie auch gleicherweise in den Familien? Ist nicht einer davon der von Vater und Mutter? Und dass allgemein die Erzeuger über ihre Nachkommen herrschen, dürfte doch wohl überall ein berechtigter Anspruch sein?

KL. Ganz gewiss.

ATH. Daran reiht sich der, dass die Edlen über die Unedlen herrschen; und als dritter schließt sich daran der, dass die Älteren herrschen müssen, die Jüngeren aber sich der Herrschaft fügen.

KL. Ganz gewiss.

[b] ATH. Der vierte ferner verlangt, dass die Sklaven beherrscht werden, ihre Herren aber herrschen.

KL. Ohne Zweifel.

ATH. Der fünfte aber, glaube ich, ist der, dass der Stärkere herrscht und der Schwächere beherrscht wird.

KL. Da hast du eine sehr unvermeidliche Form von Herrschaft genannt.

ATH. Und eine, die unter allen Lebewesen am weitesten verbreitet und auch der Natur gemäß ist, wie einmal Pindar aus Theben gesagt hat. Der gewichtigste Anspruch aber dürfte, wie es scheint, der sechste sein, der verlangt, dass der Unwissende Folge leistet, der Einsichtige aber [c] führt und herrscht. Und dies, mein überkluger Pindar, ist – so möchte ich denn doch behaupten – gewiss nicht gegen die Natur, sondern entspricht der Natur des Gesetzes, dessen Wesen in einer Herrschaft über Freiwillige besteht und nichts Gewaltsames an sich hat.

KL. Da hast du völlig recht.

ATH. Wir wollen aber noch eine gottgefällige und vom guten Glück abhängige Herrschaft als siebte anführen und unterwerfen sie einer Art Verlosung und behaupten, es sei am gerechtesten, wenn der, den das Los trifft, regiert, wer aber unglücklich lost, seines Weges geht und sich regieren lässt.

KL. Sehr wahr gesprochen.

[d] ATH. »Siehst du also, Gesetzgeber«, könnten wir scherzend zu einem von denen sagen, die sich leichtfertig an die Gesetzgebung machen, »wie viele Ansprüche bezüglich der Herrscher es gibt und inwiefern sie von Natur einander entgegengesetzt sind? Denn wir haben soeben eine Quelle von Entzweiungen entdeckt, für die du Abhilfe schaffen musst. Zuerst jedoch prüfe mit uns, wie und worin die Könige von Argos und von Messene dagegen gesündigt und dadurch sich selbst und die Macht [e] der Hellenen, die in der damaligen Zeit doch so bewundernswert war, zugrunde gerichtet haben. Geschah es nicht dadurch, dass sie nicht erkannten, dass Hesiod mit der Behauptung völlig recht hat, dass die Hälfte oft mehr sei als das Ganze? Denn immer wenn es nachteilig ist, das Ganze zu nehmen, die Hälfte aber angemessen, da sei, so meinte er, das Maßvolle mehr als das Maßlose, weil es das Bessere gegenüber dem Schlechteren sei.«

KL. Sehr richtig.

ATH. Glauben wir denn nun, dass dies jeweils eher bei Königen vorkommt und zum Verderben führt oder bei den Völkern?

[691a] KL. Der Wahrscheinlichkeit und Häufigkeit nach ist das eine Krankheit von Königen, die infolge luxuriöser Verweichlichung ein übermütiges Leben führen.

ATH. Ist es nun nicht klar, dass zuerst die damaligen Könige den Fehler begingen, mehr haben zu wollen, als die aufgestellten Gesetze erlaubten, und dass sie in dem, was sie durch Wort und Eid gutgeheißen hatten, nicht mit sich selbst übereinstimmten, sondern dass die Dissonanz, welche, wie wir behaupten, die größte Unwissenheit ist, aber Weisheit zu sein scheint, jenes alles durch schrillen und unmusischen Missklang zugrunde gerichtet hat?

KL. So scheint es jedenfalls.

[b] ATH. Gut. Welche Vorsichtsmaßregeln hätte nun der Gesetzgeber bei seiner damaligen Gesetzgebung gegen das Entstehen dieses Übels treffen müssen? Nicht wahr, bei den Göttern, heute erfordert es keine Weisheit, das zu erkennen, und es ist nicht schwer auszusprechen; wenn es aber damals vorauszusehen gewesen wäre, so wäre einer, der es voraussah, weiser gewesen als wir?

MEG. Was meinst du denn damit?

ATH. Wenn man auf das hinschaut, was bei euch geschehen ist, Megillos, so ist es heute leicht zu erkennen und wenn man es erkannt hat, zu sagen, was damals hätte geschehen müssen.

MEG. Sprich noch deutlicher.

ATH. Nun gut. Am deutlichsten wäre wohl folgende Erklärung.

MEG. Welche denn?

[c] ATH. Wenn jemand unter Missachtung des rechten Maßes dem Kleinen zu Großes zuteilt, den Schiffen zu große Segel, den Leibern zu viel Nahrung und den Seelen zu große Herrschermacht, dann wird doch wohl alles umgestürzt, und nur zu rasch mündet das Übermaß im einen Fall in Krankheiten, im andern in die Ausgeburt des Über-

muts, die Ungerechtigkeit. Was meinen wir nun eigentlich damit? Doch wohl dies, ihr Freunde: Es gibt keine sterbliche Seele, deren Natur fähig wäre, wenn sie jung und keiner Kontrolle unterworfen ist, die größte Herrschermacht unter [d] den Menschen zu ertragen, ohne dabei in ihrem Denken von der größten Krankheit, der Unvernunft, erfüllt zu werden und sich dadurch den Hass der nächsten Freunde zuzuziehen; wenn dies geschieht, richtet das alsbald die Seele zugrunde und lässt ihre ganze Macht dahinschwinden. Dies zu verhüten durch Erkenntnis des rechten Maßes, das ist die Leistung großer Gesetzgeber. Soweit sich nun das, was damals geschah, heute noch genau genug erraten lässt, gab es damals anscheinend Folgendes.

MEG. Was denn?

ATH. Einen Gott, der sich euer annahm und der, weil er das Künftige voraussah, euch ein Zwillingsgeschlecht von Königen aus einem einzigen [e] Geschlecht erwachsen ließ und dieses dadurch stärker auf das rechte Maß beschränkte. Und danach vermischt noch eine mit einer göttlichen Kraft vermischte menschliche Natur, da sie sieht, dass eure Regierung [692a] immer noch im Fieber glüht, die besonnene Kraft des Alters mit der selbstherrlichen Stärke der Abstammung, indem sie die Macht der 28 Greise bei den Abstimmungen über die wichtigsten Fragen der Macht der Könige gleichstellt. Euer dritter Retter aber hat, als er eure Regierung immer noch strotzend vor Wildheit sah, ihr wie einen Zaum die Macht der Ephoren umgelegt, die er einer durch Los zugeteilten Macht annäherte. Und da das Königtum bei euch auf diese Weise aus den erforderlichen Bestandteilen gemischt war und das rechte Maß bewahrte, hat es sich selbst gerettet und so auch den andern ihre Rettung ermöglicht. [b] Denn unter Temenos und Kresphontes und den damaligen Gesetzgebern, wer auch immer die Gesetze gegeben haben mag, hätte sich nicht einmal der Anteil des Aristodemos retten können; denn sie waren in der Gesetzgebung nicht erfahren genug; sonst hätten sie nämlich wohl kaum geglaubt, sie könnten durch Eide einer jungen Seele ein Maß setzen, wenn diese eine Macht errungen hatte, aus der leicht eine Tyrannenherrschaft entstehen konnte. Jetzt aber hat der Gott gezeigt, wie eine Herrschaft beschaffen sein musste und muss, die möglichst lange Bestand [c] haben soll. Dass das von uns erkannt wird – jetzt, nachdem dies geschehen ist –, das ist, wie vorhin gesagt, kein Beweis von Weisheit; denn aus einem geschichtlichen Beispiel etwas zu erkennen ist nicht schwierig. Hätte es aber damals jemanden gegeben, der das vorausgesehen hätte und fähig gewesen wäre, die Herrschergewalten zu mäßigen und aus dreien eine zu machen, so hätte er all das Schöne, das damals ausgedacht worden war, vor dem Untergang gerettet, und niemals wäre die persische oder sonst eine Heeresmacht gegen Hellas gezogen, weil sie uns verachteten, als seien wir nicht viel wert.

KL. Was du sagst, ist wahr.

[d] ATH. Schmählich jedenfalls haben sie sich gegen diese verteidigt. Mit ›schmählich‹ meine ich aber nicht, dass die Leute damals nicht zu Lande und zur See in rühmlichen Schlachten gesiegt hätten, sondern was ich für schmählich erkläre, ist Folgendes: Erstens hat von jenen Staaten, deren doch drei waren, nur einer Hellas verteidigt, während die beiden andern so schlimm heruntergekommen waren, dass der eine sogar Lakedaimon an der Verteidigung von Hellas

zu hindern suchte, indem er mit aller Macht Krieg gegen Lakedaimon begann, der andere aber, der [e] einstmals zur Zeit der Teilung die erste Stelle eingenommen hatte, Argos nämlich, als er zur Abwehr des Barbaren aufgefordert wurde, nicht gehorchte und sie nicht abwehrte. Und vieles andere könnte einer, der die damaligen Geschehnisse in jenem Krieg aufzählen wollte, gegen Hellas vorbringen, was keineswegs rühmlich ist; ja nicht einmal mit der Behauptung, Hellas habe sich verteidigt, hätte er recht; sondern wenn nicht der gemeinsame Entschluss der Athener und der Lakedaimonier die [693a] heranrückende Knechtschaft abgewehrt hätte, so wären nunmehr alle hellenischen Stämme untereinander und barbarische Stämme unter die Hellenen und hellenische unter barbarische gemischt, so wie diejenigen, über welche die Perser ihre Tyrannenherrschaft ausüben, heute auseinandergerissen und durcheinandergeworfen in jämmerlicher Zerstreuung leben. Dies, Kleinias und Megillos, haben wir den sogenannten Staatsmännern und Gesetzgebern der alten Zeit wie den heutigen vorzuwerfen, damit wir die Ursachen davon erforschen und so herausfinden, was sie [b] statt dessen hätten anders machen sollen; wie wir beispielsweise soeben behauptet haben, dass man keine zu große und auch keine ungemischte Regierungsmacht durch Gesetze schaffen darf, indem man nämlich bedenkt, dass eine Stadt frei, vernünftig und mit sich selbst befreundet sein soll, und dass der Gesetzgeber bei seiner Gesetzgebung hierauf sein Augenmerk richten muss. Wir wollen uns aber nicht wundern, wenn wir bereits mehrfach gewisse Ziele aufgestellt und gesagt haben, der Gesetzgeber müsse darauf sein Auge bei der Gesetzgebung richten, diese Ziele [c] uns aber nicht jedesmal als dieselben erscheinen; vielmehr müssen wir bedenken: Wenn wir behaupten, man müsse sein Auge auf das Besonnensein richten oder auf die Einsicht oder die Freundschaft, so ist dies kein anderes, sondern dasselbe Ziel; und wenn noch viele andere Ausdrücke dieser Art vorkommen, so darf uns das nicht verwirren.

KL. Wir wollen versuchen, es damit so zu halten, wenn wir diese Erörterung noch einmal durchgehen. Was nun die Freundschaft und Einsicht und Freiheit betrifft, so sage uns jetzt, worauf der Gesetzgeber, wie du [d] gerade sagen wolltest, sein Augenmerk richten muss.

ATH. So höre denn. Es gibt gleichsam zwei Mütter von Verfassungen, aus denen, wie man mit Recht sagen könnte, die andern entstanden sind, und es ist richtig, wenn man die eine als Monarchie und die andere als Demokratie bezeichnet und behauptet, dass jene beim Perservolk und diese bei uns ihren äußersten Grad erreicht hat; die andern Verfassungen aber sind, wie gesagt, fast alle aus diesen bunt zusammengewoben. Nun ist es notwendig und unerlässlich, an diesen beiden teilzuhaben, wenn wirklich Freiheit und Freundschaft im Bunde mit Einsicht herrschen [e] soll. Das also will uns unsere Rede einschärfen, indem sie behauptet, eine Stadt, die daran keinen Anteil hat, könne wohl niemals gut verwaltet werden.

KL. Wie könnte sie auch!

ATH. Da nun der eine Staat das monarchische, der andere das freiheitliche Prinzip über Gebühr und ausschließlich hochschätzte, so besitzt keiner der beiden das rechte Maß darin, eure Staaten dagegen, der lakonische und der kretische, schon eher; die Athener und Perser besaßen es zwar vor Zeiten in gewissem Grade, heute jedoch weniger. Die [694a] Ursachen davon aber wollen wir durchgehen. Nicht wahr?

KL. Unbedingt; wenigstens wenn wir das zu Ende führen wollen, was wir uns vorgenommen haben.

ATH. Hören wir also. Als die Perser zur Zeit des Kyros noch mehr das rechte Maß in der Knechtschaft und in der Freiheit einhielten, da wurden sie zuerst frei und dann Herren über viele andere. Denn da die Herrschenden denen, über die sie herrschten, Anteil an der Freiheit gaben und sie zur Gleichheit hinführten, waren die Krieger mit den [b] Heerführern enger befreundet und zeigten sich kampfeswilliger in den Gefahren; wenn es andererseits unter ihnen einen verständigen Mann gab, der Rat zu erteilen fähig war, so konnte er, da der König nicht neidisch war, sondern Redefreiheit gewährte und diejenigen ehrte, die zu etwas einen Rat beizusteuern fähig waren, die Fähigkeit seines Denkens in den Dienst der Gemeinschaft stellen, und so gedieh bei ihnen alles durch Freiheit, Freundschaft und Gemeinsamkeit der Vernunft.

KL. Wahrscheinlich hat sich das, was du da erzählst, so etwa zugetragen.

[c] ATH. Wieso ging denn das nun unter Kambyses zugrunde und wurde unter Dareios einigermaßen wiederhergestellt? Wollt ihr, dass wir uns beim Nachdenken hierüber gleichsam einer Art Weissagekunst bedienen?

KL. Jedenfalls bietet uns das Ziel unserer Untersuchung hierzu eine Berechtigung.

ATH. So prophezeie ich denn jetzt über Kyros, dass er zwar im Übrigen ein guter Heerführer war und seinen Staat liebte, dass er sich aber mit richtiger Erziehung überhaupt nicht befasst und der Verwaltung seines Hauswesens keinerlei Beachtung geschenkt hat.

KL. Wie können wir denn so etwas behaupten?

[d] ATH. Er scheint von Jugend an sein ganzes Leben hindurch auf Kriegszügen gewesen zu sein, wobei er den Frauen seine Kinder zur Erziehung überließ. Diese aber erzogen sie so, als ob sie von Kind an sogleich glücklich und bereits göttergleiche Wesen seien und es ihnen hierin an nichts fehle. Und indem sie verhinderten, dass ihnen, da sie ja vollkommen glücklich seien, irgend jemand auch nur in irgendeinem Punkt entgegentrat, und indem sie jeden zwangen, die Worte und Taten der Kinder zu loben, erzogen sie sie zu solchen Menschen.

KL. Eine schöne Erziehung, scheint es, hast du da geschildert!

[e] ATH. Eine Weibererziehung vielmehr durch königliche Frauen, die kurz zuvor reich geworden waren und die während der Abwesenheit der Männer, weil diese infolge von Kriegen und mancherlei Gefahren keine Zeit dazu hatten, die Kinder aufzogen.

KL. Das ist logisch.

ATH. Ihr Vater aber erwarb für sie Viehherden und Schafe und viele Scharen von Menschen und vielen sonstigen Dingen; er bemerkte aber [695a] dabei nicht, dass diejenigen, denen er das zu übergeben gedachte, nicht in der väterlichen Lebensweise erzogen wurden, der persischen nämlich, welche, da die Perser Hirten und Sprösslinge eines rauen Bodens waren, hart war und dazu geeignet, recht kräftige Hirten hervorzubringen, die imstande wären, im Freien zu leben, auf Schlaf zu verzichten und nötigenfalls zu Felde zu ziehen; er sah darüber hinweg, dass seine Söhne statt dessen eine durch das sogenannte Glück verdorbene Erziehung, nämlich die medische, durch Frauen und Eunuchen erhielten, wodurch sie zu [b] solchen Männern wurden, wie zu erwarten war, da sie eine Erziehung ohne Zurechtweisung und Zucht genossen. Als nun nach Kyros' Tod seine Söhne, die voller Verweichlichung und Zuchtlosigkeit waren, die Herrschaft übernahmen, da tötete zuerst der eine den andern aus Verärgerung über die Gleichstellung; danach verfiel er infolge seiner Trunksucht und der falschen Erziehung dem Wahnsinn und verlor seinerseits die Herrschaft durch die Meder und den Eunuchen, wie man ihn damals nannte, der den Kambyses wegen seiner Verrücktheit verachtete.

[c] KL. Das erzählt man wenigstens, und so etwa wird es sich wahrscheinlich auch zugetragen haben.

ATH. Man erzählt aber auch, dass die Herrschaft durch Dareios und die Sieben wieder an die Perser kam.

KL. Allerdings.

ATH. Folgen wir also bei unserer Betrachtung weiter dieser Erzählung. Dareios war kein Königssohn und hatte keine verweichlichende Erziehung erhalten; und nachdem er zur Herrschaft gelangt und sie als einer von sieben übernommen hatte, teilte er sie in sieben Teile, wovon auch jetzt noch schwache, traumähnliche Spuren übriggeblieben sind, und indem er Gesetze aufstellte, wollte er das Reich mittels Einführung einer [d] Art allgemeiner Gleichheit verwalten, und den Tribut, den Kyros den Persern versprochen hatte, verankerte er im Gesetz, wodurch er Freundschaft und Gemeinsinn in allen Persern weckte und mit Geldspenden und Geschenken das Perservolk für sich gewann. Deshalb erwarben ihm seine Heere mit treuer Ergebenheit nicht weniger Länder hinzu, als ihm Kyros hinterlassen hatte. Nach Dareios aber hat Xerxes, der wieder die verweichlichende Erziehung der Königssöhne erhalten hatte – »ach, Dareios«, kann man wohl mit vollem Recht sagen, »der du das Unglück [e] des Kyros nicht begriffen, sondern den Xerxes in denselben Gewohnheiten aufgezogen hast wie Kyros den Kambyses!« –, dieser also hat, da er ein Produkt derselben Erziehung war, ein ähnliches Geschick wie Kambyses erlitten; und seit dieser langen Zeit hat es unter den Persern kaum noch einen wahrhaft großen König gegeben, es sei denn bloß dem Titel nach. Schuld hieran ist aber nicht der Zufall, wie meine These lautet, sondern das schlechte Leben, das die Söhne von übermäßig [696a] reichen Leuten und von Tyrannen vielfach führen; denn schwerlich wird je aus einer solchen Erziehung ein Kind, ein Mann oder ein Greis von besonderer Tüchtigkeit hervorgehen. Hierauf also, behaupten wir, muss der Gesetzgeber achten und auch wir in unserem gegenwärtigen Gespräch. Gerechterweise muss man nun eurer Stadt, ihr Lakedaimonier, wenigstens dies zugeben, dass ihr der Armut und dem Reichtum, dem Privatstand und dem Königsamt keinerlei besondere Ehre oder Erziehung zuweist, soweit sie euch nicht das göttliche Wesen, dem ihr eure [b] Anfänge verdankt, auf Eingebung eines Gottes hin verkündet hat. Denn in einer Stadt darf es keine herausragenden Ehren geben, weil einer durch Reichtum hervorragt, wie übrigens auch nicht, weil einer schnell oder schön oder kräftig ist, ohne dabei irgendeine Tugend zu besitzen, ja nicht einmal für eine Tugend, der die Besonnenheit abgeht.

MEG. Wie meinst du das, Fremder?

ATH. Tapferkeit ist doch ein Teil der Tugend?

MEG. Ohne Zweifel.

ATH. Nun, so entscheide selbst, wenn du meine Gründe gehört hast, ob du jemanden zum Hausgenossen oder Nachbarn haben möchtest, der zwar sehr tapfer, aber nicht besonnen, sondern zügellos ist.

[c] MEG. Schweig von so etwas!

ATH. Und weiter: einen Fachmann, der das entsprechende Fachwissen besitzt, aber ungerecht ist?

MEG. Auf keinen Fall.

ATH. Nun entsteht aber Gerechtigkeit gewiss nicht ohne Besonnenheit.

MEG. Wie könnte sie!

ATH. Und gewiss auch nicht der gerade eben von uns herausgestellte Weise, dessen Lust- und Schmerzgefühle mit den richtigen Vernunftgrundsätzen in Einklang stehen und ihnen folgen.

MEG. Gewiss nicht.

ATH. Nun wollen wir bezüglich der Ehrungen in den Städten und der [d] Frage, welche jeweils berechtigt sind und welche nicht, auch noch Folgendes betrachten.

MEG. Was denn?

ATH. Wird die Besonnenheit, wenn sie ohne die gesamte übrige Tugend in einer Seele alleine wohnt, mit Recht Ehre verdienen oder nicht?

MEG. Ich weiß nicht, wie ich darauf antworten soll.

ATH. Und doch hast du damit angemessen geantwortet. Denn ob du nun so oder so auf meine Frage geantwortet hättest: du hättest beide Male einen falschen Ton angestimmt.

MEG. Da habe ich ja Glück gehabt.

ATH. Gut. Der bloße Zusatz nun zu Dingen, denen Ehre und [e] Missbilligung gezollt wird, ist wohl keines Wortes wert, sondern verdient eher ein wortloses Verschweigen.

MEG. Du meinst offenbar die Besonnenheit.

ATH. Ja. Was aber von den übrigen Dingen uns in Verbindung mit diesem Zusatz den meisten Nutzen bringt, dem wird wohl mit größtem Recht die höchste Ehre zuerkannt, dem Zweiten aber die zweithöchste, und wenn so jedes in entsprechender Folge die nächstfolgende Ehre erhält, wird wohl jedes das Rechte erhalten.

[697a] MEG. So ist es.

ATH. Wie also? Müssen wir es nicht als die Pflicht eines Gesetzgebers erklären, auch diese Ehren zu verteilen?

MEG. Unbedingt.

ATH. Willst du nun, dass wir die Verteilung all dieser Ehren auf die einzelnen Handlungen und bis ins kleinste Detail ihm überlassen, während wir selbst, da auch wir gewissermaßen Liebhaber von Gesetzen sind, eine Dreiteilung vorzunehmen versuchen, indem wir das Größte und das Zweite und das Dritte voneinander scheiden?

MEG. Auf jeden Fall.

ATH. Wir erklären also, dass offensichtlich jede Stadt, die Bestand [b] haben und glücklich sein soll, soweit dies menschenmöglich ist, notwendig und unbedingt Ehre und Unehre richtig verteilen muss. ›Richtig‹ heißt nun aber, dass als die wertvollsten und ersten Güter die Güter der Seele anzusetzen sind, wenn in ihr Besonnenheit wohnt, als die zweiten die Vorzüge und Güter des Leibes und als die dritten die sogenannten Güter des Besitzes und des Vermögens. Wenn aber ein Gesetzgeber oder eine Stadt hiervon abgeht, indem sie entweder den Reichtum nach vorn auf einen Ehrenplatz rückt oder sonst eines der nachfolgenden Güter [c] durch Ehrungen auf einen vorderen Rang versetzt, so würde sie damit eine Tat begehen, die weder fromm noch die eines Staatsmannes wäre. Soll dies als unsere Behauptung gelten oder wie?

MEG. Ja, das sei hiermit ganz deutlich ausgesprochen.

ATH. Dies also ausführlicher zu besprechen, dazu hat uns die Betrachtung der persischen Staatsordnung veranlasst. Nun sehen wir, dass es mit diesen von Jahr zu Jahr schlimmer geworden ist; die Ursache hiervon war, behaupten wir, dass sie dem Volk die Freiheit zu sehr entzogen und die Herrschaft über Gebühr verschärften und dadurch das Gefühl der [d] Freundschaft und Gemeinschaft im Staat beseitigten. Ist dies aber einmal geschwunden, dann fasst einerseits der Rat der Herrschenden seine Beschlüsse nicht zum Wohl der Regierten und des Volkes, sondern um der eigenen Herrschaft willen: Immer wenn sie sich einen noch so winzigen Vorteil davon versprechen, vernichten sie Städte, vernichten sie befreundete Völker mit Feuer, und so hassen sie und werden gehasst mit feindseligem und unversöhnlichem Hass; wenn sie andererseits in die Notlage kommen, dass die Völker für sie kämpfen müssen, dann finden sie keinen Gemeinsinn bei ihnen, der mit der Bereitschaft gepaart wäre, willig [e] Gefahren und Kämpfe auf sich zu nehmen; sondern obwohl sie unzählige Tausende von Menschen besitzen, sind doch diese alle zum Krieg unbrauchbar, und als ob es ihnen an Menschen fehlte, mieten sie sich Leute und bilden sich ein, dass sie von Söldnern und Ausländern gerettet [698a] werden. Dazu kommt zwangsläufig noch die Torheit, dass sie durch ihr Verhalten bekunden, dass das, was im Staat als ehrenvoll und schön verkündet wird, im Vergleich mit Gold und Silber immer nur ein leeres Geschwätz ist.

MEG. Gewiss.

ATH. Was nun die Perser angeht, so soll der Nachweis, dass ihr Reich gegenwärtig wegen der übermäßigen Knechtschaft und Despotie nicht richtig verwaltet wird, hiermit sein Ende haben.

MEG. Gewiss.

ATH. Was andererseits die attische Verfassung angeht, so müssen wir hiernach in derselben Weise darlegen, dass die vollkommene und von [b] allen Obrigkeiten unabhängige Freiheit um nicht weniges schlechter ist als die maßvolle Beherrschung durch andere. Wir hatten nämlich zu jener Zeit, als der Angriff der Perser auf die Hellenen und vielleicht sogar auf fast alle Bewohner Europas erfolgte, noch eine alte Verfassung und Regierungsämter, die aufgrund von vier Vermögensklassen vergeben wurden; und in uns wohnte als Gebieterin eine Art Ehrfurcht, durch die wir bereit waren, in sklavischer Unterordnung unter die damaligen Gesetze zu leben. Zudem bewirkte die Größe des Heereszuges auf dem Lande und zur See, indem sie uns eine ausweglose Furcht einjagte, dass [c] wir in noch größerer Unterwürfigkeit den Beamten und den Gesetzen gehorchten, und aus all diesen Gründen erfasste uns ein starkes Gefühl gegenseitiger Freundschaft. Zehn Jahre nämlich vor der Seeschlacht bei Salamis war Datis mit einem persischen Heer gekommen, den Dareios ausdrücklich gegen die Athener und Eretrier gesandt hatte, um sie als Sklaven zu verschleppen, wobei er ihm mit dem Tod drohte, wenn er das nicht ausführe. Und wirklich nahm Datis die Eretrier in ziemlich [d] kurzer Zeit mit Gewalt durch viele Tausende von Soldaten völlig gefangen und entsandte die furchtbare Botschaft in unsere Stadt, dass ihm kein einziger Eretrier entkommen sei; denn sich an den Händen fassend, hätten die Soldaten des Datis das ganze eretrische Gebiet wie mit einem Fangnetz durchzogen. Diese Botschaft nun, mochte sie wahr oder wie auch immer sonst hergelangt sein, setzte die übrigen Hellenen, vor allem aber die Athener in Schrecken; und als diese nach allen Seiten Gesandte [e] ausschickten, wollte ihnen niemand beistehen mit Ausnahme der Lakedaimonier; diese aber kamen wegen des damaligen Krieges gegen Messene und weil vielleicht noch sonst etwas sie aufhielt – denn wir wissen von keiner Kunde hierüber –, jedenfalls kamen sie erst einen Tag nach der Schlacht bei Marathon an. Danach liefen Gerüchte um von großen Rüstungen und zahlreichen Drohungen seitens des Königs. Im Laufe der Zeit hieß es jedoch, Dareios sei gestorben und sein junger und ungestümer Sohn habe die Herrschaft übernommen und gebe das Vorhaben [699a] keineswegs auf. Die Athener glaubten nun, diese ganze Rüstung richte sich gegen sie wegen des bei Marathon Geschehenen, und als sie hörten, der Athos werde durchstochen und eine Brücke über den Hellespont geschlagen, und noch dazu von der Menge der Schiffe, da meinten sie, weder zu Lande gebe es für sie eine Rettung noch auf dem Meer; denn es werde ihnen niemand beistehen – sie erinnerten sich nämlich, dass auch damals, als jene zum ersten Mal kamen und das Unternehmen in Eretria durchführten, niemand ihnen beigestanden und als Bundesgenosse die Gefahr mit ihnen geteilt hatte; dasselbe, erwarteten sie, werde [b] auch jetzt geschehen, wenigstens zu Lande –, und auf dem Meer andererseits erkannten sie die gänzliche Unmöglichkeit einer Rettung, da 1000 und noch mehr Schiffe gegen sie heransegelten; nur eine Rettungsmöglichkeit gewahrten sie, eine schwache und ausweglose zwar, doch in der Tat die einzige, indem sie auf das früher Geschehene blickten, wie ihnen offenbar auch damals aus auswegloser Lage der Sieg im Kampf hervorging; von dieser Hoffnung wie von einem Anker gehalten, erkannten sie, dass sie einzig bei sich selbst und bei den Göttern ihre [c] Zuflucht hätten. Dies alles nun erzeugte in ihnen gegenseitige Freundschaft, nämlich die damals grassierende Furcht wie auch die aus den früheren Gesetzen hervorgegangene Furcht, die sie sich durch ihre Unterwerfung unter die früheren Gesetze erworben hatten, die wir in unserem zurückliegenden Gespräch mehrmals als Scham bezeichnet haben, von der wir auch behauptet haben, ihr müssten sich diejenigen unterwerfen, die tüchtige Männer sein wollten, während der Feige davon frei und furchtlos sei. Hätte diesen damals nicht die Furcht gepackt, so hätte er niemals mit den andern vereint sich verteidigt und auch nicht Tempel, Gräber und Vaterland und was einem sonst noch lieb und teuer ist, so [d] verteidigt, wie er ihnen damals beistand, sondern ein jeder von uns wäre damals, in kleine Häuflein zersprengt, der eine dahin, der andere dorthin zerstoben.

MEG. Ganz richtig, Fremder, hast du das erzählt und in einer Weise, die dir und deinem Vaterland Ehre macht.

ATH. So ist es, Megillos; denn es ist nicht mehr als billig, dass ich dir die damaligen Geschehnisse berichte, der du durch deine Abstammung an der Art deiner Väter teilhast. Prüft aber, du und Kleinias, ob das, was wir berichten, irgendeinen Bezug zur Gesetzgebung hat; denn nicht [e] um

Geschichten zu erzählen, berichte ich das, sondern aus dem genannten Grund. Denn seht nur: Da uns in gewisser Weise dasselbe Geschick widerfuhr wie den Persern, obwohl jene das Volk in völlige Knechtschaft, wir dagegen die Menge zu völliger Freiheit antrieben, so sind im Hinblick auf die Frage, wie und was wir jetzt als Nächstes sagen sollen, unsere vorangegangenen Darlegungen ganz zweckmäßig vorgetragen worden.

[700a] MEG. Gut gesprochen. Versuche uns aber noch deutlicher zu machen, was du jetzt meinst.

ATH. Das soll geschehen. Zur Zeit der alten Gesetze, ihr Freunde, war bei uns auf bestimmten Gebieten das Volk nicht zur Herrschaft befugt, sondern unterwarf sich irgendwie freiwillig den Gesetzen.

MEG. Welchen Gesetzen denn?

ATH. Zuerst den die damalige Musik betreffenden Gesetzen – um das übermäßige Auswuchern der freien Lebensweise vom Ursprung an durchzugehen. Damals war nämlich unsere Musik in bestimmte [b] Gattungen und Formen eingeteilt; und eine Gattung des Gesangs waren Gebete an die Götter, welche ›Hymnen‹ hießen; die ihr entgegengesetzte bildete eine zweite Gattung des Gesangs – ›Threnoi‹ hätte man sie am ehesten nennen können –, und ›Paiane‹ bildeten wieder eine andere Gattung, und eine weitere Gattung, die Geburt des Dionysos, glaube ich, bildete der sogenannte ›Dithyrambos‹. Und den ›Nomoi‹ als einer weiteren Gattung des Gesanges gaben sie sogar eben diesen Namen ›Gesetze‹ und fügten noch die Bezeichnung ›kitharödisch‹ hinzu. Nachdem also diese und noch einige andere Arten festgelegt waren, war es nicht erlaubt, [c] eine Liedgattung für eine andere zu missbrauchen.

Und die Instanz, die befugt war, hierüber zu befinden und zugleich aufgrund des Befundes das Urteil zu fällen und den Ungehorsamen zu bestrafen, war nicht das Pfeifen und das unmusische Geschrei der Menge, wie heutzutage, noch andererseits das Beifall spendende Klatschen, sondern für Leute mit Bildung galt der Grundsatz, für ihre Person schweigend bis zum Ende zuzuhören, während die Knaben und die Knabenaufseher und die große Masse dadurch in Zucht gehalten wurde, dass der Stock für Ordnung [d] sorgte. Auf diesem Gebiet also ließ sich die Menge der Bürger dieses feste Regiment gerne gefallen und erdreistete sich nicht, ihr Urteil durch Lärmen kundzugeben. Danach jedoch, als die Zeit weiter fortschritt, machten Dichter den Anfang mit der unmusischen Gesetzesverletzung; von Natur zwar dichterisch begabt, aber ohne Einsicht in das Recht und das Gesetz der Muse, begannen sie, in bakchantischem Taumel und über Gebühr von der Lust besessen, Threnen mit Hymnen und Paiane mit Dithyramben zu vermischen und Lieder zur Flöte durch Gesänge mit Kitharabegleitung nachzuahmen und alles mit allem zu vermengen, und [e] verbreiteten so über die Musik ungewollt aus Unverstand die Lüge, dass die Musik keinerlei Richtigkeit kenne, sondern am richtigsten nach der Lust dessen, der sich daran freue, beurteilt werde, mag dies nun ein besserer oder ein schlechterer Mann sein. Indem sie nun solche Werke schufen und entsprechende Ansichten dazu äußerten, flößten sie der Masse eine Gesetzesverachtung bezüglich der Musik und eine Dreistigkeit ein, als ob sie darüber zu urteilen befähigt sei. Infolgedessen wurden [701a] aus stummen Theatern lärmende, als ob sie verstünden, was in der Musenkunst schön sei und was nicht, und statt einer Aristokratie entstand in ihr eine schlimme ›Theatrokratie‹. Denn sogar bei einer Demokratie, sofern sie sich auf die Musik und auf freie Männer beschränkt hätte, wäre das Ergebnis nicht besonders schlimm gewesen. So aber nahm bei uns von der Musik aus die allgemeine Einbildung allumfassender Weisheit und die Gesetzesverachtung ihren Anfang, und die Freiheit folgte ihnen. Sie wurden nämlich furchtlos, da sie ja Kenner seien; die Furchtlosigkeit aber erzeugte in ihnen Unverschämtheit; denn die Meinung des Besseren aus Frechheit nicht zu fürchten, eben darin besteht in der Regel [b] die arge Unverschämtheit, als Folge also einer allzu dreist gewordenen Freiheit.

MEG. Du hast völlig recht.

ATH. Im Anschluss an diese Freiheit dürfte dann wohl die entstehen, dass man sich nicht den Beamten unterordnen will; an diese schließt sich die, dass man sich der Unterordnung unter Vater und Mutter und Ältere und ihrer Zurechtweisung entzieht und dass diejenigen, die bereits nahe am Ziel sind, den Gesetzen nicht zu gehorchen suchen und wenn sie [c] endlich am Ziel selbst angelangt sind, sich um Schwüre und Versprechungen und überhaupt um die Götter nicht kümmern und so die alte Titanennatur, von der die Sage erzählt, hervorkehren und nachahmen, dass sie dadurch aber wieder in jene gleiche Lage geraten und ein mühseliges Leben führen und kein Ende der Leiden sehen. – In welcher Absicht ist dies nun von uns vorgetragen worden? Man muss nämlich, scheint mir, die Rede wie ein Pferd immer wieder anhalten und darf nicht, den Mund gleichsam ohne Zaum, gewaltsam von der Rede [d] fortgerissen, wie es im Sprichwort heißt, ›vom Esel fallen‹, sondern wir müssen die eben gestellte

Frage wiederholen: In welcher Absicht ist dies vorgetragen worden?

MEG. Richtig.

ATH. Nun, es wurde in folgender Absicht vorgetragen.

MEG. In welcher denn?

ATH. Wir hatten behauptet, der Gesetzgeber müsse bei seiner Gesetzgebung sich drei Ziele setzen: dass die Stadt, der er Gesetze gibt, frei und mit sich selbst befreundet sein und Vernunft besitzen soll. Das war es doch, nicht wahr?

MEG. Ganz richtig.

[e] ATH. Zu diesem Zweck also haben wir uns von den Staatsverfassungen die despotischste und die freieste vorgenommen und prüfen gegenwärtig, welche der beiden die richtige Verfassung ist. Sobald wir nun bei beiden ein gewisses Mittelmaß antrafen, der Herrschermacht bei den einen, der Freiheit bei den andern, da sahen wir, dass dann bei beiden ein besonders gutes Gedeihen einsetzte; sobald aber beide bis zum Äußersten gingen, die einen in der Knechtschaft, die andern in deren Gegenteil, da brachte dies weder diesen noch jenen einen Gewinn.

[702a] MEG. Sehr wahr gesprochen.

ATH. Und eben deshalb haben wir auch die Ansiedlung des dorischen Heeresvolkes betrachtet und die Bergabhänge des Dardanos und die Gründung am Meer, und so auch die ersten Überlebenden der Vernichtung; deshalb haben wir ferner auch die dem vorausgegangenen Gespräche über die Musik und über den Rausch und was dem noch vorauslag, geführt. Dies alles ist nämlich erörtert worden, um zu erkennen, wie denn wohl eine Stadt am trefflichsten verwaltet würde und wie jemand [b] für sich persönlich am besten sein Leben führen würde. Ob wir nun hiermit etwas Brauchbares zustande gebracht haben – welche Prüfung könnten wir hierfür in unserem Gespräch durchführen, Megillos und Kleinias?

KL. Ich glaube eine solche Möglichkeit zu sehen, Fremder. Denn durch eine Art glückliche Fügung, scheint es, haben sich all diese Gespräche ergeben, die wir geführt haben; denn ich bin gerade jetzt in einer Lage, in der ich sie gut gebrauchen kann, und du wiederum bist just im rechten Augenblick hier erschienen und ebenso unser Freund [c] Megillos. Ich will euch beiden nämlich meine Situation nicht verhehlen, sondern sehe darin noch eine Art von gutem Vorzeichen. Der größte Teil von Kreta plant nämlich eine Koloniegründung und beauftragt die Knossier, sich der Sache anzunehmen, die Stadt der Knossier aber mich und neun andere; zugleich beauftragt sie uns, wenn uns von den hiesigen Gesetzen irgendwelche zusagen, diese aufzustellen und ebenso irgendwelche von anderswo, ohne dabei auf deren Fremdartigkeit Rücksicht zu nehmen, falls sie uns besser zu sein scheinen. Jetzt wollen wir also [d] mir und euch diesen Gefallen erweisen: Wir wollen aus dem Gesagten eine Auswahl treffen und in unserm Gespräch eine Stadt entwerfen, wie wenn wir sie von Anfang an gründeten. Und so erhalten wir einerseits eine Möglichkeit zur Erforschung dessen, was wir untersuchen, andererseits könnte ich vielleicht diesen Entwurf für die geplante Stadt verwenden.

ATH. Das ist gewiss keine Kriegserklärung, Kleinias. Und wenn Megillos nichts dagegen hat, so sei überzeugt, dass von meiner Seite alles geschieht, um deinem Wunsch nach Kräften zu entsprechen.

KL. Ein gutes Wort.

MEG. Und gewiss auch von meiner Seite.

[e] KL. Eine sehr schöne Antwort von euch beiden. Doch versuchen wir zunächst im Gespräch unsere Stadt zu gründen.

Viertes Buch

[704a] ATH. Nun denn: Was wird das überhaupt für eine Stadt sein, die wir uns vorstellen sollen? Ich frage damit nicht nach ihrem Namen, wie er etwa jetzt lautet oder wie man sie künftig wird nennen müssen (denn den wird ihr vielleicht schon die Art ihrer Gründung oder irgendeine [b] Örtlichkeit verleihen, oder die Benennung nach irgendeinem Fluss oder einer Quelle oder den Ortsgottheiten wird die Heiligkeit des eigenen Namens auf die neu entstandene Stadt übertragen); sondern es ist eher Folgendes, was ich mit meiner Frage über sie wissen möchte: Wird sie eine Küsten- oder eine Binnenstadt sein?

KL. Die Stadt, der unsere jetzige Erörterung gilt, Fremder, ist vom Meer etwa 80 Stadien entfernt.

ATH. Und weiter: Besitzt sie Häfen auf dieser Seite oder ist sie ganz ohne Hafen?

KL. Sie besitzt dort sogar die denkbar besten Häfen, Fremder.

[c] ATH. O weh, was sagst du da! Und wie steht es mit dem die Stadt umgebenden Land? Bringt es alles selbst hervor oder fehlt es an einigen Erzeugnissen?

KL. Es fehlt fast an nichts.

ATH. Und liegt eine Nachbarstadt in ihrer Nähe?

KL. Nein; deshalb wird sie ja auch gegründet. Denn eine Auswanderung, die vor alters in dieser Gegend stattfand, hat dieses Gebiet seit unvordenklicher Zeit entvölkert.

ATH. Und wie steht es mit Ebenen, Bergen und Bewaldung? In welchem Verhältnis hat unsere Stadt daran jeweils Anteil bekommen?

KL. Sie gleicht der gesamten Beschaffenheit des übrigen Kreta.

[d] ATH. Du würdest sie also eher gebirgig als flach nennen.

KL. Ganz recht.

ATH. So wäre ihr Zustand also nicht unheilbar im Blick auf den Erwerb von Tugend. Denn falls die Stadt am Meer liegen, gute Häfen besitzen und nicht alle Produkte selbst hervorbringen, sondern an vielem Mangel haben würde, so bräuchte sie einen mächtigen Retter und geradezu göttliche Gesetzgeber, wenn sie sich nicht vielerlei buntschillernde und schlechte Gesinnungen aneignen sollte; so aber besitzt sie hiergegen einigen Trost in den 80 Stadien. Allerdings liegt sie näher am Meer, als sie sollte, und zwar [705a] etwa um so viel, je besser sie nach deinen Worten mit Häfen ausgestattet ist; trotzdem muss man auch damit zufrieden sein. Denn das nahe Meer ist für ein Land zwar angenehm zum täglichen Leben, aber in Wahrheit ist dies eine recht salzige und bittere Nachbarschaft. Indem das Meer nämlich die Stadt mit Seehandel und mit Geldgeschäften infolge des Kleinhandels überschwemmt, erzeugt es verschlagene und unzuverlässige Gesinnungen in den Seelen und macht so die Stadt misstrauisch und unfreundlich gegen sich selbst und ebenso gegen die anderen Menschen. Einen Trost hiergegen besitzt sie nun auch darin, dass sie alle Erzeugnisse selbst hervorbringt; da [b] das Land aber gebirgig ist, so ist klar, dass es wohl nicht gleichzeitig viele und alle Erzeugnisse hervorbringen wird; wäre dies nämlich der Fall, so würde das eine umfangreiche Ausfuhr ermöglichen, und die Stadt würde dafür mit Gold- und Silbermünzen überschwemmt werden, was für eine Stadt, wie man bei genauer Abwägung sagen muss, das größte Übel ist im Hinblick auf den Erwerb edler und gerechter Gesinnungen, wie wir in unserem früheren Gespräch gesagt haben, falls wir uns noch erinnern.

KL. Gewiss erinnern wir uns, und wir geben zu, dass wir damals recht hatten und auch jetzt.

[c] ATH. Und nun weiter: Wie steht es in dieser Gegend des Landes mit Holz zum Schiffsbau?

KL. Es gibt weder Tannen, die der Rede wert wären, noch Föhren, auch nicht viele Zypressen; Kiefern ferner und Platanen wird man nur wenige finden, die ja die Schiffsbauer jeweils für die Teile des Schiffsinnern benötigen.

ATH. Auch diese natürliche Beschaffenheit dürfte für das Land nicht schlecht sein.

KL. Wieso denn?

ATH. Dass eine Stadt ihre Feinde nicht ohne Weiteres durch verkehrte [d] Nachahmung nachzuahmen vermag, ist gut.

KL. Welche der bisherigen Ausführungen hast du denn bei dieser Behauptung im Auge?

ATH. Göttlicher Freund, gib acht auf mich, indem du das im Auge behältst, was wir anfangs über die kretischen Gesetze gesagt haben, dass sie nämlich nur auf ein Ziel hinblickten, und ihr beide sagtet, das sei eben der Krieg; ich aber unterbrach euch und sagte, dass solche gesetzlichen Anordnungen irgendwie auf die Tugend hinzielten, sei zwar schön, dass sie aber nur auf einen Teil und nicht auf so ziemlich die ganze Tugend abzielten, [e] das wollte ich nicht ganz zugeben. Daher folgt mir jetzt und achtet eurerseits bei meiner jetzigen Gesetzgebung darauf, ob ich etwa ein

Gesetz aufstelle, das nicht auf die Tugend oder nur auf einen Teil der Tugend abzielt. Denn nur dasjenige Gesetz, so lautet meine These, wird richtig aufgestellt, [706a] das nach Art eines Bogenschützen immer nur auf das zielt, das als einziges von diesen Zielen jeweils sogleich etwas Schönes im Gefolge hat, während es alles andere beiseite lässt, mag dies nun irgendein Reichtum oder auch sonst etwas in dieser Art ein, wenn es ohne das vorhin Genannte ist. Die schlechte Nachahmung der Feinde aber, von der ich sprach, geschieht dann, wenn jemand am Meer wohnt und von Feinden belästigt wird, wie zum Beispiel – ich sage dies, ohne euch etwas nachtragen zu wollen –: [b] Minos zwang nämlich einst die Bewohner Attikas zu einer harten Tributzahlung, da er sich eine große Macht zur See erworben hatte, während jene noch keine Kriegsschiffe wie heute besaßen und auch kein Land voller Schiffsbauholz, um sich so ohne Weiteres eine Seemacht zu schaffen. Daher waren sie nicht imstande, durch Nachahmung der Seefahrt damals sogleich ihrerseits Seeleute zu werden und so die Feinde abzuwehren. Denn es wäre für sie besser gewesen, noch öfter sieben Kinder zu verlieren, [c] anstatt aus standfesten, schwergerüsteten Fußsoldaten zu Seesoldaten zu werden und es sich zur Gewohnheit zu machen, häufig ans Land zu springen, dann sich im Laufschritt rasch wieder auf die Schiffe zurückzuziehen und nichts Schimpfliches darin zu sehen, wenn sie nicht den Mut aufbrachten, dem Ansturm der Feinde standzuhalten und zu sterben, sondern vielmehr einleuchtende und naheliegende Ausreden zur Hand zu haben, wenn sie ihre Waffen verloren und eine, wie sie sagen, keineswegs schimpfliche Flucht ergriffen. Solche Redensarten pflegen infolge des Waffendienstes zur See aufzukommen, die nicht tausendfältiges Lob, sondern das [d] Gegenteil verdienen. Denn an schlechte Gewohnheiten darf man niemanden gewöhnen, und schon gar nicht den besten Teil der Bürger. Man hätte dies wohl auch schon von Homer lernen können, dass eine solche Verhaltensweise nicht schön ist. Odysseus beschimpft nämlich bei ihm den Agamemnon, weil dieser, als die Achaier von den Troern im Kampf bedrängt wurden, den Befehl gibt, die Schiffe ins Meer zu ziehen. Jener aber zürnt ihm und sagt:

> [e] »der du Befehl gibst, mitten im Kampf und Schlachtengetümmel
> niederzuziehen ins Meer die gutgezimmerten Schiffe,
> dass es den Troern noch mehr nach Wunsch geht, die nur hierauf warten,
> uns aber jähes Verderben zuteil wird; denn die Achaier
> werden nicht länger mehr kämpfen, sobald wir die Schiffe ins Meer ziehn,
> sondern sie spähen zur Seite und lassen es fehlen an Kampflust.
> [707a] Dann wird dein Rat uns verderben, weil du Derartiges redest!«

Das erkannte also auch Homer, dass es von Übel ist, wenn auf dem Meer Trieren für die kämpfenden Schwerbewaffneten bereit stehen; selbst Löwen würden sich bei solchen Bräuchen daran gewöhnen, vor Hirschen davonzulaufen. Außerdem schreiben die Städte, deren Macht auf der Flotte beruht, zusammen mit ihrer Rettung auch die entsprechenden Ehren nicht dem besten Teil ihrer Streitkräfte zu; denn da die Rettung durch die Kunst des Steuermanns, die Tätigkeit des Pentekontarchen und der Ruderer und [b] durch allerlei nicht sonderlich treffliche Leute zustande kommt, wird wohl niemand fähig sein, den einzelnen Leuten die Ehren in der richtigen Weise zuzuerkennen. Wie könnte sich aber eine Staatsverwaltung noch als richtig erweisen, die auf diese Fähigkeit verzichten muss?

KL. Das ist fast unmöglich. Aber dennoch, Fremder, behaupten wir Kreter, dass die bei Salamis von den Hellenen gegen die Barbaren ausgefochtene Seeschlacht Hellas gerettet hat.

ATH. Auch die meisten unter den Hellenen und Barbaren sagen das; [c] doch ich und Megillos hier, lieber Freund, wir behaupten, dass von den Landschlachten bei Marathon und Plataiai Erstere die Rettung der Hellenen begonnen und die andere sie vollendet hat und dass diese die Hellenen zu besseren Menschen gemacht haben, die anderen aber nicht zu besseren, um einmal so von den Schlachten zu sprechen, die damals an unserer Rettung mitgewirkt haben; denn zur Seeschlacht bei Salamis will ich dir zuliebe noch die bei Artemision hinzufügen. Aber wir richten ja jetzt unseren [d] Blick auf die Vorzüglichkeit einer Staatsverfassung und prüfen unter diesem Aspekt sowohl die natürliche Beschaffenheit des Landes als auch seine gesetzliche Ordnung, wobei wir nicht die bloße Rettung und Existenz als das Wertvollste für die Menschen erachten wie die große Menge, sondern dass sie möglichst gut werden und dies bleiben, solange sie leben. Auch das ist, glaube ich, im Vorigen ausgesprochen worden.

KL. Gewiss.

ATH. So wollen wir denn bloß darauf sehen, ob wir auch denselben Weg einschlagen, der sich für die Städte sowohl bei der Gründung wie auch bei der Gesetzgebung als der beste erweist.

KL. Und zwar als der weitaus beste.

[e] ATH. Beantworte mir nun also die nächste Frage. Was wird das für ein Volk sein, das ihr ansiedelt: etwa aus ganz Kreta jeder, der will, weil in den einzelnen Städten eine Bevölkerungsmasse entstanden ist, die zu groß ist im Vergleich zu der Nahrung, die das Land bietet? Denn ihr werdet doch von den Hellenen nicht jeden, der nur will, mitnehmen. Und doch sehe ich, dass Leute aus Argos und Aigina und aus anderen Gegenden [708a] Griechenlands in eurem Land angesiedelt sind. Sag also: Woher wird das Heer der Bürger, um das es uns jetzt geht, deiner Meinung nach kommen?

KL. Aus ganz Kreta werden sie vermutlich kommen; und von den übrigen Hellenen werden sie, wie mir scheint, vor allem die aus der Peloponnes als Mitbewohner aufnehmen. Denn was du eben gesagt hast, damit hast du recht: Es sind Leute aus Argos hier, und zwar gerade die Volksgruppe, die jetzt hier das größte Ansehen genießt, die gortynische; denn sie ist aus dem bekannten peloponnesischen Gortys hierher ausgewandert.

[b] ATH. Nun wird die Ansiedlung einer Kolonie für die Städte nicht ebenso leicht sein, wenn sie sich nicht nach Art der Bienenschwärme vollzieht, wenn also nicht eine einzige Volksgruppe aus einem einzigen Herkunftsland sich ansiedelt, Freunde, die von Freunden kommen, weil sie durch die Enge des Landes bedrückt oder durch andere Ereignisse dieser Art dazu genötigt wurden. Manchmal wird auch durch Parteikämpfe ein Teil einer Stadt gewaltsam gezwungen, anderswohin auszuwandern; ja gele-

gentlich hat auch schon die gesamte Bürgerschaft einer Stadt ihre Heimat verlassen, weil sie von einem übermächtigen Krieg gänzlich überwältigt [c] wurde. In all diesen Fällen ist die Ansiedlung und Gesetzgebung in einer Hinsicht leichter, in anderer schwieriger. Dass nämlich eine Volksgruppe eine Einheit mit gleicher Sprache und gleichen Gesetzen bildet, hat zwar eine gewisse Freundschaft zur Folge, da sie den Kult und alles Derartige gemeinsam haben; abweichende Gesetze aber und andere Staatsordnungen als die in der Heimat lässt sich ein solches Volk nicht so leicht gefallen; vielmehr macht es manchmal, wenn es wegen der Schlechtigkeit seiner Gesetze in Parteiungen entzweit war und aus Gewohnheit auch weiterhin nach denselben Gebräuchen zu leben wünscht, durch die es schon einmal zugrunde gerichtet wurde, dem Gründer und Gesetzgeber Schwierigkeiten [d] und verweigert den Gehorsam. Umgekehrt wird ein Volk, das aus allen möglichen Gebieten an einen Ort zusammenströmt, zwar vielleicht eher bereit sein, manchen neuen Gesetzen zu gehorchen; dass es aber eine geistige Gemeinschaft bildet und wie ein Pferdegespann, wie man so sagt, im gleichen Takt schnaubt und in dieselbe Richtung zieht, das erfordert viel Zeit und ist äußerst schwierig. Doch Gesetzgebung und Stadtgründungen erfordern eben in der Tat Männer, die hinsichtlich der Tüchtigkeit die allervollkommensten sind.

KL. Das ist begreiflich. Erkläre uns aber noch deutlicher, was du bei dieser Bemerkung wiederum im Auge hast.

[e] ATH. Mein Guter, mir scheint, dass ich über die Gesetzgeber, indem ich auf sie zurückkomme und sie prüfe, auch etwas Herabsetzendes werde sagen müssen. Wenn

aber das, was wir sagen, die Sache trifft, so wird uns daraus keine Schwierigkeit mehr erwachsen. Doch weshalb beunruhige ich mich überhaupt? Scheint es sich doch mit fast allen menschlichen Dingen ebenso zu verhalten.

KL. Wovon sprichst du denn?

[709a] ATH. Ich wollte gerade sagen, dass niemals irgendein Mensch irgendein Gesetz aufstellt, sondern dass Zufälle und Katastrophen aller Art, die auf alle mögliche Weise über uns hereinbrechen, uns alle unsere Gesetze geben. Denn entweder stürzt ein Krieg auf gewaltsame Weise die Staatsverfassungen um und führt zu Gesetzesänderungen oder die Ausweglosigkeit schlimmer Armut; vielfach zwingen auch Krankheiten zu Neuerungen, wenn Seuchen auftreten oder eine lange anhaltende und viele Jahre hindurch häufig wiederkehrende schlechte Witterung. Wenn nun einer sich das alles vor Augen hält, so könnte er sich rasch zu derselben Behauptung hinreißen lassen, die ich eben ausgesprochen habe: dass kein Sterblicher [b] irgendein Gesetz gibt, sondern dass fast alles menschliche Tun ein Werk des Zufalls ist. Und in der Tat kann man all das von der Seefahrt und der Kunst des Steuermanns und des Arztes und des Heerführers sagen und damit dem Anschein nach recht haben. Aber ebensogut kann man auf der anderen Seite auch mit folgender Behauptung über dieselben Dinge recht haben.

KL. Mit welcher denn?

ATH. Dass Gott alles und mit Gott zusammen der Zufall und der rechte Augenblick die menschlichen Angelegenheiten insgesamt lenken; doch klingt es etwas freundlicher, wenn man zugibt, dass als Drittes zu beiden [c] noch das Können hinzukommen muss. Denn ob bei einem

Sturm das Können des Steuermanns mit dem rechten Augenblick zusammenwirkt oder nicht, darin möchte ich schon einen großen Vorteil sehen. Oder wie?

KL. So ist es.

ATH. Also wird es sich auch mit den anderen Tätigkeiten ebenso nach demselben Grundsatz verhalten, und so muss man auch der Gesetzgebung dasselbe zugestehen: Falls alle sonstigen Voraussetzungen zusammentreffen, die bei einem Land gegeben sein müssen, wenn es jemals glücklich verwaltet werden soll, dann muss einer solchen Stadt jeweils ein Gesetzgeber zuteil werden, der sich an die Wahrheit hält.

KL. Da hast du völlig recht.

[d] ATH. Wer nun für jedes der genannten Gebiete das fachliche Können besitzt, der wird doch wohl auch fähig sein, in der rechten Weise sich das zu wünschen, was ihm durch einen glücklichen Zufall zuteil werden müsste, damit darüber hinaus nur noch sein Können erforderlich wäre?

KL. Ganz sicher.

ATH. Wenn nun all die eben genannten Fachleute aufgefordert würden, ihren Wunsch zu äußern, so würden sie das doch wohl tun. Nicht wahr?

KL. Gewiss.

ATH. Dasselbe würde also, glaube ich, auch ein Gesetzgeber tun.

KL. Ich glaube schon.

ATH. »Sag uns also, Gesetzgeber«, wollen wir zu ihm sagen, »was sollen [e] wir dir geben, und in welcher Verfassung soll die Stadt sein, die wir dir übergeben sollen, damit du, wenn du das bekommen hast, imstande bist, für den

Rest die Stadt selber zweckmäßig einzurichten?« Was wäre hierauf richtig zu erwidern? Diese Antwort des Gesetzgebers geben wir selbst, nicht wahr?

KL. Ja.

ATH. Folgende nämlich: »Gebt mir eine Stadt, die von einem Tyrannen regiert wird«, wird er sagen; »der Tyrann aber soll jung sein, über ein gutes Gedächtnis und rasche Auffassungsgabe verfügen, tapfer und von Natur großgesinnt sein. Das aber, wovon wir schon vorhin gesagt haben, es müsse alle Teile der Tugend begleiten, das soll auch jetzt der Tyrannenseele [710a] beigesellt sein, wenn sich aus dem Vorhandensein der anderen Eigenschaften irgendein Nutzen ergeben soll.«

KL. Mir scheint, Megillos, der Fremde meint, die Besonnenheit müsse diese Begleiterin sein. Nicht wahr?

ATH. Ja, aber die volkstümliche, Kleinias, und nicht jene, von der einer in erhabenem Ton sprechen könnte, indem er zwingend die Identität der Besonnensein mit der Einsicht beweist, sondern das, was den Kindern und Tieren angeboren ist und sogleich an ihnen aufblüht, so dass die einen gegenüber der Lust unbeherrscht sind, die anderen aber sich beherrschen. [b] Davon hatten wir auch gesagt, dass es für sich allein und isoliert von den vielen Dingen, die wir als Güter bezeichnen, nicht der Rede wert sei. Ihr versteht doch, was ich meine.

KL. Vollkommen.

ATH. Diese Naturanlage soll also unser Tyrann neben jenen anderen Naturanlagen besitzen, wenn eine Stadt auf dem denkbar schnellsten und besten Wege eine Verfassung erhalten soll, durch deren Annahme sie das glücklichste Leben führen wird. Denn ein schnelleres und besseres

Verfahren zur Einsetzung einer Verfassung gibt es nicht als dieses und wird es wohl niemals geben.

[c] KL. Wie und mit welchem Argument, Fremder, könnte sich denn jemand selbst davon überzeugen, dass er mit dieser Behauptung recht hat?

ATH. Es ist doch wohl leicht einzusehen, Kleinias, dass das ganz in der Natur der Sache liegt.

KL. Wie meinst du das? Wenn es einen Tyrannen gäbe, sagst du, der jung, besonnen, lernwillig, gedächtnisstark, tapfer und großgesinnt ist?

ATH. Und vom Glück begünstigt, füge noch hinzu; wenn auch in sonst nichts, so doch darin, dass es zu seiner Zeit einen rühmenswerten Gesetzgeber gibt und dass ein glücklicher Zufall diesen mit ihm zusammenführt. [d] Denn wenn das geschieht, so hat der Gott so ziemlich alles getan, was er tut, wenn er will, dass eine Stadt besonders gut gedeiht. Das Zweitbeste aber ist es, wenn es einmal zwei solche Herrscher gibt, das Drittbeste wiederum und im selben Verhältnis immer schwieriger ist es, je mehr Herrscher es gibt; je mehr aber das Gegenteil der Fall ist, desto leichter ist es.

KL. Aus einer Tyrannenherrschaft, meinst du anscheinend, werde die beste Stadt entstehen, und zwar mithilfe eines hervorragenden Gesetzgebers und eines zuchtvollen Tyrannen, und am leichtesten und schnellsten sei dieser Übergang, wenn er von einem solchen Zustand aus erfolge, [e] am zweitbesten aber aus einer Oligarchie – oder wie meinst du? – und am drittbesten aus einer Demokratie.

ATH. Nein, sondern an erster Stelle aus einer Tyrannenherrschaft, am zweitbesten aus einer königlichen Verfassung und am drittbesten aus einer Art Demokratie; die vierte Form aber, die Oligarchie, würde das Entstehen einer solchen Ordnung wohl nur unter den größten Schwierigkeiten zulassen; denn in ihr gibt es die meisten Machthaber. Wir behaupten also, dass dies dann geschieht, wenn ein wahrer Gesetzgeber von der Natur hervorgebracht wird und wenn ihm eine gewisse Macht zufällt, die er mit den einflussreichsten Leuten in der Stadt teilt. Wo dieses Element der Zahl nach [711a] am kleinsten, aber am mächtigsten ist, wie in einer Tyrannenherrschaft, dort und dann pflegt sich diese Umwandlung mit Schnelligkeit und Leichtigkeit zu vollziehen.

KL. Wieso? Wir begreifen das nämlich nicht.

ATH. Und dabei haben wir es nicht nur einmal ausgesprochen, sondern, ich glaube, mehrmals. Aber vielleicht habt ihr auch noch nie eine Stadt gesehen, die von einem Tyrannen regiert wird.

KL. Ich jedenfalls bin auch gar nicht begierig nach einem solchen Schauspiel.

[b] ATH. Und doch könntest du daran gerade das sehen, was wir jetzt behaupten.

KL. Was denn?

ATH. Keinerlei Anstrengungen und keine sehr lange Zeit braucht ein Tyrann, wenn er die Sitten einer Stadt umgestalten will, sondern er braucht nur selbst als Erster auf der Bahn voranzugehen, auf der er die Bürger zu einer tugendhaften Lebensweise oder zum Gegenteil hinführen will, indem er selbst alles als Erster durch sein eigenes Tun vorzeichnet und dabei das [c] eine mit Lob und Ehre, anderes mit Tadel belegt und indem er den Ungehorsamen entsprechend seinen jeweiligen Taten durch Ehrenentzug bestraft.

KL. Und wieso meinen wir, dass die anderen Bürger rasch demjenigen folgen werden, der über eine solche Überredungsgabe und zugleich solche Gewalt verfügt?

ATH. Niemand soll uns einreden, ihr Freunde, dass eine Stadt jemals auf andere Weise schneller und leichter ihre Gesetze ändern könnte als unter der Anleitung durch die Mächtigen, und auch nicht, dass das heute auf eine andere Weise geschehe oder jemals in Zukunft geschehen werde. Denn für [d] uns ist ja nicht dies unmöglich oder nur schwer zu verwirklichen, sondern Folgendes ist es, was nur schwer geschieht und so denn auch nur selten in der langen Zeit geschehen ist; wenn es aber eintritt, dann bringt es tausendfältige, ja alle Güter in der Stadt hervor, in der es einmal geschieht.

KL. Was meinst du denn damit?

ATH. Den Fall, dass eine göttliche Liebe zu einer besonnenen und gerechten Lebensweise in großen Herrschermächten entsteht, mögen diese nun in Form einer Monarchie herrschen oder aufgrund größeren [e] Reichtums oder edlerer Abstammung hervorragen, oder auch falls jemand einmal die Art Nestors wieder hervorbringt, von dem man sagt, dass er, der durch die Macht seiner Rede vor allen Menschen hervorragte, noch mehr durch seine Besonnenheit hervorragte. Dies soll freilich zur Zeit Trojas, wie es heißt, geschehen sein, zu unserer Zeit aber auf keine Weise. Aber wenn es wirklich einen solchen Mann gegeben hat oder auch geben wird oder jetzt unter uns einen gibt, so führt dieser selbst ein glückseliges Leben, und glücklich sind diejenigen, welche die seinem besonnenen Mund entströmenden Worte hören. Ebenso gilt auch von jeder Macht dieselbe [712a] Behauptung: Wenn in einem Menschen die größte Macht mit Einsicht und Besonnensein in eins zusammenfällt, dann nimmt die Entstehung der besten Staatsverfassung und ebensolcher Gesetze ihren naturgemäßen Anfang, auf andere Weise aber niemals. Das sei also, wie wenn ich ein Märchen erzählt hätte, nach Art eines Orakels verkündet, und es soll als bewiesen gelten, dass es einerseits schwierig ist, wenn eine Stadt mit guten Gesetzen entstehen soll, dass dies andererseits aber, sofern das geschieht, was wir sagen, die allerschnellste und allerleichteste Sache ist.

KL. Wieso?

[b] ATH. Wir wollen versuchen, das auf deine Stadt anzuwenden und wie betagte Kinder in unserem Gespräch die Gesetze zu formen.

KL. Gehen wir also ans Werk und zögern wir nicht länger!

ATH. So lasst uns denn Gott bei der Einrichtung der Stadt zu Hilfe rufen; möge er uns hören und wenn er uns hört, gnädig und huldvoll herbeikommen, um zusammen mit uns die Stadt und ihre Gesetze zu formen.

KL. Ja, kommen möge er!

ATH. Doch was für eine Verfassung gedenken wir überhaupt unserer [c] Stadt zu verordnen?

KL. Was beabsichtigst du mit dieser Frage? Sag es noch deutlicher. Meinst du etwa eine Art Demokratie oder eine Oligarchie oder eine Aristokratie oder eine Königsherrschaft? Denn eine Tyrannis wirst du ja wohl nicht meinen, wie wir jedenfalls annehmen möchten.

ATH. Nun denn, wer von euch möchte zuerst antworten und mir sagen, um welche dieser Verfassungen es sich bei der Verfassung in seiner Heimat handelt?

MEG. Müsste ich als der Ältere nicht gerechterweise als erster antworten?

[d] KL. Vermutlich.

MEG. Wenn ich allerdings über die Verfassung in Lakedaimon nachdenke, Fremder, so vermag ich nicht so ohne Weiteres zu sagen, als was man sie zu bezeichnen hat. Denn sogar einer Tyrannis ähnelt sie, wie mir scheint – ist doch mit den Ephoren etwas erstaunlich Tyrannisches in ihr entstanden –, und manchmal macht sie mir von allen Staaten am ehesten einen demokratischen Eindruck. Zu leugnen andererseits, dass sie eine [e] Aristokratie ist, wäre ganz unsinnig. Und endlich gibt es in ihr auch eine Königsherrschaft auf Lebenszeit, und zwar die allerälteste, wie von allen Menschen und von uns selbst behauptet wird. Wenn ich aber jetzt so unvermittelt gefragt werde, so kann ich, wie gesagt, wirklich nicht mit Bestimmtheit angeben, um welche der genannten Verfassungen es sich bei ihr handelt.

KL. Offensichtlich geht es mir ebenso wie dir, Megillos; denn es ist mir ganz unmöglich, die Verfassung in Knossos mit Sicherheit mit einer dieser Verfassungen gleichzusetzen.

ATH. Ihr besitzt eben, meine Besten, wirklich noch Verfassungen; die anderen aber, die wir eben aufgezählt haben, sind keine Verfassungen, sondern Einrichtungen von Städten, die von bestimmten Teilen ihrer selbst [713a] beherrscht werden und deren Sklaven sind; benannt werden sie nach der Macht der jeweils Herrschenden. Man müsste aber, wenn man die Stadt nach einer derartigen Macht benennen soll, sie nach dem Namen des Gottes nennen, der in Wahrheit über die herrscht, welche im Besitz der Vernunft sind.

KL. Wer ist dieser Gott?

ATH. Müssen wir da nicht noch ein bisschen die Sage zu Hilfe nehmen, wenn wir das, wonach du gerade fragst, angemessen verdeutlichen wollen? Nicht wahr, so müssen wir doch verfahren?

KL. Unbedingt.

ATH. Vor den Städten nämlich, deren Zusammenschlüsse wir vorhin [b] durchgegangen sind, soll es noch viel früher eine Herrschaft und Verwaltung zur Zeit des Kronos gegeben haben, die überaus glücklich war und von welcher diejenige Stadt, die unter den heutigen am besten verwaltet wird, ein Abbild darstellt.

KL. Wie es scheint, sollten wir unbedingt etwas über diese hören.

ATH. Mir jedenfalls scheint es so; darum habe ich sie auch hier in unserer Unterhaltung zur Sprache gebracht.

KL. Woran du sehr recht getan hast; und wenn du die Sage in ihrem weiteren Verlauf zu Ende erzählst – vorausgesetzt, sie passt hierher –, so [c] würdest du ebenfalls sehr recht daran tun.

ATH. Ich muss tun, wie ihr sagt. Also: Eine Kunde ist uns überliefert worden von dem glückseligen Leben der damaligen Menschen, wie es ihnen alles in reicher Fülle und ohne ihr Zutun darbot. Als Grund hierfür wird Folgendes erzählt. Weil Kronos erkannte, dass, wie wir dargelegt haben, keine einzige Menschennatur imstande ist, wenn sie alle menschlichen Angelegenheiten in unumschränkter Macht verwaltet, dabei nicht von Übermut und Ungerechtigkeit erfüllt zu werden – weil er also dies bedachte, [d] setzte er damals als Könige und Herrscher über unsere Städte keine Menschen, sondern Wesen göttlicheren und besseren Ursprungs, nämlich Dämonen, so wie wir jetzt mit den Schafen und allen zahmen Herden verfahren: Wir geben ihnen nicht etwa Rinder als Herrscher über Rinder oder Ziegen als Herrscher über Ziegen, sondern wir selbst herrschen über sie, ein besseres Geschlecht als sie. In der gleichen Weise und aus Liebe zu den Menschen setzte nun also auch der Gott das bessere Geschlecht über uns, das der Dämonen, welches mit großer Leichtigkeit seinerseits und zur [e] großen Erleichterung unsererseits sich unser annahm und uns Frieden und Ehrfurcht und Rechtlichkeit und eine reiche Fülle von Gerechtigkeit schenkte und so die Geschlechter der Menschen vor Zwietracht bewahrte und glücklich machte. Und so sagt denn auch jetzt noch diese Sage (womit sie die Wahrheit spricht), dass es für alle Städte, über die nicht ein Gott, sondern irgendein Sterblicher herrscht, kein Entrinnen aus den Übeln und Mühen gebe; vielmehr müssten wir, so meint sie, mit allen Mitteln das Leben, das unter Kronos bestanden haben soll, nachahmen und müssten dem, was an Unsterblichkeit in uns ist, gehorchen und so im öffentlichen wie im [714a] persönlichen Bereich unsere Häuser und Städte verwalten, wobei wir der Verteilung der Vernunft den Namen ›Gesetz‹ geben. Wenn aber ein einzelner Mensch oder eine Oligarchie oder gar eine Demokratie, deren Seele nach Lüsten und Begierden verlangt und mit diesen angefüllt zu werden wünscht, jedoch nichts in sich festzuhalten vermag, sondern mit einer endlosen und unersättlichen schlimmen Krankheit behaftet ist, wenn also über eine Stadt oder über irgendeinen Privatmann ein solcher Mensch herrschen sollte, der die Gesetze in den Staub tritt, dann gibt es, wie eben gesagt, keine Möglichkeit der Rettung. Diese Erzählung müssen wir prüfen, Kleinias, [b] ob wir ihr glauben oder wie wir es damit halten sollen.

KL. Natürlich müssen wir ihr glauben.

ATH. Bist du dir nun darüber im klaren, dass manche Leute behaupten, es gebe so viele Arten von Gesetzen, wie es Arten von Verfassungen gibt? Die Arten von Verfassungen aber, die die meisten annehmen, sind wir eben durchgegangen. Glaube also ja nicht, dass unser jetziger Streit etwas Belangloses betrifft, sondern es geht um das Wichtigste: Worauf nämlich das Gerechte und Ungerechte hinzielen muss, das ist uns wieder zu einem Streitpunkt geworden. Denn weder auf den Krieg noch auf die gesamte [c] Tugend, behaupten die Leute, müssten die Gesetze hinzielen, sondern welche Verfassung auch immer bestehe, deren Vorteil müssten sie ins Auge fassen, damit diese stets herrsche und nicht umgestürzt werde, und die naturgemäße Definition des Gerechten werde am besten folgendermaßen formuliert.

KL. Wie denn?

ATH. Dass es das ist, was dem Stärkeren nützt.

KL. Erkläre das noch deutlicher.

ATH. Folgendermaßen. Die Gesetze, behaupten sie, gibt doch wohl in der Stadt die jeweils herrschende Macht. Nicht wahr?

KL. Da hast du recht.

[d] ATH. Glaubst du nun, sagen sie, dass jemals das Volk, wenn es gesiegt hat, oder sonst eine Staatsform oder gar ein Tyrann aus freien Stücken zunächst zu einem anderen Zweck Gesetze aufstellen werde als zum Vorteil der eigenen Herrschaft, damit diese von Dauer ist?

KL. Wie sollte es anders sein!

ATH. Und wer nun diese Satzungen übertritt, den wird doch ihr Urheber, indem er diese als gerecht bezeichnet, bestrafen, weil er Unrecht tue?

KL. Das ist zumindest wahrscheinlich.

ATH. Diese Satzungen hätten also auf diese Art und Weise immer das Gerechte auf ihrer Seite.

KL. Das behauptet jedenfalls diese Argumentation.

[e] ATH. Das ist nämlich einer von jenen Ansprüchen auf Herrschaft.

KL. Von welchen denn?

ATH. Von denen, die wir damals daraufhin geprüft haben, wer über wen herrschen solle. Und es hatte sich gezeigt, dass Eltern über ihre Kinder, über Jüngere die Älteren und die Edlen über die Unedlen herrschen sollten. Und so gab es noch viele andere Ansprüche, wenn wir uns erinnern, und die einen standen den anderen im Weg. Und einer davon war denn [715a] auch dieser, und wir behaupteten doch etwa, dass Pindar die größte Gewalt für naturgemäß erkläre und zum Recht mache, wie er sagt.

KL. Ja, das ist es, was damals gesagt worden ist.

ATH. So prüfe nun, welcher der beiden Seiten wir die Stadt anvertrauen sollen. Denn schon tausendmal ist Folgendes in den Städten vorgekommen.

KL. Was denn?

ATH. Wenn um die Regierungsämter ein Kampf ausbrach, so bemächtigten sich die Sieger der Staatsgeschäfte so ausschließlich, dass sie den Unterlegenen nicht den geringsten Anteil an der Regierung gaben, weder diesen selbst noch ihren Nachkommen; vielmehr leben sie ständig auf der Hut [b] voreinander, damit nicht irgendwann einer an die Regierung gelangt und sich gegen sie erhebt, weil er sich an die früheren Kränkungen erinnert. Das sind aber doch wohl, stellen wir jetzt fest, keine Verfassungen, noch sind das richtige Gesetze, die nicht zum allgemeinen Wohl der ganzen Stadt aufgestellt worden sind. Sind sie aber bloß zum Vorteil bestimmter Leute aufgestellt, so nennen wir diese Parteimänner, aber nicht Staatsbürger, und das, was sie als ihr Recht bezeichnen, eine leere Behauptung. Dies sagen wir deshalb, damit wir in deiner Stadt die Regierungsämter nicht deswegen jemandem anvertrauen, weil er reich ist oder weil er sonst etwas [c] Derartiges besitzt, wie Kraft oder Größe oder edle Herkunft; sondern wer den aufgestellten Gesetzen am willigsten gehorcht und hierin den Sieg in der Stadt davonträgt, dem, behaupten wir, muss man auch den Dienst an den Göttern übertragen, und zwar den wichtigsten Dienst dem ersten und den zweitwichtigsten dem zweiten Sieger, und nach diesem Verhältnis muss man den Nachfolgenden die jeweils darauf folgenden Ämter übertragen. Diejenigen aber, die heutzutage ›Herrscher‹ genannt werden, habe ich [d] ›Diener‹ der Gesetze genannt, nicht um neue Ausdrücke zu prägen, sondern weil ich glaube, dass hiervon mehr als von allem anderen die Erhaltung einer Stadt und ihr Gegenteil abhängt. Denn einer Stadt, in der das Gesetz den Regierenden unterworfen und machtlos ist, einer solchen sehe ich den Untergang bevorstehen; der Stadt aber, in der es Herr über die Regierenden und die Regierenden Sklaven des Gesetzes sind, der sehe ich Fortbestand und alle Güter zuteil werden, welche die Götter je Städten verliehen haben.

KL. Gewiss beim Zeus, Fremder; denn du hast deinem Alter entsprechend einen scharfen Blick.

ATH. Als junger Mensch sieht ja jedermann solche Zusammenhänge am [e] undeutlichsten, als Greis aber am schärfsten.

KL. Sehr wahr.

ATH. Wie nun weiter? Sollen wir nicht annehmen, die Siedler seien eingetroffen und stünden vor uns, und sollten wir nicht für sie unsere weitere Rede zu Ende führen?

KL. Gewiss.

ATH. »Ihr Männer«, wollen wir also zu ihnen sagen, »der Gott, der, wie auch der alte Spruch sagt, Anfang und Ende und Mitte von allem, was ist, [716a] in Händen hat, erreicht sein Ziel auf geradem Wege, indem er seiner Natur gemäß im Kreise geht. Ihm folgt als ständige Begleiterin die Dike, um diejenigen, die hinter dem göttlichen Gesetz zurückbleiben, zu bestrafen. An sie hält sich, wer glücklich werden will, und folgt ihr in Demut und Bescheidenheit. Wenn sich aber jemand in hochmütigem Stolz erhebt, weil er stolz auf sein Geld oder auf Ehren oder auf körperliche Schönheit ist, und zugleich infolge seiner Jugend und Unvernunft in seiner Seele vor Übermut entbrennt, weil er meint, er brauche weder einen Gebieter noch einen Führer, sondern sei sogar fähig, andere zu führen, der bleibt, von Gott [b] verlassen, zurück, und indem er zurückbleibt und auch noch andere seinesgleichen um sich schart, springt er herum und bringt dabei alles durcheinander, und gar vielen gilt er wirklich als jemand; doch nach gar nicht langer Zeit zahlt er der Gerechtigkeit eine nicht zu tadelnde Strafe und richtet sich selbst und sein Hauswesen und die Stadt völlig zugrunde. Was soll nun angesichts dieser Ordnung der Dinge ein verständiger Mann tun oder denken und was nicht?«

KL. Offenbar doch dies: dass er zu denen gehört, die dem Gott folgen, darauf muss jeder Mann bedacht sein.

[c] ATH. »Welches Tun ist also dem Gott lieb und folgt ihm nach? Nur eines, das auch einen einzigen alten Spruch auf seiner Seite hat, dass nämlich dem Gleichen, wenn es maßvoll ist, das Gleiche lieb ist, während das Maßlose weder untereinander noch dem Maßvollen lieb ist. Der Gott dürfte nun für uns am ehesten das Maß aller Dinge sein, und dies weit mehr als etwa, wie manche behaupten, irgendein Mensch. Wer also einem solchen Wesen lieb und teuer werden will, der muss nach Kräften möglichst auch [d] selbst zu einem solchen werden, und so ist nach diesem Grundsatz der Besonnene unter uns dem Gott lieb, denn er ist ihm ähnlich; der Unbesonnene ist ihm dagegen unähnlich und ihm feind und ungerecht, und auch mit den übrigen Eigenschaften verhält es sich so nach demselben Grundsatz.

Wir wollen aber bedenken, dass sich daran folgender Satz schließt, der schönste und wahrste, meine ich, von allen Sätzen: dass für einen guten Menschen das Opfern und der ständige Umgang mit den Göttern in Gebeten, durch Weihgeschenke und den ganzen Götterkult das schönste und beste und wirksamste Mittel zu einem glücklichen Leben und ihm daher [e] auch ganz besonders angemessen ist, für den Schlechten aber das Gegenteil davon. Denn unrein in seiner Seele ist der Schlechte, rein der Entgegengesetzte; von einem Befleckten aber Geschenke anzunehmen ist [717a] weder für einen guten Menschen noch für einen Gott jemals richtig. Umsonst ist also das eifrige Bemühen um die Götter für die Unfrommen, für die Frommen aber höchst zweckmäßig. Das ist also für uns das Ziel, das wir anvisieren müssen. Was aber die hierfür geeigneten Geschosse und gleichsam das Werfen der Geschosse angeht:

Welche können wir da angeben, die am [b] sichersten treffen? Zunächst, sagen wir, würde jemand, der nach den olympischen und den die Stadt behütenden Göttern den unterirdischen Göttern als Ehrung das Gerade und Zweite und Linke zuteilt, am sichersten das Ziel der Frömmigkeit treffen, und wenn er andererseits die höheren und entgegengesetzten Gaben den vorher genannten Göttern zuteilt. Nach diesen Göttern wird der Verständige wohl auch den Dämonen seine Verehrung erweisen und nach diesen den Heroen.

Daran schließen sich die privaten Heiligtümer der Familiengötter und ihre Verehrung gemäß dem Gesetz; danach die Ehren für die noch lebenden Eltern. Denn es gehört sich, dass man als Schuldner die ersten und größten Schulden abträgt, die von allen Verpflichtungen die vorrangigsten sind, und dass man alles, was man erworben hat und besitzt, als Eigentum [c] derer ansieht, die uns gezeugt und aufgezogen haben, um es mit allen Kräften in ihren Dienst zu stellen, angefangen beim Vermögen, dann die Güter des Leibes und drittens die der Seele, wodurch man ihnen wie ein Darlehen die Fürsorge und die Schmerzen zurückzahlt, die sie unter großen Mühen uns vor alters in unserer Jugend vorgestreckt haben, und sie ihnen in ihrem Alter zurückerstattet, wo sie als Greise so sehr darauf angewiesen sind. Und das ganze Leben hindurch muss man gegenüber den Eltern besonders seine Sprache zügeln und gezügelt haben, da auf leichten und [d] geflügelten Worten eine sehr schwere Strafe steht; denn über alle Vergehen dieser Art wurde Nemesis, die Botin der Dike, als Aufseherin bestellt; wenn die Eltern also zürnen und ihren Zorn befriedigen, mögen sie dies nun durch Worte oder Handlungen tun, so muss man ihnen nachgeben, indem man Verständnis dafür aufbringt, dass ein Vater, der sich vom Sohn beleidigt glaubt, begreiflicherweise über die Maßen zornig wird. Sind die Eltern aber gestorben, so ist die maßvollste Bestattung die schönste, bei der man weder den üblichen Prunk überbietet noch hinter demjenigen [e] zurückbleibt, mit dem unsere Vorväter ihre Eltern bestattet haben; und die jährlichen Aufmerksamkeiten zu Ehren derer, die bereits ihr Lebensziel erreicht haben, muss man in derselben Weise vollziehen. Vor allem aber dadurch, dass man unablässig ihr Andenken lebendig erhält, muss man sie stets ehren und [718a] dadurch, dass man von den Mitteln, die einem von Glück geschenkt worden sind, denen, deren Mühen zu Ende sind, ihren angemessenen Anteil zukommen lässt. Wenn wir das tun und nach diesen Grundsätzen leben, dann werden wir wohl alle allezeit von den Göttern und von denen, die mächtiger sind als wir, den verdienten Lohn davontragen, indem wir den größten Teil unseres Lebens mit guten Hoffnungen zubringen.«

Was aber die Pflichten gegenüber den Nachkommen, Verwandten, Freunden und Mitbürgern und die von den Göttern gebotenen Dienstleistungen an den Fremden und die Formen des Umgangs mit ihnen allen [b] betrifft, durch deren Erfüllung man sein Leben dem Gesetz gemäß aufhellen und verschönern soll, so wird die ausführliche Darlegung der Gesetze selbst, indem sie dazu überredet und die der Überredung unzugänglichen Gemüter durch Gewalt und gerechte Strafe züchtigt, unsere Stadt mit Zustimmung der Götter glückselig und erfolgreich machen.

Was aber ein Gesetzgeber, der so denkt wie ich, unbedingt vortragen muss, was sich jedoch in Form eines Gesetzes nicht angemessen vortragen lässt, davon muss er, scheint mir, zuerst für sich selbst und für die, denen er [c] Gesetze geben will, eine Probe vorführen, dann alles Übrige nach Kräften durchgehen und anschließend mit der Aufstellung von Gesetzen beginnen. In welcher Form lässt sich nun so etwas am besten darlegen? Nicht ganz leicht ist es, dies gleichsam in einem einzigen Muster zusammenzufassen und vorzutragen, doch wollen wir die Sache auf etwa folgende Weise anpacken, um zu sehen, ob wir vielleicht etwas Sicheres hierüber sagen können.

KL. Sag uns, was.

ATH. Ich möchte, dass die Bürger sich möglichst leicht zur Tugend überreden lassen, und offensichtlich wird dies der Gesetzgeber bei seiner gesamten Gesetzgebung zu erreichen versuchen.

[d] KL. Gewiss.

ATH. Was wir nun eben vorgetragen haben, das trägt, so scheint mir, einiges dazu bei, dass man das, wozu der Gesetzgeber ermahnt, falls es nicht auf eine ganz rohe Seele trifft, freundlicher und mit größerem Wohlwollen anhört. Wenn es daher den Hörer seiner Worte auch nicht viel, aber doch ein bisschen wohlwollender stimmt und dadurch Belehrungen zugänglicher macht, so muss man damit schon ganz zufrieden sein. Denn nicht leicht zu finden und nicht übergroß ist die Zahl derer, die eifrig bestrebt sind, so gut wie nur möglich und dies möglichst schnell zu werden; die meisten [e] erklären vielmehr Hesiod für weise, weil er sagt, dass der Weg zur Schlechtigkeit eben ist und sich ohne Schweiß zurücklegen lässt, da er sehr kurz ist; doch »vor die Tugend«, sagt er,

»setzten den Schweiß die unsterblichen Götter;
lang ist nämlich und steil der Pfad, der zu dieser
hinaufführt,
[719a] und auch rau am Beginn; doch wenn du zur Höhe
gelangt bist,
ist er ganz leicht zu ertragen, so schwer er auch anfangs
gewesen.«

KL. Und damit scheint er durchaus recht zu haben.

ATH. Allerdings. Was aber meine vorangehende Rede als Resultat her vorgebracht hat, das will ich euch vor Augen stellen.

KL. So tu das.

ATH. Wir wollen uns also mit dem Gesetzgeber unterhalten und [b] Folgendes zu ihm sagen: »Sag uns, Gesetzgeber, wenn du wüsstest, was wir tun und reden sollen, dann würdest du das doch gewiss auch sagen?«

KL. Notwendig.

ATH. »Haben wir dich aber nicht kurz zuvor sagen hören, der Gesetzgeber dürfe den Dichtern nicht erlauben zu dichten, was ihnen jeweils gerade beliebt? Denn sie wüssten vielleicht nicht, mit welchen ihrer Äußerungen sie gegen die Gesetze verstoßen und so der Stadt schaden.«

KL. Da hast du allerdings recht.

ATH. Wenn wir nun aber im Namen der Dichter Folgendes zu ihm sagten, wären dann unsere Worte nicht vernünftig?

KL. Was denn?

[c] ATH. Folgendes. »Es ist ein altes Wort, Gesetzgeber, das von uns selbst immer wieder ausgesprochen wird und dem auch alle anderen zustimmen, dass der Dichter, wenn

er auf dem Dreifuß der Muse sitzt, dann nicht bei Sinnen ist, sondern gleich einer Quelle das, was über ihn kommt, willig ausströmen lässt. Und da seine Kunst in Nachahmung besteht, so muss er, wenn er Menschen mit einander widersprechenden Gesinnungen darstellt, zwangsläufig sich selbst oft widersprechen und weiß dabei nicht, ob die [d] eine oder die andere ihrer Äußerungen der Wahrheit entspricht. Der Gesetzgeber aber darf in seinem Gesetz nicht so verfahren, nämlich über einen Gegenstand zwei, sondern darf über einen Gegenstand immer nur eine Ansicht äußern. Mach dir das an dem eben von dir Gesagten klar. Da es nämlich eine übertrieben aufwendige, eine dürftige und eine maßvolle Bestattungsform gibt, so ziehst du eine davon vor, die mittlere, ordnest diese an und hast sie uneingeschränkt gelobt. Ich dagegen würde, wenn in meinem Gedicht eine Frau über die Maßen reich wäre und ihre Bestattung [e] anordnete, die verschwenderische Bestattung gutheißen; ein sparsamer und armer Mann dagegen wird die dürftige, wer aber ein mäßiges Vermögen besitzt und selbst maßvoll ist, der wird eine ebensolche Bestattung gutheißen. Du aber darfst dich nicht so ausdrücken, wie du das eben getan hast, als du von ›maßvoll‹ sprachst, sondern du musst vielmehr angeben, was und wieviel das Maßvolle ist; andernfalls darfst du noch nicht daran denken, dass eine solche Rede zum Gesetz wird.«

KL. Da hast du ganz recht.

ATH. Soll also der, den wir mit der Gesetzgebung beauftragen, überhaupt nichts Derartiges am Beginn seiner Gesetze vorausschicken, sondern sogleich verkünden, was man tun soll und was nicht, und sich nach [720a] Androhung einer Strafe einem anderen Gesetz zuwenden, ohne ein einziges Wort der Aufmunterung und Überredung den Gesetzesbestimmungen hinzuzufügen? Das ist wie bei einem Arzt: Der eine pflegt uns jeweils auf diese und der andere auf jene Weise zu behandeln. Wir wollen uns die beiden Verfahren in Erinnerung rufen, damit wir den Gesetzgeber bitten, wie etwa Kinder einen Arzt bitten würden, sie auf die sanfteste Weise zu behandeln. Was meinen wir damit? Es gibt doch Ärzte, sagen wir, und auch Gehilfen der Ärzte; als Ärzte bezeichnen wir aber doch auch diese.

[b] KL. Gewiss.

ATH. Und zwar ganz gleich, ob sie Freie sind oder ob sie Sklaven sind und nur nach Anweisung ihrer Herren und durch Zuschauen und mittels bloßer Erfahrung ihre Kunst erwerben, nicht aber aus der Natur der Sache heraus, wie die Freien sie selbst erlernt haben und sie auch ihren Schülern beibringen. Würdest du diese beiden Arten von Leuten annehmen, die wir als Ärzte bezeichnen?

KL. Warum nicht?

ATH. Nun kannst du doch auch Folgendes beobachten. Da in den [c] Städten die Kranken Sklaven oder Freie sind, so werden die Sklaven in der Regel zumeist von Sklaven behandelt, die ihre Rundgänge machen oder sie in den Arztstuben erwarten; und kein einziger Arzt dieser Art gibt jeweils für die Krankheit eines der Haussklaven irgendeine Begründung oder lässt sie sich geben, sondern er verordnet ihm, was ihm aufgrund seiner Erfahrung gut scheint, als wüsste er genau Bescheid, eigenmächtig wie ein Tyrann; dann springt er auf und verschwindet zu einem anderen kranken Haussklaven und erleichtert so seinem Herrn die Behandlung der Patienten. Der [d] freie Arzt hingegen behandelt meistens die Krankheiten der Freien und beobachtet sie; und indem er sie von ihrem Ursprung her und unter Berücksichtigung der Natur erforscht und sich hierbei sowohl mit dem Patienten persönlich als auch mit dessen Freunden unterhält, lernt er einerseits selbst etwas von den Kranken, zugleich belehrt er andererseits, soweit er dazu in der Lage ist, den Patienten selbst und gibt ihm keine Anordnung, bevor er ihn nicht irgendwie davon überzeugt hat; dann erst versucht er den Patienten, den er dabei durch Zureden immer wieder beschwichtigt und [e] entsprechend darauf vorbereitet, zur Gesundheit zu führen und damit Erfolg zu haben. Ist nun der auf diese oder der auf jene Art heilende Arzt oder seine Übungen durchführende Gymnastiklehrer der bessere? Der, der auf doppelte Weise die eine Wirkung erzielt, oder der, der auf eine einzige Weise und nach dem schlechteren der beiden Verfahren vorgeht und so den Patienten nur noch widerspenstiger macht?

KL. Weit besser, Fremder, ist das doppelte Verfahren.

ATH. Willst du nun, dass wir dieses doppelte und das einfache Verfahren auch in seiner Anwendung bei eben der Gesetzgebung betrachten?

KL. Wie sollte ich das nicht wollen!

ATH. Nun denn, bei den Göttern: Welches Gesetz würde wohl der Gesetzgeber als Erstes aufstellen? Wird er nicht naturgemäß zuerst das, was [721a] für die Städte der Anfang ihrer Entstehung ist, durch seine Anordnungen regeln?

KL. Gewiss.

ATH. Ist aber nicht für alle Städte der Anfang ihrer Entstehung die eheliche Vereinigung und Gemeinschaft?

KL. Wenn also als Erstes Ehegesetze aufgestellt würden, so wäre dies wahrscheinlich für jede Stadt der angemessene Weg zur richtigen Ordnung.

KL. Auf jeden Fall.

ATH. So wollen wir also zunächst das Gesetz in seiner einfachen Form vortragen; es könnte vielleicht folgendermaßen lauten:

[b] »Heiraten soll jemand, sobald er 30 Jahre alt ist, bis zu seinem 35. Lebensjahr; wenn nicht, soll er mit einer Geldbuße und Ehrenentzug bestraft werden, und zwar durch Bußen in der und der Höhe und durch den Entzug von der und der Ehre.«

So etwa laute das einfache Gesetz über das Heiraten. Die doppelte Form aber wäre folgende:

»Heiraten soll jemand, sobald er 30 Jahre alt ist, bis zu seinem 35. Lebensjahr, indem er bedenkt, dass irgendwie das Menschengeschlecht durch eine Art Naturgabe an der Unsterblichkeit teilhat, wonach auch naturgemäß ein jeder jegliches erdenkliche Verlangen in sich [c] trägt; denn berühmt zu werden und nicht namenlos nach dem Tod im Grab zu liegen ist ein solches Verlangen. Nun ist das Menschengeschlecht etwas, das mit der gesamten Zeit zusammengewachsen ist und das sie unaufhörlich begleitet und begleiten wird, wobei es in der Weise unsterblich ist, dass es Kindeskinder hinterlässt, dabei aber stets ein und dasselbe bleibt und durch Fortpflanzung an der Unsterblichkeit teilhat. Sich dessen freiwillig zu berauben ist niemals fromm, und mit Vorsatz beraubt sich dessen, wer von Kindern und Ehegattin nichts wissen will. Wer nun dem Gesetz [d] gehorcht, der wird ohne Strafe davonkommen; wer aber nicht gehorcht und nicht mit 35 Jahren verheiratet ist, der soll jährlich mit so und so viel bestraft werden, damit er nicht meint, sein lediges Leben bringe ihm Vorteil oder Erleichterung, und soll ferner keinen Anteil an den Ehren erhalten, mit denen in der Stadt die Jüngeren jeweils die ehren, die älter sind als sie.«

Nachdem man nun dieses Gesetz neben jenem gehört hat, kann man in jedem Einzelfall überlegen, ob die Gesetze auf diese Weise dem Umfang [e] nach mindestens doppelt so lang werden sollen, weil sie zugleich überreden und drohen, oder ob sie dadurch, dass sie sich bloß der Drohung bedienen, dem Umfang nach einfach ausfallen sollen.

MEG. Lakonischer Art, Fremder, entspricht es zwar, immer das Kürzere vorzuziehen. Wenn man mich aber aufforderte, als Richter zwischen diesen beiden Gesetzesfassungen zu entscheiden, welche der beiden ich in meiner Stadt aufgezeichnet und aufgestellt haben möchte, so würde ich die längere [722a] vorziehen, und so würde ich bei jedem Gesetz nach diesem Muster, falls es beide Arten gäbe, dieselbe Wahl treffen. Allerdings müssen die jetzt erlassenen Gesetzesbestimmung auch dem Kleinias zusagen, denn es ist ja seine Stadt, die jetzt solche Gesetze anzuwenden gedenkt.

KL. Ganz recht, Megillos.

ATH. Sich über die Länge und Kürze von Texten zu unterhalten wäre gewiss zu einfältig – denn das Beste, meine ich, nicht aber das Kürzeste [b] oder die Länge muss man vorziehen; bei den eben vorgetragenen Gesetzen aber ist die eine Fassung der anderen nicht nur um das Doppelte überlegen, was ihre Tauglichkeit für die Praxis betrifft, sondern es ist auch das, was wir eben erwähnt hatten, nämlich die doppelte Art von Ärzten damit ganz treffend verglichen worden. Was dies freilich angeht, so scheint niemand unter den Gesetzgebern jemals Folgendes bedacht zu haben: Obwohl sie für ihre Gesetzgebung zwei Mittel anwenden könnten, nämlich Überredung und Gewalt, soweit das bei einer Masse ohne Erziehung möglich ist, [c] wenden sie doch nur das eine an; denn sie mischen nicht die Drohung mit der Überredung bei ihrer Gesetzgebung, sondern bedienen sich bloß der puren Gewalt. Ich aber, meine Besten, sehe, dass sogar noch ein drittes Verfahren bei den Gesetzen angewandt werden muss, das heute nirgends angewandt wird.

KL. Welches meinst du denn?

ATH. Das, was sich aus eben dem, was wir gerade besprochen haben, durch eine Art göttliche Fügung ergeben hat. Denn seit wir über die Gesetze zu sprechen begonnen haben, ist aus dem frühen Morgen Mittag geworden, und wir sind an diesem wunderschönen Ruheplatz angelangt, ohne etwas anderes zu tun, als über Gesetze zu sprechen; Gesetze aber [d] vorzutragen, damit scheinen wir eben erst den Anfang zu machen; alles davor Gesagte war für uns nur eine einleitende Vorrede zu den Gesetzen. Wozu habe ich diese Bemerkung gemacht? Ich wollte damit dies sagen: Zu allen Reden, ja zu allem, woran die Stimme beteiligt ist, gibt es Einleitungen und gleichsam eine Art von Aufwärmübungen, die eine kunstmäßige Vorbereitung geben sollen, die für die darauf folgende Darbietung von Nutzen ist. Und so sind, glaube ich, beim kitharödischen Vortrag den sogenannten Nomoi und überhaupt jeder Art von Musik wundervoll ausgearbeitete [e] Proömien vorangestellt; bei den wirklichen Gesetzen aber, die wir politische Gesetze nennen, hat noch niemand je eine Vorrede vorgetragen oder als

Schriftsteller ans Licht gebracht, wie wenn es der Natur der Sache nach keine gäbe. Unsere jetzige Unterhaltung aber deutet, wie mir scheint, darauf hin, dass es eine solche gibt; und die Gesetze, die ich eben doppelte genannt habe, scheinen mir nicht einfach doppelte zu sein, sondern geradezu zwei verschiedene Dinge: ein Gesetz und eine Vorrede zum Gesetz. Was wir nun als tyrannische Anordnung bezeichnet und mit den Anordnungen [723a] der Ärzte verglichen haben, die wir unfrei nannten, das, so scheint mir, ist das reine Gesetz; das davor Gesagte aber, das von unserem Freund hier als zum Überreden geeignet bezeichnet worden ist, das ist wirklich dazu geeignet, besitzt aber die Funktion einer Einleitung bei den Reden. Denn damit derjenige, dem der Gesetzgeber das Gesetz verkündet, die Anordnung, die ja das Gesetz ist, wohlwollend und infolge dieses Wohlwollens mit größerer Lernbereitschaft aufnimmt, deswegen wurde diese ganze Rede, wie mir klar geworden ist, von mir vorgetragen, die der Sprechende hielt, um zu überreden. Daher sollte sie meiner Ansicht nach richtiger eben als [b] ›Vorrede‹, nicht aber als ›Rede‹ des Gesetzes bezeichnet werden. Nachdem ich das gesagt habe, was könnte ich nun noch dem hinzugefügt wünschen? Folgendes: dass ein Gesetzgeber jeweils vor der Gesamtheit der Gesetze diese nicht ohne Vorrede lassen darf und ebenso bei jedem Einzelgesetz, wodurch sich diese dann voneinander ebensosehr unterscheiden werden, wie dies bei den vorhin vorgetragenen Gesetzesfassungen der Fall war.

KL. Ich für mein Teil würde den, der auf diesem Gebiet Fachmann ist, auffordern, uns auf keine andere Weise Gesetze zu geben.

[c] ATH. So weit zumindest, Kleinias, scheinst du mir recht zu haben, dass es für alle Gesetze Vorreden gibt und dass man bei jeder Gesetzgebung, mit der man beginnt, jedem Gesetzestext das jeweils angemessene Proömium voranstellen soll; denn es ist ja nicht Geringes, das danach verkündet werden soll, und es kommt nicht wenig darauf an, ob man es deutlich oder undeutlich dem Gedächtnis einprägt. Wenn wir jedoch sowohl bei den sogenannten großen wie auch bei den kleinen Gesetzen gleichermaßen eine Vorrede vorschreiben wollten, so hätten wir nicht recht. Denn auch nicht [d] bei jedem Gesangsvortrag und bei jeder Rede muss man so etwas tun – freilich gibt es für alle naturgemäß eine passende Einleitung, aber man braucht sie nicht alle anzuwenden –, sondern dies muss dem Redner selbst, dem Sänger und einem Gesetzgeber in jedem Einzelfall anheimgestellt werden.

KL. Was du sagst, scheint mir völlig zutreffend. Doch nun wollen wir nicht mehr länger Zeit mit unserem Zögern vertun, sondern wir wollen auf das Thema unserer Rede zurückkommen und bei dem anfangen, falls es dir recht ist, was du damals vorgetragen hast, ohne damit eine Vorrede zu beabsichtigen. Wir wollen also, wie die Spieler sagen, von vorn mit einem [e] zweiten, besseren Versuch anfangen in dem Bewusstsein, dass wir jetzt eine Vorrede und nicht eine beliebige Rede wie vorhin zu Ende führen. Den Anfang aber wollen wir damit machen, dass wir offen zugeben, dass wir eine Vorrede vortragen. Und bezüglich der Verehrung der Götter und der Sorge für die Vorfahren dürfte das vorhin Gesagte schon ausreichen. Das Weitere aber wollen wir nun vorzutragen versuchen, bis dir die ganze Vorrede eine ausreichende Gestalt zu besitzen scheint. Danach magst du die eigentlichen Gesetze in deiner Rede durchgehen.

[724a] ATH. Über die Götter also und die nach den Göttern folgenden Wesen und über die lebenden und die verstorbenen Eltern haben wir damals eine ausreichende Vorrede vorgetragen, wie wir jetzt feststellen. Was aber daran noch fehlt, das, so scheint mir, forderst du mich auf jetzt gleichsam ans Licht zu bringen.

KL. Allerdings.

ATH. Gut denn. Danach käme also die Frage, wie man es bezüglich der eigenen Seele und des Leibes und des äußeren Besitzes mit der Sorge und [b] der Entspannung zu halten hat. Hierüber nachzudenken und dadurch sowohl als Redender wie als Zuhörende der Erziehung teilhaftig zu werden ist nicht nur angemessen, sondern auch von höchst allgemeinem Interesse. Eben dies müssen wir also in der Tat danach vortragen und anhören.

KL. Du hast ganz recht.

Fünftes Buch

[726a] ATH. »So möge denn jeder zuhören, der soeben das über die Götter und die lieben Vorfahren Gesagte gehört hat. Von allem nämlich, was man besitzt, ist die Seele nach den Göttern das göttlichste Besitzstück, welches unser persönlichstes Eigentum ist. Was man aber besitzt, das ist alles für jeden von zweierlei Art: das Mächtigere und Bessere ist das Herrschende, das Schwächere und Schlechtere ist das Dienende. Also muss man von dem, was man besitzt, das Herrschende stets mehr ehren als das Dienende. Wenn ich daher sage, dass man seine Seele nächst den Göttern, die die [727a] Herren sind, und den diesen folgenden Mächten als Zweites ehren soll, so habe ich recht mit dieser Aufforderung. Es ehrt sie aber, muss man sagen, fast niemand von uns in der rechten Weise, meint es aber. Ein göttliches Gut ist nämlich die Ehre, von den schlechten Dingen aber verdient keines Ehre. Wer aber meint, durch irgendwelche Reden oder Geschenke die Seele zu erhöhen oder durch manche Nachgiebigkeit, sie aber dabei in keiner Hinsicht aus einer schlechteren zu einer besseren macht, der glaubt zwar, sie zu ehren, tut das aber keineswegs. Zum Beispiel meint jeder Mensch, sobald er nur im Knabenalter ist, er sei fähig, alles zu erkennen, und glaubt [b] seine Seele zu ehren, wenn er sie lobt, und gestattet ihr bereitwillig, zu tun, was sie nur will; unsere jetzige Behauptung lautet aber, dass er sie, wenn er das tut, schädigt und nicht ehrt; er sollte sie aber, wie wir behaupten, nach den Göttern als Zweites ehren. Ebenso wenig geschieht dies, wenn ein Mensch für seine jeweiligen Fehltritte und die meisten und größten Übel nicht sich selbst, sondern andere verantwortlich macht,

sich selbst aber stets als unschuldig davon ausnimmt, um seine Seele zu ehren, wie er glaubt; vielmehr ist er weit davon entfernt, das zu tun; er schädigt sie [c] nämlich. Auch wenn er entgegen dem Wort und der Empfehlung des Gesetzgebers der Lust nachgibt, ehrt er sie in keiner Weise, sondern entehrt sie, indem er sie mit Übeln und mit Reue erfüllt. Auch wenn er umgekehrt die empfohlenen Mühen und Ängste, Schmerzen und Beschwernisse nicht standhaft erträgt, sondern ihnen ausweicht, ehrt er sie nicht durch dieses Ausweichen; denn er macht sie ehrlos durch alle derartigen Handlungen. [d] Auch wenn er das Leben unbedingt für ein Gut hält, ehrt er sie nicht, sondern entehrt sie auch in diesem Fall; wenn nämlich seine Seele die Verhältnisse im Hades für lauter Übel hält, gibt er ihr nach und geht nicht gegen sie an, indem er sie belehrt und ihr nachweist, dass sie nicht einmal weiß, ob nicht im Gegenteil die Verhältnisse bei den Göttern dort für uns naturgemäß die größten aller Güter sind. Aber auch wenn einer der Tugend die Schönheit vorzieht, so ist dies nichts anderes als eine wirkliche und vollständige Entehrung der Seele. Denn diese Ansicht behauptet, dass der Leib [e] mehr Ehre verdiene als die Seele, womit sie lügt; denn nichts Erdentsprossenes verdient mehr Ehre als die Olympier; wer jedoch über die Seele anderer Meinung ist, der weiß nicht, was für ein wunderbares Besitztum er damit missachtet. Auch wenn einer Geld auf unschöne Weise zu erwerben [728a] begehrt oder bei solchem Erwerb kein Unbehagen fühlt, ehrt er nicht etwa mit Geschenken seine Seele – davon ist er vielmehr völlig entfernt; denn was an ihr wertvoll und schön ist, das gibt er für ein bisschen Gold dahin; denn alles Gold auf der Erde und unter der Erde wiegt die

Tugend nicht auf. Um es in einem Wort zusammenzufassen: Wer das, was der Gesetzgeber als hässlich und schlecht und umgekehrt als gut und schön aufzählt und festlegt, nicht auf jede Weise zu meiden beziehungsweise nach Kräften zu üben gewillt ist, der weiß nicht, dass er durch all diese Verhaltensweisen [b] seine Seele, die doch das göttlichste ist, in den ehrlosesten und unwürdigsten Zustand versetzt. Denn was die sogenannte ›Strafe‹ für böses Tun betrifft, so zieht die größte fast niemand, wie man sagen muss, in Erwägung. Die größte ist aber die, dass man den Menschen ähnlich wird, die bereits schlecht sind, dann infolge dieser Ähnlichkeit die guten Menschen und Reden meidet und sich von ihnen losreißt und dafür jenen anderen nachläuft und sich ihnen im Umgang anschließt; ist man aber einmal mit solchen Menschen verwachsen, so muss man zwangsläufig tun und erleiden, was [c] solche Menschen ihrem Wesen gemäß einander antun oder sagen. Dieses Erleiden ist nun keine Rechtsstrafe – denn etwas Schönes ist das Gerechte und das Recht –, sondern eine Vergeltung, ein der Ungerechtigkeit folgendes Leiden; und sowohl der, den es trifft, wie der, den es nicht trifft, ist unglücklich: der eine, weil er nicht geheilt wird, der andere, weil er zugrunde geht, damit viele gerettet werden. Die Ehre aber besteht für uns – um das Ganze zusammenzufassen – darin, dass man dem Besseren folgt, das Schlechtere aber, das jedoch der Besserung fähig ist, eben diesem Ziel, so gut es geht, näherbringt.

Verglichen mit der Seele hat der Mensch also kein Besitzstück, das [d] fähiger wäre, das Schlechte zu meiden und dem Besten von allem nachzuspüren und es zu ergreifen, und wenn man es ergriffen hat, in Gemeinschaft mit ihm das restliche Leben zu verbringen; daher ist ihr hinsichtlich der Ehre der zweite Platz zugewiesen worden.

Das Dritte aber – das wird wohl jedermann einsehen – ist die dem Leib zu erweisende Ehre. Hier muss man wiederum die Ehren prüfen, welche von diesen echt und welche unecht sind; das ist aber Aufgabe des Gesetzgebers. Dieser wird also, scheint mir, erklären, dass sie folgende und von folgender Art sind: Ehre verdiene nicht der schöne Leib oder der kräftige oder der Schnelligkeit besitzende oder der große, aber auch nicht der [e] gesunde – obgleich viele dieser Meinung sein dürften –, und gewiss auch nicht die diesen entgegengesetzten, sondern die Leiber, die sich in der Mitte zwischen all diesen Eigenschaften hielten, die seien die weitaus besonnensten und ungefährlichsten; denn die einen machen die Seelen aufgeblasen und dreist, die anderen aber niedrig und unfrei.

Ebenso steht es mit dem Erwerb von Geld und Besitz, und für ihre [729a] Ehrung gilt dasselbe Verhältnis. Ein Übermaß an diesen Besitzgütern schafft nämlich Feindschaft und Zwietracht in den Städten und im privaten Bereich, der Mangel dagegen zumeist Knechtschaft. Niemand soll also geldgierig sein den Kindern zuliebe, um diese möglichst reich zurückzulassen; denn das ist weder für jene noch für die Stadt besser. Denn für die jungen Leute ist ein Besitz, der keine Schmeichler anlockt, es aber auch nicht am Nötigsten fehlen lässt, bei Weitem der musikalischste und beste; denn indem er mit allen unsern Verhältnissen in harmonischem Einklang steht, schafft er uns ein unbeschwertes Leben.

[b] Seinen Kindern muss man vielmehr Ehrfurcht in großer Fülle, nicht Gold hinterlassen. Wir meinen freilich,

wenn wir die jungen Leute schelten, falls sie sich unverschämt benehmen, würden wir ihnen diese hinterlassen; doch aus der heutzutage üblichen Ermahnung wird sie den jungen Leuten nicht zuteil, wenn man sie nämlich mit den Worten ermahnt, dass ein junger Mensch vor jedermann Ehrfurcht haben müsse. Ein vernünftiger Gesetzgeber wird vielmehr die Älteren ermahnen, Ehrfurcht vor den Jungen zu haben und sich vor allem in Acht zu nehmen, dass niemals einer der [c] jungen Leute sie etwas Schimpfliches tun sieht oder sagen hört; denn wo sich die Alten schamlos benehmen, sind zwangsläufig auch die Jungen besonders schamlos. Denn die beste Erziehung der jungen Leute und zugleich der Alten selbst besteht nicht im Zurechtweisen, sondern darin, dass man andern zeigt, dass man das, was man zur Zurechtweisung eines anderen sagen könnte, auch selber sein Leben lang tut.

Wer die Verwandtschaft und alles, was mit ihm durch die gemeinsamen Familiengötter und dasselbe Blut verbunden ist, ehrt und achtet, der wird wohl mit gutem Grund das Wohlwollen der Geburtsgötter für die Zeugung der eigenen Kinder gewinnen.

Das Wohlwollen von Freunden und Bekannten im täglichen [d] Zusammenleben wird einer erwerben, wenn er die ihm von diesen erwiesenen Dienste für größer und wertvoller ansieht, als es jene tun, und umgekehrt von den eigenen Gefälligkeiten gegenüber den Freunden geringer denkt als die Freunde und Bekannten selbst.

Gegenüber der Stadt ferner und seinen Mitbürgern erweist sich gewiss derjenige als weitaus der Beste, der einem Sieg in Olympia und in allen möglichen kriegerischen und friedlichen Wettkämpfen den Sieg vorzieht, den er im

Dienst an den heimischen Gesetzen durch den Ruf erringt, dass [e] er diesen von allen Menschen am schönsten in seinem Leben gedient hat.

Was die Fremden angeht, so muss man bedenken, dass die Verpflichtungen ihnen gegenüber besonders heilig sind; denn so ziemlich alle Vergehen unter Fremden und gegen Fremde sind noch mehr als die unter Bürgern Gott als dem Rächer unterworfen. Denn da der Fremde ohne Freunde und Verwandte allein dasteht, erregt er größeres Mitleid bei Menschen und Göttern; wer nun die größere Macht hat, ihn zu rächen, der kommt ihm auch bereitwilliger zu Hilfe; diese Macht besitzt aber besonders der [730a] Dämon eines jeden Fremden und der Gott, welche Zeus, den Hort der Fremden, begleiten. Wem also auch nur ein bisschen Voraussicht innewohnt, der wird sich sehr in Acht nehmen, damit er ans Lebensende gelangt, ohne irgendein Vergehen gegen Fremde in seinem Leben begangen zu haben. Unter den Vergehen gegen Fremde und Einheimische ist aber für jedermann das Vergehen gegen Schutzflehende das schwerste; denn der Gott, auf den sich der Schutzflehende als Zeugen berief und daraufhin eine Schutzzusage erhielt, der wird ein besonderer Hüter des Geschädigten, so dass derjenige, der eine Zusage erhalten hat, niemals etwas erleiden wird, ohne Genugtuung für das zu empfangen, was er erleidet.

[b] Die Beziehungen zu den Eltern, zu sich selbst und dem eigenen Besitz, zur Stadt, zu Freunden und zur Verwandtschaft, zu den Fremden und Einheimischen wären wir damit so ziemlich durchgegangen. Wie aber jemand selbst beschaffen sein muss, um sein Leben am schönsten zu verbringen, das ist daran anschließend noch durchzuge-

hen: All das also, worin nicht das Gesetz, sondern erzieherisches Lob und Tadel die einzelnen lenkbarer und empfänglicher für die noch aufzustellenden Gesetze macht, das müssen wir anschließend besprechen.

[c] Also: Die Wahrheit geht allen Gütern für die Götter, allen Gütern für die Menschen voran. Ihrer möge, wer glücklich und gesegnet werden will, gleich von Anfang an teilhaftig sein, damit er möglichst lange Zeit als ein Mann der Wahrheit lebt. Denn dann ist er vertrauenswürdig; nicht vertrauenswürdig hingegen ist der, der die vorsätzliche Lüge liebt; wer aber die unbeabsichtigte liebt, der ist ohne Verstand. Von diesen beiden Zuständen ist keiner beneidenswert. Denn ohne Freunde bleibt jeder, der ohne Vertrauenswürdigkeit oder ohne Verstand ist; wenn er mit dem Fortschreiten der Zeit als ein solcher erkannt wird, schafft er sich für das beschwerliche Alter eine völlige Vereinsamung gegen Ende seines Lebens, so dass sein [d] Leben, mögen seine Freunde und Kinder noch leben oder nicht, fast gleichermaßen verwaist wird.

Ehre verdient gewiss auch, wer kein Unrecht tut; wer aber denen, die Unrecht tun wollen, dies nicht einmal gestattet, dem gebührt mit jenem verglichen mehr als die doppelte Ehre; denn jener wiegt nur einen, dieser dagegen wiegt viele andere auf, indem er das Unrecht der andern den Beamten anzeigt. Wer gar den Beamten nach Kräften bei der Bestrafung hilft, ist der große und vollkommene Mann in der Stadt; dieser soll als Sieger in der Tugend ausgerufen werden.

[e] Dasselbe Lob muss man auch bezüglich der Besonnenheit aussprechen und der Einsicht und was noch sonst jemand an Vorzügen besitzt, die man nicht bloß für sich al-

lein behalten, sondern auch mit anderen teilen kann. Und wer sie teilt, den soll man als den vortrefflichsten Mann ehren, wer es aber nicht vermag, jedoch den Willen dazu hat, dem soll man den zweiten Rang einräumen; den Missgünstigen endlich, der absichtlich niemanden an irgendwelchen Vorzügen freundschaftlich teilhaben lässt, den soll man [731a] persönlich tadeln, sein Besitztum aber soll man nicht des Besitzers wegen geringer achten, sondern nach Kräften sich anzueignen suchen.

Jeder soll bei uns um den Sieg in der Tugend wetteifern, doch ohne Missgunst. Denn ein solcher Mann wird die Städte fördern, indem er selber darum wetteifert und die anderen nicht durch Verleumdungen beeinträchtigt. Der Missgünstige dagegen, der durch Verleumdung anderer sich einen Vorsprung sichern zu müssen glaubt, strengt sich einerseits selber weniger an, um die wahre Tugend zu erreichen, andererseits versetzt er seine Mitbewerber infolge des ungerechten Tadels in Mutlosigkeit, und indem er [b] dadurch die ganze Stadt ungeübt im Wettkampf um die Tugend macht, macht er sie für sein Teil kleiner an gutem Ruf.

Zornig soll ferner jedermann sein, aber auch so sanft wie möglich. Denn den gefährlichen und nur schwer oder gar überhaupt nicht zu heilenden Ungerechtigkeiten anderer kann man nicht anders entgehen, als indem man sie durch Kampf und Gegenwehr besiegt und sie ohne Nachsicht [c] bestraft; das zu tun ist aber ohne einen edlen Zorn keine Seele imstande. Was dagegen die Taten derer betrifft, die zwar Unrecht begehen, jedoch heilbares, so gilt es zuerst einzusehen, dass jeder Ungerechte nicht willentlich ungerecht ist. Denn von den größten Übeln wird doch niemand auf der ganzen Welt jemals auch nur eines freiwillig besitzen wollen, und am allerwenigsten in dem, was von dem Seinigen am wertvollsten ist. Die Seele aber ist, wie wir sagten, in Wahrheit für alle am wertvollsten; in das Wertvollste wird also gewiss niemand das größte Übel jemals freiwillig aufnehmen und sein ganzes Leben mit diesem Besitz zubringen. Bemitleidenswert vielmehr ist im Allgemeinen der Ungerechte und jeder, der [d] diese Übel in sich hat; bemitleiden darf man aber nur den, dessen Übel heilbar sind, und soll seinen Zorn zurückhalten und besänftigen und nicht aufbrausend nach Weiberart in einem fort grollen; gegen denjenigen aber, der durch und durch und unverbesserlich verdorben und schlecht ist, muss man seinem Zorn freien Lauf lassen. Deshalb also behaupten wir, es zieme sich, dass der Gute je nach den Umständen zornig und sanft sein muss.

Das allergrößte Übel aber ist den meisten Menschen in die Seele eingepflanzt, und weil jedermann sich dieses selbst verzeiht, sinnt er nicht auf [e] Mittel, um ihm zu entrinnen. Es ist das, was man mit der Behauptung meint, dass jeder Mensch von Natur sich selbst lieb sei und dass es richtig sei, dass er so sein muss. In Wahrheit aber wird dies wegen der übermäßigen Selbstliebe für jeden immer wieder zur Ursache aller möglichen Verfehlungen. Der Liebende wird nämlich blind gegenüber dem, was er liebt, so dass er das Gerechte, das Gute und das Schöne verkehrt beurteilt, weil er meint, [732a] er müsse das Eigene stets mehr als das Wahre ehren; denn weder sich selbst noch das Eigene darf derjenige lieben, der ein großer Mann werden will, sondern das Gerechte, einerlei ob dies bei ihm selbst oder bei einem anderen mehr geübt wird. Von eben diesem Fehler rührt es auch her, dass die eigene Unwissenheit jedem als Weisheit erscheint; die Folge ist, dass wir, obwohl wir genaugenommen so gut wie nichts wissen, dennoch alles zu wissen glauben, und weil wir nicht anderen das auszuführen auftragen, [b] was wir nicht verstehen, begehen wir zwangsläufig Fehler, wenn wir es selbst ausführen. Darum soll jeder Mensch die übermäßige Selbstliebe meiden und sich stets an den anschließen, der besser ist als er, ohne hierbei irgendeine Scham vorzuschützen.

Die Empfehlungen aber, die unbedeutender als diese sind und oft ausgesprochen werden, aber nicht weniger nützlich als diese sind, die muss man aussprechen, indem man sich selbst an sie erinnert. Denn wie wenn etwas abfließt, muss stets aus der Gegenrichtung etwas hinzufließen; die Erinnerung aber ist ein Zufluss von Einsicht, die geschwunden war. Also: [c] Man soll sich unmäßigen Lachens und Weinens enthalten – hierzu muss jeder jeden ermahnen –, und indem man überhaupt jede übermäßige Freude und jeden übermäßigen Schmerz ganz verbirgt, soll man eine gute Haltung zu wahren versuchen, und zwar sowohl wenn bei erfolgreichem Handeln der Dämon eines jeden feststeht, als auch wenn bei den Wechselfällen des Geschicks die Dämonen sich manchen Handlungen wie gegen Hohes und Steiles entgegenstellen. Und man soll stets hoffen, dass die Gottheit durch das Gute, das sie schenkt, die Beschwernisse, die etwa über uns kommen, [d] statt größer kleiner machen und die gegenwärtigen Leiden zum Besseren wenden wird, dass aber bei dem Guten stets das genaue Gegenteil einer solchen Abschwächung mithilfe einer günstigen Fügung eintreten wird. Mit diesen Hoffnungen also soll jeder leben und mit den Erinnerungen an all das, indem er keine Mühe scheut, sondern unablässig im Spiel und bei ernstem Tun den anderen und sich selbst deutlich daran erinnert.

Über die Verhaltensweisen also, deren man sich befleißigen soll, und [e] über jeden selbst, wie er beschaffen sein soll, ist nun so ziemlich alles gesagt, was göttlich ist; das Menschliche aber haben wir bis jetzt noch nicht vorgetragen, müssen es aber; denn mit Menschen sprechen wir und nicht mit Göttern. Etwas wesenhaft Menschliches sind nun vor allem Lust und Schmerz und Begierden, an denen zwangsläufig jedes sterbliche Wesen geradezu wie festgebunden und aufgehängt ist mit seinen stärksten Neigungen. Man muss also das schönste Leben nicht bloß deshalb rühmen, weil es [733a] durch seine Gestalt an gutem Ruf hervorragt, sondern auch deshalb, weil es, sofern jemand davon zu kosten bereit ist und nicht schon als junger Mensch vor ihm geflohen ist, auch durch das hervorragt, was wir alle suchen: dass wir nämlich mehr Freude und weniger Schmerz unser Leben lang empfinden. Dass dies eindeutig so sein wird, wenn jemand in der rechten Weise davon kostet, das wird sich sogleich sehr klar zeigen. Welches aber ist die rechte Weise? Dies gilt es nun mittels einer einfachen Rechnung zu erfassen und zu betrachten. Ob ein Leben in dieser Form unserer Natur gemäß oder in einer anderen Form gegen die Natur ist, daraufhin muss man Leben neben Leben, das lustvollere und das schmerzvollere, folgendermaßen betrachten.

Die Lust wollen wir haben, den Schmerz aber wählen wir weder noch [b] wollen wir ihn. Den Zustand aber, in welchem beides fehlt, den wollen wir nicht statt der Lust, wohl aber wollen wir ihn gegen den Schmerz tauschen.

Geringeren Schmerz verbunden mit größerer Lust wollen wir, aber geringere Lust mit größerem Schmerz wollen wir nicht. Dass wir aber einen Zustand, der beides zu gleichen Teilen enthält, einem andern Zustand dieser Art vorziehen, das können wir nicht eindeutig sagen. Alle diese Zustände sind durch Anzahl, Größe, Stärke und Gleichheit oder durch deren jeweiliges Gegenteil, das auf das Wollen entgegengesetzt wirkt, entscheidend [c] oder auch nicht entscheidend bei der Wahl eines jeden.

Da dies nun notwendig so eingerichtet ist, so wollen wir ein Leben, in welchem beides zahlreich und in hohem und starkem Maße vorhanden ist, die Lust aber überwiegt; das Leben aber, in welchem das Gegenteil überwiegt, wollen wir nicht. Das Leben andererseits, in welchem beides in kleiner Zahl und in geringem und schwachem Maße vorhanden ist, das Schmerzvolle aber überwiegt, wollen wir nicht; worin jedoch das Gegenteil überwiegt, das wollen wir. Bei einem Leben aber, in welchem beides sich die Waage hält, gilt dieselbe Überlegung wie vorhin: dass wir das ausgewogene Leben, wenn die eine Seite durch das uns Angenehme das Übergewicht [d] erlangt, wollen, wenn aber die andere Seite durch das Widrige, es nicht wollen. Wir müssen nun bedenken, dass alle unsere Lebensformen naturgemäß an diese beiden Gefühle gebunden sind, und müssen überlegen, welches Leben wir von Natur aus wollen. Sollten wir aber behaupten, dass wir noch irgendetwas außer diesen wollen, so sagen wir das aus mangelnder Kenntnis und mangelnder Vertrautheit mit den wirklichen Lebensformen.

Welche und wie viele Lebensformen gibt es nun, bei denen man das Erwünschte und Freiwillige, das Unerwünschte und Unfreiwillige sich [e] vornehmen und prüfen muss und, indem man sich dies zur Regel macht, nur das Angenehme und Lustvolle und zugleich Beste und Schönste zu wählen braucht, um so glückselig zu leben, wie es einem Menschen nur möglich ist? Wir wollen also das besonnene Leben als ein Leben anführen und das verständige als eines und als ein weiteres das tapfere, und auch das gesunde Leben wollen wir als eines ansetzen; und diesen vier wollen wir vier andere gegenüberstellen: das unverständige, das feige, das zügellose und das kranke Leben. Vom besonnenen Leben wird nun jeder, der es kennt, [734a] behaupten, dass es sanft in jeder Hinsicht ist und ruhige Schmerz- und ruhige Lustgefühle, schwache Begierden und Liebesverlangen ohne Raserei gewährt; von dem zügellosen Leben dagegen, dass es heftig in jeder Hinsicht ist und starke Schmerz- und starke Lustgefühle, mächtige und aufstachelnde Begierden und die denkbar rasendsten Liebesleidenschaften gewährt, und dass im besonnenen Leben die Lustgefühle die Schmerzen, im zügellosen aber die Schmerzen die Lustgefühle an Größe, Zahl und Häufigkeit überwiegen.

Daraus folgt mit Notwendigkeit, dass von den Lebensformen die eine [b] naturgemäß für uns lustvoller, die andere schmerzvoller ist; und dem, der sich ein lustvolles Leben wünscht, steht es nicht mehr frei, willentlich zügellos zu leben, sondern es ist nunmehr klar, dass, wenn das eben Gesagte richtig ist, notwendigerweise ein jeder unfreiwillig zügellos ist; denn entweder aus Unwissenheit oder aus Unbeherrschtheit oder aus beiden Ursachen lebt die ganze große Masse der Menschen in einem Zustand ohne Besonnenheit. Dieselbe Überlegung gilt für das kranke und das gesunde Lehen: dass beide Lust- und Schmerzgefühle in sich enthalten, dass aber im gesunden Zustand die Lust den Schmerz, bei Krankheiten dagegen der [c] Schmerz die Lust überwiegt. Unser Wollen bei der Wahl der Lebensformen geht aber nicht darauf, dass das Schmerzvolle überwiegt; sondern wo dieses von der Lust überboten wird, da haben wir dieses Leben als das lustvollere angesehen. Da nun das besonnene Leben gegenüber dem zügellosen und das verständige gegenüber dem unverständigen, wie wir behaupten möchten, und das Leben der Tapferkeit gegenüber dem der Feigheit beide Gefühle in geringerer Zahl und Stärke und seltener enthält, aber durch den Überschuss an Lust jeweils das eine das andere übertrifft, während jene [d] durch den Überschuss an Schmerz diese übertreffen, so trägt das tapfere Leben über das feige, das verständige über das unverständige den Sieg davon, so dass die einen Lebensformen lustvoller als die andern sind, also das besonnene und das tapfere und das verständige und das gesunde Leben lustvoller als das feige und das unverständige und das zügellose und das kranke: mit einem Wort: Ein Leben, das sich mit dem Leib oder auch mit der Seele an die Tugend hält, ist lustvoller als das an der Schlechtigkeit festhaltende Leben und ist ihm auch durch die andern Vorzüge um ein Vielfaches überlegen, nämlich durch Schönheit, Richtigkeit, Tugend und [e] guten Ruf, so dass es seinen Besitzer in jeder Beziehung glücklicher leben lässt als das entgegengesetzte Leben.«

Und damit soll der Vorspruch zu den Gesetzen, nachdem er bis zu diesem Punkt unseres Gesprächs vorgetragen wurde, sein Ende haben; auf ein Vorspiel muss aber doch wohl eine Liedweise folgen oder vielmehr, um die Wahrheit zu sagen, eine Skizze von Gesetzen für eine Staatsverwaltung. Hiermit steht es wie mit einem Gewebe oder auch sonst einem Geflecht, wo es nicht möglich ist, Einschlag und Kette aus demselben Material zu fertigen, sondern die Kette durch ihre Vorzüglichkeit hervorragen muss – stark soll sie nämlich sein und eine gewisse Festigkeit in ihrem Wesen [735a] besitzen, während der andere Faden weicher sein und die rechte Nachgiebigkeit aufweisen muss; daher also muss man diejenigen, die in den Städten die Regierungsämter bekleiden sollen, irgendwie in dieser Hinsicht von denen scheiden, die jeweils nur durch eine verhältnismäßig bescheidene Erziehung erprobt worden sind. Es gibt nämlich zwei Seiten der Staatsverwaltung: einmal die Einsetzung von Beamten für die einzelnen Aufgaben, sodann die Gesetze, die diesen Beamten an die Hand gegeben werden.

Vor all dem ist aber noch Folgendes zu bedenken. Jeder, der eine Herde [b] übernimmt – sei es ein Schäfer oder ein Rinderhirt oder ein Züchter von Pferden oder von sonst etwas in dieser Art –, der wird mit deren Betreuung stets in der Weise beginnen, dass er zunächst die für jede Gemeinschaft erforderliche Reinigung durchführt; und wenn er die gesunden und die kranken, die edlen und die unedlen Stücke voneinander geschieden hat, wird er die einen zu irgendwelchen andern Herden fortschicken, die andern aber in seine Pflege nehmen, indem er bedenkt, wie vergeblich und endlos seine Mühe bei einem Leib und bei Seelen wären, die ihre Naturanlage [c] und schlechte Zucht verdorben hat, so dass dadurch auch der Stamm von gesunden und unverdorbenen Charakteren und Leibern in den einzelnen Herden zugrunde gerichtet wird, wenn man nicht den vorhandenen Bestand gründlich säubert. Bei den andern Lebewesen nun macht dies geringere Mühe und verdient nur als Beispiel in unserer Argumentation angeführt zu werden; bei den Menschen dagegen ist höchste Sorgfalt vom Gesetzgeber gefordert, um herauszufinden und anzuordnen, was in jedem Einzelfall das angemessene Verfahren bei der Reinigung und allen andern [d] Maßnahmen ist.

So wird es sich zum Beispiel mit den Reinigungen einer Stadt etwa folgendermaßen verhalten. Es gibt viele Arten gründlicher Reinigung, und von ihnen sind einige leichter, andere schwieriger; und die einen kann wohl nur jemand durchführen, wenn er Tyrann und Gesetzgeber in einer Person ist, alle diejenigen nämlich, die schwierig und zugleich die besten sind; ein Gesetzgeber aber, der ohne Tyrannenmacht eine neue Verfassung errichtet und Gesetze aufstellt, der würde, wenn er auch nur die sanfteste Reinigung durchführt, sich wohl schon mit einer solchen Maßnahme zufrieden geben. Die beste Reinigung aber ist schmerzhaft wie alle Arzneien [e] dieser Art, diejenige nämlich, welche auf dem Wege des Rechts mithilfe der Vergeltung zur Bestrafung führt und Tod oder Verbannung als höchste Stufe der Vergeltung festsetzt; denn diejenigen, welche die schwersten Vergehen verübt haben und nicht heilbar sind, sondern den größten Schaden für eine Stadt darstellen, die pflegt sie zu beseitigen. Die sanftere unter den Reinigungen ist für uns die folgende. Alle diejenigen, die sich aus Mangel an Lebensunterhalt willig und bereit zeigen, als Habenichtse den Anführern zu einem Angriff auf die Güter der Besitzenden zu folgen, diese [736a] betrachtet sie als eine im Innern der Stadt herangewachsene Krankheit, und um sie unter schönem Vorwand zu beseitigen, gibt sie ihnen den Namen ›Kolonisten‹ und schickt sie auf möglichst freundliche Weise fort. So hat also jeder Gesetzgeber am Anfang irgendwie zu verfahren. Unsere Lage aber erweist sich jetzt in diesem Punkt als noch ungewöhnlicher. Denn wir brauchen in unserer Situation weder eine Aussendung von Kolonisten noch eine Auswahl durch Reinigung zu bewerkstelligen; vielmehr müssen wir, da gleichsam aus vielen Richtungen teils Quellen, teils Sturzbäche in einen [b] einzigen See zusammenströmen, achtsam darüber wachen, dass das zusammenströmende Wasser möglichst sauber ist, indem wir manches davon herausschöpfen, anderes in Kanäle ableiten und vorbeilenken. Mühe und Gefahr ist allerdings, wie es scheint, mit jeder Staatseinrichtung verbunden. Da wir aber diese jetzt nur in Gedanken und nicht durch die Tat vollziehen, wollen wir annehmen, dass die Vereinigung der Bürger vollendet und ihre Reinheit nach unserem Wunsch hergestellt sei; denn die Schlechten [c] unter denen, die in der neuen Stadt zusammenkommen wollen, um darin als Bürger zu leben, die werden wir, wenn wir sie durch jedes Mittel der Überredung und durch eine ausreichende Frist geprüft haben, daran hindern, hierherzukommen; die Guten dagegen wollen wir nach Kräften durch Wohlwollen und Freundlichkeit für uns gewinnen.

Folgenden glücklichen Umstand aber dürfen wir nicht übersehen, wie wir ja auch die Koloniegründung der Herakliden deswegen glücklich genannt haben, weil sie dem schlimmen und gefährlichen Streit um Landverteilung und Schuldenerlass entging; denn wenn eine der alten Städte genötigt ist, hierüber Gesetze zu geben, so kann sie diesen Streitpunkt weder [d] unangetastet lassen noch andererseits irgendwie daran rühren; sondern es bleibt ihr sozusagen nur ein frommer Wunsch und eine schrittweise behutsame Umwandlung, mit der man in langer Zeit nur wenig vorankommt, nämlich folgende: Es muss jeweils reformwillige Leute geben, die selbst Land im Überfluss besitzen, andererseits aber auch zahlreiche ihnen verpflichtete Schuldner besitzen und die bereit sind, mit den Notleidenden [e] unter diesen aus Gerechtigkeitsgefühl irgendwie zu teilen, indem sie ihnen Schulden erlassen oder Land an sie verteilen, weil sie irgendwie an der Mäßigung festhalten und überzeugt sind, dass Armut nicht in der Verringerung des Vermögens, sondern in der Steigerung der Unersättlichkeit besteht. Für das Wohl einer Stadt ist dies nämlich der entscheidendste Anfang, und hierauf lässt sich wie auf einem dauerhaften Fundament jede politische Ordnung errichten, die nur immer später jemand entsprechend einer solchen Grundlage errichten mag; ist aber dieses Fundament morsch, wird [737a] die weitere politische Durchführung der Umwandlung für keine Stadt leicht zu bewerkstelligen sein. Diesem Streit entgehen wir zwar, wie wir behaupten; trotzdem ist es richtiger, wenn wir auch angeben, wie wir, wenn wir ihm nicht entgingen, es anstellen würden, ihm zu entgehen. Und so sei es denn gesagt, dass dies nur möglich ist durch ein Ende der Geldgier in Verbindung mit Gerechtigkeit; einen andern Fluchtweg als dieses Mittel gibt es nicht, weder einen breiten noch einen schmalen. Dies soll jetzt gleichsam als Grundpfeiler unserer Stadt feststehen. Man muss nämlich die [b] Besitzverhältnisse möglichst so einrichten, dass sie keinen Anlass zu gegenseitigen Klagen geben; oder aber diejenigen, die alte Klagen gegeneinander haben, dürfen freiwillig nicht eher mit der übrigen Einrichtung fortfahren, sofern sie nur ein wenig Verstand besitzen. Wenn aber Leute, denen es – wie jetzt uns – ein Gott vergönnt hat, dass sie eine neue Stadt gründen und dass noch keine gegenseitigen Feindschaften bestehen, sich selbst Anlass zur Feindschaft gäben wegen der Verteilung des Landes und der Wohnungen, so wäre dies eine nicht mehr menschliche, mit völliger Schlechtigkeit verbundene Torheit.

[c] Welches wäre nun das Verfahren einer richtigen Verteilung? Zuerst muss man festlegen, wie groß die Gesamtzahl der Bürger sein soll; dann muss man sich über die Einteilung der Bürger einig werden, in wie viele Abteilungen sie einzuteilen sind und wie groß diese sein sollen; auf diese sind dann das Land und die Wohnungen möglichst gleich zu verteilen. Eine hinreichende Gesamtzahl der Bürger lässt sich nun aber kaum anders richtig angeben als mit Bezug auf das Land und die Nachbarstädte. Das [d] Land muss so groß sein, dass es ausreicht, um eine bestimmte Zahl maßvoll lebender Bürger zu ernähren; mehr ist aber darüber hinaus nicht erforderlich. Bewohner aber sind so viele erforderlich, dass sie die Anwohner, wenn sie ihnen Unrecht tun, abzuwehren imstande sind und auch ihren Nachbarn, falls diesen Unrecht geschieht, nicht völlig ohnmächtig zu Hilfe kommen könnten. Aber dies wollen wir, wenn wir das Land und die Nachbarn gesehen haben, in der Praxis und gestützt auf vernünftige Erwägungen festsetzen. Für jetzt dagegen soll zum Zwecke eines skizzenhaften Entwurfes, damit dieser fertig werde, unsere Rede zur Gesetzgebung weiterschreiten.

[e] Es soll also, um eine angemessene Zahl zu nennen, 45 Landbesitzer und Verteidiger des ihnen zugeteilten Lan-

des geben. Das Land aber und die Wohnungen sollen in ebenso viele Teile geteilt werden, so dass ein Mann und ein Landlos ein Paar bilden. Die gesamte Zahl soll also zuerst in zwei Teile geteilt werden, danach ebenso in drei, sie lässt sich nämlich ihrer Natur nach auch in vier, in fünf und in stetiger Folge bis in zehn Teile teilen. Also muss ein jeder Mann, der Gesetze gibt, von den [738a] Zahlen wenigstens so viel verstanden haben: Welche Zahl und was für eine Art von Zahl für alle Städte am brauchbarsten ist. Wir wollen also diejenige Zahl wählen, die die meisten und am dichtesten aufeinanderfolgenden Teilungen zulässt. Die Gesamtheit der Zahlen bietet nun für jeden Zweck jede erforderliche Teilungsmöglichkeit; die Zahl 5040 aber lässt sich für den Krieg und für alle friedlichen Zwecke, für alle Geschäfte und Verbindungen sowie bei Abgaben und Verteilungen durch nicht mehr als 59 [b] Teilungen zerlegen, die von eins bis zehn unmittelbar aufeinander folgen.

Diese Dinge müssen sich sogar in ihren Mußestunden diejenigen gründlich aneignen, denen das Gesetz dies vorschreibt; verhält es sich doch in der Tat nicht anders als so. Dem Gründer einer Stadt muss es aus folgendem Grunde gesagt werden. Gleichgültig, ob jemand eine neue Stadt von Anfang an gründet oder eine alte, zerrüttete Stadt wieder herrichtet: Was die Götter und Heiligtümer betrifft und die Frage, welche in der Stadt von den einzelnen Bürgerabteilungen errichtet und nach welchen Göttern oder Dämonen sie benannt werden sollen, so wird niemand, der Verstand [c] besitzt, an dem zu rütteln wagen, was Weisungen aus Delphi oder Dodona oder von Ammon oder sonst irgendwelche alten Überlieferungen angeraten haben, wie auch immer diese die Leute dazu überredet haben mögen, sei es, dass Erscheinungen auftraten oder dass man sich auf göttliche Eingebung berief – sie überredeten sie jedenfalls, und so richtete man Opfer in Verbindung mit kultischen Feiern ein, sowohl landesübliche heimischen Ursprungs als auch tyrrhenische oder kyprische oder von sonst irgendwoher; ferner weihte man aufgrund solcher Überlieferungen Orakel, Götterbilder, Altäre und Tempel und grenzte für jedes dieser Heiligtümer einen geweihten Bezirk ab. Von diesem allen darf der Gesetzgeber auch nicht das [d] Geringste verändern, sondern muss den einzelnen Bürgerabteilungen jeweils einen Gott oder einen Dämon oder auch einen Heros zuweisen, und bei der Landverteilung muss er diesen als Ersten besondere Bezirke und alles, was dazu gehört, zuweisen, damit die Zusammenkünfte der einzelnen Bürgerabteilungen, wenn sie zu den festgesetzten Zeiten stattfinden, eine gute Gelegenheit zur Befriedigung aller Bedürfnisse bieten und damit die Leute beim Opfern Freundschaft schließen und miteinander vertraut und [e] bekannt werden; denn für eine Stadt gibt es kein größeres Gut, als wenn die Leute miteinander bekannt sind. Wo nämlich nicht gegenseitig Klarheit über die Gesinnungen des andern herrscht, sondern Dunkel, da wird wohl keiner jemals die gebührende Ehre oder die Ämter oder das ihm zustehende Recht in der richtigen Weise bekommen können. Also muss jeder Mann in jeder Stadt vor allem darauf bedacht sein, dass er niemals sich selbst einem andern gegenüber als falsch erweist, sondern stets als aufrichtig und wahr, und dass ihn auch nie ein anderer mit solchen Eigenschaften täuscht.

[739a] Der nächste Zug bei der Aufstellung der Gesetze, mit dem gleichsam die Spielsteine von der heiligen Linie

weggezogen werden, wird wohl durch seine Ungewöhnlichkeit den Hörer zunächst in Erstaunen versetzen; wenn er aber darüber nachdenkt und es ausprobiert, so wird ihm klar werden, dass eine Stadt wohl nur am zweitbesten eingerichtet werden kann, gemessen am besten Zustand. Vielleicht wird mancher diesen Zug nicht billigen, weil ihm ein Gesetzgeber, der nicht zugleich Tyrann ist, etwas Ungewohntes ist. Dennoch ist es am richtigsten, wenn man die beste Staatsform und die zweit- und die drittbeste schildert und danach jeweils dem die Auswahl [b] überlässt, der für die Gründung verantwortlich ist. Diesem Grundsatz gemäß wollen auch wir jetzt verfahren und wollen eine der Vollkommenheit nach erste und eine zweite und eine dritte Staatsform schildern; die Auswahl aber wollen wir für jetzt dem Kleinias überlassen und ferner jedem, der sonst etwa gewillt ist, falls er vor eine Wahl unter solchen Einrichtungen gestellt wird, gemäß seiner Sinnesart das zu übernehmen, was ihm an seiner eigenen Heimat gefallen würde.

Die erste Stadt und Staatsform also und die besten Gesetze sind da, wo [c] möglichst in der ganzen Stadt der alte Spruch verwirklicht ist, der besagt, dass das, was Freunde besitzen, in Wahrheit gemeinsamer Besitz ist. Wenn dies nun einmal irgendwo, sei es jetzt oder künftig, verwirklicht ist, dass die Frauen gemeinsamer Besitz sind, gemeinsam die Kinder und gemeinsam alles Vermögen, und wenn mit allen Mitteln das, was ›eigen‹ heißt, in jeder Beziehung aus dem Leben ganz beseitigt ist und man es nach Möglichkeit fertig gebracht hat, dass sogar dasjenige, was einem von Natur eigen ist, irgendwie gemeinsam wird, dass zum Beispiel Augen und Ohren und Hände gemeinsam zu sehen, zu hören und zu arbeiten scheinen, und dass ferner [d] alle möglichst mit einer Stimme Lob und Tadel äußern, weil sie sich über dasselbe freuen oder ärgern, und wenn schließlich Gesetze, welcher Art auch immer, die Stadt so weit wie möglich zu einer Einheit machen, dann wird niemand, der für deren überragende Vollkommenheit einen andern Maßstab aufstellt, damit je einen richtigeren oder besseren aufstellen. Ob nun eine so beschaffene Stadt irgendwo Götter oder Göttersöhne bewohnen: Wenn sie so leben, wird mehr als nur einer zufrieden darin wohnen; [e] daher braucht man sich nicht anderswo nach einem Muster für eine Staatsform umzuschauen, sondern muss sich an diese halten und dann nach Möglichkeit nach einer suchen, die möglichst ebenso beschaffen ist. Diejenige aber, die wir jetzt in Angriff genommen haben, würde wohl, wenn sie irgendwie verwirklicht würde, der Unsterblichkeit am nächsten kommen und die am zweitbesten geeinte Stadt sein; die dritte Staatsform aber werden wir danach, so Gott will, vollenden. Doch jetzt geht es darum: Welches ist unserer Meinung nach diese zweite Staatsform und wie könnte sie in dieser Form verwirklicht werden?

Nun: Man soll als Erstes das Land und die Wohnungen verteilen und den [740a] Boden nicht gemeinsam bebauen, da eine solche Forderung bei der jetzigen Generation und bei deren Erziehung und Bildung zu schwer wäre. Man soll aber die Verteilung wenigstens in folgender Gesinnung vornehmen: Wer einen solchen Anteil durch Los erhält, der soll ihn als Gemeingut der ganzen Stadt ansehen, und da die Erde seiner Vaterstadt gehört, soll er sie noch mehr achten und pflegen als Kinder ihre Mutter, zumal da sie überdies als eine Göttin Herrin über uns Sterbliche ist; und die gleichen Gesinnungen soll man auch gegenüber den einheimischen Göttern und Dämonen hegen.

[b] Damit diese Ordnung aber für alle Zeit so bestehen bleibt, muss man darüber hinaus auch daran denken, dass die Anzahl der eben von uns verteilten Herdstellen stets konstant bleiben muss und weder größer noch jemals kleiner werden darf. Folgendermaßen könnte nun so etwas bei jeder Stadt sicher zu erreichen sein. Wer das Landlos erhalten hat, darf immer nur einen seiner Söhne, und zwar seinen Lieblingssohn, als Erben dieser [c] Wohnstätte zurücklassen, als seinen Nachfolger und Diener der Familiengötter und der Stadtgötter, der lebenden sowohl wie derjenigen, die bis dahin bereits das Ziel ihres Lebens erreicht haben. Von den übrigen Kindern – falls jemand mehr als eines hat – soll er die weiblichen gemäß dem Gesetz, das noch aufgestellt wird, verheiraten; die männlichen aber soll er an diejenigen Mitbürger, denen es an Nachkommen fehlt, als Söhne verteilen, und zwar am besten als eine Gefälligkeit unter Freunden. Wenn es aber jemandem an freundschaftlichen Beziehungen fehlt oder wenn zu viele weibliche oder männliche Nachkommen in den einzelnen Familien geboren werden oder wenn es umgekehrt deren zu wenige sind infolge einer [d] Unfruchtbarkeit, so soll für all diese Fälle die Behörde, die wir als die höchste und ehrenvollste einsetzen werden, überlegen, wie bei dem Überschuss oder dem Mangel zu verfahren ist, und ein Mittel finden, so gut sie kann, damit es immer nur 5040 Wohnstätten bleiben. Mittel hierzu gibt es viele. Denn sowohl Methoden zum Hemmen der Fortpflanzung, wo sie zu leicht vonstatten geht, als auch umgekehrt Maßnahmen und Bemühungen um eine größere Zahl von Geburten gibt

es; indem sie mit Ehrungen und Ehrenentzug und mit Ermahnungen, die die Älteren durch mahnende Worte an die [e] Jüngeren richten, dagegen angehen, vermögen sie das zu erreichen, wovon wir sprechen. Zuletzt aber, wenn es sich als ganz unmöglich erweist, die Zahl von 5040 Wohnungen konstant zu halten, und sich ein übermäßiger Zuwachs von Bürgern infolge der herzlichen Liebe der Ehegatten einstellt und wir uns nicht mehr zu helfen wissen, so bleibt uns doch immer noch das alte Mittel, das wir schon mehrmals erwähnt haben, die Aussendung von Kolonisten, in Freundschaft entsandt von Freunden, in einer Anzahl, wie sie zweckmäßig scheint. Wenn uns aber auf der anderen Seite einmal [741a] eine Woge überkommt, die eine Flut von Seuchen mit sich bringt, oder eine Verheerung durch Kriege und die Bevölkerung durch Verluste weit unter die festgesetzte Zahl schrumpft, dann sollte man zwar nicht freiwillig Bürger hereinholen, die nur eine unechte Erziehung erhalten haben; aber die Notwendigkeit vermag ja, wie es heißt, nicht einmal ein Gott zu bezwingen.

Dies legt uns nun unser jetziges Gespräch, so wollen wir uns vorstellen, mit folgenden Worten ans Herz: »Ihr besten aller Männer, lasst nicht davon ab, die Ähnlichkeit und Gleichheit und das Selbe und Übereinstimmende gemäß der Natur zu ehren, sowohl bei der Zahl wie auch bei allem, was [b] die Fähigkeit zur Hervorbringung von Schönem und Gutem besitzt. Und so haltet denn auch jetzt als Erstes an der genannten Zahl das ganze Leben hindurch fest; sodann sollt ihr die Höhe und die Größe des Besitzes, wie ihr ihn anfangs als angemessen unter euch verteilt habt, nicht dadurch missachten, dass ihr untereinander kauft und verkauft; denn weder das Los, das ihn euch zugeteilt hat und das ein Gott ist, würde euch darin beistehen noch der Gesetzgeber. Denn als Erstes trifft jetzt den Ungehorsamen der Befehl des Gesetzes, das im Voraus erklärt hatte, nur unter folgenden [c] Bedingungen nehme, wer das wolle, an der Verlosung teil, sonst aber nicht: dass erstens das Land allen Göttern heilig ist und dass ferner Priester und Priesterinnen bei den ersten Opfern und bei den zweiten bis hin zu dreien im Gebet darum bitten werden, dass derjenige, der etwas kauft oder von dem Haus- oder Ackergrundstück, das er erlost hat, etwas verkauft, die hierfür angemessene Strafe erleiden möge; und man wird es aufzeichnen und in den Heiligtümern Erinnerungen aus Zypressenholz aufstellen, die für die Folgezeit niedergeschrieben sind. Außerdem wird man die Aufsicht [d] hierüber, dass dieses geschieht, bei derjenigen Behörde einrichten, die den schärfsten Blick zu haben scheint, damit die jeweiligen Abweichungen den Beamten nicht verborgen bleiben, sondern damit diese den bestrafen, der dem Gesetz und zugleich der Gottheit ungehorsam ist. Denn was für ein großes Gut die jetzt vorgeschlagene Anordnung für alle Städte ist, die sich ihr fügen, sofern sie noch dazu die entsprechende Einrichtung erhält, das wird dem alten Spruch zufolge niemand begreifen, solange er schlecht ist, sondern nur, wenn er erfahren und tüchtig durch Gewöhnung geworden [e] ist. Denn Gelderwerb ist nicht viel möglich bei einer solchen Einrichtung; zugleich hat sie zur Folge, dass es weder nötig noch erlaubt ist, dass jemand eine der unedlen Erwerbsarten ausübt (insofern ja die als erniedrigend geltende Handwerksarbeit ein edles Gemüt abstößt), ja dass man überhaupt kein Verlangen spürt, durch solche Tätigkeiten Geld anzuhäufen.«

Außerdem schließt sich an dies alles ein Gesetz, dass es keinem [742a] Privatmann erlaubt sein soll, Gold oder Silber zu besitzen, sondern nur eine Münze für den täglichen Verkehr, der sich ja fast nicht vermeiden lässt, mit Handwerkern und mit allen derartigen Leuten, auf die man angewiesen ist, damit man den Lohnarbeitern, Sklaven wie Ausländern, ihren Lohn zahlen kann. Zu diesem Zweck behaupten wir, müssen sie eine Münze besitzen, die für sie selbst gültig, für die andern Menschen aber wertlos ist, und eine gemeinsame griechische Münze für Feldzüge und Reisen zu anderen Menschen, wie etwa bei Gesandtschaften oder sonst einer für die Stadt [b] unumgänglichen Mission, wenn man jemanden aussenden muss: Für diese Zwecke also muss die Stadt jeweils hellenische Währung besitzen. Wenn dagegen ein Privatmann wirklich einmal verreisen muss, so darf er erst reisen, wenn er von den Beamten die Erlaubnis bekommen hat, und wenn er mit fremdem Geld heimkehrt, das er von irgendwo erhalten hat und das ihm übrig geblieben ist, so soll er dies an die Stadt abführen und im entsprechenden Gegenwert einheimisches dafür bekommen; stellt sich aber heraus, dass er es für sich behalten hat, so soll es konfisziert werden, und wer darum gewusst und es nicht angezeigt hat, den soll zusammen mit dem, der es heimgebracht hat, Fluch und Schande treffen und außerdem eine [c] Geldbuße, die nicht geringer ist als das mitgebrachte fremde Geld.

Wer heiratet oder seine Tochter jemandem zur Frau gibt, der darf auf keinen Fall auch nur die geringste Mitgift geben oder annehmen.

Auch soll man kein Geld bei jemandem hinterlegen, dem man nicht traut, und auch nicht gegen Zins ausleihen, weil es dem, der es sich geliehen hat, freisteht, überhaupt nichts zurückzuzahlen, weder den Zins noch das Kapital.

Dass dies aber für eine Stadt die besten Einrichtungen sind, die sie treffen kann, das kann man bei folgender Betrachtungsweise richtig [d] beurteilen, indem man sie nämlich stets auf das zugrundeliegende Prinzip und die Absicht bezieht. Nun ist die Absicht eines vernünftigen Staatsmanns, wie wir meinen, nicht die, die er nach Meinung der Masse haben müsste, die da meint, ein guter Gesetzgeber müsse wollen, dass die Stadt möglichst groß sei, der er wohlmeinend Gesetze gibt, und möglichst reich und dass sie Gold- und Silberminen besitze und zu Lande und zu Wasser über möglichst viele herrsche; vielleicht würden sie auch noch hinzufügen, wer in richtiger Weise Gesetze gebe, der müsse wollen, dass seine Stadt möglichst [e] gut und möglichst glücklich sei. Davon lässt sich manches verwirklichen, anderes aber nicht. Das Mögliche wird nun der Ordner einer Stadt wollen, das Unmögliche aber wird er weder in vergeblichen Wünschen wollen noch an seine Verwirklichung gehen. Dass nun die Bürger glücklich und zugleich gut werden, ist so gut wie unerlässlich: das wird er also wollen. Sehr reich aber und zugleich gut zu werden ist unmöglich, wenigstens für die, die die große Masse zu den Reichen zählt; so nennt sie nämlich diejenigen, [743a] welche wie nur wenige unter den Menschen Besitztümer von sehr hohem Geldwert besitzen, wie sie wohl auch irgendein schlechter Mensch besitzen könnte. Wenn sich das aber so verhält, dann möchte ich ihnen niemals zugeben, dass ein Reicher wahrhaft glücklich wird, wenn er nicht auch gut ist; dass aber einer, der über die Maßen gut ist, auch übermäßig reich ist, ist unmöglich. »Weshalb denn?« könnte da jemand fragen. Weil, möchten wir erwidern, einerseits der auf gerechtem und auf ungerechtem Wege erworbene Besitz mehr als doppelt so groß ist wie der bloß auf gerechtem Wege erworbene und weil andererseits die Ausgaben, die weder auf schöne noch auf hässliche Weise verwendet werden wollen, um das Doppelte geringer sind als die schönen Ausgaben, die sich zu schönen Zwecken verwenden [b] lassen wollen. Diejenigen nun, die bei doppeltem Besitz nur halb so große Ausgaben machen, die wird derjenige, der davon das Gegenteil tut, gewiss nie an Reichtum übertreffen. Von diesen ist Letzterer gut; der andere ist nicht schlecht, solange er sparsam ist; gelegentlich ist er aber auch ganz schlecht, gut aber, wie eben gesagt, in keinem Fall. Denn wer auf gerechte und auf ungerechte Weise Geld einnimmt und es weder auf gerechte noch auf ungerechte Weise ausgibt, der wird reich, wenn er auch noch sparsam ist; der ganz Schlechte aber, der zumeist auch ein unheilbarer Verschwender ist, wird sehr arm. Wer jedoch zu schönen Zwecken Geld ausgibt und [c] nur auf gerechte Weise erwirbt, der wird wohl nicht so leicht übermäßig reich, aber auch nicht sehr arm werden. Daher ist unsere Behauptung richtig, dass die ganz Reichen nicht gut sind; sind sie aber nicht gut, so sind sie auch nicht glücklich.

Die Grundabsicht unserer Gesetze aber zielte darauf ab, dass die Bürger möglichst glücklich und möglichst eng miteinander befreundet sind. Freunde werden die Bürger jedoch wohl niemals dort sein, wo unter ihnen viele [d] Prozesse und viele Rechtsverletzungen vorkommen, sondern nur, wo diese möglichst geringfügig und selten sind. Wir behaupten daher, dass es weder Gold noch Silber in der Stadt geben darf und auch keinen großen Gelderwerb durch Handwerksarbeit oder Wucher oder gar durch das Halten schimpflicher Herden, sondern nur durch das, was der Ackerbau hergibt und einbringt, und auch davon nur so viel, dass es nicht dazu zwingt, über dem Geldverdienen das zu vernachlässigen, um dessentwillen es das Geld gibt. Das ist aber die Seele und der Leib, die ohne die Gymnastik und die [e] sonstige Erziehung kaum je der Rede wert wären. Deshalb haben wir es ja mehr als einmal ausgesprochen, dass der Sorge um das Geld der letzte Rang hinsichtlich der Ehre gebührt; denn da es insgesamt dreierlei Dinge gibt, auf die jeder Mensch sein Streben richtet, so ist die Sorge um das Geld, sofern sie in der richtigen Weise geschieht, das dritte und letzte, das mittlere ist die Sorge um den Leib, das erste die um die Seele. Und so ist denn auch die jetzt beschriebene Staatsform, wenn sie die Rangfolge so festsetzt, auf richtige Gesetze gegründet; wenn sich aber zeigt, dass eines [744a] der Gesetze, die hier verordnet werden, vor der Besonnenheit der Gesundheit den Vorrang in der Stadt gibt oder dem Reichtum vor der Gesundheit und dem Besonnensein, dann wird es offensichtlich nicht richtig aufgestellt. Dies also muss sich ein Gesetzgeber immer wieder klar machen: »Was beabsichtige ich?« und: »Gelingt mir dies, oder verfehle ich gar mein Ziel?« Und auf diese Weise könnte er vermutlich mit seiner Gesetzgebung selber glücklich ans Ende kommen und die andern davon befreien, auf irgendeine andere Weise aber wohl niemals.

Wer also ein Landlos erhalten hat, der soll es, so meinen wir, unter den [b] genannten Bedingungen besitzen. Nun wäre es gewiss schön, wenn ein jeder auch in allem Übrigen mit gleichem Besitz in die Kolonie käme. Da das aber nicht möglich ist, sondern der eine mit größerem, der andere mit geringerem Geldvermögen ankommen wird, so müssen aus vielerlei Gründen, besonders aber zwecks Gleichheit der in der Stadt sich bietenden Möglichkeiten ungleiche Vermögensklassen gebildet werden, damit bei der Besetzung von Ämtern, bei Abgaben und Verteilungen die Würdigkeit der einzelnen Bürger nicht bloß nach der Tugend ihrer Vorfahren und der [c] eigenen Tugend und nach der körperlichen Kraft und Schönheit, sondern auch nach ihrem Umgang mit dem Reichtum und nach der Armut bemessen wird und so die Bürger die Ehren und Ämter in größtmöglicher Gleichheit mittels ungleicher, aber angemessener Zuteilung erhalten und daher nicht miteinander uneins werden. Deshalb müssen gemäß der Größe des Besitzes vier Vermögensklassen eingerichtet werden, eine erste, zweite, dritte und vierte oder mit welchem Namen sonst man die Angehörigen einer Klasse bezeichnen mag, gleichgültig, ob sie nun in derselben Klasse verbleiben oder ob sie, weil sie aus Armen zu Reichen oder aus Reichen zu [d] Armen geworden sind, in die ihnen jeweils gemäße Klasse überwechseln.

Außerdem möchte ich noch folgenden Gesetzesvorschlag machen, der sich daran folgerichtig anschließt. In einer Stadt nämlich, behaupten wir, die von der größten Krankheit verschont bleiben soll, die man richtiger ›Spaltung‹ statt ›Aufruhr‹ nennen sollte, darf es weder drückende Armut bei manchen Bürgern geben noch andererseits Reichtum, da beide jene beiden Übelstände erzeugen. Also muss jetzt der Gesetzgeber eine Grenze für beides angeben. So gelte denn als Grenze für die Armut der Wert eines [e] Loses; dieser Grenzwert muss bestehen bleiben, und seine Unterschreitung wird kein Beamter jemals dulden und ebenso auch keiner der übrigen Bürger, der seine Ehre in die Tugend setzt. Nachdem der Gesetzgeber diesen Grenzwert als Maß aufgestellt hat, wird er gestatten, dass man hiervon das Doppelte und das Dreifache bis hin zum Vierfachen erwirbt. Wenn aber einer mehr als das erwirbt, sei es, dass er einen Fund gemacht oder von irgendwo ein Geschenk bekommen hat oder durch Geschäfte oder sonst [745a] einen Glücksfall dieser Art den Überschuss über das Maß erwirbt, so wird er, wenn er ihn der Stadt und den die Stadt behütenden Göttern aushändigt, einen guten Ruf erwerben und straffrei bleiben; wenn aber jemand diesem Gesetz nicht gehorcht, so soll ihn jeder, der das will, gegen die Hälfte des Überschusses anzeigen; wer schuldig befunden wird, soll noch zusätzlich einen Betrag in gleicher Höhe aus seinem eigenen Besitz als Buße zahlen; die andere Hälfte aber gehört den Göttern. Der gesamte Besitz eines jeden außer seinem Landlos soll öffentlich bei denjenigen Aufsichtsbehörden aufgezeichnet sein, die das Gesetz damit beauftragt, damit in allen Fällen [b] die Prozesse, soweit sie Geldsachen betreffen, leicht und ganz eindeutig zu entscheiden sind.

Danach soll man zunächst die Stadt möglichst in der Mitte des Landes anlegen und hierfür einen Platz wählen, der auch alle sonstigen Voraussetzungen aufweist, die für eine Stadt von Vorteil sind; diese zu erkennen und aufzuzählen ist gar nicht schwer. Danach soll man eine Zwölfteilung vornehmen, indem man zuerst ein Heiligtum der Hestia, des Zeus und der Athene errichtet, das man ›Akropolis‹ nennt und mit einer Ringmauer [c] umgibt, von wo aus man die eigentliche Stadt und das ganze Land in zwölf Sektoren zerlegt. Diese zwölf Sektoren müssen aber dadurch gleich werden, dass die aus gutem Boden bestehenden klein und die aus schlechterem größer ausfallen. Ferner soll man das Land in 5040 Lose zerlegen, von diesen jedes wiederum in zwei Teile zerlegen und zwei Teile zu einem Los zusammenfassen, so dass jedes Los sowohl einen Anteil an dem nahe dem Zentrum gelegenen Land wie auch an dem weiter draußen liegenden Land besitzt: Der unmittelbar bei der Stadt gelegene Teil soll mit dem an der Grenze ein Los bilden und der zweite von der Stadt aus mit dem zweiten [d] von der Grenze aus und so weiter. Man soll aber auch bei den Zweiteilungen das eben genannte Verfahren hinsichtlich der Schlechtigkeit und Vorzüglichkeit des Bodens befolgen, indem man durch die Größe bzw. Kleinheit des zugeteilten Landes einen Ausgleich schafft.

Auch die Männer soll man in zwölf Abteilungen gliedern und den sonstigen Besitz so auf die zwölf Abteilungen verteilen, dass sie möglichst gleich werden; über all dies soll ein Verzeichnis angelegt werden; und danach soll man zwölf Göttern zwölf Lose zuteilen und die Abteilung, die das [e] entsprechende Los trifft, nach dem jeweiligen Gott benennen und sie ihm weihen und als ›Phyle‹ bezeichnen.

Ferner soll man auch die zwölf Sektoren der Stadt auf die gleiche Weise zerlegen, wie man auch das übrige Land eingeteilt hat; und jeder Bürger soll zwei Wohnungen besitzen, die eine nahe dem Zentrum und die andere nahe am Rande. Und damit sei die Besiedlung vollendet.

Wir müssen aber Folgendes auf jeden Fall bedenken. Alles, was wir soeben vorgetragen haben, wird wohl niemals auf derart günstige Umstände treffen, dass sich alles so ganz nach unserem Plan zusammenfindet: [746a] einerseits

Menschen, die sich gegen ein solches Zusammenleben nicht sträuben, sondern bereit sind, das ganze Leben hindurch ein festgesetztes und mäßiges Vermögen zu besitzen und eine Kinderzahl, wie wir sie für jeden angegeben haben, und auf Gold zu verzichten und auf manches andere, was der Gesetzgeber aufgrund des eben Dargelegten offensichtlich noch anordnen wird; sodann aber auch bei Land und Stadt, wie er es verlangt, eine zentrale Lage und kreisförmig nach allen Richtungen hin angeordnete Wohnungen, fast als ob er damit Träume erzählen oder gleichsam aus Wachs eine Stadt und ihre Bürger formen wollte. Derartige Einwände sind [b] nun in gewisser Hinsicht nicht verkehrt; man muss sich jedoch etwa Folgendes ins Gedächtnis rufen. Wieder weist uns also der Gesetzgeber auf Folgendes hin: »Liebe Freunde, glaubt ja nicht, ich selbst hätte bei diesen Reden übersehen, dass der jetzt erhobene Einwand in gewisser Hinsicht Wahres vorbringt. Gleichwohl meine ich, dass bei allem, was in der Zukunft verwirklicht werden soll, das angemessenste Vorgehen dies ist, dass derjenige, der ein Muster dafür aufzeigt, wie das in Angriff genommene Projekt ausfallen soll, dabei nichts von dem Schönsten und Wahrsten auslässt; wem [c] aber etwas davon sich als unmöglich realisierbar erweist, der soll eben das auslassen und nicht ausführen; was aber von den verbleibenden Vorschlägen diesem am nächsten kommt und mit dem, was ausgeführt werden müsste, am engsten verwandt ist, für eben dessen Verwirklichung soll er sorgen. Den Gesetzgeber aber soll er seine Absicht vollenden lassen; erst wenn das geschehen ist, soll er gemeinsam mit ihm prüfen, was von dem Vorgeschlagenen nützlich und welches Stück der Gesetzgebung zu schwierig ist. Denn etwas in sich selbst Stimmiges muss doch selbst der Hersteller eines noch so [d] unbedeutenden Produkts auf jeden Fall zustande bringen, wenn er der Beachtung wert sein will.«

Gerade dies müssen wir also jetzt, nachdem wir uns zur Zwölfteilung entschlossen haben, mit allem Eifer zu betrachten suchen: Ich meine natürlich die Frage, auf welche Weise die zwölf Teile, die ja sehr viele Unterteilungen in sich enthalten, und die diesen entsprechenden und aus ihnen hervorgehenden Einheiten bis hin zu der Zahl 5040 – wodurch sich Phratrien, Demen und Dörfer und außerdem die militärischen Kampf- und [e] Marscheinheiten, ferner auch Münzen und Hohlmaße für Trockenes und Flüssiges und Gewichte ergeben –, auf welche Weise also dies alles vom Gesetz so geregelt werden soll, dass es das rechte Maß besitzt und miteinander harmoniert. Außerdem darf man nicht einmal vor folgender Maßnahme zurückschrecken, etwa aus Furcht vor dem, was als Kleinigkeitskrämerei erscheinen könnte, wenn man nämlich anordnet, dass die Bürger von allen Gefäßen, die sie sich anschaffen, keines ohne ein bestimmtes Maß lassen sollen, und wenn man glaubt, dank der gemeinsamen Proportion [747a] seien die Teilungen und Variationen der Zahlen zu jedem Zweck nützlich, und zwar sowohl wenn sie in sich selbst variiert werden wie auch alle Variationen bei Strecken und Körpern und ebenso bei den Tönen und Bewegungen, sowohl bei der geraden Bewegung nach oben oder unten wie auch bei der Kreisbewegung; denn im Hinblick auf dies alles muss der Gesetzgeber allen Bürgern befehlen, von dieser Zahlenordnung möglichst nicht [b] abzugehen. Denn für die Verwaltung des Hauses und der Stadt und für alle Künste hat kein Bildungsgegenstand so große Bedeutung wie die

Beschäftigung mit den Zahlen; das Wichtigste aber ist, dass sie den von Natur schläfrigen und lernfaulen Menschen aufweckt und ihn lernfähig, gedächtnisstark und scharfsinnig macht, so dass er entgegen seinem Naturell durch göttliche Kunst Fortschritte macht. Alle diese Kenntnisse werden sich, wenn jemand mittels weiterer Gesetze und Einrichtungen die niedrige und geldgierige Gesinnung aus den Seelen derer entfernt, die sich diese Dinge [c] in ausreichendem und nutzbringendem Maße aneignen sollen, als schöne und angemessene Bildungsgegenstände erweisen; wenn dies aber nicht geschieht, so wird man unversehens das, was man Gerissenheit nennt, statt der Weisheit erzeugen, wie man das heutzutage bei den Ägyptern und Phöniziern und bei vielen andern Völkern beobachten kann, die infolge des unfreien Wesens ihrer sonstigen Gepflogenheiten und Erwerbsarten so geworden sind, mag dies nun etwa ein schlechter Gesetzgeber, der bei ihnen auftrat, verursacht haben oder ein schlimmes Geschick, das sie befiel, oder [d] auch ein entsprechender Einfluss der Natur.

Denn auch folgenden Punkt, Megillos und Kleinias, dürfen wir nicht übersehen, der die örtlichen Gegebenheiten betrifft: Manche Gegenden sind mehr als andre dazu geeignet, bessere oder schlechtere Menschen hervorzubringen, und hiermit darf man bei der Gesetzgebung nicht in Widerspruch geraten. Manche Gegenden sind vielleicht wegen verschiedenartiger Winde oder wegen Sonnenhitze ungeeignet oder günstig, andere wegen des Wassers, andere gerade wegen der Nahrung, die aus dem Boden [e] kommt und die nicht bloß dem Körper bessere oder schlechtere Kost bietet, sondern auch nicht minder in der Seele all diese

Wirkungen hervorzurufen vermag. Vor allen diesen aber ragen wohl diejenigen Gegenden eines Landes am meisten hervor, in denen eine Art göttlicher Hauch weht und die von Dämonen zum Wohnsitz erlost worden sind, welche die jeweiligen Ansiedler huldvoll aufnehmen oder nicht. Diesen Gegebenheiten gemäß wird ein vernünftiger Gesetzgeber, nachdem er sie geprüft hat, soweit ein Mensch so etwas prüfen kann, dann seine Gesetze zu geben versuchen. Und so musst auch du verfahren, Kleinias: Zuerst musst du dich derartigen Dingen zuwenden, wenn du ein Land besiedeln willst.

KL. Gewiss, Fremder aus Athen; du hast völlig recht, und so muss ich verfahren.

Sechstes Buch

[751a] ATH. Nun gut. Nach all dem eben Gesagten wäre deine nächste Aufgabe die Einsetzung von Regierungsämtern für die Stadt.

KL. So ist es.

ATH. Folgende zwei Schritte gehören nun zur Einrichtung einer Verfassung: erstens die Einsetzung von Ämtern und von Beamten mit Festlegung ihrer Anzahl und des Verfahrens ihrer Einsetzung; danach muss man dann den einzelnen Behörden ihre Gesetze zuweisen, und zwar diejenigen [b] Gesetze und so viele Gesetze und solche Gesetze, wie jeweils zweckmäßig sind.

Wir wollen aber vor dieser Wahl ein wenig innehalten und eine Überlegung vorausschicken, die hierbei ganz angebracht ist.

KL. Welche denn?

ATH. Folgende. Jedem ist doch wohl so viel klar: Eine Gesetzgebung ist eine gewaltige Leistung; wenn aber eine gut eingerichtete Stadt ungeeignete Beamte mit der Anwendung der gut abgefassten Gesetze betraut, so wird sich nicht nur kein Vorteil aus den guten Gesetzen ergeben – ganz zu schweigen von dem gewaltigen Gelächter, das sich erheben wird –, [c] sondern es werden so ziemlich die schlimmsten Schäden und Nachteile für die Städte daraus hervorgehen.

KL. Ganz gewiss.

ATH. Eben dies, so müssen wir bedenken, wird dir daher bei der jetzt zu entwerfenden Verfassung und Stadt widerfahren. Denn du siehst doch ein, dass erstens diejenigen, die in rechter Weise in ein Regierungsamt gelangen sollen, sowohl für ihre Person als auch für ihre Familie eine angemessene Prüfung für die Zeit von der Kindheit bis zum Zeitpunkt der Wahl abgelegt haben müssen, sodann dass diejenigen, die sie wählen sollen, in einer den Gesetzen gemäßen Lebensweise aufgewachsen und gut erzogen sein [d] müssen, um fähig zu sein, durch Missbilligung oder Zustimmung diejenigen richtig zu wählen oder abzulehnen, die das eine oder das andere verdienen. Wie könnten aber im vorliegenden Fall Leute, die gerade erst zusammengekommen und einander unbekannt sind, ferner noch keine Erziehung erhalten haben, jemals imstande sein, die Beamten auf untadelige Weise zu wählen?

KL. Wohl niemals.

ATH. Aber ein Kampf, heißt es, duldet keinerlei Ausflüchte. Und so müssen jetzt du und ich diese Aufgabe durchführen. Denn du hast dich ja [e] dem Volk der Kreter gegenüber bereitwillig verpflichtet, mit neun anderen Männern, wie du sagst, diese Stadt jetzt zu gründen, und ich wiederum [752a] habe mich verpflichtet, dir dabei zu helfen mittels des hier vorgetragenen Entwurfs. Und auf keinen Fall möchte ich natürlich meine Rede aus freien Stücken ohne Kopf lassen; denn wenn sie in einem solchen Zustand sich überall herumtreiben würde, würde sie ohne Form und Gestalt erscheinen.

KL. Sehr gut gesprochen, Fremder.

ATH. Nicht nur dies, sondern ich werde auch nach Möglichkeit dementsprechend handeln.

KL. Wir wollen also unbedingt so verfahren, wie wir sagen.

ATH. Das wird geschehen, so Gott will und wir unserem Alter noch so viel zumuten können.

[b] KL. Wahrscheinlich will er es.

ATH. Wahrscheinlich in der Tat. Und indem wir ihm folgen, wollen wir uns auch noch Folgendes klar machen.

KL. Was denn?

ATH. Mit welcher Kühnheit und mit welchem Wagemut unsere Stadt unter den jetzigen Umständen von uns gegründet sein wird.

KL. Was hast du bei dieser Bemerkung besonders im Auge und worauf willst du hinaus?

ATH. Darauf, wie gelassen wir unerfahrenen Leuten Gesetze geben und uns nicht darum sorgen, wie sie denn die Gesetze aufnehmen werden, die wir jetzt aufstellen. Doch so viel, Kleinias, ist wohl jedem klar, auch wenn [c] er nicht sehr klug ist, dass sie am Anfang so leicht keine Gesetze annehmen werden, wohl aber, wenn wir so lange warten könnten, bis diejenigen, die schon als Kinder von den Gesetzen gekostet haben und mit ihnen aufgewachsen und mit ihnen vertraut genug geworden sind, an der Wahl der Beamten für die ganze Stadt teilnehmen. Wenn aber das geschieht, was wir sagen – vorausgesetzt, dass es durch irgendwelche Mittel und Wege in der rechten Weise geschieht –, dann besteht, glaube ich, begründete Gewissheit, dass die so erzogene Stadt auch nach dieser Zwischenzeit Bestand haben wird.

[d] KL. Das klingt vernünftig.

ATH. Sehen wir also zu, ob wir vielleicht durch folgende Vorschläge einen geeigneten Weg zu diesem Ziel finden könnten. Ich behaupte nämlich, Kleinias, dass die Knossier mehr noch als die andern Kreter sich nicht mit der formellen Erledigung ihrer Pflicht gegenüber dem Land begnügen dürfen, das ihr jetzt besiedelt, sondern vielmehr mit aller

Anstrengung dafür sorgen müssen, dass die ersten Beamten möglichst nach dem denkbar sichersten und besten Verfahren eingesetzt werden. Bei den andern Ämtern [e] nun macht dies sogar weniger Mühe; die Gesetzeswächter aber müsst ihr unbedingt als erste mit aller Sorgfalt wählen.

KL. Welchen vernünftigen Weg zu diesem Ziel können wir also finden?

ATH. Folgenden. Ich behaupte, ihr Söhne der Kreter, dass die Knossier, da sie unter den vielen Städten hervorragen, gemeinsam mit denen, die hier zur Ansiedlung angekommen sind, aus ihrer eigenen Mitte und aus jenen Ankömmlingen insgesamt 37 Männer wählen sollen, und zwar 19 aus [753a] den Ansiedlern, die Übrigen aber aus Knossos selbst; diese Männer sollen die Knossier deiner Stadt zum Geschenk machen und dazu dich selbst als einen Bürger dieser Kolonie und einen der 18, indem sie euch dazu überreden oder durch maßvolle Gewalt dazu zwingen.

KL. Warum habt denn nicht auch ihr beide, du und Megillos, Fremder, euch an unserer Staatsgründung beteiligt?

ATH. Stolz ist Athen, Kleinias, und stolz auch Sparta, und weit entfernt sind beide. Für dich aber ist dies in jeder Hinsicht eine angemessene Aufgabe, und auch für die andern Gründer gilt dies ebenso wie das gerade [b] über dich Gesagte.

Wie also unter den gegebenen Voraussetzungen am zweckmäßigsten zu verfahren ist, das soll hiermit als gesagt gelten. Wenn die Zeit aber fortgeschritten ist und die Verfassung noch besteht, dann soll die Wahl etwa wie folgt vor sich gehen: Alle sollen an der Wahl der Beamten teilnehmen, die als Reiter oder Fußsoldaten Waffen tragen und am Kriegsdienst teilgenommen haben in dem dafür geeigneten Lebensalter. Durchgeführt [c] werden soll die Wahl in dem Heiligtum, das die Stadt als das ehrwürdigste ansieht. Ein jeder soll seinen Vorschlag zum Altar des Gottes bringen, indem er auf ein Täfelchen den Namen des Betreffenden schreibt mit Angabe des Vaters, der Phyle und des Demos, dem dieser jeweils angehört; daneben soll er auch seinen eigenen Namen mit denselben Angaben schreiben. Wer aber will, der darf jedes der Täfelchen, das er nicht nach seinem Sinn beschrieben findet, wegnehmen und auf dem Marktplatz aufstellen, und zwar innerhalb einer Frist von nicht weniger als 30 Tagen. Die 300 Täfelchen, die aus diesem Wahlgang als erste hervorgehen, sollen von den Beamten [d] der ganzen Bürgerschaft zur Ansicht gezeigt werden; die Bürgerschaft soll in derselben Weise aus diesen wiederum vorschlagen, wen ein jeder will; diejenigen 100 Täfelchen, die beim zweiten Mal unter diesen als Sieger hervorgehen, sollen wiederum allen vorgezeigt werden. Beim dritten Mal soll jeder, der will, aus diesen 100 vorschlagen, wen er will, wobei er zwischen den abgeschnittenen Teilen eines Opfertieres hindurchzuschreiten hat: und die 37, auf die die meisten Stimmen entfallen, soll man einer Überprüfung unterziehen und zu Beamten ernennen.

Welche Leute, Kleinias und Megillos, sollen denn nun all das in unserer [e] Stadt regeln, was die Beamten und ihre Überprüfung betrifft? Wir sind uns doch bewusst, dass es bei Städten, die zum ersten Mal so unter einem Joch zusammengeschirrt werden, zwar Leute hierfür geben muss, dass es aber solche Leute, die ja noch vor allen Beamten dasein müssten, nicht gibt? Und doch muss es sie irgendwie geben, und zwar keine schlechten, sondern möglichst hervorragende Leute. Der Anfang gilt nämlich im Sprichwort als die Hälfte des Ganzen, und einen schönen Anfang preisen wir alle [754a] jedesmal; er ist jedoch, wie mir scheint, noch mehr als die Hälfte, und niemand hat einen schön gelungenen Anfang je genug gepriesen.

KL. Da hast du völlig recht.

ATH. Da wir dies nun einsehen, so wollen wir es nicht ungesagt übergehen, ohne uns selbst klarzumachen, auf welche Weise sich dies verwirklichen lässt. Ich weiß allerdings keinen andern Rat außer einem einzigen Vorschlag, der im gegenwärtigen Fall notwendig und nützlich ist.

KL. Welchen denn?

ATH. Ich behaupte, dass die Stadt, die wir zu gründen im Begriff sind, sozusagen keinen Vater und keine Mutter besitzt außer eben der Stadt, von [b] der sie gegründet wird; dabei weiß ich sehr gut, dass viele der Neugründungen mit den sie gründenden Städten, manche sogar mehrmals, in Streit geraten sind und geraten werden. Im vorliegenden Fall aber ist es wie mit einem Kind: Selbst wenn dieses einmal mit seinen Eltern in Streit geraten sollte, liebt es sie trotzdem in der gegenwärtigen Hilflosigkeit seines Kindesalters und wird auch von den Eltern geliebt, und indem es immer wieder zu seinen Angehörigen flüchtet, findet es in den engsten Verwandten seine einzigen Verbündeten. Eine solche Einstellung nun, behaupte ich, wird sich jetzt infolge ihrer Fürsorge in den Knossiern gegenüber der neuen [c] Stadt und in der neuen Stadt gegenüber Knossos ganz von selbst entwickelt haben.

So sage ich denn, wie ich gerade eben schon sagte – denn etwas Schönes zweimal zu sagen schadet nichts –, dass die Knossier für das alles Sorge tragen müssen, indem sie gemeinsam aus denen, die sich zur Ansiedlung eingefunden haben, nicht weniger als 100 Männer hinzuziehen, wobei sie möglichst die ältesten und besten auswählen sollen; und von den Knossiern selbst sollen nochmals 100 hinzukommen. Diese sollen, sage ich, in der neuen Stadt zusammenkommen und gemeinsam dafür Sorge tragen, dass [d] die Beamten den Gesetzen gemäß eingesetzt werden und nach ihrer Einsetzung einer Überprüfung unterzogen werden. Wenn dies geschehen ist, sollen die Knossier in Knossos wohnen, die neue Stadt aber soll aus eigener Kraft versuchen, sich zu erhalten und gut zu gedeihen.

Diejenigen nun, die unter die Siebenunddreißig gewählt wurden, sollen jetzt und für die ganze künftige Zeit zu folgenden Aufgaben gewählt sein: Erstens sollen sie Wächter über die Gesetze sein, sodann über die schriftlichen Verzeichnisse, in denen jeder den Beamten den Umfang seines Vermögens anzugeben hat mit Ausnahme von vier Minen für ein Mitglied der höchsten Vermögensklasse, von drei Minen für die zweite, von zwei Minen [e] für die dritte und von einer Mine für die vierte Klasse. Wenn sich aber herausstellt, dass jemand neben dem registrierten noch weiteres Vermögen besitzt, so soll dieses ganz konfisziert werden; außerdem soll jeder, der dem nachgehen will, eine Anklage gegen ihn vorbringen können, die weder schön noch rühmlich, sondern beschämend sein wird, falls er überführt wird, des Gewinns wegen die Gesetze missachtet zu haben. »Schändliche Gewinnsucht« soll also jeder, der will, in der Klageschrift angeben und ihn gerichtlich vor den Gesetzeswächtern selbst verfolgen. Wenn der [755a] Angeklagte für schuldig befunden wird, soll er nicht am gemeinsamen Besitz teilhaben, und wenn irgendeine

Verteilung in der Stadt durchgeführt wird, soll er ohne Anteil und auf sein Landlos beschränkt bleiben; der Schuldspruch soll, solange er lebt, an einer Stelle aufgezeichnet sein, wo ihn jeder, der will, lesen kann.

Nicht länger als 20 Jahre darf ein Gesetzeswächter sein Amt ausüben; vorgeschlagen werden soll er für dieses Amt erst, wenn er mindestens 50 Jahre alt ist. Wird er erst im 60. Lebensjahr gewählt, darf er das Amt nur zehn Jahre ausüben; und so darf nach diesem Prinzip einer, sowie er 70 [b] Lebensjahre überschreitet, nicht mehr daran denken, im Kollegium dieser Beamten ein so bedeutendes Amt auszuüben.

Damit wären also diese drei den Gesetzeswächtern obliegenden Aufgaben besprochen; im weiteren Fortschreiten der Gesetzgebung aber wird jedes neue Gesetz jeweils diesen Männern vorschreiben, wofür sie außer dem eben Erwähnten noch verantwortlich sein sollen. Jetzt aber sollten wir anschließend die Wahl der übrigen Beamten besprechen.

Denn als Nächstes müssen Strategen gewählt werden und, gleichsam als [c] deren Gehilfen im Krieg, Hipparchen und Phylarchen und für die von den Phylen gestellten Fußtruppen Ordner der einzelnen Abteilungen, für die gerade diese Bezeichnung besonders gut passen würde, wie sie denn auch von den meisten Leuten als Taxiarchen bezeichnet werden.

Was diese Posten angeht, so sollen die Strategen von den Gesetzeswächtern aus der Gesamtheit der Bürger vorgeschlagen werden; gewählt werden sollen sie aus den Vorgeschlagenen von allen, die im entsprechenden Alter am Kriegsdienst teilgenommen haben oder noch teilnehmen.

Sollte aber wirklich jemandem einer von den nicht Vorgeschlagenen geeigneter [d] erscheinen als einer von den Vorgeschlagenen, so soll er, nachdem er namentlich angegeben hat, wen er an wessen Stelle vorschlägt, dies eidlich bekräftigen und den andern als Gegenkandidaten vorschlagen; und wer von beiden durch Handaufheben vorgezogen wird, der soll zur Wahl zugelassen werden. Die drei aber, für die sich die meisten Hände erheben, die sollen die Strategen und Verantwortlichen für das ganze Kriegswesen sein, sobald sie in der gleichen Weise überprüft worden sind wie die Gesetzeswächter.

Taxiarchen aber zu ihrer eigenen Unterstützung sollen die gewählten [e] Strategen zwölf vorschlagen, für jede Phyle einen Taxiarchen; der Gegenvorschlag soll wie bei den Strategen ebenso auch bei den Taxiarchen erfolgen und ebenso die Wahl durch Handaufheben und die Überprüfung.

Diese Versammlung sollen vorerst, bis Prytanen und ein Rat gewählt sind, die Gesetzeswächter an einen möglichst heiligen und geeigneten Ort einberufen und Aufstellung nehmen lassen, und zwar die Hopliten für sich, die Reiter für sich, und an dritter Stelle alle, die nach diesen zum Heer gehören. Die Strategen und Hipparchen sollen von allen durch Handaufheben gewählt werden, die Taxiarchen dagegen nur von denen, die den [756a] schweren Schild tragen; die Phylarchen zur Unterstützung der Hipparchen soll die ganze Reiterei wählen; was aber die Kommandanten der Leichtbewaffneten oder der Bogenschützen oder sonst einer Waffengattung betrifft, so sollen die Strategen sich diese selber bestimmen.

Nun bliebe uns noch die Einsetzung der Hipparchen

übrig. Diese sollen von denselben Leuten vorgeschlagen werden, von denen auch die Strategen vorgeschlagen wurden, und ihre Wahl und der Gegenvorschlag soll in der gleichen Weise wie bei den Strategen vor sich gehen; wählen soll sie [b] aber die Reiterei durch Handaufheben in Gegenwart und unter den Augen der Fußsoldaten, und die zwei, für die sich die meisten Hände erheben, sollen die Kommandanten der gesamten Reiterei sein. Anfechtungen der Abstimmung sollen bis zu zweimal zulässig sein; wird sie aber zum dritten Mal von jemandem angefochten, so sollen diejenigen entscheiden, denen jeweils die Feststellung des Abstimmungsergebnisses oblag.

Der Rat soll aus 30 Dutzend Mitgliedern bestehen – die Zahl 360 eignet sich nämlich gut für die Unterteilungen; diese Zahl soll man in vier [c] Teile zu je 90 teilen und dann aus jeder Vermögensklasse 90 Ratsmänner wählen. Zunächst sollen alle Bürger zwangsweise verpflichtet sein, Kandidaten aus der höchsten Vermögensklasse vorzuschlagen; wo nicht, soll der Ungehorsame mit der festgesetzten Buße bestraft werden; sind die Vorschläge gemacht, soll man die Namen aufzeichnen. Am folgenden Tag soll man aus der zweiten Klasse Kandidaten in derselben Weise wie am Vortag vorschlagen. Am dritten Tag aber soll jeder, der will, Kandidaten aus der dritten Klasse vorschlagen; verpflichtet dazu sind die Mitglieder [d] der drei obersten Klassen; die vierte und niedrigste Klasse soll dagegen frei von Strafe bleiben, wenn einer von ihnen keinen Vorschlag abgeben will. Am vierten Tag schließlich sollen alle Bürger Kandidaten aus der vierten und niedrigsten Klasse vorschlagen; doch soll ein Mitglied der vierten und dritten Klasse straflos bleiben, wenn es keinen Vorschlag machen will; wer aber als Mitglied der zweiten oder ersten Klasse keinen Vorschlag macht, [e] soll bestraft werden, und zwar der aus der zweiten Klasse mit dem Dreifachen und der aus der ersten mit dem Vierfachen der anfänglichen Buße. Am fünften Tag aber sollen die Beamten die aufgezeichneten Namen allen Bürgern zur Ansicht vorlegen, und aus diesen Namen soll wiederum jedermann einen Kandidaten vorschlagen oder mit der anfänglichen Buße gestraft werden. Sobald sie nun 180 aus jeder Vermögensklasse ausgewählt haben, soll man davon die Hälfte durch das Los aussondern und überprüfen; diese sollen für dieses Jahr die Ratsmänner sein.

Eine Wahl, die in dieser Weise vor sich geht, dürfte wohl die Mitte einhalten zwischen einer monarchischen und einer demokratischen Verfassung, zwischen denen ja die Verfassung stets die Mitte halten muss. Denn [757a] Sklaven und Herren werden wohl nie Freunde werden, aber auch nicht schlechte und tüchtige Menschen, denen man gleiche Ehren zuspricht (für Ungleiche wird nämlich das Gleiche ungleich, wenn es nicht das richtige Maß trifft); und durch beides werden die Städte mit Zwietracht erfüllt. Denn ein alter und wahrer Spruch, dass Gleichheit Freundschaft erzeugt, ist zwar sehr richtig und treffend gesagt; doch welche Gleichheit es ist, die dies zu bewirken vermag, das ist nicht sehr klar und bringt uns daher sehr [b] in Verwirrung. Es gibt nämlich zwei Gleichheiten, die zwar denselben Namen haben, aber in ihrer Wirkung in vieler Hinsicht einander geradezu entgegengesetzt sind. Die eine von ihnen vermag bei den Ehrungen jede Stadt und jeder Gesetzgeber einzuführen, nämlich die nach Maß, Gewicht und Zahl gleiche, indem er sie mittels des Loses bei den Verteilungen herstellt. Die wahrste und beste Gleichheit aber ist nicht mehr so leicht für jeden einsichtig; denn sie beruht auf einem Urteil des Zeus, und den Menschen bietet sie immer nur geringe Hilfe. Doch alles, was sie den Städten oder auch [c] Privatleuten an Hilfe gewährt, das bewirkt lauter Gutes. Dem Größeren teilt sie nämlich mehr, dem Kleineren weniger zu und gibt so beiden das, was ihrer Natur angemessen ist; und so misst sie auch denen, die an Tugend größer sind, jeweils größere Ehren, denen aber, bei denen es sich mit der Tugend und Erziehung entgegengesetzt verhält, misst sie das beiden Gebührende in angemessenem Verhältnis zu.

Denn auch das Prinzip der Staatskunst ist doch wohl für uns immer eben dies: das Gerechte. Nach diesem müssen wir auch im vorliegenden Fall streben, und auf diese Gleichheit, Kleinias, müssen wir den Blick richten, [d] wenn wir die jetzt entstehende Stadt gründen. Und wenn jemand einmal sonst eine Stadt gründen sollte, so muss er bei seiner Gesetzgebung eben darauf schauen, nicht aber auf einige wenige Tyrannen oder einen einzigen oder gar auf eine irgendeine Macht des Volkes, sondern stets auf das Gerechte; dies besteht aber in dem, was wir eben gesagt haben: dass den Ungleichen das ihrer Natur gemäße Gleiche gegeben wird.

Allerdings ist es unvermeidlich, dass eine ganze Stadt diese Begriffe manchmal auch in einem abweichenden Sinne anwendet, wenn sie nicht an einem ihrer Teile mit sich selbst in Zwietracht geraten will – denn durch [e] Großzügigkeit und Nachsicht wird ja jedesmal, wenn sie praktiziert werden, entgegen dem geraden Recht ein Stück vom Vollkommenen und Genauen herausgebrochen; deshalb muss man notgedrungen auch noch die Gleichheit des Loses anwenden wegen der Unzufriedenheit der Masse, wobei man aber auch hier die Gottheit und das gute Glück in Gebeten anrufen muss, damit sie das Los zur gerechtesten Seite hin lenken. So muss man [758a] also notgedrungen beide Gleichheiten anwenden, aber möglichst selten die zweite, die auf den Zufall angewiesen ist. So also muss aus diesen Gründen eine Stadt verfahren, wenn sie bestehen bleiben will.

Da aber ein Schiff, das auf dem Meere fährt, Tag und Nacht stets eine Wache braucht und eine Stadt, die im Wogenandrang der andern Städte umhergetrieben wird und von allen möglichen Anschlägen überwältigt zu werden droht, sich in derselben Lage befindet, so müssen den ganzen Tag bis in die Nacht und von der Nacht bis zum Tage Beamte sich an Beamte [b] im Dienst anreihen, Wächter müssen ständig Wächter ablösen und ihren Dienst anderen übergeben. Eine große Menge ist aber niemals imstande, etwas davon rasch durchzuführen; vielmehr muss man die Mehrzahl der Ratsmänner die meiste Zeit bei ihren privaten Geschäften verbringen und ihr Hauswesen in Ordnung halten lassen. Ein Zwölftel der Ratsmänner aber soll man jeweils einem der zwölf Monate zuteilen und soll so ein Zwölftel nach dem andern zu Wächtern machen, die jeweils in Bereitschaft stehen, [c] falls jemand von anderswo oder auch aus der Stadt selbst kommt, sei es, weil er eine Nachricht überbringen oder auch eine Auskunft haben möchte in Fragen, über die eine Stadt anderen Städten Antwort geben oder wenn sie andere befragt, deren Antwort entgegennehmen muss; besonders aber auch wegen der politischen Neuerungsversuche aller Art, die immer wieder in einer Stadt vorzukommen pflegen, damit sie möglichst gar nicht erst [d] auftreten; sind sie aber bereits aufgetreten, damit die Stadt es möglichst rasch bemerkt und so der eingetretene Schaden wieder gutgemacht wird. Deshalb muss dieser Ausschuss, der den Vorsitz der Stadt innehat, befugt sein, jederzeit Versammlungen einzuberufen und sie wieder aufzulösen, und zwar sowohl die gesetzmäßigen wie diejenigen, die unerwartet für die Stadt erforderlich werden. Dies alles hätte also der zwölfte Teil des Rates zu erledigen und die andern elf Zwölftel des Jahres zu pausieren. Diesen Wachdienst soll aber dieser Teil des Rates stets gemeinsam mit den andern Beamten in der Stadt ausüben.

Und so wären denn die Verhältnisse in der Stadt auf diese Weise [e] angemessen geordnet. Welche Fürsorge und welche Ordnung ist aber für das gesamte übrige Land erforderlich? Müssen nicht, sobald die ganze Stadt und das gesamte Land in zwölf Teile geteilt sind, für die Straßen der eigentlichen Stadt und für die Wohnungen und öffentlichen Gebäude, für die Häfen, den Markt und die Brunnen und insbesondere für die Tempelbezirke und Heiligtümer und für alles Derartige bestimmte Leute ernannt sein, die hierfür verantwortlich sind?

KL. Gewiss.

[759a] ATH. Also wollen wir feststellen, dass es für die Heiligtümer Tempeldiener, Priester und Priesterinnen geben muss; für die Straßen aber und die öffentlichen Gebäude und für die hierbei einzuhaltende Ordnung, sowohl von seiten der Menschen, damit sie nichts Unrechtes tun, wie auch der Tiere, damit im Umkreis der eigentlichen Stadt und in der Vorstadt die für Städte erforderliche Ordnung

herrscht, muss man drei Arten von Beamten wählen, wobei man die für das eben Erwähnte zuständigen Beamten Stadtaufseher (Astynomen) nennt und die für die Ordnung auf dem Markt zuständigen Marktaufseher (Agoranomen).

Bei Priestern von Heiligtümern, die ein erbliches Priesteramt innehaben, [b] und ebenso bei den Priesterinnen soll man nichts ändern. Wenn aber, wie es bei Leuten, die sich zum ersten Mal ansiedeln, in dieser Hinsicht vermutlich der Fall sein wird, niemand oder nur einige wenige ein Priesteramt innehaben, so muss man für die Götter, für die keine eingesetzt sind, Priester und Priesterinnen einsetzen, damit sie Tempeldiener der Götter sind. Von all diesen Ämtern muss nun bei ihrer Einsetzung ein Teil durch Wahl und ein Teil durch das Los vergeben werden, indem man um der gegenseitigen Freundschaft willen in jedem Teil des Landes und der Stadt ein demokratisches und ein nichtdemokratisches Verfahren miteinander mischt, damit die größte Eintracht herrscht.

Was nun die Priester betrifft, so soll man es der Gottheit selbst anheimstellen, dass das geschieht, was ihr wohlgefällig ist, und daher das Los [c] anwenden, um so die Entscheidung dem göttlichen Zufall zu überlassen; doch soll man den, auf den jeweils das Los fällt, daraufhin überprüfen, dass er erstens körperlich unversehrt und von rechtmäßiger Geburt ist, sodann, dass er aus einem möglichst reinen Haus stammt und dass er selbst und ebenso sein Vater und seine Mutter in ihrem Leben unbefleckt von Mord und von allen derartigen Verfehlungen gegen die Götter geblieben sind. Aus Delphi aber soll man Gesetze über den gesamten Götterkult [d] holen, für sie Ausleger (Exegeten) bestellen und sie dann anwenden. Auf ein Jahr und nicht länger soll jedes Priesteramt befristet sein, und nicht weniger als 60 Jahre alt soll unserer Meinung nach derjenige sein, der gemäß den heiligen Gesetzen den Götterkult angemessen vollziehen soll. Diese Gesetzesbestimmungen sollen auch für die Priesterinnen gelten.

Für das Amt der Ausleger aber sollen dreimal je vier Phylen vier Bürger vorschlagen, jeden aus ihrer Mitte; die drei aber, auf die die meisten Stimmen entfallen, soll man überprüfen und dann insgesamt neun Kandidaten nach Delphi schicken, damit das Orakel aus jeder Dreiergruppe einen [e] bestimmt; ihre Überprüfung und ihre Altersgrenze soll dieselbe sein wie bei den Priestern. Diese sollen Ausleger auf Lebenszeit sein; falls einer ausscheidet, sollen die vier Phylen, die vom Verlust betroffen sind, für ihn einen Nachfolger wählen.

Schatzmeister ferner, die für die heiligen Gelder der einzelnen Tempelbezirke und für deren Fruchtertrag und Verpachtung zuständig sind, soll [760a] man aus der höchsten Vermögensklasse drei für die größten Heiligtümer, zwei für die kleineren, für die bescheidensten aber einen wählen. Deren Wahl und Überprüfung soll so vor sich gehen wie bei den Strategen. Dies seien also die bezüglich des Kults durchzuführenden Maßnahmen.

Unbewacht soll nach Möglichkeit nichts sein. Was die Stadt betrifft, so soll deren Bewachung in der Weise erfolgen, dass hierfür die Strategen, die Taxiarchen, die Hipparchen, die Phylarchen und die Prytanen [b] verantwortlich sind und insbesondere auch die Stadtaufseher und die Marktaufseher, sobald sie in ausreichender Anzahl von uns gewählt und eingesetzt sind.

Das gesamte übrige Land aber soll man folgendermaßen bewachen. Wir haben ja das ganze Land in zwölf möglichst gleiche Sektoren geteilt; jedem dieser Sektoren soll eine Phyle zugelost werden und diese soll jährlich fünf sogenannte Landaufseher (Agronomen) oder Wachkommandanten (Phrurarchen) stellen; diese sollen befugt sein [und zwar jeder der fünf], sich aus den jungen Leuten ihrer Phyle zwölf auszuwählen, die nicht jünger als 25 [c] und nicht älter als 30 Jahre sein sollen. Diesen sollen durch Los die Sektoren des Landes zugewiesen werden, und zwar je Monat einer für jede Gruppe, damit alle mit dem gesamten Land vertraut und bekannt gemacht werden. Zwei Jahre soll das Kommando und der Wachdienst für die Wächter und ihre Kommandanten dauern. Je nachdem, wie ihnen am Anfang die Sektoren, also die Bezirke des Landes, zugelost wurden, sollen sie in jedem Monat in den jeweils anschließenden Bezirk überwechseln, wobei die [d] Wachkommandanten sie nach rechts im Kreis herum führen; »nach rechts« soll nach Osten bedeuten. Nach Ablauf eines Jahres sollen im zweiten Jahr – damit möglichst viele Wächter mit dem Land nicht nur zu einer einzigen Jahreszeit vertraut werden, sondern damit möglichst viele neben dem Land zugleich auch das kennenlernen, was in jeder Jahreszeit in den einzelnen Bezirken vorgeht – diejenigen, die sie damals geführt haben, sie wieder zurückführen, indem sie sie jeweils in den zur Linken gelegenen [e] Bezirk überwechseln lassen, bis sie das zweite Jahr herumgebracht haben. Im dritten Jahr aber sollen neue Landaufseher und Kommandanten gewählt werden, also die Fünf, die für zwölf Untergebene verantwortlich sind.

Während des Aufenthalts in den einzelnen Bezirken

sind sie für Folgendes verantwortlich: Erstens, dass das Land möglichst gut gegen die Feinde geschützt ist, indem sie Gräben ziehen, soweit es nötig ist, und ausschachten und durch Befestigungsbauten nach Möglichkeit diejenigen fernhalten, die das Land und das Vieh irgendwie zu schädigen versuchen; hierzu sollen sie die Gespanne und die Sklaven im jeweiligen Bezirk heranziehen [761a] und durch diese die Arbeiten ausführen und sie dabei beaufsichtigen, wofür sie aber nach Möglichkeit Zeiten wählen sollen, wo diese von ihren eigenen Arbeiten frei sind.

Während sie also den Feinden alles möglichst unzugänglich zu machen haben, sollen sie den Freunden alles möglichst gut zugänglich machen, den Menschen sowohl wie den Zugtieren und Herden, indem sie für die Wege sorgen, dass sie alle möglichst bequem sind, sowie für das von Zeus gesandte Regenwasser, dass es dem Land keinen Schaden, sondern [b] vielmehr Nutzen bringt, wenn es von den Höhen jeweils in die tiefen Bergtäler strömt, indem sie sein Abfließen durch Dämme verhindern und durch Gräben, damit die Täler das von Zeus gesandte Wasser auffangen und einsaugen und so in allen tiefer gelegenen Feldern und Fluren Bäche und Quellen hervorsprudeln lassen und so selbst die trockensten Gegenden reich an gutem Wasser machen.

Die aus dem Boden sprudelnden Wasser, mag es sich dabei um einen Fluss oder einen Brunnen handeln, sollen sie durch Anpflanzungen und [c] Gebäude ausschmücken und verschönern, und indem sie Bäche durch unterirdische Kanäle zusammenleiten, sollen sie überall für reichlich Wasser sorgen. Auch sollen sie zu jeder Jahreszeit durch Wasserleitungen, falls sich etwa ein Hain oder ein geweihter

Bezirk in der Nähe befindet, die Wasserströme unmittelbar zu den Heiligtümern der Götter lenken und diese so verschönern.

Und überall an solchen Orten sollen die jungen Leute für sich und die alten Leute Gymnasien anlegen, dabei auch warme Bäder für die Alten einrichten und hierfür reichlich trockenes und dürres Holz bereitlegen, alles [d] zum Nutzen derer, die an Krankheiten leiden, und um die von der anstrengenden Feldarbeit erschöpften Körper freundlich aufzunehmen, eine Aufnahme, die weit besser ist als die Behandlung durch einen nicht sehr geschickten Arzt.

Diese und alle Maßnahmen dieser Art dienen den Landstrichen zur Zierde und Nutzen und bieten obendrein eine Zerstreuung, die keineswegs ohne Reiz ist. Die ernste Seite ihrer Tätigkeit auf diesem Gebiet soll jedoch folgende sein. Die Sechzig müssen ihren jeweiligen Bezirk nicht bloß wegen der Feinde bewachen, sondern auch wegen derjenigen, die sich Freunde nennen. Wenn von den Nachbarn oder von den sonstigen Mitbürgern [e] einer einem andern ein Unrecht zufügt, sei es ein Sklave oder ein Freier, so sollen dem, der geschädigt zu sein behauptet, in unbedeutenden Fällen die fünf Kommandanten allein Recht sprechen; in schwereren Fällen aber sollen unter Hinzuziehung der Zwölf die Siebzehn bis zu einem Streitwert von drei Minen Richter sein für alle Klagen, die einer gegen einen andern vorbringt.

Kein Richter und kein Beamter darf aber richten oder sein Amt ausüben, ohne zur Verantwortung gezogen werden zu können, mit Ausnahme derer, die wie Könige die endgültige Entscheidung treffen. Dies gilt auch für diese Landaufseher: Wenn sie sich gegenüber denen, für die sie zu sorgen haben, irgendeinen Übergriff erlauben, indem sie ihnen ungleiche Befehle erteilen oder etwas von den landwirtschaftlichen Geräten ohne Zustimmung [762a] des Eigentümers wegzunehmen und wegzutragen versuchen, oder wenn sie etwas annehmen, das man ihnen aus Schmeichelei anbietet, oder wenn sie gar auf ungerechte Weise Recht sprechen, so sollen sie, wenn sie den Bestechungen erlegen sind, Schimpf und Schande in der ganzen Stadt davontragen; was die andern Ungerechtigkeiten betrifft, die sie gegen die Bewohner ihres Bezirks verüben, so sollen sie sich bei Vergehen bis zu einer Mine freiwillig vor den Dorfbewohnern und Nachbarn verantworten; bei den größeren Vergehen – oder auch bei den kleineren, falls sie nicht gewillt [b] sind, sich zu verantworten, weil sie darauf vertrauen, durch den monatlichen Wechsel in einen jeweils anderen Bezirk der Anklage zu entgehen –, in diesen Fällen soll der Geschädigte durch eine Klage bei den allgemeinen Gerichten einen Prozess anstrengen; wenn er diesen gewinnt, soll er die doppelte Summe von dem fordern, der zu flüchten suchte und sich nicht freiwillig der Bestrafung stellen wollte.

Die Lebensweise der Kommandanten und der Landaufseher während der zwei Jahre sei etwa folgende. Zunächst muss es in jedem Bezirk [c] Gemeinschaftsspeiseräume geben, in denen alle zusammen leben sollen. Wer aber den gemeinsamen Mahlzeiten auch nur einen Tag fernbleibt oder eine Nacht außerhalb schläft, ohne dass es die Kommandanten angeordnet haben oder eine unabweisbare Notlage dazu zwingt, der soll, falls die Fünf ihn anzeigen und ihn schriftlich auf dem Marktplatz wegen Verlassens des Wachpostens anprangern, die Schande davontragen, den Staat für sein Teil verraten zu haben, und jeder, der ihm begegnet und ihn züchtigen [d] will, soll ihn mit Schlägen züchtigen, ohne dafür bestraft zu werden. Wenn aber einer der Kommandanten selbst so etwas tut, dann sollen sich alle 60 eines solchen Falls annehmen; wer es aber bemerkt oder davon gehört hat und die Verfolgung unterlässt, der soll denselben Gesetzen verfallen und mit größerer Strenge als die jungen Leute bestraft werden: Er soll von jeder Ehre eines Kommandos über die jungen Leute ausgeschlossen sein. Hierüber sollen die Gesetzeswächter strenge Aufseher sein, damit so etwas überhaupt nicht vorkommt oder, wenn es doch vorkommt, die [e] gebührende Strafe erhält. Es muss eben jedermann über jeden Menschen folgende Überlegung anstellen: Wer nicht gedient hat, wird wohl auch kein Herr werden, dem Lob gebührt, und seinen Stolz soll man eher darein setzen, gut gedient zu haben, als darein, gut geherrscht zu haben, und zwar an erster Stelle den Gesetzen, da dies ein Dienst an den Göttern ist, sodann die Jüngeren denen, die älter sind und so gelebt haben, dass sie im Vollbesitz der bürgerlichen Ehren sind.

Sodann muss einer, der unter die Landaufseher aufgenommen ist, diese zwei Jahre hindurch täglich eine bescheidene und ohne Feuer zubereitete Nahrung gekostet haben. Sobald nämlich die Zwölf ausgewählt sind, sollen sie mit den Fünfen zusammenkommen und beschließen, dass sie, da sie [763a] ja jetzt gleichsam selbst Diener seien, sich keine anderen Diener und Sklaven halten werden und dass sie auch die Knechte anderer, nämlich die der Bauern und Dorfbewohner, nicht zu ihren persönlichen Diensten, sondern nur im Dienste der Allgemeinheit gebrauchen werden. Was die sonstigen Dienste angeht, sollen sie bedenken, dass sie in der Weise leben werden, dass sie sich diese aus eigner Kraft gegenseitig leisten werden und sich leisten lassen und dass sie außerdem das gesamte Land sommers wie winters in Waffen durchstreifen, sowohl der Bewachung wegen als auch um jeweils [b] alle Örtlichkeiten kennenzulernen. Denn dass alle ihr Land genau kennen, das scheint mir ein Wissen zu sein, das hinter keinem andern zurücksteht. Eben dies ist auch der Grund, weshalb der Heranwachsende die Hetzjagd und die andern Arten der Jagd betreiben soll, und zwar nicht weniger als wegen des Vergnügens und des Nutzens, der sich hierbei für alle ergibt. Mag nun jemand diese Leute, ihre Person und ihre Tätigkeit, als ›Geheime‹ oder als Landaufseher oder wie er sie sonst gerne nennt, bezeichnen: [c] ein jeder Mann soll diese Tätigkeit mit Eifer und nach besten Kräften ausüben, sofern er seine Stadt wirksam bewahren will.

Als Nächstes bei der Wahl der Beamten kämen nun die Marktaufseher (Agoranomen) und die Stadtaufseher (Astynomen) an die Reihe. Den 60 Landaufsehern werden also drei Stadtaufseher entsprechen, die die zwölf Sektoren der Stadt in drei Bezirke unter sich aufteilen sollen. Nach dem Beispiel der Landaufseher sind sie verantwortlich für die Wege in der Stadt und für die jeweils vom Land sich zur Stadt hinziehenden Straßen [d] und für die Gebäude, damit sie alle den Gesetzen gemäß errichtet werden, und insbesondere auch für das Wasser, das ihnen die Landaufseher senden und in gepflegtem Zustand übermitteln, dass es reichlich und sauber in die Brunnen gelangt und der Stadt zur Zierde und zum Nutzen gereicht. So müssen denn auch diese fähige Leute sein und Zeit haben, sich um die gemeinsamen Belange zu kümmern. Deshalb soll jeder Mann nach Belieben einen aus der höchsten Vermögensklasse als Stadtaufseher vorschlagen; [e] wenn über sie durch Handaufheben abgestimmt ist und die Zahl derer, auf die die meisten Stimmen entfallen, bei sechs angelangt ist, sollen die hierfür Zuständigen aus ihnen die drei herauslosen; diese sollen überprüft werden und dann ihr Amt gemäß den für sie aufgestellten Gesetzen ausüben.

Marktaufseher sollen daran anschließend fünf aus der zweiten und ersten Vermögensklasse gewählt werden, ansonsten soll ihre Wahl wie die der Stadtaufseher vor sich gehen. Sobald zehn vor den andern durch Handaufheben ausgewählt sind, soll man aus ihnen die fünf herauslosen und nach der Überprüfung zu Beamten erklären.

An allen Abstimmungen soll sich jeder beteiligen. Wer aber nicht will, [764a] der soll, wenn er bei den Behörden angezeigt wird, mit 50 Drachmen bestraft werden, abgesehen davon, dass er den Ruf erwirbt, ein schlechter Bürger zu sein.

In die Volksversammlung und die gemeinsame Zusammenkunft soll gehen, wer will; zwingend verpflichtend ist die Teilnahme daran für den Angehörigen der zweiten und der ersten Klasse, der mit zehn Drachmen bestraft wird, wenn er überführt wird, dass er nicht an den Versammlungen teilnimmt. Für die dritte und die vierte Klasse dagegen soll kein Zwang bestehen, sondern sie soll straflos ausgehen, es sei denn, dass die Beamten aus zwingendem Anlass heraus alle zur Zusammenkunft auffordern.

[b] Die Marktaufseher also haben die für den Markt gesetzlich festgelegte Ordnung zu überwachen und sich um die Heiligtümer und Brunnen auf dem Marktplatz zu küm-

mern, damit niemand etwas Unrechtes tut; wer es aber tut, den sollen sie bestrafen, und zwar mit Schlägen und Gefängnis, falls der Täter ein Sklave oder Fremder ist; wenn aber ein Einheimischer in ähnlicher Weise gegen die Ordnung verstößt, so sollen sie bis zu einer Strafsumme von 100 Drachmen in eigenständiger Entscheidung Recht sprechen; bis zur doppelten Summe dagegen sollen sie gemeinsam mit den [c] Stadtaufsehern über den Übeltäter Gericht halten und ihn bestrafen. Dieselben Geldbußen und Strafen sollen auch den Stadtaufsehern in ihrem Amtsbereich zustehen: Strafen bis zu einer Mine sollen sie selbständig verhängen, die doppelte Strafe dagegen nur gemeinsam mit den Marktaufsehern.

Danach müssen wohl für die Musik und die Gymnastik Beamte eingesetzt werden, und zwar jeweils zwei Arten für jedes der beiden Gebiete, die einen für die Ausbildung darin und die andern für die Wettbewerbe. Unter den Beamten für die Ausbildung versteht das Gesetz die Aufseher der Gymnasien und der Schulen, die verantwortlich sind für die Disziplin und [d] den Unterricht und die hierbei erforderliche Überwachung des Schulbesuchs und der Gebäude für die Knaben und Mädchen; unter denen für die Wettbewerbe versteht es die Preisrichter für die Teilnehmer an den gymnischen und musischen Wettbewerben, auch hier zwei Arten: die einen für die Musik und die andern für die athletischen Wettkämpfe. Für Wettkämpfe von Menschen und von Pferden sollen dieselben Kampfrichter zuständig sein; bei der Musik dagegen soll es verschiedene Preisrichter geben: Die einen sollen für den Sologesang und den darstellenden Vortrag [e] wie etwa von Rhapsoden, Kitharöden, Flötenspielern und allen Künstlern dieser Art zuständig sein, andere für die Teilnehmer im Chorgesang.

Zuerst müssen also für das heitere Spiel der Chöre, bei dem sich Knaben, Männer oder Mädchen in Tänzen und überhaupt in jeder Art von musischer Ordnung bewegen, die Beamten gewählt werden; hierfür genügt [765a] ein einziger Beamter, der nicht jünger als 40 Jahre sein soll. Auch für den Sologesang genügt ein einziger, der nicht jünger als 30 Jahre sein soll, um die Teilnehmer zuzulassen und ein angemessenes Urteil über sie abzugeben. Der für die Chöre zuständige Beamte und Ordner soll nach folgendem Verfahren gewählt werden: Alle Liebhaber solcher Darbietungen sollen sich in die Versammlung begeben, wobei Nichterscheinen strafbar ist (hierüber haben die Gesetzeswächter zu urteilen); für die andern aber soll, wenn sie nicht wollen, keine Verpflichtung bestehen. Und seinen [b] Kandidaten soll der Wähler aus den Sachverständigen vorschlagen, und auch bei der Überprüfung soll das einzige, was gegen oder für den Ausgelosten spricht, dies sein, dass er nicht sachverständig bzw. dass er sachverständig ist. Der eine, der aus zehn durch Handaufheben Gewählten durch Los bestimmt wird, der soll überprüft werden und dann für das betreffende Jahr die Chöre gemäß den Gesetzen beaufsichtigen. Nach demselben Verfahren und auf dieselbe Weise soll der, den das Los trifft, für jenes Jahr die Aufsieht über die haben, die sich der Beurteilung im Sologesang und im Instrumentalvortrag stellen, wobei der Gewählte seinerseits die ihn selbst [c] betreffende Beurteilung den prüfenden Richtern anheimstellt.

Danach müssen Kampfrichter gewählt werden für die

sportlichen Wettkämpfe von Pferden und Menschen, und zwar aus der dritten und auch aus der zweiten Vermögensklasse; die Teilnahme an der Wahl sei für die drei ersten Klassen verpflichtend, die niedrigste aber soll straffrei bleiben. Drei Kampfrichter soll es geben, die durch Los bestimmt werden, indem 20 durch Handaufheben gewählt und aus diesen 20 drei herausgelost werden, die dann noch die Stimme der Prüfer bestätigen muss. Wenn [d] aber jemand bei irgendeiner Ämterverlosung oder Überprüfung zurückgewiesen wird, soll man an seiner Stelle andere nach demselben Verfahren wählen und ihre Überprüfung in derselben Weise durchführen.

Ein Beamter für die genannten Gebiete ist noch übrig: der Aufseher über die gesamte Erziehung der Mädchen und Knaben. Ein einziger soll auch hierüber die Leitung gemäß den Gesetzen haben, der nicht jünger als 50 Jahre sein soll und Vater vollbürtiger Kinder, am besten von Söhnen und Töchtern, wenn nicht, so wenigstens von Kindern eines Geschlechts. Der [e] Gewählte selbst und der Wählende müssen aber bedenken, dass dieses Amt von den höchsten Ämtern in der Stadt bei Weitem das wichtigste ist. Denn bei allem, was wächst, ist ja der erste Keim, wenn er sich schön entwickelt, für die Vortrefflichkeit seiner Natur ganz entscheidend, um dieser die ihr gemäße Vollkommenheit zu ermöglichen, und zwar nicht nur bei Pflanzen, sondern gerade auch bei zahmen und wilden Tieren und bei den [766a] Menschen. Der Mensch ist, wie wir sagen, ein zahmes Wesen; und dennoch pflegt er nur bei einer richtigen Erziehung und bei einer glücklichen Naturanlage zum göttlichsten und zahmsten Lebewesen zu werden; wenn er jedoch nicht genügend oder nicht gut erzogen wird, wird er zum wildesten von allen Wesen, die die Erde hervorbringt. Deshalb darf der Gesetzgeber die Erziehung der Kinder nicht zu etwas Zweitrangigem oder zur Nebensache werden lassen. Weil man aber den ersten Anfang damit machen muss, dass derjenige, der künftig für die Kinder verantwortlich ist, richtig gewählt wird, soll der Gesetzgeber nach Möglichkeit denjenigen, der unter den Bürgern der Stadt in jeder Hinsicht der Beste ist, für die Kinder zum [b] Aufseher bestimmen und einsetzen. Also sollen sich alle Beamten mit Ausnahme des Rates und der Prytanen in den Apollontempel begeben und in geheimer Wahl jeder seine Stimme für denjenigen von den Gesetzeswächtern abgeben, von dem er glaubt, dass er das Erziehungswesen am besten leiten werde. Auf wen die meisten Stimmen entfallen, der soll von den übrigen Beamten, die ihn gewählt haben, mit Ausnahme der Gesetzeswächter, überprüft werden und dann sein Amt fünf Jahre lang ausüben; im sechsten Jahr aber soll man nach demselben Verfahren einen andern in [c] dieses Amt wählen.

Wenn aber jemand, der ein öffentliches Amt bekleidet, mehr als 30 Tage vor Ablauf seiner Amtszeit stirbt, so sollen die jeweils hierfür Zuständigen auf dieselbe Weise einen andern in dieses Amt einsetzen. Stirbt aber ein Vormund von Waisen, so sollen deren im Lande ansässigen Verwandten väterlicher- und mütterlicherseits bis hin zu den Kindern ihrer Vettern und Basen innerhalb von zehn Tagen einen anderen bestellen, oder sie sollen [d] ein jeder mit einer Drachme pro Tag gestraft werden, bis sie den Kindern ihren Vormund bestellen.

Jede Stadt würde aber doch aufhören, eine Stadt zu sein, wenn es in ihr keine ordnungsgemäß eingesetzten Gerichte gäbe. Wenn aber ein Richter stumm ist und bei den Untersuchungen nicht mehr als die streitenden Parteien spricht, wie dies bei den Schiedsgerichten der Fall ist, so wäre er wohl nie zu einer Rechtsentscheidung fähig. Deswegen wird wohl nicht so leicht eine große Zahl von Richtern gut richten noch eine kleine Zahl von [e] schlechten Richtern. Der zwischen den beiden Parteien strittige Punkt muss stets ganz klar sein; die Zeitdauer aber sowie bedächtiges Vorgehen und mehrmalige Untersuchungen tragen dazu bei, dass der Streitpunkt klar wird.

Aus diesen Gründen müssen diejenigen, die Klage gegeneinander erheben, sich zunächst an die Nachbarn wenden und an die Freunde und an Leute, die möglichst gut mit den strittigen Vorgängen bekannt sind; und [767a] wenn jemand von diesen keinen befriedigenden Spruch erhält, soll er sich an ein anderes Gericht wenden; der dritte Gerichtshof aber soll dann, wenn die beiden ersten Gerichte den Fall nicht schlichten können, den Prozess endgültig entscheiden.

In gewissem Sinne ist nun auch die Einsetzung von Gerichten eine Wahl von Regierungsbeamten; denn jeder Beamte ist zwangsläufig auch Richter in manchen Fällen; ein Richter aber wird, obwohl er kein Beamter ist, doch in gewissem Sinne zu einem gar nicht unbedeutenden Beamten an dem Tag, wo er einen Rechtsstreit durch sein Urteil beendet. Wir wollen [b] also auch die Richter als Beamte betrachten und angeben, welche Leute hierzu geeignet sind und worüber sie Richter und wie viele es für jeden Streitfall sein sollen.

Im vollgültigsten Sinne ein Gerichtshof soll derjenige sein, den die beiden Parteien sich selber bestellen, indem sie gemeinsam bestimmte Leute hierfür wählen; für die übrigen Gerichte soll es zwei Kriterien geben: einmal wenn ein Privatmann einen andern Privatmann mit der Beschuldigung, ihm Unrecht getan zu haben, vor Gericht bringt und einen Urteilsspruch wünscht; sodann wenn jemand die Interessen des Volkes von einem Bürger geschädigt glaubt und dem Gemeinwohl zu Hilfe kommen will. Wir [c] haben nun anzugeben, welche Arten von Richtern es geben und wer Richter sein soll.

Als Erstes soll also ein allgemeiner Gerichtshof eingesetzt werden für alle Privatleute, die zum dritten Mal gegeneinander prozessieren. Er soll folgendermaßen gebildet werden. Alle Beamten, die jeweils für ein Jahr oder auch für längere Zeit amtieren, sollen, wenn ein neues Jahr mit dem auf [d] die Sommersonnwende folgenden Monat beginnen will, am Vortage vor diesem Tag alle in einem Heiligtum zusammenkommen und nach einem Schwur bei der betreffenden Gottheit ihr gleichsam als Erstlingsgabe aus jeder Behörde einen Richter weihen, und zwar den, der sich jeweils in seinem Amt als der Beste erwiesen hat und von dem man den Eindruck hat, dass er im kommenden Jahr die Prozesse seiner Mitbürger am besten und am gottgefälligsten schlichten wird. Wenn diese gewählt sind, soll ihre Überprüfung vor ihren Wählern selbst stattfinden, und wird einer abgelehnt, soll man einen anderen nach demselben Verfahren wählen. Diejenigen aber, die die Prüfung bestanden haben, sollen denen Recht sprechen, die den Spruch der andern Gerichte abgelehnt haben, und hierbei ihre Stimme offen abgeben. Zuhörer und Zuschauer bei diesen [e] Gerichtsverhandlungen sollen zwangsweise die Ratsmänner und die andern Beamten sein, die sie gewählt haben, und von den Übrigen jeder, der will. Wenn aber jemand einen andern beschuldigt, absichtlich den Rechtsstreit ungerecht entschieden zu haben, so soll er sich mit seiner Klage an die Gesetzeswächter wenden; wer in einem solchen Verfahren schuldig gesprochen wird, ist verpflichtet, dem Geschädigten das Doppelte des Schadens zu erstatten; scheint er aber eine noch höhere Buße zu verdienen, so sollen diejenigen, die den Fall aburteilen, noch darüber hinaus festsetzen, was er außerdem zu erleiden oder an das Gemeinwesen und an den, der die Sache vor Gericht brachte, zu zahlen hat.

Was die öffentlichen Klagen betrifft, so ist es als Erstes notwendig, das [768a] Volk an der Entscheidung zu beteiligen – denn vom Unrecht sind ja alle betroffen, wenn jemand ein Unrecht gegen die Stadt verübt, und mit Recht würden es die Bürger übelnehmen, wenn sie an solchen Entscheidungen nicht beteiligt würden; doch soll nur Anfang und Ende eines solchen Prozesses dem Volk übertragen werden; die Untersuchung dagegen soll vor den drei höchsten Beamten stattfinden, auf die sich der Angeklagte und der Kläger einigen. Können diese jedoch nicht selbst zu einer Einigung gelangen, so soll der Rat zwischen der von beiden getroffenen Wahl entscheiden.

[b] Aber auch an den Privatprozessen müssen nach Möglichkeit alle teilnehmen. Denn wer keinen Anteil hat an der Befugnis mitzurichten, der glaubt, überhaupt an der Stadt keinen Anteil zu haben. Deshalb müssen auch in den einzelnen Phylen Gerichte eingesetzt werden und fallweise ausgeloste Richter Recht sprechen, ohne sich durch Bitten bestechen zu lassen. Die letzte Entscheidung aber in all diesen Fällen soll bei jenem Gerichtshof liegen, der, wie wir

meinen, so unbestechlich, wie es nur Menschen möglich [c] ist, eingerichtet ist für diejenigen, die weder vor den Nachbarn noch vor den Phylengerichten zu einer Schlichtung gelangen konnten.

Was also die Gerichte betrifft, die man, wie gesagt, nicht so ohne Weiteres zu den Beamten rechnen noch sie von ihnen ausschließen kann, ohne damit Widerspruch zu ernten, so hat hierüber nunmehr eine Art von Skizze, die sich auf die äußeren Umrisse beschränkt, einiges ausgesagt; anderes aber lässt sie fast völlig beiseite; denn die genaue gesetzliche Regelung und Einteilung der Prozesse wird am weitaus zweckmäßigsten am Schluss der Gesetzgebung vorgenommen werden. Diese beiden Aufgaben sollen sich [d] also gesagt sein lassen, dass sie am Ende auf uns warten sollen.

Die Einsetzung der übrigen Beamten hat dagegen ihre gesetzliche Regelung fast größtenteils bereits erhalten. Ein vollständiges und im Einzelnen wie im Ganzen exaktes Bild von den in der Stadt und in der gesamten Staatsverwaltung durchzuführenden Maßnahmen kann jedoch erst dann deutlich hervortreten, wenn deren Darlegung nach dem Anfang auch noch die zweiten, die mittleren und alle Teile umfasst und so an ihr Ziel gelangt ist. Da sie aber nunmehr bis zur Wahl der Beamten vorangeschritten ist, [e] könnte dies ein geeigneter Abschluss des Vorausgehenden, für die Aufstellung von Gesetzen aber ein geeigneter Anfang sein, der kein weiteres Aufschieben und Zögern mehr verlangt.

KL. Ganz nach meinem Sinn, Fremder, ist das, was du bisher vorgetragen hast; wenn du aber jetzt den Anfang dessen, was noch gesagt werden soll, mit dem Ende des bereits Gesagten verknüpfst, so sind mir diese deine Worte noch viel lieber als jene.

[769a] ATH. So hätten wir ja das vernünftige Spiel von Greisen bis hierher schön durchgespielt.

KL. Eine schöne ernste Beschäftigung für Männer meinst du vermutlich.

ATH. Vermutlich. Wir wollen aber noch Folgendes bedenken und sehen, ob du etwa hierüber der gleichen Meinung bist wie ich.

KL. Was ist es denn und worum handelt es sich?

ATH. Du weißt doch, dass beispielsweise die Tätigkeit der Maler an kein Ende zu kommen scheint bei all ihren Gemälden, sondern dass sie mit dem Kolorieren oder dem Aufhellen oder wie immer die Söhne der Maler so [b] etwas nennen, offensichtlich niemals beim Verschönern fertig wird, so dass das Gemalte dann keine weitere Steigerung mehr zu noch größerer Schönheit und Klarheit erfahren könnte.

KL. Vom Hörensagen kann sogar ich mir ungefähr vorstellen, was du meinst; denn ich bin überhaupt nicht bewandert in dieser Kunst.

ATH. Damit hast du auch keinen Schaden erlitten. Wir wollen aber den Gedanken über diese Kunst, der uns eben gekommen ist, zu folgender Überlegung nutzen: Wenn jemand die Absicht hätte, ein möglichst schönes Bild [c] zu malen, und sich wünschte, dass dieses niemals schlechter, sondern immer besser im Laufe der Zeit werden solle, so begreifst du doch, dass er in Anbetracht seiner Sterblichkeit, wenn er nicht einen Nachfolger hinterlässt, um das Gemälde auszubessern, falls es durch die Zeit gelitten hat, und wenn dieser nicht imstande ist, das, was er selbst infolge seines begrenzten technischen Könnens unvollendet ließ, zu verschönern und so das Bild weiter zu verbessern – dass dann seine ganze gewaltige Arbeit nur ganz kurze Zeit Bestand haben würde?

KL. Das ist wahr.

[d] ATH. Und weiter: Meinst du nicht, dass so ähnlich auch die Absicht eines Gesetzgebers ist? Zunächst will er die Gesetze nach Möglichkeit mit der denkbar größten Genauigkeit abfassen; wenn aber die Zeit weitergeschritten ist und er seine Vorstellung in der Wirklichkeit erprobt hat, meinst du, dass da ein Gesetzgeber so unverständig sein wird, dass er nicht erkennt, dass zwangsläufig viele derartige Mängel übrig bleiben werden, die irgendein Nachfolger berichtigen muss, damit die Verfassung und die Ordnung [e] der von ihm gegründeten Stadt auf keinen Fall schlechter, sondern immer besser wird?

KL. Vermutlich – wie sollte es auch anders sein! – wird jeder, wer es auch sei, so etwas wollen.

ATH. Wenn also jemand ein Mittel hierfür hätte, wie er durch praktische und durch theoretische Belehrung einen andern irgendwie dazu bringen kann, dass er mehr oder weniger Einsicht dafür besitzt, wie man Gesetze bewahren oder berichtigen muss, so würde er doch wohl niemals aufhören, so etwas darzulegen, bis er sein Ziel erreicht hat?

[770a] KL. Wie könnte er!

ATH. Also müssen ich und ihr beide in unserer jetzigen Lage Folgendes tun?

KL. Was meinst du damit?

ATH. Da wir im Begriff sind, Gesetze zu geben, und schon Gesetzeswächter von uns gewählt sind, wir aber schon in der Neige unseres Lebens stehen, jene aber mit uns verglichen noch jung sind, so müssen wir, wie gesagt, einerseits Gesetze geben, andererseits zugleich versuchen, auch diese Leute zu Gesetzgebern und Gesetzeswächtern in ein und derselben Person zu machen, soweit es möglich ist.

[b] KL. Gewiss; vorausgesetzt, wir sind dazu imstande.

ATH. Aber versuchen müssen wir es jedenfalls und allen Eifer aufbieten.

KL. Allerdings.

ATH. Wir wollen also zu ihnen sagen: »Ihr lieben Bewahrer der Gesetze, auf jedem Gebiet, für das wir Gesetze aufstellen, werden wir jeweils sehr vieles auslassen – das ist unvermeidlich; aber alle nicht unwesentlichen Punkte und das Ganze werden wir nicht versäumen in einer Art Umriss zu skizzieren; diesen Umriss aber werdet ihr ausfüllen müssen. Worauf ihr [c] euer Augenmerk zu richten habt, wenn ihr das tut, das sollt ihr hören. Denn Megillos und ich und Kleinias haben das einander nicht wenige Male gesagt und sind uns einig, dass es richtig ist. Wir wollen aber, dass auch ihr uns zustimmt und zugleich unsere Schüler werdet, indem ihr euren Blick auf das richtet, worauf nach unserer übereinstimmenden Auffassung ein Gesetzeswächter und Gesetzgeber seinen Blick richten muss. Unsere Übereinstimmung lässt sich in einem einzigen Hauptpunkt zusammenfassen: [d] wie man ein guter Mensch werden kann, der die einem Menschen gemäße Tugend der Seele besitzt, sei es nun infolge einer bestimmten Beschäftigung oder einer Charaktereigenschaft oder einer bestimmten Erwerbsart oder aufgrund eines Begehrens oder einer Meinung oder irgendwelcher einmal erworbenen Kenntnisse, und unabhängig davon, ob jemand unter unsern Mitbürgern männlichen oder weiblichen Geschlechts ist und ob jung oder alt – dass auf eben dieses erwähnte Ziel das ganze Bemühen das ganze Leben hindurch gerichtet sein muss; was aber die übrigen Dinge angeht, soweit sie diesem Ziel im Wege stehen, so darf niemand sich dabei sehen lassen, dass er einem davon einen höheren Wert beimisst, am Ende [e] nicht einmal der Stadt, falls es sich als notwendig erweisen sollte, dass sie eher zugrunde geht, als dass sie das Sklavenjoch auf sich nimmt und sich von schlechteren Leuten regieren lässt, oder dass man die Stadt verlassen muss, um in die Verbannung zu gehen. Denn alles Derartige muss man eher auf sich nehmen, als dass man sich eine Verfassung einhandelt, die geeignet ist, die Menschen schlechter zu machen. Darüber sind wir uns vorhin bereits einig geworden, und auf dies beides sollt auch ihr nunmehr euer Augenmerk richten und demgemäß unsere Gesetze loben oder tadeln, soweit [771a] sie dazu nicht imstande sind; die aber dazu imstande sind, die sollt ihr willkommen heißen und freundlich aufnehmen und danach leben. Den andern Bestrebungen aber, die auf andere unter den sogenannten ›Gütern‹ abzielen, sollt ihr Lebewohl sagen.

Der Anfang also unserer anschließenden Gesetzgebung soll darin bestehen, dass wir mit dem Heiligen beginnen. Zuerst müssen wir nämlich die Zahl 5040 noch einmal aufgreifen und uns klarmachen, wie viele [b] zweckmäßige Teilungen sie zuließ und zulässt, und zwar sowohl die Gesamtzahl als auch die auf die Phylen entfallende Zahl, die wir ja auf ein Zwölftel der Gesamtzahl festgesetzt haben, so dass sie genau das Produkt aus 20 mal 21 bildet. In zwölf Teile lässt sich nun die Gesamtzahl zerlegen, ebenso aber auch die Zahl einer Phyle. Jeden dieser Teile hat man sich als heilig zu denken, als Geschenk eines Gottes, da er den Monaten entspricht und dem Umlauf des Alls. Daher wird auch jede Stadt von einem angeborenen Gefühl dazu getrieben, diese Teilungen für heilig zu halten; allerdings haben manche Leute vielleicht eine richtigere Einteilung als andere [c] vorgenommen und mit mehr Glück geheiligt. Wir aber haben, wie wir meinen, völlig zu Recht der Zahl 5040 den Vorzug gegeben, die alle Teiler bis Zwölf enthält von der Eins angefangen außer der Elf – diese verlangt nur einen winzigen Eingriff; denn nach der einen Seite lässt sich Abhilfe schaffen durch Wegnahme von zwei Herdstellen; dass dies wirklich so ist, könnte in einer Mußestunde eine gar nicht lange Rede zeigen.

Für jetzt aber wollen wir dieser orakelhaften Andeutung und [d] Begründung vertrauen und diese Teilung vornehmen, und wenn wir jeder Abteilung den Namen eines Gottes oder Göttersohnes gegeben und ihr Altäre und was sonst dazu gehört, zugewiesen haben, wollen wir zum Darbringen von Opfern monatlich zwei Zusammenkünfte an diesen Altären veranstalten, zwölf gemäß der Unterteilung einer jeden Phyle und zwölf gemäß der Unterteilung der Stadt, erstens um die Huld der Götter und der göttlichen Mächte zu gewinnen, sodann wegen der gegenseitigen Freundschaft und Bekanntschaft, wie wir meinen, und überhaupt um des ganzen [e] Zusammenlebens willen. Denn im Hinblick auf die eheliche Gemeinschaft und Verbindung ist es notwendig, die Unkenntnis darüber zu beseitigen, aus welchem Haus und wen man heiratet oder wem man die Tochter zur Frau gibt; dabei muss man den größten Wert darauf legen, in diesen Dingen nach Möglichkeit keinen Fehlgriff zu tun. Zu diesem ernsten Zweck müssen auch die heiteren Spiele stattfinden, bei denen Burschen und Mädchen [772a] Reigentänze aufführen und hierbei einander betrachten und sich betrachten lassen, wofür sie ja einen guten Grund haben und ihr Alter einen schicklichen Anlass bietet, und zwar beide Geschlechter nackt, soweit dies jeweils ein sittsames Schamgefühl aller zulässt.

Verantwortlich für dies alles und Ordner sowie Gesetzgeber hierfür sollen die Leiter der Chöre sein, indem sie zusammen mit den Gesetzeswächtern alles regeln, was wir etwa übergangen haben sollten. Es ist jedoch, wie gesagt, unvermeidlich, dass auf einem solchen Gebiet der Gesetzgeber all [b] die unwichtigen und zahlreichen Einzelheiten ausspart; diejenigen aber, die von Jahr zu Jahr hierin Erfahrungen sammeln, die sollen aufgrund der in der Praxis gewonnenen Erkenntnisse diese Details regeln und sie jedes Jahr verbessern und abändern, bis sie glauben, dass diese Bestimmungen und Einrichtungen exakt genug festgelegt sind. Als angemessene und ausreichende Zeit zur Regelung aller Einzelheiten dürfte eine zehnjährige Zeit der praktischen Erprobung bei Opfern und Chortänzen anzusetzen sein. Solange der Gesetzgeber, der die erste Anordnung getroffen hat, noch lebt, [c] sollen die einzelnen Beamten gemeinsam mit ihm, nach seinem Tod jedoch sollen sie selbständig durch Einreichen von Vorschlägen an die Gesetzeswächter das in ihrem Amtsbereich Übergangene ergänzen, bis man den Eindruck hat, dass alles durch zweckmäßige Ausgestaltung seine endgültige Form gefunden hat; dann sollen sie dies als unabänderlich festsetzen und nunmehr zusammen mit den übrigen Gesetzen anwenden, die ihr Gesetzgeber anfangs aufgestellt hat. Auf diesem Gebiet darf man niemals etwas freiwillig ändern; wenn aber eine zwingende Notwendigkeit dies zu erfordern scheint, so sollen sie sich an alle Beamten wenden, damit sie ihnen [d] raten, und an das ganze Volk und an alle Orakel der Götter, und wenn alle einverstanden sind, sollen sie die Änderung vornehmen, anders aber niemals und auf keine Weise, sondern wer die Änderung verhindern will, der soll stets nach dem Gesetz den Sieg davon tragen.

Gleichgültig nun, in welcher Familie und bei welcher Gelegenheit jemand von den 25-Jährigen dadurch, dass er andere betrachtete und von ihnen betrachtet wurde, ein Wesen gefunden zu haben meint, das nach seinem Sinn und zur gemeinsamen Erzeugung von Kindern [e] geeignet ist: Heiraten soll er in jedem Fall vor dem 35. Lebensjahr.

Wie er aber den geeigneten und passenden Partner zu suchen hat, das soll er sich zunächst anhören; denn man muss ja, wie Kleinias sagt, jedem Gesetz eine angemessene Vorrede vorausschicken.

KL. Sehr schön, Fremder, hast du uns hieran erinnert und dafür in unserm Gespräch einen Zeitpunkt gewählt, der auch mir sehr passend erscheint.

ATH. Gut gesprochen. »Lieber Sohn«, wollen wir also zu dem Sprössling [773a] guter Eltern sagen, »du musst eine Ehe eingehen, die bei den Verständigen Zustimmung findet; diese werden dir aber wohl raten, vor einer Ehe mit Armen nicht davonzulaufen und einer Ehe mit Reichen nicht besonders nachzujagen, vielmehr, sofern im übrigen Gleichheit besteht, jeweils immer die ärmlichere Partie vorzuziehen, wenn du eine Verbindung eingehst. Denn so wird es für die Stadt und die sich vereinigenden Haushalte von Nutzen sein; denn Gleichheit und Gleichmaß ist für die Tugend [b] tausendmal förderlicher als das Maßlose. Ferner muss jemand ein Schwiegersohn ruhiger Eltern zu werden suchen, wenn er sich bewusst ist, dass er sich zu draufgängerisch und rascher als nötig zu all seinen Handlungen hinreißen lässt; wer aber entgegengesetzt veranlagt ist, muss auf die entgegengesetzte Verbindung ausgehen. Und überhaupt soll für die Heirat nur ein Wort gelten: Jeder muss eine Ehe eingehen, die der Stadt nützt, nicht eine, die ihm am meisten behagt. Irgendwie fühlt sich aber jeder von Natur aus zu dem hingezogen, das ihm am meisten gleicht, wodurch die ganze Stadt in sich [c] ungleich wird an Geld und Charakteren; und gerade daraus pflegt das, was wir uns nicht wünschen, den meisten Städten zu widerfahren.«

Dies nun aber ausdrücklich durch Gesetz anzuordnen, dass ein Reicher nicht die Tochter eines Reichen und ein einflussreicher Mann nicht die Tochter eines andern derartigen Mannes heiraten darf, und die ungestümeren Naturen dazu zu zwingen, sich mit bedächtigeren, und die bedächtigeren dazu, sich mit ungestümeren durch die eheliche Verbindung zusammenzutun, das würde abgesehen davon, dass es lächerlich wäre, bei vielen Leuten Unmut hervorrufen. Denn es ist nicht leicht einzusehen, dass eine [d] Stadt gemischt sein muss nach Art eines Mischkrugs, in welchem der eingegossene Wein tobend aufschäumt, wenn er jedoch von einem anderen, nüchternen Gott gezügelt wird, damit eine schöne Verbindung eingeht und ein gutes und maßvolles Getränk ergibt. Dass dies aber auch bei der Vereinigung zur Kinderzeugung so ist, das vermag fast niemand einzusehen. Deshalb muss man darauf verzichten, so etwas durch ein Gesetz zu erreichen, sondern muss einen durch bezaubernde Worte dazu zu überreden versuchen, dass er auf die innere Ausgeglichenheit der Kinder mehr Wert [e] legt als auf jene Gleichheit der Eheverbindung, die nichts als unersättliche Geldgier verrät; und durch Beschimpfung muss man den, der bei der Heirat nur auf das Geld aus ist, davon abzubringen suchen, nicht aber durch den Zwang eines schriftlichen Gesetzes.

Was also das Heiraten betrifft, so sei dies als Zuspruch gesagt und ebenso das, was schon vorher gesagt worden ist, dass man nämlich dadurch an der ewigen Natur teilhaben soll, dass man Kindeskinder hinterlässt und so [774a] der Gottheit immer wieder Diener an eigener Statt zur Verfügung stellt. Dies alles und noch mehr könnte jemand über das Heiraten sagen, wenn er eine passende Vorrede über die Pflicht des Heiratens vorausschicken wollte.

Wenn aber jemand nicht freiwillig gehorcht, sondern ein fremdartiges und gemeinschaftsfeindliches Verhalten in der Stadt an den Tag legt und unverheiratet das 35. Lebensjahr erreicht, so soll er in jedem Jahr gestraft werden, und zwar wenn er der höchsten Vermögensklasse angehört, mit einer Buße von 100 Drachmen, bei der zweiten mit 70, bei der dritten mit 60 und bei Zugehörigkeit zur vierten Klasse mit 30 Drachmen. Dieses Geld [b] soll der Hera geweiht sein, und wer es nicht jedes Jahr entrichtet, der soll das Zehnfache schulden; eintreiben soll es der Schatzmeister der Göttin, und wenn dieser es nicht eintreibt, soll er es selber schulden, und bei der Rechenschaftslegung soll sich jeder für so etwas verantworten. Das sei also die Geldstrafe für den, der nicht heiraten will; er soll aber auch jeder Achtung seitens der Jüngeren verlustig gehen, und niemand von den jungen Leuten soll ihm in irgendeinem Punkt freiwillig Gehorsam leisten. Wenn er aber jemanden zu züchtigen wagt, so soll jeder dem Angegriffenen zu Hilfe [c] eilen und ihn verteidigen; unterlässt der darüber Hinzukommende die Hilfeleistung, so soll er vom Gesetz für einen feigen und schlechten Bürger erklärt werden.

Über die Mitgift ist zwar schon früher gesprochen worden, es soll aber noch einmal gesagt sein, dass es gleichermaßen unwahrscheinlich ist, dass die Armen aus Mangel an Geld alt werden, ohne sich eine Frau zu nehmen oder ohne ihre Tochter einem Mann zu geben. Denn das Lebensnotwendige steht ja allen in dieser Stadt zur Verfügung; bei den Frauen aber wird es so weniger Hochmut und bei den Ehemännern weniger erniedrigende und [d] knechtische Kriecherei wegen des Geldes geben. Und wer dem gehorcht, der würde damit etwas Schönes tun. Wer aber nicht gehorcht und zur Kleiderausstattung mehr gibt oder nimmt als den Wert von 50 Drachmen, der nächste von einer Mine, der nächste den von anderthalb und der Angehörige der höchsten Vermögensklasse mehr als den Wert von zwei Minen, der soll den gleichen Betrag der Staatskasse schulden; was er aber gegeben oder bekommen hat, soll der Hera und dem Zeus geweiht sein; eintreiben [e] sollen es die Schatzmeister dieser beiden Gottheiten, wie ja schon anlässlich der Unverheirateten festgestellt worden ist, dass die Schatzmeister die Buße einzutreiben oder aus eigenen Mitteln zu entrichten haben.

Rechtsgültig soll an erster Stelle die Verlobung durch den Vater sein, an zweiter durch den Großvater und an dritter durch die vom selben Vater abstammenden Brüder; ist aber auch von diesen keiner vorhanden, so soll die von mütterlicher Seite vollzogene Verlobung in derselben Reihenfolge gültig sein; sollte jedoch ein ganz außergewöhnlicher Unglücksfall eintreten, sollen die nächsten Verwandten zusammen mit den Vormündern dazu befugt sein.

Was die Opfer vor der Hochzeit oder sonst eine diesbezügliche [775a] Zeremonie betrifft, die vor, während oder nach der Hochzeit zu vollziehen ist, so soll man hierüber die Ausleger befragen und diesen gehorchen und darf dann überzeugt sein, dass damit alles angemessen geschieht.

Was die Hochzeitsmähler angeht, so soll man an Freunden und Freundinnen von jeder Seite nicht mehr als fünf einladen und an Verwandten und Angehörigen ebenso viele von jeder Seite. Der Aufwand darf aber bei keinem höher sein, als seinem Vermögen angemessen ist, bei dem Reichsten eine Mine, beim nächsten die Hälfte davon und beim folgenden so [b] weiter im selben Verhältnis, wie die Vermögensschätzung jeweils abnimmt. Und wer dem Gesetz gehorsam ist, den sollen alle loben; den Ungehorsamen aber sollen die Gesetzeswächter bestrafen, weil er keinen Sinn für das Schöne besitzt und in den Weisen der hochzeitlichen Musen nicht gebildet ist. Trinken bis zur Berauschung schickt sich auch sonst nicht außer bei den Festen des Gottes, der uns den Wein geschenkt hat, und ist auch nicht ungefährlich, schon gar nicht aber für jemanden, der seine Hochzeit ernst nimmt; denn hierbei müssen Braut und Bräutigam ganz besonders [c] bei Sinnen sein, da sie an einem nicht unwichtigen Wendepunkt ihres Lebens stehen, zugleich auch, damit das Kind, das gezeugt wird, stets von Eltern gezeugt wird, die möglichst klar bei Sinnen sind; denn es ist ja ziemlich ungewiss, welche Nacht oder welcher Tag dieses mit Gottes Hilfe erzeugen wird. Und außerdem darf das Kinderzeugen nicht erfolgen, wenn die Leiber vom Rausch erschöpft sind, sondern wohlgefügt, unbeirrt und ruhig, wie es sich gehört, soll das neue Wesen entstehen. Wer aber vom Wein berauscht ist, der taumelt selbst nach allen Seiten und reißt andere [d] mit, da er toll an Leib und Seele ist. Zur Aussaat von Kindern ist daher ein Betrunkener zu ungeschickt und untauglich, so dass er aller Wahrscheinlichkeit nach unausgeglichene und kein Vertrauen erweckende Wesen und keinen geraden Charakter oder Körper erzeugen wird. Deshalb soll man sich lieber das ganze Jahr und Leben hindurch, besonders aber in der Zeit, in der man Kinder zeugen will, in Acht nehmen und nichts willentlich tun, was ungesund ist oder mit Übermut und Ungerechtigkeit einhergeht – denn das drückt und prägt man dann unweigerlich in die Seelen und Leiber der Kinder ein und zeugt in jeder Hinsicht schlechtere Wesen; ganz [e] besonders aber muss man sich an jenem Tag und in jener Nacht von allem Derartigen fernhalten. Denn der Anfang, der sogar als eine Gottheit unter den Menschen wohnt, verleiht nur dann allem Bestand, wenn er die ihm gebührende Ehre von jedem erhält, der sich seiner bedient.

Wer heiratet, soll von den beiden Wohnungen auf dem Landlos die eine [776a] gleichsam als die Geburts- und Pflegestätte seiner jungen Brut betrachten; getrennt von Vater und Mutter soll er dort seine Ehe vollziehen, seinen Wohnsitz nehmen und die Kinder aufziehen. Denn wenn sich in die Freundschaft eine gewisse Sehnsucht mischt, so schmiedet diese alle Herzen zusammen und bindet sie aneinander; ein Zusammenleben aber bis zum Überdruss, dem die mit der Zeit entstehende Sehnsucht abgeht, bringt sie durch Übersättigung auseinander. Deshalb also müssen die Neuvermählten der Mutter und dem Vater und den Angehörigen der Frau ihre bisherigen Wohnungen überlassen; und als ob sie in eine Kolonie zögen, [b] sollen sie dort wohnen, indem sie jene besuchen und von ihnen besucht werden und Kinder zeugen und aufziehen, um so wie eine Fackel das Leben von einem zum andern weiterzugeben und stets die Götter gemäß den Gesetzen zu verehren.

Welche Besitzstücke aber, so wäre als Nächstes zu fragen, müsste jemand besitzen, um das angemessenste Eigentum zu besitzen? Die meisten sind nun weder schwer zu erkennen noch zu erwerben; doch bei den Sklaven ist [c] dies in jeder Hinsicht schwierig. Der Grund ist folgender: Irgendwie sprechen wir nicht richtig und doch auch in gewissem Sinne richtig über die Sklaven. Denn die Äußerungen, die wir über die Sklaven machen, stehen im Widerspruch zu den praktischen Erfahrungen und stimmen doch auch wiederum mit unseren Erfahrungen überein.

MEG. Wie meinen wir das nun wieder? Denn wir begreifen noch nicht, Fremder, was du damit jetzt sagen willst.

ATH. Das ist auch ganz natürlich, Megillos. Denn bei fast allen Hellenen dürfte wohl das Helotenwesen der Lakedaimonier den meisten Zweifel und Streit hervorrufen, bei den einen, dass es eine gute, bei den andern, dass es keine gute Einrichtung sei – weniger umstritten ist wohl die auf [d] Unterjochung der Mariandyner beruhende Sklavenherrschaft der Bewohner von Heraklea sowie das Volk der Penesten bei den Thessaliern; wenn wir uns also dies und alles Derartige vor Augen halten, wie sollen wir da in der Frage des Sklavenbesitzes verfahren? Was ich nun bloß so im Vorbeigehen in meiner Rede gesagt habe und worüber du mich mit Recht gefragt hast, was ich damit meine, das ist Folgendes: Wir wissen, dass wir doch wohl alle behaupten, man müsse möglichst gutwillige und tüchtige Sklaven besitzen; denn schon viele Sklaven haben sich für manche in jeglicher Tugend besser bewährt als deren Brüder oder Söhne und haben ihre Herren und deren [e] Besitz und ganze Häuser gerettet. Wir wissen doch, dass man dies von Sklaven erzählt.

MEG. Gewiss.

ATH. Aber doch auch das Gegenteil: dass an einer Sklavenseele nichts Gesundes ist und dass ein Mann mit Verstand niemals diesem Menschenschlag auch nur das geringste Vertrauen schenkt? Der weiseste unter unsern Dichtern hat sogar behauptet, wo er von Zeus spricht:

> [777a] »Denn den halben Verstand raubt Zeus, der donnernde Herrscher,
> Männern, sobald sie der Tag der Knechtschaft einmal ereilt hat.«

Hierüber gehen also die Leute in ihren jeweiligen Ansichten auseinander: Die einen haben zu der Gattung der Sklaven überhaupt kein Vertrauen, sondern wie wenn es Tiere wären, machen sie durch Stachel und Peitsche die Seelen ihrer Diener nicht nur dreimal, sondern viele Male sklavischer; die andern wiederum tun davon in allem das Gegenteil.

MEG. Allerdings.

[b] KL. Wie sollen wir demnach, Fremder, angesichts solcher Meinungsverschiedenheiten, in unserem eigenen Land verfahren bei der Frage des Besitzes und der Bestrafung von Sklaven?

ATH. Nun, Kleinias, so viel ist doch klar: Da der Pflegling Mensch widerspenstig ist und sich in die unvermeidliche Unterscheidung, dass man nämlich in der Praxis zwischen einem Sklaven und einem Freien und Herrn zu unterscheiden hat, offenbar keineswegs schicken und fügen will, [c] so ist dieses Besitzstück schwierig zu behandeln. In der Praxis hat es sich nämlich schon oft gezeigt an den häufig wiederkehrenden Aufständen der Messenier und bei Städten, die viele Sklaven mit der gleichen Sprache besitzen, was für ein großes Unheil daraus entsteht, und ebenso auch an den von den sogenannten ›Herumtreibern‹ rings um Italien verübten Raubzügen aller Art und den damit verbundenen Leiden. Wenn jemand sich dies alles vor Augen hält, so könnte er in Verlegenheit geraten, wie er in dieser ganzen Frage sich zu verhalten hat. Zwei Mittel bleiben also nur übrig: Einerseits dürfen diejenigen, die sich leichter in ihr Sklavenlos fügen [d] sollen, keine Landsleute sein und möglichst nicht dieselbe Sprache sprechen; andererseits muss man sie richtig behandeln, indem man ihnen nicht nur in ihrem, sondern mehr noch im eigenen Interesse mit Achtung begegnet. Die richtige Behandlung solcher Menschen besteht darin, dass man auf keinen Fall seinen Mutwillen an seinen Dienern auslässt, sondern ihnen, falls möglich, noch weniger ein Unrecht zufügt als den Gleichgestellten. Denn ob jemand aus seinem innersten Wesen heraus und nicht nur zum Schein das Recht achtet und das Unrecht wirklich hasst, das zeigt sich ganz klar gegenüber solchen Menschen, bei denen es ihm ein leichtes wäre, ihnen Unrecht zu tun. Wer sich also in seiner Einstellung und seinem Verhalten gegenüber Sklaven nicht mit Unfrommheit und Ungerechtigkeit [e] befleckt, der dürfte am besten geeignet sein, die Saat der Tugend auszustreuen; dasselbe lässt sich mit Recht auch von einem Herrscher und Tyrannen und einem jeden Inhaber einer Machtstellung bezüglich seines Verhaltens gegenüber dem Schwächeren sagen. Bestrafen muss man freilich die Sklaven, wenn es das Recht erfordert, und darf sie nicht verwöhnen, indem man sie etwa wie einen Freien bloß zurechtweist. Jedes an einen Diener gerichtete [778a] Wort muss in der Regel ein Befehl sein; scherzen darf man auf keinen Fall mit Dienern, weder mit weiblichen noch mit männlichen; und doch pflegen viele gerade durch ein solches Verhalten gegenüber Sklaven diese in ziemlich gedankenloser Weise zu verwöhnen und beiden Seiten das Leben schwerer zu machen: jenen den Gehorsam und sich selbst das Befehlen.

KL. Da hast du recht.

ATH. Sobald nun jemand mit Sklaven in möglichst ausreichender Menge und Tauglichkeit zur jeweiligen Unterstützung bei seinen Tätigkeiten ausgestattet ist, sollten wir dann nicht als Nächstes in unserm Gespräch die Gebäude entwerfen?

KL. Unbedingt.

[b] ATH. Und zwar ist es so ziemlich die ganze Bebauung, um die sich die neue und bisher noch unbewohnte Stadt Gedanken machen muss, wie sie es jeweils damit halten soll und insbesondere mit den Tempeln und den Mauern. Dies gehörte freilich vor die Hochzeiten, Kleinias; da aber unsere Stadt jetzt erst in Gedanken entsteht, ist es durchaus zulässig, jetzt in dieser Weise zu verfahren; wenn sie freilich in Wirklichkeit entsteht, werden wir dies, so Gott will, vor den Hochzeiten erledigen, jene aber erst dann nach [c] diesem allen zu Ende bringen. Jetzt dagegen wollen

wir in wenigen Strichen nur eine Art Skizze davon entwerfen.

KL. Ja, unbedingt.

ATH. Die Heiligtümer also soll man rings um den ganzen Marktplatz und rings um die ganze Stadt im Kreise an hochgelegenen Plätzen errichten, der guten Umfriedung und der Sauberkeit wegen; daneben aber die Gebäude für die Beamten und für die Gerichte, damit in diesen als an den denkbar heiligsten Plätzen die Richtersprüche entgegengenommen und erteilt werden, teils weil es dabei um heilige Dinge geht, teils weil es die [d] Wohnsitze von ebenso heiligen Göttern sind; und unter diesen wird es auch Gerichtsgebäude geben, in denen über Mordtaten die Urteile gesprochen werden und über alle todeswürdigen Verbrechen. Was jedoch die Mauern angeht, Megillos, so möchte ich Sparta darin zustimmen, dass man die Mauern in der Erde ruhen und schlafen lassen und sie nicht aufwecken soll, und dies aus folgenden Gründen. Schön ist ja schon das viel zitierte Dichterwort über sie, dass die Mauern eher aus Bronze und Eisen als aus [e] Lehm bestehen sollen; wir aber würden außerdem noch mit Recht gewaltiges Gelächter ernten, wenn wir einerseits alljährlich die jungen Leute ins Land hinaussenden, damit sie teils Gruben ausheben, teils Gräben ziehen, teils auch durch bestimmte Bauten die Feinde abhalten, natürlich um sie nicht die Landesgrenzen überschreiten zu lassen, andererseits aber uns mit einer Mauer umgeben wollten, die erstens für die Gesundheit von Städten keineswegs förderlich ist, außerdem aber eine ziemlich weichliche Haltung in den Seelen ihrer Bewohner zu erzeugen pflegt, weil sie sie dazu einlädt, [779a] in sie zu flüchten, anstatt die Feinde abzuwehren, und ihre Rettung nicht darin zu suchen, dass ständig bestimmte Leute in der Stadt Tag und Nacht Wache halten, sondern sich einzubilden, wenn sie sich hinter Mauern und Toren verschanzten und fest schliefen, besäßen sie damit das wahre Mittel zur Rettung, als ob sie zum Vermeiden von Anstrengungen geboren wären und nicht wüssten, dass umgekehrt die bequeme Ruhe in Wirklichkeit erst eine Frucht von Anstrengungen ist; aus schimpflicher Bequemlichkeit dagegen, meine ich, und aus Leichtsinn gehen naturgemäß immer neue Anstrengungen hervor. Wenn jedoch die Menschen dennoch irgendeine [b] Mauer brauchen, so muss man die Fundamente der Privatwohnungen von Anfang an so anlegen, dass die ganze Stadt eine einzige Mauer bildet, indem alle Wohnungen durch gleiche Ausrichtung und gleiche Größe zu den Straßen hin einen guten Schutz bieten; einerseits ist es nicht unerfreulich anzusehen, wenn die Stadt die Gestalt eines einzigen Hauses hat, andererseits wird sie aufgrund der Leichtigkeit ihrer Bewachung an Sicherheit anderen weit überlegen sein. Dafür zu sorgen, dass die anfängliche Bebauung erhalten bleibt, wird am besten die Aufgabe der Bewohner sein; die [c] Stadtaufseher sollen jedoch hierüber die Aufsicht führen und einen Nachlässigen sogar durch Strafen dazu zwingen; ferner sollen sie in allen Teilen der Stadt auf die Sauberkeit achten und darauf, dass kein Privatmann mit Bauten oder Gräben auf städtischen Boden übergreift. Und so haben sie auch für das ungehinderte Fließen des von Zeus gesandten Regenwassers zu sorgen und für alles, was in der Stadt und was außerhalb zweckmäßigerweise anzuordnen ist. Dies alles aber sollen die Gesetzeswächter, sobald sie sich [d] in der Praxis einen Einblick verschafft haben, durch ergänzende Gesetze regeln und ebenso alles Übrige, was das Gesetz infolge seiner Unvollkommenheit auslässt.

Nachdem nun diese Gebäude und die um den Markt herum sowie die für die Gymnasien und die Schulen aller Art errichtet sind und ihre Besucher erwarten und ebenso die Theater ihre Zuschauer, wollen wir zu dem übergehen, was nach der Hochzeit folgt, und so unsere Gesetzgebung fortsetzen.

KL. Unbedingt.

ATH. Die Hochzeiten sollen also als vollzogen gelten, Kleinias. Danach käme die Zeit vor der Geburt der Kinder, die wohl nicht kürzer als ein Jahr [e] ist. Welche Lebensweise nun während dieser Zeit der junge Mann und die junge Frau in einer Stadt führen sollen, die sich von den vielen andern abheben soll – was ja an das eben Gesagte anschließt –, das zu sagen, ist nicht gerade das Allerleichteste; vielmehr dürfte, obwohl schon von den früheren Vorschlägen nicht wenige ähnlich bedenklich waren, der folgende bei der großen Masse noch schwerer Anklang finden als die meisten von jenen. Doch was einem richtig und wahr zu sein scheint, muss man auf jeden Fall aussprechen, Kleinias.

KL. Unbedingt.

[780a] ATH. Also: Wer die Absicht hat, Städten Gesetze darüber zu geben, wie die Bürger die öffentlichen und gemeinsamen Tätigkeiten auszuführen und demgemäß zu leben haben, hingegen bei den privaten Tätigkeiten selbst da, wo eine gesetzliche Regelung notwendig ist, diese nicht für erforderlich hält, sondern meint, ein jeder müsse die Freiheit haben, seinen Tag zu verleben, wie er Lust hat, und

es brauche nicht alles nach einer festen Ordnung zu geschehen, und wer deshalb das Privatleben ohne gesetzliche Regelung lässt und dann überzeugt ist, dass sie sich im gemeinsamen und öffentlichen Leben bereitwillig an die Gesetze halten werden, dessen Überlegung ist nicht richtig. Weshalb ist diese Bemerkung gemacht worden? Deshalb, weil wir erklären werden, dass unsere jungen Ehemänner nicht [b] anders und nicht seltener als in der Zeit vor der Hochzeit in den gemeinsamen Speisestätten ihre Mahlzeiten einnehmen sollen. Auch diese Gepflogenheit erregte ja Befremden, als sie erstmals in euren Gegenden aufkam, weil irgendein Krieg, wie zu vermuten, euch diesen Brauch aufnötigte oder sonst irgendein Ereignis, das dieselbe Wirkung hatte, weil ihr bei geringer Bevölkerungszahl von einer großen Not heimgesucht wurdet; nachdem ihr aber damit den Versuch gemacht hattet und zur Einrichtung gemeinsamer Mahlzeiten gezwungen wart, da zeigte sich, dass dieser [c] Brauch große Bedeutung für eure Rettung hatte, und so wurde auf diese Weise etwa die Einrichtung gemeinsamer Mahlzeiten bei euch zur feststehenden Gewohnheit.

KL. So scheint es jedenfalls.

ATH. Was ich damit sagen wollte, ist dies: Während diese Einrichtung damals Befremden hervorrief und manchem ihre Anordnung bedenklich schien, ist es heutzutage für den, der sie anordnen wollte, nicht mehr ebenso schwierig, sie gesetzlich vorzuschreiben. Was sich aber daran folgerichtig anschließt und, wenn es geschähe, seinem Wesen nach mit Recht geschehen würde, aber heutzutage nirgends geschieht und daher beinahe zur Folge hat, dass der Gesetzgeber, wie man scherzend sagt, seine Wolle ins

Feuer krempelt und tausenderlei andere Dinge dieser Art ohne Erfolg [d] unternimmt, das ist weder leicht auszusprechen noch, wenn man es ausgesprochen hat, auszuführen.

KL. Was ist denn das, Fremder, was du aussprechen willst, womit du aber so sehr zu zögern scheinst?

ATH. So hört nur, damit wir uns nicht unnötig lange dabei aufhalten. Alles, was in einer Stadt eine gesetzliche Ordnung erhält, das bewirkt lauter Gutes; von dem aber, was gar nicht oder nur schlecht geordnet ist, löst das meiste wieder manches andere von dem auf, was gut geordnet war. Damit hat auch der Gegenstand zu tun, auf den wir jetzt zu sprechen gekommen sind. Bei euch nämlich, Kleinias und Megillos, sind die gemeinsamen [e] Mahlzeiten für die Männer zu einer schönen und, wie gesagt, wunderbaren Einrichtung geworden dank einer geradezu göttlichen Notwendigkeit; doch für die Frauen hat man ganz zu Unrecht auf eine gesetzliche [781a] Regelung verzichtet, und die Einrichtung gemeinsamer Mahlzeiten für sie ist nicht ans Licht gebracht worden; vielmehr wurde dasjenige Geschlecht von uns Menschen, das ohnehin von Natur aus versteckter und verschlagener ist wegen seiner Schwäche, das weibliche nämlich, zu Unrecht sich selbst überlassen, weil der Gesetzgeber nachgab, da es sich gegen eine Ordnung sträubte. Infolge der Vernachlässigung dieses Geschlechts ist vieles eurer Kontrolle entglitten, womit es viel besser stünde als jetzt, wenn es eine gesetzliche Regelung gefunden hätte. Denn nicht bloß die Hälfte ist [b] betroffen, wie man meinen könnte, wenn die Frauen ohne Zucht und Ordnung gelassen werden; sondern um wie viel die weibliche Natur hinsichtlich der Tugend der männlichen unterlegen ist, um so viel mehr als das Doppelte macht der Unterschied aus. Dies also nachzuholen und zu berichtigen und alle Einrichtungen gemeinsam für die Frauen und für die Männer anzuordnen wäre für das Glück einer Stadt besser. Nun aber ist das Menschengeschlecht so wenig glücklich zu diesem Ziel hingeleitet worden, dass ein Mann mit Verstand gut daran tut, die Sache nicht einmal zu erwähnen, wenigstens in andern Gegenden und Städten, wo sogar noch [c] überhaupt keine gemeinsamen Mahlzeiten in der Stadt eingeführt sind. Wie kann da jemand, ohne ausgelacht zu werden, wirklich daran gehen, die Frauen dazu zu zwingen, sich bei der Einnahme von Speisen und Getränken in aller Öffentlichkeit beobachten zu lassen? Denn es gibt nichts, wozu sich dieses Geschlecht widerstrebender bequemen würde; da es nämlich gewohnt ist, im Verborgenen und Dunkeln zu leben, so würde es, wenn man es mit Gewalt ans Licht zerrt, allen möglichen Widerstand leisten und sich weitaus stärker als ein Gesetzgeber erweisen. Dieses [d] Geschlecht würde also anderswo, wie gesagt, nicht einmal das Aussprechen der richtigen Ansicht dulden, ohne das ärgste Geschrei zu erheben, hier dagegen vielleicht. Wenn ihr nun meint, dass unser Gespräch über die ganze Staatsverfassung wenigstens als theoretischer Entwurf nicht misslingen darf, bin ich gern bereit nachzuweisen, wie gut und zweckmäßig diese Einrichtung ist, sofern auch ihr es hören wollt; wo nicht, will ich es lassen.

KL. Nicht doch, Fremder; wir beide sind ganz außerordentlich entschlossen, das zu hören.

ATH. Hören wir also. Wundert euch aber nicht, wenn ich mit der [e] Behandlung dieser Sache scheinbar bei einem recht weit zurückliegenden Zeitpunkt anfange. Denn wir haben ja Muße genug, und es gibt nichts, was uns drängen könnte, so dass wir nicht von allen Seiten die Fragen der Gesetzgebung betrachten sollten.

KL. Du hast recht.

ATH. Wir wollen also wieder auf unsere ersten Bemerkungen zurückkommen. Denn so viel sollte doch jeder klar einsehen, dass die Menschheit entweder überhaupt keinen Anfang genommen hat noch je ein Ende haben [782a] wird, sondern schon immer existiert hat und allezeit existieren wird, oder dass seit dem Anfang ihres Entstehens bereits eine unvorstellbar lange Zeit vergangen ist.

KL. Gewiss.

ATH. Und weiter: Wollen wir nicht annehmen, dass Gründungen und Vernichtungen von Städten und mannigfache Einrichtungen der Ordnung oder Unordnung auch im Bereich des Essens und mannigfaltige Begierden nach Getränken und Speisen auf alle mögliche Weise und auf der ganzen Erde aufgetreten sind sowie alle möglichen Umkehrungen der Jahreszeiten, in welchen naturgemäß auch die Lebewesen sehr viele Veränderungen [b] durchgemacht haben?

KL. Ohne Zweifel.

ATH. Und weiter: Wir glauben doch, dass irgendwo einmal Weinstöcke zum Vorschein gekommen sind, die es vorher nicht gegeben hatte? Und ebenso auch Ölbäume und die Gaben der Demeter und der Kore? Und dass ein gewisser Triptolemos hierbei mitgeholfen hat? Und meinen wir nicht, dass in der Zeit, wo es dies noch nicht gab, die Lebewesen, wie noch heute, dazu übergingen, sich gegenseitig aufzufressen?

KL. Gewiss.

[c] ATH. Dass Menschen einander als Opfer schlachten,

hat sich als Brauch jedenfalls noch heute bei vielen Völkern, wie wir sehen können, erhalten; und umgekehrt hören wir bei andern von einer Zeit, wo wir nicht einmal vom Rind zu kosten wagten und als Opfergaben den Göttern nicht Tiere dargebracht wurden, sondern Kuchen und honiggetränkte Früchte und andere reine Opfergaben dieser Art, während man auf Fleisch verzichtete, weil es nicht fromm sei, davon zu essen oder die Altäre der Götter mit Blut zu besudeln; vielmehr herrschten bei unsern damaligen Vorfahren Lebensformen, die man orphisch nennt, bei denen man sich ausschließlich an [d] Unbeseeltes hielt, von allem Beseelten sich dagegen fernhielt.

KL. Was du da sagst, wird viel erzählt und verdient Glauben.

ATH. Wozu aber, könnte jemand fragen, ist euch das alles eben erzählt worden?

KL. Da vermutest du ganz richtig, Fremder.

ATH. Nun, so will ich, wenn ich kann, Kleinias, auch noch das darzulegen versuchen, was sich daran anschließt.

KL. So sprich.

ATH. Ich sehe, dass bei den Menschen alles von einem dreifachen Bedürfnis und Begehren abhängt, aus denen ihnen bei richtiger Leitung die [e] Tugend und bei schlechter Leitung das Gegenteil hervorgeht. Das sind gleich nach der Geburt Essen und Trinken, wonach jedes Lebewesen ein angeborenes Verlangen besitzt und daher voller Raserei ist und nicht hinhört, wenn jemand behauptet, man müsse etwas anderes tun, als ständig die auf dies alles gerichteten Lüste und Begierden zu befriedigen und sich so von jeder Unlust zu befreien. Das dritte und stärkste Bedürfnis aber und [783a] das hitzigste Verlangen bricht als letztes in uns hervor und lässt die Menschen im Feuer der Wahnsinns durch und durch erglühen, nämlich der Trieb zur Fortpflanzung des Geschlechts, der in höchstem Übermut auflodert. Diese drei krankhaften Regungen also muss man an dem vorbei, was man als das Lustvollste bezeichnet, zum Besten hin lenken und durch die drei wirksamsten Mittel niederzuhalten suchen, nämlich durch die Furcht, durch das Gesetz und durch die wahre Einsicht; darüber hinaus muss man aber auch mithilfe der Musen und der über die Wettkämpfe [b] wachenden Götter ihr Wachstum und ihren Zufluss ersticken.

Die Geburt der Kinder wollen wir also nach den Hochzeiten ansetzen und nach der Geburt ihre Aufzucht und Erziehung; und wenn unser Gespräch in dieser Weise voranschreitet, so werden wir wohl mit der Vollendung der jeweiligen Gesetze immer weiter vorankommen bis zu dem Punkt, wo wir bei den gemeinsamen Mahlzeiten anlangen – ob solche Gemeinschaften wirklich für Frauen oder nur für Männer eingerichtet werden sollen, das werden wir vielleicht dann besser sehen, wenn wir mit den Bürgern näher bekannt geworden sind; und wenn wir das, was dem noch im Wege steht, weil es noch ohne gesetzliche Regelung ist, geregelt haben, [c] werden wir uns dahinter verschanzen und, wie eben gesagt, diese Dinge genauer betrachten und werden so vielleicht besser die ihnen angemessenen und passenden Gesetze aufstellen können.

KL. Da hast du völlig recht.

ATH. Behalten wir also das eben Gesagte im Gedächtnis; denn vielleicht werden wir das alles noch einmal gebrauchen können.

KL. Was sollen wir denn im Gedächtnis behalten?

ATH. Was wir mit jenen drei Begriffen bezeichnet haben: Das Essen [d] haben wir doch genannt, als Zweites das Trinken und drittens die Raserei des sexuellen Begehrens.

KL. Unbedingt wollen wir das im Gedächtnis behalten, Fremder, was du uns zu behalten befiehlst.

ATH. Gut! Wenden wir uns nun an die Jungvermählten, um sie zu belehren, wie und auf welche Weise sie Kinder zu zeugen haben, und um ihnen, falls wir sie wirklich nicht überreden können, mit einigen Gesetzen zu drohen.

KL. Und wie?

ATH. Die junge Frau und der junge Mann müssen darauf bedacht sein, dass sie möglichst schöne und gute Kinder für die Stadt hervorbringen. Alle [e] Menschen aber, die sich zu einem gemeinsamen Unternehmen zusammentun, die pflegen, wenn sie ihren Sinn und Verstand aufeinander und auf ihr Unternehmen richten, lauter Schönes und Gutes hervorzubringen; tun sie das nicht oder haben sie keinen Verstand, so erreichen sie das Gegenteil. So soll denn auch der junge Mann seinen Sinn auf seine Frau und das Kinderzeugen richten und ebenso auch die junge Frau, besonders während [784a] der Zeit, da ihnen noch keine Kinder geboren sind. Aufseherinnen hierüber sollen die Frauen sein, die wir gewählt haben, in größerer oder geringerer Anzahl, je nachdem, wie viele und wann die Beamten sie einzusetzen beschließen. Diese sollen sich täglich beim Tempel der Eileithyia versammeln bis zur Dauer von einem Drittel des Tages; bei diesen Zusammenkünften sollen sie einander melden, wenn eine bemerkt, dass ein Mann oder eine Frau im zeugungsfähigen Alter auf etwas anderes den Sinn richtet als auf das, was ihnen unter den bei der Hochzeit vollzogenen Opfern [b] und Zeremonien zur Aufgabe gemacht worden ist.

Die Kinderzeugung und die Überwachung der Paare im Zeugungsalter soll zehn Jahre währen und nicht länger, sofern die Fortpflanzung gut vonstatten geht. Bleiben aber einige diese Zeit hindurch kinderlos, so sollen sie die Verbindung auflösen, wobei sie mit ihren Angehörigen und den die Aufsicht führenden Frauen darüber beraten, was für beide Seiten vorteilhaft ist; wenn sich aber eine Meinungsverschiedenheit darüber ergibt, was für beide Seiten angemessen und vorteilhaft ist, so sollen sie sich unter den [c] Gesetzeswächtern zehn auswählen und sollen sich in allen Fragen, die sie diesen zur Entscheidung vorlegen, an deren Anordnung halten.

Die Frauen sollen aber in die Häuser der jungen Leute gehen und sie teils durch Ermahnungen, teils auch durch Drohungen von ihrem fehlerhaften Verhalten oder ihrer Unkenntnis abbringen; sind sie dazu nicht imstande, so sollen sie sich an die Gesetzeswächter wenden und es ihnen melden, und diese sollen dann dagegen einschreiten; sollten aber auch diese nicht dazu imstande sein, so sollen sie die Sache in die Öffentlichkeit bringen, indem sie den betreffenden Namen anschreiben und schwören, dass sie [d] wirklich außerstande seien, den und den zur Besserung zu bringen. Der Angeprangerte aber soll, wenn er nicht vor Gericht über seine Ankläger siegt, folgender Ehren verlustig gehen: Er soll weder bei Hochzeiten erscheinen dürfen noch bei den Opfern nach der Geburt eines Kindes; erscheint er aber doch, soll ihn jeder, der will, mit Schlägen ungestraft züchtigen. Dieselben Gesetzesbestimmungen sollen auch für eine Frau gelten: An den Prozessionen der

Frauen und den Ehrungen und den Besuchen bei Hochzeiten und Geburtsfesten darf sie nicht teilnehmen, wenn sie wegen derselben Ordnungswidrigkeit angeprangert wird und den Prozess nicht [e] gewinnt.

Wenn sie aber bereits Kinder gemäß den Gesetzen gezeugt haben und ein Mann dann mit der Frau eines anderen sexuellen Verkehr hat oder eine Frau mit einem Mann, so sollen, falls sie mit einer Person im zeugungsfähigen Alter verkehren, für sie dieselben Strafen gelten, wie vorhin für die angegeben worden sind, die noch Kinder zeugen. Wer aber nach dieser Zeit als Mann oder als Frau in all diesen Dingen enthaltsam lebt, soll einen guten Ruf genießen; wer aber entgegengesetzt handelt, den soll die entgegengesetzte Ehre oder richtiger Unehre treffen. Und wenn die Mehrzahl in [785a] dieser Hinsicht Mäßigung zeigt, so soll man die Sache ohne gesetzliche Regelung stillschweigend ruhen lassen; sind die aber zuchtlos, so soll man sie in der genannten Weise gesetzlich regeln und diese Regeln gemäß den dann aufgestellten Gesetzen durchsetzen.

Beginn des ganzen Lebens ist für jeden das erste Jahr; dieses soll im Familienheiligtum aufgezeichnet werden als »Lebensanfang für Knabe oder Mädchen«. Und auf eine weißgetünchte Wand soll in jeder Phratrie die Zahlenreihe der Beamten geschrieben sein, die zur Bezeichnung der Jahre [b] gezählt werden; die noch lebenden Mitglieder der Phratrie sollen daneben geschrieben sein, die aus dem Leben geschiedenen soll man ausstreichen.

Das Heiratsalter soll für ein Mädchen vom 16. bis zum 20. Lebensjahr reichen, um die äußerste Spanne anzugeben; für einen jungen Mann vom 30. bis zum 35. Lebensjahr. Zur Bekleidung eines Amtes beträgt das vorgeschriebene Alter für eine Frau 40, für einen Mann 30 Jahre; zum Kriegsdienst für einen Mann vom 20. bis zum 60. Lebensjahr. Einer Frau aber soll man, falls man ihre Dienste im Krieg für notwendig hält, nachdem sie ihre Kinder geboren hat, die für sie jeweils möglichen und schicklichen Dienstpflichten bis zum 50. Lebensjahr auferlegen.

Siebtes Buch

[788a] ATH. Nachdem nun also die Kinder, Knaben und Mädchen, geboren sind, ist es für uns wohl am zweckmäßigsten, als Nächstes über ihre Aufzucht und Erziehung zu sprechen. Diese unerwähnt zu lassen ist ganz unmöglich; wenn man aber über sie spricht, wird dies eher einer Belehrung und Ermahnung als einer Gesetzgebung ähnlich sehen. Im privaten Bereich und in den Häusern geschehen nämlich viele unscheinbare Dinge, von denen niemand Notiz nimmt; diese können jeweils unter dem Einfluss [b] von Schmerz und Lust und Begierde des Betreffenden leicht anders verlaufen, als es den Empfehlungen des Gesetzgebers entspricht, und unter den Bürgern verschiedenartige und einander unähnliche Gesinnungen hervorrufen. Das ist ein Übel für die Städte. Denn einerseits ist es wegen ihrer Belanglosigkeit und Häufigkeit unangemessen und unschicklich zugleich, sie durch Aufstellen von Gesetzen strafbar zu machen, andererseits aber untergraben sie sogar die schriftlich abgefassten Gesetze, wenn sich die Menschen in den unbedeutenden und häufig auftretenden Situationen daran [c] gewöhnen, gegen die Gesetze zu verstoßen. Daher ist es problematisch, hierfür Gesetze aufzustellen, davon zu schweigen aber unmöglich. Was ich damit meine, muss ich zu verdeutlichen suchen, indem ich gleichsam Musterstücke ans Licht bringe; denn jetzt klingen meine Äußerungen noch ziemlich dunkel.

KL. Das ist sehr wahr.

ATH. Dass nun eine richtige Aufzucht sich unbedingt als fähig erweisen muss, die Körper und die Seelen möglichst schön und gut zu machen, das ist doch wohl zu Recht gesagt worden.

KL. Ohne Zweifel.

[d] ATH. Was die schönsten Körper angeht, so ist, glaube ich, die einfachste Forderung die, dass sie gleich vom frühesten Kindesalter an möglichst gerade aufwachsen müssen.

KL. Ganz gewiss.

ATH. Und weiter: Machen wir nicht die Beobachtung, dass bei jedem Lebewesen im frühesten Entwicklungsstadium das Wachstum weitaus am größten und stärksten ist, so dass viele Leute bestreiten, dass die Größe des Menschen vom fünften Lebensjahr an in den nächsten 20 Jahren noch bis zum Doppelten anwachse?

KL. Richtig.

ATH. Wie nun? Wenn ein starkes Wachsen einsetzt, ohne von [789a] zahlreichen angemessenen Anstrengungen begleitet zu sein, wissen wir da nicht, dass das tausendfaches Unheil in den Körpern anrichtet?

KL. Allerdings.

ATH. Also sind gerade dann die meisten Anstrengungen erforderlich, wenn den Körpern die meiste Nahrung zugeführt wird.

KL. Wie, Fremder, wollen wir wirklich den Neugeborenen und Jüngsten die meisten Anstrengungen verordnen?

ATH. Keineswegs, sondern sogar noch früher: denen, die noch im Leib ihrer Mütter genährt werden.

KL. Wie sagst du, mein Bester? Meinst du etwa den Embryonen?

[b] ATH. Ja. Es ist aber gar kein Wunder, wenn ihr von der Gymnastik dieser Altersstufe nichts wißt, die ich euch, so seltsam sie ist, gerne vor Augen führen möchte.

KL. Ja, unbedingt.

ATH. Also denn. Bei uns lässt sich so etwas leichter begreifen, weil da manche Leute ihre Spielereien mit größerem Aufwand betreiben, als sich gehört. Bei uns ziehen nämlich nicht nur Kinder, sondern auch manche älteren Leute junge Vögel zum Kampf gegeneinander auf. Nun sind diese [c] Leute weit davon entfernt zu glauben, dass als Training für solche Tiere die Anstrengungen ausreichen, in denen sie sie zur Vorbereitung auf den Kampf aufeinanderhetzen; denn darüber hinaus nehmen sie sie jeweils unter den Arm – die kleineren in die Hände, die größeren in der Armbeuge – und gehen mit ihnen viele Stadien spazieren, nicht um ihren eigenen Körper, sondern um den der Tierchen in einen guten Zustand zu versetzen. Und so machen sie dem, der es zu begreifen vermag, wenigstens so viel [d] deutlich, dass alle Körper einen Nutzen davon haben, wenn sie ohne eigene Anstrengung durch alle Arten von Erschütterungen und Bewegungen bewegt werden, die sie entweder durch sich selbst oder in Schaukeln oder gar auf dem Meer erfahren oder wenn sie auf einem Pferd reiten oder von sonst etwas wie auch immer getragen werden, und dass sie dadurch befähigt werden, Speisen und Getränke zu verarbeiten und uns so Gesundheit, Schönheit und darüber hinaus Kraft zu verleihen. Was müssten wir nun unserer Meinung nach unter diesen Umständen als Nächstes tun? Sollen wir [e] es unter allgemeinem Gelächter aussprechen, indem wir Gesetze aufstellen, dass die Schwangere spazierengehen soll und dass sie das Neugeborene, solange es noch zart ist, wie Wachs formen und bis zum zweiten Lebensjahr in Windeln wickeln soll? Sollen wir ferner auch die Kinderwärterinnen durch ein Gesetz bei Strafe dazu zwingen, die Kinder – sei es auf die Felder oder zu den Heiligtümern oder zu den Verwandten – irgendwie ununterbrochen zu tragen, bis sie kräftig genug zum Stehen sind, und auch dann noch – um zu verhüten, dass sich die Glieder verbiegen, wenn sich die Kinder im noch jungen Alter gewaltsam auf sie stützen – sich weiter mit dem Tragen abzumühen, bis das Kind das dritte Lebensjahr vollendet hat? Und dass die Wärterinnen möglichst kräftig sein müssen und es nicht nur eine einzige geben soll? Und sollen wir bei all diesen Forderungen, [790a] wenn sie nicht erfüllt werden, für die Zuwiderhandelnden schriftlich eine Strafe festsetzen? Oder wollen wir dies weit von uns weisen? Denn was ich eben erwähnt habe, würde dann wohl oft und in reichem Maße eintreten.

KL. Was denn?

ATH. Dass wir gewaltiges Gelächter ernten würden, abgesehen davon, dass die Kinderwärterinnen mit ihrer Weiber- und Sklavengesinnung nicht zu gehorchen gewillt wären.

KL. Aber weshalb haben wir dann gesagt, dass diese Dinge besprochen werden müssten?

ATH. Deshalb: Die Gemüter der Herren und Freien in den Städten [b] werden vielleicht, wenn sie das hören, zu der richtigen Einsicht gelangen, dass man ohne eine richtige Regelung der privaten Lebensführung in den Städten wohl vergeblich darauf wartet, dass das Gemeinwesen eine dauerhafte Gesetzgebung erhalten werde. Und wenn jemand das einsieht, wird er wohl von selbst die eben gemachten Vorschläge als Gesetze betrachten, und wenn er ihnen folgt, wird er sein Haus und zugleich auch seine Stadt gut verwalten und glücklich sein.

KL. Das ist sehr wahrscheinlich, was du da sagst.

ATH. Gerade deshalb wollen wir auch nicht aufhören mit einer solchen [c] Gesetzgebung, ehe wir nicht auch die für die Seelen der ganz kleinen Kinder geeigneten Einrichtungen in derselben Weise abgehandelt haben, in der wir auch unsere Ansichten über die körperliche Erziehung durchzusprechen begonnen haben.

KL. Ganz recht.

ATH. Nehmen wir also Folgendes gleichsam als Grundlage für beides: Eine Betreuung und Bewegung des Leibes und der Seele der ganz kleinen Kinder, die möglichst die ganze Nacht und den ganzen Tag hindurch erfolgt, ist allen zuträglich, nicht zuletzt den allerjüngsten, und ebenso ein Zustand, wenn dies möglich wäre, als befänden sie sich fortwährend auf [d] einem Schiff; so aber muss man dem wenigstens möglichst nahe zu kommen suchen bei den neugeborenen Kindern. Einen Beweis hierfür hat man auch darin zu sehen, dass sowohl die Wärterinnen der kleinen Kinder wie auch die Frauen, die bei den Korybanten die Heilung vollziehen, dies der Erfahrung entnommen und als nützlich erkannt haben. Wenn die Mütter nämlich Kinder, die nur schwer Schlaf finden, einschläfern wollen, so verabreichen sie ihnen nicht Ruhe, sondern im Gegenteil Bewegung, indem sie sie [e] unablässig auf den Armen wiegen, und nicht Schweigen, sondern eine Art Gesang, und bezaubern die Kinder förmlich wie mit Flötenklängen, indem sie also, wie dies auch bei der Heilung der besinnungslosen Raserei geschieht, diese in Bewegung bestehende Verbindung von Tanz und Musik anwenden.

KL. Was ist nun unserer Meinung nach die Hauptursache davon, Fremder?

ATH. Die ist nicht besonders schwer zu erkennen.

KL. Wieso denn?

ATH. Eine Art von Angst sind doch wohl diese beiden Zustände, und Ängste rühren von einer schlechten Seelenverfassung her. Wendet man [791a] nun bei solchen Zuständen von außen eine Erschütterung an, so überwältigt die von außen herangebrachte Bewegung die innere Bewegung der Furcht und der Raserei, und wenn sie nach dieser Überwältigung in der Seele Stille und Ruhe von dem jeweils auftretenden heftigen Herzklopfen einkehren lässt, bringt sie etwas sehr Erwünschtes hervor: Die einen lässt sie Schlaf finden, bei den andern bewirkt sie nach ihrem Aufwachen durch Tanz und Flötenspiel mithilfe der Götter, denen sie jeweils unter günstigen Vorzeichen opfern, dass sie statt ihrer Wahnsinnszustände wieder eine [b] vernünftige Haltung annehmen. Und damit findet dies, soweit es sich in aller Kürze sagen lässt, eine einleuchtende Erklärung.

KL. Allerdings.

ATH. Wenn diese Verfahren nun eine solche Wirkung besitzen, so muss man Folgendes bei sich bedenken: jede Seele, die von Kind an mit Ängsten aufwächst, wird sich wohl immer mehr daran gewöhnen, mit Furchtgefühlen zu leben. Das wird aber doch jedermann als Einübung in die Feigheit und nicht in die Tapferkeit bezeichnen.

KL. Gewiss.

ATH. Umgekehrt könnten wir es aber eine Einübung in die Tapferkeit [c] von Kind an bezeichnen, wenn wir die uns befallenden Ängste und Furchtgefühle besiegen.

KL. Richtig.

ATH. Als ein Mittel, wollen wir also sagen, trägt demnach auch dieses, nämlich die Gymnastik der kleinen Kinder in Form von Bewegungen, viel zu einem Teil der Tugend der Seele bei.

KL. Ganz gewiss.

ATH. Allerdings wird auch die nicht missmutige und die missmutige Stimmung in der Seele jeweils einen nicht geringen Teil einer guten oder schlechten Seelenverfassung ausmachen.

KL. Gewiss.

[d] ATH. Auf welche Weise lässt sich nun diejenige der beiden Gemütsstimmungen, die wir wünschen, schon gleich dem Neugeborenen einpflanzen? Wir müssen also aufzuzeigen versuchen, wie und in welchem Maße jemand dies erreichen kann.

KL. Gewiss.

ATH. So spreche ich denn die bei uns gültige Überzeugung aus: Verzärtelung macht den Charakter der Kinder missmutig, jähzornig und leicht durch Kleinigkeiten erregbar, das Gegenteil davon aber, eine zu strenge und harte Unterdrückung, lässt sie kriecherisch, unfrei und menschenfeindlich werden und macht sie so für das Zusammenleben untauglich.

[e] KL. Wie sollen nun diese Wesen, die noch kein Wort verstehen und auch noch nicht von der sonstigen Erziehung zu kosten vermögen, von der ganzen Stadt aufgezogen werden?

ATH. Etwa folgendermaßen. Jedes neugeborene Wesen pflegt sich doch gleich nach der Geburt mit lautem Geschrei vernehmlich zu machen und nicht zuletzt das Menschenkind; und ebenso ist dieses neben dem Schreien auch zum Weinen eher als die andern Lebewesen geneigt.

KL. Ja gewiss.

ATH. Wenn nun die Wärterinnen sehen wollen, was das Kind wünscht, so erschließen sie dies aus eben diesen Gefühlsäußerungen, wenn sie ihm [792a] etwas darreichen. Das nämlich, bei dessen Darreichung es schweigt, das darzureichen halten sie für richtig, das aber, bei dem es weint und schreit, für nicht richtig. Bei den kleinen Kindern besteht also die Kundgabe dessen, was sie mögen oder verabscheuen, in Weinen und Schreien, also in keineswegs glücklichen Zeichen; und diese Zeit umfasst nicht weniger als drei Jahre, ein nicht unbedeutender Abschnitt des Lebens, um ihn schlechter oder besser zu verbringen.

KL. Da hast du recht.

ATH. Wer nun missmutig und überhaupt nicht heiter ist, scheint euch der [b] nicht weinerlicher und von Gejammer in der Regel mehr erfüllt zu sein, als sich für einen guten Menschen gehört?

KL. Mir jedenfalls scheint es so.

ATH. Wie nun? Wenn jemand diese drei Jahre lang unter Anwendung aller Mittel versuchen wollte, dass unser Zögling möglichst wenig Schmerz, Ängste und Kummer aller Art erfährt, meinen wir da nicht, dass er die Seele des Zöglings in dieser Zeit wohlgemuter und heiterer machen würde?

KL. Das ist klar, und besonders, Fremder, wenn er ihm viele Lust [c] verschaffen würde.

ATH. In diesem Punkt möchte ich dem Kleinias nicht mehr folgen, mein wunderlicher Freund; denn in unseren Augen ist eine solche Handlungsweise das allergrößte Verderben; dieses setzt nämlich jeweils gleich beim Beginn der Erziehung ein. Sehen wir zu, ob wir damit etwas Stichhaltiges sagen.

KL. Sage, was du meinst.

ATH. Dass unser beider Gespräch jetzt nicht etwas Belangloses betrifft. Sieh aber auch du zu, Megillos, und sei Schiedsrichter zwischen uns. Meine Behauptung lautet nämlich, dass ein richtiges Leben weder der Lust [d] nachjagen noch den Schmerz völlig vermeiden darf, sondern eben die rechte Mitte vorziehen muss, die ich gerade als heiter bezeichnet habe, eine Gemütsverfassung, die wir ja alle kraft einer Art prophetischer Eingebung auch der Gottheit beilegen und damit das Richtige treffen. Dieser Haltung, so behaupte ich, muss auch derjenige von uns nachjagen, der göttlich sein will, indem er weder sich selbst der Lust völlig hingibt, da er ja auch dann nicht frei von Schmerzen sein würde, noch es zulässt, dass es einem anderen bei uns so ergeht, einem Alten oder einem Jungen, einem Mann oder einer Frau, am allerwenigsten aber nach Möglichkeit dem gerade geborenen [e] Kind. Denn am wirksamsten pflanzt sich allen gerade in dieser Zeit die gesamte Gemütsart durch Gewöhnung ein. Und müsste ich nicht befürchten, dass man es als Scherz auffasst, so würde ich noch verlangen, dass man unter allen Frauen denjenigen, die ein Kind in ihrem Schoß tragen, das betreffende Jahr hindurch die meiste Aufmerksamkeit zuwenden muss, damit die Schwangere weder zahlreiche und ausschweifende Lustgefühle noch auch Schmerzen empfindet, sondern damit sie diese Zeit in der Weise verbringt, dass sie auf eine ruhige, freundliche und sanfte Gemütsstimmung Wert legt.

[793a] KL. Du brauchst den Megillos gar nicht zu fragen, Fremder, wer von uns beiden die richtigere Ansicht geäußert hat; denn ich selbst gebe dir zu, dass alle ein Leben ungemischten Schmerzes und ungemischter Lust meiden und

stets einen Mittelweg einschlagen müssen. Du hast also richtig gesprochen und zugleich von mir eine richtige Antwort zu hören bekommen.

ATH. Sehr gut, Kleinias. Das folgende wollen wir anschließend zu dritt bedenken.

KL. Was denn?

ATH. Dass all das, was wir jetzt durchgehen, zu dem gehört, was von den meisten »ungeschriebene Gesetze« genannt wird; und was sie als »von den [b] Vätern ererbte Satzungen« bezeichnen, ist nichts anderes als die Gesamtheit derartiger Vorschriften. Und außerdem hat sich auch die Bemerkung, die sich uns vorhin aufgedrängt hatte, dass man diese nämlich weder Gesetze nennen noch sie unerwähnt lassen dürfe, als richtig erwiesen. Denn dies sind die festen Bänder einer jeden Staatsverfassung, indem sie die Zwischenräume zwischen all den Gesetzen ausfüllen, die bereits schriftlich formuliert und aufgestellt worden sind und die noch aufgestellt werden müssen, ganz wie von den Vätern ererbte, uralte Bräuche, die, wenn sie richtig eingeführt und zur Gewohnheit gemacht worden sind, die bis dahin schriftlich abgefassten Gesetze mit allem erdenklichen Schutz umhüllt halten; [c] wenn sie aber fehlgehen und vom Richtigen abweichen, so bewirken sie, wie wenn bei einem Gebäude die Stützbalken der Zimmerleute sich aus der Mitte verschieben, dass alles zusammenstürzt und eins unter das andere zu liegen kommt, sowohl die Stützen selbst als auch das, was später schön darauf aufgebaut wurde, weil eben das Alte nachgegeben hat. Wenn wir das bedenken, lieber Kleinias, müssen wir deine Stadt, da sie noch jung ist, von allen Seiten zusammenbinden, indem wir nach Möglichkeit weder etwas Großes noch etwas Kleines von dem beiseite lassen, was man Gesetze [d] oder Gewohnheiten oder Einrichtungen nennt; denn durch all das wird eine Stadt zusammengehalten, und keines von beiden hat ohne das andere Bestand, so dass man sich nicht wundern darf, wenn zahlreiche und dabei scheinbar unbedeutende Satzungen oder auch bloß Gewohnheiten durch ihren Zufluss unser Gesetzeswerk anschwellen lassen.

KL. Was du sagst, ist richtig, und auch wir wollen so darüber denken.

ATH. Wenn nun jemand bis zum dritten Lebensjahr des Kindes, eines [e] Knaben oder Mädchens, diese Vorschriften genau erfüllen und das Gesagte nicht bloß als Nebensache ansehen würde, so würden sie den jungen Zöglingen nicht wenig zum Vorteil gereichen.

Im Alter von drei Jahren aber und von vier und fünf und auch noch von sechs Jahren braucht die Gemütslage der Seele Spiele; mit dem Verzärteln aber muss man jetzt aufhören, indem man das Kind straft, aber ohne sein Ehrgefühl zu kränken; vielmehr soll das, was wir schon bei den Sklaven gesagt haben, dass man nämlich weder durch beleidigendes Strafen Zorn in [794a] den Bestraften hervorrufen soll noch, indem man sie ungestraft lässt, Verweichlichung, ebenso auch bei den Freien befolgt werden. Was die Spiele betrifft, so ergeben sich für diese Altersstufe einige von ganz allein, welche die Kinder, wenn sie zusammenkommen, fast von selbst erfinden. Zusammenkommen sollen sie aber in den Heiligtümern der einzelnen Dörfer, und zwar alle Kinder dieses Alters, also vom dritten bis zum sechsten Lebensjahr, die Kinder der Bewohner eines Dorfes jeweils gemeinsam in demselben Heiligtum. Die Wärterinnen müssen aber bei dieser Altersstufe noch auf ordentliches oder ungezogenes Betragen achten; um aber die Wärterinnen ihrerseits und die Kinderschar zu beaufsichtigen, soll für jede [b] Schar eine von den vorher gewählten zwölf Frauen als Ordnerin für ein Jahr bestellt sein, so wie sie von den Gesetzeswächtern dazu bestellt werden. Gewählt werden sollen sie von den für die Aufsicht über die Ehen zuständigen Frauen, und zwar aus jeder Phyle eine, die im gleichen Alter wie die Wählenden ist. Nach ihrer Einsetzung soll sie ihr Amt so ausüben, dass sie täglich in das Heiligtum geht und jeden, der sich ungebührlich benimmt, züchtigt, und zwar, wenn der Betreffende ein Sklave oder eine Sklavin, ein Fremder oder eine Fremde ist, sie selber durch gewisse Diener der Stadt; einen Bürger aber soll sie, wenn er gegen die Züchtigung [c] Einspruch erhebt, vor die Stadtaufseher zur gerichtlichen Entscheidung bringen; wenn er aber keinen Einspruch erhebt, soll sie auch den Bürger selbst züchtigen.

Wenn der Knabe und das Mädchen das sechste Lebensjahr vollendet haben, sollen nun beide Geschlechter voneinander getrennt werden; die Knaben sollen mit den Knaben und ebenso die Mädchen miteinander ihre Zeit zubringen. Beide Geschlechter müssen sich aber dem Erwerb von Fertigkeiten zuwenden: Die Knaben sollen zu den Lehrern im Reiten, Bogenschießen, Speerwurf und Schleudern gehen, ebenso auch, sofern sie sich [d] dazu eignen, die Mädchen, wenigstens bis zum Erwerb der Technik; dies gilt gerade auch für den Umgang mit den schweren Waffen. Denn über die Praxis, die heutzutage auf diesem Gebiet besteht, sind sich fast alle Leute im Unklaren.

KL. Welche Praxis?

ATH. Dass unsere rechte und unsere linke Seite angeblich von Natur aus verschieden seien in ihrer Eignung zu allen Tätigkeiten, bei denen die Hände beteiligt sind; denn bei den Füßen und den unteren Gliedmaßen zeigt sich ja kein Unterschied in ihren Leistungen. Hinsichtlich der Hände [e] sind wir alle durch die Unvernunft der Wärterinnen und Mütter gleichsam lahm geworden. Während nämlich die Naturanlage der beiderseitigen Gliedmaßen sich ziemlich die Waage hält, haben wir selbst sie durch unsere Gewohnheiten verschieden gemacht, indem wir sie nicht richtig gebraucht haben. Denn bei allen Tätigkeiten, die nicht von großer Bedeutung sind, da macht es nichts, wenn man beispielsweise die Lyra in der Linken und das Plektron in der Rechten hält, und was es sonst noch in dieser Art gibt. Nach diesem Beispiel aber auch in anderen Fällen, wo es nicht angebracht ist, zu verfahren, das ist die schiere Unvernunft. Das zeigt die Sitte [795a] der Skythen, die nicht nur mit der Linken den Bogen von sich weghalten und mit der Rechten den Pfeil zu sich heranziehen, sondern beide Hände gleichermaßen für beides benutzen. Sehr viele weitere Beispiele dieser Art finden sich beim Wagenlenken und bei anderen Tätigkeiten, aus denen man ersehen kann, dass diejenigen gegen die Natur handeln, die die linke Seite schwächer machen als die rechte. Dies hat, wie gesagt, bei Plektren [b] aus Horn und dergleichen Werkzeugen nicht viel zu bedeuten; wenn man aber eiserne Werkzeuge für den Krieg handhaben muss, da macht es viel aus, so bei der Handhabung von Bogen, Wurfspeeren und allen Geräten dieser Art; am allermeisten aber, wenn man Waffen gegen Waffen gebrauchen muss. Da unterscheidet sich der, der das gelernt hat, gewaltig von dem, der es nicht gelernt hat, und der, der darin geübt ist, von dem, der es nicht ist. Denn wie jemand, der sich bis zur Vollkommenheit im Pankration geübt hat oder im Faustkampf oder im Ringen, nicht unfähig ist, auch auf der linken Seite zu kämpfen, und sich nicht lahm zeigt und die Glieder unbeholfen nachschleppt, wenn ihn jemand zu einem Stellungswechsel nötigt und ihn zwingt, seine Kampftätigkeit auf die andere Seite zu verlagern, [c] genauso, meine ich, muss man es auch bei den Waffen und bei allem andern als richtig ansehen, dass einer, der doppelte Gliedmaßen besitzt, mit denen er sich verteidigen und andere angreifen kann, nach Möglichkeit keine davon untätig und untrainiert lassen darf. Ja, wenn einer mit der Natur eines Geryones oder gar eines Briareos geboren würde, so müsste er fähig sein, mit seinen 100 Händen 100 Geschosse zu schleudern. Für dies [d] alles muss die Verantwortung den weiblichen und männlichen Beamten übertragen werden, wobei Erstere die Aufsicht über die Spiele und die Aufzucht, Letztere über den Unterricht ausüben sollen, damit alle Knaben und Mädchen an den Füßen und an den Händen geschickt werden und ihren natürlichen Anlagen möglichst keinen Schaden durch ihre Gewohnheiten zufügen.

Was nun die Lehrgegenstände angeht, so ergeben sich gemäß der Art ihrer Anwendung, grob gesagt, zwei Kategorien: Alle, die mit dem Körper zu tun haben, gehören zur Gymnastik, die auf eine gute Seelenverfassung abzielenden dagegen gehören zur Musik.

Die Gymnastik umfasst ihrerseits zwei Formen: den Tanz und das [e] Ringen. Vom Tanz besteht die eine Art in mimischer Darstellung der Worte der Muse unter Wahrung einer würdevollen und edlen Haltung; die andere Art dagegen, die auf gute Verfassung, Behendigkeit und Schönheit zielt, wahrt beim Beugen und Strecken der Glieder und Teile des Körpers als solchen das geziemende Maß, wobei den einzelnen Tänzern eine rhythmisch wohlbemessene Bewegung ihrer selbst zuteil wird, die sich zugleich über den gesamten Tanz ausbreitet und ihn passend begleitet.

Was sodann das Ringen anlangt, so sind die Kniffe, die Antaios oder [796a] Kerkyon in ihren Disziplinen aus nutzlosem Ehrgeiz erfunden haben oder im Faustkampf Epeios oder Amykos, da sie für einen kriegerischen Zusammenstoß nicht nützlich sind, es nicht wert, mit Worten gerühmt zu werden. Aber die Techniken, die vom Ringen in aufrechter Stellung herrühren, vom Herauswinden des Nackens, der Arme und der Flanken, und bei denen man sich voller Siegeswillen und in geziemender Körperstellung anstrengt, um Kraft und Gesundheit zu erwerben, die dürfen wir, da sie zu jedem Zweck nützlich sind, nicht beiseite lassen, sondern müssen den [b] Lernenden und den Lehrenden, sobald wir an diesem Punkt unserer Gesetzgebung angelangt sind, vorschreiben, dass die einen alles Derartige wohlwollend weitergeben und die andern es sich mit Dankbarkeit aneignen sollen.

Auch alles, was sich bei den Chortänzen an nachahmenswerten Darstellungen findet, darf nicht beiseite bleiben, hierzulande das Waffenspiel der Kureten und in Lakedaimon das der Dioskuren. Bei uns wiederum kam die Jungfrau und Herrin, nachdem sie am Spiel des Reigentanzes Gefallen gefunden hatte, zu der Überzeugung, dass sie nicht mit leeren Händen [c] auftreten dürfe, sondern im Schmuck der vollen Rüstung den Tanz aufführen müsse. Dies nachzuahmen dürfte unseren Jünglingen und Jungfrauen ganz angemessen sein, um die huldvolle Gabe der

Göttin zu ehren, und zwar sowohl zum Zwecke des Krieges als auch der Feste wegen. Für die Knaben aber sollte es von Anfang an und solange sie noch nicht in den Krieg ziehen, Pflicht sein, für alle Götter Prozessionen und Festzüge zu veranstalten, bei denen sie im Schmuck der Waffen und der Pferde prangen, und schnellere oder langsamere Bittgänge in Tänzen oder im Marschtritt zu den [d] Göttern und Göttersöhnen zu unternehmen. Auch Wettkämpfe und Vorübungen haben sie, wenn überhaupt, zu keinem andern als zu diesem Zweck zu absolvieren. Diese sind nämlich sowohl im Frieden wie im Krieg nützlich für die Staatsverwaltung und die einzelnen Häuser; die sonstigen körperlichen Übungen aber, seien sie spielerischer oder ernster Natur, sind freien Menschen nicht angemessen, mein lieber Megillos und Kleinias.

Die Gymnastik, von der ich am Beginn unseres Gesprächs sagte, dass sie noch durchzusprechen sei, bin ich damit so ziemlich durchgegangen, und sie ist damit abgeschlossen. Wenn ihr jedoch eine bessere als diese kennt, [e] dann teilt sie uns mit und redet.

KL. Es ist nicht leicht, Fremder, dies beiseite zu lassen und anderes und Besseres als dies über die Gymnastik und die Wettkämpfe vorzutragen.

ATH. Was nun im Anschluss daran die Gaben der Musen und des Apollon betrifft, so hatten wir damals in der Annahme, alles gesagt zu haben, gemeint, es bleibe nur noch die Behandlung der Gymnastik übrig. Jetzt aber ist uns klar, was es mit jenen auf sich hat und dass dies allen als Erstes zu sagen ist. Wir wollen dies also anschließend vortragen.

KL. Unbedingt muss das gesagt werden.

[797a] ATH. So hört mich denn an, obwohl ihr mir ja schon vorher zugehört habt. Doch bei etwas ganz Seltsamem und Ungewohntem müssen der, der es ausspricht, und der, der es hört, besonders vorsichtig sein, und so auch jetzt. Denn ich werde eine Ansicht vortragen, die sich nicht ohne Bedenken vortragen lässt; dennoch will ich irgendwie Mut fassen und nicht davor zurückweichen.

KL. Was ist denn das für eine Ansicht, Fremder?

ATH. Ich behaupte, dass in allen Städten eine allgemeine Unwissenheit darüber herrscht, dass in erster Linie die Art der Spiele bei der Gesetzgebung darüber entscheidet, ob die aufgestellten Gesetze dauerhaft sind oder nicht. Denn wenn die Spiele fest geregelt sind und sich an den [b] Grundsatz halten, dass dieselben Leute immer dieselben Spiele nach denselben Regeln und in derselben Weise spielen und sich an denselben Spielen erfreuen, dann lassen sie auch die in ernsthafter Absicht aufgestellten Gesetze ungestört fortbestehen. Wenn aber an den Spielen gerüttelt und Neues eingeführt wird und sie fortwährend neue Veränderungen erfahren und wenn die jungen Leute niemals dasselbe als angenehm bezeichnen und daher für sie weder bei der Haltung ihres Körpers noch bei den sonstigen Dingen ein für allemal übereinstimmend feststeht, was eine gute Haltung ist und was nicht, sondern wenn vielmehr derjenige, der immer wieder [c] Neuerungen vornimmt und etwas einführt, das in den Formen und Farben und allem dergleichen von dem Gewohnten abweicht, dafür noch besonders geehrt wird: Dann dürften wir wohl völlig recht haben, wenn wir behaupten, dass es für eine Stadt kein größeres Verderben gibt als dieses; denn unmerklich verändert dies die Sinnesart der jungen Leute und lässt das

Alte in ihren Augen wertlos und das Neue wertvoll erscheinen. Eine solche Rede und Ansicht ist aber, wie ich noch einmal behaupte, der größte Schaden für alle Städte. Hört nur, was für ein großes Übel dies meiner Meinung nach ist.

[d] KL. Du meinst, dass man in den Städten das Alte verächtlich macht?

ATH. Allerdings.

KL. Nun, dann wirst du gerade für diese Darlegung in uns keine schlechten, sondern die denkbar aufgeschlossensten Zuhörer haben.

ATH. Das ist nur natürlich.

KL. So sprich nur.

ATH. Wohlan, so wollen wir denn dieser Darlegung mit größerer Aufmerksamkeit als sonst folgen und auch so zueinander sprechen. Dass nämlich eine Veränderung bei allen Dingen außer bei dem Schlechten das weitaus gefährlichste ist, das können wir ja bei allen Jahreszeiten beobachten, bei den Winden, bei der Ernährung des Körpers, beim Verhalten unserer [e] Seele, und zwar, wie man sagen muss, nicht etwa bloß bei diesem, bei jenem aber nicht – außer, wie gesagt, bei dem Schlechten. Wenn man daher auf die Körper schaut, wie sie sich an alle Speisen, Getränke und Anstrengungen gewöhnen, auch wenn sie zunächst davon durcheinandergebracht werden, und dann aus eben diesen Dingen mit der Zeit ein diesen [798a] entsprechendes Fleisch bilden und wie sie, sobald sie mit dieser ganzen Lebensweise befreundet, vertraut und bekannt geworden sind, dann gemessen an der Lust und der Gesundheit sich im besten Zustand befinden und wie jemand, der genötigt ist, wieder zu sonst einer der allgemein anerkannten Lebensweisen überzuwechseln, anfangs von Krankheiten durcheinandergebracht wird und kaum wieder auf die Beine kommt, indem er sich wieder an die neue Nahrung gewöhnen muss: Genau dies, müssen wir also annehmen, geschieht auch mit der Denkweise der Menschen und dem Naturell ihrer Seelen. Denn diejenigen Gesetze, mit denen sie groß geworden sind [b] und die dank einem göttlichen Glücksfall lange und viele Zeiten hindurch unverändert geblieben sind, so dass niemand eine Erinnerung oder eine Kunde davon besitzt, dass es sich jemals anders damit verhalten hätte als jetzt – diese Gesetze verehrt die ganze Seele und scheut sich, etwas an dem jeweils Bestehenden zu ändern. Also muss der Gesetzgeber irgendwoher ein Mittel ausfindig machen, wie dieser Zustand in seiner Stadt verwirklicht werden kann. Auf folgendem Wege finde ich ein solches Mittel. Wenn an den Spielen der Kinder etwas geändert wird, so denken alle, wie wir vorhin gesagt haben, das seien ja im Grunde nur Spiele, nicht aber, dass [c] daraus etwas sehr Ernstes und der größte Schaden hervorgeht; daher beugen sie dem nicht vor, sondern geben nach und fügen sich, und sie bedenken nicht, dass die Knaben, die in ihren Spielen Neuerungen vornehmen, zwangsläufig zu anderen Männern werden müssen als die frühere Generation und dass sie, wenn sie andere Männer geworden sind, auch nach einer anderen Lebensweise streben und in diesem Bestreben auch nach anderen Einrichtungen und Gesetzen verlangen; und dass in der Folge das, was wir soeben das größte Übel genannt haben, über die Städte kommen wird, das [d] befürchtet niemand von ihnen. Bei den sonstigen Dingen nun richtet eine Veränderung nur geringes Unheil an, soweit sie eine solche Veränderung nur in ihrer äußeren Form erleiden; wenn aber auf dem Gebiet des sittlichen Verhaltens Lob und Tadel sich häufig wandeln, so sind dies die größten Veränderungen, die auch ein Höchstmaß an Vorsicht erfordern.

KL. Zweifellos.

ATH. Wie nun weiter? Glauben wir noch unseren früheren Worten, als wir sagten, die Rhythmen und überhaupt die Musik seien Nachahmungen von Charakteren, und zwar von besseren oder von schlechteren Menschen? [e] Oder wie?

KL. Unsere Ansicht jedenfalls hat sich in keiner Weise geändert.

ATH. Demnach müsste man also, behaupten wir, mit allen Mitteln dafür sorgen, dass unsere Kinder kein Verlangen verspüren, sich mit anderen Nachahmungen in Tanz oder Gesang zu befassen, und dass sie auch niemand dazu überredet, indem er ihnen alle mögliche Lust gewährt?

KL. Da hast du völlig recht.

[799a] ATH. Kennt nun jemand von uns zu diesem Zweck einen besseren Kunstgriff als den der Ägypter?

KL. Welchen meinst du?

ATH. Dass man jeden Tanz und alle Lieder für heilig erklärt, indem man zunächst die Feste regelt und für das ganze Jahr berechnet, welche Feste zu welchen Zeiten und welchen Göttern und Göttersöhnen und Dämonen darzubringen sind, und danach festlegt, welchen Gesang man jeweils bei den Opfern für die Götter anzustimmen und mit welchen Chortänzen man die jeweilige Opferhandlung zu verherrlichen hat. Dies legen zunächst [b] bestimmte Leute fest; sobald es aber festgelegt ist, bringen alle Bürger den Moiren und allen übrigen Göttern gemeinsam ein Opfer dar und weihen unter Trankspenden die einzelnen Gesänge jeweils einem der Götter und der übrigen Mächte. Wenn aber jemand hiervon abweichend irgendeinem der Götter andere Hymnen oder Chortänze darbringt, so schließen ihn die Priester und Priesterinnen unter Mitwirkung der Gesetzeswächter von der Feier aus und handeln damit in Übereinstimmung mit heiligem Recht und dem Gesetz gemäß; falls aber jemand, der ausgeschlossen wird, sich nicht freiwillig ausschließen lässt, so kann er sein ganzes Leben hindurch von jedem, der das will, wegen Religionsfrevels belangt werden.

KL. Richtig.

[c] ATH. Da wir nun bei diesem Gesprächsgegenstand angelangt sind, so wollen wir uns auch in das fügen, was uns selbst ziemt.

KL. Wovon sprichst du?

ATH. Jeder junge Mensch und erst recht ein alter, der irgendetwas Seltsames und gänzlich Ungewohntes sieht oder auch bloß davon hört, der wird doch wohl dem, was ihm daran zweifelhaft ist, nicht überstürzt so ohne Weiteres zustimmen, sondern er wird haltmachen, wie jemand, der an eine Weggabelung gelangt und den Weg nicht genau kennt, mag er nun [d] allein oder auch mit anderen unterwegs sein, und wird sich selbst oder die andern über seine Zweifel befragen und sich nicht eher in Bewegung setzen, bis er mit seiner Prüfung, wohin der Weg führt, zu einem sicheren Ergebnis gelangt ist. Und genauso müssen auch wir im gegenwärtigen Fall verfahren. Denn da in unserem Gespräch über Gesetze jetzt ein seltsamer Gedanke aufgetaucht ist, so müssen wir doch wohl eine umfassende Prüfung vornehmen und dürfen bei Dingen von dieser Wichtigkeit als Männer dieses Alters nicht so leichtfertig behaupten, dass wir auf der Stelle hierüber etwas Sicheres zu sagen wüssten.

KL. Du hast völlig recht.

[e] ATH. Wir werden also Zeit darauf verwenden und die Sache erst dann sicher entscheiden, wenn wir sie gründlich genug geprüft haben. Damit wir aber nicht ohne Not daran gehindert werden, die Anordnung zu Ende zu bringen, die den uns gegenwärtig beschäftigenden Gesetzen entspricht, wollen wir mit diesen zu einem Abschluss kommen; denn vielleicht kann, so Gott will, dieser ganze Durchgang, wenn er seinen Abschluss gefunden hat, uns auch das verdeutlichen, was jetzt noch zweifelhaft ist.

KL. Ein sehr guter Vorschlag, Fremder, und wir wollen so verfahren, wie du gesagt hast.

ATH. So soll denn, sagen wir, diese seltsame Sache beschlossen sein, dass die Gesänge für uns zu Gesetzen geworden sind, wie ja auch die Alten den Gesang zur Kithara, wie es scheint, so genannt haben – so dass vielleicht auch jene wohl nicht ganz von dem jetzt ausgesprochenen Gedanken [800a] entfernt waren, sondern doch wohl der eine oder andere gleichsam wie im Schlaf oder gar im Wachen davon ahnend träumte; unser Beschluss darüber laute jedenfalls so: Abweichend von den im Staat gebräuchlichen und geheiligten Liedern und dem gesamten Chortanz der Jugend darf ebensowenig jemand seine Stimme heben oder sich im Tanz bewegen, wie er von sonst einem Gesetz abweichen darf. Und wer sich demgemäß verhält, der soll straflos davonkommen; den Ungehorsamen aber sollen, wie eben [b] gesagt, die Gesetzeswächter und die Priesterinnen und Priester bestrafen. Soll dies nun in unserem Entwurf so festgesetzt sein?

KL. Das soll es.

ATH. Auf welche Weise müsste man das nun gesetzlich regeln, um sich nicht damit völlig lächerlich zu machen? Betrachten wir also noch Folgendes in diesem Zusammenhang. Das sicherste Verfahren besteht darin, als Erstes gleichsam bestimmte Modelle hierfür in unserer Rede zu entwerfen. Als eines solcher Modelle will ich etwa Folgendes anführen. Nehmen wir an, ein Opfer ist vollzogen und die Opfergaben sind dem Brauch entsprechend verbrannt worden, und dann träte jemand auf eigene Faust an die Altäre und die Opfergaben heran, ein Sohn oder auch ein Bruder, und [c] erginge sich in allen möglichen Lästerreden: Würde er dann nicht unserer Ansicht nach seinem Vater und den sonstigen Verwandten durch solche Reden Mutlosigkeit und eine schlimme Vorbedeutung und Vorahnung einflößen?

KL. Allerdings.

ATH. Nun geschieht dies aber bei uns zulande in der Regel in fast allen Städten, wie man sagen muss. Sobald nämlich irgendeine Behörde ein öffentliches Opfer dargebracht hat, so erscheint danach nicht ein Chor, sondern eine ganze Menge von Chören, und nachdem sie nicht etwa fern von [d] den Altären, sondern manchmal unmittelbar neben ihnen Aufstellung genommen haben, überschütten sie die heilige Handlung mit jeder denkbaren Lästerung und schnüren den Zuhörern mit Worten und Rhythmen und den klagendsten Harmonien das Herz zusammen, und wer die Stadt gleich nach dem Opfer am meisten zu Tränen rührt, der trägt den Siegespreis davon. Sollen wir diesen

Brauch nicht verwerfen? Und wenn es wirklich einmal sein muss, dass die Bürger solche Klageweisen zu hören bekommen, etwa an bestimmten Tagen, die nicht rein, sondern Unglückstage [e] sind, sollten da nicht lieber Chöre gemieteter Sänger von auswärts kommen, so wie zum Beispiel die bei Sterbefällen gemieteten Leute die Verstorbenen mit einer bestimmten karischen Musik hinausgeleiten? So etwas wäre wohl auch bei solchen Gesängen angemessen, und so werden auch als Aufmachung für die Trauergesänge weder Kränze noch goldener Schmuck passend sein, sondern genau das Entgegengesetzte, um möglichst schnell mit meinen Ausführungen hierüber fertig zu werden. Nur dies eine frage ich uns noch einmal: Soll von den Modellen für die Gesänge dieses eine als Erstes mit unserer Zustimmung aufgestellt sein?

KL. Welches denn?

ATH. Dass man Worte von guter Vorbedeutung gebraucht; und soll demnach auch die Art unseres Gesangs durchaus in jeder Hinsicht eine [801a] glückverheißende sein? Oder soll ich nicht mehr weiter fragen, sondern dies so festsetzen?

KL. Setze es auf jeden Fall fest; denn dieses Gesetz geht mit allen Stimmen durch.

ATH. Was wird nun wohl nach der guten Vorbedeutung das zweite Gesetz für die Musik sein? Nicht dies, dass unsere Gesänge Gebete zu den Göttern sein müssen, denen wir jeweils opfern?

KL. Ganz ohne Zweifel.

ATH. Das dritte Gesetz, meine ich, ist dies, dass die Dichter, die ja wissen, dass Gebete Bitten an die Götter sind, sehr Acht geben müssen, dass sie [b] nicht, ohne es zu merken, um etwas Schlechtes bitten, als wäre es etwas Gutes. Denn das wäre doch ein lächerliches Missgeschick, wenn man ein solches Gebet sprechen würde.

KL. Freilich.

ATH. Haben wir uns nun nicht kurz davor durch unsere Rede davon überzeugen lassen, dass weder silberner noch goldener Reichtum in einer Stadt Wohnung finden darf?

KL. Allerdings.

ATH. Wofür haben wir nun unserer Meinung nach diese Behauptung als Beispiel aufgestellt? Nicht etwa dafür, dass die Zunft der Dichter nicht [c] durchweg fähig ist, genau zu erkennen, was gut ist und was nicht? Wenn nun ein Dichter mit seinen Worten oder auch mit der Melodie in diesem Punkt etwas Verkehrtes dichtet, dann wird er doch wohl bewirken, dass unsere Bürger bei den wichtigsten Fragen in unrichtigen Gebeten das Gegenteil erbitten. Und dabei wird man, wie wir gesagt haben, nicht viele Fehler finden können, die größer wären als dieser. Sollen wir also auch dies als eines der Gesetze und Muster für die Musik aufstellen?

KL. Welches? Erkläre uns das noch deutlicher.

ATH. Dass ein Dichter nichts dichten darf, was von den traditionellen [d] Normen der Stadt und dem Gerechten oder Schönen oder Guten abweicht; und dass er seine Schöpfungen keinem Privatmann zeigen darf, bevor sie nicht den eigens dazu berufenen Kunstrichtern und den Gesetzeswächtern gezeigt und von diesen gebilligt worden sind. Dazu berufen sind aber in der Regel diejenigen, die wir zu Gesetzgebern auf dem Gebiet der Musik gewählt haben, und der Aufseher über die Erziehung. Wie also? Was ich schon mehrmals gefragt habe: Soll dies als drittes Gesetz, Muster und Modell aufgestellt sein? Oder was meint ihr?

KL. Das soll es auf jeden Fall.

[e] ATH. Danach werden wohl am richtigsten Götterhymnen und Loblieder, die mit Gebeten verbunden sind, gesungen; und nach den Göttern sollten ebenso an die Dämonen und Heroen mit Lobliedern verbundene Gebete gerichtet werden, wie sie ihnen allen angemessen sind.

KL. Gewiss.

ATH. Danach könnte dann wohl sofort, ohne Missgunst zu erregen, folgendes Gesetz aufgestellt werden: Alle Bürger, die das Ziel ihres Lebens erreicht haben und mit dem Leib oder mit der Seele schöne und mühevolle Taten vollbracht haben und den Gesetzen gerne gehorsam gewesen sind, die verdienen es, mit Lobpreisungen bedacht zu werden.

KL. Gewiss.

[802a] ATH. Aber solche, die noch leben, mit Lobgesängen und Hymnen zu ehren ist nicht ungefährlich, solange jemand noch nicht das ganze Leben durchlaufen und mit einem schönen Ende abgeschlossen hat. All dies soll aber bei uns gleichermaßen für Männer und für Frauen gelten, die sich durch ihre Tüchtigkeit leuchtend hervorgetan haben.

Die Gesänge und Tänze aber soll man folgendermaßen regeln. Es gibt viele alte und schöne musikalische Dichtungen von alten Dichtern und ebenso auch Tänze für den Körper, aus denen man ohne Bedenken das auswählen kann, was für die zu gründende Stadt passend und angemessen [b] ist. Hierfür sollen sie Gutachter wählen, die nicht jünger als 50 Jahre sind, und mit deren Hilfe die Auswahl vornehmen, und was ihnen von den alten Dichtungen geeignet erscheint, sollen sie zulassen, was aber mangelhaft oder völlig unbrauchbar erscheint, das sollen sie im letzten Fall ganz verwerfen, im andern Fall nach Befragung der Gutachter verbessern, indem sie hierfür dichterisch und musikalisch begabte Männer hinzuziehen und sich deren poetische Fähigkeiten zunutze machen, ohne jedoch deren [c] Neigungen und Wünschen nachzugeben, außer in nur wenigen Punkten; sondern sie sollen diesen die Absichten des Gesetzgebers auslegen und so den Tanz und den Gesang und den gesamten Chorreigen möglichst nach ihrem eigenen Sinne gestalten. Jede regellose Beschäftigung mit der Musik aber wird, wenn sie eine geregelte Ordnung erhält und wenn nicht die süße Muse hinzugefügt wird, tausendmal besser; das Angenehme aber ist allen Arten von Musik gemein. Denn wenn jemand von Kind an bis ins gesetzte und bedächtige Alter sein Leben mit einer besonnenen und wohlgeordneten Musik zugebracht hat, so empfindet er immer, wenn er die [d] entgegengesetzte Musik hört, einen Widerwillen gegen diese und nennt sie eines Freien unwürdig; ist er aber mit der gemeinen und süßen Musik aufgezogen worden, so findet er die dieser entgegengesetzte frostig und unangenehm; so dass, wie eben gesagt, das Angenehme oder Unangenehme zwar bei keiner der beiden Arten von Musik den Ausschlag gegeben hat, die eine aber darüber hinaus den Vorzug hat, dass sie die mit ihr Aufgewachsenen besser macht, während die andere sie schlechter macht.

KL. Ein schönes Wort.

ATH. Außerdem ist es wohl nötig, die Gesänge, die den Frauen und die [e] den Männern angemessen sind, voneinander zu scheiden, indem man sie im groben Umriss voneinander abgrenzt; und diese muss man dann mit den entsprechenden Harmonien und Rhythmen verbinden. Denn es wäre doch schrecklich, mit der gesamten Harmonie den rechten Ton oder mit dem Rhythmus den rechten Takt zu verfehlen, weil man den Liedern jeweils etwas zuweist, das in keinem dieser beiden Stücke zu ihnen passt. Also müssen wir auch für diese die äußeren Formen gesetzlich festlegen. Nun muss man gewiss beiden Arten von Liedern beides, Rhythmen und Harmonien, so zuweisen, wie dies von der Notwendigkeit festgelegt ist; die Lieder der Frauen jedoch müssen gerade durch diesen Unterschied in der Natur beider Geschlechter noch deutlicher charakterisiert werden. Also: Was großgesinnt ist und zur Tapferkeit hinstrebt, das macht, müssen wir sagen, einen männlichen Eindruck, was aber zur Sittsamkeit und Besonnenheit neigt, das muss als eher dem weiblichen Geschlecht gemäß im Gesetz und in unserem Gespräch weitergegeben werden. Dies etwa wäre unsere [803a] Anordnung.

Als Nächstes ist nun die Unterweisung in eben diesen Dingen und ihre Vermittlung zu besprechen, also die Frage, auf welche Weise und für wen und wann man diese jeweils zu betreiben hat. Wie nun ein Schiffskonstrukteur zu Beginn seiner Tätigkeit den Kiel legt und dadurch die Formen seiner Schiffe vorzeichnet, ebenso scheint mir, verfahre auch ich jetzt, wenn ich die verschiedenen Formen des Lebens nach den Charakterzügen der Seele zu unterscheiden suche: Ich lege wirklich ihren Kiel, indem ich die [b] Frage, mit welchen Mitteln und mit welchen Verhaltensweisen wir uns vertraut machen müssen, um unser Leben am besten durch diese Fahrt unseres Daseins hindurchzusteuern, in der rechten Weise prüfe. Es sind freilich die Angelegenheiten der Menschen großen Ernstes nicht wert, doch ist es nun einmal unvermeidlich, sie ernst zu nehmen; das ist aber keine glückliche Lage. Da wir uns jedoch in dieser Situation befinden, so wird es uns vielleicht angemessen sein, wenn wir diesen Ernst an einem Gegenstand beweisen, der dies verdient. Was meine ich damit eigentlich? Vielleicht wird mich jemand mit eben dieser Frage unterbrechen, und dies zu Recht.

[c] KL. Allerdings.

ATH. Ich meine dies: Auf das Ernste soll man Ernst verwenden, auf das Nichternste aber nicht. Von Natur aus ist Gott allen glückseligen Ernstes würdig; der Mensch dagegen ist, wie wir früher gesagt haben, als eine Art Spielzeug Gottes verfertigt worden, und dies ist wirklich das Beste an ihm geworden. Dieser Rolle müssen sich daher jeder Mann und jede Frau fügen und möglichst schöne Spiele spielen und so ihr Leben zubringen, indem sie hierüber gerade umgekehrt denken, als dies heute üblich ist.

[d] KL. Wieso?

ATH. Heutzutage meint man, die ernsten Dinge müssten der Spiele wegen betrieben werden; man glaubt nämlich, das Kriegswesen, das eine ernste Sache sei, müsse um des Friedens willen gut geregelt werden. Doch im Krieg ist noch nie ein Spiel oder auch eine Erziehung entstanden, die der Rede wert wäre, noch wird sie jetzt oder künftig entstehen; und dabei ist gerade dies, wie wir behaupten, für uns die ernsteste Sache. Also muss jeder das Leben im Frieden möglichst lange und gut zubringen. Welches ist [e] nun die richtige Art und Weise? Mit bestimmten Spielen muss man sein Leben zubringen, indem man opfert, singt und tanzt, so dass man fähig ist, einerseits sich die Götter gnädig zu stimmen, andererseits die Feinde abzuwehren und im Kampf zu besiegen; wie aber die Lieder und Tänze beschaffen sein müssen, durch die man dies beides erreichen kann, das ist teils schon im Umriss gesagt worden, und die Wege sind sozusagen schon gebahnt, die man zu gehen hat in der Annahme, dass auch der Dichter recht hat, wenn er sagt:

[804a] »Telemach, einiges wirst du schon selbst im Geiste erkennen,
anderes gibt auch ein Dämon dir ein; denn ich meine, du bist nicht
gegen den Willen der Götter geboren oder erzogen.«

Ebenso müssen nun auch unsere Zöglinge denken und überzeugt sein, dass teils das Gesagte völlig genügt, teils der Dämon und Gott ihnen [b] bezüglich der Opfer und Chortänze eingeben wird, welchen Gottheiten und wann sie einer jeden jeweils ihr Spiel darzubringen und sie sich gnädig zu stimmen haben, um ein ihrer Natur gemäßes Leben zu führen, da sie ja größtenteils Marionetten sind und an der Wahrheit nur geringen Anteil haben.

MEG. Da machst du uns aber das Geschlecht der Menschen völlig herunter, Fremder.

ATH. Wundere dich nicht hierüber, Megillos, sondern habe Verständnis für mich; denn im Blick auf die Gottheit und unter diesem Eindruck habe ich gesagt, was ich eben sagte. Es soll also unser Geschlecht nicht ganz bedeutungslos sein, wenn es dir so lieber ist, sondern eines gewissen Ernstes [c] wert.

Was das folgende betrifft, so ist der Bau von Gymnasien und ebenso von allgemeinen Schulgebäuden an drei Stellen im Zentrum der Stadt bereits besprochen worden, ferner außerhalb für die Pferde an drei Stellen rings um die Stadt Übungsplätze und weite Flächen, die für das Bogenschießen und das Werfen sonstiger Geschosse angelegt sind, sowohl zur Unterweisung als auch zur Übung der jungen Leute; sollte dies aber damals nicht ausführlich genug erörtert worden sein, so soll es jetzt durch unsere Rede zusammen mit dem Erlass von Gesetzen geschehen. In all diesen Gebäuden [d] sollen Fremde als Lehrer für die einzelnen Fächer wohnen, die durch Bezahlung hierfür gewonnen worden sind; sie sollen die Schüler alle Kenntnisse lehren, die zum Krieg und zur Musenkunst erforderlich sind, aber nicht so, dass der eine, weil sein Vater es wünscht, in die Schule geht, der andere dagegen, bei dem dies nicht der Fall ist, seine Bildung unterlässt, sondern wie man zu sagen pflegt, möglichst »jeder Mann und jedes Kind« muss, da sie eher der Stadt als ihren Erzeugern gehören, zwangsweise eine Erziehung erhalten.

Auch für die Frauen möchte mein Gesetz in allem genau dasselbe wie auch für die Männer fordern, dass nämlich auch die Frauen die gleichen [e] Übungen absolvieren müssen. Und diese Forderung spreche ich aus, ohne bei irgendeinem Teil der Reitkunst oder der Gymnastik Bedenken zu haben, dass er zwar Männern, nicht aber Frauen angemessen sein könnte. Denn aufgrund alter Sagen, von denen ich hörte, bin ich überzeugt, für die Gegenwart aber, darf ich sagen, weiß ich es genau, dass geradezu unzählige Frauen rings um den Pontos wohnen (man nennt sie Sauromatinnen), [805a] denen nicht nur der Umgang mit Pferden, sondern auch mit dem Bogen und anderen Waffen gemeinsam und in gleichem Maße wie den Männern vorgeschrieben ist und auch von ihnen in gleicher Weise geübt wird.

Außerdem stelle ich hierüber noch folgende Rechnung an: Ich behaupte, wenn es wirklich möglich ist, diesen Zustand zu erreichen, dann ist das, was heutzutage bei uns zulande geschieht, der Gipfel des Unverstandes, dass nämlich nicht mit aller Kraft alle Männer einmütig dieselben Tätigkeiten wie die Frauen ausüben. Denn fast jede Stadt ist und wird so zu einer halben statt zu einer doppelten bei denselben Aufwendungen und [b] Anstrengungen, und eben dies wäre doch für einen Gesetzgeber ein erstaunlicher Fehler.

KL. So scheint es jedenfalls; freilich widerspricht auch sehr vieles von dem eben Gesagten den üblichen Staatsverfassungen. Aber als du sagtest, wir sollten dem Gespräch seinen Lauf lassen und erst dann, wenn es gut ans Ziel gekommen ist, das auswählen, was uns gut scheint, hast du sehr angemessen gesprochen und mich zugleich veranlasst, mir selber Vorwürfe zu machen, dass ich diesen Einwand geäußert habe. Trage also ruhig weiter [c] vor, was dir gefällt.

ATH. Folgendes gefällt mir, Kleinias, was ich auch schon früher gesagt habe: Wenn es nicht durch Fakten genügend erwiesen wäre, dass sich die Sache verwirklichen lässt, so könnte man vielleicht unserem Vorschlag widersprechen; so aber muss einer, der dieses Gesetz auf keinen Fall akzeptieren will, nach irgendeinem andern Einwand suchen. Unsere Forderung wird sich aber hierdurch nicht ersticken und von der Behauptung abbringen lassen, dass an der Erziehung und an allem andern das weibliche Geschlecht so

[d] weit wie möglich gemeinsam mit dem männlichen Geschlecht teilnehmen muss. Denn man muss ja hierbei Folgendes bedenken. Sag, wenn die Frauen nicht gemeinsam mit den Männern am ganzen Leben teilhaben, muss ihnen dann nicht irgendeine andere Lebensordnung vorgeschrieben werden?

KL. Notwendigerweise.

ATH. Welche unter den heute anerkannten Ordnungen könnten wir denn nun diesem gemeinsamen Leben vorziehen, das wir ihnen jetzt vorschreiben? Etwa die Ordnung, nach der die Thraker und viele andere [e] Völkerschaften sich der Frauen bedienen, nämlich um den Acker zu bestellen, Rinder und Schafe zu hüten und Dienste zu verrichten in einer Weise, die sie in nichts von Sklaven unterscheidet? Oder so, wie wir es damit halten und alle dortzulande? Heutzutage wird nämlich bei uns hierin so verfahren: Wir tragen, wie man so sagt, all unser Hab und Gut in eine einzige Wohnung zusammen und haben den Frauen die Aufgabe zugewiesen, dies zu verwalten und das Kommando über das Weberschiffchen und die ganze Wollarbeit auszuüben. Oder sollen wir die Lebensweise vorschlagen, die [806a] die Mitte zwischen diesen hält, Megillos, die spartanische? Sollen also die Mädchen so leben, dass sie sich an der Gymnastik und der Musik beteiligen, die Frauen aber, obwohl von der Wollarbeit befreit, sich dennoch ein aktives und keinesfalls gering zu achtendes oder unscheinbares Leben weben? Und sollen sie in der Besorgung und Verwaltung des Hauses und in der Kindererziehung zu einem Mittelmaß finden, an den kriegerischen Übungen aber nicht teilnehmen, so dass sie selbst dann, wenn sich einmal die Notwendigkeit ergäbe, für die Stadt und die Kinder zu kämpfen, weder [b] wie manche Amazonen mit dem Bogen noch mit sonst einem Wurfgeschoß geschickt umgehen könnten und auch nicht Schild und Speer ergreifen und so die Göttin nachahmen könnten, damit sie, wenn ihre Vaterstadt verwüstet wird, tapferen Widerstand leisten und den Feinden, wenn schon nichts Größeres möglich ist, doch wenigstens Furcht einjagen könnten, indem sie sich in einer Art Schlachtordnung sehen ließen? Mit den Sauromatinnen allerdings könnten sie sich schon gar nicht zu messen wagen bei dieser Lebensweise, sondern neben ihnen als Frauen würden die Frauen jenes [c] Volkes als Männer erscheinen. Wer nun hierin eure Gesetzgeber loben will, der lobe sie; meine Behauptung wird kaum anders lauten: Ein Gesetzgeber muss ein ganzer und darf kein halber sein, indem er dem weiblichen Geschlecht die Freiheit lässt, in Luxus und Aufwand zu schwelgen und ein ungeregeltes Leben zu führen, und sich nur um das männliche kümmert, so dass er der Stadt nur die Hälfte eines nahezu vollkommen glücklichen Lebens statt des doppelten hinterlässt.

MEG. Was sollen wir tun, Kleinias? Sollen wir es dulden, dass der Fremde so über unser Sparta herfällt?

[d] KL. Ja; denn da wir ihm Redefreiheit gewährt haben, müssen wir es wohl dulden, bis wir die Gesetze in jeder Hinsicht zur Genüge durchgegangen sind.

MEG. Da hast du recht.

ATH. Also wäre es nun an mir, das Weitere vorzutragen zu versuchen?

KL. Gewiss.

ATH. Also: Welche Lebensweise wäre für Menschen angebracht, denen das Notwendige in ausreichendem Maß zur Verfügung steht, während die handwerklichen Tätigkeiten anderen übertragen und der Ackerbau an [e] Sklaven vergeben ist, die von den Bodenprodukten einen Ertrag abzuliefern haben, der für bescheiden lebende Menschen ausreicht, und wo gemeinsame Mahlzeiten eingerichtet sind, und zwar getrennt die für die Männer und in deren Nähe die für ihre Angehörigen, für die Mädchen und deren Mütter, und wo Aufseher und Aufseherinnen damit beauftragt sind, jeweils diese gemeinsamen Mahlzeiten für die einzelnen Gruppen zu beenden, nachdem sie tagtäglich das Betragen der Tischgenossen betrachtet und beobachtet haben, und anschließend der Aufseher und die anderen [807a] Teilnehmer nach einem Trankopfer für die Götter, denen die betreffende Nacht und der Tag jeweils geheiligt sind, pflichtgemäß nach Hause gehen? Bleibt denn für Leute, die einer solchen geregelten Ordnung unterworfen sind, keine notwendige und ihnen unbedingt angemessene Aufgabe mehr übrig, sondern soll jeder von ihnen sein Leben damit zubringen, dass er sich mästet wie das Weidevieh? Auf keinen Fall wäre das, behaupten wir, gerecht und schön, und wer so lebt, wird dem nicht entgehen können, was [b] er verdient; es verdient aber ein faules und durch Bequemlichkeit fett gewordenes Tier in der Regel nichts anderes, als dass es von einem der anderen Tiere zerrissen wird, die durch Tapferkeit und Anstrengungen ganz abgezehrt sind.

Dies lässt sich vielleicht niemals mit hinreichender Genauigkeit verwirklichen, wenn wir es so wie heutzutage zu verwirklichen suchen wollten, nämlich solange Frauen, Kinder und Wohnungen privater Besitz sind und alles Derartige jedem von uns als persönliches Eigentum gehört.

Wenn aber die zweitbesten Vorschläge, die wir jetzt vortragen, verwirklicht [c] würden, wäre dies ein durchaus angemessenes Ergebnis.

Als Aufgabe also, behaupten wir, bleibt denjenigen, die so leben, nicht die kleinste oder unbedeutendste, sondern die allergrößte Aufgabe ist ihnen von einem gerechten Gesetz aufgetragen. Denn verglichen mit dem Leben, das keinerlei Muße für all die andern Aufgaben lässt, nämlich mit dem nach einem Sieg bei den pythischen oder olympischen Spielen strebenden Leben, ist ein Leben, das der Sorge für die allseitige Vollkommenheit des Leibes und der Seele gewidmet ist und daher mit vollem Recht Leben genannt wird, in doppeltem oder in noch höherem Maße von rastloser [d] Tätigkeit ausgefüllt. Denn keine von den andern Tätigkeiten darf als Nebenbeschäftigung zum Hindernis werden, wenn es gilt, dem Leib die erforderlichen Anstrengungen und Nahrung und der Seele die erforderlichen Kenntnisse und Gewohnheiten zukommen zu lassen; vielmehr sind für den, der eben dies tut, die ganze Nacht und der ganze Tag zusammen kaum ausreichend, um sich diese in vollem und ausreichendem Umfang anzueignen.

Da nun dies von Natur so eingerichtet ist, so muss für alle freien Menschen eine Regelung getroffen werden, wie sie ihre gesamte Zeit zubringen [e] müssen, angefangen etwa von der Morgendämmerung bis jeweils zum nächsten Morgen und Sonnenaufgang. Freilich wäre es unter der Würde eines Gesetzgebers, wenn er die vielen immer wiederkehrenden und belanglosen Tätigkeiten der Hausverwaltung aufzählen wollte, und so unter anderem auch, inwieweit diejenigen nachts auf Schlaf verzichten müssen, die ohne Unterlass eine ganze Stadt sorgfältig bewachen sollen. Denn dass überhaupt irgendein Bürger eine ganze Nacht mit Schlafen zubringt und [808a] nicht dem ganzen Hausgesinde zeigt, dass er stets als Erster aufwacht und aufsteht, das soll von jedermann als eine Schande und eines Freien unwürdig erachtet werden, gleichgültig, ob man so etwas nun als Gesetz oder als Gewohnheit zu bezeichnen hat. Und auch dass die Herrin im Haus von gewissen Dienerinnen geweckt wird und nicht selber als Erste die andern weckt, das müssen untereinander der Sklave und die Sklavin und der junge Diener, ja wenn es möglich wäre, das ganze Haus als eine Schande bezeichnen. Vielmehr müssen bereits zur Nachtzeit alle aufwachen, um einen [b] guten Teil der die Stadt- und Hausverwaltung betreffenden Tätigkeiten zu verrichten, als Beamte in der Stadt und als Herrinnen und Herren in den Privathäusern. Viel Schlaf ist nämlich von Natur aus weder unserem Körper noch unserer Seele und auch nicht den diesbezüglichen Tätigkeiten förderlich; denn wer schläft, ist nichts wert, so wenig wie einer, der nicht lebt. Wem von uns aber besonders daran gelegen ist, zu leben und geistig rege [c] zu sein, der bleibt so lange wie möglich wach und gönnt sich bloß das für seine Gesundheit förderliche Maß an Schlaf; das ist aber nicht viel, wenn es nur recht zur Gewohnheit wird. Beamte, die nachts in der Stadt wach bleiben, sind gefürchtet bei den Schlechten, Feinden wie Bürgern, bewundert und geachtet bei den Gerechten und Besonnenen und nützlich sich selbst und der gesamten Stadt. Wenn die Nacht so zugebracht wird, könnte sie neben all den erwähnten Vorteilen auch eine Art Tapferkeit den Seelen [d] jedes einzelnen Bürgers in den Städten verleihen.

Kehrt aber der Tag und die Morgendämmerung wieder,

so müssen sich doch wohl die Kinder zu ihren Lehrern begeben. Ohne einen Hirten aber dürfen weder Schafe noch sonst irgend etwas leben, und so auch nicht das Kind ohne gewisse Aufseher und auch nicht die Sklaven ohne Herren. Das Kind ist aber von allen Tieren am schwierigsten zu behandeln; denn in eben dem Maße, wie die Quelle seines Denkens noch nicht in rechte Bahnen gelenkt ist, ist es hinterhältig und verschlagen und das mutwilligste [e] unter den Tieren. Daher muss man es durch mancherlei ›Zügel‹ gleichsam bändigen: zunächst, wenn es sich von den Wärterinnen und Müttern trennt, durch Knabenaufseher wegen seines kindischen und unvernünftigen Wesens, sodann aber auch durch die Lehrer in welchem Fach auch immer und durch Lerngegenstände ganz wie einen freien Menschen. Wie einen Sklaven andererseits soll jeder freie Mann, der darüber hinzukommt, das Kind selbst sowie den Knabenaufseher und den Lehrer züchtigen, wenn einer von diesen etwas Verkehrtes tut; wenn aber jemand hinzukommt und sie nicht züchtigt, wie es recht ist, so soll er erstens der größten Schande verfallen; der Gesetzeswächter aber, der zur Beaufsichtigung [809a] der Kinder gewählt worden ist, soll ein wachsames Auge auf denjenigen haben, der auf die genannten Personen trifft und sie nicht züchtigt, obwohl er es sollte, oder sie nicht so züchtigt, wie es sich gehört. Dieser Gesetzeswächter aber muss ein scharfes Auge haben und sich in besonderem Maße um die Erziehung der Kinder kümmern und deren Naturen auf gerade Bahnen lenken, indem er sie gemäß den Gesetzen stets zum Guten hinleitet.

Wie könnte aber nun diesen Mann seinerseits eben das Gesetz uns angemessen erziehen? Denn bis jetzt hat es ja noch nichts deutlich oder [b] ausführlich vorgetragen, sondern nur einiges, anderes aber nicht; es darf ihm aber möglichst nichts vorenthalten, sondern muss ihm jeden Punkt erklären, damit er anderen zum Wegweiser und zugleich Erzieher werden kann. Was nun den Chortanz, also Lieder und Tanz, angeht, so ist bereits gesagt worden, nach welchem Muster man diese auszuwählen, zu verbessern und für heilig zu erklären hat; was aber die schriftlich, doch ohne Versmaß verfassten Werke betrifft, so haben wir noch nicht darüber gesprochen, welche [c] und in welcher Weise sie deine Zöglinge, du trefflicher Aufseher der Kinder, zu benutzen haben. Die kriegerischen Fertigkeiten allerdings, die sie erlernen und trainieren müssen, kennst du bereits durch unsere Darlegung; was jedoch als Erstes das Lesen und Schreiben, zweitens das Lyraspiel und das Rechnen angeht, wovon jeder, wie wir behauptet haben, sich so viel anzueignen hat, wie zum Krieg, zur Haushaltsführung und zur Verwaltung der Stadt erforderlich ist, und was zu eben diesen Zwecken brauchbar ist an Kenntnissen über die Umläufe der göttlichen Wesen, also über Sterne, Sonne und Mond, soweit eine jede Stadt auf diesem Gebiet Anordnungen [d] treffen muss – wovon spreche ich denn? Von der Anordnung der Tage im Kreislauf der Monate und der Monate im jeweiligen Jahr, damit die Zeiten des Jahres und die Opfer und Feste, indem sie gemäß dem Lauf der Natur begangen werden, die ihnen jeweils angemessene Ordnung empfangen und die Stadt lebendig und wach erhalten und so einerseits den Göttern die geschuldeten Ehren zukommen lassen, andererseits die Menschen auf diesem Gebiet verständiger machen –, das alles, mein Freund, ist dir vom [e] Gesetzgeber noch nicht zur Genüge auseinandergesetzt worden. Achte daher auf das, was als Nächstes gesagt werden muss.

Über den Schreibunterricht, so hatten wir als Erstes gesagt, seist du noch nicht genügend unterrichtet; welchen Vorwurf erhoben wir damit gegen unsere Rede? Diesen: dass sie dir noch nicht klar gesagt hat, ob einer, der ein vollkommener Bürger werden soll, auf genaue Kenntnis dieses Unterrichtsgegenstands ausgehen muss, oder ob er sich überhaupt nicht damit befassen soll; ebenso steht es mit der Lyra. Also denn: Befassen muss er sich damit, behaupten wir jetzt. Für das Schreiben und Lesen genügen bei einem zehnjährigen Kind in der Regel drei Jahre; mit dem Lyraspiel im Alter [810a] von 13 Jahren zu beginnen und weitere drei Jahre dabei zu bleiben ist eine angemessene Zeit. Und weder auf mehr noch auf weniger Jahre darf der Vater und auch nicht das Kind selbst, mag ihm nun das Lernen Freude machen oder zuwider sein, die Beschäftigung hiermit entgegen dem Gesetz verlängern oder verkürzen. Wer aber nicht gehorcht, der soll von den Auszeichnungen für Kinder ausgeschlossen sein, über die wir bald danach zu sprechen haben. Was aber nun die Jugend in diesen Zeitabschnitten überhaupt zu lernen und umgekehrt die Lehrer zu lehren [b] haben, das lerne du nun selbst zuerst. Der Schreibunterricht soll so weit betrieben werden, bis das Kind schreiben und lesen kann; dies aber bis zur Schnelligkeit oder zum Schönschreiben zu perfektionieren, darauf soll man bei manchen verzichten, deren Natur sich in den vorgeschriebenen Jahren nicht rasch genug entwickelt hat.

Was aber die Lernstoffe ohne Lyrabegleitung angeht, die in Schriftwerken der Dichter niedergelegt sind, die teils in Metren gedichtet sind, teils ohne rhythmische Gliederung sind, weil sie als Prosawerke nur gesprochen werden und auf Rhythmus und Harmonie verzichten, so sind uns [c] gefährliche Schriften von manchen aus der großen Zahl derartiger Leute hinterlassen worden. Was, ihr allerbesten Gesetzeswächter, werdet ihr mit diesen anfangen? Oder was müsste der Gesetzgeber euch damit anzufangen vorschreiben, um eine richtige Vorschrift zu geben? Da wird er, vermute ich, in großer Verlegenheit sein.

KL. Was soll denn diese Bemerkung, Fremder, die du offenbar in wirklicher Verlegenheit an dich selbst richtest?

ATH. Mit Recht hast du mich unterbrochen, Kleinias. Doch euch gegenüber, die ihr euch an meiner Gesetzgebung beteiligt, muss ich ja wohl erklären, was mir leicht erscheint und was nicht.

[d] KL. Was denn? Was willst du hierüber jetzt sagen und welche Erfahrung veranlasst dich dazu?

ATH. Nun so sage ich es denn. Vielen Tausenden von Stimmen zu widersprechen ist nämlich keineswegs leicht.

KL. Ja, wie? Meinst du denn, dass unsere bisherigen Ausführungen über Gesetze nur in kleinen und wenigen Punkten den Ansichten der großen Masse widersprechen?

ATH. Das ist völlig richtig, was du da sagst. Du forderst mich nämlich auf, wie mir scheint, da derselbe Weg vielen Leuten verhasst, vielleicht aber auch nicht wenigeren anderen lieb ist, falls aber wirklich wenigeren, so [e] gewiss nicht schlechteren Leuten – mit diesen wenigeren also, forderst du mich auf, soll ich allen Gefahren zum Trotz und voller Zuversicht auf dem jetzt durch unsere gegenwärtigen Gespräche gebahnten Weg der Gesetzgebung weitergehen und nicht davon ablassen.

KL. Was sonst?

ATH. So will ich denn nicht davon ablassen. Ich behaupte also, es gibt bei uns viele Dichter von Hexametern und Trimetern und in allen Metren, die man sonst noch nennt, die teils auf den Ernst, teils auf das Lachen ausgehen. Mit diesen, so sagen nun viele Tausende, müsse man die jungen Leute, wenn sie richtig erzogen werden sollen, füttern und ganz sättigen, indem man sie bei den Rezitationen viele Texte hören lässt und sie viel [811a] Wissen dadurch erwerben lässt, dass sie ganze Dichter auswendig lernen. Andere wählen aus allen die Kernstellen heraus und stellen ganze Passagen zusammen und behaupten, dies müsse einer auswendig lernen und dem Gedächtnis einverleiben, wenn er, wie wir es uns wünschen, ein guter und kluger Mensch infolge reicher Erfahrung und reichen Wissens werden soll. Diesen Leuten also, verlangst du, soll ich jetzt freimütig erklären, worin sie recht haben und worin nicht?

KL. Allerdings.

ATH. Was könnte ich denn nun über dies alles in einem Satz [b] Befriedigendes sagen? Ich denke, etwa Folgendes, was mir wohl auch jeder zugeben wird: dass jeder dieser Dichter viel Schönes gesagt hat, aber auch manches Gegenteilige. Wenn das aber so ist, dann bringt das viele Wissen, wie ich meine, eine Gefahr für die Kinder mit sich.

KL. Wie und was würdest du also dem Gesetzgeber raten?

ATH. In welcher Frage meinst du denn?

KL. In der Frage, auf welches Muster er hinblicken soll, um diese Dinge [c] teils alle jungen Leute lernen zu lassen, teils sie daran zu hindern. Sprich und zögere nicht damit.

ATH. Mein guter Kleinias, es scheint, dass ich irgendwie vom Glück begünstigt bin.

KL. Inwiefern?

ATH. Insofern, als ich nicht ganz um ein Muster verlegen bin. Denn als ich eben auf die Erörterungen zurückschaute, die wir vom Morgen an bis jetzt geführt haben – wie mir scheint, nicht ohne eine Art göttliche Inspiration –, da gewann ich den Eindruck, als seien diese Erörterungen durchaus einer Art Dichtung vergleichbar. Und vielleicht ist das Gefühl [d] gar nicht zu verwundern, das mich überkam, als ich die eigenen Worte gleichsam als ein Ganzes überblickte: Ich empfand große Freude. Denn verglichen mit den meisten Reden, die ich in Gedichten oder in schlichter Prosa kennengelernt und gehört habe, erschienen mir diese am angemessensten und für junge Leute am besten zum Anhören geeignet zu sein. Dem Gesetzeswächter und Erzieher wüsste ich also, wie ich meine, kein besseres Muster aufzuzeigen als dieses: Er soll die Lehrer auffordern, dies [e] die Kinder zu lehren; und ihnen nahekommende und ähnliche Texte, auf die er etwa stößt, wenn er die Werke von Dichtern und Prosaschriften durchgeht, oder auch bloß mündliche Äußerungen ohne schriftliche Aufzeichnung, die irgendwie mit diesen Erörterungen verwandt sind, die soll er sich auf keinen Fall entgehen lassen, sondern aufschreiben. Und als Erstes soll er die Lehrer selbst zwingen, dies zu lernen und zu loben; diejenigen Lehrer aber, denen das nicht gefällt, die soll er nicht als Mitarbeiter heranziehen; diejenigen jedoch, die mit seinem Lob übereinstimmen, die [812a] soll er heranziehen und ihnen die jungen Leute zur Unterweisung und Erziehung anvertrauen. – Hier und so ende diese meine Rede, die sowohl die Schreiblehrer wie die Schriftwerke betraf.

KL. Gemessen an unserer Absicht, Fremder, glaube ich

zwar nicht, dass wir vom beabsichtigten Gang des Gesprächs abkommen; ob wir aber im Ganzen auf dem richtigen Weg sind oder nicht, das lässt sich wohl nicht so ohne Weiteres behaupten.

ATH. Gerade das, lieber Kleinias, wird vermutlich erst dann deutlicher werden, wenn wir, wie wir schon oft gesagt haben, am Ende unseres ganzen Durchgangs durch die Gesetze angelangt sind.

[b] KL. Richtig.

ATH. Haben wir uns nun nicht nach dem Schreiblehrer an den Kitharisten zu wenden?

KL. Gewiss.

ATH. Um den Kitharisten die ihnen zukommende Aufgabe bei der Unterweisung und der gesamten Ausbildung auf diesem Gebiet zuzuweisen, brauchen wir uns, glaube ich, nur unsere früheren Äußerungen ins Gedächtnis zu rufen.

KL. Von welchen Äußerungen sprichst du?

ATH. Wir hatten doch gesagt, glaube ich, jene 60-jährigen Sänger des Dionysos müssten ein besonders feines Gefühl für die Rhythmen und [c] das Gefüge der Harmonien haben, damit einer bei der musikalischen Nachahmung die gute und die schlechte Nachahmung einer Seele in ihren verschiedenen Zuständen, nämlich die Darstellungen einer guten und die einer schlechten Seele zu unterscheiden vermag und die einen verwirft, die andern aber öffentlich verbreitet und singt und die Seelen der jungen Leute damit bezaubert und so einen jeden von ihnen ermuntert, ihm auf dem Weg zum Erwerb der Tugend zu folgen und sich dabei von diesen Nachahmungen führen zu lassen.

KL. Das ist sehr wahr, was du da sagst.

[d] ATH. Zu diesem Zweck also müssen nun der Kitharist und sein Schüler wegen der Deutlichkeit des Saitenklangs die Töne der Lyra mit zu Hilfe nehmen, indem sie die Töne der Saiten mit den Tönen des Gesangs übereinstimmen lassen; aber eine abweichende Stimmführung und Verzierung durch die Lyra, wenn nämlich die Saiten andere Weisen ertönen lassen als der Dichter, der die Melodie komponiert hat, und wenn man ferner eine dichte Folge von Tönen mit einer losen Folge, schnelles Tempo mit langsamem und hohe Töne mit tiefen zusammen und gegeneinander erklingen lässt und ebenso in den Rhythmen allerlei Verzierungen den Tönen der Lyra hinzufügt: Das alles darf man nicht Kindern beibringen, die in drei Jahren sich das schnell aneignen sollen, was an der Musik nützlich ist. Denn die sich gegenseitig störenden Gegensätze erschweren das Lernen; die jungen Leute sollen aber doch alles so leicht wie möglich lernen. Denn die unentbehrlichen Lerngegenstände, die ihnen vorgeschrieben sind, sind nicht unbedeutend oder gering an Zahl; diese wird unsere Rede in ihrem weiteren Fortgang mit der Zeit aufzeigen. Doch hierfür soll in dieser Weise auf dem Gebiet der Musik unser Erzieher verantwortlich sein.

Was aber die Lieder als solche und die Texte betrifft, die die Chorlehrer einzustudieren haben, und die Frage, wie diese beschaffen und welche das [813a] sein sollen, so ist auch dies von uns im Vorigen schon alles durchgesprochen worden, wobei wir sagten, sie müssten geheiligt und jeweils den Festen angepasst werden, um den Städten eine glückbringende Lust zu gewähren und damit zu nützen.

KL. Auch dies ist wahr, was du da sagst.

ATH. Sehr wahr sogar. Auch diese Aufgabe soll der von

uns für die Musenkunst gewählte Beamte übernehmen und dafür Sorge tragen, wobei ihm das Glück wohlgesonnen sein möge. – Wir aber wollen nun über den Tanz und überhaupt die Gymnastik des Körpers dem früher Gesagten noch [b] etwas hinzufügen; wie wir bei der Musik die noch ausstehende Regelung des Unterrichts nachgeliefert haben, so wollen wir auch bei der Gymnastik verfahren. Denn die Knaben und die Mädchen müssen doch Tänze und gymnastische Übungen erlernen?

KL. Ja.

ATH. Also wären für die Knaben Tanzlehrer und für die Mädchen Tanzlehrerinnen eine nicht minder zweckmäßige Einrichtung, um sie darin gründlich zu trainieren.

KL. Ja, so soll es sein.

ATH. Wir wollen also wieder den meistbeschäftigten Mann herbeirufen, [c] den für die Kinder zuständigen Beamten, der nicht viel freie Zeit haben wird, wenn er sich sowohl um die Musik wie um die Gymnastik kümmert.

KL. Wie wird er nun aber als älterer Mann imstande sein, sich um so vieles zu kümmern?

ATH. Ganz leicht, mein Freund. Denn das Gesetz hat es ihm gestattet und wird ihm gestatten, zu dieser Aufgabe als Gehilfen aus den Bürgern und Bürgerinnen hinzuzunehmen, wen er will. Er wird aber schon wissen, wen er hierfür nehmen muss, und wird dabei keinen Fehlgriff tun wollen, weil er als kluger Mann Respekt vor seinem Amt hat und sich über dessen [d] Wichtigkeit im Klaren ist und weil er auch mit der Überlegung vertraut ist, dass dann, wenn unsere Jugend gut erzogen ist und weiterhin erzogen wird, alles bei uns den rechten Kurs steuert, wenn aber nicht – doch das auszusprechen wäre nicht angemessen und wir sprechen es auch nicht aus bei einer neuen Stadt, weil wir die Leute scheuen, die in allem eine Vorbedeutung sehen wollen.

Vieles haben wir nun auch hierüber schon gesagt, über die Tänze und überhaupt die Bewegung bei der Gymnastik. Zur Gymnastik rechnen wir nämlich auch alle auf den Krieg abzielenden körperlichen Übungen im Bogenschießen und überhaupt im Werfen, im Umgang mit dem leichten [e] Schild und jeder Art von Waffenkampf, in taktischen Truppenbewegungen und jeder Form von Heeresmärschen und im Lageraufschlagen sowie in allen Fertigkeiten, die zum Reiten erforderlich sind. Für dies alles muss es staatliche Lehrer geben, die von der Stadt besoldet werden, und deren Schüler sollen die Knaben und Männer in der Stadt sein und auch die Mädchen und Frauen, die sich auf dies alles verstehen. Als Mädchen müssen sie in jeder Art von Waffentanz und Kampf geübt sein; als Frauen aber sollen sie sich mit taktischen Bewegungen und Kampfaufstellungen und [814a] mit dem Ablegen und Wiederaufnehmen der Waffen befasst haben, wenn auch zu keinem andern Zweck, so doch wenigstens damit in dem Falle, dass man einmal mit der gesamten Heeresmacht die Stadt verlassen und einen Heereszug ins Ausland unternehmen muss, diejenigen, die dann den Schutz der Kinder und der übrigen Stadt übernehmen, wenigstens dazu fähig sind; oder wenn umgekehrt (man darf ja keine dieser Möglichkeiten völlig ausschließen) von außen Feinde, Barbaren oder Hellenen, mit großer Heeresmacht und Gewalt einfallen und eine Entscheidungsschlacht um die Stadt selbst erzwingen, so wäre es doch ein gewaltiger Mangel einer [b] Staatsverfassung, wenn die Frauen so schmählich erzogen wären, dass sie nicht einmal wie die Vögel, die zum Schutz ihrer Jungen selbst gegen die stärksten Tiere kämpfen, dazu bereit wären, zu sterben und alle Gefahren auf sich zu nehmen, sondern sogleich zu den Heiligtümern stürzten und alle Altäre und Tempel füllten und über das Menschengeschlecht die Meinung verbreiteten, dass es seiner Natur nach das feigste von allen Tieren sei.

KL. Bei Zeus, Fremder, das würde, abgesehen von dem Nachteil, einer [c] Stadt, in der es geschieht, keineswegs gut anstehen.

ATH. Sollen wir also nicht dieses Gesetz aufstellen, dass die Frauen wenigstens in diesem Umfang die kriegerischen Übungen nicht vernachlässigen dürfen, sondern dass sich alle Bürger und Bürgerinnen darum bemühen müssen?

KL. Ich jedenfalls bin dafür.

ATH. Über das Ringen ferner haben wir schon manches gesagt; das Wichtigste aber, wie ich meine, haben wir noch nicht erwähnt, und das ist auch nicht leicht, solange man es nur mit Worten beschreibt, ohne es gleichzeitig mit dem Körper vorzumachen. Darüber wollen wir also erst [d] dann entscheiden, wenn die Rede das Tun begleitet und uns dadurch nicht nur das deutlicher zeigt, wovon sie sonst noch gehandelt hat, sondern auch dies: dass dem kriegerischen Kampf nach unserer Meinung von allen Bewegungen ein solcher Ringkampf wirklich am nächsten kommt und dass man also Letzteren um des Ersteren willen und nicht Ersteren um des Letzteren willen zu erlernen hat.

KL. Darin zumindest hast du recht.

ATH. Für jetzt soll also das bisher über die Bedeutung des Ringkampfs Gesagte genügen. Was jedoch die übrige Bewegung des gesamten Körpers [e] angeht, die man zum größten Teil wohl richtig als eine Art Tanz bezeichnen kann, so müssen wir hier zwei Gattungen annehmen: einen Tanz, der die Bewegung der schöneren Körper nachahmt und dabei auf das Erhabene zielt, und einen, der die Bewegung der hässlicheren Körper nachahmt und dabei auf das Gemeine zielt; und bei der gemeinen Gattung wiederum zwei Arten und bei der ernsten ebenfalls zwei.

Bei der ernsten Gattung ist die eine Art die Darstellung schöner Körper und einer tapferen Seele, die in Krieg und in gewaltsame Anstrengungen verstrickt sind; die andere ist die Darstellung einer besonnenen Seele in Zuständen des Wohlbefindens und maßvoller Lust; einen solchen Tanz könnte man seiner Natur nach als einen friedlichen bezeichnen.

[815a] Den kriegerischen Tanz, der vom friedlichen ganz verschieden ist, könnte man richtig als Pyrrhiche bezeichnen; er stellt nicht nur dar, wie man allen möglichen Hieben und Würfen ausweicht durch Beugen zur Seite und völliges Zurückweichen, durch Sprünge in die Höhe oder in geduckter Haltung, sondern stellt auch die entgegengesetzten Bewegungen dar, die zu den Angriffshaltungen führen und eine Nachahmung der Bewegungen heim Abschießen von Pfeilen und Wurfspeeren und beim Austeilen von Hieben aller Art geben wollen; unter diesen ist die aufrechte und straffe [b] Haltung bei der Darstellung tüchtiger Körper und Seelen, die ja meist mittels einer geraden Haltung der Glieder des Körpers erfolgt, richtig, die entgegengesetzte aber kann nicht als richtig akzeptiert werden.

Den friedlichen Tanz der Bürger muss man jeweils daraufhin prüfen, ob sich jemand beim Chorreigen in der rechten Weise fortwährend der Natur gemäß an den schönen Tanz hält, wie es sich für gesetzestreue Männer ziemt, oder nicht. Als Erstes müssen wir also den anfechtbaren Tanz von [c] dem unanfechtbaren Tanz trennen. Welches ist nun dieser und wie haben wir die beiden voneinander zu scheiden? Jede Art von bakchischer Raserei und von damit zusammenhängenden Tänzen, mit denen die Tänzer betrunkene Personen »mimen«, wie sie sagen, die sie als Nymphen, Pane, Silene oder Satyrn bezeichnen, und die sie bei gewissen Reinigungen und Weihen aufführen, diese ganze Gattung des Tanzes ist weder als eine friedliche noch als eine kriegerische noch überhaupt in ihrer Zielsetzung leicht zu bestimmen. Am richtigsten scheint mir, wenn wir sie in der Weise bestimmen, [d] dass wir sie von der kriegerischen und der friedlichen trennen, und wenn wir feststellen, dass diese Gattung des Tanzes Bürgern nicht angemessen ist, und sie dort liegen lassen, wo sie liegt, und jetzt zu der kriegerischen und friedlichen Gattung zurückkehren, da diese uns unstreitig etwas angeht.

Das Gebiet der unkriegerischen Muse, bei der man in Tänzen die Götter und die Göttersöhne ehrt, dürfte insgesamt eine einzige Gattung bilden, die auf dem Gefühl des Wohlbefindens beruht. Diese können wir in zwei [e] Arten zerlegen: Die eine Art ergibt sich, wenn Leute aus irgendwelchen Drangsalen und Gefahren in einen glücklichen Zustand entronnen sind, und enthält größere Lustgefühle; die andere Art ergibt sich, wenn eine Bewahrung und Steigerung des schon vorher vorhandenen Glücks eintritt, und besitzt sanftere Lustgefühle als jene. In solchen Zuständen macht wohl jeder Mensch körperliche Bewegungen, und zwar größere, wenn die Lustempfindungen größer, und kleinere, wenn diese kleiner sind; und andererseits wird einer, der zuchtvoller und besser auf die Tapferkeit eingeübt ist, [816a] kleinere Bewegungen machen, wer aber feige und nicht im Besonnensein geübt ist, der wird größere und heftigere Wechsel in seinen Bewegungen zeigen; überhaupt ist ein jeder, wenn er in Gesängen oder in gesprochenen Worten seine Stimme erhebt, außerstande, mit seinem Körper gänzlich im Zustand der Ruhe zu verharren; deshalb hat die Darstellung des Gesprochenen mittels Gebärden die gesamte Tanzkunst hervorgebracht. Allerdings macht in all diesen Zuständen der eine von uns harmonische, der [b] andere unharmonische Bewegungen. Gewiss muss man nun viele unserer traditionellen Bezeichnungen, wenn man darüber nachdenkt, als richtig und der Natur der Sache angemessen rühmen, unter diesen aber besonders eine, nämlich die für die Tänze der Leute, die sich in einem Zustand des Glücks befinden und die selber maßvoll in ihren Lustempfindungen sind, indem man bedenkt, wie richtig und der Muse gemäß sie der benannt hat, wer immer dies gewesen ist, und dass er mit gutem Grund diesen Tänzen insgesamt den Namen Emmeleia gegeben und so zwei Gattungen der schönen Tänze aufgestellt hat, die kriegerische, Pyrrhiche, und die friedliche, Emmeleia genannt, und damit jeder Gattung einen Namen gegeben hat, [c] der ihr gebührt und ihr angemessen ist. Diese Gattungen muss der Gesetzgeber in Mustern darlegen, und der Gesetzeswächter muss nach ihnen suchen, und wenn er sie gefunden hat, soll er den Tanz mit der übrigen Musenkunst verbinden und für alle Feste jedem Opfer die jeweils angemessene Gattung zuweisen, und wenn er sie so in einer festen Ordnung für heilig erklärt hat, darf er künftig keine Änderung mehr an dem vornehmen, was mit dem Tanz oder dem

Gesang zusammenhängt; vielmehr sollen dieselbe Stadt und dieselben Bürger auf dieselbe Weise mit denselben [d] Lustempfindungen ihre Zeit zubringen und so in größtmöglicher Gleichheit gut und glücklich leben.

Die Rolle der schönen Körper und der edlen Seelen bei solchen Chortänzen, die die von uns geforderte Beschaffenheit aufweisen, wäre damit vollständig behandelt. Was aber die hässlichen Körper und Gesinnungen angeht und diejenigen, die sich auf lachenerregende komische Darstellungen verlegt haben, deren Komik durch Wort und Gesang und durch Tanz und durch die nachahmende Darstellung all dieser Charaktere zustande kommt, so muss man dies zwar anschauen und kennenlernen; denn ohne das Lächerliche ist es nicht möglich, das Ernste noch überhaupt ein [e] Gegensätzliches ohne seinen Gegensatz zu begreifen, wenn jemand ein verständiger Mann sein will; beides aber zu betreiben andererseits ist unmöglich, wenn jemand auch nur einen kleinen Anteil an der Tugend haben will; sondern gerade deshalb muss man ja auch diese Dinge kennenlernen, damit man niemals aus Unkenntnis etwas Lächerliches tut oder sagt, wo es sich nicht gehört. Sklaven aber und bezahlten Fremden muss man derartige Darstellungen auftragen, Ernst jedoch darf man hierauf niemals auch nur im Geringsten verwenden, und kein freier Bürger, Mann oder Frau, darf sich dabei sehen lassen, dass er solche Dinge lernt, und stets muss etwas Neues an den Darstellungen sichtbar werden.

Alle die auf Gelächter abzielenden Spiele, die wir ja alle als Komödie bezeichnen, sollen also in dieser Weise durch Gesetz samt theoretischer [817a] Begründung geregelt sein. Falls aber von den »ernsten«, wie sie sich nennen, also von den Tragödiendichtern einmal einige zu uns kommen und uns fragen sollten: »Ihr Gastfreunde, sollen wir in eure Stadt und euer Land kommen oder nicht, und sollen wir unsere Dichtung mitbringen und einführen, oder wie habt ihr hierin zu verfahren beschlossen?« – was könnten wir [b] hierauf den göttlichen Männern richtig erwidern? Mir scheint Folgendes: »Ihr besten Fremdlinge«, sollten wir sagen, »wir sind selber Dichter einer Tragödie, die, soweit es in unseren Kräften steht, die denkbar schönste und zugleich beste ist. Jedenfalls ist die gesamte Staatsverfassung von uns verfasst worden als eine Darstellung des schönsten und besten Lebens, und dies ist, wie wir behaupten, eigentlich die wahrste Tragödie. Dichter seid also ihr, Dichter aber auch wir selbst auf demselben Gebiet, eure Rivalen als Künstler und Darsteller im schönsten Drama, das naturgemäß nur das [c] wahre Gesetz vollenden kann, wie unsere Hoffnung lautet. Bildet euch also nur nicht ein, dass wir euch je so leicht erlauben werden, euer Bühnengerüst auf unserem Marktplatz aufzuschlagen und Schauspieler mit schönen Stimmen auftreten zu lassen, die lauter tönen als wir, und dass wir euch gestatten werden, euch als Volksredner an Kinder und Frauen und den ganzen Haufen zu wenden und über dieselben Bestrebungen nicht dasselbe zu sagen wie wir, sondern in der Regel sogar größtenteils das Gegenteil. Denn [d] wir wären ja geradezu völlig verrückt, wir und jede Stadt, die euch erlauben würde, das eben Genannte zu tun, bevor die Beamten entschieden haben, ob das, was ihr gedichtet habt, ausgesprochen werden darf und zum Vortrag in der Öffentlichkeit geeignet ist oder nicht. Jetzt also, ihr Söhne und Sprösslinge schmeichlerischer Musen, zeigt den Beamten zuerst eure Gesänge zum

Vergleich mit den unseren; und wenn sich das, was ihr zu sagen habt, als dasselbe oder gar als besser erweist, dann werden wir euch einen Chor bewilligen; wo nicht, liebe Freunde, werden wir dazu wohl niemals fähig sein.«

[e] Dies also sollen die für den gesamten Chortanz und die Unterweisung auf diesem Gebiet gesetzlich festgelegten Regeln sein, und zwar getrennt die für die Sklaven und die für die Herren, wenn ihr damit einverstanden seid.

KL. Wie sollten wir damit jetzt nicht einverstanden sein?

ATH. Ferner gibt es für die Freien noch drei Unterrichtsfächer: Rechnen und Zahlenkunde bilden ein Fach; die Kunst, Strecken, Flächen und Körper zu messen, bildet als Einheit das zweite Fach; das dritte aber befasst sich mit dem Umlauf der Gestirne, in welcher Relation zueinander sie sich ihrer Natur nach bewegen.

[818a] Dies alles braucht die große Masse nicht bis ins Detail durchzuarbeiten, sondern nur einige wenige – welche, werden wir im Fortgang unseres Gesprächs am Ende angeben; denn so ist es wohl zweckmäßig; was aber die große Masse angeht, so wäre es für die Vielen zwar eine Schande, das nicht zu wissen, was davon als notwendig und irgendwie mit vollstem Recht so bezeichnet wird; all dies aber bis ins Detail zu erforschen ist für sie weder leicht noch überhaupt möglich. Doch das Notwendige davon kann man [b] nicht verwerfen; vielmehr scheint derjenige, der zuerst das Sprichwort über die Gottheit geprägt hat, dies im Auge gehabt zu haben, als er sagte, dass offenbar nicht einmal ein Gott jemals gegen die Notwendigkeit ankämpfe, jedenfalls soweit es sich, glaube ich, um göttliche Notwendigkeiten handelt; denn auf die menschlichen angewandt, die die

meisten im Auge haben, wenn sie so etwa sagen, ist das von allen Behauptungen bei Weitem die einfältigste.

KL. Welches sind denn nun, Fremder, auf dem Gebiet der Mathematik die Notwendigkeiten, die nicht von dieser Art, sondern göttlich sind?

ATH. Diejenigen, meine ich, ohne deren Praktizierung oder auch [c] Erlernung den Menschen niemals ein Gott oder ein Dämon oder ein Heros erstehen könnte, der fähig wäre, ernsthaft für die Menschen zu sorgen. Ein Mensch jedenfalls ist weit davon entfernt, göttlich zu werden, wenn er weder die Eins noch die Zwei noch die Drei noch ganz allgemein das Gerade und Ungerade begreifen kann und wenn er gar überhaupt nicht zählen kann und nicht Tag und Nacht zu berechnen vermag, sondern mit dem Umlauf des Mondes, der Sonne und der übrigen Gestirne nicht vertraut ist. [d] Dass all dies keine notwendigen Kenntnisse seien für einen, der sich irgendeine der schönsten Kenntnisse aneignen will: dies auch nur zu denken, wäre eine große Torheit. Was aber davon im Einzelnen gelernt werden muss und wie viel und wann und was womit zusammen und was von dem anderen getrennt und überhaupt ihren ganzen Zusammenhang, das ist es, was man zuerst richtig begreifen muss, um dann unter Führung dieser Kenntnisse zu den anderen Kenntnissen fortzuschreiten und sie sich anzueignen. Denn so hat es die Notwendigkeit von Natur aus eingerichtet, [e] gegen die, wie gesagt, keiner der Götter jetzt ankämpft oder jemals ankämpfen wird.

KL. Jedenfalls scheint uns das, was du da eben gesagt hast, Fremder, eine richtige und der Natur der Sache entsprechende Feststellung.

ATH. So verhält es sich eben, Kleinias; doch ist es schwer,

diese Dinge, wenn man sie auf diese Weise voranstellt, gesetzlich zu regeln. Aber zu einem andern Zeitpunkt, wenn es dir recht ist, werden wir dafür wohl genauere gesetzliche Regelungen erlassen.

KL. Uns scheint, Fremder, du fürchtest unsere gewohnheitsmäßige Unerfahrenheit in solchen Dingen. Doch diese Furcht ist unberechtigt; versuche also nur zu sprechen, ohne uns deshalb etwas zu verschweigen.

[819a] ATH. Allerdings fürchte ich auch das, was du da eben sagst; noch mehr aber habe ich Angst vor denen, die sich zwar mit eben diesen Lerngegenständen befasst, aber verkehrt damit befasst haben. Denn auf keinem Gebiet ist selbst die tiefste und gänzliche Unerfahrenheit etwas Schlimmes oder das größte Übel, sondern der Erwerb vieler Erfahrungen und vieler Kenntnisse unter verkehrter Anleitung ist ein viel größerer Schaden.

KL. Da hast du recht.

ATH. So viel also, müssen wir feststellen, haben die Freien von jedem [b] Fach zu lernen, wie auch in Ägypten eine sehr große Anzahl von Kindern neben dem Schreiben und Lesen lernt. Zunächst hat man im Rechnen für die ganz Kleinen Lernverfahren erfunden, damit sie spielerisch und mit Freude lernen, so das Verteilen von Äpfeln und Kränzen, wobei dieselbe Zahl sowohl für mehr wie für weniger Empfänger passt, und das Einteilen von Faustkämpfern und Ringern im Wechsel von Pausieren und Paarung und in steter Folge und wie sich dies aus der Natur der Sache ergibt. Bei einem weiteren Spiel mischen die Lehrer Schalen aus Gold, Bronze, Silber [c] und irgendwelchen anderen derartigen Metallen, andere zerteilen auch ganze Schalen auf eine bestimmte Weise; und indem sie, wie gesagt, die

Anwendung der notwendigen Rechenoperationen in die Form des Spiels kleiden, geben sie den Schülern Hilfen für die Aufstellung und die Bewegung von Heeren und das Kriegführen und andererseits für die Hausverwaltung und machen überhaupt die Menschen sich selbst immer nützlicher und aufgeweckter.

Sodann befreien sie beim Messen von allem, was Länge und Fläche und [d] räumliche Ausdehnung besitzt, von einer lächerlichen und schimpflichen Unwissenheit, die auf diesem ganzen Gebiet allen Menschen von Natur aus innewohnt.

KL. Was für eine und welche meinst du denn damit?

ATH. Mein lieber Kleinias, auch ich selbst habe erst ganz spät von unserer Einstellung zu diesen Dingen gehört und mich darüber gewundert, und sie schien mir nicht die von Menschen, sondern eher die von Schweinen zu [e] sein, und ich habe mich nicht bloß für mich selbst geschämt, sondern auch für alle Hellenen.

KL. Weshalb denn? So sag doch, was du meinst, Fremder.

ATH. So sag ich es denn, oder vielmehr: Ich will es dir durch Fragen zeigen. Antworte mir kurz: Du weißt doch, was eine Strecke ist?

KL. Freilich.

ATH. Und weiter: Was eine Fläche ist?

KL. Gewiss.

ATH. Und doch auch, dass das zweierlei ist, das Dritte davon aber die räumliche Ausdehnung?

KL. Sicher.

ATH. Meinst du nun nicht, dass das alles zueinander kommensurabel ist?

KL. Ja.

ATH. Dass also Strecke gegen Strecke, meine ich, Fläche gegen Fläche [820a] und ebenso der Rauminhalt sich ganz natürlich messen lässt?

KL. Vollkommen.

ATH. Wenn sich aber einiges weder »vollkommen« noch annähernd gegeneinander messen lässt, sondern nur das eine, das andere aber nicht, du jedoch es von allen annimmst, wie mag es da in dieser Beziehung um dich stehen?

KL. Offenbar schlecht.

ATH. Wie steht es nun mit dem Verhältnis von Strecke und Fläche zum Rauminhalt oder von Fläche und Strecke zueinander? Sind wir Hellenen hierüber nicht alle der Ansicht, dass sich dies irgendwie gegeneinander messen lässt?

[b] KL. Ganz gewiss.

ATH. Wenn das aber keinesfalls und auf keine Weise möglich ist, wir Hellenen aber, wie gesagt, es uns alle als möglich vorstellen, muss man sich da nicht für alle schämen und zu ihnen sagen: »Ihr Besten unter den Hellenen, dies ist einer von jenen Gegenständen, von denen wir gesagt haben, sie nicht zu wissen sei schimpflich, während das Notwendige zu wissen noch nichts besonders Rühmliches sei«?

KL. Ohne Zweifel.

ATH. Außerdem gibt es noch andere, mit diesen verwandte Probleme, [c] bei denen viele Irrtümer in uns entstehen, die mit jenen Irrtümern verschwistert sind.

KL. Welche denn?

ATH. Die Frage, auf welchem Naturgesetz die gegenseitige Kommensurabilität und Inkommensurabilität beruht.

Denn das muss man prüfen und unterscheiden, oder man bleibt ein ganz armer Tropf. Und indem man sich gegenseitig diese Probleme immer wieder vorlegt und so einem Zeitvertreib huldigt, der für Greise weit reizvoller als das Brettspiel ist, muss man allen Ehrgeiz in den Mußestunden aufbieten, die diesen Gegenständen angemessen sind.

[d] KL. Vielleicht. Jedenfalls scheinen das Brettspiel und diese Unterrichtsgegenstände nicht allzu sehr voneinander verschieden zu sein.

ATH. Dies also, Kleinias, behaupte ich, müssen die jungen Leute lernen; denn das ist weder schädlich noch schwierig; wenn man es auf spielerische Weise lernt, wird es unserer Stadt Nutzen und keinerlei Schaden bringen. Ist aber jemand anderer Meinung, so müssen wir ihn anhören.

KL. Gewiss.

ATH. Wenn es sich aber herausstellt, dass dies so ist, dann ist klar, dass wir diese Unterrichtsgegenstände aufnehmen werden; erweist sich aber das Gegenteil, so sollen sie wieder ausgeschieden werden.

[e] KL. Das ist klar; was denn sonst?

ATH. Sollen wir also für jetzt, Fremder, festsetzen, dass sie zu den notwendigen Unterrichtsgegenständen gehören, damit unsere Gesetzgebung nicht lückenhaft bleibt? Freilich sollen sie nur eingesetzt sein wie ein Pfand, das sich aus der übrigen Staatsverfassung wieder auslösen lässt, falls es uns, die wir es festgesetzt haben, oder euch, für die es festgesetzt wurde, in keiner Weise befriedigen sollte.

KL. Ein gerechtes Verfahren, was du da vorschlägst.

ATH. Als Nächstes betrachte nun die Wissenschaft von den Sternen, ob sie uns, wenn wir sie besprochen haben, für die jungen Leute gefällt oder nicht.

KL. So sprich nur.

ATH. Allerdings ist hierbei etwas ganz Sonderbares zu beobachten, das auf keinen Fall und um keinen Preis hingenommen werden darf.

[821a] KL. Was denn?

ATH. Dem höchsten Gott und dem ganzen Weltall, so meinen wir, dürfe man nicht nachforschen noch seine Neugier damit befriedigen, dass man die Ursachen aufspürt, denn das sei gar nicht fromm. Und doch scheint ganz das Gegenteil davon, wenn es geschähe, mit Recht zu geschehen.

KL. Wie meinst du das?

ATH. Es klingt befremdlich, was ich sage, und man könnte meinen, so etwas schicke sich für ältere Leute nicht. Aber wenn jemand irgendeine Erkenntnis für schön und wahr und der Stadt zuträglich und dem Gott [b] durchaus wohlgefällig hält, so ist es doch auf keine Weise mehr möglich, sie nicht auszusprechen.

KL. Das leuchtet ein; doch was für eine Erkenntnis dieser Art können wir bezüglich der Sterne entdecken?

ATH. Ihr guten Freunde, heutzutage verbreiten wir Hellenen alle ohne Ausnahme, muss man sagen, große Lügen über große Götter, nämlich über Helios und Selene.

KL. Was denn für eine Lüge?

ATH. Wir behaupten, diese würden niemals dieselbe Bahn ziehen und mit diesen auch andere Sterne, die wir als ›Irrende‹ bezeichnen.

[c] KL. Bei Zeus, Fremder, was du da sagst, ist richtig; habe ich doch selbst in meinem Leben schon oft gesehen, dass der Morgenstern und der Abendstern und einige andere nie dieselbe Bahn ziehen, sondern nach allen Richtungen

umherirren; dass aber die Sonne und der Mond dies immer tun, das wissen wir doch alle.

ATH. Gerade dies ist es nun, Megillos und Kleinias, was, wie ich jetzt behaupte, unsere Bürger und unsere jungen Leute über die Götter am [d] Himmel wenigstens bis zu dem Punkt über sie alle lernen müssen, dass sie über sie keine lästerlichen, sondern nur fromme Worte äußern, wenn sie opfern und sie in Gebeten in Ehrfurcht anrufen.

KL. Das ist richtig, vorausgesetzt erstens, dass man das lernen kann, wovon du sprichst; vorausgesetzt sodann, dass wir jetzt irgendwie nicht richtig darüber reden, dann aber, wenn wir es gelernt haben, richtig darüber reden, so gebe auch ich zu, dass ein Fach von solchem Umfang und von solcher Wichtigkeit gelernt werden muss. Dass sich das nun so verhält, das versuche uns ganz deutlich zu machen; wir aber versuchen dir zu folgen und es so zu begreifen.

[e] ATH. Das, wovon ich spreche, ist freilich nicht leicht zu begreifen, aber auch nicht ganz schwierig und erfordert auch nicht besonders viel Zeit. Der Beweis: Ich selbst habe weder als junger Mann noch vor langer Zeit davon gehört und könnte es euch in gar nicht langer Zeit klar machen. Wäre es dagegen schwierig, so wäre ich niemals imstande, es als Mann von meinen Jahren Männern euren Alters klar zu machen.

KL. Da hast du recht. Doch sag uns: Was ist denn das für eine [822a] Erkenntnis, die du so wunderbar findest und von der du sagst, die jungen Leute müssten sie sich aneignen, wir aber würden sie nicht kennen? Versuche wenigstens, so viel darüber möglichst verständlich darzulegen.

ATH. Ich muss es versuchen. Denn nicht richtig, ihr Besten, ist die Ansicht über den Mond, die Sonne und die übrigen Gestirne, dass sie jemals umherirren, sondern ganz das Gegenteil ist der Fall – denn dieselbe Bahn und nicht viele, sondern immer nur eine einzige durchläuft jedes von ihnen in einem Kreis, es scheint lediglich viele Bahnen zu ziehen –, und vom schnellsten unter ihnen wird wiederum zu Unrecht geglaubt, es sei das [b] langsamste und umgekehrt. Wenn sich dies nun von Natur aus so verhält, wir aber eine andere Ansicht haben, wenn wir etwa in Olympia von den Rennpferden oder von den Langläufern ebenso dächten und den schnellsten als den langsamsten und den langsamsten als den schnellsten bezeichneten und in den Preisliedern, die wir dichteten, den Unterlegenen als Sieger besängen, dann würden wir, meine ich, den Läufern Preislieder darbringen in einer Weise, die weder richtig ist noch diesen gefällt, die doch nur Menschen sind. Wenn wir aber jetzt den Göttern gegenüber denselben [c] Fehler begehen, glauben wir da nicht, dass dann das, was dort in jenem Fall lächerlich und verkehrt wäre, jetzt hier und bei diesen Wesen gar nicht zum Lachen, aber gewiss auch nicht Gott wohlgefällig ist, wenn wir nämlich eine falsche Kunde über die Götter in unseren Hymnen verbreiten würden?

KL. Sehr wahr, vorausgesetzt, es verhält sich so.

ATH. Wenn wir nun beweisen können, dass sich das so verhält, muss dann nicht dies alles wenigstens bis zu dem angegebenen Punkte gelernt werden, wenn es aber nicht bewiesen wird, beiseite gelassen werden? Und soll dies so unter uns festgesetzt sein?

[d] KL. Auf jeden Fall.

ATH. Nunmehr haben, so müssen wir sagen, unsere gesetzlichen Bestimmungen über die zur Erziehung gehörenden Unterrichtsgegenstände ihren Abschluss gefunden.

Über die Jagd aber müssen wir dieselben Überlegungen anstellen wie über alles andere dieser Art. Denn die einem Gesetzgeber übertragene Aufgabe ist vermutlich noch umfassender, als dass er sich ihrer durch Aufstellung von Gesetzen entledigen könnte; vielmehr scheint es noch etwas anderes neben den Gesetzen zu geben, das seiner Natur nach die Mitte zwischen Ermahnung und Gesetz hält und worauf wir schon mehrmals zu [e] sprechen gekommen sind, so bei der Aufzucht der ganz kleinen Kinder. Denn einerseits dürfen solche Dinge, behaupten wir, nicht unbesprochen bleiben; wenn wir sie andererseits besprechen, so wäre es der Gipfel der Torheit, zu meinen, dass damit Gesetze aufgestellt würden. Wenn also die Gesetze und die ganze Verfassung in dieser Weise niedergeschrieben sind, so ist das Lob eines durch seine Tugend hervorragenden Bürgers noch nicht vollkommen, wenn man sagt, dass schon der, welcher den Gesetzen am besten dient und am eifrigsten gehorcht, der gute Bürger sei; vollständiger wäre folgende Ausdrucksweise: Der ist es, der den schriftlichen Weisungen des Gesetzgebers, mag er damit Gesetze aufstellen oder nur Lob [823a] und Tadel aussprechen, gehorcht und so sein Leben unverfälscht zubringt. Dies ist die richtigste Formulierung für das Lob eines Bürgers; und ein wirklicher Gesetzgeber darf nicht bloß die Gesetze niederschreiben, sondern muss neben den Gesetzen auch alles, was ihm schön zu sein scheint und was nicht, mit den Gesetzen verflechten und niederschreiben; der vollkommene Bürger aber muss dies für nicht weniger bindend betrachten als das, was von den Gesetzen mit Strafen belegt ist.

Wenn wir nun unseren jetzigen Gesprächsgegenstand gleichsam als Zeugnis vorführen, können wir wohl noch deutlicher machen, was wir [b] wollen. Die Jagd ist nämlich eine sehr vielfältige Tätigkeit, die heute so ziemlich unter einem einzigen Namen zusammengefasst ist. Vielfältig in ihrer Art ist nämlich die Jagd auf Wassertiere, vielfältig die auf Vögel, sehr vielfältig die auf Landtiere, und zwar nicht nur auf wilde Tiere, sondern auch die Jagd auf Menschen verdient Beachtung, und zwar die im Krieg; viele Formen zeigt auch die, die ihnen auf dem Wege der Freundschaft nachjagt und teils Lob, teils Tadel verdient. Auch Diebstähle und Räubereien und [c] Jagden auf Heere mit Heeren gibt es. Wenn aber der Gesetzgeber über die Jagd Gesetze erlässt, ist es ihm weder möglich, diese Dinge ungeklärt zu lassen, noch für alles Befehle und Strafen festzusetzen und drohende Gesetze aufzustellen. Was ist also bei solchen Dingen zu tun? Er, der Gesetzgeber, muss die einzelnen Arten der Jagd im Hinblick auf die Anstrengungen und Beschäftigungen der jungen Leute loben oder tadeln; der junge Mann andererseits, der das hört, muss gehorchen, und weder Lust noch Anstrengung darf ihn davon abbringen, und mehr noch als das, was im Einzelnen mit Strafen bedroht und gesetzlich angeordnet ist, muss er die in [d] Form eines Lobes vorgetragenen Empfehlungen achten und wie einen Befehl ausführen.

An diese Vorbemerkungen mag sich in angemessener Weise das Lob und der Tadel der Jagd anschließen, Lob für diejenige Jagd, die die Seelen der jungen Leute besser macht, und Tadel für die entgegengesetzte. Wir wollen also das Anschließende so vortragen, dass wir die jungen Leute in Form eines Wunsches anreden:

»Liebe Freunde, möge euch doch niemals die Begierde und Lust zur Jagd auf dem Meer ergreifen oder zum Angeln oder überhaupt zur Jagd [e] auf Wassertiere mit Reusen, die einem, ob man wacht oder schläft, durch ihre Mühe eine bequeme Jagd ermöglichen. Auch möge euch kein Verlangen nach Menschenfang auf dem Meer und nach Seeräuberei überkommen und euch zu rohen und gesetzlosen Jägern machen; Diebstähle aber im Lande und in der Stadt zu unternehmen, das möge euch nicht im entferntesten in den Sinn kommen. Ebensowenig möge die lockende Lust zum Vogelfang, die einem Freien nicht sonderlich gut ansteht, einen jungen Mann überkommen. Nur das Jagen und Einfangen von Landtieren bleibt somit [824a] für unsere Kämpfer übrig, wovon die eine Art, bei der man reihum schläft, die sogenannte Nachtjagd, eine Sache für faule Leute, kein Lob verdient, aber auch nicht die, die ein Ausruhen zwischen den Anstrengungen gestattet, weil man die wilde Kraft der Tiere mit Netzen und Fallen, nicht aber durch den Sieg einer die Anstrengungen liebenden Seele überwältigt. Die einzige Jagd also, die für alle übrig bleibt, und zugleich die beste ist die Jagd auf Vierfüßler mit Pferden und Hunden und mit dem eigenen Körper, wobei man alle diese Tiere durch Lauf und Hieb und Wurf überwältigt und so mit den eigenen Händen jagt, wenigstens wenn einem an der göttlichen Tapferkeit gelegen ist.«

Für dieses ganze Gebiet mag die vorgetragene Rede als Lob und Tadel genügen; das Gesetz aber laute folgendermaßen: Diese wahrhaft heiligen Jäger soll niemand hindern, wo und wie immer sie jagen wollen. Den Nachtjäger aber, der sich auf Netz und Schlinge verlässt, darf niemand irgendwo jagen lassen. Den Vogelfänger soll auf Brachland oder im Gebirge niemand hindern; aber auf bebautem und auf heiligem Boden soll ihn jeder von der Jagd abhalten, der darüber hinzukommt. Dem Wasserjäger soll – ausgenommen in Häfen und heiligen Flüssen, Seen und Teichen – in allen andern Gewässern die Jagd gestattet sein, sofern er dabei nur nicht eine Wassertrübung durch Säfte hervorruft.

Damit haben nun, so müssen wir feststellen, alle gesetzlichen Bestimmungen über die Erziehung ihren Abschluss gefunden.

KL. Da magst du recht haben.

Achtes Buch

[828a] ATH. Daran anschließend müssen wir Feste anordnen und sie gesetzlich regeln, und zwar mithilfe der Orakelsprüche aus Delphi, die uns angeben, welche Opfer und welchen Göttern zu opfern für die Stadt besser und vorteilhafter ist. Wann diese aber darzubringen sind und wie groß deren Anzahl sein soll, dies gesetzlich zu regeln wird vielleicht unsere Aufgabe sein, wenigstens für einige von ihnen.

KL. Wahrscheinlich müssen wir ihre Anzahl regeln.

ATH. So wollen wir denn zuerst ihre Anzahl angeben. Es soll nämlich [b] nicht weniger als 365 Feste geben, damit ständig wenigstens *eine* Behörde einem der Götter oder Dämonen für die Stadt und die Bürger und deren Besitz opfert. Zu diesem Zweck sollen die Ausleger, die Priester und Priesterinnen und die Seher mit den Gesetzeswächtern zusammenkommen und das regeln, was der Gesetzgeber zwangsläufig beiseite lassen muss. Und eben das zu erkennen, was beiseite geblieben ist, ist denn auch Aufgabe dieser selben Leute. Das Gesetz [c] wird nämlich verkünden, dass es zwölf Feste für die zwölf Götter geben soll, nach denen jede Phyle jeweils benannt ist; einem jedem von diesen soll man monatliche Opfer darbringen mit Chören und musischen Wettbewerben, teils auch mit gymnischen, die man den Göttern selbst und der jeweiligen Jahreszeit so zuweist, wie es ihnen angemessen ist; ebenso soll man Feste für Frauen anordnen und angeben, welche unter Ausschluss der Männer zu begehen sind und welche nicht. Auch darf man den Kult der Unterirdischen nicht mit dem der Götter, die als himmlische zu bezeichnen sind, und der diesen folgenden Wesen vermischen, [d] sondern muss ihn davon trennen, indem man ihn in den Monat Plutons, also den zwölften, gemäß dem Gesetz verweist; und kriegerische Menschen dürfen keine Abneigung gegen einen solchen Gott haben, sondern müssen ihn ehren in der Überzeugung, dass er für das Menschengeschlecht die beste Gottheit ist. Denn die Verbindung von Seele und Leib ist in keiner Weise besser als ihre Trennung, wie ich im Ernst behaupten möchte.

Außerdem müssen diejenigen, die auf diesem Gebiet eine befriedigende Einteilung vornehmen wollen, noch folgende Überlegung anstellen: Unsere Stadt ist hinsichtlich der freien Zeit und der Ausstattung mit allem Notwendigen so beschaffen, wie man unter den heutigen keine [829a] zweite finden kann; sie muss aber auch, wie ein einzelner Mensch, gut leben. Für die, die glücklich leben, ist aber die erste notwendige Voraussetzung die, dass sie weder einander Unrecht zufügen noch von anderen Unrecht erleiden. Hiervon ist das eine nicht besonders schwer; aber die Fähigkeit, kein Unrecht zu erleiden, ist sehr schwer zu erwerben, und sie vollkommen zu erwerben ist nicht anders möglich, als indem man vollkommen gut wird. Dieselbe Voraussetzung gilt nun auch für eine Stadt: Wenn sie sich als gut erweist, so wird ihr ein friedliches Leben zuteil; ein kriegerisches aber nach außen und innen, wenn sie sich als schlecht erweist. Da [b] sich dies etwa so verhält, muss sich jeder nicht erst im Krieg auf den Krieg vorbereiten, sondern während des Lebens im Frieden. Daher muss eine Stadt, die Vernunft besitzt, in jedem Monat mindestens an einem Tag ins Feld ziehen, ja sogar mehrere Tage, je nachdem, wie es den Beamten gut scheint, ohne Frost oder

Hitze zu scheuen, und die Männer zusammen mit den Frauen und Kindern, falls die Beamten beschließen, die ganze Bevölkerung ausrücken zu lassen, manchmal aber auch in einzelnen Abteilungen.

Auch muss man jeweils bestimmte schöne Spiele in Verbindung mit den Opferfeiern erfinden, damit sozusagen ›festliche‹ Kämpfe [c] stattfinden, die die kriegerischen Kämpfe möglichst getreu nachahmen. Und Siegespreise und Auszeichnungen soll man jeweils an die Sieger verteilen und Loblieder und Rügelieder aufeinander dichten, je nachdem, wie sich einer jeweils in den Wettkämpfen und im gesamten Leben bewährt hat, indem man den, der sich als der Beste erweist, auszeichnet und den andern tadelt.

Dichter solcher Lieder soll aber nicht jeder sein, sondern nur wer erstens nicht jünger als 50 Jahre ist und sodann nicht zu denen gehört, die zwar genügend dichterisches und musisches Talent in sich tragen, aber noch [d] niemals eine schöne und glänzende Tat vollbracht haben. Wer aber selber gut und geehrt in der Stadt ist, weil er schöne Taten hervorgebracht hat, dessen Dichtungen soll man singen, auch wenn sie keine musikalischen Qualitäten aufweisen. Die Entscheidung hierüber soll bei dem Erzieher und den anderen Gesetzeswächtern liegen, die ihnen dies als Vorrecht zugestehen, dass sie allein auf dem Gebiet der Musenkunst völlige Freiheit haben, während die anderen keinerlei Erlaubnis dazu erhalten und es niemand wagen darf, ein nicht genehmigtes Lied ohne Prüfung durch die Gesetzeswächter vorzutragen, selbst wenn es lieblicher klänge als die Hymnen des [e] Thamyras und des Orpheus, sondern nur solche Gedichte, die für heilig erklärt und den Göttern geweiht worden sind, und solche Rüge- und Loblieder, die von guten Männern gedichtet und deren Rüge und Lob für angemessen befunden worden ist. Dieselben Bestimmungen aber, behaupte ich, müssen bezüglich des Militärdienstes und der dichterischen Freiheit für die Frauen und die Männer gleichermaßen gelten.

Der Gesetzgeber muss aber Folgendes bedenken und sich durch vernünftige Überlegung klarmachen: Nun, was für Leute will ich eigentlich heranbilden, sobald ich meine Stadt ganz eingerichtet habe? Nicht etwa [830a] Athleten für die bedeutendsten Kämpfe, denen Tausende von Kämpfern gegenüberstehen? – Gewiss, müsste man richtigerweise antworten. – Und weiter: Wenn wir Faustkämpfer oder Pankratiasten heranbildeten oder Athleten für sonst einen Wettkampf dieser Art, würden wir uns da wohl in den eigentlichen Kampf begeben, ohne in der Zeit davor täglich mit jemandem zu kämpfen? Oder wenn wir Faustkämpfer wären, würden wir da nicht sehr viele Tage vor dem Wettkampf die Kampftechnik erlernen [b] und uns darin abmühen, indem wir all das nachahmen, was wir später anwenden müssen, wenn wir um den Sieg kämpfen, und würden wir uns nicht, um die Ähnlichkeit möglichst weit zu treiben, statt der Boxriemen Bälle um die Hände binden, um die Schläge und das Ausweichen vor Schlägen möglichst angemessen einzuüben? Und wenn es uns einmal an Übungspartnern zu sehr fehlen sollte, würden wir da etwa aus Furcht vor dem Gelächter der unverständigen Leute nicht den Mut haben, eine leblose Puppe aufzuhängen und an ihr zu trainieren? Ja, wenn wir einmal völlig [c] ohne jeden lebenden oder leblosen Gegner wären, würden wir da bei dem Mangel an Übungspartnern nicht den Mut haben, gegen uns selbst im wahrsten Sinne des Wortes einen

Schattenboxkampf zu kämpfen? Oder als was sonst könnte man die Übung im Schwingen der Fäuste bezeichnen?

KL. Kaum für etwas anderes, Fremder, als für eben das, was du gerade gesagt hast.

ATH. Und weiter: Soll die Streitmacht unserer Stadt wirklich schlechter vorbereitet als solche Kämpfer sich jeweils in den größten aller Kämpfe wagen, um für das Leben und die Kinder, für Hab und Gut und die ganze [d] Stadt zu kämpfen? Und wird also ihr Gesetzgeber aus Furcht, diese gegenseitigen Übungen könnten jemandem lächerlich erscheinen, sie etwa nicht gesetzlich anordnen und nicht befehlen, dass möglichst jeden Tag die kleineren Feldübungen ohne Waffen stattfinden, und wird auch die Chöre und die gesamte Gymnastik auf dieses Ziel hin ausrichten?

Was aber gleichsam die größeren Formen der »Gymnastik« betrifft, so wird er doch anordnen, dass sie mindestens in jedem Monat durchgeführt [e] werden, wobei die Bürger untereinander Wettkämpfe im ganzen Land veranstalten sollen und in der Einnahme von festen Plätzen und im Legen von Hinterhalten miteinander wetteifern und überhaupt das ganze Kriegshandwerk nachahmen und sich einen wirklichen Kampf mit abgestumpften Speeren liefern sollen und mit Würfen, die den wirklichen möglichst nahe kommen, indem sie nicht ganz ungefährliche Geschosse verwenden, damit das gemeinsame Spiel nicht völlig harmlos ist, sondern Ängste einflößt und bis zu einem gewissen Grade erkennen lässt, [831a] wer ein tapferes Herz hat und wer nicht, und damit der Gesetzgeber den einen Ehren, den anderen aber Entehrungen in der rechten Weise zuerkennt und dadurch die ganze Stadt für den wahren lebenslangen Kampf tüchtig macht?

Und selbst wenn einer auf diese Weise ums Leben kommt, wird er da nicht in der Annahme, dass die Tötung unfreiwillig erfolgte, festsetzen, dass der Täter, sobald er sich nach dem Gesetz gereinigt hat, rein an seinen Händen ist, weil er davon überzeugt ist, sofern nicht allzu viele Menschen dabei sterben, würden wieder andere und keine schlechteren Menschen dafür nachwachsen; wenn aber in allen derartigen Übungen die Furcht gleichsam gestorben wäre, so werde er keinen Prüfstein mehr finden können, um die Besseren und die Schlechteren zu ermitteln, was für [b] eine Stadt ein viel schlimmeres Übel als jenes wäre?

KL. Wir jedenfalls würden zugeben, Fremder, dass eine jede Stadt solche Übungen anordnen und durchführen muss.

ATH. Kennen wir nun auch alle die Ursache, weshalb es heute in den Städten einen derartigen Chortanz und Wettkampf fast überhaupt nicht gibt, außer in ganz bescheidenem Maße? Oder sollen wir sagen, dies sei so wegen der Unwissenheit der großen Menge und derer, die ihnen ihre Gesetze geben?

KL. Vielleicht.

[c] ATH. Keineswegs, mein beneidenswerter Kleinias; wir müssen vielmehr hierfür zwei andere und zwar sehr triftige Ursachen verantwortlich machen.

KL. Welche denn?

ATH. Die eine rührt von der Liebe zum Reichtum her, welche die ganze Zeit so ausfüllt, dass sie keine Muße mehr lässt, sich um etwas anderes zu kümmern als um den eigenen Besitz; wenn aber an diesem die ganze Seele eines jeden Bürgers hängt, dann kann sie sich wohl nie um etwas anderes kümmern als um den täglichen Profit; und eine Kenntnis oder auch eine Tätigkeit, die dahin führt, ist jeder aus eigenem Interesse sofort bereit sich anzueignen bzw. sie auszuüben; die anderen dagegen verlacht [d] er. Dies wäre also das eine, und dies muss man als eine Ursache davon ansehen, dass eine Stadt weder diese noch sonst eine gute und schöne Tätigkeit ernsthaft betreibt, sondern dass jedermann wegen seiner unersättlichen Gier nach Gold und Silber sich jedes Gewerbe und jedes Mittel, mag es noch so schön oder unanständig sein, gerne gefallen lässt, wenn er dadurch reich werden kann, und dass er jede Handlung ausführt, mag sie fromm oder unfromm oder ganz schändlich sein, ohne dabei die geringsten Skrupel zu empfinden, wenn er nur die Möglichkeit erhält, wie ein [e] Tier alles mögliche zu essen und ebenso zu trinken und sich jede erdenkliche Befriedigung seiner sexuellen Gelüste zu verschaffen.

KL. Richtig.

ATH. Dies also, was ich hier sage, soll als die eine Ursache gelten, die es verhindert, dass die Städte überhaupt irgend etwas Schönes und so auch die kriegerischen Übungen in ausreichendem Maß betreiben, sondern die vielmehr Kaufleute, Schiffsreeder und überhaupt Leute mit dienender Funktion aus den bedächtigeren Naturen unter den Menschen macht, während sie die tapferen zu Seeräubern, Einbrechern, Tempelräubern, zu [832a] kriegslüsternen und tyrannischen Menschen macht, zu Leuten also, die manchmal durchaus nicht schlecht veranlagt, aber unglücklich sind.

KL. Wie meinst du das?

ATH. Wie sollte ich sie denn nicht als ganz unglücklich

bezeichnen, da sie gezwungen sind, ihr Leben lang in ihrer Seele ständig Hunger zu leiden?

KL. Das wäre also die eine Ursache; worin siehst du aber die zweite Ursache, Fremder?

ATH. Gut, dass du mich daran erinnerst.

KL. Dies also ist die eine, sagst du, die lebenslange unstillbare [b] Begierde, die jeden völlig in Beschlag nimmt und so verhindert, dass alle die mit dem Krieg zusammenhängenden Übungen in der rechten Weise durchführen. Mag es denn so sein! Aber gib nun auch die zweite Ursache an.

ATH. Meinst du, ich würde sie aus Verlegenheit nicht nennen, sondern damit zögern?

KL. Nein; sondern uns scheint, dass du aus einer Art Hass heraus eine solche Gesinnung schärfer geißelst, als es unser jetziges Thema erfordert.

ATH. Ihr habt sehr recht mit eurem Vorwurf, Freunde. Und so hört denn das Weitere, wie es sich gebührt.

KL. Sprich nur.

ATH. Ich behaupte, dass die Pseudo-Verfassungen daran schuld sind, die [c] ich in unserem früheren Gespräch mehrmals erwähnt habe, nämlich die Demokratie, die Oligarchie und die Tyrannis. Von diesen ist nämlich keine einzige eine Verfassung, sondern am richtigsten würde man sie alle als Parteiherrschaften bezeichnen; denn keine herrscht freiwillig über freiwillige Bürger, sondern jede herrscht nach ihrem eigenen Willen über Bürger gegen deren Willen mit steter Anwendung einer Art von Zwang; da aber der Herrschende sich vor dem Beherrschten fürchtet, wird er es wohl nie freiwillig zulassen, dass dieser schön oder reich oder stark oder tapfer oder überhaupt ein kriegerischer Mann wird. Dies also sind die beiden entscheidenden Ursachen fast aller Übel, besonders aber derer, um die es hier geht. Unsere gegenwärtige Verfassung aber, die wir durch [d] unsere Gesetzgebung entwerfen, hat beides vermieden; denn einerseits wird die Bürgerschaft ein Höchstmaß an freier Zeit haben, andererseits sind die Bürger von einander unabhängig; geldgierig aber werden sie, glaube ich, infolge dieser Gesetze wohl am wenigsten werden; daher dürfte nach aller vernünftigen Wahrscheinlichkeit eine derartige Verfassungsform als einzige unter den heutigen Verfassungen Raum bieten für die dargelegte Einheit von kriegerischer Erziehung und kriegerischem Spiel, wie wir sie in unserem Gespräch richtig durchgesprochen haben.

KL. Schön.

ATH. Sollten wir nun nicht als Nächstes für alle gymnischen Wettkämpfe [e] daran erinnern, dass man von diesen alle diejenigen, die eine Vorübung für den Krieg darstellen, eifrig betreiben und Siegespreise für sie aussetzen soll, die aber, bei denen dies nicht der Fall ist, beiseite lassen soll? Welche das aber sind, das wird besser gleich zu Beginn gesagt und gesetzlich festgelegt. Und als Erstes sind doch die Wettkämpfe im Laufen und überhaupt in der Schnelligkeit zu regeln?

KL. Ja.

ATH. Jedenfalls ist das Wichtigste im Krieg die allseitige Behendigkeit [833a] des Körpers, einmal die der Füße, sodann auch die der Hände: zum Fliehen und Einholen die der Füße; während das Handgemenge und der Nahkampf Kraft und Stärke erfordert.

KL. Gewiss.

ATH. Aber ohne Waffen bringt keine der beiden den höchsten Nutzen.

KL. Wie sollten sie auch!

ATH. Den Stadionläufer soll also unser Herold, wie heutzutage üblich, als ersten bei den Wettkämpfen aufrufen. Er soll in Waffen antreten; für einen unbewaffneten Wettkämpfer werden wir keine Preise aussetzen. Als Erster wird also der antreten, der das Stadion einmal in Waffen [b] durchlaufen soll, als Zweiter, wer den Doppellauf, als Dritter, wer die Pferdestrecke, und als Vierter endlich, wer die lange Strecke zurücklegen soll; aber auch noch ein Fünfter, den wir als Ersten in Waffen hinausschicken werden auf eine Strecke von 60 Stadien zu einem Heiligtum des Ares und wieder zurück, der in schwererer Rüstung (weshalb wir ihn als Hopliten bezeichnen) auf ebenerem Weg läuft, während der Zweite (den wir als Schützen bezeichnen) in voller Schützenrüstung, dafür aber eine Strecke von 100 Stadien zu einem Heiligtum des Apollon und der Artemis durch Berge und Gelände aller Art laufen soll. Und während wir den übrigen Wettkampf ausrichten, werden wir auf diese warten, bis sie [c] zurückkommen, und dann dem Sieger in jedem Lauf den Siegespreis überreichen.

KL. Richtig.

ATH. Wir wollen uns nun diese Wettkämpfe in drei Arten eingeteilt denken, eine für die Knaben, eine für die noch bartlosen Jünglinge und eine für die Männer. Und für die Läufe der Jünglinge wollen wir zwei Drittel der Laufstrecke festsetzen, für die Knaben die Hälfte davon, einerlei, ob sie als Bogenschützen oder als Hopliten um die Wette laufen.

Was ferner die Frauen betrifft, so wollen wir für die noch nicht heiratsfähigen Mädchen, die nackt antreten sollen, die einfache und die [d] doppelte Stadionlänge, die Pferdestrecke und die lange Strecke vorschreiben, wobei sie nur im bloßen Laufen miteinander wetteifern sollen; den Mädchen von 13 Jahren aber bis zur Heirat soll die Teilnahme höchstens bis zum 20. und mindestens bis zum 18. Lebensjahr zur Pflicht gemacht sein; diese sollen in passender Kleidung zum Wettkampf in diesen Läufen antreten. Für die Laufwettbewerbe der Männer und Frauen sei dies also festgesetzt.

Was aber die Wettbewerbe in der Körperkraft betrifft, so wollen wir anstatt des Ringens und ähnlicher Sportarten, die heute zu den schweren Disziplinen zählen, den Kampf in Waffen einführen, wobei einer gegen [e] einen kämpft und zwei gegen zwei und so weiter bis zu zehn gegen zehn miteinander kämpfen. In der Frage aber, welche Hiebe einer nicht empfangen darf und welche er austeilen muss, um Sieger zu werden, und bis zu welcher Zahl, wollen wir verfahren wie heutzutage beim Ringkampf: Wie dort die Fachleute in eben dem Ringen festgesetzt haben, worin die Leistung eines guten oder eines schlechten Ringers besteht, in derselben Weise müssen wir auch die Fachleute im Waffenkampf herbeirufen und sie auffordern, zusammen mit uns gesetzlich festzulegen, wer mit Recht als Sieger in diesen Kämpfen gelten darf, welche Hiebe er hierzu nicht empfangen haben darf und welche er ausgeteilt haben muss, und ebenso, [834a] welche Regel über die Niederlage entscheidet. Dieselben Bestimmungen sollen auch für die weiblichen Teilnehmer gelten, die noch unverheiratet sind.

Den Kampf in leichten Waffen wollen wir in seinem gesamten Umfang an die Stelle des Pankrations setzen, so dass die Teilnehmer mit Bogen und Schilden, mit Speeren und Steinwürfen aus der Hand und mit der Schleuder kämpfen, und müssen auch hierfür Gesetze aufstellen und dem, der diesen Bestimmungen am besten genügt, den Preis und den Sieg zuerkennen.

Als Nächstes kämen nun die Gesetzesbestimmungen für die [b] Wettkämpfe zu Pferd an die Reihe. An Pferden haben wir allerdings weder in großer Zahl noch in großem Maße Bedarf, jedenfalls hier in Kreta, so dass zwangsläufig auch das Interesse an Pferdezucht und an Pferdewettkämpfen geringer ist. Ein Wagengespann gar unterhält überhaupt niemand bei uns, und so wird sich auch bei niemandem ein Ehrgeiz in dieser Richtung entwickeln, der der Rede wert wäre; wenn wir daher für etwas, das nicht landesüblich ist, Wettbewerbe einrichten wollten, hätten wir keinen Verstand und würden auch nicht den Eindruck machen, als besäßen wir solchen. Wenn wir aber für einzelne Pferde Preise aussetzen würden, und [c] zwar sowohl für Fohlen, die noch nicht ihre ersten Zähne verloren haben, als auch für Pferde von mittlerem Alter zwischen ausgewachsenen Pferden und jenen Fohlen und schließlich für eben die ausgewachsenen Tiere, so würden wir damit wohl das Reiterspiel gemäß der Natur des Landes gestalten. So soll es denn hierin für sie von Gesetzes wegen einen Wettkampf und Wettstreit geben, und den Phylarchen und den Hipparchen soll gemeinsam die Entscheidung über all diese Laufwettbewerbe anvertraut sein und über die, die in Waffen daran teilnehmen; wollten wir aber für Unbewaffnete Wettkämpfe ansetzen, so wäre das weder bei den [d] gymnischen Übungen noch hier eine richtige gesetzliche Bestimmung. Als Bogenschütze zu Pferd allerdings ist der Kreter nicht ohne Nutzen und auch nicht als Speerwerfer; darum soll es auch darin um des sportlichen Vergnügens willen einen Wettstreit und Wettkampf geben.

Die Frauen aber hierbei durch Gesetze und Befehle zur Teilnahme zu zwingen wäre nicht angemessen; wenn aber infolge des vorangehenden und ihnen zur Gewohnheit gewordenen Trainings ihre Natur es zulässt und sich nicht dagegen sträubt, dass sie als Mädchen oder Jungfrauen daran teilnehmen, so soll man sie lassen und sie nicht tadeln.

Die Wettkämpfe also und die Unterweisung in der Gymnastik sowie alle die Anstrengungen, denen wir uns in den Wettkämpfen und denen [e] wir uns täglich in den Schulen zu unterziehen haben, haben damit bereits ihren Abschluss erhalten.

Und ebenso ist auch von der Musik das meiste bereits zu Ende gebracht worden; was aber die Rhapsoden und ihnen verwandte Künstler betrifft und all die Wettbewerbe von Chören, die bei den Festen stattfinden müssen, so sollen sie erst dann, wenn für die Götter und die Wesen in ihrem Gefolge die Monate, Tage und Jahre festgelegt sind, eingerichtet und entschieden werden, ob die Feste in zweijährigem Abstand oder alle vier Jahre stattfinden sollen oder welche Art der Anordnung auch immer [835a] die Götter in den Sinn geben mögen. Dann darf man erwarten, dass auch die musischen Wettbewerbe in der richtigen Reihenfolge stattfinden, sobald sie von den Kampfrichtern, dem Erzieher der Jugend und den Gesetzeswächtern angeordnet sind, die zu eben diesem Zweck gemeinsam zusammenkommen und selber zu Gesetzgebern bezüglich der Frage werden sollen, wann und welche Leute und mit wem zusammen diese die Wettbewerbe in allen Chören und Reigentänzen durchführen sollen. Wie es aber dabei jeweils mit dem Text und den Liedern und den Harmonien zu halten ist, die sich mit den Rhythmen und den Tanzbewegungen [b] verbinden, das ist bereits mehrmals von dem ersten Gesetzgeber gesagt worden, und danach müssen sich die zweiten Gesetzgeber bei ihren Anordnungen richten und die Wettbewerbe jeweils den einzelnen Opferfesten zur angemessenen Zeit zuweisen und so der Stadt Feste zum Feiern verschaffen.

Bei diesen und sonstigen Gegenständen dieser Art ist es also nicht schwer zu erkennen, in welcher Weise sie eine gesetzliche Regelung erhalten sollen; und wenn daran hier und da etwas geändert wird, dürfte dies der Stadt weder großen Vorteil noch großen Schaden bringen.

[c] Was jedoch von nicht geringer Bedeutung ist, wozu aber die Leute nur schwer zu überreden sind, das wäre am ehesten eine Aufgabe für einen Gott, sofern es nur möglich wäre, dass von ihm unmittelbare Befehle ausgingen; so aber scheint es dazu eines unerschrockenen Mannes zu bedürfen, der ein offenes Wort besonders hochschätzt und deshalb ausspricht, was ihm als das Beste für eine Stadt und ihre Bürger erscheint, der mitten unter verdorbenen Seelen anordnet, was sich schickt und mit der gesamten Verfassung im Einklang steht, der mit seinen Worten den größten Begierden entgegentritt und, da er in keinem Menschen einen Helfer hat, als einziger einzig der Vernunft folgt.

[d] KL. Welches Thema, Fremder, haben wir denn nun wieder zu besprechen? Denn wir verstehen das noch nicht.

ATH. Das ist nur natürlich. Aber ich will versuchen, es euch noch deutlicher zu sagen. Als ich nämlich in meiner

Rede auf die Erziehung zu sprechen kam, da sah ich vor mir junge Männer und junge Mädchen freundschaftlich miteinander verkehren. Da überkam mich, wie natürlich, Furcht, indem ich bedachte, wie man es mit einer solchen Stadt halten soll, in der die jungen Männer und jungen Mädchen gut genährt sind, aber von harten und unedlen Anstrengungen, die ja den Übermut am [e] besten ersticken, frei sind, dafür aber Opfer und Feste und Reigentänze allen das ganze Leben hindurch am Herzen liegen. Auf welche Weise werden sie sich denn in dieser Stadt jemals von denjenigen Begierden fernhalten können, die viele Menschen vielfach ins äußerste Verderben stürzen und von denen sich fernzuhalten die Vernunft gebietet, die zum Gesetz werden will? Und bei den meisten Begierden wäre es kein Wunder, wenn die bisher erlassenen Gesetzesbestimmungen ihrer Herr würden. Denn dass [836a] es nicht möglich ist, übermäßig reich zu sein, ist kein geringer Gewinn für das Besonnensein, und auch die ganze Erziehung ist mit Gesetzen bedacht worden, die einem solchen Ziel angemessen sind, und außerdem hält das Auge der Beamten, da es genötigt ist, nach nichts anderem zu schauen, sondern stets hierauf zu sehen und auf eben die jungen Leute, die andern Begierden, soweit es menschenmöglich ist, unter Kontrolle.

Was nun aber die Leidenschaften der Liebe zu Jugendlichen männlichen oder weiblichen Geschlechts betrifft und von Männern zu Frauen [b] und von Frauen zu Männern, woraus ja schon tausendfaches Unglück für die Menschen persönlich und für ganze Städte entstanden ist: Wie könnte man dies verhüten und welches Heilkraut müsste man pflücken, um für diese alle einen Fluchtweg aus einer solchen Gefahr zu finden? Das ist keineswegs leicht, Kleinias. Denn während uns sonst in nicht wenigen Fällen Kreta und Lakedaimon freundlicherweise eine nicht geringe Hilfe leisten, wenn wir Gesetze geben, die von den meisten Gewohnheiten abweichen, so befinden sie sich doch in Fragen der Liebe – wir sind ja unter [c] uns – in völligem Gegensatz zu uns. Denn wenn einer sich an die Natur halten und das vor Laios gültige Gesetz wieder aufstellen wollte und behaupten würde, es sei richtig gewesen, sich mit Männern und Jugendlichen nicht wie mit Frauen zum Geschlechtsverkehr zu vereinigen, und wenn er als Zeugnis hierfür die Natur der Tiere anführen und darauf hinweisen würde, dass zu einem solchen Zweck kein Männchen ein Männchen berührt, weil das nicht der Natur gemäß wäre, so brächte er damit vermutlich ein überzeugendes Argument vor und würde sich dennoch keineswegs mit euren Städten im Einklang befinden.

[d] Außerdem ist das, worauf der Gesetzgeber unserer Meinung nach bei allem zu achten hat, hiermit nicht vereinbar. Denn wir untersuchen doch immer, welche unserer Bestimmungen zur Tugend führt und welche nicht. Nun also: Wenn wir erlauben würden, dieses Verhalten als etwas Schönes oder keineswegs Schändliches jetzt gesetzlich anzuordnen, welchen Beitrag zur Tugend würde dies dann leisten? Wird es in der Seele dessen, der sich verführen lässt, eine Haltung der Tapferkeit oder in der des Verführers eine besonnene Wesensart erzeugen? Oder wird sich niemand je zu dieser Meinung verführen lassen, sondern ganz im Gegenteil: [e] dem, der der Lust nachgibt und nicht standhalten kann, wird jedermann Schlaffheit vorwerfen und an dem, der sich zur Nachahmung des weiblichen Ge-

schlechts hergibt, die Ähnlichkeit des Abbilds tadeln? Welcher Mensch wird nun dies, wenn es damit so steht, gesetzlich anordnen? Wohl keiner, jedenfalls wenn er in seinem Geist das wahre Gesetz trägt.

Wie können wir nun dies als wahr erweisen? Das Wesen der [837a] Freundschaft sowie des Begehrens und der sogenannten Liebesleidenschaften muss man betrachten, wenn man hier zu einer richtigen Auffassung gelangen will. Denn es gibt davon zwei Arten und aus beiden gemischt noch eine dritte; der Umstand aber, dass sie alle eine einzige Bezeichnung umfasst, verursacht die ganze Verwirrung und Dunkelheit.

KL. Wieso?

ATH. Befreundet nennen wir doch das Ähnliche mit dem an Tugend Ähnlichen und das Gleiche mit dem Gleichen; befreundet anderseits aber auch das Bedürftige mit dem Reichen, obwohl es diesem gattungsmäßig entgegengesetzt ist. Wenn aber beide Gefühle stark werden, nennen wir das Liebe.

[b] KL. Richtig.

ATH. Nun ist die aus Gegensätzen entspringende Freundschaft gefährlich und wild und bewirkt nicht oft Gegenseitigkeit zwischen uns; die aus der Ähnlichkeit hervorgehende Freundschaft ist dagegen sanft und gegenseitig das ganze Leben lang. Was aber die aus diesen durch Mischung entstandene Art betrifft, so ist erstens nicht leicht zu erkennen, was überhaupt jemand erlangen will, der diese dritte Art von Liebe empfindet; sodann ist er, weil er von beiden Neigungen in entgegengesetzte Richtungen gezerrt wird, in einer schwierigen Lage, da die eine ihn auffordert, sich an der Blüte der Jugend zu vergreifen, die andere es ihm [c] verbietet. Denn wer den Körper begehrt und nach dessen Blüte wie nach einer reifen Frucht hungert, der fordert sich selbst auf, sich daran zu sättigen, ohne der Seelenverfassung des Geliebten irgendeinen Wert beizumessen. Wer jedoch das Verlangen nach dem Körper nur für etwas Nebensächliches hält und ihn mehr betrachtet als begehrt, aber mit der Seele wahrhaft die Seele zu begehren gelernt hat, der sieht in der körperlichen Befriedigung des Körpers einen frevelhaften Übergriff, und weil er das Besonnene und Tapfere und Großgesinnte und das Vernünftige achtet und verehrt, wird er wohl mit dem enthaltsamen Geliebten ein [d] enthaltsames Leben führen wollen. Die aus den beiden gemischte Liebe ist nun die, die wir soeben als die dritte durchgegangen sind.

Wenn es nun so viele Arten gibt, soll das Gesetz sie alle unterbinden und ihre Entstehung in uns verhindern, oder ist es klar, dass wir die Art, die sich auf die Tugend richtet und danach trachtet, dass der junge Mann möglichst gut wird, in unserer Stadt haben wollen, die andern beiden Arten aber, wenn es möglich wäre, verhindern würden? Oder was meinen wir, mein lieber Freund Megillos?

MEG. In jeder Hinsicht schön hast du, Fremder, gerade über diese Dinge [e] soeben gesprochen.

ATH. So scheine ich, wie ich auch vermutete, deine Zustimmung, mein lieber Freund, erhalten zu haben. Was aber euer Gesetz über derartige Fragen denkt, brauche ich nicht zu untersuchen, sondern kann mich mit deiner Zustimmung zu meinen Darlegungen begnügen. Den Kleinias aber werde ich in eben dieser Frage später noch einmal mit dem Mittel der Bezauberung zu überzeugen suchen. Auf die gemeinsame Zustimmung von euch beiden will ich verzichten, und so wollen wir die Gesetze ganz bis zum Ende durchgehen.

MEG. Du hast völlig recht.

ATH. Nun habe ich eine Art Kunstgriff zur Einführung dieses Gesetzes [838a] bei der Hand, der unter den jetzigen Umständen einerseits leicht, andererseits aber in gewisser Hinsicht denkbar schwierig ist.

MEG. Wie meinst du das?

ATH. Wir wissen doch, dass auch heutzutage die meisten Menschen, auch wenn sie zur Übertretung der Gesetze neigen, sich leicht und vollständig vom Geschlechtsverkehr mit den Schönen abhalten lassen, und zwar nicht gegen ihren Willen, sondern so freiwillig wie nur möglich.

MEG. Von welchem Fall sprichst du?

ATH. Wenn jemand einen schönen Bruder oder eine schöne Schwester [b] hat. Auch bei einem Sohn oder einer Tochter bietet dasselbe Gesetz, obwohl es nicht schriftlich aufgezeichnet ist, den denkbar wirksamsten Schutz, dass man weder offen noch heimlich mit diesen schläft oder sie sonst irgendwie zärtlich berührt. Ja, die meisten befällt überhaupt nicht einmal das Verlangen nach einem solchen Umgang.

MEG. Da hast du recht.

ATH. Also vermag ein kleines Wort alle diese Gelüste auszulöschen?

MEG. Welches Wort meinst du denn?

ATH. Die Behauptung, dass dieses Verhalten keineswegs fromm, sondern den Göttern ein Greuel und von allem Schändlichen das [c] Schändlichste ist. Ist der Grund für diese Wirkung nicht darin zu sehen, dass niemand anders hierüber spricht, sondern jeder von uns gleich von seiner

Geburt an immer und überall diese Ansicht hört, die sowohl im Lustspiel wie im tiefen Ernst der Tragödie oftmals ausgesprochen wird, wenn die Dichter einen Thyestes oder einen Oidipus auftreten lassen oder Personen wie Makareus, die mit ihrer Schwester heimlichen Verkehr hatten, die man aber bereitwillig sich selbst den Tod geben sieht als Strafe für ihr Vergehen?

MEG. Du hast zumindest darin völlig recht, dass die öffentliche Meinung [d] eine geradezu wunderbare Macht erlangt hat, wenn niemand jemals auch nur einen Atemzug entgegen dem Gesetz zu tun wagt.

ATH. Also ist das eben Gesagte richtig, dass es für einen Gesetzgeber, wenn er eine jener Begierden knechten will, die die Menschen besonders knechten, leicht zu erkennen ist, auf welche Weise er über sie die Oberhand gewinnen könnte: dass er nämlich nur dieser Meinung bei allen, bei Sklaven und Freien, bei Kindern und Frauen und der ganzen Stadt gleichermaßen zu heiligem Ansehen verhelfen muss und damit schon die [e] sicherste Grundlage für dieses Gesetz geschaffen hat.

MEG. Gewiss. Wenn es nur möglich ist, alle dahin zu bringen, dass sie aus freien Stücken so etwas sagen!

ATH. Du hast mich gut verstanden. Denn eben dies war der Sinn meiner Behauptung, dass ich einen Kunstgriff wüsste zur Einführung dieses Gesetzes, wonach man die Vereinigung zur Erzeugung von Kindern nur gemäß ihrem natürlichen Zweck vollziehen soll, indem man sich einerseits von Männern fernhält, so dass man nicht vorsätzlich das Menschengeschlecht abtötet und nicht auf Felsen und Steine sät, wo der Same [839a] niemals Wurzeln fassen und seine Kraft entfalten kann, andererseits aber sich von jedem weiblichen Ackerfeld fernhält, auf welchem man ein Aufgehen der Saat nicht will.

Wenn nun dieses Gesetz einmal Bestand erlangt und sich durchgesetzt hat, wenn es so, wie es schon heute für den Geschlechtsverkehr zwischen Eltern und Kindern in Kraft ist, auch in den andern Fällen sich mit Recht durchsetzt, dann bringt es tausendfältige Güter mit sich. Denn erstens ist es im Einklang mit der Natur aufgestellt, sodann bewirkt es, dass man sich verliebter Tollheit und Raserei und aller Arten des Ehebruchs und jeder Maßlosigkeit im Trinken und Essen enthält und dass man der eigenen [b] Frau als der ihr wesensgemäße Freund zugetan ist. Und noch sonst sehr viel Gutes würde sich daraus ergeben, wenn jemand dieses Gesetz durchsetzen könnte.

Aber vielleicht wird ein leidenschaftlicher und junger Mann, der von Samen strotzend voll ist, vor uns hintreten, wenn er von der Aufstellung dieses Gesetzes hört, und uns Vorwürfe machen, dass wir unvernünftige und unerfüllbare Gesetze gäben, und wird alles mit Geschrei erfüllen. Eben dies nun hatte ich auch vor Augen bei der Behauptung, ich besäße [c] einen Kunstgriff, der einerseits der allerleichteste, andererseits höchst schwierig sei, um zu erreichen, dass dieses Gesetz, wenn es einmal aufgestellt ist, dauernd in Geltung bleibt.

Es ist nämlich ganz leicht einzusehen, dass und wie es möglich ist – wir sagen ja, dass diese Gesetzesvorschrift, sobald sie genügend heiliges Ansehen besitzt, jede Seele knechten und mithilfe der Furcht dazu bringen werde, dass sie den gegebenen Gesetzen gänzlich gehorcht; aber heutzutage ist es soweit gekommen, dass es scheint, als werde sich dies selbst dann nicht verwirklichen lassen, wie ja auch die Einrichtung von Speisegemeinschaften auf den Unglauben stößt, dass es nicht möglich sei, dass eine ganze Stadt ihr Leben lang diesen Brauch [d] durchzuhalten vermag; und obwohl dies durch Tatsachen erwiesen und bei euch verwirklicht ist, gilt trotzdem ihre Einrichtung für Frauen nicht einmal in euren Städten als naturgemäß. In dieser Hinsicht also, wegen der Stärke des Unglaubens, habe ich behauptet, sei es anderseits ganz schwierig, diese beiden Vorschläge durch ein Gesetz dauerhaft zu verwirklichen.

MEG. Womit du allerdings recht hattest.

ATH. Dass dies jedenfalls nicht über die Kräfte des Menschen geht, sondern realisierbar ist: Soll ich versuchen, euch hierfür eine Art Beweis vorzutragen, der eine gewisse Überzeugungskraft besitzt?

KL. Warum nicht!

[e] ATH. Nun, wer wird sich leichter des Geschlechtsverkehrs enthalten und bereit sein, die diesbezüglichen Bestimmungen angemessen zu befolgen: einer, der körperlich in guter Verfassung ist und nicht untrainiert ist, oder einer, der in schlechter Verfassung ist?

KL. Weit eher doch der, der nicht untrainiert ist.

ATH. Wissen wir nun aber nicht durch Hörensagen, dass dies bei Ikkos von Tarent der Fall war wegen des Wettkampfs in Olympia und der [840a] andern Wettkämpfe? Weil er in diesen siegen wollte und da er die entsprechende Technik und die mit Besonnenheit verbundene Tapferkeit in der Seele besaß, soll er, wie erzählt wird, niemals eine Frau oder gar einen Knaben in der ganzen harten Zeit seines Trainings angerührt haben. Und auch von Krison, Astylos und Diopompos und vielen andern wird dasselbe erzählt. Und dabei waren sie im Vergleich zu meinen und deinen Bürgern, Kleinias, seelisch viel schlechter erzogen, während sie körperlich [b] weit mehr vor Kraft strotzten.

KL. Du hast recht: Dies wird von den Alten ausdrücklich über diese Athleten erzählt, dass es wirklich einmal so geschehen sei.

ATH. Wie nun? Diese haben es also wegen des Sieges im Ringen, Laufen und dergleichen Disziplinen über sich gebracht, sich von etwas fernzuhalten, das von den meisten als Glück gepriesen wird; unsere Kinder dagegen sollten nicht imstande sein, sich zu beherrschen wegen eines viel [c] schöneren Sieges, den wir ihnen von Kind an als den schönsten Sieg in unseren Erzählungen und in Sprichwörtern darstellen und in Liedern besingen, wie es sich gehört, um sie so zu bezaubern?

KL. Was für einen Sieg meinst du?

ATH. Den Sieg über die Lust, durch dessen Erringung sie glücklich leben werden, bei einer Niederlage dagegen ganz entgegengesetzt. Und wird nicht außerdem auch die Furcht, dass dies in keiner Weise und auf keinen Fall fromm ist, für uns so viel Macht haben, dass sie das besiegen, was andere besiegt haben, die schlechter als sie waren?

KL. Das ist jedenfalls wahrscheinlich.

ATH. Da wir nun mit dieser Gesetzesbestimmung hier angelangt sind, [d] aber nur durch die Schlechtigkeit der Vielen in Verlegenheit geraten sind, so behaupte ich, dass unser Gesetz eben hierüber ganz einfach seinen Weg gehen soll, indem es erklärt, dass unsere Bürger nicht schlechter sein dürfen als Vögel und viele andere Tiere, welche, obwohl sie in großen Scharen geboren werden, bis zur Kinderzeugung ledig und ohne Geschlechtsverkehr enthaltsam leben, dann aber, wenn sie in dieses Alter kommen, sich Männchen mit Weibchen und Weibchen mit Männchen ganz nach Neigung paaren und die restliche Zeit fromm und gerecht [e] leben, indem sie standhaft der ersten Liebesverbindung treu bleiben; besser also als Tiere sollten unsere Bürger schon sein. Wenn sie sich nun aber von den andern Griechen und den meisten Barbarenvölkern verderben lassen, weil sie sehen und hören, dass die sogenannte regellose Aphrodite bei ihnen die meiste Macht besitzt, und dadurch unfähig werden, den Sieg zu erringen, dann müssen die Gesetzeswächter zu Gesetzgebern werden und für sie ein zweites Gesetz ausdenken.

[841a] KL. Welches Gesetz rätst du ihnen denn aufzustellen, wenn das eben aufgestellte ihnen entgleitet?

ATH. Natürlich das, das sich hieran als zweitbestes anschließt, Kleinias.

KL. Welches meinst du?

ATH. Die Kraft der Lust weitgehend außer Übung zu setzen erwies sich als möglich, wenn man ihren Zufluss und ihre Nahrung mittels harter Anstrengungen in einen andern Teil des Körpers lenkt. Dies wäre auch möglich, wenn keine Schamlosigkeit beim Geschlechtsverkehr herrscht. Denn wenn sie aus Scham so etwas nur gelegentlich vollziehen, werden [b] sie wohl an ihm einen schwächeren Zwingherrn haben, weil sie ihn nur selten vollziehen. So etwas also nur heimlich zu tun soll bei ihnen als schön gelten, als ein Brauch, der durch Gewohnheit und die ungeschriebene Satzung zum Gesetz geworden ist, es aber nicht heimlich zu tun als schändlich – nicht jedoch, es überhaupt zu tun. So wäre dieses Verhalten als schändlich und schön auf eine zweitbeste Weise in unserem Gesetz festgelegt, weil es eine Richtigkeit zweiten Grades besitzt, und die in ihrem Wesen verdorbenen Menschen, die wir sich selbst unterlegen nennen, würden als eine Gattung von drei Gattungen umschlossen und [c] gezwungen, nicht gegen das Gesetz zu verstoßen.

KL. Welche Gattungen denn?

ATH. Die gottesfürchtige und ehrliebende und die, die gelernt hat, ihr Begehren nicht auf die Körper, sondern auf die schönen Wesenszüge der Seele zu richten. Dies sind vielleicht wie im Märchen bloße Wünsche, was wir da vortragen; doch wenn es verwirklicht würde, könnte es sich als der größte Gewinn in allen Städten erweisen. Aber vielleicht könnten [d] wir, so Gott will, eines von zweien bezüglich der Liebe erzwingen: entweder dass es niemand wagt, eine edle und freie Person außer der eigenen Ehefrau zu berühren und mit Konkubinen eine ungeweihte und uneheliche Saat zu säen oder mit Männern eine unfruchtbare Saat wider die Natur, oder dass wir den Verkehr mit Männern ganz beseitigen, bezüglich der Frauen aber, wenn jemand mit einer anderen Verkehr hat als mit denen, die mit dem Willen der Götter und unter heiligen Hochzeitszeremonien in sein Haus eingezogen sind – mögen jene andern gekauft oder auf [e] sonst irgend eine Weise erworben sein –, und sich dabei nicht vor allen Männern und Frauen verborgen hält, den Betreffenden durch ein Gesetz von der Ehre der in der Stadt üblichen Belobigungen ausschließen und damit offensichtlich ein richtiges Gesetz erlassen, da er sich ja wirklich wie ein Fremder verhält.

Dieses Gesetz, mag es nun als eines oder als zwei zu bezeichnen sein, [842a] soll also für den Geschlechtsverkehr und überhaupt alle Liebesbeziehungen gelten, die wir infolge solcher Begierden auf richtige oder unrichtige Weise miteinander eingehen.

MEG. Nun, Fremder, ich würde mir dieses Gesetz schon sehr gerne gefallen lassen; Kleinias aber soll selber sagen, was er darüber denkt.

KL. Das soll geschehen, Megillos, sobald mir der passende Zeitpunkt hierfür gekommen scheint. Jetzt jedoch wollen wir unseren Gastfreund noch weiter in der Gesetzgebung fortfahren lassen.

MEG. Richtig.

[b] ATH. Wir sind nunmehr im Fortgang unseres Gesprächs bereits so weit vorangekommen, dass bereits gemeinsame Mahlzeiten eingerichtet sind – was wie gesagt anderswo schwierig sein dürfte, während hier in Kreta niemand sich vorstellen kann, dass man darin anders verfahren müsste; aber auf welche Weise sie einzurichten sind, ob so wie hier oder in Lakedaimon, oder ob es neben diesen noch eine dritte Form gemeinsamer Mahlzeiten gibt, die besser als diese beiden ist, das scheint mir zwar nicht schwer herauszufinden, aber auch keinen großen Nutzen hervorzubringen, wenn man es herausgefunden hat. Denn deren heutige Einrichtung scheint ganz zweckmäßig zu sein.

[c] Daran schließt sich die Beschaffung des Lebensunterhalts und die Frage, in welcher Form sie den gemeinsamen Mahlzeiten angemessen wäre. Anderen Städten wird nun das Lebensnotwendige auf vielfältige Weise und aus vielerlei Quellen zuteil, zumindest aus doppelt so vielen wie für unsere Bürger. Denn aus der Erde und aus dem Meer beziehen die meisten Hellenen ihre Nahrung, unsere Bürger aber nur aus der Erde. Für den Gesetzgeber ist Letzteres

allerdings bequemer; denn nicht nur die [d] Hälfte der Gesetze reicht hierfür aus, sondern noch viel weniger, und dazu noch solche, die freien Männern eher angemessen sind. Denn mit dem Reedereiwesen, mit Groß- und Kleinhandel, mit Herbergen und mit Zöllen und Bergwerken, mit Darlehen und Zinsen auf Zinsen und tausenderlei anderen Dingen dieser Art hat der Gesetzgeber unserer Stadt großenteils nichts zu schaffen und kann ihnen Lebewohl sagen. Aber für Ackerbauern, Hirten und Bienenzüchter und für die, denen die Aufbewahrung derartiger Erzeugnisse obliegt und die für die Werkzeuge zuständig sind, [e] wird er Gesetze geben, nachdem er bereits die wichtigsten Gesetze erlassen hat, nämlich über das Heiraten und die Zeugung und Aufzucht der Kinder, ferner über die Erziehung und die Einsetzung von Beamten in der Stadt. Nun muss er sich mit seiner Gesetzgebung denen zuwenden, die die Nahrung erzeugen, und allen, die eben daran durch ihre Anstrengungen mitarbeiten.

Als Erstes sollen also Gesetze aufgestellt sein, die Landwirtschaftsgesetze heißen mögen.

Von Zeus, dem Hüter der Grenze, stammt das erste Gesetz, das folgendermaßen lauten soll: Niemand soll die Grenzen des Nachbarn verrücken, sei dies nun ein befreundeter Mitbürger oder ein Grenzanwohner (falls jemand an der äußersten Landesgrenze Boden besitzt und daher einen Fremden zum Nachbarn hat), weil er überzeugt sein soll, dass dies [843a] wahrhaftig ein Verrücken des Unverrückbaren wäre. Vielmehr soll jedermann lieber den größten Felsbrocken, sofern er keine Grenze markiert, wegzurücken gewillt sein als einen kleinen Stein, der die Grenze zwischen Freundschaft und Feindschaft bildet und durch einen Schwur bei den Göttern geheiligt ist. Denn Zeuge für den einen ist Zeus, der Schützer des Phylengenossen, für den anderen Zeus, der Schützer des Fremden, die zu reizen die feindseligsten Kriege zur Folge hat. Wer also dem Gesetz gehorcht, der wird das Übel, das daraus entstehen könnte, nicht zu spüren bekommen; wer es aber missachtet, der soll einer doppelten Strafe verfallen, einmal und als Erstes seitens der Götter und zweitens [b] durch das Gesetz. Niemand soll nämlich willentlich die Grenzen des Nachbarn verrücken; wer sie aber verrückt, den soll jeder, der will, bei den Grundbesitzern anzeigen, diese sollen ihn vor das Gericht führen; wenn aber einer in einem derartigen Prozess schuldig gesprochen wird, soll in der Annahme, dass der Schuldige heimlich und mit Gewalt das Land neu aufteilen wollte, das Gericht abschätzen, was der Überführte erleiden oder bezahlen soll.

Sodann gibt es viele kleine Schädigungen der Nachbarn, die durch ihre Häufigkeit einen gewaltigen Berg von Feindschaft erzeugen und so die [c] Nachbarschaft zu einer schwierigen und sehr bitteren Sache machen. Deshalb muss man sich unbedingt in Acht nehmen, dass man als Nachbar nichts tut, das zu einem Streit mit dem Nachbarn führt, indem man sich unter anderem besonders vor jedem Übergreifen auf fremden Boden hütet. Denn Schaden anzurichten ist nicht schwer, sondern das kann jeder; aber etwas Nützliches zu tun ist keineswegs jedermanns Sache. Wer also den Boden des Nachbarn bearbeitet, indem er seine Grenzen überschreitet, der soll den Schaden ersetzen; und um von seiner Unverschämtheit [d] und Niederträchtigkeit geheilt zu werden, soll er daneben noch den doppelten Betrag des Schadens an den Geschädigten zahlen. Sachverständige, Richter und Abschätzer in diesen und allen derartigen Fällen sollen die Landaufseher sein, und zwar bei schwereren Vergehen, wie bereits früher gesagt worden ist, die ganze Abteilung des betreffenden Landeszwölftels, bei geringfügigeren ihre Wachkommandanten.

Und wenn jemand sein Vieh auf fremdem Land weidet, sollen diese die Schäden in Augenschein nehmen, das Urteil fällen und die Strafe abschätzen.

Und wenn jemand fremde Bienenschwärme in seinen Besitz bringt, weil er seinem Vergnügen an Bienen nachgibt, und sie sich durch [e] Herunterschütteln aneignet, soll er den Schaden wiedergutmachen.

Und wenn jemand beim Feuermachen nicht auf den Wald Acht gibt, der zum Besitz des Nachbarn gehört, soll er mit der den Beamten angemessen scheinenden Geldbuße gestraft werden.

Ebenso, wenn jemand beim Anpflanzen nicht den angemessenen Abstand vom Land des Nachbarn einhält – wie dies auch schon von vielen Gesetzgebern klar genug festgestellt worden ist, deren Gesetze man benutzen soll, anstatt zu verlangen, dass für all die vielen Kleinigkeiten, zu deren Regelung der erste beste Gesetzgeber imstande ist, der größere [844a] Ordner der Stadt Gesetze geben soll.

So gibt es auch bezüglich des Wassers für die Landwirte alte und schöne Gesetze, die es nicht verdienen, durch Worte aus ihrer Richtung abgeleitet zu werden. Sondern wer auf sein Gelände Wasser leiten will, der soll es tun, indem er von den gemeinsamen Wasserläufen ausgeht, sofern er damit nicht die oberirdischen Quellen eines Privatmanns abschneidet; und wo er es durchleiten will, da soll er es durchleiten, außer durch ein Haus oder gewisse Heiligtümer oder gar durch Grabstätten, wobei er keinen über das bloße Grabenziehen hinausgehenden Schaden verursachen darf.

[b] Wenn aber an manchen Stellen eine durch die Bodenbeschaffenheit bedingte Trockenheit das von Zeus kommende Wasser versickern lässt und es am notwendigen Trinkwasser fehlt, so soll er auf seinem eigenen Gebiet bis hinunter auf die Tonschicht graben; trifft er aber in dieser Tiefe auf keinerlei Wasser, so soll er sich bei den Nachbarn Wasser holen bis zu der für jeden seiner Hausbewohner erforderlichen Trinkwassermenge; wenn aber auch bei den Nachbarn das Wasser knapp ist, so soll er sich bei den Landaufsehern ein Maß für das Wasserholen festsetzen lassen und dieses sich täglich holen und so das Wasser mit seinen Nachbarn teilen.

[c] Wenn aber von Zeus Wasser gesandt wird und einer von den tiefer Gelegenen einen, der oberhalb sein Feld bestellt oder auch mit ihm Mauer an Mauer wohnt, dadurch schädigt, dass er ihm keinen Abfluss ermöglicht, oder wenn umgekehrt der höher Gelegene die Wassermassen unbekümmert ablaufen lässt und dadurch den tiefer Gelegenen schädigt, und wenn sie deshalb nicht miteinander zusammenarbeiten wollen, so soll jeder, der will, in der Stadt einen Stadtaufseher und auf dem Land einen Landaufseher hinzuziehen und diesen bestimmen lassen, was jeder der beiden tun soll. Wer sich aber nicht an diese Bestimmung hält, der soll [d] wegen Missgunst und unverträglichen Wesens angeklagt werden, und wenn er für schuldig befunden wird, soll er das Doppelte des Schadens dem Geschädigten als Buße zahlen, weil er den Beamten nicht gehorchen wollte.

An den Früchten des Herbstes sollen alle in etwa folgender Weise gemeinsam teilhaben. Zweifache Gaben ihrer Huld hält diese Göttin für uns bereit: Die eine, eine edle Züchtung des Dionysos, lässt sich nicht aufbewahren; die andere ist ihrer Natur nach zur Aufbewahrung geschaffen. Also soll für die Herbstfrucht folgendes Gesetz aufgestellt werden:

Wer von dem gewöhnlichen Obst kostet, es seien Trauben oder Feigen, [e] bevor die Erntezeit gekommen ist, die mit dem Aufgang des Arktur zusammenfällt, entweder auf dem eigenen oder auf fremdem Grundstück, der soll dem Dionysos 50 ihm zu weihende Drachmen schulden, wenn er sie vom eigenen Besitz gepflückt hat, falls aber von dem seiner Nachbarn, eine Mine, und falls von anderen, zwei Drittel einer Mine.

Wer aber die edle Traube, wie sie heutzutage heißt, oder die sogenannte edle Feige ernten will, der soll diese, falls er sie von seinem eigenen Grundstück einholt, ernten, wie er will und wann er Lust hat; wenn er sie aber von fremdem Besitz holt, ohne vom Besitzer die Einwilligung erhalten zu haben, soll er entsprechend dem Gesetz, dass man nicht wegnehmen darf, was man nicht hingelegt hat, jeweils in jener Weise gestraft werden.

[845a] Wenn aber ein Sklave, ohne vom Herrn des Grundstücks die Erlaubnis erhalten zu haben, sich an einer solchen Frucht vergreift, so soll er gemäß der Zahl der Beeren an den Weintrauben oder der Feigen des Feigenbaums die gleiche Anzahl von Peitschenhieben erhalten.

Ein Metöke aber kann edles Obst kaufen und dann ernten, wenn er will.

Wenn aber ein Fremder, der sich im Lande aufhält, Lust

bekommt, Obst zu essen, während er über unsere Straßen zieht, so mag er, wenn er will, zusammen mit nur einem Begleiter nach dem edlen Obst greifen, ohne einen Preis dafür zu zahlen, indem er es als Gastgeschenk [b] entgegennimmt. Das sogenannte gewöhnliche Obst aber und ähnliche Früchte mit uns zu teilen, davon soll ein Gesetz die Fremden abhalten; wenn aber aus Unkenntnis er selbst oder sein Sklave sich daran vergreift, so soll man den Sklaven mit Schlägen bestrafen, den Freien dagegen mit der Zurechtweisung und Belehrung fortschicken, dass er sich an das andere Obst halten soll, das zur Aufbewahrung in Form von Rosinen, Wein oder gedörrten Feigen nicht geeignet ist.

Was aber Birnen, Äpfel, Granatfrüchte und alle Früchte dieser Art [c] betrifft, so soll es zwar keine Schande sein, heimlich davon zu nehmen; wer aber dabei ertappt wird und noch keine 30 Jahre alt ist, den soll man prügeln und es ihm verwehren, aber ohne ihn zu verletzen, und obwohl ein freier Mann, soll er wegen solcher Schläge keinerlei gerichtliches Klagerecht haben. Einem Fremden aber soll wie bei dem vorhergenannten Obst gestattet sein, auch von solchem Obst seinen Teil zu nehmen. Wenn aber ein älterer Bürger danach greift und an Ort und Stelle davon isst, ohne etwas davon mitzunehmen, soll auch er wie der Fremde in dieser Weise an allen derartigen Früchten teilhaben; wenn er aber dem [d] Gesetz nicht gehorcht, soll er Gefahr laufen, nicht am Wettstreit in der Tugend teilnehmen zu dürfen, falls alsdann jemand so etwas über ihn den jeweiligen Preisrichtern in Erinnerung bringt.

Das Wasser ist für den Gartenbau der allerwichtigste Nährstoff, aber es ist leicht zu verderben. Denn weder die

Erde noch die Sonne noch die Winde, die zusammen mit dem Wasser alles nähren, was aus der Erde aufsprießt, kann man leicht verderben durch Vergiftung, Ableitung oder auch durch Diebstahl; beim Wasser dagegen kann naturgemäß all dies [e] vorkommen. Deshalb benötigt es den Beistand des Gesetzes. Es soll also hierüber folgendes Gesetz gelten: Wenn jemand willentlich fremdes Wasser, gleichgültig ob Quellwasser oder in einer Zisterne gesammeltes Wasser, verdirbt durch Vergiftung oder Abgraben oder Diebstahl, so soll der Geschädigte bei den Stadtaufsehern klagen und dabei die Höhe des Schadens schriftlich angeben. Wird aber einer der Schädigung durch Gifte schuldig gesprochen, so soll er zusätzlich zur Geldbuße die Quellen beziehungsweise den Wasserbehälter in der Weise reinigen, welche die Gesetze der Ausleger für die Reinigung im jeweiligen Fall und für die jeweiligen Täter vorschreiben.

Was das Einbringen der gesamten Früchte des Herbstes betrifft, so soll [846a] es jedem, der will, erlaubt sein, seine Ernte über jedes Gelände einzubringen, wo er entweder niemanden schädigt oder wo er selbst einen Vorteil davon hat, der dreimal so hoch ist wie der Schaden des Nachbarn.

Gutachter hierfür sollen die Beamten sein und ebenso für alle andern Schäden, die jemand willentlich einem anderen gegen dessen Willen mit Gewalt oder heimlich, entweder ihm persönlich oder einem Teil von dessen Besitz, durch den eigenen Besitz zufügt. Alle Schädigungen dieser Art soll der Betroffene den Beamten anzeigen und Wiedergutmachung verlangen, sofern der Schaden bis zu drei Minen beträgt; wenn aber jemand auf eine höhere Summe gegen einen anderen klagen will, soll er [b] seine Rechtssache vor die allgemeinen Gerichte bringen und dort Wiedergutmachung von dem Täter verlangen.

Wenn aber einer der Beamten den Eindruck erweckt, dass er die Strafen mittels eines ungerechten Spruches festsetzt, so soll er auf die doppelte Summe von dem Geschädigten verklagt werden können.

Was andererseits die Ungerechtigkeiten der Beamten betrifft, so darf jeder, der das will, jeden Klagepunkt vor die allgemeinen Gerichte bringen.

Da es auf diesem Gebiet tausenderlei belanglose Bestimmungen gibt, gemäß denen die Strafverfahren durchzuführen sind, so über die [c] Einreichung der Klagen, die Vorladung und die Ladungszeugen und ob die Ladung vor zwei Zeugen oder vor wie vielen sie stattzufinden hat, und alles, was es noch sonst in dieser Art gibt, so kann dies einerseits nicht ohne gesetzliche Regelung bleiben, andererseits ist es unter der Würde eines bejahrten Gesetzgebers. Dies sollen die Jungen gesetzlich regeln, indem sie sich die Gesetze der früheren Gesetzgeber zum Muster nehmen, also Kleines nach dem Muster von Großem regeln, und sollen bei der erforderlichen Anwendung ihre Erfahrungen sammeln, bis sie den Eindruck haben, das alles befriedigend geregelt ist; dann sollen sie diese Regelungen für unveränderlich erklären und ihr Leben lang anwenden, da sie nunmehr die angemessene Form haben.

[d] Was auf der anderen Seite die Handwerker betrifft, so soll man hier folgendermaßen verfahren. Erstens darf kein Einheimischer zu denen gehören, die sich in handwerklichen Berufen abmühen, und auch kein Sklave eines Einheimischen. Denn ein Bürger besitzt bereits einen ausreichenden Beruf, der viel Übung und viele Kenntnisse er-

fordert: Er muss die gemeinsame Ordnung der Stadt bewahren und erhalten, was nicht als Nebensache betrieben werden darf. Zwei Berufe aber oder zwei Künste gründlich zu betreiben, dazu ist fast keines Menschen Natur imstande, ja [e] nicht einmal dazu, die eine selber auszuüben und in der anderen jemanden zu beaufsichtigen, der sie ausübt. Folgender Zustand muss also als Erstes in einer Stadt verwirklicht sein: Kein Erzarbeiter soll zugleich Zimmermann sein, und umgekehrt soll sich kein Zimmermann um andere, die Erz bearbeiten, mehr kümmern als um seine eigene Kunst, etwa mit dem Vorwand, dass er, da er viele für ihn arbeitende Sklaven zu beaufsichtigen habe, sich natürlich mehr um jene kümmere, weil das ihm [847a] daraus zufließende Einkommen höher sei als das aus seiner eigenen Kunst. Vielmehr soll ein jeder nur einen Beruf in der Stadt ausüben und durch ihn auch seinen Lebensunterhalt erwerben.

Dieses Gesetz sollen die Stadtaufseher mit aller Kraft aufrechterhalten, und wenn ein Einheimischer sich zu irgendeinem Beruf stärker hingezogen fühlt als zur Sorge um die Tugend, so sollen sie ihn so lange durch Tadel und Ehrenentzug bestrafen, bis sie ihn wieder auf die ihm geziemende Bahn gebracht haben; wenn aber einer der Fremden zwei Berufe [b] ausübt, so sollen sie ihn mit Gefängnis, Geldbußen und Ausweisung aus der Stadt bestrafen und dadurch zwingen, nur eine und nicht viele Personen zu sein.

Was aber den Lohn für die Handwerker betrifft und die Übernahme von Arbeiten und das Unrecht, das ihnen etwa ein anderer oder das sie einem anderen zufügen, so sollen darüber bis zu einer Höhe von 50 Drachmen die Stadtaufseher entscheiden; was darüber hinausgeht, sollen die allgemeinen Gerichte kraft Gesetzes entscheiden.

Einen Zoll soll in unserer Stadt niemand entrichten, weder für die Ausfuhr noch für die Einfuhr von Waren. Weihrauch aber und alles, was es [c] an derartigem fremdländischen Räucherwerk für die Götter gibt, sowie Purpur und alle sonstigen Färbstoffe, die unser Land nicht hervorbringt, oder Material für irgendeine andere Technik, die auf Einfuhr fremder Güter angewiesen ist zur Herstellung eines keineswegs notwendigen Produkts, all dies soll niemand einführen noch umgekehrt etwas von dem ausführen, was als unentbehrlich im Lande bleiben muss. Sachverständige für dies alles und Aufseher hierüber sollen die Gesetzeswächter sein, und zwar, da die fünf ältesten davon freigestellt sind, die zwölf nächstältesten.

[d] Wenn es ferner für die schweren Waffen und alles sonstige Kriegsgerät der Einführung einer Technik oder eines Gewächses oder eines Metalls oder von Bindematerial oder von Tieren zu einem solchen Zweck bedarf, so sollen die Hipparchen und die Strategen für deren Einfuhr und Ausfuhr zuständig sein, da die Stadt hier sowohl als Lieferant wie als Empfänger auftritt. Gesetze hierüber aber sollen die Gesetzeswächter in angemessener Form und ausreichender Zahl erlassen. Ein auf Gewinn zielender Einzelhandel darf aber weder mit diesem noch mit sonstigem Kriegsmaterial [e] in unserem ganzen Land und unserer Stadt getrieben werden.

Für die Ernährung und die Verteilung der Landesprodukte scheint eine Regelung, die sich eng an das kretische Gesetz hält, richtig und zweckmäßig zu sein. In zwölf Teile sollen also alle Bürger die gesamten Landesprodukte einteilen, so wie sie auch aufzubrauchen sind. Und jedes Zwölftel – wie zum Beispiel von Weizen und Gerste, nach deren Muster natürlich auch alle andern Früchte einzuteilen sind sowie alles, was es an [848a] verkäuflichem Vieh in den jeweiligen Bezirken gibt – soll proportional in drei Teile geteilt werden, von denen ein Teil für die Freien, ein Teil für deren Sklaven bestimmt ist; der dritte Teil aber ist für die Handwerker und überhaupt die Fremden, und zwar sowohl diejenigen, die als Metöken mit uns zusammenwohnen und auf den notwendigen Lebensunterhalt angewiesen sind, als auch für diejenigen, die wegen irgendeines Anliegens der Stadt oder eines Privatmannes jeweils zu uns kommen. Von allen lebensnotwendigen Erzeugnissen soll dieser dritte Teil abgesondert werden und nur er soll notwendigerweise verkäuflich sein; bei den andern darf überhaupt keine Notwendigkeit zum Verkaufen bestehen.

[b] Wie wäre nun diese Verteilung am richtigsten durchzuführen? Zunächst ist es klar, dass wir in einer Hinsicht gleiche, in anderer Hinsicht ungleiche Teile bilden werden.

KL. Wie meinst du das?

ATH. Es ist doch unvermeidlich, dass der Boden im einzelnen sowohl schlechtere wie auch bessere Produkte hervorbringt und wachsen lässt.

KL. Ohne Zweifel.

ATH. In dieser Hinsicht also soll keiner dieser drei Teile etwas voraushaben, weder der für die Herren oder der für die Sklaven bestimmte noch der für die Fremden, sondern die Verteilung soll allen dieselbe auf [c] ähnlicher Qualität beruhende Gleichheit zukommen lassen. Hat er seine zwei Teile erhalten, soll jeder Bürger befugt sein zu ihrer Verteilung an Sklaven und Freie, und zwar in der Menge und in der Qualität, in der er sie verteilen will. Was aber davon übrig bleibt, soll nach Maß und Zahl folgendermaßen verteilt werden: Man nehme die Zahl aller Tiere, die aus dem Boden ihre Nahrung erhalten müssen, und führe dementsprechend die Verteilung durch.

Als Nächstes müssen ihnen getrennt angeordnete Wohnungen zugewiesen werden. Hierzu ist folgende Anordnung angemessen. Es soll zwölf Dörfer geben, in der Mitte jedes Landeszwölftels jeweils eines. In [d] jedem Dorf sollen als Erstes Heiligtümer und ein Marktplatz ausgesondert sein für die Götter und die Dämonen in ihrem Gefolge, mag es sich nun hierbei um lokale Gottheiten der Magneten handeln oder um Heiligtümer anderer alter Gottheiten, die sich in der Erinnerung erhalten haben; diesen sollen sie die gleichen Ehren erweisen wie die Menschen der alten Zeit. Für Hestia aber und Zeus und Athene und denjenigen der andern Götter, der jeweils der Schutzgott des betreffenden Landeszwölftels ist, sollen sie überall Heiligtümer errichten. Als Erstes muss es nun [e] Wohngebäude um diese Heiligtümer herum geben, wo das Gelände am höchsten ist, als eine möglichst gut gesicherte Unterkunft für die Wächter. Das gesamte übrige Land sollen sie so einrichten, dass sie die Handwerker in 13 Gruppen gliedern und eine in der Stadt ansiedeln, wobei sie auch diese Gruppe auf die zwölf Teile der ganzen Stadt so verteilen, dass sie in den Außenviertel ringsherum wohnen; in jedem Dorf dagegen sollen sie die Handwerkszweige ansiedeln, die für die Landwirte von Nutzen sind. Verantwortlich für dies alles sollen die Befehlshaber der Landaufseher sein, die entscheiden, wie viele und was für Handwerker jeder Bezirk benötigt und wo diese wohnen müssen, um den Landwirten am wenigsten lästig und am meisten nützlich zu [849a] sein. Über die Handwerker in der Stadt soll in derselben Weise die Behörde der Stadtaufseher die Aufsicht übernehmen und verantwortlich ausüben.

Die Marktaufseher aber sollen für alles verantwortlich sein, was den Markt betrifft. Nach der Aufsicht über die Heiligtümer am Markt, dass niemand gegen sie frevelt, wird ihre Sorge an zweiter Stelle dem Umgang der Menschen gelten, indem sie als Aufseher über besonnenes und rücksichtloses Verhalten denjenigen bestrafen, der Strafe verdient. Was die Verkaufsware betrifft, so sollen sie erstens darauf sehen, ob der den Bürgern aufgetragene Verkauf an die Fremden jeweils dem Gesetz gemäß erfolgt.

[b] Das Gesetz aber fordert für jede Warenart, dass am ersten Tag des Monats die Bevollmächtigten, die als Fremde oder auch Sklaven diese Funktion für die Stadtbewohner ausüben, den an die Fremden zu verkaufenden Teil der Erzeugnisse auf den Markt bringen sollen, und zwar zunächst ein Zwölftel des Getreides; und der Fremde soll für den ganzen Monat Getreide und alles, was dazu gehört, am ersten Markttag kaufen. Am zehnten Tag des Monats aber sollen die einen den Verkauf, die anderen den Einkauf von flüssigen Gütern in einer für den ganzen Monat [c] ausreichenden Menge tätigen. An einem dritten Markttag, am 20. Tag des Monats, soll der Verkauf des Viehs stattfinden, das einer jeweils verkaufen oder für die eigenen Bedürfnisse kaufen muss, sowie von allen Geräten und Erzeugnissen, die die Landwirte verkaufen, wie zum Beispiel Häute oder auch Kleidung aller Art oder Geflechte oder Filzwaren oder sonst etwas Derartiges, während die Fremden dies notgedrungen von anderen käuflich erwerben müssen.

Was den Kleinhandel mit diesen Waren betrifft oder mit Gerste oder Weizen, die zu Mehl zerrieben sind, oder auch alle sonstigen Nahrungsmittel, so darf an die Stadtbewohner und an deren Sklaven niemand diese Waren verkaufen oder von solchen Leuten kaufen; sondern auf den [d] Fremdenmärkten soll ein Fremder sie an die Handwerker und deren Sklaven verkaufen, indem er Wein und Getreide an sie weiter verkauft, was ja die meisten als Kleinhandel bezeichnen.

Ebenso sollen Fleischer vom geschlachteten und zerlegten Vieh an Fremde und an Handwerker sowie deren Sklaven verkaufen.

Das gesamte Brennholz ferner soll täglich ein Fremder, der das will, von den in den einzelnen Bezirken Zuständigen im Ganzen aufkaufen und es dann selber an Fremde verkaufen, soviel und wann immer er will.

[e] Alle übrigen Waren und Geräte, die man jeweils benötigt, sollen sie verkaufen, indem sie sie auf den allgemeinen Markt an den jeweiligen Platz bringen, wo die Gesetzeswächter und Marktaufseher zusammen mit den Stadtaufsehern geeignete Standflächen markiert und die Felder für die einzelnen Waren abgegrenzt haben; hier also soll man Geld gegen Waren und Waren gegen Geld tauschen, wobei niemand einem anderen etwas im Voraus ohne Gegenleistung überlassen soll. Wer aber etwas auf Treu und Glauben hergibt, der muss sich auch, mag er das Seine bekommen oder nicht, damit zufrieden geben, da es bei solchen Tauschgeschäften keine Klagemöglichkeit gibt.

[850a] Wenn aber etwas in größerer Menge oder zu einem höheren Preis gekauft oder verkauft worden ist, als das Gesetz erlaubt, welches festgelegt hat, bei welcher Zunah-

me oder Abnahme des Vermögens keine weitere Zunahme oder Abnahme mehr erlaubt ist, so soll bei den Gesetzeswächtern sogleich der Mehrbetrag registriert und der Minderbetrag getilgt werden. Dasselbe soll auch für die Metöken und die Registrierung ihres Vermögens gelten.

Jeder, der das will, kann in den Metökenstand unter festgesetzten Bedingungen eintreten, da ein Wohnquartier für jeden Fremden vorhanden [b] ist, der willens und fähig ist, sich hier anzusiedeln, vorausgesetzt, dass er einen Beruf besitzt und sich nicht länger als 20 Jahre vom Zeitpunkt seiner Eintragung an im Lande aufhält, wobei er nicht einmal eine kleine Metökensteuer außer einem zurückhaltenden Betragen und auch sonst keine Gebühr für Kauf oder Verkauf entrichten muss. Ist die Zeit abgelaufen, soll er seine Habe nehmen und fortziehen.

Wenn es ihm aber in diesen Jahren gelungen ist, durch irgendeine der Stadt erwiesene beträchtliche Wohltat auf sich aufmerksam zu machen, und glaubt er, den Rat und die Volksversammlung mit seinem Antrag überreden zu können, ihm entweder einen Aufschub des Wegzugs durch [c] rechtsgültigen Beschluss zu gewähren, oder gar ein lebenslängliches Aufenthaltsrecht, so soll er damit hervortreten, und wenn er die Stadt überreden kann, soll ihm das, wozu er die Stadt überredet hat, in vollem Umfang gewährt werden.

Für die Kinder von Metöken, sofern sie Handwerker und 15 Jahre alt sind, soll die Zeit des Metökenstatus nach dem 15. Lebensjahr beginnen. Und wenn einer unter diesen Bedingungen 20 Jahre hier ansässig gewesen ist, soll er hinziehen, wohin es ihm gefällt; will er jedoch bleiben, so kann er bleiben, wenn er auf dieselbe Weise die Erlaubnis hierzu erwirkt hat. Wer aber fortziehen will, darf erst [d] fortziehen, nachdem er die Eintragungen hat löschen lassen, die von ihm früher bei den Behörden vorgenommen worden sind.

Neuntes Buch

[853a] ATH. Als Nächstes wären die Rechtsfolgen, die alle früher erwähnten Handlungen nach sich ziehen, gemäß der natürlichen Anordnung der Gesetze zu behandeln. In welchen Fällen nun ein Gerichtsverfahren stattfinden soll, das ist zum Teil bereits gesagt, soweit es die Landwirtschaft betraf und alles, was damit zusammenhing; die schwersten Vergehen aber sind noch nicht behandelt worden; indem wir nun jedes einzelne besprechen und dabei angeben, welche Strafe es erhalten und vor welche [b] Richter es gelangen soll, müssen wir als Nächstes eben diese Vergehen anschließend besprechen.

KL. Richtig.

ATH. Freilich ist es irgendwie beschämend, auch nur Gesetze für all das zu erlassen, wie wir dies jetzt vorhaben, in einer solchen Stadt, von der wir meinen, dass sie eine gute Einrichtung erhalten und in jeder Hinsicht über die richtigen Voraussetzungen zur Ausübung der Tugend verfügen wird. Ja schon die Annahme, dass in einer solchen Stadt jemand aufwächst, der sich an den schlimmsten Formen der in andern Städten üblichen Schlechtigkeit beteiligen werde, so dass man dem als Gesetzgeber zuvorkommen und Drohungen aussprechen muss für den Fall, dass [c] jemand so werden sollte, und dass man zu ihrer Abschreckung und – wenn sie doch so geworden sind – zu ihrer Bestrafung Gesetze gegen sie erlassen muss, als werde es wirklich solche Menschen geben: Dies ist, wie gesagt, irgendwie beschämend. Da wir aber nicht in der gleichen Lage sind wie die alten Gesetzgeber, die für Göttersöhne, nämlich für die Heroen, wie die Sage heute erzählt, Gesetze gaben und so als Abkömmlinge von Göttern anderen, die von Wesen derselben Art abstammten, Gesetze gaben, sondern da wir jetzt als Menschen und für eine Menschensaat [d] Gesetze geben, so möge man es uns nicht verargen, wenn wir befürchten, es könnte unter unseren Bürgern jemand gleichsam »mit einer harten Schale« geboren werden, der so unnachgiebig in seinem Wesen ist, dass er sich nicht erweichen lässt: Ebenso wenig wie jene Saatkörner auf dem Feuer, so könnten auch solche Menschen durch Gesetze, mögen diese auch noch so kräftig sein, nicht weich gekocht werden.

Diesen Menschen zuliebe möchte ich als Erstes ein durchaus unliebsames Gesetz über Tempelraub vortragen für den Fall, dass jemand eine solche Tat zu begehen wagt. Dass auch ein Bürger, also einer von denen, die richtig erzogen worden sind, jemals an dieser Krankheit erkrankt, das wollen wir weder, noch ist es überhaupt zu erwarten; aber deren Sklaven und die Fremden und die Sklaven der Fremden werden wohl vielfach solche Taten unternehmen. Ihretwegen vor allem, aber auch aus Vorsicht [854a] gegenüber der allgemeinen Schwäche der menschlichen Natur, werde ich das Gesetz über Tempelräuber vortragen und über alle derartigen Vergehen, soweit sie schwer heilbar oder unheilbar sind. Allen diesen Gesetzen müssen wir aber gemäß unserer früher getroffenen Übereinkunft Vorreden vorausschicken, die so kurz wie möglich sind. So könnte man sich mit demjenigen unterhalten, den eine schlimme Begierde bei Tage lockt und des Nachts aufweckt und ihn zu einem Heiligtum treibt, um es zu berauben, und könnte ihm mit folgenden Worten zureden:

[b] »Du wunderlicher Mensch, es ist weder ein menschli-

ches noch ein gottgesandtes Übel, das dich jetzt antreibt, auf Tempelraub auszugehen, sondern ein Wahnsinnsstachel, der infolge alter und ungesühnter Unrechtstaten in den Menschen heranwächst und nach Art eines Rachegeistes umherschweift und vor dem man sich mit aller Kraft zu hüten hat. Wie man sich hütet, erfahre jetzt. Wenn dich irgendeine Überzeugung dieser Art befällt, so gehe hin, um die reinigenden Riten zu vollziehen, gehe hin zu den Heiligtümern der Götter, die das Unglück abwehren, um ihren Schutz zu erflehen, gehe hin und suche den Umgang mit Männern, [c] die bei euch als gut bezeichnet werden, und teils höre es von ihnen, teils versuche es selbst auszusprechen, dass das Schöne und das Gerechte jeder Mann in Ehren halten soll. Die Gesellschaft schlechter Menschen aber fliehe, ohne dich umzuwenden! Und vielleicht wird, wenn du das tust, deine Krankheit abklingen; wenn aber nicht, so betrachte den Tod als schöner und scheide aus dem Leben!«

Dies stimmen wir als Präludium an für diejenigen, die auf alle diese frevelhaften und für die Bürger verderblichen Taten sinnen. Wer sich von ihm überreden lässt, für den müssen wir das Gesetz schweigen lassen; wer aber nicht gehorcht, für den müssen wir nach dem Vorspruch ein Lied in lautem Ton anstimmen:

[d] Wer beim Tempelraub ertappt wird und ein Sklave oder ein Fremder ist, dem soll sein Unglück auf das Gesicht und die Hände geschrieben werden, und er soll so viele Peitschenhiebe erhalten, wie den Richtern gut dünkt; dann soll er nackt über die Grenzen des Landes hinausgestoßen werden; denn wenn er diese Strafe erleidet, wird er vielleicht gebessert werden, indem er wieder zur Vernunft gebracht wird. Denn keine Strafe, die nach dem Gesetz ver-

hängt wird, zielt auf etwas Schlechtes, sondern sie bewirkt in der Regel eines von beiden: Entweder macht sie den, der [e] sie erleidet, besser oder weniger schlecht.

Wenn aber ein Bürger jemals dabei entdeckt wird, dass er so etwas tut, indem er gegen die Götter oder die Eltern oder die Stadt eine der großen und unaussprechlichen Ungerechtigkeiten begeht, so soll ihn der Richter als bereits unheilbar ansehen, indem er bedenkt, welche Erziehung und Pflege er von Kind an bekommen und sich dennoch nicht von den größten Übeltaten ferngehalten hat. Die Strafe für ihn sei daher der Tod, das kleinste der Übel; den andern aber wird er ein Beispiel sein und ihnen [855a] nützen, wenn er ohne Namen bleibt und über die Landesgrenzen fortgeschafft wird. Seinen Kindern aber und seiner Familie soll, wenn sie die Art des Vaters meiden, dies zum Ruhm gereichen und zu ihrer Ehre soll gesagt werden, dass sie sich so gut und mannhaft vom Bösen zum Guten hingeflüchtet haben. Dass aber der Besitz eines solchen Menschen an die Stadt fällt, würde kaum zu einer Verfassung passen, in der die Landlose immer dieselben und gleich groß bleiben müssen.

Was aber die Geldbußen betrifft, so soll jemand, der ein mit Geld zu ahndendes Unrecht begangen hat, die Buße entrichten, sofern ihm nach der Ausstattung des Landloses noch etwas übriggeblieben ist; bis zu [b] diesem Betrag soll er bestraft werden, darüber hinaus aber nicht. Die genauen Angaben hierzu sollen die Gesetzeswächter den schriftlichen Verzeichnissen entnehmen und den jeweiligen Richtern mitteilen, damit kein einziges Landlos jemals aus Mangel an Geld unbebaut bleibt. Wenn aber jemand eine höhere Geldbuße zu verdienen scheint, so soll er, sofern nicht einige seiner Freunde sich für ihn verbürgen und durch Mitbezahlung seine Freilassung erwirken, durch längere und öffentlich sichtbare Haft und durch bestimmte Erniedrigungen bestraft werden. Die [c] bürgerlichen Rechte aber soll niemand völlig verlieren, bei keinem einzigen Vergehen und auch nicht, wenn er über die Landesgrenzen verbannt ist; sondern Tod oder Haft oder Schläge oder ein bestimmtes entehrendes Sitzen oder Stehen oder Versetzung zu den Heiligtümern an die äußersten Landesgrenzen oder Geldbußen sollen nach dem vorhin für diese Strafe geforderten Verfahren verhängt werden.

Richter aber sollen, wenn es um die Todesstrafe geht, die Gesetzeswächter und das aus den vorjährigen Beamten durch Auswahl der Besten [d] gebildete Gericht sein. Was aber die Einleitungen dieser Prozesse und die Vorladungen und alles Derartige betrifft und die Frage, wie hierbei zu verfahren ist, so sollen sich hierum die jüngeren Gesetzgeber kümmern; aber die Abstimmung gesetzlich zu regeln ist unsere Aufgabe. Also: Die Stimme soll offen abgegeben werden; zuvor aber sollen die Richter gegenüber dem Kläger und dem Beklagten dicht nebeneinander in der Reihenfolge ihres Alters Platz nehmen; alle Bürger aber, die Zeit hierfür haben, sollen mit Aufmerksamkeit bei solchen Gerichtsverhandlungen zuhören. Nur eine Rede soll gehalten werden, zuerst vom Kläger, dann [e] vom Beklagten. Nach diesen Reden soll der Älteste mit der Befragung beginnen, indem er in eine genaue Prüfung des Gesagten eintritt. Nach dem Ältesten sollen alle andern der Reihe nach alles durchgehen, was einer an dem, was von den beiden Parteien gesagt oder nicht gesagt worden ist, irgendwie vermisst; wer nichts vermisst, soll die Befragung einem andern überlassen. Was von den Aussagen von entscheidender Bedeutung zu sein scheint, das soll versiegelt werden, und wenn man der [856a] Niederschrift die Siegel aller Richter aufgedrückt hat, soll man sie auf dem Altar der Hestia niederlegen. Und am Tag danach sollen wieder alle an derselben Stelle zusammenkommen, auf dieselbe Weise die Befragung durchführen und den Fall durchgehen und wiederum Siegel auf die Aussagen drücken. Und wenn sie das dreimal gemacht und genügend Beweise und Zeugen herangezogen haben, soll jeder seinen geheiligten Stimmstein abgeben und bei der Hestia versichern, dass er nach besten Kräften ein gerechtes und wahres Urteil fälle. Und auf diese Weise soll man solch einen Prozess beenden.

[b] Nach den Vergehen gegen die Götter kämen nun die auf Umsturz der Verfassung abzielenden Vergehen an die Reihe. Wer einen Menschen an die Macht bringt und dadurch die Gesetze knechtet und die Stadt einer Clique hörig macht und dies alles mit Gewalt durchsetzt und eine Spaltung in der Bürgerschaft erregt und sich so gegen die Gesetze vergeht, den muss man als den allerschlimmsten Feind der ganzen Stadt betrachten. Und wer zwar sich an keinen derartigen Unternehmungen beteiligt, aber als Inhaber eines der höchsten Ämter in der Stadt diese Unternehmungen – entweder weil sie ihm verborgen geblieben sind oder, falls sie [c] ihm nicht verborgen blieben, aus Feigheit – nicht im Interesse seiner Vaterstadt bestraft, einen solchen Bürger muss man als den zweitschlimmsten der Schlechtigkeit nach ansehen. Jeder Mann aber, der auch nur ein bisschen etwas taugt, soll den, der einen solchen Anschlag plant, den Beamten anzeigen und ihn vor Gericht bringen wegen gewaltsamen und zugleich gesetzwidrigen

Umsturzes der Verfassung. Richter aber sollen für diese Leute dieselben sein wie für die Tempelräuber, und das ganze Verfahren gegen sie soll wie gegen jene durchgeführt werden, und die Mehrheit der Stimmen soll den Tod bringen.

Aber, um es in einem Satz zu sagen, die Schande des Vaters und seine [d] Bestrafung soll auf keines der Kinder übergehen, außer wenn jemandes Vater, Großvater und Urgroßvater nacheinander zum Tod verurteilt worden sind. Diese Kinder soll die Stadt mit ihrer Habe unter Ausschluss alles dessen, was zur vollständigen Ausstattung des Landloses gehört, in ihre alte Heimat und Vaterstadt zurücksenden. Und aus den Familien der Bürger, die mehr als einen Sohn im Alter von mindestens zehn Jahren haben, soll man zehn aus den Söhnen, die der Vater oder der Großvater väterlicher- oder mütterlicherseits dafür vorschlägt, herauslosen und die [e] Namen der Ausgelosten nach Delphi senden, und wen der Gott dann bestimmt, den soll man als Erben in das Haus der Weggezogenen einsetzen mit besserem Glück.

KL. Schön.

ATH. Gemeinsam soll noch in einem dritten Fall ein einziges Gesetz gelten für die Richter, die darüber zu richten haben, und ebenso soll das Gerichtsverfahren dasselbe sein für die, die jemand unter der Anschuldigung des Verrats vor Gericht bringt. Auch was das Verbleiben der Nachkommen bzw. ihre Auswanderung aus der Heimat betrifft, soll es hierfür ein [857a] einziges Gesetz geben, das für alle drei gilt: für den Verräter, für den Tempelräuber und den, der die Gesetze der Stadt mit Gewalt beseitigen will.

Für einen Dieb, mag er nun etwas Großes oder etwas

Kleines stehlen, soll wiederum nur ein Gesetz aufgestellt sein und eine Rechtsstrafe für alle. Denn als Erstes muss er das Gestohlene doppelt ersetzen, wenn er in einem solchen Prozess schuldig gesprochen wird und über sein Landlos hinaus noch genügend Vermögen besitzt, um zu bezahlen; wenn aber nicht, so soll er in Haft gehalten werden, bis er entweder bezahlt oder [b] den umstimmt, der seine Verurteilung veranlasst hat. Wenn aber jemand des Diebstahls am Gemeineigentum überführt wird, so soll er erst, wenn er die Stadt überredet oder das Gestohlene doppelt ersetzt hat, aus der Haft entlassen werden.

KL. Wieso können wir denn sagen, Fremder, dass es für den Dieb keinen Unterschied machen soll, ob er etwas Großes oder Kleines und ob er es von heiligen oder profanen Stätten gestohlen hat und was es sonst noch bei jedem Diebstahl an Ungleichheiten gibt, die der Gesetzgeber in ihrer Mannigfaltigkeit berücksichtigen müsste, indem er kein Vergehen mit den gleichen Strafen ahndet?

ATH. Sehr gut, Kleinias. Gerade als ich mich gleichsam fortreißen ließ, [c] bist du mit mir zusammengeprallt und hast mich dadurch aufgeweckt und hast mich an das erinnert, was ich auch schon früher bedacht hatte, dass nämlich das Gebiet der Gesetzgebung noch auf keine Weise jemals richtig durchgearbeitet worden ist, wie man bei dem jetzt aufgetauchten Problem feststellen muss. Wie meinen wir das nun wiederum? Wir haben keinen schlechten Vergleich gezogen, als wir alle, denen heute Gesetze gegeben werden, mit Sklaven verglichen, die von Sklaven ärztlich behandelt werden. Denn über Folgendes muss man sich völlig im Klaren sein: Wenn einmal einer der Ärzte, die die ärztliche Tätigkeit aufgrund ihrer Erfahrungen und ohne vernünftige Grundlegung ausüben, auf einen [d] freien Arzt träfe, der sich mit einem freien Patienten unterhält und dabei in einer Weise argumentiert, die sich fast dem Philosophieren nähert, und der die Krankheit von ihrem Ursprung her anpackt, indem er auf die allgemeine Natur der Körper zurückgeht, so würde jener sogleich in lautes Gelächter ausbrechen und keine anderen Sprüche vorbringen als die, die in solchen Fällen die meisten der sogenannten Ärzte rasch bei der Hand haben; er würde nämlich sagen: »Du Dummkopf, du behandelst ja nicht den Kranken, sondern erziehst ihn ja förmlich, als müsste er ein Arzt und [e] nicht gesund werden!«

KL. Und hätte er mit einer solchen Behauptung nicht recht?

ATH. Vielleicht, wenn er auch noch bedenken würde, dass jemand, der über Gesetze so spricht, wie wir es jetzt tun, die Bürger erzieht, nicht aber Gesetze gibt. Würde er nicht auch mit dieser Behauptung sich offensichtlich angemessen ausdrücken?

KL. Vielleicht.

ATH. Nun befinden wir uns aber gegenwärtig in einer glücklichen Lage.

KL. In welcher denn?

ATH. Dass uns keinerlei Notwendigkeit zwingt, Gesetze zu geben, [858a] sondern wir uns aus eigenem Entschluss in einer Betrachtung über eine Verfassung im Allgemeinen befinden und dabei das Beste und das unumgänglich Notwendige zu erkennen suchen und auf welche Weise sich beides wohl verwirklichen ließe. Und so steht es uns jetzt offensichtlich frei, wenn wir wollen, das Beste oder auch, wenn wir dies wollen, das Notwendigste auf dem Gebiet der Gesetze zu betrachten. Wählen wir also das, was uns beliebt.

KL. Vor eine lächerliche Wahl, Fremder, stellen wir uns da; und wir würden in genau die gleiche Lage geraten wie Gesetzgeber, die von einer [b] dringenden Notwendigkeit gezwungen werden, schon jetzt Gesetze zu geben, als ob dies morgen nicht mehr möglich wäre. Wir aber haben – mit Gottes Hilfe, muss man sagen – die Freiheit, wie die Maurer oder wie Leute, die sonst ein Bauwerk beginnen, zunächst das Material haufenweise zusammenzutragen, aus dem wir das für den künftigen Bau Geeignete auswählen, und so in aller Ruhe unsere Auswahl zu treffen. Nehmen wir also an, wir seien jetzt nicht Leute, die unter Zwang ein Haus bauen, sondern solche, die in aller Ruhe einiges erst noch bereitlegen und anderes schon zusammenfügen. Daher kann man mit Recht sagen, dass von [c] den Gesetzen bereits einige aufgestellt werden, für andere erst das Material bereitgestellt wird.

ATH. Jedenfalls, Kleinias, dürfte unser Verfahren einer zusammenschauenden Betrachtung der Gesetze am ehesten der Natur der Sache gemäß sein. So wollen wir denn, bei den Göttern, folgenden Punkt bezüglich der Gesetzgeber betrachten.

KL. Welchen denn?

ATH. Schriftwerke und schriftlich aufgezeichnete Reden gibt es doch wohl von vielen andern Leuten in den Städten; Schriften und Reden sind aber auch die Werke der Gesetzgeber.

KL. Gewiss.

ATH. Sollen wir nun zwar den Schriften der andern, der Dichter und all [d] derer, die ihre Ratschläge für das Leben ohne Versmaß und in Versmaßen zur Erinnerung schriftlich niedergelegt haben, unsere Aufmerksamkeit zuwenden, den Schriften der Gesetzgeber aber nicht? Oder diesen am meisten von allen?

KL. Ja, diesen bei Weitem am meisten.

ATH. Aber soll denn nun der Gesetzgeber als Einziger unter den Schriftstellern nicht verpflichtet sein, über das Schöne, das Gute und das Gerechte seinen Rat zu erteilen, indem er uns belehrt, wie dies beschaffen ist und wie sich diejenigen darum bemühen müssen, die glücklich sein wollen?

KL. Und wieso sollte er nicht verpflichtet sein?

[e] ATH. Ist es nun etwa eine größere Schande für Homer und Tyrtaios und die anderen Dichter, wenn sie in ihren Schriftwerken verkehrte Anweisungen für das Leben und seine Bestrebungen geben, dagegen eine geringere Schande für Lykurg und Solon und alle anderen, die als Gesetzgeber Schriften verfasst haben? Oder müssen nicht, wenn es richtig zugehen soll, von allen Schriftwerken in den Städten die Schriften über die Gesetze, wenn man sie aufschlägt, sich als die weitaus schönsten und besten erweisen, während die Schriften der anderen entweder damit [859a] übereinstimmen oder, falls sie davon abweichen, lächerlich erscheinen müssen?

Sollen wir uns nun die Art, wie die Abfassung von Gesetzen für die Städte vor sich zu gehen hat, so denken, dass das Geschriebene in der Haltung liebevoller und vernünftiger Väter und Mütter auftritt, oder so, dass man nach Art eines Tyrannen und Herren Befehle und Drohungen ausstößt und wenn man diese auf Wände geschrieben hat, damit fertig ist? Also wollen wir auch im vorliegenden Fall überlegen, ob wir versuchen sollten, in jener ersten Denkweise über Gesetze zu sprechen, mögen [b] wir dazu fähig sein oder nicht, jedenfalls indem wir unseren ganzen Eifer dafür aufbieten. Und wenn wir diesen Weg gehen und dabei manches auf uns zu nehmen haben, so wollen wir es auf uns nehmen. Doch möge es gut gehen! Und wenn Gott will, wird es auch so geschehen.

KL. Schön gesprochen. Verfahren wir also, wie du sagst.

ATH. Zuerst müssen wir also, wie wir bereits begonnen hatten, das Gesetz über die Tempelräuber und über Diebstahl im Allgemeinen und überhaupt alle Unrechtstaten genau prüfen und dürfen nicht unzufrieden sein, wenn wir mitten in der Abfassung von Gesetzen einige Bestimmungen [c] bereits festgesetzt haben, über andere aber noch Untersuchungen anstellen. Denn wir werden ja erst Gesetzgeber, sind es aber noch nicht; vielleicht werden wir es aber bald. Wenn ihr nun dafür seid, dass wir das, was ich erwähnt habe, in der erwähnten Weise untersuchen, so wollen wir dies tun.

KL. Ja, unbedingt.

ATH. Was nun das Schöne und Gerechte im Allgemeinen betrifft, so wollen wir Folgendes zu erkennen suchen: nämlich, in welcher Hinsicht wir selbst denn jetzt miteinander hierüber einer Meinung sind und in welcher wir mit uns selbst uneins sind (die wir doch, wie wir meinen, zumindest danach streben, uns von den meisten Leuten zu unterscheiden), und [d] andererseits, inwiefern die Masse der Menschen untereinander einig oder uneinig ist.

KL. An welche Meinungsverschiedenheiten zwischen uns denkst du denn bei diesen deinen Worten?

ATH. Ich will es zu erklären versuchen. Über die Gerechtigkeit im Allgemeinen und über die gerechten Menschen und Dinge und Handlungen sind wir uns doch alle einig, dass dies alles schön ist. Daher würde selbst dann, wenn einer behaupten würde, dass die gerechten Menschen, auch wenn sie körperlich hässlich sind, eben wegen ihrer gerechten Gesinnung [e] vollkommen schön seien, fast niemand, der so etwas sagt, etwas Verkehrtes zu sagen scheinen.

KL. Und nicht mit Recht?

ATH. Vielleicht. Wir wollen aber noch Folgendes betrachten: Wenn alles schön ist, was mit der Gerechtigkeit zusammenhängt, so gehört doch zu diesem ›allen‹ gewiss auch das uns zugefügte Leiden, fast in gleichem Maße wie unsere Taten.

KL. Wie das?

ATH. Jedes Tun, sofern es gerecht ist, hat doch so ziemlich in demselben Maße, in dem es [860a] am Gerechten teilhat, auch am Schönen teil.

KL. Gewiss.

ATH. Wenn wir uns also darauf einigten, dass auch ein Leiden, sofern es am Gerechten teilhat, in demselben Maße schön wird, so würde dies keinen Widerspruch in unserer Argumentation bedeuten?

KL. Richtig.

ATH. Wenn wir uns aber darauf einigten, dass ein Leiden zwar gerecht, aber hässlich ist, dann wird das Gerechte und das Schöne miteinander in Widerspruch geraten, weil ja das Gerechte damit für äußerst hässlich erklärt wird.

KL. Wie hast du das gemeint?

ATH. Dies ist nicht schwer zu begreifen. Die kurz zuvor von uns aufgestellten Gesetze könnten nämlich den Eindruck erwecken, als gäben sie Anweisungen, die zu den gerade eben gemachten Aussagen in allergrößtem Gegensatz stehen.

KL. Zu welchen denn?

[b] ATH. Wir hatten doch festgesetzt, dass der Tempelräuber gerechterweise sterben soll und ebenso der Feind der in der rechten Weise aufgestellten Gesetze. Und als wir uns anschickten, noch viele weitere Gesetzesbestimmungen dieser Art aufzustellen, hielten wir inne, weil wir sahen, dass dies zu Leiden führt, die nach Anzahl und Schwere unbegrenzt sind, die aber die gerechtesten von allen Leiden sind und zugleich von allen die hässlichsten. Wird also nicht auf diese Weise das Gerechte und das Schöne bald als völlig identisch, bald als im höchsten Maße entgegengesetzt erscheinen?

KL. Das ist zu befürchten.

[c] ATH. Daher pflegt die große Masse der Menschen über derartige Dinge widersprüchlich zu urteilen und vom Schönen und vom Gerechten als von ganz getrennten Dingen zu sprechen.

KL. So scheint es jedenfalls, Fremder.

ATH. Was nun aber unseren eigenen Standpunkt betrifft, lieber Kleinias, so wollen wir noch einmal sehen, wie es denn auf der andern Seite mit unserer Übereinstimmung auf eben diesem Gebiet bestellt ist.

KL. Welche Äußerung gegenüber welcher meinst du denn?

ATH. In unserem vorausgehenden Gespräch habe ich es, glaube ich, deutlich genug gesagt; sollte es aber wirklich noch nicht vorher geschehen sein, so lasst mich jetzt sagen –

KL. Was denn?

[d] ATH. Dass die Schlechten alle in allen Beziehungen unfreiwillig schlecht sind. Wenn es sich aber so verhält, so muss sich hieran notwendigerweise der nächste Satz anschließen.

KL. Welchen meinst du?

ATH. Dass der Ungerechte gewiss schlecht, der Schlechte aber unfreiwillig so ist. Dass aber unfreiwillig jemals etwas Freiwilliges getan wird, das ergibt keinen Sinn. Also wird jemand, der Unrecht tut, unfreiwillig Unrecht tun nach der Ansicht desjenigen, der die Ungerechtigkeit als etwas Unfreiwilliges ansieht, und so muss auch ich das jetzt zugeben. Denn auch ich behaupte, dass alle nur unfreiwillig Unrecht tun; und mag auch jemand aus Rechthaberei und Geltungssucht behaupten, dass die [e] Ungerechten zwar unfreiwillig so seien, dass aber viele freiwillig ungerecht handelten, so ist doch meine Behauptung jene und nicht diese. Auf welche Weise könnte ich nun mit meinen eigenen Worten im Einklang bleiben? Wenn ihr beide, Kleinias und Megillos, mich fragen würdet: »Wenn sich das nun so verhält, Fremder, welchen Rat kannst du uns da bezüglich der Gesetzgebung für die Stadt der Magneten geben? Sollen wir Gesetze geben oder nicht?« – »Warum denn nicht?« werde ich sagen. »Wirst du also für sie unterscheiden zwischen unfreiwilligen und freiwilligen Unrechtstaten, und sollen wir auf die freiwilligen Vergehen und Unrechtstaten die größeren Strafen setzen, für die andern geringere? Oder für alle in gleicher Höhe, da es ja nach unserer Überzeugung überhaupt [861a] keine freiwilligen Unrechtstaten gibt?«

KL. Da hast du allerdings recht, Fremder. Und welche Anwendung sollen wir von dem soeben Gesagten machen?

ATH. Eine gute Frage. Zuerst wollen wir also folgende Anwendung davon machen.

KL. Welche denn?

ATH. Wir wollen uns ins Gedächtnis rufen, dass wir gerade soeben treffend gesagt haben, dass über das Gerechte viel Verwirrung und Uneinigkeit unter uns herrsche. Indem wir das aufgreifen, wollen wir uns [b] wiederum fragen: »Sollen wir also für diese Schwierigkeit keinen Ausweg suchen und auch nicht genauer definieren, worin sich dies beides voneinander unterscheidet, was doch in allen Städten von allen Gesetzgebern, die es je gegeben hat, als zwei verschiedene Arten von Unrechtstaten angesehen wird, nämlich als freiwillige und unfreiwillige, und auch demgemäß im Gesetz behandelt wird, sondern soll der von uns eben geäußerte Satz, als wäre er von einem Gott gesprochen, mit dieser bloßen Behauptung davonkommen und ohne über seine Richtigkeit Rechenschaft [c] abzulegen, dann trotzdem irgendwie Gesetze geben?« Dies ist nicht möglich, sondern wir müssen noch vor der Aufstellung von Gesetzen irgendwie deutlich machen, dass dies zwei verschiedene Dinge sind und dass ihr Unterschied ein anderer ist, damit nachher, wenn jemand für jede der beiden Arten die Strafen festsetzt, jedermann dem, was gesagt wird, folgen kann und fähig ist, einigermaßen zu beurteilen, welche Anordnung angemessen ist und welche nicht.

KL. Es scheint, dass du recht hast, Fremder. Denn eines von beiden müssen wir tun: Entweder dürfen wir nicht behaupten, dass alle Unrechtstaten unfreiwillig sind, oder wir müssen zuerst durch eine begriffliche [d] Unterscheidung die Richtigkeit dieser Behauptung aufzeigen.

ATH. Von diesen beiden scheint mir nun das eine

schlechterdings unmöglich, nämlich die Behauptung aufzugeben, da ich überzeugt bin, dass sie wahr ist – denn das entspräche nicht meiner Art und wäre auch nicht fromm; inwiefern sie aber zwei verschiedene Dinge sind, wenn sie sich nicht durch das Unfreiwillige und Freiwillige, sondern durch etwas anderes unterscheiden, das müssen wir, so gut es geht, zu klären versuchen.

KL. Auf jeden Fall, Fremder; denn eine andere Möglichkeit können wir uns nicht vorstellen.

[e] ATH. So soll es denn geschehen. Nun also: Gegenseitige Schädigungen, so scheint es, kommen doch im Zusammenleben und im Umgang der Bürger miteinander recht oft vor, und das Freiwillige und Unfreiwillige ist dabei reichlich anzutreffen.

KL. Wie sollte es anders sein!

ATH. Nun soll aber niemand alle Schädigungen als Ungerechtigkeiten einstufen und dann glauben, dass auch das Ungerechte in ihnen auf diese Weise von zweifacher Art sei, nämlich teils freiwillig, teils unfreiwillig (denn innerhalb der Gesamtheit der Schädigungen stehen die unfreiwilligen Schädigungen weder an Zahl noch an Schwere hinter den freiwilligen zurück). Prüft vielmehr, ob ich mit dem, was ich jetzt sagen werde, [862a] etwas Wesentliches oder gar überhaupt nichts sage.

Ich jedenfalls behaupte nicht, lieber Kleinias und Megillos, wenn jemand einen andern schädigt, ohne es zu wollen, sondern unfreiwillig, dass er dann ein Unrecht begehe, allerdings unfreiwillig, und ich werde auch nicht in der Weise Gesetze geben, dass ich dies als unfreiwillige Unrechtstat in meinem Gesetz einstufe, sondern ich werde eine derartige Schädigung sogar überhaupt nicht als Ungerechtigkeit ansehen, gleichgültig ob sie jemanden schwerer oder leichter trifft. Oft aber werden wir, wenn einem ein nicht rechtmäßiger Nutzen verschafft wird, vom Urheber dieses Nutzens sagen müssen, dass er ein Unrecht begehe – jedenfalls [b] wenn sich meine Meinung durchsetzen sollte. Denn in der Regel, meine Freunde, darf man doch nicht, wenn jemand einem anderen etwas von seinem Besitz gibt oder wenn er ihm umgekehrt etwas wegnimmt, so etwas einfach für gerecht oder ungerecht erklären; sondern ob jemand in gerechter Gesinnung und Denkweise einem anderen nützt oder schadet, darauf muss der Gesetzgeber schauen, und auf diese beiden Dinge muss er den Blick richten: auf die Ungerechtigkeit und auf den Schaden, und den angerichteten Schaden muss er durch seine Gesetze möglichst wieder heilen, indem er das Zerstörte wiederherstellt, das von jemandem [c] Umgestürzte wieder aufrichtet und das Getötete oder Verwundete wieder heil macht; wenn aber durch Zahlung einer Buße eine Aussöhnung zwischen Tätern und Opfern der jeweiligen Schädigung zustande gekommen ist, muss er jedesmal versuchen, sie durch seine Gesetze aus der Zwietracht in einen Zustand der Freundschaft zu versetzen.

KL. Das ist ein schönes Ziel.

ATH. Was nun aber die ungerechten Schädigungen und Bereicherungen betrifft, falls jemand durch eine ungerechte Handlung einen anderen bereichert, so soll man hiervon alles, was heilbar ist, da es sich hierbei um Krankheiten in der Seele handelt, heilen; diese Heilung der Ungerechtigkeit, so müssen wir sagen, zielt in folgende Richtung.

KL. In welche?

[d] ATH. Dass das Gesetz, mag nun einer eine große oder

eine kleine Ungerechtigkeit begangen haben, den Täter belehrt und ihn zwingt, eine derartige Tat künftig entweder überhaupt niemals mehr willentlich zu wagen oder doch beträchtlich weniger oft, und zwar zusätzlich zur Wiedergutmachung des Schadens. Ob dies nun jemand durch Taten oder durch Worte oder mithilfe von Lust oder Schmerz oder durch Zuerkennung oder Aberkennung von Ehrungen oder durch Geldstrafen oder gar Geschenke oder auf welche Weise auch immer er dies überhaupt erreicht, dass man die Ungerechtigkeit hasst und die wahre Natur des Gerechten liebt oder nicht hasst: Genau dies ist die Aufgabe der schönsten Gesetze.

[e] Wenn aber der Gesetzgeber merkt, dass einer in dieser Hinsicht unheilbar ist, welche Strafe und welches Gesetz soll er für diese aufstellen? Da er vermutlich einsieht, dass es einerseits für alle Menschen dieser Art selber nicht besser ist, am Leben zu bleiben, dass sie aber andererseits den Übrigen einen doppelten Nutzen erweisen, wenn sie aus dem Leben scheiden, indem sie erstens den anderen ein warnendes Beispiel geben, kein Unrecht zu begehen, und sodann die Stadt von schlechten Menschen [863a] befreien, so muss also der Gesetzgeber über solche Menschen als Strafe für ihre Vergehen den Tod verhängen, sonst aber auf gar keinen Fall.

KL. Was du da sagst, scheint zwar irgendwie ganz angemessen; aber wir würden gern Folgendes noch deutlicher dargelegt hören, nämlich den Unterschied zwischen der Ungerechtigkeit und der Schädigung, und denjenigen zwischen freiwillig und unfreiwillig, wie er unter diese gemischt ist.

[b] ATH. So muss ich denn versuchen, zu tun, wie ihr

verlangt, und zu sprechen. Denn offenbar pflegt ihr untereinander über die Seele wenigstens so viel zu sagen und zu hören, dass in ihr, sei es als ein Zustand oder ein Teil ihrer Natur, der Zorn wohnt, ein streitsüchtiges und schwer zu bekämpfendes Besitzstück, das ihr da eingepflanzt ist, und dass dieser mit unvernünftiger Gewalt viele Zerstörungen anrichtet.

KL. Gewiss.

ATH. Und als Lust bezeichnen wir etwas, das mit dem Zorn nicht identisch ist; vielmehr sagen wir, dass sie mittels einer ihm entgegengesetzten Kraft ihre Herrschaft ausübt, indem sie durch Überredung, vereint mit gewalttätiger Täuschung, alles durchsetzt, was ihr Wollen sich wünscht.

KL. Und wie!

[c] ATH. Wenn man drittens ferner die Unwissenheit als eine Ursache der Verfehlungen anführen würde, so würde man damit nicht lügen. Noch besser allerdings würde der Gesetzgeber daran tun, wenn er diese in zwei Arten scheiden würde, deren eine, die einfache, er als Ursache der leichten Vergehen betrachtet; was aber die doppelte betrifft, wenn nämlich einer sich als unbelehrbar erweist, weil er nicht nur in Unwissenheit befangen ist, sondern auch im Dünkel der Weisheit, als wüsste er genau Bescheid über das, wovon er gar nichts weiß, so wird der Gesetzgeber, wenn sich mit ihr Macht und Stärke verbindet, eine derartige Haltung als Ursache der großen und unschönen Verfehlungen ansehen; wenn sie aber [d] von Schwachheit begleitet ist, so wird er die Verfehlungen von Kindern und Greisen, die daraus entspringen, zwar als Verfehlungen betrachten und gegen diese Leute als Urheber dieser Verfeh-

lungen Gesetze aufstellen, jedoch die allermildesten und von größter Nachsicht getragenen.

KL. Was du sagst, leuchtet ein.

ATH. Was nun Lust und Zorn angeht, so sagen wir doch fast alle, dass der eine von uns diesen überlegen, der andere aber ihnen unterlegen ist, und so verhält es sich ja auch.

KL. Ganz gewiss.

ATH. Was aber die Unwissenheit angeht, so haben wir noch nie gehört, dass der eine von uns ihr überlegen und der andere ihr unterlegen sei.

[e] KL. Vollkommen richtig.

ATH. Von diesen allen behaupten wir aber, dass sie einen jeden, wenn er in die Richtung seines eigenen Wollens gezogen wird, oft zugleich in die entgegengesetzte Richtung drängen.

KL. Sehr oft sogar.

ATH. Nunmehr kann ich dir das Gerechte und das Ungerechte, wie ich es verstehe, voneinander abgrenzen, ohne sie zu vermengen. Die von Zorn und Furcht, von Lust und Schmerz, von Neidgefühlen und Begierden in der Seele ausgeübte Tyrannei nenne ich, gleichgültig ob sie einen [864a] Schaden anrichtet oder nicht, in jedem Fall Ungerechtigkeit. Wenn dagegen die Vorstellung vom Besten, wie auch immer eine Stadt oder einzelne Individuen sich dessen Verwirklichung denken mögen, in den Seelen herrscht und jeden Mann ordnend durchdringt, dann muss man, auch wenn er einmal einen Fehler begeht, dennoch sagen, dass alles gerecht ist, was in dieser Überzeugung getan wird und was sich in jedem Einzelnen einer solchen Herrschaft unterwirft, und dass es für das ganze Leben der Menschen das Beste ist, während jedoch von den meisten eine so entstandene Schädigung für eine unfreiwillige Ungerechtigkeit gehalten wird. Unsere Rede ist jetzt aber nicht auf einen Streit um Worte aus, [b] sondern da deutlich geworden ist, dass es drei Arten von Verfehlungen gibt, so wollen wir diese zunächst noch tiefer dem Gedächtnis einprägen. Aus dem Schmerz also, den wir als Zorn und Furcht bezeichnen, geht nach unserer Ansicht die eine Art hervor.

KL. Gewiss.

ATH. Aus der Lust wiederum und den Begierden eine zweite Art; und das Streben der Erwartungen und der wahren Vorstellung, die sich auf das Beste richtet, bildet eine dritte, davon verschiedene Art. Da wir diese Art ihrerseits durch zweimaligen Schnitt in drei Arten zerlegt haben, so haben sich fünf Arten ergeben, wie wir jetzt feststellen; und für diese [c] fünf Arten sind nun unterschiedliche Gesetze aufzustellen, die in zwei Gattungen zerfallen.

KL. Welches sind diese Gattungen?

ATH. Einerseits alles, was durch gewaltsames und offenes Vorgehen begangen wird; auf der anderen Seite das, was im Dunkel und mit Täuschung heimlich geschieht: Manchmal wird auch etwas durch diese beiden Mittel zugleich verübt: Für diesen Fall werden auch die härtesten Gesetze aufgestellt müssen, wenn sie ihre Aufgabe angemessen erfüllen sollen.

KL. Das leuchtet ein.

ATH. Kehren wir also als Nächstes dorthin zurück, von wo wir hierher abgeschweift waren, um die Aufstellung der Gesetze zu vollenden.

[d] Es waren von uns bereits Gesetze aufgestellt für die,

welche die Götter berauben, glaube ich, und für die Verräter, ferner auch über die, die die Gesetze untergraben mit dem Ziel eines Umsturzes der bestehenden Verfassung. Von diesen Taten könnte nun jemand vielleicht eine im Wahnsinn begehen oder weil er von einer Krankheit oder von übermäßigem Alter bedrückt wird oder im kindlichen Alter, in welchem er sich ja nicht sehr von solchen Leuten unterscheidet. Wenn hiervon etwas den auserlesenen Richtern bekannt wird, weil der Täter oder der Fürsprecher des [e] Täters hierauf die Schuld schiebt, und wenn das Urteil lautet, dass er in solch einem Zustand gegen die Gesetze gehandelt hat, so soll er den Schaden, den er etwa jemandem zugefügt hat, auf jeden Fall in einfacher Höhe ersetzen, von den anderen Rechtsfolgen soll er aber verschont bleiben, außer wenn er jemanden getötet hat und seine Hände daher nicht rein von Mord sind. In diesem Fall soll er in ein anderes Land und an einen andern Ort fortziehen und dort ein Jahr außer Landes wohnen; wenn er aber vor der vom Gesetz festgesetzten Zeit zurückkommt oder auch nur den Heimatboden betritt, so soll er von den Gesetzeswächtern zwei Jahre in öffentlicher Haft gehalten werden und dann von der Haft befreit werden.

[865a] Wie wir nun mit der Behandlung der Tötung bereits den Anfang gemacht haben, wollen wir nun versuchen, bis zum Ende über jede Art von Tötung die entsprechenden Gesetze aufzustellen; und als Erstes wollen wir über die gewaltsamen und ungewollten Tötungen sprechen.

Wenn jemand bei einem Wettkampf und öffentlichen Spielen ungewollt, sei es sofort oder auch später als Folge der Verletzungen, einen befreundeten Menschen tötet oder im Krieg unter denselben Umständen oder bei einer kriegerischen Übung, bei der man sich mit unbewaffnetem Körper im Speerwurf übt oder mit irgendwelchen Waffen die [b] kriegerische Tätigkeit nachahmt, so soll er, wenn er nach dem hierüber aus Delphi eingeholten Gesetz gereinigt worden ist, rein sein.

Was die Ärzte im Allgemeinen betrifft, so soll, wenn der Patient gegen ihren Willen unter ihrer Behandlung stirbt, der Arzt nach dem Gesetz rein sein.

Wenn jemand mit eigener Hand, aber ungewollt einen andern tötet, sei es mit dem eigenen unbewaffneten Körper oder mit einem Werkzeug oder mit einem Wurfgeschoß oder durch Darreichung eines Tranks oder einer Speise oder durch Anwendung von Feuer oder Kälte oder durch [c] Entziehung der Luft, entweder er selbst mit dem eigenen Körper oder durch andere Körper, so soll er in jedem Fall wie ein eigenhändiger Täter behandelt werden und folgende Strafen erleiden:

Wenn er einen Sklaven tötet, so soll er sich vorstellen, sein eigener Sklave wäre umgekommen, und demgemäß dem Herrn des Getöteten den Schaden und den Verlust ersetzen; andernfalls soll er eine gerichtliche Strafe in Höhe des doppelten Wertes des Getöteten leisten; die Abschätzung des Wertes sollen die Richter vornehmen. Ferner soll er sich gründlicheren und zahlreicheren Reinigungen unterziehen als im Falle derer, die bei den Wettkämpfen eine Tötung begangen haben; hierüber [d] haben die Ausleger zu entscheiden, die der Gott erwählt hat.

Wenn er seinen eigenen Sklaven tötet, so soll er sich reinigen und dann vom Mord nach dem Gesetz rein sein.

Wenn jemand einen Freien ungewollt tötet, so soll er

sich denselben Reinigungen unterziehen wie einer, der einen Sklaven getötet hat. Eine seit alters erzählte Sage der Vorzeit soll er aber nicht gering achten. Man sagt nämlich, dass einer, der gewaltsam getötet worden ist, nachdem er mit der Gesinnung eines freien Mannes gelebt hat, dem Täter zürne, solange sein Tod noch frisch sei; und wenn er, selber noch ganz von Schrecken und Angst wegen der erlittenen Gewalttat erfüllt, sehe, wie sich sein Mörder an den Orten herumtreibt, die ihm selbst einst vertraut waren, so empfinde er Angst und suche, selber in Verwirrung geraten, auch den Täter mit aller Macht zu verwirren – wobei er in dessen Gedächtnis einen Verbündeten finde –, und zwar sowohl diesen selbst als auch dessen Unternehmungen. Deshalb muss also der Täter dem Opfer durch sämtliche Zeiten des Jahres hindurch aus dem Wege gehen und alle Orte in der gesamten Vaterstadt meiden, die diesem vertraut waren. Ist aber der Getötete ein Fremder, so soll er auch aus dem Land des Fremden für dieselbe [866a] Zeit ausgeschlossen sein.

Wenn nun jemand diesem Gesetz freiwillig gehorcht, so soll der nächste Verwandte des Toten, der darauf zu sehen hat, dass dies alles geschieht, ihm Verzeihung gewähren, und wenn er dann noch Frieden mit ihm schließt, wird er sich völlig angemessen verhalten.

Wenn aber einer nicht gehorcht und erstens ungereinigt in die Heiligtümer zu gehen und zu opfern wagt und darüber hinaus nicht gewillt ist, die angegebene Zeit bis zum Ende in der Fremde zuzubringen, so soll [b] der nächste Verwandte des Getöteten gegen den Täter wegen Totschlags gerichtlich vorgehen, und wenn er schuldig gesprochen wird, sollen alle Strafen verdoppelt werden.

Wenn aber der nächste Angehörige die erlittene Gewalttat nicht verfolgt, so soll man annehmen, dass die Befleckung auf ihn selbst übergegangen sei, indem das Opfer der Gewalt die mit der Gewalttat verbundene Befleckung auf ihn überträgt, und jeder, der das will, soll gegen ihn gerichtlich vorgehen und ihn zwingen, seiner Vaterstadt fünf Jahre lang fernzubleiben.

Wenn aber ein Fremder ungewollt einen von den Fremden in der Stadt [c] tötet, so soll jeder, der das will, aufgrund derselben Gesetze gegen ihn vorgehen. Ist der Täter ein Metöke, soll er für ein Jahr außer Landes gehen. Ist er aber ein völlig Fremder, so soll er neben der Reinigung, gleichgültig ob er einen Fremden oder einen Metöken oder einen Bürger getötet hat, sein ganzes Leben lang aus dem Land verbannt werden, das diese Gesetze gibt. Kehrt er jedoch entgegen dem Gesetz zurück, so sollen ihn die Gesetzeswächter mit dem Tod bestrafen, und falls er Eigentum besitzt, dieses dem nächsten Verwandten des Getöteten übergeben. Wenn [d] er aber gegen seinen Willen zurückkommt, so soll er, falls er zur See an unser Land verschlagen wird, dort sein Lager aufschlagen und die Füße im Meer netzend auf eine Gelegenheit zur Weiterfahrt warten; falls er aber auf dem Landweg gewaltsam von irgendwelchen Leuten hereingeschleppt wird, so soll ihn der erste Beamte, der auf ihn trifft, befreien und unbehelligt über die Grenze zurückschicken.

Wenn jemand mit eigener Hand einen Freien getötet hat, die Tat aber im Zorn geschehen ist, so sind bei einer solchen Tat zunächst zwei Fälle zu unterscheiden.

Im Zorn handeln nämlich einmal alle diejenigen, die plötzlich und [e] ohne vorausgehenden Tötungsvorsatz jemanden durch Schläge oder sonstige Mittel umbringen, weil sie in diesem Augenblick der Drang dazu überkommt, und wo sich dann sogleich Reue über die Tat einstellt; im Zorn handeln aber auch alle diejenigen, die wegen einer Kränkung durch Worte oder gar durch entehrende Handlungen auf Rache sinnen und erst später jemanden töten in der festen Absicht, ihn zu töten, und die diese Tat auch nicht bereuen.

Wir müssen also, wie es scheint, zwei Arten von Tötung annehmen, [867a] die beide mehr oder weniger im Zorn geschehen und die man am richtigsten als ein Mittelding zwischen einer freiwilligen und einer unfreiwilligen Tat bezeichnen würde. Jedoch ist jede der beiden Arten nur ein diesen ähnliches Abbild: Wer seinen Zorn aufhebt und sich nicht sogleich auf der Stelle, sondern mit Vorbedacht erst zu einem späteren Zeitpunkt rächt, der ähnelt dem freiwilligen Täter. Wer dagegen seine Wut nicht aufspart, sondern sie ohne Vorbedacht sogleich auf der Stelle in die Tat umsetzt, der gleicht dem unfreiwilligen; doch ist er kein ganz unfreiwilliger Täter, sondern nur einem unfreiwilligen ähnlich.

[b] Darum ist es bei den im Zorn begangenen Tötungen schwer zu bestimmen, ob man sie bei der Gesetzgebung als freiwillige oder einige wie unfreiwillige behandeln soll. Am besten und der Wahrheit am ehesten gemäß wird es allerdings sein, beide nach ihrer Ähnlichkeit einzustufen und sie je nach Vorbedacht oder Fehlen eines Vorbedachts voneinander zu scheiden und für die Täter, die mit Vorbedacht und im Zorn töten, die härteren Strafen, und für die, die es ohne Vorbedacht und auf der Stelle tun, mildere Strafen im Gesetz festzulegen. Denn was einem schwereren

Übel ähnlich ist, muss schwerer, was einem leichteren, muss leichter [c] bestraft werden. So müssen denn auch unsere Gesetze verfahren.

KL. Auf jeden Fall.

ATH. Wir wollen also nochmals zum Ausgangspunkt zurückgehen und festsetzen:

Wenn jemand eigenhändig einen Freien getötet hat, die Tat aber ohne Vorbedacht in irgendeiner Zornesaufwallung geschehen ist, so soll er im Übrigen das erleiden, was einem zu erleiden zukommt, der ohne Zorn getötet hat; darüber hinaus aber soll er zwangsweise zwei Jahre in die Verbannung gehen, damit er seinen Zorn zu zügeln lernt.

[d] Wer dagegen zwar im Zorn, aber mit Vorbedacht jemanden tötet, der soll im Übrigen dasselbe erleiden wie der Vorige, jedoch soll er auf drei Jahre, wie jener auf zwei, verbannt sein, indem er entsprechend der Größe seines Zorns auch eine längere Zeit bestraft wird.

Mit ihrer Rückkehr soll es folgendermaßen gehalten werden. Eine exakte gesetzliche Regelung ist hier zwar schwierig; denn manchmal kann von diesen beiden der vom Gesetz als gefährlicher eingestufte Täter der harmlosere und der harmlosere der gefährlichere sein und bei der Tötung grausamer vorgegangen sein, der andere milder; meistens jedoch pflegt [e] es damit so zu stehen, wie wir eben gesagt haben. Alle diese Fragen haben die Gesetzeswächter zu entscheiden. Wenn für beide die Zeit der Verbannung abgelaufen ist, sollen sie zwölf aus ihrer Mitte als Richter an die Landesgrenzen schicken, die während dieser Zeit die Taten der Verbannten noch eingehender geprüft haben, und diese sollen über die Verzeihung und die Wiederaufnahme richterlich entscheiden; die [868a] Betroffenen aber müssen es bei dem Spruch solcher Beamten bewenden lassen.

Wenn aber der eine oder der andere der beiden nach der Rückkehr sich erneut vom Zorn überwältigen lässt und die gleiche Tat noch einmal begeht, so soll er verbannt werden und nie mehr zurückkehren; kehrt er trotzdem zurück, so soll es ihm ebenso ergehen wie bei der Rückkehr des Fremden.

Wer seinen eigenen Sklaven getötet hat, soll sich reinigen; wenn er aber einen fremden im Zorn tötet, soll er dem Besitzer den Schaden doppelt ersetzen.

Wenn aber einer von all diesen Totschlägern dem Gesetz nicht gehorcht, sondern ungereinigt den Markt, die Kampfplätze und die andern [b] heiligen Stätten befleckt, so soll jeder, der das will, sowohl den Angehörigen des Getöteten, der das geschehen lässt, als auch den Totschläger vor Gericht bringen und ihn zwingen, den doppelten Betrag an Geld zu bezahlen und die sonstigen Handlungen doppelt zu vollziehen; die gezahlte Geldsumme aber soll er dem Gesetz gemäß für sich behalten dürfen.

Wenn aber ein Sklave im Zorn seinen Herrn getötet hat, dann dürfen die Angehörigen des Getöteten mit dem Totschläger verfahren, wie sie [c] wollen, außer dass sie ihn auf keinen Fall am Leben lassen dürfen, und sollen damit rein von Schuld sein.

Wenn aber ein Sklave einen anderen Freien im Zorn getötet hat, so sollen die jeweiligen Herren den Sklaven den Verwandten des Toten ausliefern; diese sind verpflichtet, den Täter zu töten, doch auf die Weise, die ihnen beliebt.

Wenn ferner, was zwar vorkommt, aber nur selten, ein Vater oder eine Mutter im Zorn einen Sohn oder eine Tochter durch Schläge oder sonst auf gewaltsame Weise tötet, so sollen sie sich denselben Reinigungen wie die andern unterziehen und drei Jahre außer Landes gehen, nach der [d] Rückkehr der Totschläger soll sich die Frau von dem Mann und der Mann von der Frau trennen, und sie dürfen nie mehr zusammen Kinder zeugen noch den Herd mit denen teilen, denen sie ein Kind oder einen Bruder geraubt haben, oder mit ihnen zusammen an religiösen Feiern teilnehmen. Wer hiergegen frevelt und nicht gehorcht, der soll von jedem, der das will, wegen eines religiösen Vergehens gerichtlich belangt werden.

Wenn aber ein Mann seine Ehefrau im Zorn tötet oder eine Frau ihrem [e] Mann auf dieselbe Weise dasselbe antut, so sollen sie sich denselben Reinigungen unterziehen und volle drei Jahre in der Verbannung bleiben. Nach der Rückkehr aber darf jemand, der eine solche Tat begangen hat, nie mehr zusammen mit seinen Kindern an religiösen Feiern teilnehmen noch mit ihnen am selben Tisch sitzen; wenn aber der Vater oder das Kind dem nicht gehorcht, so sollen sie wegen Religionsfrevels von jedem, der das will, gerichtlich belangt werden können.

Auch wenn ein Bruder seinen Bruder oder seine Schwester oder eine Schwester ihren Bruder oder ihre Schwester im Zorn tötet, so soll festgesetzt sein, dass die Reinigungen und die Verbannungen in derselben Weise, wie dies für die Eltern und Kinder festgesetzt worden ist, auch von diesen vollzogen werden müssen: Mit den Geschwistern, denen er die Geschwister, und mit den Eltern, denen er die Kinder geraubt hat, darf er niemals mehr den Herd teilen oder an religiösen Feiern teilnehmen; wenn [869a] aber jemand dem nicht gehorcht, so wird er wohl dem erwähnten Gesetz gegen solchen Religionsfrevel mit Fug und Recht verfallen.

Sollte aber jemand seines Zornes gegenüber den Eltern wirklich so wenig Herr sein, dass er in der Raserei seiner Erregung einen seiner Erzeuger zu töten wagt, so soll er, falls der Getötete vor seinem Tode aus freien Stücken den Täter von diesem Mord losspricht, sich in der gleichen Weise reinigen wie diejenigen, die eine unfreiwillige Tötung begangen haben, und soll auch im Übrigen genau dasselbe wie jene tun und damit als rein gelten. Hat ihn aber der Tote nicht losgesprochen, so soll ein solcher [b] Täter einer Vielzahl von Gesetzen verfallen sein. Denn er würde die äußersten Strafen wegen Misshandlung verdienen und ebenso wegen Religionsfrevels und wegen Beraubung eines Heiligtums, da er die Seele seines Erzeugers beraubt hat. Wenn es daher möglich wäre, dass derselbe Mensch mehrmals sterben könnte, so müsste auch der Vater- und Muttermörder, der diese Tat im Zorn begangen hat, mit vollstem Recht mehrere Tode erleiden. Denn derjenige, dem als Einzigem selbst zur Abwehr des [c] Todes, falls er in Gefahr ist, von der Hand der Eltern zu sterben, kein Gesetz jemals gestatten wird, den Vater oder die Mutter zu töten, die sein Wesen ans Licht heraufgeführt haben, sondern ihm vielmehr gebieten wird, lieber alles auf sich zu nehmen und zu erdulden, als eine solche Tat zu begehen: Wie könnte ein solcher Mensch je auf andere Weise seine angemessene Strafe im Gesetz finden? So sei denn für den, der im Zorn den Vater oder die Mutter getötet hat, als Strafe der Tod festgesetzt.

Tötet aber ein Bruder seinen Bruder, falls es bei Bürgerkriegen zu einem Kampf kommt oder auf ähnliche Weise, indem er sich gegen den [d] andern wehrt, der als Erster mit dem Angriff begonnen hat, so soll er, wie wenn er einen Feind getötet hätte, rein sein, und ebenso, wenn ein Bürger einen Bürger oder ein Fremder einen Fremden tötet.

Wenn ein Bürger einen Fremden oder ein Fremder einen Bürger in Notwehr tötet, so sollen für die Reinheit von Schuld dieselben Bestimmungen gelten.

Und wenn ein Sklave einen Sklaven tötet, ebenso. Wenn aber ein Sklave einen Freien in Notwehr tötet, so soll er denselben Gesetzen verfallen wie einer, der seinen Vater getötet hat.

Was aber über die Lossprechung vom Mord seitens des Vaters gesagt worden ist, dasselbe soll ebenso für jede Lossprechung von derartigen [e] Vergehen gelten: Wenn jemand, wer er auch sei, irgend jemanden freiwillig davon losspricht, so sollen, wie wenn die Tötung unfreiwillig geschehen wäre, vom Täter die entsprechenden Reinigungen vollzogen werden, und ein Jahr soll die Dauer des Aufenthalts in der Fremde nach dem Gesetz betragen.

Und damit sollen die gewaltsamen und ungewollten und im Zorn begangenen Fälle von Tötungen zur Genüge besprochen sein.

Was aber die vorsätzlichen und in voller Ungerechtigkeit auf diesem Gebiet und mit Vorbedacht begangenen Taten betrifft, deren Ursache die Überwältigung durch Lüste und Begierden und Neidgefühle ist, so müssen wir diese nach jenen besprechen.

KL. Da hast du recht.

ATH. Wir wollen also wiederum zuerst über derartige Antriebe sprechen und nach Möglichkeit angeben, wie viele es gibt.

[870a] Der stärkste ist die Begierde, die sich einer Seele bemächtigt, wenn diese infolge unerfüllter Wünsche ganz wild worden ist. Dies geschieht besonders dort, wo das Verlangen bei den meisten Menschen gerade am größten und stärksten ist; ich meine damit die Macht des Geldes, welche zahllose Begierden nach unersättlichem und unbegrenztem Erwerb desselben in ihnen erzeugt infolge einer verkehrten Naturanlage und eines schlimmen Mangels an Erziehung. Schuld an diesem Mangel an Erziehung ist das aus dem verkehrtem Rühmen des Reichtums durch Hellenen und Barbaren herrührende hohe Ansehen desselben. Indem sie ihn [b] nämlich als das erste der Güter herausstellen, obwohl er doch nur das dritte ist, schädigen sie sowohl ihre Nachkommen als auch sich selbst. Denn wenn in allen Städten die Wahrheit über den Reichtum gesagt würde, so wäre das am allerschönsten und allerbesten: dass er nämlich um des Leibes willen da ist, und der Leib um der Seele willen. Da nun diejenigen Zwecke, um derentwillen der Reichtum seiner Natur nach existiert, ihrerseits Güter sind, so ist er nur das dritte Gut nach der Tugend des Leibes und der Seele. Diese Überlegung könnte uns also darüber belehren, dass man nicht danach streben darf, reich zu sein, wenn man glücklich sein [c] will, sondern danach, auf gerechte und besonnene Weise reich zu sein; und so würden auch in den Städten keine Tötungen begangen, die durch Tötungen gesühnt werden müssen. So aber ist dies, wie wir anfangs sagten, die eine und zwar die größte Ursache, die auch zu den größten Strafen wegen vorsätzlicher Tötung führt.

Die zweite ist die Haltung einer ehrgeizigen Seele, welche in ihr Neidgefühle erzeugt, gefährliche Hausgenossen vor allem für eben den, der den Neid beherbergt, zweitens aber auch für die Besten unter den Bewohnern der Stadt.

An dritter Stelle haben die feigen und ungerechten Befürchtungen [d] schon viele Mordtaten hervorgebracht, wenn nämlich jemand etwas tut oder getan hat, wovon er wünscht, dass niemand darum weiß, dass es geschieht oder geschehen ist; also beseitigen sie diejenigen, die das anzeigen könnten, durch den Tod, wenn sie es auf keine andere Weise erreichen können.

Für all diese Fälle mag dies nun als Vorrede gesagt sein und dazu noch die Lehre, die gar viele aus dem Munde derer, die sich in den Mysterien mit solchen Dingen befasst haben, zu hören bekommen und von der sie fest überzeugt sind: dass nämlich die Vergeltung für derartige Taten im [e] Hades stattfinde und dass sie, wenn sie wieder hierher zurückkehren, zwangläufig die naturgemäße Strafe erleiden müssen, die darin bestehe, dass einer selber erleidet, was er getan hat, und von der Hand eines anderen durch ein ähnliches Schicksal sein neues Leben endet. Wer sich davon überzeugen lässt und schon aufgrund der bloßen Vorrede eine solche Strafe von ganzem Herzen fürchtet, für den brauchen wir das darauf folgende Gesetz nicht anzustimmen; für den Ungehorsamen aber sei [871a] folgendes Gesetz in schriftlicher Form verkündet.

Wer vorsätzlich und ungerechterweise einen seiner Stammesgenossen eigenhändig tötet, der soll sich als Erstes von den gewohnten Plätzen fernhalten, so dass er weder die Heiligtümer noch den Markt noch die Häfen noch sonst einen allgemeinen Versammlungsort befleckt, gleichgültig, ob irgendein Mensch dies dem Täter untersagt oder nicht; denn das Gesetz untersagt es ihm und untersagt ihm dies jetzt und künftig jeweils ganz offen im Namen der ganzen Stadt.

[b] Wer aber den Täter nicht gerichtlich verfolgt, obwohl er dazu verpflichtet ist, oder ihm seine Ausschließung nicht verkündet und dabei zur engeren Verwandtschaft des Getöteten auf männlicher oder weiblicher Seite gehört, der möge erstens die Befleckung und die Feindschaft der Götter auf sich selbst nehmen, da der Fluch des Gesetzes den Götterspruch auf ihn lenkt; zweitens soll er von jedem gerichtlich verfolgt werden können, der den Getöteten rächen will. Wer ihn aber rächen will, der soll zunächst alles erfüllen, was die Beobachtung der hierfür [c] vorgesehenen Waschungen und aller sonstigen vom Gott hierfür überlieferten Riten verlangt, und dann die Ausschließung öffentlich verkünden; dann soll er hingehen und den Täter zwingen, sich dem Vollzug der Strafe gemäß dem Gesetz zu stellen.

Dass dies aber unter gewissen Gebeten zu geschehen hat und unter Opfern für diejenigen Götter, die dafür sorgen, dass keine Morde in den Städten vorkommen, das aufzuzeigen wäre dem Gesetzgeber ein Leichtes. Welches aber diese Götter sind und welches das Verfahren ist, das bei der Einleitung derartiger Prozesse am richtigsten im Sinne der Gottheit anzuwenden wäre, das sollen die Gesetzeswächter unter Hinzuziehung von [d] Auslegern und Sehern und mithilfe des Gottes gesetzlich festlegen und dementsprechend diese Prozesse einleiten. Richter hierüber sollen dieselben sein wie die, denen wir die rechtskräftige Entscheidung über die Tempelräuber zugewiesen haben.

Wer aber schuldig gesprochen wird, soll mit dem Tod bestraft werden und nicht im Lande des Opfers begraben werden, um neben der Vermeidung eines religiösen Frevels auch die Verweigerung der Verzeihung sichtbar zu machen. Ergreift er aber die Flucht und will sich nicht dem Urteil stellen, so soll er für immer verbannt sein. Wenn aber einer von diesen das Land des Ermordeten wieder betritt, so soll der Erste von den Angehörigen des Getöteten oder auch von den Bürgern, der ihm [e] begegnet, ihn ungestraft töten oder ihn gefesselt den Beamten, die den Fall abgeurteilt haben, zur Hinrichtung übergeben.

Wer aber die Klage vorbringt, soll gleichzeitig Bürgen von dem verlangen, gegen den er die Klage vorbringt; dieser soll die Bürgen stellen, welche die hierfür zuständige Richterbehörde als zuverlässig erachtet, drei zuverlässige Bürgen also, die sich dafür verbürgen, dass sie ihn vor Gericht vorführen. Wenn er aber keine Bürgen stellen will oder kann, so soll die Behörde ihn festnehmen und in Haft nehmen und zur Entscheidung des Falls vorführen.

[872a] Wenn aber jemand, der zwar nicht eigenhändig getötet, aber den Tod eines anderen geplant hat und durch sein Wollen und sein Anstiften schuld an dessen Tod und in seiner Seele nicht rein von Mord ist, dennoch in der Stadt wohnen bleibt, so soll auch für ihn das diesbezügliche Gerichtsverfahren in derselben Weise durchgeführt werden mit Ausnahme der Stellung von Bürgen; wird er schuldig gesprochen, soll ihm jedoch gestattet sein, ein Grab in der Heimat zu erhalten; im Übrigen soll mit ihm ebenso wie mit dem Vorgenannten verfahren werden.

Dieselben Bestimmungen sollen auch gelten für Vergehen von Fremden gegen Fremde, von Bürgern und Fremden gegeneinander und auch [b] von Sklaven gegen Sklaven, und zwar sowohl bei eigenhändiger Tötung als auch bei bloßer Anstiftung, mit Ausnahme der Stellung von Bürgen: Diese haben, wie gesagt, sonst nur die eigenhändigen Mörder zu stellen; wer aber die Ausschließung wegen Mordes verkündet, soll Bürgen auch von diesen Tätern verlangen.

Wenn aber ein Sklave einen Freien willentlich tötet, sei es mit eigener Hand oder durch Anstiftung, und im Prozess schuldig gesprochen wird, so soll ihn der amtliche Henker der Stadt zum Grabmal des Getöteten führen, von wo aus er das Grab sehen kann, und ihm so viele [c] Peitschenhiebe verabreichen, wie der Ankläger befiehlt; und wenn der Mörder diese Hiebe überlebt, soll er ihn töten.

Wenn aber jemand einen Sklaven tötet, der nichts Unrechtes getan hat, sondern lediglich aus Furcht, dieser könnte schändliche und böse Taten von ihm anzeigen, oder aus sonst einem derartigen Grund, so soll er in derselben Weise, wie er bei der Tötung eines Bürgers einer Klage wegen Mordes verfallen würde, so auch wegen eines solchen Sklaven, der unter denselben Umständen ums Leben kommt, sich verantworten müssen.

Wenn nun aber Taten geschehen, für die auch nur Gesetze zu geben schrecklich und keineswegs angenehm ist, keine zu geben jedoch [d] unmöglich ist, nämlich für Tötungen von Verwandten, die mit eigener Hand oder durch Anstiftung begangen werden, freiwillige und gänzlich ungerechte Taten, die zwar meistens in schlecht verwalteten und erzogenen Städten geschehen, aber doch auch in einem Lande geschehen können, wo es niemand erwarten würde, so müssen wir noch einmal die kurz zuvor erwähnte Lehre vortragen; vielleicht dass einer, der uns hört, dank solcher Mahnungen eher fähig wird, sich freiwillig der

Tötungen zu enthalten, die in jeder Hinsicht die frevelhaftesten sind. Die Sage oder Lehre [e] oder wie man sie sonst nennen soll, ist uns nämlich aus dem Mund von Priestern der Vorzeit anschaulich genug erzählt worden: dass die wachsame Dike als Rächerin des verwandten Blutes nach dem eben erwähnten Gesetz verfährt und demnach angeordnet hat, dass derjenige, der eine solche Tat begangen hat, dasselbe erleiden muss, was er getan hat: Wenn jemand einst seinen Vater getötet hat, müsse er sich darauf gefasst machen, dass er dasselbe zu irgendeinem Zeitpunkt gewaltsam von seinen Kindern erleidet, und wenn er die Mutter getötet hat, so müsse er als Angehöriger des weiblichen Geschlechts wiedergeboren werden und dann durch die von ihm Geborenen sein Leben zu einem späteren Zeitpunkt verlieren. Denn für die Befleckung mit gemeinsamem Blut gebe es keine andere Reinigung, und der Fleck lasse sich nicht eher auswaschen, bevor die für [873a] die Tat verantwortliche Seele den Mord durch einen gleichen Mord gebüßt und den Zorn der gesamten Verwandtschaft dadurch versöhnt und beschwichtigt hat. Daher sollte sich jemand schon durch die Furcht vor derartigen Strafen seitens der Götter davon abschrecken lassen; wenn aber dennoch jemanden ein so jammervolles Unglück ereilen sollte, dass er in bewusster Absicht willentlich die Seele seines Vaters oder seiner Mutter oder seiner Geschwister oder seiner Kinder ihres Leibes zu berauben wagt, so verfügt das vom sterblichen Gesetzgeber stammende Gesetz [b] Folgendes über solche Leute: Die Ankündigungen des Ausschlusses von den öffentlichen Plätzen und die Bürgschaften sollen dieselben sein, wie sie für die vorigen Fälle angegeben wurden; wenn aber jemand einer solchen Tötung schuldig gesprochen wird, weil er jemanden von diesen getötet hat, so sollen die Gehilfen der Richter und die Beamten ihn töten und ihn nackt auf eine dazu bestimmte Weggabelung außerhalb der Stadt hinwerfen; alle Beamten sollen im Namen der gesamten Stadt jeder einen Stein mitbringen und ihn auf den Kopf des Toten werfen und so die [c] gesamte Stadt entsühnen; danach sollen sie ihn an die Landesgrenze schaffen und ihn nach dem Gesetz unbestattet hinauswerfen.

Wer aber den tötet, der ihm von allen am nächsten steht und ihm, wie man sagt, am liebsten ist, was soll der erleiden? Ich meine den, der sich selbst tötet und so das ihm vom Schicksal bestimmte Lebenslos gewaltsam verkürzt, ohne dass es die Stadt durch ein Gerichtsurteil angeordnet hat und ohne dass er durch ein überaus qualvolles unentrinnbares Geschick, das ihm zustieß, dazu gezwungen worden ist und auch ohne dass er sich eine ausweglose und das Leben verleidende Schmach zugezogen hat, sondern der aus Schlaffheit und unmännlicher Feigheit an sich selbst [d] ein ungerechtes Gericht vollzieht. Was in diesem Fall an sonstigen Bräuchen hinsichtlich der Reinigung und Bestattung zu beachten ist, das weiß der Gott, und hierüber sollen die nächsten Verwandten die Ausleger und die diesbezüglichen Gesetze befragen und gemäß den ihnen gegebenen Anweisungen verfahren; was aber die Grabstätten betrifft, so sollen die auf diese Weise Umgekommenen erstens Einzelgräber erhalten und niemand zusammen mit ihnen begraben werden, ferner soll man sie im Grenzgebiet der zwölf Landesteile, soweit es unbebaut und namenlos ist, ruhmlos bestatten, ohne die Gräber durch Stelen oder Namen zu bezeichnen.

[e] Wenn aber ein Zugtier oder sonst ein Tier jemanden tötet – ausgenommen die Tiere, die an einem der öffentlich veranstalteten Wettkämpfe teilnehmen und dabei so etwas tun –, so sollen die Verwandten wegen der Tötung gegen das Tier, das getötet hat, vorgehen; darüber entscheiden sollen diejenigen Landaufseher, welche und so viele von ihnen der Verwandte damit beauftragt; das schuldig gesprochene Tier soll man töten und über die Landesgrenze schaffen.

Wenn aber etwas Unbeseeltes einen Menschen seiner Seele beraubt, sofern es nicht ein Blitz oder ein ähnliches von dem Gott kommendes Geschoss ist, sondern einer von den sonstigen Gegenständen, die jemanden töten, indem sich einer daran stößt oder er auf ihn herabfällt, so soll [874a] der Verwandte den nächsten Nachbarn hierüber als Richter einsetzen und damit für sich selbst und die ganze Verwandtschaft die Reinigung von der Befleckung vollziehen; den schuldig gesprochenen Gegenstand soll man über die Grenze schaffen, wie dies für die Tiere vorgeschrieben worden ist.

Wenn aber jemand tot aufgefunden wird, aber der, der ihn getötet hat, unbekannt ist und trotz sorgfältiger Suche unauffindbar bleibt, so sollen dieselben Ankündigungen erfolgen wie in den anderen Fällen, und zwar soll man dem Täter den Ausschluss wegen Mordes verkünden, und nach [b] Einreichen der Klage soll man auf dem Markt durch einen Herold verkünden, dass derjenige, welcher den und den getötet und sich des Mordes schuldig gemacht hat, die Heiligtümer und überhaupt das Land des Getöteten nicht betreten soll, da er, wenn er entdeckt und erkannt werde, sterben müsse und unbestattet aus dem Land des Getöteten hinausgeworfen werde. Dies also soll als ein Gesetz, die Tötung betreffend, rechtskräftig aufgestellt sein.

Und so mag denn bei den bis hierher besprochenen Vergehen dieser Art in dieser Weise verfahren werden. Die Tötungen aber und die Bedingungen, unter denen der Tötende mit Recht rein von Schuld ist, sollen folgende sein: Wenn jemand einen Dieb, der nachts mit der Absicht zu [c] stehlen in sein Haus eindringt, ertappt und tötet, soll er rein sein. Und wenn er einen Räuber in Notwehr tötet, soll er rein sein. Und wenn einer eine freie Frau oder einen Knaben aus sexuellem Antrieb vergewaltigt, soll er straflos von der gewaltsam entehrten Person und von ihrem Vater oder ihren Brüdern oder Söhnen getötet werden dürfen. Wenn aber ein Mann darüber hinzukommt, wie seine Ehefrau vergewaltigt wird, und den Vergewaltiger tötet, soll er nach dem Gesetz rein sein. Und wenn jemand seinem Vater, sofern dieser nichts Unrechtes tut, gegen den drohenden Tod beisteht und dabei jemanden tötet, oder seiner Mutter oder seinen Kindern oder seinen Brüdern oder der Miterzeugerin seiner [d] Kinder, so soll er völlig rein sein.

Über die Pflege der lebenden Seele und über die Erziehung, die sie erhalten muss, damit das Leben für sie lebenswert wird, während bei ihrem Ausbleiben das Gegenteil eintritt, und über die Bestrafungen, die bei gewaltsamem Tod zu erfolgen haben, sollen hiermit die Gesetze aufgestellt sein.

Über die Pflege des Leibes aber und seine Ausbildung ist zwar schon gesprochen worden. Was aber damit eng zusammenhängt, nämlich die gegeneinander unfreiwillig oder freiwillig begangenen Gewalttätigkeiten, so gilt es möglichst genau abzugrenzen, welche Arten und wie viele

[e] es deren gibt und mit welchen Strafen sie jeweils zu belegen sind, damit sie das ihnen Gebührende erhalten; hierfür wären richtigerweise als Nächstes, wie es scheint, Gesetze zu geben.

Die Körperverletzungen also und die Verstümmelungen infolge von Verletzungen wird wohl selbst der Unfähigste von denen, die sich an die Aufstellung von Gesetzen machen, auf den zweiten Platz nach den Tötungen setzen. Die Verletzungen sind nun ebenso einzuteilen, wie die Tötungen eingeteilt worden sind, nämlich in solche, die ungewollt, solche, die im Zorn, solche, die aus Furcht und solche, die in bewusster Absicht freiwillig begangen werden.

Für alle derartigen Fälle ist nun Folgendes vorauszuschicken: Gesetze aufzustellen und nach Gesetzen zu leben ist für die Menschen unbedingt [875a] notwendig, oder sie werden sich in nichts von den allerwildesten Tieren unterscheiden. Die Ursache hiervon ist folgende: Keines Menschen Natur wird mit einer solchen Fähigkeit geboren, dass er erkennt, was den Menschen für die Verwaltung ihrer Stadt nützt, und dann, wenn er es erkannt hat, auch allzeit fähig und willens ist, das Beste zu tun. Denn erstens ist es schwierig zu erkennen, dass es der wahren Staatskunst nicht um die eigenen Interessen, sondern um das Gemeinwohl gehen muss – denn das Gemeinsame bindet die Städte zusammen, das Eigene zerreißt sie – und dass es für beide, das Gemeinwohl wie für die eigenen Interessen, von Nutzen ist, wenn es eher um das Gemeinsame als um das Eigene [b] gut bestellt ist. Das Zweite: Selbst wenn sich jemand wirklich die Erkenntnis, dass sich dies naturgemäß so verhält, in seiner Kunst gründlich angeeignet hat, er aber hernach frei von jeder Verantwortung und in eigener

Machtvollkommenheit über eine Stadt herrscht, so wird er wohl nie die Kraft aufbringen, diesem Grundsatz treu zu bleiben und sein ganzes Leben hindurch vorzugsweise das Gemeinwohl in der Stadt zu fördern und das eigene Interesse erst nach dem Gemeinwohl; sondern seine sterbliche Natur wird ihn stets dazu antreiben, mehr haben zu wollen und die eigenen Interessen zu befriedigen, weil sie unvernünftigerweise vor [c] dem Schmerz flieht und der Lust nachjagt; dem Gerechteren und Besseren wird sie dies beides vorziehen, und indem sie in sich selbst Finsternis erzeugt, wird sie am Ende sich selbst und die ganze Stadt mit lauter Übeln anfüllen. Wenn allerdings einmal ein Mensch mit einer geeigneten Naturanlage durch göttliche Fügung geboren würde und fähig wäre, sich diese Einsicht anzueignen, so bräuchte er keinerlei Gesetze, die über ihn herrschen müssten; denn dem Wissen ist kein Gesetz und keine Anordnung überlegen; und es wäre auch nicht recht, wenn die Vernunft etwas [d] anderem gehorsam und dessen Sklavin wäre, sondern sie muss über alles Herrscherin sein, wenn anders sie echt und frei in ihrem Wesen ist. Nun aber ist dies ja nirgends und auf keine Weise der Fall, außer in geringem Maße; deshalb muss man das Zweitbeste wählen, die Anordnung und das Gesetz, die zwar die häufigsten Fälle ins Auge fassen und berücksichtigen, aber nicht jeden möglichen Fall berücksichtigen können.

Dies habe ich aus folgendem Grund gesagt: Wir werden jetzt anordnen, was einer, der einen andern verletzt oder ihm sonst einen Schaden zugefügt hat, zu erleiden oder zu zahlen hat. Da liegt es natürlich für jeden nahe, uns jedesmal mit Recht zu fragen: »Welche Verletzung meinst [e] du, und wem und wie und wann hat er sie zugefügt? Denn es gibt hiervon tausenderlei Arten, die sich zudem noch sehr voneinander unterscheiden.« Dies nun alles oder gar nichts davon den Gerichten zur Entscheidung zu überlassen ist beides unmöglich. Eines freilich muss man ihnen in allen Fällen zur Entscheidung überlassen, nämlich die Frage, ob jeweils eine von diesen Taten verübt worden ist oder nicht. Ihnen ferner [876a] keine Entscheidung darüber zu überlassen, welche Geldbuße und welche Strafe einer erleiden soll, der eine dieser Unrechtstaten begangen hat, sondern selber für alle Fälle, kleine wie große, Gesetze zu geben, das ist nahezu unmöglich.

KL. Welche Regel ergibt sich daraus?

ATH. Diese: dass einiges den Gerichten zu überlassen ist, anderes aber ihnen nicht überlassen werden darf, sondern vom Gesetzgeber selbst zu regeln ist.

KL. Für welche Fälle sind denn nun Gesetze zu erlassen, und welche sind zur Entscheidung den Gerichten anheimzugeben?

ATH. Darauf wäre am richtigsten Folgendes zu sagen: In einer Stadt, in [b] der die Gerichte unfähig und stumm sind und unter Verbergung ihrer eigenen Ansichten in geheimer Abstimmung ihr Urteil fällen oder, was noch schlimmer ist, wenn sie nicht einmal schweigend entscheiden, sondern voller Lärm, weil sie wie ein Theaterpublikum mit Geschrei jeden der beiden Redner abwechselnd loben oder tadeln – in diesem Fall pflegt der ganzen Stadt ein schlimmes Leiden zuzustoßen. Für derartige Gerichte nun unter dem Zwang irgendeiner Notwendigkeit Gesetze zu geben, ist keine glückliche Sache; ist man dennoch durch eine Notwendigkeit [c] dazu gezwungen, so darf man ihnen nur in den unbedeutendsten Fällen die Festsetzung der Strafen überlassen, die meisten Fälle dagegen muss man selber durch Gesetze ausdrücklich regeln, falls man wirklich einmal für ein solches Staatswesen Gesetze aufstellt.

In einer Stadt jedoch, in der die Gerichte so richtig wie möglich eingesetzt sind, weil die künftigen Richter gut ausgebildet und mit aller Strenge geprüft worden sind, da ist es richtig und gut und schön, in vielen Fällen solchen Richtern das Urteil darüber zu überlassen, was die Täter im Falle eines Schuldspruchs zu erleiden oder zu zahlen haben.

[d] Daher ist es uns jetzt nicht zu verargen, wenn wir ihnen keine Gesetze für die wichtigsten und häufigsten Fälle geben, bei denen sogar schlechter ausgebildete Richter imstande wären, sie zu durchschauen und jedem Vergehen das zuzuweisen, was dem erlittenen Schaden und der begangenen Tat angemessen ist. Da wir vielmehr glauben, dass diejenigen, für die wir Gesetze aufstellen, nicht die unfähigsten Richter in derartigen Fällen sein werden, so müssen wir ihnen eben auch das meiste zu Entscheidung überlassen. Was wir jedoch schon oft gesagt und auch bei der [e] vorausgehenden Aufstellung von Gesetzen getan haben, nämlich einen Umriss und Modelle für die Strafen vorzutragen und dadurch den Richtern ein Muster dafür an die Hand zu geben, dass sie nie die Grenzen des Rechts überschreiten, das war schon damals richtig, und so gilt es dies auch jetzt zu tun, wenn ich nunmehr wieder zu den Gesetzen zurückkehre.

Unser schriftliches Gesetz über Körperverletzung soll also folgendermaßen lauten: Wenn jemand, der willentlich einen befreundeten Menschen zu töten beabsichtigt – abgesehen von den Personen, bei denen es das Gesetz erlaubt –, diesen zwar verletzt, aber nicht imstande ist, ihn zu töten, so verdient einer, der dies beabsichtigt und ihn verletzt, kein Mitleid, sondern verdient, dass man ihn ohne besondere Rücksicht und nicht [877a] anders, als wenn er ihn getötet hätte, die Strafe wegen Mordes zu erleiden zwingt. Aber aus Ehrfurcht vor seinem nicht ganz so schlimmen Geschick und vor dem Dämon, der aus Erbarmen mit ihm und dem Verletzten von diesem eine unheilbare Wunde und von jenem ein fluchwürdiges Geschick und Unglück abgewendet hat – um also diesem Dämon Dank abzustatten und sich ihm nicht entgegenzustellen, soll man dem Urheber der Verletzung den Tod ersparen, doch soll ihn eine lebenslange [b] Übersiedlung in irgendeine benachbarte Stadt treffen, wobei er im Genuss seines gesamten Besitzes bleiben soll. Einen etwaigen Schaden jedoch, den er dem Verletzten zugefügt hat, muss er dem Geschädigten ersetzen; abschätzen soll ihn das Gericht, das über die Anklage entscheidet; entscheiden sollen aber dieselben Personen, die über den Mord gerichtet hätten, falls jener an der durch die Verletzung hervorgerufenen Wunde gestorben wäre.

Wenn ein Kind seine Eltern oder ein Sklave seinen Herrn in gleicher Weise vorsätzlich verletzt hat, so sei seine Strafe der Tod. Auch wenn ein Bruder seinen Bruder oder seine Schwester oder wenn eine Schwester ihren Bruder oder ihre Schwester auf die gleiche Weise verletzt hat und der [c] vorsätzlichen Verletzung schuldig befunden wird, soll ihre Strafe der Tod sein.

Wenn eine Frau ihren Mann in Tötungsabsicht verletzt hat oder ein Mann seine Frau, sollen sie auf immer verbannt werden. Ihren Besitz aber sollen, wenn ihre Söhne und

Töchter noch Kinder sind, deren Vormünder verwalten und für die Kinder sorgen, wie wenn es Waisen wären; wenn sie aber erwachsen sind, soll keine Verpflichtung bestehen, dass der Verbannte von seinen Nachkommen unterhalten wird, sondern sein Vermögen soll in ihren Besitz übergehen.

Wenn aber ein Kinderloser in ein solches Unglück geraten ist, so sollen [d] die beiderseitigen Verwandten des Verbannten zusammenkommen bis hin zu den Kindern der Vettern und Basen väterlicher- und mütterlicherseits und einen Erben für dieses 5040. Haus der Stadt einsetzen, und zwar in gemeinsamer Beratung mit den Gesetzeswächtern und Priestern, wobei sie ihre Überlegungen auf folgende Weise und nach folgendem Grundsatz anstellen sollen: Keines der 5040 Häuser gehört so sehr seinem Bewohner oder dessen ganzer Familie, wie es der Stadt als öffentliches und privates Eigentum gehört. Nun müssen [e] aber die Häuser, die die Stadt besitzt, in einem möglichst heiligen und glücklichen Zustand sein. Wenn also eines der Häuser zugleich von dem Unglück und von der Freveltat getroffen wird, dass sein Besitzer keine Kinder darin zurücklässt, sondern als Lediger oder auch als Verheirateter kinderlos stirbt, weil er eines vorsätzlichen Mordes schuldig gesprochen wurde oder sonst eines Vergehens gegen die Götter oder die Bürger, für das im Gesetz ausdrücklich der Tod als Strafe festgesetzt ist, oder auch wenn einer für immer verbannt wird, der keine männlichen Nachkommen hat, so soll man erstens dieses Haus nach dem Gesetz reinigen und [878a] entsühnen; sodann sollen, wie wir eben gesagt haben, die Angehörigen mit den Gesetzeswächtern zusammenkommen und prüfen, welche Familie in der Stadt hinsichtlich der Tugend den besten Ruf besitzt und zugleich vom Glück begünstigt ist und in der es mehrere Kinder gibt; aus dieser Familie sollen sie ein Kind dem Vater des Gestorbenen und dessen Voreltern als deren Sohn einsetzen und ihm um der glücklichen Vorbedeutung willen deren Namen geben und darum beten, dass er auf diese Weise mit größerem Glück als der Vater ihnen ein Erzeuger und ein Hüter des Herdes und Wahrer der profanen und sakralen Pflichten werden [b] möge, und sollen ihn zum Erben gemäß dem Gesetz einsetzen; den Missetäter aber sollen sie namenlos und kinderlos und besitzlos liegen lassen, wenn ihn solche unglücklichen Ereignisse ereilt haben.

Aber nicht bei allen Dingen, scheint es, stößt Grenze an Grenze, sondern bei denen, die einen Grenzzwischenraum aufweisen, bildet dieser in der Mitte zwischen den Grenzen, indem er beide berührt, zunächst ein Zwischending zwischen beiden. Und so haben wir auch behauptet, eine im Zorn ausgeführte Tat sei ein derartiges Grenzgebiet zwischen unfreiwilligen und freiwilligen Taten. Also soll für die im Zorn zugefügten [c] Verletzungen Folgendes gelten: Wenn einer schuldig gesprochen wird, soll er erstens das Doppelte des Schadens bezahlen, falls sich die Wunde als heilbar erweist; bei unheilbaren Wunden dagegen das Vierfache; falls sie jedoch zwar heilbar ist, aber eine große und hässliche Entstellung für den Verletzten zur Folge hat, soll er das Dreifache entrichten. In allen Fällen aber, in denen jemand durch Verletzung eines anderen nicht nur den Verletzten schädigt, sondern auch die Stadt, weil er jenen unfähig macht, seiner Vaterstadt gegen Feinde beizustehen, soll er neben den andern Strafen auch der Stadt den Schaden ersetzen: Er soll nämlich zusätzlich zu seinem

[d] eigenen Militärdienst auch noch für den Invaliden Militärdienst leisten und sich an dessen Stelle in die militärische Einheit einreihen; wenn er dies nicht tut, soll er von jedem, der das will, wegen Kriegsdienstverweigerung nach dem Gesetz belangt werden können. Die Höhe des Schadens aber, ob er doppelt oder dreifach oder gar vierfach zu ersetzen ist, sollen die Richter festlegen, die ihn durch ihre Stimmen verurteilt haben.

Wenn aber jemand einen andern, der mit ihm durch gleiche Abstammung verwandt ist, in der genannten Weise verletzt hat, so sollen die Familienangehörigen und Verwandten, Männer und Frauen, bis hin zu den Kindern der Vettern und Basen von weiblicher und männlicher Seite [e] zusammenkommen, das Urteil fällen und die Abschätzung den natürlichen Eltern überlassen; wenn aber die Abschätzung strittig ist, so soll die Abschätzung durch die Verwandten von männlicher Seite maßgebend sein; sind diese dazu nicht selber imstande, so sollen sie schließlich die Abschätzung den Gesetzeswächtern überlassen.

Im Falle von Kindern, die sich gegen ihre Eltern vergangen haben, sollen über solche Verletzungen zu richten alle diejenigen verpflichtet sein, die über 60 Jahre alt sind und keine bloß adoptierten, sondern leibliche Kinder haben. Wird aber einer für schuldig befunden, so sollen sie abschätzen, ob ein solcher Mensch sterben soll oder eine noch schwerere Strafe erleiden soll oder auch eine, die nicht viel leichter ist. Aber von [879a] den Verwandten des Täters darf keiner mitrichten, selbst wenn er das vom Gesetz vorgeschriebene Alter erreicht hat.

Wenn ferner ein Sklave einen Freien im Zorn verletzt hat, so soll der Besitzer den Sklaven dem Verletzten ausliefern, um mit ihm zu machen, was er will; liefert er ihn aber nicht aus, soll er selber den Schaden ersetzen. Wenn aber jemand geltend macht, dass der Vorfall auf eine zwischen dem Sklaven und dem Verletzten vereinbarte List zurückgehe, so soll er einen Prozess anstrengen; wenn er aber den Prozess nicht gewinnt, soll er den Schaden dreifach ersetzen; gewinnt er ihn aber, so soll er denjenigen, der zusammen mit dem Sklaven die Sache ausgeheckt hat, wegen Menschenraubs belangen können.

[b] Wer ungewollt einen andern verletzt hat, der soll den Schaden bloß in einfacher Höhe ersetzen – denn dem Zufall vermag kein Gesetzgeber zu gebieten; Richter aber sollen dieselben sein, die für die Kinder bestimmt worden sind, die sich gegen ihre Eltern vergehen, und diese sollen auch die Höhe des Schadens abschätzen.

Alle bisher von uns besprochenen Fälle erlittenen Unrechts bestanden in Gewalttätigkeiten. Eine Gewalttat ist aber auch jede Art von Misshandlung. Folgendes muss nun bei derartigen Vergehen jeder Mann und jedes Kind und jede Frau jeweils bedenken:

Das Ältere genießt gegenüber dem Jüngeren einen nicht geringen [c] Vorrang bei den Göttern und bei den Menschen, die lange leben und glücklich sein wollen. Eine Misshandlung, die an einem Älteren in der Stadt von einem Jüngeren begangen wird, ist daher ein schändlicher und gottverhasster Anblick; es gehört sich sogar für jeden jungen Menschen, der von einem Greis geschlagen wird, dass er dessen Zorn gelassen erträgt, wodurch er sich diese Ehre für sein eigenes Alter ansammelt.

Folgendes soll also gelten: Jeder hat bei uns dem, der älter ist als er, in Tat und Wort Respekt zu erweisen. Jemanden, der ihm um 20 Jahre voraus ist, Mann oder Frau, soll er wie seinen Vater oder seine Mutter betrachten und mit Achtung behandeln; und an der gesamten Altersstufe, [d] die ihn hätte zeugen oder gebären können, soll er sich um der Geburtsgötter willen niemals vergreifen.

Ebenso soll er sich auch gegenüber jedem Fremden zurückhalten, mag dieser nun schon lange hier wohnen oder erst kürzlich angekommen sein. Denn weder als Angreifer noch zu seiner Verteidigung soll er es jemals wagen, einen solchen mit Schlägen zurechtzuweisen. Wenn er aber meint, ein Fremder, der ihn aus Übermut und Frechheit schlägt, müsse bestraft werden, soll er ihn ergreifen und ihn vor die Behörde der Stadtaufseher führen, aber auf Schläge verzichten, damit jener sich die [e] Frechheit abgewöhnt, jemals einen Einheimischen zu schlagen. Die Stadtaufseher aber sollen ihn in Empfang nehmen und verhören, wobei sie sich vor dem Gott, der die Fremden schützt, in Acht nehmen müssen; und wenn sie der Ansicht sind, dass der Fremde den Einheimischen ungerechterweise geschlagen hat, so sollen sie dem Fremden so viele Schläge mit der Peitsche geben, wie er selber ausgeteilt hat, und ihm so das dreiste Benehmen, das er als Fremder gezeigt hat, abgewöhnen; wenn er aber kein Unrecht begangen hat, sollen sie dem, der ihn vor Gericht gebracht hat, drohen und ihn schelten, und dann beide entlassen.

Wenn aber ein Gleichaltriger einen Gleichaltrigen oder auch einen [880a] Älteren schlägt, der noch kinderlos ist, gleichgültig ob ein alter Mann einen alten oder ein junger einen jungen Mann schlägt, so soll sich *der Geschlagene* auf natürliche Weise, ohne Waffen, mit den bloßen Händen verteidigen. Wenn aber einer, der über 40 Jahre alt ist, sich mit einem zu prügeln wagt, sei es als Angreifer oder zur Verteidigung, so soll er als roh und unedel und als Mensch mit sklavischer Gesinnung bezeichnet werden, und indem er diese entehrende Strafe erhält, bekommt er, was ihm gebührt.

Und wenn jemand solchen Ermahnungen gerne gehorcht, so wird er leicht zu lenken sein. Wer aber nur widerstrebend gehorcht und sich um diese Vorrede nicht kümmert, der muss sich willig folgendes Gesetz gefallen lassen:

[b] Wenn jemand einen schlägt, der 20 oder mehr Jahre älter ist als er selbst, so soll erstens jeder, der darüber hinzukommt, sofern er weder gleichaltrig noch jünger als die Streitenden ist, diese auseinanderbringen, oder er soll nach dem Gesetz als Feigling gelten; ist er aber im selben Alter wie der Geschlagene oder noch jünger, so soll er dem Opfer des Unrechts wie einem Bruder oder Vater oder einem noch höheren Vorfahren beistehen. Außerdem soll derjenige, der einen Älteren unter den genannten Umständen zu schlagen wagt, sich wegen der Misshandlung gerichtlich verantworten, und wenn er schuldig gesprochen wird, so soll er nicht [c] weniger als ein Jahr lang in Haft gehalten werden; wenn die Richter aber eine noch längere Zeit für angemessen halten, so soll die für ihn festgesetzte Zeit rechtskräftig sein.

Wenn aber ein Fremder oder ein Metöke einen schlägt, der 20 oder mehr Jahre älter ist als er selbst, soll für den Beistand der darüber Hinzukommenden dasselbe Gesetz dieselbe Kraft haben; wer aber in einem solchen Prozess unterliegt, der soll, falls er ein Fremder und nicht im Lande ansässig ist, durch eine zweijährige Haft eben diese Strafe abbüßen; falls er aber ein Metöke ist und den Gesetzen nicht gehorcht, soll er [d] drei Jahre in Haft gehalten werden, sofern nicht das Gericht eine noch längere Zeit für ihn als Strafe festsetzt. Bestraft werden soll aber auch derjenige, der in einem solchen Fall darüber hinzukommt und nicht Beistand gemäß dem Gesetz leistet, und zwar, wenn er zur höchsten Vermögensklasse gehört, mit einer Mine, wenn zur zweiten, mit 50 Drachmen; wenn zur dritten, mit 30 und mit 20 Drachmen, wenn er zur vierten Vermögensklasse gehört. Den Gerichtshof für solche Fälle sollen die Strategen, Taxiarchen, Phylarchen und Hipparchen bilden.

Gesetze, so scheint es, werden teils um der rechtschaffenen Menschen willen gemacht zu ihrer Belehrung, wie sie miteinander umgehen [e] müssen, wenn sie in Freundschaft beieinander wohnen wollen, teils für diejenigen, die vor der Erziehung davonlaufen, weil sie ein widerspenstiges Naturell besitzen und sich in keiner Weise dazu erweichen lassen, dass sie nicht zu jeder Schlechtigkeit bereit sind. Diese sind es wohl, die die Worte hervorgerufen haben, die wir nun aussprechen werden. Für diese also wird der Gesetzgeber notgedrungen Gesetze aufstellen müssen, wobei er wünscht, dass er sie nie anwenden muss.

Wer sich nämlich jemals an Vater oder Mutter oder den weiteren Vorfahren zu vergreifen wagt und ihnen mit Gewalt irgendeine Misshandlung zufügt und dabei weder den Zorn der oberirdischen Götter noch die [881a] Strafen unter der Erde fürchtet, von denen man erzählt, sondern vielmehr, als wüsste er, was er keineswegs weiß, die alten Sagen, die von allen erzählt werden, missachtet und daher gegen die Gesetze verstößt, für diesen bedarf es eines äußersten Abschreckungsmittels. Der Tod ist nun allerdings nicht das Äußerste, sondern die Qualen, die diese, wie man erzählt, im Hades erwarten, sind noch weit mehr als der Tod das Äußerste, und obwohl sie die lauterste Wahrheit sagen, bringen sie bei derartigen Seelen keinerlei Abschreckung hervor – denn sonst gäbe es niemals Schläge gegen die eigene Mutter und frevelhafte und dreiste Tätlichkeiten gegen [b] die übrigen Erzeuger. Daher dürfen die Strafen hier bei uns, die bei solchen Vergehen diesen im Leben bestimmt sind, in nichts hinter denen im Hades zurückstehen, soweit dies möglich ist.

So soll denn hieran anschließend Folgendes verkündet werden: Wenn sich jemand erdreistet, seinen Vater oder seine Mutter oder deren Väter und Mütter zu schlagen, ohne vom Wahnsinn befallen zu sein, so soll erstens jeder, der darüber hinzukommt, wie in den vorhin genannten Fällen Beistand leisten; und der im Land ansässige Fremde soll bei den Wettkämpfen auf einen Ehrenplatz eingeladen werden, wenn er Beistand leistet; leistet er aber keinen, soll er für immer aus dem Land verbannt sein. [c] Ein nicht ansässiger Fremder aber, der Beistand leistet, soll eine Belobigung erhalten; leistet er aber keinen, eine Rüge. Ein Sklave, der Beistand leistet, soll freigelassen werden; leistet er aber keinen, soll er 100 Schläge mit der Peitsche erhalten, und zwar, wenn sich der Vorfall auf dem Markt zugetragen hat, von den Marktaufsehern, wenn aber außerhalb des Marktes in der Stadt, so soll ihn derjenige von den Stadtaufsehern bestrafen, der gerade anwesend ist; wenn aber irgendwo auf den Feldern des Landes, dann die Kommandeure der Landaufseher. Ist aber der darüber Hinzukommende ein Einheimischer, sei es nun ein Kind, ein Mann oder [d] auch eine Frau, so soll er in jedem Fall den Frevler abwehren, indem er ihn mit diesem Namen anruft; wer ihn aber nicht abwehrt, der soll gemäß dem Gesetz dem Fluch des Zeus verfallen, der die Blutsverwandten und die Eltern schützt. Wenn aber einer vor Gericht der Misshandlung seiner Eltern schuldig gesprochen wird, so soll er erstens für immer aus der Stadt in das übrige Land verbannt werden und von allen heiligen Stätten ausgeschlossen sein; will er sich nicht ausschließen lassen, so sollen ihn die Landaufseher mit Schlägen bestrafen oder ganz wie es ihnen beliebt; kehrt er aber zurück, soll er mit dem Tod bestraft werden. Wenn aber irgendein freier Bürger mit einem solchen Menschen zusammen isst oder trinkt oder sich [e] in sonst eine Gemeinschaft mit ihm einlässt oder ihn auch nur wissentlich berührt, falls er ihm irgendwo begegnet, so soll er weder ein Heiligtum betreten noch den Markt noch überhaupt die Stadt, ehe er nicht gereinigt ist; denn er muss wissen, dass er an einem fluchbringenden Geschick Anteil bekommen hat. Wenn er aber dem Gesetz nicht gehorcht und die Heiligtümer und die Stadt entgegen dem Gesetz befleckt, so soll für jeden Beamten, der das bemerkt und einen solchen Mann nicht vor Gericht bringt, dies bei der Rechenschaftsablegung einer der schwersten Anklagepunkte sein.

[882a] Wenn ferner ein Sklave einen freien Mann schlägt, sei es nun einen Fremden oder einen Bürger, so soll diesem der Hinzukommende Beistand leisten oder entsprechend seiner Vermögensklasse die genannte Geldstrafe bezahlen; die Hinzukommenden aber sollen zusammen mit dem Geschlagenen den Täter binden und dem Misshandelten übergeben; [b] dieser soll ihn in Empfang nehmen, in Fußfesseln legen und ihm so viele Peitschenhiebe geben, wie er

will, doch ohne seinem Besitzer dadurch einen Schaden zu verursachen, danach soll er ihn diesem wieder zum rechtmäßigen Besitz zurückgeben. Das Gesetz aber soll lauten: Wer als Sklave einen Freien schlägt, ohne dass es die Beamten befohlen haben, den soll sein Besitzer von dem Geschlagenen gefesselt übernehmen und [c] ihn nicht eher freilassen, bis der Sklave den Geschlagenen überzeugt hat, dass er es verdiene, ohne Fesseln zu leben.

Dieselben Bestimmungen sollen auch für Frauen untereinander bei allen derartigen Vergehen gelten sowie für Frauen gegenüber Männern und für Männer gegenüber Frauen.

Zehntes Buch

[884a] ATH. Nach den Misshandlungen soll als eine in allen Fällen gültige Regel folgende Gesetzesvorschrift für Gewalttätigkeiten ausgesprochen sein: »Von dem, was einem andern gehört, soll niemand etwas wegtragen oder wegführen und soll auch nichts vom Eigentum seines Nachbarn benutzen, ohne hierzu die Zustimmung des Eigentümers eingeholt zu haben.« Denn von einem solchen Verhalten rühren alle die genannten Übel her und sind daraus hervorgegangen und gehen auch noch jetzt und künftig daraus hervor.

Die größten unter den übrigen Übeln sind die zügellosen und respektlosen Handlungen der jungen Leute; gegen das Größte sind diese gerichtet, wenn sie sich gegen Heiliges richten, und dabei sind sie wiederum besonders groß, wenn sie sich gegen Dinge richten, die dem ganzen Volk gehören und religiöse Verehrung genießen oder die gemäß den Unterteilungen der Stadt gemeinsamer Besitz der Phylenmitglieder oder anderer solcher Gemeinschaften sind.

[885a] Die gegen private Heiligtümer und Gräber gerichteten Handlungen nehmen nach der Reihenfolge und der Schwere die zweite Stelle ein, die gegen die Eltern die dritte, wenn sie jemand – abgesehen von den bereits vorhin besprochenen Fällen – respektlos behandelt. Die vierte Art von beleidigendem Verhalten liegt vor, wenn jemand ohne Respekt vor den Beamten etwas forttreibt oder wegträgt oder benutzt, was diesen gehört, ohne hierzu ihre Einwilligung erlangt zu haben; die fünfte ist die mutwillige Verletzung der bürgerlichen Rechte eines jeden Bürgers, die nach gerichtlicher Bestrafung ruft. Für jede dieser Verhaltens-

weisen muss nun in allgemeiner Form ein Gesetz gegeben werden.

[b] Für den Tempelraub, mag er nun mit Gewalt oder heimlich begangen werden, ist ja bereits zusammenfassend gesagt worden, was der Täter zu erleiden hat. Für alle die Fälle aber, in denen jemand durch Wort und durch Tat gegen die Götter in seinem Reden und Tun mutwillig frevelt, ist zunächst die Ermahnung vorauszuschicken und erst dann anzugeben, was er zu erleiden hat. Die Ermahnung laute nun folgendermaßen:

Niemand, der gemäß den Gesetzen glaubt, dass es Götter gibt, hat jemals willentlich eine unfromme Tat begangen oder ein gesetzloses Wort geäußert, sondern er tut dies nur, wenn er sich in einem dieser drei krankhaften Zustände befindet: entweder wenn er dies, wie gesagt, nicht glaubt oder wenn er zweitens glaubt, dass sie zwar existieren, aber sich nicht um die Menschen kümmern, oder drittens, dass sie leicht zu beschwichtigen seien, weil sie sich durch Opfer und Gebete von ihrer Haltung abbringen lassen.

[c] KL. Was könnten wir denn nun gegen diese Leute unternehmen oder auch nur zu ihnen sagen?

ATH. Mein Guter, wir wollen zuerst von ihnen hören, was sie, wie ich prophezeie, aus Verachtung für uns spottend sagen würden.

KL. Was denn?

ATH. Folgendes würden sie wohl spottend sagen: »Ihr Fremden aus Athen, Lakedaimon und Knossos, ihr habt recht. Denn von uns glauben die einen überhaupt nicht an Götter, die andern an solche von der Art, wie ihr sie da schildert. Wir verlangen nun, wie ihr es bei den Gesetzen

[d] verlangt habt, dass ihr, bevor ihr uns mit harten Drohungen kommt, uns zunächst davon zu überzeugen und zu belehren versucht, dass es Götter gibt, indem ihr hierfür ausreichende Indizien anführt, und dass sie zu gut sind, um sich, durch irgendwelche Geschenken geködert, vom Gerechten abbringen zu lassen. Denn weil wir heutzutage dieses und anderes dieser Art von denen zu hören bekommen, die als die besten Dichter und Redner und Sehern und Priester gerühmt werden, und von abertausend anderen Leuten, werden die meisten von uns nicht dazu bekehrt, kein Unrecht [e] zu tun, sondern wir versuchen lediglich, wenn wir Unrecht getan haben, dies wiedergutzumachen. Von Gesetzgebern aber, die nicht wild, sondern sanft zu sein beanspruchen, verlangen wir, dass sie es zuerst mit Überredung bei uns versuchen, indem sie über die Existenz der Götter, wenn schon nicht viel Besseres als die andern, so doch wenigstens Besseres gemessen an der Wahrheit vorbringen, und vielleicht würden wir uns dann von euch überzeugen lassen. Versucht also, sofern unser Anliegen berechtigt ist, das vorzutragen, wozu wir euch auffordern.«

KL. Nun, Fremder, scheint es dir denn nicht leicht zu sein, der Wahrheit gemäß zu sagen, dass es Götter gibt?

[886a] ATH. Und wie?

KL. Zunächst gibt es ja die Erde und die Sonne, die Sterne und das gesamte All und die so schön geordnete Folge der Zeiten, die in Jahre und Monate aufgeteilt sind; und die Tatsache, dass alle Hellenen und Barbaren glauben, dass es Götter gibt.

ATH. Ich fürchte freilich, mein Bester, die schlechten Menschen – denn Respekt vor ihnen zu haben würde ich niemals zugeben –, dass sie geringschätzig von uns denken. Ihr kennt nämlich nicht die Ursache ihrer abweichenden Überzeugung, sondern glaubt, dass ihre Seelen nur durch [b] ihre Unbeherrschtheit gegenüber Lüsten und Begierden zu einem unfrommen Leben hingetrieben würden.

KL. Aber was könnte denn außerdem daran schuld sein, Fremder?

ATH. Vermutlich etwas, das ihr, die ihr außerhalb lebt, überhaupt nicht kennt, sondern das euch wohl verborgen ist.

KL. Was meinst du denn damit jetzt?

ATH. Eine ziemlich schlimme Unwissenheit, die aber als die größte Denkleistung gilt.

KL. Wie meinst du das?

ATH. Es gibt bei uns schriftlich aufgezeichnete Erzählungen, die es bei euch nicht gibt dank der Vorzüglichkeit eurer Verfassung, wie ich merke. [c] Sie erzählen teils in Versen, teils auch ohne Versmaße von den Göttern; die ältesten berichten, wie die erste Entstehung des Himmels und des Übrigen vor sich ging, und im weiteren Fortgang schildern sie nicht lange nach diesem Anfang die Geburt der Götter und wie diese nach ihrer Geburt miteinander umgingen. Ob diese Erzählungen für die Hörer in sonstiger Hinsicht gut oder nicht gut sind, daraus kann man ihnen nicht leicht einen Vorwurf machen, da sie sehr alt sind; aber im Hinblick auf die Pflege und Verehrung der Eltern möchte ich sie niemals loben und niemals sagen, dass sie hierfür nützlich oder dass sie überhaupt der Wirklichkeit [d] gemäß erzählt seien. Diese alten Geschichten wollen wir also beiseite lassen und verabschieden, und wie es den Göttern lieb ist, so mögen sie erzählt werden. Aber die

Lehren der jüngeren Weisen müssen wir verantwortlich machen und zeigen, inwiefern sie Ursache von Übeln sind. Folgendes jedenfalls bewirken die Reden derartiger Leute: Wenn wir beide zwingende Indizien dafür vortragen, dass es Götter gibt, indem wir eben dies vorbringen, dass die Sonne und der Mond und die Sterne und die Erde Götter und etwas Göttliches sind, so würden Leute, die sich von diesen Weisen umstimmen ließen, behaupten, das seien bloß Erde und [e] Steine und daher keinesfalls imstande, sich um die menschlichen Angelegenheiten zu kümmern, sondern sie seien lediglich durch unsere Reden hübsch aufgeputzt worden, um Glauben zu finden.

KL. Eine gefährliche Lehre, Fremder, hast du da gerade vorgetragen, selbst wenn es nur eine wäre; da es nun aber deren sehr viele gibt, ist die Sache noch gefährlicher.

ATH. Was nun also? Was sagen wir? Was müssen wir tun? Sollen wir uns verteidigen, als würde uns jemand vor unfrommen Menschen verklagen, die zu uns, die wir wegen unserer Gesetzgebung unter Anklage [887a] stehen, sagen, dass wir etwas Schreckliches täten, wenn wir gesetzlich festlegen, dass es Götter gibt? Oder sollen wir ihnen Lebewohl sagen und uns wieder den Gesetzen zuwenden, damit nicht schon unsere Vorrede länger wird als die Gesetze? Denn gar nicht wenig würde sich unsere Rede ausdehnen, wenn wir einerseits denen, die danach streben, unfromm zu sein, in angemessener Weise durch Argumente das beweisen wollten, worüber wir nach ihrer Meinung sprechen sollen, andererseits unseren Ankläger in Furcht versetzen wollten und erst dann, wenn wir sie mit Widerwillen *gegen die Unfrommheit* erfüllt hätten, die erforderlichen Gesetze formulieren würden.

[b] KL. Aber, Fremder, gerade das haben wir doch in der kurzen Zeit schon verhältnismäßig oft gesagt: dass wir gegenwärtig keineswegs die Kürze einer Rede der Länge vorziehen müssen – denn es ist niemand, wie man so sagt, hinter uns her und treibt uns an –, und so wäre es lächerlich und verkehrt, wenn wir den Eindruck erweckten, als würden wir dem Besten das Kürzere vorziehen. Es kommt aber nicht wenig darauf an, dass unsere Worte möglichst eine gewisse Überzeugungskraft besitzen, wenn sie behaupten, dass es Götter gibt und dass sie gut sind, weil sie das Recht mehr ehren, als es die Menschen tun. Denn das wäre zur Verteidigung aller [c] unserer Gesetze so ziemlich die schönste und beste Vorrede. Wir wollen also ohne Widerwillen und ohne uns drängen zu lassen und ohne von der Überzeugungskraft, die wir je für derartige Reden aufbringen können, etwas zurückzuhalten, die Sache möglichst befriedigend durchgehen.

ATH. Zu einem Gebet scheint das eben von dir Gesagte aufzufordern, nachdem du dich so eifrig ins Zeug legst. Noch weiter mit dem Reden zu zögern ist nicht mehr möglich. Sag also: Wie sollte jemand nicht voller Zorn darüber sprechen, dass es Götter gibt? Denn man muss sich ja über [d] diejenigen entrüsten und sie hassen, die uns zu diesen Ausführungen veranlasst haben und noch veranlassen, weil sie sich nicht durch die Mythenerzählungen überzeugen ließen, die sie von frühester Kindheit an, als sie noch mit Milch ernährt wurden, von ihren Ammen und Müttern zu hören bekamen, wenn sie ihnen wie ein beschwörender Zauber im Scherz und im Ernst erzählt wurden; und sie hörten sie bei den Opfern unter Gebeten und sahen die ihnen entsprechenden Schauspiele, die ja gerade ein junger Mensch am liebsten aufgeführt sieht und hört, wenn man opfert, und sie sahen, wie ihre Eltern, mit größtem Ernst um sich [e] selbst und um ihre Kinder bemüht, in der Überzeugung, dass die Götter in höchstem Maße wirklich sind, sich mit Gebeten und mit Flehen an diese wandten; sie hörten oder sahen, dass sich beim Aufgang der Sonne und des Mondes und bei ihrem Untergang alle Hellenen und Barbaren verneigen und zu Boden werfen, mögen sie sich in mancherlei Unglück oder auch in glücklicher Lage befinden, nicht als gebe es keine Götter, sondern in der Überzeugung, dass sie in höchstem Maße wirklich sind und dass sie auch keinerlei Anlass zu dem Verdacht geben, dass es keine Götter geben könnte – diejenigen also, die all dies verachten ohne auch nur einziges triftiges Argument, wie wohl jeder sagen muss, der nur einen Funken Vernunft besitzt, und die uns dadurch jetzt das vorzutragen zwingen, [888a] was wir vortragen: Wie sollte jemand imstande sein, diese Leute mit sanften Worten zurechtzuweisen und sie über die Götter zunächst zu belehren, dass diese existieren? Doch gerade das müssen wir über uns bringen. Denn es dürfen nicht beide Seiten in Raserei geraten, die einen von uns aus unersättlicher Gier nach Lust und die andern aus Zorn über derartige Leute.

So möge denn folgende Aufforderung ganz ohne Zorn an diejenigen ergehen, die in ihrem Denken derart verdorben sind, und wir wollen ganz ruhig sprechen, indem wir unseren Zorn unterdrücken, wie wenn wir uns mit einem Einzelnen dieser Leute unterhielten:

»Mein Kind, du bist noch jung; wenn die Zeit aber fortschreitet, wird [b] sie dich dazu bringen, dass du vieles von dem, was du jetzt glaubst, verwirfst und dich für die entgegengesetzte Ansicht entscheidest. Warte also noch so lange damit, dich zum Richter in den wichtigsten Dingen zu machen; das Wichtigste aber, was du derzeit freilich für nichts achtest, ist, dass man über die Götter richtig denkt und daher schön lebt oder im andern Fall nicht. Wenn ich dich dabei zunächst auf einen wichtigen Punkt hinweise, werde ich wohl kaum als Lügner erscheinen, nämlich auf folgenden: Weder bist du allein noch sind deine Freunde als Erste und zum ersten Mal zu dieser Meinung über die Götter gelangt; vielmehr gibt es stets mehr oder weniger Leute, die an dieser Krankheit leiden. Auf Folgendes nun möchte ich dich, nachdem ich schon mit vielen von ihnen [c] zusammengetroffen bin, hinweisen: Keiner, der sich in seiner Jugend diese Überzeugung über die Götter angeeignet hat, dass sie nicht existieren, ist jemals bis ins Greisenalter bei dieser Denkweise geblieben; die anderen beiden krankhaften Ansichten über die Götter sind freilich geblieben, zwar nicht bei vielen, aber doch bei manchen, nämlich dass die Götter zwar existierten, aber sich nicht um die Menschen kümmerten, und sodann, dass sie sich zwar um sie kümmerten, aber durch Opfer und Gebete leicht umzustimmen seien. Warte also, wenn du auf mich hören willst, bis dir hierüber eine möglichst klare Ansicht zuteil wird, und prüfe währenddessen, ob es sich so oder anders verhält, indem du hierüber bei [d] anderen Leuten und ganz besonders bei dem Gesetzgeber Auskunft einholst; in der Zwischenzeit aber wage es nicht, gegen die Götter zu freveln. Denn wer dir die Gesetze gibt, der muss auch versuchen, dich jetzt und künftig darüber zu belehren, wie es sich mit eben diesen Dingen verhält.«

KL. Sehr schön, Fremder, haben wir bis jetzt jedenfalls gesprochen.

ATH. Gewiss, Megillos und Kleinias. Aber ohne es zu merken, sind wir auf eine wunderliche Behauptung gestoßen.

KL. Was für eine Behauptung meinst du denn?

[e] TH. Eine, die bei vielen als die weiseste von allen Behauptungen gilt.

KL. Erkläre dies noch deutlicher.

ATH. Es behaupten doch manche Leute, dass alle Dinge, die entstehen und entstanden sind und entstehen werden, dies teils der Natur, teils der Kunst und teils dem Zufall verdanken.

KL. Ist das nicht richtig?

ATH. Man sollte jedenfalls erwarten, dass weise Männer richtige [889a] Behauptungen aufstellen. Doch wir wollen ihnen noch etwas nachgehen und prüfen, was die Anhänger jener Ansicht sich dabei wohl denken mögen.

KL. Auf jeden Fall.

ATH. Es sei offensichtlich, sagen sie, dass die größten und schönsten von diesen Dingen die Natur und der Zufall hervorbringe, die kleineren aber die Kunst, die von der Natur die Entstehung der großen und ersten Werke übernehme und dann alle die kleineren bilde und herstelle, die wir alle ja als Kunstprodukte bezeichnen.

KL. Wie meinst du das?

[b] ATH. Auf folgende Weise will ich es noch deutlicher sagen. Feuer und Wasser und Erde und Luft verdanken alle ihr Dasein der Natur und dem Zufall, behaupten sie, aber keines davon der Kunst, und die als Nächstes entstandenen körperlichen Stoffe zur Bildung von Erde und Sonne und

Mond und Sternen seien durch diese entstanden, die gänzlich unbeseelt seien; durch den Zufall der ihnen jeweils eigenen Kraft seien diese Stoffe umhergetrieben worden, und je nachdem, wie sie irgendwie passend zusammengetroffen seien, Warmes mit Kaltem oder Trockenes mit Feuchtem oder Weiches mit Hartem und überhaupt alles, was durch Mischung [c] der Gegensätze gemäß dem Zufall mit Notwendigkeit zusammengemischt worden sei, so und auf diese Weise hätten sie den ganzen Himmel und alles am Himmel erzeugt und ferner alle Tiere und Pflanzen, sobald alle Jahreszeiten von diesen hervorgebracht worden waren, nicht durch Vernunft, sagen sie, und auch nicht durch irgendeinen Gott oder irgendeine Kunst, sondern, wie gesagt, durch Natur und Zufall. Die Kunst aber, die erst später aus diesen als spätes Erzeugnis entstanden ist, habe, selber [d] sterblich und von Sterblichen stammend, später gewisse Spielereien hervorgebracht, die an der Wahrheit keinen sonderlichen Anteil hätten, sondern bloße Abbilder, die in ihrem Wesen mit den Künsten verwandt seien, wie sie zum Beispiel die Malerei hervorbringe und die Musik und alle Künste, die mit diesen zusammenarbeiten. Diejenigen unter den Künsten aber, die wirklich auch etwas Ernstes hervorbrächten, seien diejenigen, die ihre Kraft mit der Natur teilen, wie etwa die Heilkunst und der Ackerbau und die Gymnastik. Und so sagen sie auch von der Staatskunst, dass nur ein geringer Teil von ihr mit der Natur zusammenhänge, der größte dagegen mit der Kunst; und so beruhe auch die Gesetzgebung [e] im Ganzen nicht auf der Natur, sondern auf der Kunst, deren Setzungen nicht wahr seien.

KL. Wie meinst du das?

ATH. Die Götter, mein Bester, so behaupten diese Leute als Erstes, verdankten ihr Dasein der Kunst, nicht der Natur, sondern bestimmten Gesetzen, und diese seien jeweils verschieden je nachdem, wie die einzelnen Leute bei der Gesetzgebung miteinander übereingekommen seien. Und so sei auch das Schöne von Natur etwas anderes als das Schöne nach dem Gesetz, und das Gerechte gebe es überhaupt nicht von Natur, sondern die Menschen würden fortwährend darum streiten und es immer [890a] wieder neu festsetzen; was sie aber festsetzten und sobald sie es festgesetzt hätten, das sei dann jeweils gültig, obwohl es durch Kunst und Gesetze, aber nicht durch die Natur zustande gekommen sei.

Dies alles, meine Freunde, sind Äußerungen von Männern, die bei den jungen Menschen als weise gelten, von Prosaikern und von Dichtern, die behaupten, das Gerechteste sei das, was einer mit Gewalt durchsetzt. Daher befallen unfromme Überzeugungen die jungen Leute, als gebe es keine Götter, wie man sie sich nach dem Befehl des Gesetzes zu denken hat, und Spaltungen entstehen dadurch, weil jene die Leute zu dem »naturgemäßen richtigen Leben« hinziehen, das aber in Wahrheit darin besteht, dass man so lebt, dass man die andern beherrscht und nicht gemäß dem Gesetz anderen dient.

[b] KL. Was für eine Ansicht, Fremder, hast du hier dargelegt und welch großes Verderben für junge Menschen, sowohl was das öffentliche Leben der Städte als auch was die privaten Häuser betrifft!

ATH. Da hast du freilich recht, Kleinias. Was soll nun deiner Meinung nach der Gesetzgeber tun, da dieser Zustand schon seit alters besteht? Soll er sich etwa bloß in der

Stadt hinstellen und allen Leuten drohen, wenn sie nicht zugeben, dass es Götter gibt, und sich diese nicht so denken und vorstellen, wie sie das Gesetz beschreibt – auch für das Schöne und Gerechte und für die wichtigsten Dinge insgesamt gilt derselbe Grundsatz und für alles, was mit Tugend oder Schlechtigkeit [c] zusammenhängt, dass man nämlich hierin nach der Denkweise zu handeln hat, wie sie der Gesetzgeber jeweils schriftlich vorzeichnet –, wer sich aber nicht dem Gesetz gehorsam zeige, der müsse sterben oder auch mit Schlägen und Gefängnis oder mit Ehrenentzug, andere wieder mit Armut und Verbannung bestraft werden? Überredung aber soll er den Menschen zuliebe, wenn er ihnen seine Gesetze gibt, seinen Worten überhaupt nicht beigesellen, um sie dadurch möglichst sanft stimmen zu können?

[d] KL. Auf keinen Fall, Fremder! Sondern wenn es bei derartigen Dingen auch nur eine winzige Möglichkeit der Überredung geben sollte, so darf ein Gesetzgeber, der auch nur ein bisschen etwas wert sein will, auf keinen Fall müde werden, sondern muss, wie man zu sagen pflegt, seine ganze Stimme aufbieten und der alten Satzung als Helfer beistehen mit dem Beweis, dass es Götter gibt und all das, was du eben dargelegt hast, und so muss er auch dem Gesetz als solchem beistehen und der Kunst mit dem Beweis, dass sie beide von der Natur herstammen oder etwas sind, das nicht geringer ist als die Natur, jedenfalls wenn sie Erzeugnisse der Vernunft sind nach der richtigen Ansicht, die du, wie mir scheint, vorträgst und der auch ich jetzt Glauben schenke.

[e] ATH. Mein übereifriger Kleinias, wie soll das möglich sein? Ist es denn nicht schwierig, den Worten zu folgen,

wenn dies nur so in die Menge hinein gesagt wird, und besitzt es andererseits nicht eine ungeheure Länge?

KL. Wie, Fremder? Als es um den Rausch und die Musik ging, da haben wir zu so langen Reden die Geduld aufgebracht; wenn es aber um die Götter und derartige Themen geht, da sollten wir sie nicht aufbringen? Und gerade für eine Gesetzgebung, die mit Einsicht zu Werke geht, gibt [891a] es eine sehr große Hilfe, weil die mit den Gesetzen zusammenhängenden Anordnungen, sobald sie schriftlich festgelegt sind, um für alle Zeit Rechenschaft zu geben, ganz unverändert stehen bleiben; wenn sie nun anfangs schwierig für das Hören sind, so braucht uns das daher nicht zu ängstigen, da ja auch jemand, der nur schwer begreift, sie immer wieder durchgehen und sie prüfen kann; und wenn sie lang, aber nützlich sind, so ist es deshalb doch keineswegs vernünftig und scheint mir auch nicht fromm, dass diesen Sätzen nicht jedermann nach Kräften zu Hilfe eilen soll.

MEG. Sehr gut, Fremder, scheint mir, was Kleinias da sagt.

[b] ATH. Gewiss, Megillos, und wir müssen tun, wie er sagt. Denn wenn derartige Reden nicht unter beinahe allen Menschen, wie man sagen muss, verbreitet wären, so bedürfte es zu ihrer Abwehr keinerlei Beweise, dass die Götter existieren; so aber sind sie notwendig. Wenn nun die wichtigsten Gesetze von schlechten Menschen untergraben werden, wem kommt es denn da eher zu, ihnen zu Hilfe zu eilen, als einem Gesetzgeber?

MEG. Keinem sonst.

ATH. Doch nun antworte auch du mir wieder, Kleinias, denn du sollst [c] dich ja an unseren Reden beteiligen. Wer nämlich diese Ansichten äußert, der scheint Feuer und Wasser und Erde und Luft für die allerersten Dinge zu halten und eben diese mit dem Wort »Natur« zu bezeichnen, die Seele dagegen für etwas, das erst später aus diesen entstanden ist. Aber vermutlich scheint er dies nicht nur zu meinen, sondern will es uns durch seine Rede wirklich klar machen.

KL. Ganz gewiss.

ATH. Haben wir nun damit nicht, bei Zeus, gleichsam eine Quelle der unvernünftigen Meinung all der Menschen entdeckt, die sich jemals mit Untersuchungen über die Natur befasst haben? Betrachte und prüfe jedes [d] Wort. Denn es wäre kein geringer Gewinn, wenn sich herausstellen sollte, dass diejenigen, die sich mit unfrommen Ansichten befassen und anderen darin vorangehen, die Worte nicht nur nicht richtig, sondern sogar verkehrt gebrauchen. Und dies scheint mir wirklich der Fall zu sein.

KL. Gut gesprochen. Aber inwiefern? Das versuche uns zu zeigen.

ATH. Nun, da müssen wir uns wahrscheinlich mit Gedankengängen befassen, die uns ziemlich ungewohnt sind.

KL. Du darfst nicht zögern, Fremder. Denn ich merke, du meinst, wir kämen von der Gesetzgebung ab, wenn wir uns mit derartigen Gedanken [e] befassen. Wenn es aber auf keinem anderen Weg als auf diesem möglich ist, Einigung darüber zu erzielen, dass die jetzt im Gesetz als Götter bezeichneten Wesen damit richtig bezeichnet sind, dann, mein Teuerster, müssen wir unsere Ansicht auch auf diesem Weg vortragen.

ATH. So werde ich nun wahrscheinlich eine ziemlich ungewöhnliche Behauptung aufstellen, nämlich folgende:

Von dem, was die erste Ursache alles Werdens und Vergehens ist, sagen jene Lehren, deren Produkt die Seele der Gottlosen ist, dass es nicht als Erstes, sondern später entstanden sei; was aber später entstanden ist, das sei früher entstanden. Daher sind sie in einen Irrtum geraten über das wahre Wesen der Götter.

[892a] KL. Das verstehe ich noch nicht.

ATH. Die Seele, mein Freund, scheinen fast alle verkannt zu haben, was sie ist und welche Kraft sie besitzt, und zwar unter anderem besonders hinsichtlich ihrer Entstehung, dass sie nämlich zu den ersten Dingen gehört, da sie vor allen Körpern entstanden ist, und dass bei deren Veränderung und bei jeder Umgestaltung vor allem sie die Führung übernimmt. Wenn dies aber so ist, müsste dann nicht notwendig auch das, was mit der Seele verwandt ist, früher entstanden sein als das, was zum Körper [b] gehört, da sie ja älter als der Körper ist?

KL. Notwendig.

ATH. Meinung, Fürsorge, Vernunft, Kunst und Gesetz wären demnach früher als Hartes und Weiches, Schweres und Leichtes; und so würden denn auch die großen und ersten Werke und Handlungen als Werke der Vernunft entstehen, da sie zu den ersten Dingen gehören, während die Werke der Natur und die Natur selbst, die sie nicht richtig mit eben diesem Namen bezeichnen, später wären und von der Kunst und der Vernunft abhingen.

[c] KL. Wieso nicht richtig?

ATH. Mit »Natur« wollen sie das Entstehen der ersten Dinge bezeichnen; wenn sich nun aber zeigen sollte, dass die Seele das Erste ist, nicht aber das Feuer oder die Luft, sondern dass die Seele unter den ersten Dingen entstanden ist, dann wird man wohl mit vollem Recht sagen dürfen, dass sie in besonderem Maße von Natur ist. So verhält es sich damit, vorausgesetzt, dass jemand beweist, dass die Seele älter als der Körper ist, sonst aber auf keinen Fall.

KL. Da hast du völlig recht.

ATH. Sollen wir uns nun nicht als Nächstes genau dazu aufmachen?

[d] KL. Unbedingt.

ATH. Wir wollen uns aber in Acht nehmen bei einer Rede voller Täuschungsmöglichkeiten, damit sie nicht uns alte Männer, weil sie eher eine Sache für junge Leute ist, irgendwie in die Irre lockt und uns dann entschlüpft und uns lächerlich macht, und wir so den Eindruck erwecken, dass wir nach Großem zielen und dabei sogar das Kleine verfehlen.

Überlegt also: Wenn wir drei beispielsweise einen reißenden Fluss zu durchqueren hätten, und ich, der ich der Jüngste von uns und bereits mit vielen Strömen vertraut bin, würde sagen, ich müsse es erst für mich [e] allein versuchen und euch auf sicherem Boden zurücklassen, um zu prüfen, ob er auch für euch Ältere durchquerbar ist oder wie es sonst damit steht, und erst wenn sich das herausgestellt hätte, würde ich euch rufen und euch mit meiner Erfahrung hinüberhelfen; wenn er aber für euch unpassierbar wäre, dann hätte sich die Gefahr auf mich allein beschränkt: So würde ich damit doch offenbar einen angemessenen Vorschlag machen. Und so ist nun auch die uns bevorstehende Rede zu gewaltig und vielleicht für eure Kräfte unpassierbar. Damit sie euch nun kein Dunkel [893a] vor den Augen oder Schwindel verursacht, wenn sie vorüberbraust und Fragen an euch richtet, die ihr im Antworten ungeübt seid, und euch in eine ungehörige und unziemliche Lage bringt, die nicht angenehm ist, muss ich daher, wie mir scheint, folgendermaßen verfahren: Ich richte zuerst die Fragen an mich, während ihr auf sicherem Boden zuhört, und danach antworte ich wiederum, und gehe dann die ganze Rede in dieser Weise durch, bis sie hinsichtlich der Seele vollendet ist und gezeigt hat, dass die Seele früher als der Körper ist.

KL. Sehr gut, Fremder, scheint uns, hast du gesprochen; mache es denn so, wie du sagt.

[b] ATH. Wohlan denn! Wenn wir es jemals nötig hatten, einen Gott zu Hilfe zu rufen, dann hat dies jetzt zu geschehen – zum Beweise ihres eigenen Daseins sollen sie denn mit allem Ernst herbeigerufen sein –, und indem wir uns daran wie an einem sicheren Seil festhalten, wollen wir in die gegenwärtige Erörterung hineinsteigen.

Und wenn man mich über derartige Gegenstände mit etwa folgenden Fragen prüft, so scheint es mir am sichersten, sie folgendermaßen zu beantworten. Wenn einer sagt: »Lieber Fremder, steht alles fest und bewegt sich gar nichts? Oder ist davon ganz das Gegenteil der Fall? Oder bewegen sich manche von den Dingen und andere verharren in Ruhe?« – [c] Manche bewegen sich wohl, werde ich sagen, andere verharren in Ruhe. – »Muss nun nicht in einem bestimmten Raum das Feststehende feststehen und das Bewegte sich bewegen?« – Sicherlich. – »Und manche werden dies wohl an einer einzigen Stelle tun, andere aber an mehreren?« – Du meinst, werden wir sagen, dass diejenigen, die die Fähigkeit besitzen, in ihrem Mittelpunkt festzustehen, sich auf einer einzigen Stelle bewegen, wie sich der Umfang der Kreisscheiben dreht, von denen man sagt, sie stünden fest? – »Ja«. – Wir begreifen jedenfalls, dass bei dieser Umdrehung eine solche Bewegung, indem sie den größten und den kleinsten Kreis gleichzeitig herumbewegt, sich selbst in einer bestimmten [d] Proportion den kleinen und den größeren Kreisen mitteilt und dabei kleiner oder größer im entsprechenden Verhältnis ist. Daher ist sie auch zur Quelle alles Wunderbaren geworden, indem sie gleichzeitig großen und kleinen Kreisen Langsamkeit und Schnelligkeit in harmonischem Verhältnis verleiht, ein Vorgang, der, wie man erwarten sollte, eigentlich unmöglich sein sollte. – »Du hast völlig recht.« – Mit den Dingen aber, die sich an vielen Stellen bewegen, scheinst du alle diejenigen zu meinen, die sich durch Fortrücken bewegen, indem sie immer wieder zu einem andern Ort weitergehen, und die hierbei bald eine durch eine einzige Drehachse [e] bestimmte Gangart, bald mehrere Achsen besitzen infolge des Umherrollens. Und jedesmal, wenn sie mit anderen zusammentreffen, werden sie, wenn sie auf feststehende treffen, zerspalten; treffen sie aber auf die anderen, die sich aus der Gegenrichtung gegen sie bewegen, so werden sie mit diesen eines und verbinden sich zu einem Mittleren zwischen derartigen Dingen. – »Allerdings meine ich, dass sich das so verhält, wie du sagst.« – Und indem sie sich verbinden, wachsen sie, und indem sie sich zertrennen, nehmen sie ab, sofern ihre jeweils bestehende Beschaffenheit [894a] erhalten bleibt; bleibt sie aber nicht, so gehen sie durch beide Vorgänge zugrunde. Wann geschieht also die Entstehung eines jeden Dinges, welches Ereignis muss dazu gegeben sein? Offensichtlich dann, wenn ein Anfang ein Anwachsen erfährt und zur zweiten Stufe gelangt und von dort zur nächsten und, wenn er bis zur dritten gelangt ist, für diejenigen wahrnehmbar wird, die es wahrnehmen können. Durch diese Veränderung und Bewegung entsteht jedes Ding; wirklich seiend ist es, solange es bestehen bleibt, wenn es aber in eine andere Beschaffenheit übergeht, ist es damit auch schon völlig zugrunde gegangen.

Haben wir nun alle Bewegungen genannt, liebe Freunde, um sie mit [b] Hilfe der Zahl in Arten zusammenzufassen, außer zweien?

KL. Welche zwei denn?

ATH. Gerade diejenigen, mein Bester, denen unsere ganze jetzige Untersuchung gilt.

KL. Sprich deutlicher.

ATH. Sie galt doch wohl der Seele?

KL. Gewiss.

ATH. So soll denn diejenige Bewegung, die immer nur anderes bewegen kann, sich selber aber nicht bewegen kann, als die eine Art gelten; diejenige aber, die immer sowohl sich selbst als auch anderes bewegen kann mittels Verbindungen und durch Trennungen, durch Wachsen und dessen Gegenteil und durch Entstehen und Vergehen, die sei wieder eine andere [c] innerhalb der Gesamtheit der Bewegungen.

KL. So sei es.

ATH. Also werden wir die Bewegung, die immer nur etwas anderes bewegt und von einem anderen verändert wird, ihrerseits als die neunte ansetzen; diejenige aber, die sowohl sich selbst als auch etwas anderes bewegt und sich allem Tun und allem Erleiden harmonisch einfügt und wahrhaft als Veränderung und Bewegung alles Seienden bezeichnet wird, die werden wir etwa als die zehnte bezeichnen.

KL. Allerdings.

ATH. Welcher unserer genau zehn Bewegungen werden wir nun am [d] richtigsten den Vorzug zuerkennen, von allen die kräftigste und besonders wirksam zu sein?

KL. Unendlich weit, so müssen wir doch wohl behaupten, ragt die Bewegung hervor, die sich selbst bewegen kann, während die anderen alle hinter ihr zurückstehen.

ATH. Gut gesprochen. Also müssen wir von dem, was wir soeben nicht richtig gesagt haben, eine oder zwei Aussagen abändern?

KL. Welche meinst du denn?

ATH. Die als zehnte bezeichnete Bewegung ist damit nicht ganz richtig bezeichnet worden.

KL. Inwiefern?

ATH. Aufgrund ihrer Entstehung und ihrer Kraft ist sie doch [e] logischerweise die erste. Und in der auf diese folgenden haben wir die zweite nach dieser, obwohl sie eben unpassenderweise als die neunte bezeichnet worden ist.

KL. Wie meinst du das?

ATH. Wenn sie ein anderes Ding in seinem Zustand ändert und dieses immer wieder ein anderes, wird da jemals unter solchen Dingen eines das erste Verändernde sein? Und wie kann das, was von einem anderen in Bewegung gesetzt wird, jemals das erste von den Dingen sein, die eine Veränderung bewirken? Das ist doch unmöglich. Wenn jedoch etwas, das sich selbst in Bewegung gesetzt hat, ein anderes verändert, dieses dann wieder ein anderes und so die bewegten Dinge in die Tausende und [895a] Abertausende gehen, wird da der Anfang ihrer gesamten Bewegung etwas anderes sein als die Veränderung, die von der sich selbst bewegenden Bewegung ausgeht?

KL. Sehr schön hast du gesprochen, und dem muss man zustimmen.

ATH. Wir wollen es aber auch noch auf folgende Weise sagen und wieder uns selbst antworten. Wenn alle Dinge irgendwie zum Stillstand kämen und in eins zusammenfielen, wie die meisten solcher Menschen zu behaupten wagen, welche der genannten Bewegungen müsste dann in [b] ihnen als erste entstehen? Doch wohl diejenige, die sich selbst bewegt; denn durch etwas anderes kann sie ja niemals zuvor eine Veränderung erfahren haben, da es ja vorher keinerlei Veränderung in ihnen gibt. Als Anfang aller Bewegungen also und als diejenige, die als erste in stillstehenden Dingen entsteht und in bewegten Dingen ist, ist die sich selbst bewegende Bewegung, so werden wir sagen, zwangsläufig die älteste und mächtigste unter allen Veränderungen; die aber, die durch etwas anderes verändert wird und anderes bewegt, ist die zweite.

KL. Was du sagst, ist völlig wahr.

[c] ATH. Da wir nun an diesem Punkt unserer Erörterung angelangt sind, so wollen wir noch Folgendes beantworten.

KL. Was denn?

ATH. Wenn wir diese Bewegung irgendwo entstanden sehen, in etwas Erdigem oder Wässrigem oder Feuerartigem, sei dieses getrennt oder auch vermischt, was für einen Zustand sollen wir dann in einem solchen Ding annehmen?

KL. Fragst du mich etwa, ob wir sagen sollen, dass es lebt, wenn es sich selbst bewegt?

ATH. Ja.

KL. Nun, dass es lebt, natürlich.

ATH. Und weiter: Wenn wir in irgend etwas eine Seele sehen, ist dies dann anders oder genau dasselbe? Müssen wir zugeben, dass es lebt?

KL. Nicht anders.

[d] ATH. Doch halt, bei Zeus. Möchtest du nicht bei jedem Ding dreierlei erkennen?

KL. Wie meinst du das?

ATH. Eines ist das, was das Ding ist, eines ist die Definition dessen, was das Ding ist, und eines ist dessen Name. Und so sind bei allem, was ist, zwei Fragen möglich.

KL. Wieso zwei?

ATH. Jeder von uns bringt doch manchmal den bloßen Namen vor und bittet um die Definition, manchmal aber bringt er die bloße Definition vor und fragt nach dem Namen. Wollen wir damit nun etwas wie das Folgende sagen?

KL. Was denn?

[e] ATH. Es gibt doch bei manchen Dingen und so besonders bei der Zahl etwas, das sich in zwei Teile zerlegen lässt. Und für dieses lautet bei der Zahl der Name »gerade«, die Definition aber »eine Zahl, die sich in zwei gleiche Teile zerlegen lässt.«

KL. Ja. Das etwa meine ich.

ATH. Bezeichnen wir also nicht auf beide Weisen dasselbe Ding, sowohl wenn wir auf die Frage nach der Definition den Namen, als auch wenn wir auf die Frage nach dem Namen die Definition angeben, indem wir dasselbe Seiende als »gerade« mit dem Namen und mit der Definition als »in zwei Teile zerlegbare Zahl« bezeichnen?

KL. Ganz gewiss.

ATH. Was nun den Namen »Seele« trägt, wie lautet dessen Definition? [896a] Haben wir eine andere als die eben genannte: »die Bewegung, die sich selbst bewegen kann«?

KL. »Sich selbst bewegen«, behauptest du, komme als Definition demselben Seienden zu, dem auch der Name zukommt, mit dem wir alle es als »Seele« bezeichnen?

ATH. Das behaupte ich. Wenn sich das aber so verhält, vermissen wir da noch etwas zu einem ausreichenden Beweis, dass die Seele dasselbe ist wie die erste Entstehung und Bewegung von allem, was ist und was gewesen ist und was sein wird, und auch von allem, was dem [b] entgegengesetzt ist, da sie sich ja als die Ursache jeder Veränderung und Bewegung für alle Dinge erwiesen hat?

KL. Nein, sondern es ist völlig ausreichend gezeigt worden, dass die Seele von allem das Älteste ist, da sie sich als Anfang der Bewegung erwiesen hat.

ATH. Ist also nicht diejenige Bewegung, die durch etwas anderes in etwas anderem entsteht, aber niemals irgendetwas befähigt, sich selbst in sich selbst zu bewegen, die zweite und steht um so viele Stufen zurück, wie sie jemand nur zählen mag, da sie die Veränderung eines wirklich seelenlosen Körpers ist?

KL. Richtig.

ATH. Richtig also und gültig, ganz wahrheitsgemäß und vollständig [c] hätten wir somit dargelegt, dass die Seele früher als der Körper entstanden ist, der Körper aber als Zweites und später, wobei die Seele herrscht und er naturgemäß beherrscht wird.

KL. Ja, ganz wahrheitsgemäß.

ATH. Wir erinnern uns aber sicherlich noch daran, dass wir uns im Vorigen darüber geeinigt haben, dass, wenn die Seele sich als älter denn der Körper erweist, dann auch das, was zur Seele gehört, älter sein werde als das, was zum Körper gehört.

KL. Auf jeden Fall.

ATH. Charakterzüge, Gesinnungen, Wollen, Überlegungen, wahre [d] Meinungen, Fürsorge und Erinnerungen wären demnach früher entstanden als Länge, Breite, Tiefe und Kraft der Körper, sofern auch die Seele älter als der Körper ist.

KL. Notwendig.

ATH. Also müssen wir doch als Nächstes zugeben, dass die Seele die Ursache des Guten und des Schlechten, des Schönen und des Hässlichen, des Gerechten und des Ungerechten und überhaupt aller Gegensätze ist, wenn wir sie als Ursache von allem ansetzen wollen?

KL. Unbedingt.

ATH. Wenn die Seele nun alles durchwaltet und in allem wohnt, was [e] sich auf irgendeine Weise bewegt, müssen wir da nicht sagen, dass sie auch den Himmel durchwaltet?

KL. Natürlich.

ATH. Eine oder mehrere? Mehrere, will ich an eurer Stelle antworten. Jedenfalls wollen wir nicht weniger als zwei ansetzen, nämlich eine, die Gutes bewirkt, und eine, die das Gegenteil zu bewirken vermag.

KL. Du hast ganz richtig gesprochen.

ATH. Gut. Seele lenkt also alles am Himmel und auf der Erde und im [897a] Meer durch ihre eigenen Bewegungen, deren Namen lauten: Wollen, Erwägen, Fürsorgen, Beraten, richtiges und falsches Meinen, in Freude oder Schmerz, Mut oder Furcht, Hass oder Liebe, sowie durch alle Bewegungen, die mit diesen verwandt oder primäre Bewegungen sind und die dann ihrerseits die sekundären Bewegungen der Körper übernehmen und dadurch alles zum Wachsen und Abnehmen und zur Trennung und Verbindung hinführen und zu dem, was diesen folgt, nämlich zu Wärme und Kälte, Schwere und Leichtigkeit, zu Hartem und Weichem, Weißem und [b] Schwarzem, Bitterem und Süßem, und durch all das, mit dessen Hilfe die Seele, wenn sie die Vernunft hinzunimmt, die ein Gott mit Recht für Götter ist, dann immer alles zum Rechten und zum Glück hinleitet, während sie dann, wenn sie sich mit Unvernunft verbindet, in allem das Gegenteil davon bewirkt. Sollen wir annehmen, dass sich dies so verhält, oder schwanken wir noch, ob es sich nicht irgendwie anders verhält?

KL. Auf keinen Fall.

ATH. Von welcher der beiden Arten von Seele sollen wir nun sagen, dass sie die Macht über den Himmel und die Erde und den gesamten Umlauf erlangt hat? Ist es diejenige, die vernünftig und voller Tugend ist, oder [c] die, die keine dieser beiden Eigenschaften besitzt? Wollt ihr, dass wir darauf folgendermaßen antworten?

KL. Wie denn?

ATH. Wenn, mein bewundernswerter Freund, so wollen wir sagen, die gesamte Bahn und der Schwung des Himmels und alles dessen, was in ihm ist, eine der Bewegung und der Umdrehung und den Überlegungen der Vernunft ähnliche Natur besitzt und in verwandter Weise seine Bahn zieht, dann müssen wir offensichtlich sagen, dass die beste Seele für den gesamten Kosmos sorgt und dass sie ihn auf einer derartigen Bahn lenkt.

KL. Richtig.

[d] ATH. Wenn sich das alles dagegen auf verrückte und ungeordnete Weise fortbewegt, dann die schlechte Seele.

KL. Auch das ist richtig.

ATH. Welche Natur besitzt nun die Bewegung der Vernunft? Dies, ihr Freunde, ist nun eine Frage, die nur schwer auf verständige Weise zu beantworten ist. Daher habt ihr auch das Recht, mich bei ihrer Beantwortung hinzuziehen.

KL. Gut gesprochen.

ATH. Wir wollen nun nicht so, dass wir gleichsam direkt in die Sonne schauen und so mitten am Tage Nacht für uns heraufführen, unsere Antwort geben, als würden wir die Vernunft mit sterblichen Augen sehen [e] und ausreichend erkennen können. Wenn wir aber auf ein Bild dessen, wonach wir fragen, hinblicken, so können wir es umso gefahrloser sehen.

KL. Wie meinst du das?

ATH. Diejenige jener zehn Bewegungen, der die Vernunft gleicht, wollen wir uns zum Bild wählen; diese Bewegung will ich uns wieder in Erinnerung rufen und dann gemeinsam mit euch die Antwort geben.

KL. Das ist ein sehr schöner Vorschlag.

ATH. Nun denn: Wir haben von dem damals Gesagten doch noch dies im Gedächtnis, dass wir angenommen hatten, dass von allen Dingen manche sich bewegen, andere aber stillstehen.

KL. Ja.

ATH. Und weiter, dass von denen, die sich bewegen, die einen sich auf [898a] einer einzigen Stelle bewegen, die anderen aber auf mehreren, da sie sich fortbewegen?

KL. So ist es.

ATH. Von diesen beiden Bewegungen muss nun diejenige, die sich auf einer einzigen Stelle bewegt, sich zwangsläufig immer um einen Mittelpunkt bewegen, so dass sie gewissermaßen ein Abbild der Scheiben auf der Drechselbank ist, und sie muss der Umlaufbahn der Vernunft in allem so verwandt und gleich sein wie nur möglich.

KL. Wie meinst du das?

ATH. Wenn wir die Behauptung aufstellen, dass die Vernunft und die auf einem Punkt sich bewegende Bewegung sich beide jeweils immer in demselben Maße und auf dieselbe Art und Weise und auf derselben [b] Stelle und um dasselbe herum und zu demselben hin und gemäß einem einzigen Gesetz und einer einzigen Regel bewegen, so dass beide vergleichbar sind mit den Umdrehungen einer Kugel auf der Drechselbank, so werden wir uns wohl nie als schlechte Hersteller schöner Bilder durch Worte erweisen.

KL. Da hast du völlig recht.

ATH. Diejenige Bewegung dagegen, die sich niemals auf dieselbe Art und Weise noch mit derselben Geschwindigkeit noch auf demselben Platz noch um dasselbe herum noch auf dasselbe hin noch auf einer einzigen Stelle bewegt noch nach einer Ordnung noch nach einer Regel noch nach irgendeiner Gesetzmäßigkeit, die wäre demnach jeder Art von Unvernunft verwandt?

KL. Das dürfte völlig wahr sein.

[c] ATH. Nun ist es also überhaupt nicht mehr schwer, ganz ausdrücklich festzustellen: Da das, was alles im Kreis herumführt, für uns eine Seele ist, so muss man sagen, dass den Umschwung des Himmels zwangsläufig entweder die beste Seele herumlenkt und für ihn sorgt und ihn ordnet oder die entgegengesetzte.

KL. Aber, Fremder, aufgrund des eben Gesagten wäre es auch gar nicht fromm, etwas anderes zu sagen, als dass eine

Seele, die jede Tugend besitzt, oder mehrere diesen Umschwung bewirken.

ATH. Sehr schön, Kleinias, hast du meinen Worten zugehört. Höre aber [d] auch noch Folgendes.

KL. Was denn?

ATH. Wenn die Seele die Sonne, den Mond und die übrigen Gestirne in ihrer Gesamtheit herumbewegt, bewegt sie dann nicht auch jedes einzelne Gestirn?

KL. Was sonst?

ATH. So wollen wir denn über ein Gestirn Überlegungen anstellen, die, wie sich uns zeigen wird, auch auf alle andern Sterne passen.

KL. Über welches?

ATH. Über die Sonne. Deren Körper sieht zwar jedermann, ihre Seele aber niemand; und ebenso auch nicht die Seele sonst eines Körpers von irgendwelchen Lebewesen, weder wenn er lebt, noch wenn er dahinstirbt; aber es besteht begründete Hoffnung, dass diese Gattung, die mit [e] allen Sinnen des Körpers nicht wahrnehmbar ist, uns rings umgibt, dass sie aber mit der Vernunft erfassbar ist. Also wollen wir mit der Vernunft allein und durch Denken noch Folgendes zu erfassen suchen.

KL. Was?

ATH. Wenn die Seele die Sonne im Kreis herumführt, so werden wir wohl kaum mit der Behauptung fehlgehen, dass sie eines von drei Dingen tut.

KL. Von welchen drei Dingen?

ATH. Entweder befindet sie sich im Innern dieses sichtbaren runden Körpers und lenkt dadurch einen solchen Körper überall hin, so wie uns unsere Seele überall herumbewegt. Oder sie stößt irgendwoher von [899a] außen, nachdem sie sich einen Körper aus Feuer oder aus einer Art Luft verschafft hat, wie die These mancher Leute lautet, den einen Körper gewaltsam mit einem andern Körper fort. Oder, drittens, sie ist selbst ohne Körper, hat aber irgendwelche sonstigen über die Maßen wunderbaren Kräfte und lenkt ihn damit.

KL. Ja, das ist notwendig, dass die Seele eines von diesen Dingen tut, wenn sie alles lenkt.

ATH. Diese Seele nun – mag sie nun die Sonne wie einen Wagen benutzen und so das Licht für uns alle heraufführen oder von außen her oder wie auch immer oder in welcher Weise sonst – muss doch jedermann für eine Gottheit halten. Oder wie?

[b] KL. Ja, jedenfalls wenn er nicht auf der äußersten Stufe der Unvernunft angelangt ist.

ATH. Was nun die Gesamtheit der Sterne und den Mond, die Jahre und Monate und alle Jahreszeiten angeht: Welche andere Aussage können wir über sie machen als eben diese: Weil eine Seele oder Seelen sich als Ursache von dem allen erwiesen haben und als gut in jeder Tugend, so werden wir sagen, dass sie Gottheiten sind, gleichgültig, ob sie in den Körpern wohnend, als lebende Wesen den ganzen Himmel ordnen, oder auf welche Weise oder wie auch immer. Gibt es jemanden, der dies zugibt und dennoch dabei bleibt, dass nicht alles voll von Göttern ist?

[c] KL. Es gibt niemanden, Fremder, der so von Sinnen wäre.

ATH. So wollen wir denn demjenigen, der bisher nicht an Götter geglaubt hat, lieber Megillos und Kleinias, gewisse Bedingungen diktieren und dann mit der Sache fertig sein.

KL. Welche Bedingungen?

ATH. Entweder soll er uns belehren, dass wir nicht recht haben, wenn wir die Seele als ersten Ursprung von allem annehmen, und ebenso mit allem andern, was wir als Folgerung daraus vorgetragen haben; oder wenn er nichts Besseres als wir sagen kann, so soll er sich von uns überzeugen lassen und im Glauben an Götter sein restliches Leben zubringen. [d] Sehen wir nun zu, ob wir nunmehr denen, die nicht an Götter glauben, zur Genüge dargelegt haben, dass es Götter gibt, oder ob auf mangelhafte Weise.

KL. Nichts weniger als mangelhaft, Fremder.

ATH. Für diese Leute also soll unsere Erörterung hiermit ein Ende haben. – Demjenigen aber, der glaubt, dass es zwar Götter gibt, dass sie sich aber nicht um die menschlichen Angelegenheiten kümmern, müssen wir nun zureden. »Mein Bester«, wollen wir also sagen, »was deinen Glauben an Götter betrifft, so führt dich vielleicht eine Art göttliche Verwandtschaft zu dem, was mit dir wesensgleich ist, um es zu ehren und an seine Existenz zu glauben. Aber die glücklichen Schicksale [e] schlechter und ungerechter Menschen im privaten und öffentlichen Leben, die in Wahrheit zwar nicht glücklich sind, aber von den Meinungen der Leute für sehr glücklich gepriesen werden (doch zu Unrecht), die verführen dich zur Unfrommheit, wenn sie in musischen Gedichten nicht richtig besungen werden und in mancherlei Reden. Oder auch wenn du siehst, dass Menschen hochbetagt an ihr Lebensziel gelangen [900a] und Kindeskinder in den höchsten Ehren zurücklassen, so wirst du verwirrt, wenn du jetzt bei all diesen siehst – magst du es durch Hörensagen erfahren oder sogar ganz persönlich mit eigenen Augen gesehen haben, indem du Zeuge bei einigen ihrer zahlreichen und schlimmen Freveltaten wurdest –, dass sie gerade durch diese Taten aus kleinen Verhältnissen zur Tyrannenherrschaft und zu den größten Machtpositionen gelangt sind. Wegen all dieser Dinge die Götter zu tadeln, weil sie für solche Dinge verantwortlich seien, dazu bist du in diesem Fall offenbar infolge deiner Verwandtschaft mit ihnen nicht bereit; sondern getrieben von der Unbegreiflichkeit der Situation und zugleich unfähig, [b] den Göttern zu zürnen, bist du in diesen jetzigen Zustand geraten, dass du glaubst, dass sie zwar existieren, aber die menschlichen Angelegenheiten verachten und sich nicht darum kümmern. Damit nun deine gegenwärtige Überzeugung nicht zu einem noch schlimmeren Leiden bis hin zur Unfrommheit weiterschreitet, sondern in der Hoffnung, dass wir irgendwie fähig werden, sie mit Worten gleichsam fortzubannen, wenn sie heranrückt, wollen wir versuchen, die anschließende Beweisführung mit dem Beweis zu verknüpfen, den wir zu Anfang gegenüber dem durchgeführt haben, der überhaupt nicht an Götter glaubte, und wollen [c] so jenen jetzt mitverwenden.« Du aber, Kleinias, und Megillos, übernehmt ihr es wie vorhin, für den jungen Mann zu antworten; wenn aber irgendeine Schwierigkeit in unserem Gespräch vorkommen sollte, so will ich diese Aufgabe übernehmen und euch so über den Strom setzen.

KL. Was du sagst, ist richtig. Und so mache es auch, und wir wollen nach bestem Vermögen tun, was du sagst.

ATH. Aber vermutlich ist gerade dies gar nicht schwer zu beweisen, dass sich die Götter um das Kleine nicht weniger kümmern, sondern noch [d] mehr, als um das, was durch seine Größe hervorragt. Denn er hat es ja wohl schon gehört und war dabei, als wir eben sagten, dass sie in jeder Tugend gut sind und deshalb die Fürsorge für alle Dinge als ihre ureigenste Aufgabe übernommen haben.

KL. Ganz sicher hat er das gehört.

ATH. So sollen sie denn danach gemeinsam mit uns untersuchen, welche Tugend der Götter wir meinen, wenn wir zugeben, dass sie gut sind. Also: Besonnensein und den Besitz von Vernunft rechnen wir doch zur Tugend, das Gegenteil aber zur Schlechtigkeit?

KL. Ja.

[e] ATH. Und weiter: Die Tapferkeit zur Tugend, die Feigheit aber zur Schlechtigkeit?

KL. Ganz gewiss.

ATH. Und werden wir das eine davon als hässlich, das andere als schön bezeichnen?

KL. Notwendig.

ATH. Und dass, wenn überhaupt, dann uns all das zukommt, was minderwertig ist, die Götter hingegen an so etwas weder einen großen noch einen kleinen Anteil haben? Sollen wir das sagen?

KL. Auch dies wird wohl jeder zugeben.

ATH. Und weiter: Werden wir Nachlässigkeit und Faulheit und Bequemlichkeit zur Tugend der Seele rechnen, oder wie meinst du?

KL. Und wie sollte das möglich sein?

ATH. Sondern zum Gegenteil?

KL. Ja.

[901a] ATH. Und folglich deren Gegenteil zum Gegenteil?

KL. Zum Gegenteil.

ATH. Wie nun weiter? Jeder bequeme, nachlässige und faule Mensch wird doch für uns ein solcher sein, von dem der Dichter sagt, dass er am ehesten den stachellosen Drohnen gleicht?

KL. Womit er völlig recht hat.

ATH. Also dürfen wir von Gott jedenfalls nicht sagen, dass er eine solche Sinnesart besitze, die er doch selber hasst, und einem, der so etwas zu äußern versucht, dürfen wir das nicht gestatten.

KL. Gewiss nicht. Wie dürften wir!

[b] ATH. Wem es nun in besonderem Maße zukommt, zu handeln und sich um etwas zu kümmern, seine Vernunft aber kümmert sich zwar um das Große, vernachlässigt jedoch das Kleine, mit welcher Berechtigung könnten wir so jemanden loben, ohne damit völlig fehlzugreifen? Betrachten wir die Sache einmal so: Handelt nicht jeder, der so handelt, auf zwei mögliche Arten, mag er nun ein Gott oder ein Mensch sein?

KL. Welche zwei meinen wir denn?

ATH. Entweder weil er glaubt, es mache dem Ganzen nichts aus, wenn [c] das Kleine vernachlässigt wird, oder aber aus Leichtsinn und Bequemlichkeit, falls es etwas ausmacht und er es dennoch vernachlässigt. Oder gibt es noch eine auf irgendeine andere Ursache zurückgehende Vernachlässigung? Denn falls es unmöglich sein sollte, sich um alles zu kümmern, dann wird man keine Vernachlässigung des Kleinen oder Großen einem vorwerfen können, der sich nicht um das kümmert, wozu ihm die Kraft fehlt, sei er nun ein Gott oder irgend ein schwacher Mensch, und worum er sich zu kümmern nicht imstande ist.

KL. Wie sollte es!

ATH. Nun sollen uns dreien die zwei antworten, die zwar beide zugeben, [d] dass es Götter gibt, deren einer aber sagt, sie ließen sich umstimmen, der andere, sie würden sich nicht um das Kleine kümmern. Zunächst behauptet ihr, dass die Götter alles wissen, sehen und hören und dass ihnen nichts von dem verborgen bleiben kann, wovon es Wahrnehmungen und Wissen gibt. Sagt ihr, dass sich das so verhält, oder wie?

KL. Ja, so.

ATH. Und weiter: Dass sie zu allem fähig sind, wozu Sterbliche und Unsterbliche die Fähigkeit besitzen?

KL. Wie sollten sie nicht zugeben, dass auch dies sich so verhält?

[e] ATH. Und dass sie gut und die besten sind, darüber sind wir fünf uns ja schon einig geworden.

KL. Gewiss.

ATH. Also ist es ganz unmöglich zuzugeben, dass sie auch nur irgend etwas aus Leichtsinn und Bequemlichkeit tun, wenn sie so beschaffen sind, wie wir übereinstimmend zugeben? Denn aus der Feigheit entsprießt doch bei uns Menschen die Faulheit, der Leichtsinn aber aus der Faulheit und Bequemlichkeit.

KL Du hast völlig recht.

ATH. Aus Faulheit also und aus Leichtsinn ist keiner der Götter nachlässig; denn an der Feigheit hat er doch keinen Anteil.

KL. Da hast du ganz recht.

[902a] ATH. Also bleibt nur noch übrig, falls sie wirklich das Kleine und Geringe innerhalb des Ganzen vernachlässigen, dass sie dies entweder deshalb tun, weil sie erkennen, dass man sich um dergleichen überhaupt nicht zu kümmern braucht, oder was bleibt sonst noch übrig außer dem Gegenteil des Erkennens?

KL. Nichts.

ATH. Was sollen wir nun, mein Teuerster und Bester, als deine Behauptung annehmen: dass die Götter unwissend sind und aus Unwissenheit das vernachlässigen, um das sie sich kümmern sollten – oder dass sie zwar diese Pflicht erkennen (so wie man sagt, dass die minderwertigsten Menschen handeln, die wohl wissen, dass sie besser etwas anderes täten als das, was sie tatsächlich tun), dass sie es aber infolge einer Art [b] Überwältigung durch Lust oder Schmerz nicht tun?

KL. Wie wäre das möglich!

ATH. Haben nun nicht die menschlichen Angelegenheiten an der beseelten Natur teil und ist nicht gleichzeitig der Mensch das gottesfürchtigste von allen Lebewesen?

KL. So scheint es jedenfalls.

ATH. Nun sagen wir doch, dass alle sterblichen Lebewesen Eigentum der Götter sind, denen auch der ganze Himmel gehört.

KL. Gewiss.

ATH. Nun mag einer ruhig sagen, dies sei etwas Kleines oder etwas [c] Großes für die Götter. Denn in keinem der beiden Fälle würde es sich für unsere Eigentümer schicken, uns zu vernachlässigen, da sie doch die fürsorglichsten und besten sind. Wir wollen nämlich noch Folgendes außerdem betrachten.

KL. Was denn?

ATH. Wie es sich mit Wahrnehmung und Kraft verhält. Sind diese nicht einander von Natur entgegengesetzt hinsichtlich der Leichtigkeit und Schwierigkeit?

KL. Wie meinst du das?

ATH. Das Kleine zu sehen und zu hören ist doch wohl

schwieriger als das Große; das Kleine und Wenige zu tragen andererseits und es zu beherrschen und sich darum zu kümmern fällt jedem leichter als um das Entgegengesetzte.

[d] KL. Und zwar sehr.

ATH. Wenn aber ein Arzt, der den Auftrag hat, irgendein Ganzes zu behandeln, zwar willens und fähig ist, sich um das Große zu kümmern, aber die Teile und das Kleine vernachlässigt, wird es bei dem jemals gut um das Ganze stehen?

KL. Auf keinen Fall.

ATH. Und auch bei Steuermännern oder Heerführern oder Hausverwaltern oder auch bei manchen Staatsmännern oder sonst einem Mann dieser Art wird es ohne das Wenige und Kleine um das Viele und Große [e] nicht gut stehen; denn ohne die kleinen sitzen auch die großen Steine nicht gut, sagen die Maurer.

KL. Wie könnten sie!

ATH. Wir wollen also niemals die Gottheit für unfähiger halten als die sterblichen Handwerker, welche die ihnen obliegenden Arbeiten, je tüchtiger sie sind, desto genauer und vollkommener ausführen, und zwar mit einer einzigen Kunst sowohl die kleinen wie die großen; die Gottheit dagegen, die doch am weisesten ist und sowohl den Willen wie die Kraft [903a] zur Fürsorge besitzt, die sollte sich um das, wofür leicht zu sorgen wäre, da es klein ist, überhaupt nicht kümmern wie ein fauler und feiger Mensch, welcher wegen der Anstrengungen sich lieber der Bequemlichkeit hingibt, sondern nur um das Große?

KL. Auf keinen Fall, Fremder, wollen wir eine solche Meinung über die Götter hinnehmen; denn damit würden wir einen Gedanken denken, der weder fromm noch wahr wäre.

ATH. Ich meine, wir haben uns nun wirklich angemessen genug mit dem unterhalten, der es liebt, die Götter der Nachlässigkeit zu beschuldigen.

KL. Ja.

ATH. Wenigstens insofern, als wir ihn durch unsere Argumente [b] gezwungen haben einzugestehen, dass er nicht recht hat. Doch scheint er mir noch einiger bezaubernder Worte zu bedürfen.

KL. Was für welcher denn, mein Guter?

ATH. Wir wollen den jungen Mann durch Argumente davon überzeugen, dass von dem, der für das Ganze sorgt, alle Dinge auf die Erhaltung und Vollkommenheit des Ganzen hin angeordnet worden sind, von denen auch jeder Teil nach Möglichkeit erleidet und tut, was ihm zukommt. All diesen Teilen bis hin zum kleinsten sind jeweils Herrscher über deren Erleiden und Tun zugeordnet, welche so bis in die äußerste Unterteilung [c] hinein Vollkommenheit verwirklicht haben. Als eines von diesen Teilchen, du Starrkopf, zielt und blickt auch das deine stets auf das Ganze hin, mag es noch so klein sein; aber dir ist gerade hierbei entgangen, dass alles Werden deswegen geschieht, damit dem Leben des Ganzen ein glückliches Sein beschieden ist, dass es also nicht deinetwegen geschieht, sondern du seinetwegen geworden bist. Denn jeder Arzt und jeder fachkundige Handwerker schafft alles um irgendeines Zweckes willen, ein Teilchen aber, das auf das allgemeine Beste abzielt, das schafft er ganz gewiss um des Ganzen willen und nicht das Ganze um des Teiles willen. Du aber bist [d] unzufrieden, weil du nicht weißt, inwiefern das, was in deinem

Fall das Beste für das Ganze ist, es auch für dich ist gemäß der Wirkmacht der gemeinsamen Entstehung. Da aber eine Seele, die einem Körper, und zwar bald diesem, bald jenem, zugeordnet ist, immer alle möglichen Veränderungen durch sich selbst oder durch eine andere Seele erfährt, so bleibt dem Brettspieler keine andere Aufgabe mehr übrig, als den Charakter, der besser wird, an einen besseren Ort und den, der schlechter wird, an einen schlechteren Ort zu versetzen, einen jeden von ihnen, wie es ihm [e] gebührt, damit er das ihm zukommende Schicksal zugeteilt bekommt.

KL. Wie meinst du das?

ATH. Ich glaube, ich lege die Sache genau in der Weise dar, durch die die Leichtigkeit der göttlichen Fürsorge für das All verständlich wird. Wenn nämlich jemand mit stetem Blick auf das Ganze alle Dinge durch Umgestaltung bilden würde, wie z. B. aus Feuer beseeltes Wasser, und nicht vieles aus einem oder aus vielem eines, so wären die Dinge, [904a] nachdem sie eine erste oder zweite oder gar dritte Entstehung durchgemacht hätten, ihrer Anzahl nach so viele, dass ihre Versetzung und Anordnung an kein Ende käme. So aber ist die Sache erstaunlich leicht für den, der sich um das Ganze kümmert.

KL. Wie meinst du das nun wieder?

ATH. Folgendermaßen. Als unser König sah, dass alle unsere Handlungen beseelt sind und viel Tugend in ihnen wohnt und viel Schlechtigkeit, dass ferner Seele und Körper, sobald sie einmal entstanden sind, etwas Unzerstörbares, aber nichts Ewiges sind wie die nach dem Gesetz seienden [b] Götter – eine Entstehung von Lebewesen wäre nämlich niemals möglich, wenn eines von jenen beiden zugrunde ginge –, und weil er bedachte, dass seiner Natur nach das immer nützt, was es an Gutem in der Seele gibt, das Schlechte dagegen schadet: Weil er dies alles vor Augen hatte, dachte er sich aus, wo ein jeder der Teile hingestellt sein müsse, um im Weltganzen den Sieg der Tugend und die Niederlage der Schlechtigkeit am ehesten und auf die leichteste und beste Weise herbeizuführen. Den Blick einzig hierauf richtend hat er sich also ausgedacht, bei welcher Beschaffenheit etwas welche Art von Wohnsitz erhalten und bewohnen solle und welche Orte. Die Ursachen aber für das Entstehen einer [c] bestimmten Beschaffenheit überließ er den Willensentscheidungen eines jeden von uns. Denn wohin einer sein Begehren lenkt und wie einer hierbei in seiner Seele beschaffen ist, dahin und zu einer solchen Beschaffenheit pflegt sich meistens ein jeder von uns zu entwickeln.

KL. Das ist jedenfalls wahrscheinlich.

ATH. Es verändern sich nun alle Wesen, die einer Seele teilhaftig sind, da sie in sich selbst die Ursache der Veränderung besitzen, und bei dieser Veränderung bewegen sie sich gemäß der Ordnung und dem Gesetz des Schicksals. Wenn sie sich in unwesentlichen Charaktereigenschaften nur wenig verändern, so wechseln sie ihren Platz auf der Oberfläche der Erde; wenn sie sich aber häufiger und zu größerer Ungerechtigkeit hin [d] verändern, so wandern sie in die Tiefe und in die sogenannten unteren Orte, die die Menschen als Hades und mit ähnlichen Namen bezeichnen und vor denen sie sich gewaltig fürchten und von denen sie träumen, sowohl im Leben als auch nach der Trennung vom Körper. Wenn aber die Seele in größerem Maße an Schlechtigkeit oder an Tugend zugenommen hat durch ihre eigenen Willensentscheidungen und durch den starken Einfluss ihres Umgangs, so wechselt sie, wenn sie durch das Zusammensein mit göttlicher Tugend in hervorragendem Maße ebenso göttlich geworden [e] ist, auch an einen hervorragenden, gänzlich heiligen Ort und wird so an einen anderen, besseren Ort versetzt; im entgegengesetzten Fall verlegt sie ihr Leben an den entgegengesetzten Ort. »Dies ist der richtende Spruch der Götter im hohen Olympos«, du Kind oder Jüngling, der du meinst, du würdest von den Göttern vernachlässigt: Wer schlechter wird, der soll zu den schlechteren Seelen, wer besser, zu den besseren wandern, und im Leben und bei allen Toden soll er erleiden, was Gleichgeartete Gleichgearteten gebührendermaßen [905a] zufügen, und es auch selber tun. Diesem Richterspruch wirst weder du noch wird ihm sonst einer jemals entgehen und sich rühmen können, Göttern überlegen zu sein. Denn ihn haben die, die ihn aufgestellt haben, über alle anderen Richtersprüche gestellt, und vor ihm muss man sich unbedingt in Acht nehmen. Denn niemals wirst du von ihm übersehen werden: Magst du auch noch so klein sein, du wirst nicht in die Tiefen der Erde versinken noch wirst du, dich hoch erhebend, in den Himmel emporfliegen können, sondern du wirst von ihnen die gebührende Vergeltung erleiden, gleichgültig ob du hier bleibst oder auch in das Reich des Hades [b] gewandert oder gar an einen noch entfernteren Ort gebracht worden bist. Dieselbe Erklärung dürfte auch für jene gelten, die du sahst, wie sie aus kleinen zu großen Leuten wurden, indem sie Freveltaten verübten oder ähnliches taten, worauf du dann glaubtest, sie seien aus unglücklichen zu glücklichen Menschen geworden, und dann meintest, du habest in ihren Taten wie in einem Spiegel die gänzliche Gleichgültigkeit der Götter gesehen, weil du nichts von ihrem Beitrag wusstest, inwiefern er dem [c] Ganzen zugute kommt. Wieso meinst du aber, du Tapferster von allen, diesen brauchtest du nicht zu erkennen? Denn wer diesen Beitrag nicht erkennt, der wird wohl niemals auch nur einen Umriss erfassen oder eine Erklärung bezüglich des Lebens beisteuern können, was dessen Glück oder dessen unglückliches Los betrifft.

Wenn dich davon nun Kleinias und unser gesamter Ältestenrat hier zu überzeugen sucht, dass du nicht weißt, was du über die Götter sagst, so wird dir dabei die Gottheit selber wohlwollend zu Hilfe kommen. Wenn du aber noch irgendeine Erklärung benötigst, so höre zu, wenn wir zu [d] dem dritten Gesprächspartner sprechen, sofern du nur irgendwie Vernunft besitzt.

Denn dass es Götter gibt und dass sie sich um die Menschen kümmern, das haben wir, so möchte ich meinen, gar nicht übel nachgewiesen. Dass sich Götter aber von denen umstimmen lassen, die Unrecht tun, indem sie von ihnen Geschenke annehmen, das dürfen wir niemandem zugeben und müssen es nach Kräften auf jede Weise widerlegen.

KL. Ein sehr schönes Wort. Tun wir also, wie du sagst.

ATH. Nun denn, im Namen eben dieser Götter: Auf welche Weise [e] könnten sie sich denn von uns umstimmen lassen, wenn sie sich überhaupt umstimmen ließen? Und welche Götter und von welcher Art müssten sie sein? Herrscher müssen doch diejenigen werden, die fortwährend den ganzen Himmel verwalten sollen?

KL. So ist es.

ATH. Gut, aber welchen Herrschern sind sie dann ähnlich? Oder vielmehr welche ihnen, soweit wir solche Herrscher für unseren Vergleich von kleinen Herrschern mit größeren finden können? Sind etwa Lenker von Gespannen im Wettkampf von dieser Art oder Steuermänner von Schiffen? Vielleicht ließen sie sich auch mit Führern von Heeren vergleichen. Es könnte aber auch sein, dass sie Ärzten gleichen, die bei den Körpern vor dem Angriff von Krankheiten auf der Hut sind, oder [906a] Ackerbauern, welche voller Furcht die für das Wachsen der Pflanzen gewöhnlich bedrohlichen Jahreszeiten erwarten, oder auch Aufsehern von Herden. Denn da wir uns darüber einig geworden sind, dass der Himmel voll von viel Gutem ist, voll aber auch von dem Gegenteil, mehr aber vom nicht Entgegengesetzten, so ist ein solcher Kampf, wie man sagen muss, unsterblich und erfordert eine außerordentliche Wachsamkeit. Mitkämpfer auf unserer Seite sind Götter und Dämonen, wir aber sind unsererseits ein Besitzstück der Götter und Dämonen. Verderben bringen uns Ungerechtigkeit und Frevelmut verbunden mit Unverstand, Rettung aber [b] Gerechtigkeit und Besonnenheit im Bunde mit vernünftiger Einsicht, die in den beseelten Kräften der Götter wohnen; ein kleines Stück von derartigen Eigenschaften wohnt aber auch hier unten in uns, wie man deutlich sehen kann. Manche Seelen nun, die auf der Erde wohnen und sich ungerechten Gewinn angeeignet haben und offensichtlich von tierischer Art sind, die stürzen zu den Seelen der Wächter, also der Hunde, oder der Hirten oder zu denen der allerhöchsten Herren und suchen sie durch Schmeichelworte und durch eine Art Gebetszauber zu überreden, wie es [c] die prahlerischen Worte der schlechten Menschen behaupten, dass es ihnen erlaubt sein möge, sich unter den Menschen zu bereichern, ohne dafür etwas Schlimmes zu erleiden. Wir behaupten aber doch wohl, dass der eben erwähnte Fehler, das Mehr-haben-Wollen, das ist, was bei den Körpern aus Fleisch »Krankheit« und bei den Jahreszeiten und Jahresabläufen »Seuche« heißt, während bei den Städten und Verfassungen eben derselbe Fehler unter abgewandelter Bezeichnung »Ungerechtigkeit« heißt.

KL. Allerdings.

ATH. Diese Ansicht muss also zwangsläufig der äußern, der sagt, dass die [d] Götter den Menschen, die ungerecht sind und Unrecht tun, immer verzeihen, falls ihnen einer vom ungerechten Gewinn abgebe: Das wäre so, wie wenn die Wölfe den Hunden ein wenig von ihrer Beute abgäben und diese, durch die Geschenke besänftigt, ihnen erlaubten, die Herden zu zerreißen. Ist das nicht die Ansicht derer, die behaupten, dass sich die Götter umstimmen lassen?

KL. Ja, das ist sie.

ATH. Mit welchen der vorhin erwähnten Menschen könnte nun jemand die Götter als Wächter vergleichen und als ihnen ähnlich bezeichnen, [e] ohne sich lächerlich zu machen? Etwa mit Steuermännern, welche, »durch die Spende des Weins und den Fettdampf« selber vom Kurs abgebracht, auch Schiffe und Mannschaften kentern lassen?

KL. Auf keinen Fall.

ATH. Aber doch auch nicht mit Wagenlenkern, die in einem Wettkampf aufgestellt sind und sich durch ein Geschenk dazu überreden lassen, anderen Gespannen den Sieg zu überlassen?

KL. Einen schlimmen Vergleich würdest du mit dieser Behauptung aussprechen!

ATH. Aber auch nicht mit Heerführern oder Ärzten oder Ackerbauern und auch nicht mit Hirten oder irgendwelchen Hunden, die sich von Wölfen betören ließen.

[907a] KL. Hüte deine Zunge! Denn wie wäre das möglich?

ATH. Sind aber nicht von allen Wächtern die Götter insgesamt nach unserer Überzeugung die größten und Wächter über die größten Dinge?

KL. Bei Weitem.

ATH. Wollen wir nun diejenigen, die über die schönsten Dinge wachen und selber durch die Vorzüglichkeit ihres Wachens hervorragen, für schlechter erklären als Hunde und mittelmäßige Menschen, die das Gerechte wohl niemals um der Geschenke willen verraten würden, die ihnen von ungerechten Männern in unfrommer Absicht angeboten werden?

[b] KL. Auf keinen Fall. Unerträglich ist diese Behauptung, und unter denen, die sich jeder Art von Unfrommheit hingeben, dürfte jeder, der an dieser Ansicht festhält, mit vollem Recht als der schlimmste und unfrommste aller Unfrommen erachtet werden.

ATH. Sollen wir nun sagen, dass die von uns aufgestellten drei Sätze – dass die Götter existieren, dass sie fürsorglich sind und dass sie sich wider das Gerechte schlechterdings nicht umstimmen lassen – zur Genüge bewiesen sind?

KL. Warum nicht? Und wir stimmen mit diesen Ausführungen ganz überein.

ATH. Sie sind allerdings in ziemlich heftigem Ton vorgetragen worden [c] aus dem Bestreben heraus, über die schlechten Menschen zu siegen. Aber nur deshalb, lieber Kleinias, waren sie vom Siegeswillen durchdrungen, damit die Schlechten nicht etwa meinen, wenn sie mit ihren Reden die Oberhand behielten, hätten sie die Freiheit, auch noch zu tun, was sie wollen, nachdem sie ja schon diese schwerwiegenden und so gearteten Gedanken über die Götter hegen. Daher überkam uns die Lust, im Ton jüngerer Leute zu sprechen. Wenn wir aber auch nur ein wenig dazu beigetragen haben, um die Männer dazu zu bringen, dass sie sich selbst hassen und die entgegengesetzte Gesinnung liebgewinnen, so wäre [d] unsere Vorrede zu den Gesetzen über Religionsfrevel mit schönem Erfolg vorgetragen worden.

KL. Hoffen dürfen wir das jedenfalls. Wo nicht, so wird zumindest die Art der Rede dem Gesetzgeber keinen Vorwurf eintragen.

ATH. Nach dieser Vorrede könnte nun richtigerweise, gleichsam als Ausleger der Gesetze, ein Wort folgen, das alle Unfrommen auffordert, aus ihrer eigenen Denkweise herauszutreten und sich einer frommen Denkweise zuzuwenden. Für diejenigen aber, die nicht gehorchen, soll folgendes Gesetz über Religionsfrevel gelten:

[e] Wenn sich jemand in Worten oder Taten gegen die Götter vergeht, so soll jeder, der dazukommt, dem wehren, indem er es den Beamten meldet; und die ersten Beamten, die davon Kenntnis erhalten, sollen den Täter den Gesetzen gemäß vor das Gericht bringen, das zur Entscheidung über diese Fälle eingesetzt ist. Wenn aber eine Behörde, die davon hört, dies nicht tut, so soll sie selbst wegen Religionsfrevel von jedem gerichtlich belangt werden können,

der den Gesetzen beistehen will. Wird aber einer für schuldig befunden, so soll das Gericht jedem Frevler für jedes Vergehen eine besondere Strafe zuerkennen.

[908a] Haft soll nun für alle vorgesehen sein. Gefängnisse aber gibt es drei in der Stadt, ein allgemeines für die Mehrzahl der Häftlinge am Marktplatz, um sie in persönlichem Gewahrsam zu halten, eines beim Versammlungsort der Nächtlichen Versammlung, das »Haus der Besinnung« heißt, und eines mitten auf dem Land, an einem einsamen und möglichst verwilderten Ort, dessen Name auf Vergeltung hinweist.

Da aber die Menschen zur Unfrommheit aus drei Ursachen veranlasst [b] werden, die wir schon durchgegangen sind, aus jeder derartigen Ursache aber zwei weitere hervorgehen, so werden sich sechs Arten von Frevlern gegen das Göttliche ergeben, die auch einer Unterscheidung bedürfen und weder eine gleich schwere noch eine gleichartige Strafe erfordern.

Bei wem nämlich zu der Überzeugung, dass es überhaupt keine Götter gibt, von Natur aus eine gerechte Charakteranlage hinzukommt, die entwickeln einen Hass auf die Schlechten, und aus Abscheu gegen die Ungerechtigkeit erlauben sie sich auch nicht derartige Handlungen; sie meiden [c] die ungerechten Menschen und lieben die gerechten.

Wenn sie aber zusätzlich zu der Überzeugung, alles sei leer von Göttern, noch von Unbeherrschtheit gegenüber Lust und Schmerz befallen werden und ein starkes Gedächtnis und rasche Auffassungsgabe dazu kommt, so ist zwar die Leugnung der Götter ein in beiden vorhandenes gemeinsames Leiden; aber hinsichtlich der Schädigung der andern Menschen wird wohl die eine Art weniger und die andere mehr Unheil anrichten. Denn der Erstere wird zwar in seinem Reden über die Götter und über Opfer und Schwüre sich jede Freiheit herausnehmen, und indem er die übrigen Menschen auslacht, wird er vielleicht auch andere zu [d] seinesgleichen machen, falls er keine Strafe erhält; der zweite aber, der wie der andere denkt, aber als Mann mit guten Anlagen gerühmt wird, ist jedoch voll von Heimtücke und Verschlagenheit; aus dieser Gruppe gehen vielfach Seher hervor und Leute, die in der gesamten Zauberkunst bewandert sind, manchmal gehen daraus aber auch Tyrannen und Volksredner und Heerführer hervor und Leute, die sich auf private Mysterien verlegt haben, und ebenso die Tricks der sogenannten Sophisten. Von diesen wird [e] es also viele Arten geben, aber einen Erlass von Gesetzen erfordern nur zwei Arten, von denen die heuchlerische Art Verfehlungen begeht, die nicht bloß einfachen oder zweifachen Tod verdienen, während die andere der Zurechtweisung und zugleich der Haft bedarf.

Ebenso erzeugt auch der Glaube, dass sich die Götter nicht um uns kümmern, zwei verschiedene Arten von Vergehen und der, dass sie sich umstimmen lassen, zwei weitere.

Nachdem sich diese nun in dieser Weise unterscheiden, soll der Richter diejenigen, die durch Unvernunft ohne böse Neigung und [909a] Charakteranlage so geworden sind, in das Besinnungshaus schicken und zwar nach dem Gesetz für mindestens fünf Jahre; und in dieser Zeit soll sonst niemand von den Bürgern mit ihnen zusammenkommen als die Mitglieder der Nächtlichen Versammlung, die zu ihrer Zurechtweisung und zur Rettung ihrer Seele mit ihnen verkehren; wenn aber die Zeit ihrer Haft abgelaufen ist und einer von ihnen erweckt den Eindruck, dass er wieder zur Besinnung gekommen ist, so soll er wieder unter den Besonnenen wohnen; wenn dies nicht der Fall ist, sondern er erneut in einem solchen Prozess schuldig gesprochen wird, so soll er mit dem Tod bestraft werden.

[b] Diejenigen aber, die zusätzlich zu der Überzeugung, dass es keine Götter gibt oder dass sie sich nicht um uns kümmern oder dass sie sich umstimmen lassen, Tieren ähnlich werden und die voller Menschenverachtung die Seelen vieler Lebender verführen und behaupten, sie könnten sogar die Seelen Verstorbener heraufführen, und die sich erbieten, die Götter zu überreden, indem sie sie durch Opfer, Gebete und Beschwörungen bezaubern würden, und die dadurch Privatleute und ganze Häuser und Städte um des Geldes willen bis auf den Grund zu verderben versuchen: Wer von diesen schuldig befunden wird, dem soll das Gericht die gesetzliche Strafe zumessen, dass er im Gefängnis im Landesinnern in [c] Haft gehalten wird, dass kein Freier ihn jemals besucht und dass er die von den Gesetzeswächtern festgesetzte Nahrung aus der Hand von Sklaven bekommt. Nach seinem Tod soll man ihn unbestattet über die Landesgrenze werfen; wenn aber ein Freier ihn bestatten hilft, so soll er wegen Religionsfrevels von jedem, der das will, belangt werden können. Wenn er aber der Stadt brauchbare Kinder hinterlässt, so sollen sich die für die Waisenkinder verantwortlichen Beamten auch um diese kümmern, als ob es Waisen wären, und für sie nicht schlechter als für die [d] übrigen sorgen, und zwar von dem Tag an, an dem ihr Vater im Prozess schuldig gesprochen worden ist.

Es muss aber für alle diese Leute noch ein gemeinsames Gesetz aufgestellt sein, das die meisten von ihnen dazu bringen könnte, sich in Tat und Wort weniger gegen die Götter zu vergehen und so auch weniger unvernünftig zu werden, weil es ihnen nämlich nicht erlaubt ist, entgegen dem Gesetz Götter zu verehren.

Es soll nämlich für alle einfach folgendes Gesetz gelten: Heiligtümer darf niemand in seinen privaten Häusern besitzen. Kommt es jemand in den Sinn zu opfern, so soll er sich zu den öffentlichen Heiligtümern begeben, um zu opfern, und soll seine Opferspenden den Priestern und [e] Priesterinnen aushändigen, die für deren Reinheit verantwortlich sind; mit ihnen zusammen soll er beten und jeder andere, den er sich als Teilnehmer an diesem Gebet wünscht.

Dies soll so geschehen aus folgenden Gründen: Heiligtümer und Götterkulte einzurichten ist keine leichte Sache, sondern es bedarf großer Überlegung, um so etwas richtig durchzuführen; sodann ist es die Angewohnheit vornehmlich aller Frauen und aller Leute, die auf irgend eine Weise krank sind oder sich in einer Gefahr oder in einer Notlage befinden, von welcher Art diese auch sei, oder auch wenn ihnen sich umgekehrt irgendeine günstige Aussicht bietet, dass sie dann das weihen, was [910a] gerade bei der Hand ist, und Opfer geloben und Göttern und Dämonen und den Kindern von Göttern die Errichtung eines Heiligtums versprechen; oder wenn sie bei Erscheinungen im Wachen in Furcht geraten oder durch Träume, und ebenso wenn sie sich an mancherlei frühere Gesichte erinnern, so wollen sie für jedes davon ein Heilmittel schaffen und füllen ganze Häuser und ganze Dörfer mit Altären und

Heiligtümern, die sie unter freiem Himmel errichten oder dort, wo einer eine solche Erscheinung hatte.

Aus all diesen Gründen also muss man nach dem eben vorgetragenen Gesetz verfahren, außerdem aber auch wegen der Frevler gegen die [b] Götter, damit sie nicht dadurch, dass sie auch hier mit ihrem Tun verborgen bleiben, indem sie Heiligtümer und Altäre in ihren Privathäusern errichten, weil sie meinen, sie könnten die Götter heimlich gnädig stimmen durch Opfer und Gebete, ihre Ungerechtigkeit ins Grenzenlose steigern und dadurch sowohl sich selbst einen Anlass zu einem Vorwurf seitens der Götter schaffen wie auch denen, die es ihnen gestatten, mögen dies auch bessere Menschen als sie selbst sein, und damit nicht auf diese Weise die ganze Stadt für jene Frevler mitbüßt, und dies irgendwie mit Recht. Den Gesetzgeber aber wird die Gottheit nicht tadeln können; denn Folgendes sei als Gesetz festgelegt:

Niemand darf in seinem Privathaus ein Götterheiligtum besitzen; wenn [c] sich aber herausstellt, dass jemand andere Heiligtümer besitzt als die der Stadt und daran Götter verehrt, der Besitzer aber, ob Mann oder Frau, keine Ungerechtigkeit begangen hat, die zu den großen Freveltaten zu rechnen wäre, so soll derjenige, der es bemerkt, ihn auch den Gesetzeswächtern melden; diese sollen ihm dann befehlen, seine privaten Heiligtümer an die öffentlichen Heiligtümer abzuliefern; und wenn sie ihn nicht überreden können, sollen sie ihn so lange mit Bußen belegen, bis er sie abliefert. Wenn sich aber herausstellt, dass einer, der eine Freveltat gegen die Götter begangen hat, wie sie nicht Kinder, sondern ruchlose Männer begehen, entweder im eigenen Haus ein Heiligtum errichtet oder in öffentlichen

Heiligtümern den Göttern, gleichgültig welchen, ein [d] Opfer dargebracht hat, so soll er, weil er in unreinem Zustand geopfert hat, mit dem Tod bestraft werden. Ob es sich aber um ein kindliches Vergehen handelt oder nicht, das sollen die Gesetzeswächter entscheiden und demgemäß die Sache vor Gericht bringen und an diesen Leuten die Strafe für ihren Religionsfrevel vollstrecken.

[913a] ATH. Danach werden wir für die gegenseitigen rechtlichen Beziehungen eine angemessene Regelung benötigen. Eine einfache Vorschrift ist doch wohl folgende: Niemand soll sich nach Möglichkeit an meinem Eigentum vergreifen und soll auch nicht das Geringste davon wegschaffen, wenn er nicht zuvor irgendwie meine Zustimmung dazu erhalten hat. Nach eben diesem Grundsatz muss auch ich mit dem Eigentum anderer verfahren, wenn ich einen gesunden Verstand besitze.

Einen Schatz wollen wir als erstes Objekt dieser Art anführen, den jemand für sich und für seine Nachkommen als wertvolles Gut verwahrt hat, der nicht zu meinen Vorvätern zählt. Niemals darf ich da zu den [b] Göttern beten, dass ich ihn finde, und wenn ich ihn gefunden habe, darf ich ihn nicht von der Stelle bewegen und mich auch nicht mit den sogenannten Wahrsagern darüber besprechen, die mir auf die eine oder andere Weise den Rat geben werden, das der Erde Anvertraute an mich zu nehmen. Denn niemals hätte ich für meinen Besitz an Geld einen so großen Zugewinn, wenn ich es an mich nähme, wie ich den Bestand an Tugend der Seele und an Gerechtigkeit vergrößern würde, wenn ich es nicht an mich nähme; denn ich würde mir so statt des einen Besitzstückes ein anderes, besseres Besitzstück in einem besseren Teile meiner selbst erwerben, indem ich den Besitz von Gerechtigkeit in der Seele dem Reichtum unter meinen äußeren Gütern vorzog. Denn der in vielen Fällen treffend angeführte Grundsatz, dass man das Unverrückbare nicht verrücken soll, [c] könnte auch hier angeführt werden, da dies einer jener Fälle ist. Auch soll man den Sagen glauben, die hierüber erzählt werden, dass so etwas für die Nachkommenschaft keinen Segen bringt.

Wer sich aber um die Nachkommen keine Sorge macht und, ohne sich um den Urheber dieses Gesetzes zu kümmern, etwas, das weder er selbst noch einer seiner Vorväter niedergelegt hat, an sich nimmt, ohne die Zustimmung dessen, der es hingelegt hat, womit er das schönste Gesetz untergräbt, die denkbar einfache und von einem keineswegs unedlen Mann stammende Gesetzesvorschrift, der gesagt hat: »Was du nicht hingelegt [d] hast, das nimm auch nicht weg!« – wer also diese beiden Gesetzgeber missachtet und etwas wegnimmt, das er nicht selbst hingelegt hat, und zwar nichts Kleines, sondern manchmal einen sehr großen Schatz, was soll der erleiden? Was von seiten der Götter, weiß der Gott; der Erste aber, der es sieht, soll es anzeigen, und zwar wenn so etwas in der Stadt geschieht, den Stadtaufsehern; wenn irgendwo auf dem Markt der Stadt, [914a] den Marktaufsehern; wenn aber auf dem übrigen Land, soll er es den Landaufsehern und deren Kommandeuren anzeigen.

Nach Eingang der Anzeige soll die Stadt nach Delphi schicken; und was immer der Gott bezüglich des Geldes und dessen, der es weggeschafft hat, verkündet, das soll die Stadt im Gehorsam gegen die Orakelsprüche des Gottes tun. Und wenn der Anzeigende ein Freier ist, soll er sich damit den Ruf der Tugend erworben haben; zeigt er es aber nicht an, dann den der Schlechtigkeit. Ist es aber ein Sklave, so wird er, wenn er es anzeigt, mit Recht von der Stadt freigelassen, die seinem Herrn den Kaufpreis zu erstatten hat; zeigt er es aber nicht an, soll er mit dem Tod bestraft werden.

[b] An dieses Gesetz könnte sich nun passend folgende für Kleines und Großes gleichermaßen gültige Gesetzesbestimmung anschließen: Wenn jemand etwas von seinem Eigentum absichtlich oder unabsichtlich irgendwo liegen lässt, so soll der, der darauf stößt, es liegen lassen in der Überzeugung, dass die Göttin der Wege über solche Gegenstände wacht, die vom Gesetz der Göttin geweiht worden sind. Wenn aber jemand entgegen dieser Bestimmung nicht gehorcht und es aufhebt und nach Hause trägt, so soll er, falls die Sache von geringem Wert und er ein Sklave ist, von jedem, der gerade hinzukommt und nicht unter 30 Jahre alt ist, [c] viele Hiebe erhalten; ist er aber ein Freier, so soll er als ein unfrei gesinnter und sich der Gemeinschaft der Gesetze verweigernder Mann gelten und außerdem noch den zehnfachen Wert des Weggenommenen an den entrichten, der es liegen gelassen hat.

Wenn aber jemand einen andern beschuldigt, ein größeres oder auch kleineres Stück von seinem Eigentum in Besitz zu haben, und der andere zwar den Besitz zugibt, nicht aber, dass es jenem gehöre, so soll er, falls das Besitzstück gemäß dem Gesetz bei den Behörden eingetragen ist, den Inhaber vor die Behörde laden, und dieser soll den Gegenstand dort vorlegen. Wenn er vorgezeigt worden ist und aus dem Eintrag in den Verzeichnissen hervorgeht, welchem der beiden Streitenden er gehört, so soll dieser ihn an sich nehmen und damit abziehen; ergibt sich aber, dass er einem nicht anwesenden Dritten gehört, so [d] soll derjenige der beiden, der einen zuverlässigen Bürgen stellt, den Gegenstand namens des Abwesenden aufgrund von dessen Mitnahmerecht an sich nehmen, um ihn diesem auszuhändigen. Falls aber das strittige Besitzstück nicht bei den Behörden eingetragen ist, so soll es bis zur gerichtlichen Entscheidung bei den drei ältesten Mitgliedern der Behörde hinterlegt werden; ist die in Verwahrung gegebene Sache ein Haustier, so soll der Verlierer im [e] diesbezüglichen Prozess den Beamten die Futterkosten erstatten; das Urteil sollen die Beamten binnen drei Tagen fällen.

Seinen eigenen Sklaven soll jeder, der das will, sofern er bei Verstand ist, abführen dürfen, um mit ihm zu machen, was er will, soweit es das göttliche Recht erlaubt. Er soll auch im Namen eines anderen, eines Verwandten oder Freundes, dessen entwichenen Sklaven abführen dürfen, um ihn in Gewahrsam zu halten. Wenn aber jemand einen, der als Sklave abgeführt wird, in Freiheit setzen will, so soll derjenige, der ihn abführt, ihn loslassen; derjenige aber, der ihn freisetzen will, muss drei zuverlässige Bürgen stellen, und nur dann kann er ihn gemäß diesen Bestimmungen in Freiheit setzen, sonst jedoch nicht. Wenn aber jemand entgegen diesen Bestimmungen einen Sklaven befreit, soll er wegen gewaltsamen Raubes belangt werden können; wird er schuldig gesprochen, muss er das [915a] Doppelte des in der Klageschrift angegebenen Schadens an den Beraubten zahlen.

Auch einen Freigelassenen soll man abführen dürfen, falls sich einer gegen die, die ihn frei gelassen haben, nicht oder nicht genügend dienstbar erweist. Diese Dienstbarkeit besteht darin, dass der Freigelassene dreimal im Monat am Herde dessen erscheint, der ihn freigelassen hat, und sich bereit erklärt, alles Erforderliche zu tun, soweit es rechtens und zugleich durchführbar ist, und dass er auch bezüglich des Heiratens tut, was seinem früheren Herrn gut scheint. Reicher zu sein als der, der ihn freigelassen hat, soll ihm nicht erlaubt sein; das Mehr soll seinem Herrn anheimfallen.

[b] Nicht länger als 20 Jahre soll der Freigelassene im Lande bleiben, sondern wie die anderen Fremden soll er mit seiner gesamten Habe fortziehen, falls er die Beamten und den, der ihn freigelassen hat, nicht umstimmen konnte. Falls aber das Vermögen des Freigelassenen oder auch sonst eines Fremden den Satz der dritten Vermögensklasse übersteigt, so soll er binnen 30 Tagen von dem Tag an, wo dies eintritt, [c] seine Habe nehmen und wegziehen, und er soll kein Recht mehr haben, von den Behörden ein weiteres Verbleiben zu erbitten. Wenn er sich aber dem nicht fügt und deshalb gerichtlich belangt und schuldig gesprochen wird, so soll er mit dem Tod bestraft und sein Vermögen soll konfisziert werden. Die Gerichtsverhandlungen hierüber sollen vor den Phylengerichten stattfinden, sofern die Parteien nicht schon vorher vor den Nachbarn oder den selbstgewählten Richtern ihre gegenseitigen Klagen beilegen konnten.

Wenn jemand ein Tier von welcher Art auch immer als sein Eigentum beansprucht oder sonst irgendetwas von seinen Sachen, so soll der [d] Besitzer dies zum Verkäufer zurückbringen oder zu dem, der es ihm gegeben hat, sofern dieser zahlungsfähig und verklagbar ist, oder der es ihm auf sonst eine Weise rechtsgültig übergeben hat, und zwar wenn dieser ein Bürger oder einer der in der Stadt lebenden Metöken ist, innerhalb von 30 Tagen; hat es ihm ein Fremder übergeben, dann innerhalb der fünf Monate, deren mittlerer der Monat ist, in dem sich die Sommersonne der Winterseite zuwendet.

Alles, was einer durch Kauf oder Verkauf mit einem andern tauscht, soll er so tauschen, dass er an dem jeweils hierfür bestimmten Platz auf dem Markt seine Ware aushändigt und sofort den Preis dafür [e] entgegennimmt, sonst aber nirgends; auch darf kein Verkauf oder Kauf irgendeines Gegenstands unter Aufschub der Zahlung getätigt werden. Wenn aber jemand auf andere Weise und an anderen Plätzen irgendetwas gegen irgendetwas mit einem andern tauscht und dabei demjenigen Vertrauen schenkt, mit dem er den Tausch vornimmt, so soll er das tun im Wissen, dass es nach dem Gesetz keinen Rechtsweg gibt bei Verkäufen, die nicht gemäß den eben genannten Bestimmungen getätigt werden.

Was die Unterstützungsgelder betrifft, so soll jeder, der das will, als Freund bei Freunden solche Gelder sammeln; wenn aber irgendein Streit wegen dieser Sammlung entsteht, so soll man dabei in dem Bewusstsein verfahren, dass es in diesen Fällen für niemanden einen Rechtsweg geben wird.

Wer beim Verkauf irgendeiner Ware für diese einen Preis von mindestens 50 Drachmen erhalten hat, ist verpflichtet, zehn Tage in der Stadt zu [916a] bleiben, der Käufer aber soll das Haus des Verkäufers kennen wegen der Beschwerden, die bei solchen Geschäften vorzukommen pflegen, und wegen der gesetzlich zulässigen Rückgabe. Für die gesetzlich zulässige Rückgabe oder deren Unzulässigkeit soll Folgendes gelten:

Wenn jemand einen Sklaven verkauft, der an Schwindsucht oder an Steinbeschwerden oder Harnzwang oder an der sogenannten heiligen Krankheit leidet oder auch an sonst einer für die meisten nicht erkennbaren langwierigen und schwer heilbaren Krankheit des Körpers oder des Geistes, so soll, falls er ihn an einen Arzt oder einen Gymnastiklehrer verkauft, diesem kein Rückgaberecht gegenüber einem solchen [b] Verkäufer zustehen, und auch nicht, wenn jemand vor dem Verkauf einem anderen die Wahrheit gesagt hat. Falls aber ein Fachmann einem Nichtfachmann einen solchen Sklaven verkauft, so soll der Käufer ihn innerhalb von sechs Monaten zurückgeben dürfen außer bei der heiligen Krankheit; bei dieser Krankheit soll die Rückgabe innerhalb eines Jahres gestattet sein. Entschieden werden soll die Sache vor drei Ärzten, die die Parteien durch gemeinsamen Vorschlag wählen; wer in diesem Verfahren schuldig gesprochen wird, soll das Doppelte des Verkaufspreises bezahlen. Wenn aber ein Nichtfachmann ihn einem Nichtfachmann verkauft, [c] so soll zwar eine Rückgabe wie in den eben erwähnten Fällen erfolgen und auch eine ärztliche Entscheidung, doch soll der schuldig Gesprochene nur den einfachen Preis zahlen. Wenn aber jemand einem anderen mit beiderseitigem Wissen einen Mörder verkauft, so soll bei einem solchen Verkauf keine Rückgabe möglich sein; wenn aber der Käufer davon nichts wusste, so soll ihm eine Rückgabe gestattet sein, sobald er den Sachverhalt bemerkt. Der Fall soll aber vor den fünf jüngsten Gesetzeswächtern verhandelt werden, und wenn der Urteilsspruch lautet, dass der Verkäufer davon wusste, so soll er die Häuser des Käufers nach der [d] Anordnung der Ausleger reinigen und an den Käufer das Dreifache des Preises bezahlen.

Wer gegen Geld entweder Geld oder sonst eine lebende oder auch unbelebte Ware tauscht, der soll dem Gesetz gehorsam immer nur Unverfälschtes geben oder entgegennehmen. Eine Vorrede aber wie bei den anderen Gesetzen wollen wir uns auch für das ganze Gebiet dieser Schlechtigkeit gefallen lassen.

Verfälschung und Lüge und Betrug muss sich jedermann als eine einheitliche Gattung vorstellen, welcher die große Menge Ansehen zu verleihen pflegt durch die falsche Behauptung, dass so etwas, wenn es nur [e] jeweils im richtigen Moment geschehe, oftmals rechtens sei; indem sie aber den Zeitpunkt und das Wo und Wann ungeregelt und unbestimmt lassen, erleiden sie durch dieses Gerede großen Schaden und schädigen auch andere. Ein Gesetzgeber aber darf dies nicht unbestimmt lassen, sondern muss jeweils weitere oder engere Grenzen deutlich angeben, und so soll auch jetzt eine solche Grenze gesetzt werden.

Lüge oder Betrug oder eine Verfälschung sollte niemand unter Anrufung des Göttergeschlechts in Wort oder Tat begehen, wenn er nicht den [917a] Göttern im höchsten Grade verhasst sein will. Das ist aber derjenige, der falsche Eide schwört und sich dabei überhaupt nicht um die Götter kümmert. An zweiter Stelle verhasst ist der, der vor Menschen lügt, die höher stehen als er. Höher stehen aber die Besseren gegenüber den Schlechteren, die Alten im Allgemeinen gegenüber den Jungen, daher auch die Eltern gegenüber den Kindern, die Männer gegenüber Frauen und Kindern und die Regierenden gegenüber den Regierten. All diesen gebührt von allen Achtung in jedem Herrscheramt und ganz besonders, wenn sie Herrscherämter in der Stadt bekleiden, wovon ja unser gegenwärtiges Gespräch ausgegangen ist. Denn jeder, der irgendeine Ware auf dem [b] Markt verfälscht, der lügt und betrügt und beschwört dies noch unter Anrufung der Götter im Angesicht der Gesetze und der Vorsichtsmaßnahmen der Marktaufseher, ohne Achtung vor den Menschen und Ehrfurcht vor den Göttern zu empfinden. Nun ist es aber auf jeden Fall ein schönes Bestreben, den Namen der Götter nicht leichtfertig zu beflecken, indem man sich so verhält, wie es die meisten von uns gegenüber den Göttern mit der Reinheit und Lauterkeit halten. Wenn jemand dem nicht gehorcht, so gilt Folgendes als Gesetz:

Wer irgendetwas auf dem Markt zum Kauf anbietet, darf niemals zwei Preise angeben für das, was er verkaufen will. Wenn er aber nur einen [c] Preis angibt und diesen nicht erhält, so würde er, wenn er die Ware wieder mitnimmt, sich richtig verhalten; und an diesem Tag soll er weder einen höheren noch einen geringeren Preis angeben. Anpreisen und eidliche Beteuerung soll bei jedem Verkauf unterbleiben. Wenn einer diesen Bestimmungen nicht gehorcht, so soll jeder Bürger, der darüber hinzukommt und nicht jünger als 30 Jahre ist, den Schwörenden züchtigen und ihn ungestraft verprügeln; kümmert er sich nicht darum und gehorcht nicht, soll er einem Tadel wegen Verrats an den Gesetzen verfallen.

Wer etwas Verfälschtes zum Kauf anbietet und nicht den [d] gegenwärtigen Worten zu gehorchen vermag, dem soll jeder Hinzukommende, der etwas davon versteht und fähig ist, es nachzuweisen, dies vor den Beamten nachweisen; und wenn er ein Sklave oder ein Metöke ist, soll er die verfälschte Ware mitnehmen, ein Bürger aber, der den Nachweis unterlässt, der soll, weil er die Götter um etwas betrügt, für einen schlechten Menschen erklärt werden; erbringt er aber den Nachweis, soll er die Ware den über den Markt waltenden Göttern weihen. Wer aber überführt wird, dass er solche Ware zum Kauf anbietet, der soll zusätzlich zur Wegnahme der verfälschten Ware noch entsprechend dem Preis, den er für seine Ware verlangt hat, für jede Drachme einen Hieb mit der Peitsche [e] erhalten, wobei zuvor ein Herold auf dem Markt verkünden soll, weshalb er geschlagen wird.

Über die Verfälschungen und Unredlichkeiten der Verkäufer sollen sich die Marktaufseher und die Gesetzeswächter bei den jeweiligen Sachverständigen erkundigen und dann aufzeichnen, was ein Verkäufer zu tun hat und was nicht; und dies sollen sie auf eine Säule schreiben und vor dem Amtsgebäude der Marktaufseher als Gesetze aufstellen, die denen, die mit dem Markthandel befasst sind, klare Anweisungen geben.

[918a] Die Obliegenheiten der Stadtaufseher sind im Vorigen zur Genüge besprochen worden; wenn aber noch weitere Bestimmungen erforderlich erscheinen, so sollen sie sich mit den Gesetzeswächtern in Verbindung setzen und das, was noch zu fehlen scheint, niederschreiben und dann am Amtsgebäude der Stadtaufseher auf einer Säule sowohl die ursprünglichen als auch die nachträglichen Anordnungen aufstellen, die ihnen für ihre Amtsführung gegeben wurden.

Den verfälschenden Praktiken folgen auf dem Fuß die Gepflogenheiten des Kleinhandels. Für dieses ganze Gebiet wollen wir zunächst eine Empfehlung samt Begründung vorausschicken und danach ein Gesetz aufstellen.

[b] Der Kleinhandel in einer Stadt ist nämlich durchweg nicht entstanden, um zu schaden, jedenfalls seiner wahren Natur nach, sondern ganz im Gegenteil. Denn wie sollte nicht jeder ein Wohltäter sein, der den unangemessenen und ungleichen Besitz von irgendwelchen Gütern zu ei-

nem gleichen und angemessenen macht? Dies bewirkt für uns, so müssen wir behaupten, auch die Macht des Geldes, und dies ist die Aufgabe des Kaufmanns, wie wir sagen müssen. Auch ein Lohnarbeiter und ein [c] Gastwirt und andere Berufe, die teils mehr, teils weniger ehrbar sind, sind sämtlich dazu fähig, allen eine Hilfe für ihre Bedürfnisse und Gleichheit des Besitzes zu ermöglichen. Weshalb nun aber ein solches Gewerbe nicht als schön und nicht als ehrbar gilt und was es in Verruf gebracht hat, das wollen wir betrachten, damit wir dem, wenn nicht im Ganzen, so doch teilweise durch ein Gesetz abhelfen können. Die Sache ist, wie es scheint, nicht unwichtig und erfordert keine geringe Tugend.

KL. Wie meinst du das?

ATH. Mein lieber Kleinias, nur eine kleine Sorte von Menschen, die ihrer Natur nach selten ist und eine hervorragende Erziehung erhalten hat, ist imstande, wenn sie in die Lage geraten, dass sie etwas brauchen oder [d] sich etwas wünschen, die Kraft zur Mäßigung aufzubringen, und bleibt, wenn sich die Möglichkeit bietet, viel Geld zu gewinnen, nüchtern und zieht dem Vielen lieber das Maßvolle vor. Die große Masse der Menschen verhält sich genau umgekehrt wie diese: In ihren Bedürfnissen sind sie maßlos, und wenn ein mäßiger Gewinn möglich wäre, ziehen sie einen unersättlichen Gewinn vor; und dadurch sind alle mit dem Kleinhandel und dem Großhandel und der Bewirtung zusammenhängenden Berufe in Verruf geraten und mit Schimpf und Schande überhäuft.

Wenn man allerdings (was niemals geschehen möge noch geschehen wird) durch Zwang es dahin bringen könnte – es klingt zwar lächerlich, [e] soll aber doch gesagt werden –, dass die in jeder Hinsicht besten Männer für eine bestimmte Zeit eine Gastwirtschaft oder Kleinhandel oder sonst etwas dieser Art betreiben oder gar die besten Frauen infolge einer schicksalhaften Notlage eine solche Lebensweise ergreifen, so würden wir erkennen, wie freundlich und liebenswert jeder dieser Berufe ist, und wenn sie nach einem unbestechlichen Grundsatz ausgeübt würden, so würden alle derartigen Berufe wie eine Mutter und Amme geehrt [919a] werden. Jetzt aber ist es so: Wenn jemand um des Geschäfts willen an einsamen Plätzen, die aus allen Richtungen nur über lange Wegstrecken erreichbar sind, Häuser errichtet und Leute, die nicht mehr weiter können, mit einem willkommenen Obdach aufnimmt oder Leute, die von der Gewalt wütender Stürme hergetrieben werden, und diesen friedliche Windstille oder bei Hitze Kühlung anbietet, danach aber ihnen nicht, als hätte er Freunde aufgenommen, freundliche Gastgeschenke im Anschluss an die Aufnahme gibt, sondern sie wie Feinde, die als Gefangene in seine Hand geraten sind, nur gegen ein gewaltiges, ungerechtes und sündhaftes [b] Lösegeld freilässt, so sind es diese und vergleichbare Formen beschämenden Fehlverhaltens, wie sie in allen derartigen Berufen begegnen, welche der Hilfe in einer Notlage den üblen Ruf eingetragen haben.

Hiergegen muss der Gesetzgeber jeweils ein Heilmittel finden. Nun sagt ein richtiger und alter Spruch, dass gegen zwei und noch dazu gegensätzliche Übel schwer anzukämpfen ist, wie bei Krankheiten und in vielen sonstigen Fällen. Und so ist auch jetzt der Kampf gegen diese Missstände und auf diesem Gebiet ein Kampf gegen zwei, gegen die Armut und den Reichtum, von denen dieser die Seele der Menschen durch Schwelgerei verdorben hat und jene sie durch schmerzliche Not zur [c] Schamlosigkeit getrieben hat. Was für eine Abhilfe gibt es nun gegen diese Krankheit in einer Stadt, die Vernunft besitzt? Erstens muss man die Zunft der Kleinhändler möglichst klein halten; sodann muss man diese Aufgabe solchen Menschen übertragen, bei deren sittlicher Verderbnis dem Staat kein großes Übel entsteht; drittens muss man gerade für die, die diese Berufe ergreifen, ein Mittel finden, damit es nicht so leicht möglich ist, dass ihr Charakter sich ungehindert Schamlosigkeit und eine [d] unfreie Gesinnung aneignet.

Nach diesen Vorbemerkungen soll hierüber – hoffentlich mit gutem Glück! – ein Gesetz folgenden Inhalts von uns aufgestellt werden: Von den Magneten, die der Gott wieder aufleben lässt und erneut hier ansiedelt, soll niemand, der ein Besitzer der 5040 Herdstellen ist, freiwillig oder unfreiwillig ein Kleinhändler oder gar ein Großkaufmann werden noch irgendeine Dienstleistung für Privatleute übernehmen, die nicht auf gleicher Stufe mit ihm stehen, außer für Vater und Mutter und für [e] die noch höheren Vorfahren und für alle, die älter sind als er, soweit sie freie Bürger sind und der Dienst einem freien Mann angemessen ist. Was aber einem freien Mann angemessen ist und was nicht, das lässt sich nicht leicht durch ein Gesetz genau angeben; doch soll es wenigstens von denen, die die höchsten Auszeichnungen erhalten haben, durch ihre diesbezügliche Missbilligung oder Billigung entschieden werden. Wer sich aber dennoch mittels eines Kunstgriffs an dem eines Freien unwürdigen Kleinhandel beteiligt, den soll jeder, der will, wegen Beschimpfung seiner Familie bei denen verklagen, die aufgrund ihrer Tugend als die Ersten anerkannt sind. Und wenn man zu dem Urteil kommt, dass er durch eine unwürdige Beschäftigung seinen väterlichen Herd befleckt, so soll er für ein Jahr in Haft gehalten werden und sich dann von einer solchen Tätigkeit [920a] fernhalten; tut er es wieder, dann für zwei Jahre, und bei jeder neuen Verurteilung soll die frühere Haftzeit stetig verdoppelt werden.

Ein zweites Gesetz lautet: Wer Kleinhandel betreiben will, muss ein Metöke oder ein Fremder sein.

An dritter Stelle noch ein drittes Gesetz: Damit ein solcher ein möglichst guter oder auch nur ein möglichst wenig schlechter Mitbewohner unserer Stadt ist, müssen die Gesetzeswächter bedenken, dass sie nicht nur Wächter derer sind, die leicht davor zu bewahren sind, zu Gesetzesbrechern und zu schlechten Menschen zu werden, d. h. derer, die durch Herkunft und Erziehung gut erzogen sind, sondern dass diejenigen, die [b] nicht über diese Vorzüge verfügen und noch dazu Beschäftigungen ausüben, von denen ein starker Antrieb ausgeht, schlecht zu werden, umso mehr zu überwachen sind. Da nun der Kleinhandel sehr vielseitig ist und viele derartige Berufe umfasst (nämlich alle die, die übrig gelassen werden, weil sie in der Stadt als unbedingt notwendig erscheinen), so sollen zu diesem Zweck die Gesetzeswächter mit den Sachverständigen für [c] jeden Kleinhandelszweig zusammenkommen, wie wir es vorhin anlässlich der Warenverfälschung, einem damit verwandten Gebiet, angeordnet haben, und bei diesen Zusammenkünften sollen sie darauf sehen, welche Einnahme und welche Ausgabe dem Händler einen maßvollen Gewinn bringt; die sich ergebenden Werte für Ausgaben und Einnahmen sollen sie aufschreiben und aufstellen, und darüber wachen sollen teils die Marktaufseher, teils die Stadtaufseher und teils die Landaufseher. Und in dieser Weise etwa könnte dann der Kleinhandel einerseits jedem nützen, andererseits am wenigsten denen schaden, die ihn in den Städten betreiben.

[d] Was die Fälle betrifft, in denen jemand seine Zustimmung zu einer Vereinbarung gibt, aber das Vereinbarte nicht gemäß der Zustimmung ausführt, ausgenommen solche Vereinbarungen, die die Gesetze verbieten oder ein Volksbeschluss oder denen er nur unter irgendeinem ungerechten Zwang zustimmt, und ausgenommen den Fall, dass einer durch einen unerwarteten Zufall gegen seinen Willen an der Erfüllung gehindert wird, so sollen in den übrigen Fällen Klagen wegen nichterfüllter Zusage vor den Phylengerichten verhandelt werden, sofern sich die Parteien nicht schon vorher vor den Schiedsmännern oder den Nachbarn einigen konnten.

Dem Hephaistos und der Athene heilig ist die Zunft derjenigen Handwerker, die durch ihre Künste unser Leben miteingerichtet haben; dem [e] Ares andererseits und der Athene diejenigen, die die Produkte der Handwerker durch andere Künste, nämlich durch ihre Verteidigungskünste, sichern; mit Recht ist daher auch diese Zunft diesen Göttern heilig. Diese alle dienen also ununterbrochen ihrem Land und ihrem Volk: die einen, indem sie bei den kriegerischen Kämpfen das Kommando führen; die andern, indem sie gegen Lohn die Entstehung von Werkzeugen und von Arbeiten vollbringen. Bei derartigen Tätigkeiten zu betrügen würde [921a] ihnen daher schlecht anstehen, sofern sie die Götter als ihre Ahnherren achten.

Wenn also ein Handwerker eine Arbeit aus Nachlässigkeit nicht bis zur vereinbarten Zeit fertigstellt, ohne vor der Gottheit, die ihm seinen Lebensunterhalt schenkt, die geringste Achtung zu empfinden, weil er meint, da die Gottheit ihm nahestehe, werde sie ihm verzeihen (womit er sich als blind in seinem Denken erweist), so wird er als Erstes der Gottheit eine Strafe leisten müssen; als Zweites soll ein passendes Gesetz für ihn aufgestellt sein: Den Preis der Arbeiten, um die er den Auftraggeber betrogen hat, soll er diesem schulden und die Arbeit noch einmal von Anfang an in der vereinbarten Zeit unentgeltlich anfertigen.

Und wer eine Arbeit übernimmt, dem gibt ein Gesetz denselben Rat, [b] den es auch dem Verkäufer gegeben hat, nämlich nicht versuchsweise einen überhöhten Preis, sondern ganz einfach den tatsächlichen Wert zu fordern; dasselbe befiehlt es also auch dem, der eine Arbeit übernimmt; der Handwerker kennt nämlich deren Wert. In einer Stadt freier Bürger soll daher gerade der Handwerker niemals mit seiner Kunst, die doch ihrem Wesen nach eine offene und ehrliche Sache ist, die Nichtfachleute kunstvoll zu täuschen suchen; vielmehr soll in diesen Fällen dem Opfer der Ungerechtigkeit eine gerichtliche Klage gegen den Urheber der Ungerechtigkeit möglich sein.

Wenn aber umgekehrt ein Auftraggeber einem Handwerker seinen [c] Lohn nicht richtig gemäß der gesetzlich getroffenen Vereinbarung bezahlt, sondern unter Missachtung des Stadtbeschirmers Zeus und der Athene, beide Mitbürger unseres Staates, aus Liebe zu einem kleinen Gewinn große Gemeinschaften auflöst, so soll ein Gesetz dem einigenden Band unserer Stadt mithilfe der Götter beistehen. Wer nämlich eine Arbeit entgegennimmt und den Lohn hierfür nicht innerhalb der vereinbarten Frist zahlt, von dem soll der doppelte Lohn gefordert werden. Ist hierüber ein Jahr verstrichen, so soll er – obwohl sonst alle Gelder, die einer [d] als Darlehen gibt, zinslos sind – für jede Drachme monatlich einen Obolos als Zins zahlen; die Klagen hierüber sollen vor den Phylengerichten verhandelt werden.

Gleichsam nebenbei müssen wir gerechterweise auch über die im Kriege tätigen Handwerker sprechen, die unsere Rettung herstellen, also über Heerführer und alle, die auf diesem Gebiet Fachleute sind; denn wir sind nun einmal ganz allgemein auf die Handwerker zu sprechen gekommen. Wer so, wie bei jenen Handwerkern, auch diesen Leuten, die ja gleichsam eine andere Art von Handwerkern sind, wenn einer von ihnen eine öffentliche Arbeit freiwillig oder auf Befehl übernommen und schön [e] ausgeführt hat, gerechterweise die Ehren entrichtet, in denen ja der Lohn für kriegerische Männer besteht, den zu loben wird das Gesetz nicht müde werden. Wenn er aber eine Arbeit, die in schönen Kriegstaten besteht, entgegennimmt und dann den Lohn nicht entrichtet, so wird es ihn tadeln. Folgendes Gesetz soll also, verbunden mit Lob, für dieses Gebiet von uns aufgestellt sein, das der Masse der Bürger rät, sie aber nicht dazu [922a] zwingt, dass sie alle tüchtigen Männer ehren sollen, die durch tapfere Taten oder durch kriegerische Listen zu Rettern der gesamten Stadt geworden sind, und zwar an zweiter Stelle. Denn an erster Stelle soll die größte Ehrenauszeichnung denen zuerkannt werden, die sich besonders fähig erwiesen haben, die Schriften der tüchtigen Gesetzgeber in Ehren zu halten.

Die wichtigsten Rechtsgeschäfte, die die Menschen untereinander abschließen, wären nun so ziemlich von uns geregelt mit Ausnahme derer, die die Waisen und die Fürsorge der Vormünder für die Waisen betreffen. [b] Diese müssen wir nach den eben besprochenen notgedrungen so gut es geht regeln. Ausgangspunkt für all diese Regelungen sind sowohl die Wünsche der Sterbenden nach einer letztwilligen Verfügung als auch die Fälle, in denen Leuten etwas zustößt, die überhaupt keine Verfügung getroffen haben. »Notgedrungen« sagte ich, Kleinias, im Blick auf die damit verbundenen Unannehmlichkeiten und Schwierigkeiten. Denn es ist ja auch nicht möglich, dieses ganze Gebiet ohne Regelung zu lassen. Denn die Leute würden jeweils viele Verfügungen treffen, die nicht nur voneinander abweichen, sondern auch im Widerspruch stünden zu den Gesetzen und zur Denkweise der Lebenden und ihrer eigenen früheren [c] Denkweise vor ihrem Entschluss zu einem Testament, wenn man die Erlaubnis geben würde, dass jedes Testament so einfach gültig sein solle, das einer verfasst, ganz gleich, in welchem Zustand er sich an seinem Lebensende befindet. Denn größtenteils befinden wir uns doch in einem unvernünftigen und irgendwie zerrütteten Zustand, wenn wir uns dem Tod nahe glauben.

KL Wie meinst du das, Fremder?

ATH. Ein schwieriges Wesen, lieber Kleinias, ist ein Mensch, der dem Tode nahe ist, und voll von einem Gerede, das für die Gesetzgeber überaus beängstigend und unangenehm ist.

KL. Wieso?

[d] ATH. Weil er über alles selber entscheiden möchte, pflegt er voller Zorn zu reden.

KL. Was denn?

ATH. »Es ist doch schrecklich, ihr Götter«, sagt er, »wenn

es mir nicht erlaubt sein soll, das, was mir gehört, nach meinem Belieben einem zu geben oder nicht und dem einen mehr, dem andern weniger, je nachdem, ob sie sich mir gegenüber als schlecht oder als gut erzeigt haben, wofür sie mir bei Krankheiten eine hinreichende Probe gegeben haben, manche auch in meinem Alter und bei vielfältigen sonstigen Wechselfällen des Geschicks.«

KL. Meinst du nicht, Fremder, dass sie damit recht haben?

[e] ATH. Dass die alten Gesetzgeber zu weich gewesen sind, Kleinias, das meine ich, und dass sie bei ihrer Gesetzgebung nur in geringem Maße auf die menschlichen Verhältnisse geschaut und darüber nachgedacht haben.

KL. Wie meinst du das?

ATH. Aus Furcht vor diesem Gerede, mein Guter, haben sie das Gesetz erlassen, dass es erlaubt sei, über das eigene Eigentum ganz so zu [923a] verfügen, wie es einem beliebt. Ich und du aber wollen denen, die in deiner Stadt dem Tode nahe sind, eine etwas angemessenere Antwort geben.

»Liebe Freunde«, werden wir sagen, »die ihr wahrhaft Eintagswesen seid, euch fällt es in eurer jetzigen Lage schwer, euren Besitz und dazu noch euch selbst zu erkennen, wie dies auch die Inschrift der Pythia befiehlt. Ich als Gesetzgeber stelle jedenfalls fest, dass weder ihr euch selbst gehört noch diese eure Habe, sondern eurem ganzen Geschlecht, dem vergangenen sowohl wie dem zukünftigen, und dass in noch höherem [b] Maße das ganze Geschlecht und seine Habe der Stadt gehört. Und da dies so ist, so werde ich, falls euch jemand mit Schmeicheleien bedrängt, wenn ihr bei Krankheiten oder im Alter hin und her schwankt, und euch dazu überreden will, dem Besten zuwiderlaufende Verfügungen zu treffen, dies niemals aus freien Stücken gestatten; sondern was für die ganze Stadt und eure Familie das Beste ist, das allein werde ich ins Auge fassen, wenn ich Gesetze gebe, die Interessen eines Einzelnen werde ich gerechterweise geringer veranschlagen. Ihr aber mögt heiter und uns wohlgesonnen den Weg gehen, den ihr jetzt gemäß der menschlichen Natur gehen müsst. Wir aber werden uns eurer sonstigen Angelegenheiten [c] annehmen und uns nach Kräften möglichst gut darum kümmern, und zwar nicht etwa nur um das eine und um das andere nicht.«

Das also, Kleinias, sei unser Zuspruch und unsere Vorrede an die Lebenden wie an die Sterbenden. Das Gesetz aber laute so:

Wer ein Testament verfasst, um über sein Hab und Gut zu verfügen, und Vater von Kindern ist, der soll als Erstes hinschreiben, welchen seiner Söhne er für würdig befindet, Erbe des Landloses zu werden; was die übrigen Söhne betrifft, so soll er ebenso niederschreiben, wen von ihnen er einem anderen übergeben will, damit dieser ihn aufnimmt und adoptiert; [d] wenn aber noch einer von den Söhnen übrig ist, der nicht für irgendein Landlos adoptiert worden ist, bei dem aber zu erwarten ist, dass er kraft Gesetzes in eine Kolonie ausgesandt werden wird, so soll diesem der Vater von dem sonstigen Vermögen so viel geben dürfen, wie er will, mit Ausnahme des väterlichen Landloses und dessen gesamter Ausstattung; und wenn noch mehrere solcher Söhne vorhanden sind, soll der Vater das über das Landlos hinausgehende Vermögen in beliebigem Verhältnis unter sie verteilen. Wer von seinen Söhnen aber bereits ein Haus besitzt, dem soll er nichts von dem Vermögen vermachen, und ebenso soll er einer Tochter, die bereits mit einem künftigen Ehemann verlobt ist, nichts [e] vermachen, wohl aber, wenn sie nicht verlobt ist. Wenn sich aber nach Abfassung des Testaments ergibt, dass einem der Söhne oder auch einer der Töchter ein einheimisches Landlos zufällt, so sollen diese *ihren Anteil* dem überlassen, der das Landlos dessen erbt, der das Testament abgefasst hat.

Wenn aber der Verfasser des Testaments keine männlichen, sondern nur weibliche Nachkommen hinterlässt, so soll er einer der Töchter, welcher er will, einen Ehemann und sich selbst damit einen Sohn hinterlassen, indem er ihn schriftlich als Erben des Landloses angibt.

Wenn aber jemandem sein Sohn im Knabenalter stirbt, bevor er unter die Männer aufgenommen werden konnte, sei dies nun ein leiblicher oder ein Adoptivsohn, so soll der Verfasser des Testaments auch für [924a] einen solchen Schicksalsschlag eine Verfügung treffen, indem er hinschreibt, wer ihm mit der Hoffnung auf ein besseres Geschick ein zweiter Sohn werden soll.

Wenn aber jemand, der ganz kinderlos ist, ein Testament verfasst, so soll er den zehnten Teil von dem hinzuerworbenen Vermögen aussondern, und wenn er ihn jemandem schenken will, soll er ihn verschenken. Alles Übrige soll er dem Adoptivsohn hinterlassen und so selbst frei von Tadel bleiben und jenen zu einem dankbaren Sohn mit Zustimmung des Gesetzes machen.

Wenn aber jemand, dessen Kinder noch Vormünder brauchen, vor seinem Tod ein Testament gemacht und darin schriftlich Vormünder für die Kinder angegeben hat, die aus freien Stücken mit der Vormundschaft [b] einverstanden sind – wen und so viele er nur immer will –, so soll gemäß dieser schriftlichen Verfügung die Wahl der Vormünder erfolgen und damit rechtsgültig sein.

Falls aber jemand stirbt, der entweder überhaupt kein Testament gemacht oder die Wahl der Vormünder versäumt hat, so sollen die nächsten Verwandten von väterlicher oder mütterlicher Seite rechtmäßige Vormünder sein, und zwar zwei von der Vater- und zwei von der Mutterseite, dazu noch einer von den Freunden des Verstorbenen; diese sollen von den Gesetzeswächtern für das Waisenkind bestellt werden, das ihrer bedarf.

Überhaupt sollen für das ganze Vormundschaftswesen und für alle [c] Waisen die 15 ältesten Gesetzeswächter verantwortlich sein, indem sie sich jeweils nach dem Alter und in Dreiergruppen teilen, und zwar drei für das eine Jahr und im nächsten Jahr andere drei, bis diese fünf Amtszeiten reihum durchlaufen sind; dabei soll nach Möglichkeit nie eine Unterbrechung eintreten.

Wenn aber jemand ganz ohne Testament stirbt und Kinder hinterlässt, die auf eine Vormundschaft angewiesen sind, so soll die Notlage seiner [d] Kinder auf dieselben Gesetze Anspruch haben.

Wenn aber jemand nur weibliche Kinder hinterlässt, der von einem unvermuteten Schicksal dahingerafft wird, so soll er Verständnis für den Gesetzgeber haben, wenn dieser von den drei für den Vater maßgeblichen Gesichtspunkten nur zwei bei der Verheiratung dieser Töchter berücksichtigt, nämlich die enge Verwandtschaft der Familie und die Erhaltung des Landloses, während er den dritten, den ein Vater gewiss berücksichtigen würde, indem er aus allen Bürgern einen nach Charakter und Lebensführung geeigneten Mann für sich als Sohn und als Bräutigam für [e] seine

Tochter ausersehen würde, in diesem Fall beiseite lässt, weil eine solche Prüfung unmöglich ist. Daher soll mit Blick auf das Mögliche folgendes Gesetz für diese Fälle aufgestellt sein:

Wenn jemand, der kein Testament gemacht hat, nur Töchter hinterlässt, so soll nach seinem Tod ein Bruder vom selben Vater oder ein Bruder von derselben Mutter, der ohne Landlos ist, die Tochter und das Landlos des Verstorbenen erhalten; ist kein Bruder vorhanden, wohl aber ein Sohn eines Bruders, so soll es ebenso gehalten werden, sofern beide altersmäßig zusammenpassen; ist auch von diesen keiner da, wohl aber ein Sohn einer Schwester, dann ebenso; der vierte sei ein Bruder des Vaters, der fünfte dessen Sohn, der sechste der Sohn einer Schwester des Vaters. Und in dieser Weise soll die Familie jeweils nach dem Grad der Verwandtschaft vorrücken, wenn jemand nur weibliche Kinder hinterlässt, [925a] indem sie also über die Brüder und die Geschwistersöhne aufsteigt, und zwar zuerst die Verwandten von männlicher Seite, dann die von weiblicher Seite um einen Verwandtschaftsgrad später. Ob die beiden hinsichtlich des Heiratsalters zusammenpassen oder nicht, soll der Richter aufgrund einer Inaugenscheinnahme entscheiden, indem er die Männer nackt und die Mädchen bis zum Nabel entblößt beschaut.

Fehlt es aber in der Familie an Verwandten bis zu den Enkeln des Bruders und ebenso bis zu den Kindern des Großvaters, so soll von den Übrigen derjenige, den sich das Mädchen mit Zustimmung seiner Vormünder [b] aus den Bürgern mit beiderseitigem Einverständnis erwählt, Erbe des Landloses des Verstorbenen und Bräutigam seiner Tochter werden.

Ferner könnte es sein – man muss ja mit vielen Eventualitäten rechnen –, dass ein noch größerer Mangel an solchen Männern in der Stadt selbst auftritt. Wenn also ein Mädchen, das unter den Einheimischen keinen finden kann, jemanden im Auge hat, der in eine Kolonie entsandt worden ist, und es nach ihrem Sinne wäre, dass dieser Erbe des väterlichen Landloses wird, so soll dieser, falls er mit ihr verwandt ist, gemäß dem Befehl des Gesetzes die Erbschaft antreten; falls er aber nicht zur Familie gehört und es in der Stadt keine Verwandten von ihr gibt, so soll er kraft der von [c] den Vormündern und der Tochter des Verstorbenen getroffenen Wahl berechtigt sein, sie zu heiraten und nach seiner Rückkehr in die Heimat das Landlos dessen in Besitz zu nehmen, der kein Testament hinterlassen hat.

Wenn aber jemand, der überhaupt keine männlichen oder weiblichen Nachkommen hat, ohne Testament stirbt, so soll im Übrigen in einem solchen Fall nach dem vorigen Gesetz verfahren werden; jedoch sollen ein weibliches und ein männliches Mitglied der Familie als Ehepaar in das verwaiste Haus ziehen, denen dann das Landlos rechtskräftig zufallen [d] soll, und zwar zunächst eine Schwester *des Verstorbenen,* an zweiter Stelle eine Tochter seines Bruders, an dritter eine Tochter seiner Schwester, an vierter eine Schwester seines Vaters, an fünfter eine Tochter eines Bruders seines Vaters und an sechster Stelle eine Tochter einer Schwester seines Vaters; diese soll man mit jenen *männlichen Verwandten* zusammenwohnen lassen nach dem Grad der Verwandtschaft und gemäß der Ordnung, wie wir sie früher gesetzlich festgelegt haben.

Wir dürfen nun aber nicht das Drückende solcher Gesetze übersehen, wie unangenehm es manchmal ist, wenn ein

Gesetz einem Mitglied der Familie des Verstorbenen eine Verwandte zu heiraten befiehlt und dabei keine Rücksicht zu nehmen scheint auf die tausenderlei Hindernisse, die [e] dazu führen, dass derartigen Anordnungen niemand gehorchen will, sondern mancher lieber alles Mögliche erleiden will, falls etwa körperliche oder geistige Krankheiten und Verstümmelungen einer der Personen anhaften, denen als Mann oder als Frau die Heirat befohlen ist. Hierauf, so könnten manche vielleicht meinen, nehme der Gesetzgeber keinerlei Rücksicht; womit sie nicht recht hätten. Daher sei zur Verteidigung des Gesetzgebers wie des Gesetzesempfängers gleichsam eine Art gemeinsame Vorrede vorausgeschickt, die einerseits die vom Gesetzesbefehl Betroffenen bittet, Verständnis für den Gesetzgeber zu haben, wenn er bei der Sorge um das Gemeinwohl nicht zugleich auch die sich für den Einzelnen daraus ergebenden persönlichen Unannehmlichkeiten [926a] berücksichtigen kann, und die andererseits um Verständnis auch für die Gesetzesempfänger bittet, wenn diese verständlicherweise die Anordnungen des Gesetzgebers bisweilen nicht erfüllen können, die er ohne Kenntnis der Situation erlässt.

KL. Was müsste also jemand tun, Fremder, wenn er auf solche Schwierigkeiten angemessen reagieren will?

ATH. Schiedsrichter, Kleinias, muss man für derartige Gesetze und Gesetzesempfänger wählen.

KL. Wie meinst du das?

ATH. Es kann doch sein, dass ein Neffe, dessen Vater reich ist, die [b] Tochter seines Oheims nicht freiwillig nehmen will, weil er verwöhnt ist und seinen Sinn auf eine vornehmere Heirat richtet. Es kann sogar sein, wenn der Gesetzgeber einem das größte Unglück auferlegen will, dass der Betroffene gezwungen ist, dem Gesetz ungehorsam zu sein, so wenn er ihn zwingen will, eine Eheverbindung mit dem Wahnsinn einzugehen oder mit sonst einem Unheil des Leibes oder der Seele, dessen Besitz das Leben unerträglich macht. So soll denn die soeben hierüber vorgetragene Überlegung folgendermaßen als Gesetz aufgestellt sein:

Wenn wirklich Leute gegen die für das Testament erlassenen Gesetze, [c] sei es wegen sonst einer Bestimmung oder besonders wegen der Heiraten, den Vorwurf erheben, dass der Gesetzgeber, wenn er selbst anwesend und noch am Leben wäre, sie gewiss niemals zu einer solchen Handlung zwingen würde, nämlich jemanden zur Frau oder zum Mann zu nehmen, während sie jetzt zu beidem gezwungen würden, und einer der Verwandten oder ein Vormund darauf besteht, so ist darauf zu verweisen, dass der Gesetzgeber die 15 Gesetzeswächter als Schiedsrichter und Väter für die verwaisten Knaben und Mädchen hinterlassen hat. An sie sollen [d] sich diejenigen wenden, die über irgendeine Bestimmung dieser Art streiten, um den Fall entscheiden zu lassen, und deren Entscheidungen haben sie als rechtskräftig zu erfüllen. Meint aber jemand, dass damit eine zu große Macht den Gesetzeswächtern verliehen werde, so soll er diese vor das Gericht der Auserlesenen Richter bringen und hier über die strittigen Punkte entscheiden lassen. Den Unterlegenen soll von seiten des Gesetzgebers Tadel und Schande treffen, für einen Mann mit Vernunft eine viel schwerere Strafe als eine hohe Geldbuße.

Jetzt werden also die Waisenkinder sozusagen eine zweite Geburt [e] erleben. Die nach der ersten Geburt für jeden vorgesehene Pflege und Erziehung ist bereits besprochen worden. Nach der zweiten Geburt, die ohne Väter erfolgt, gilt es einen Weg zu finden, wie das Schicksal der Verwaisung für die Verwaisten möglichst wenig Mitleid mit ihrem Unglück zur Folge haben wird. Als Erstes nun, behaupten wir, müssen wir ihnen in unserer Gesetzgebung die Gesetzeswächter anstelle ihrer Erzeuger als nicht schlechtere Väter zuweisen, und so beauftragen wir jährlich drei von ihnen damit, sich um sie wie um eigene Kinder zu kümmern, sobald wir für sie selbst und die Vormünder eine angemessene Vorrede über die Aufzucht der Waisen vorgetragen haben.

Da kommt es uns sehr gelegen, scheint mir, dass wir die früheren [927a] Ansichten durchgegangen sind, wonach die Seelen der Verstorbenen auch nach dem Tode noch eine gewisse Kraft besitzen, durch die sie an dem, was unter den Menschen geschieht, Anteil nehmen. Die Erzählungen, die diese Ansicht enthalten, sind zwar wahr, aber zu lang; doch muss man in derartigen Dingen den sonstigen Überlieferungen glauben, die so zahlreich und uralt sind, anderseits aber auch den Gesetzgebern glauben, dass sich dies so verhält, sofern diese nicht völlig ohne Verstand zu sein scheinen. Wenn sich dies aber naturgemäß so verhält, so sollen sie an erster [b] Stelle die Götter droben fürchten, die ein Wahrnehmungsvermögen für die Verlassenheit der Waisen haben, sodann die Seelen der Dahingegangenen, in deren Natur es liegt, dass sie sich besonders um ihre Nachkommen sorgen und denen, die diesen mit Achtung begegnen, wohlgesonnen und denen, die diese Achtung vermissen lassen, übel gesonnen sind; ferner aber auch die Seelen derer, die noch leben, aber in hohem Alter und in den größten Ehren stehen; denn wo eine Stadt durch Gesetzestreue gut gedeiht, da lieben die Kindeskinder diese Alten herzlich und führen dadurch ein Leben voller Freude; und hierfür haben die Alten ein feines Ohr und einen scharfen Blick, und denen, die sich in dieser Hinsicht gerecht [c] verhalten, sind sie wohlgesonnen und zürnen andererseits denen in höchstem Maße, die gegen Waisen und Verlassene freveln, weil sie dies für das größte und heiligste Gut halten, das einem anvertraut werden kann: Auf diese alle muss der Vormund und Beamte seinen Verstand richten, sofern er nur ein wenig davon besitzt, und muss sich bei der Aufzucht und Erziehung der Waisenkinder in Acht nehmen und muss ihnen daher, als würde er sich selbst und seinen Kindern eine Liebesgabe zukommen lassen, nach Kräften auf jede Weise jede erdenkliche Wohltat erweisen.

Wer nun dieser dem Gesetz vorausgehenden Mahnung gehorcht und sich keinen Frevel gegen ein Waisenkind erlaubt, der wird den [d] diesbezüglichen Zorn des Gesetzgebers nicht am eigenen Leibe kennenlernen; wer aber ungehorsam ist und einem Kind, das ohne Vater oder Mutter ist, ein Unrecht zufügt, der soll den gesamten Schaden doppelt so hoch ersetzen, wie wenn er sich gegenüber einem Kind vergangen hätte, dessen beide Eltern noch leben.

Was die sonstige Gesetzgebung für die Vormünder bezüglich der Waisen und für die Beamten bezüglich der Beaufsichtigung der Vormünder angeht, so hätte es nur dann, wenn diese nicht schon dadurch ein Muster für die Erziehung freier Kinder hätten, dass sie ihre eigenen Kinder erziehen und sich um das eigene Vermögen kümmern, und wenn sie nicht [e] überdies gerade hierfür schon deutlich genug formulierte Gesetze hätten – nur dann also hätte es einen gewissen Sinn, Vormundschaftsgesetze als eigenständige und davon sehr verschiedene Gesetze aufzustellen, die das Leben der Waisenkinder durch besondere Einrichtungen von dem der nicht verwaisten Kinder abheben. So aber weist in allen diesen Beziehungen der Status der Waisenkinder bei uns keinen großen Unterschied zur Obhut unter väterlicher Gewalt auf; aber hinsichtlich der Ehren oder Geringschätzung und der Fürsorge pflegt er dieser keineswegs gleichgestellt zu sein.

[928a] Daher hat das Gesetz gerade auf diesen Punkt bei der Waisengesetzgebung durch Ermahnungen und Drohungen großes Gewicht gelegt. Ferner dürfte noch eine Drohung wie die folgende sehr angebracht sein: Wer Vormund eines Mädchens oder eines Knaben ist oder wer unter den Gesetzeswächtern als Aufseher über den Vormund eingesetzt und für ihn verantwortlich ist, der soll das vom Schicksal der Verwaisung getroffene Kind nicht weniger als seine eigenen Kinder lieben und das Vermögen des Mündels nicht schlechter als das eigene verwalten, sondern noch [b] besser als das seine, was seinen Eifer angeht. An dieses eine und einzige Gesetz über die Waisen soll sich jeder halten, der eine Vormundschaft ausübt.

Wenn aber jemand in solchen Dingen entgegen dem Gesetz anders handelt, so soll der Beamte den Vormund bestrafen beziehungsweise der Vormund den Beamten vor das Gericht der Auserlesenen Richter bringen und von ihm einen Betrag in doppelter Höhe des vom Gericht abgeschätzten Schadens als Strafe fordern.

Wenn ein Vormund bei den Angehörigen oder sonst einem Bürger den Eindruck erweckt, dass er nachlässig oder betrügerisch handelt, so sollen sie ihn vor dasselbe Gericht bringen; und den Schaden, dessen er schuldig gesprochen wird, soll er in vierfacher Höhe bezahlen, und die eine [c] Hälfte soll dem Kind zufallen, die andere dem, der den Prozess gewonnen hat.

Sobald ein Waisenkind erwachsen ist und von seinem Vormund schlecht behandelt worden zu sein glaubt, soll es innerhalb von fünf Jahren nach Ablauf der Vormundschaft einen Prozess wegen der Führung der Vormundschaft anstrengen dürfen; wenn einer der Vormünder schuldig gesprochen wird, soll das Gericht abschätzen, was er zu erleiden oder zu bezahlen hat; wird aber einer der Beamten schuldig gesprochen, so soll im Falle, dass er die Waise nur aus Nachlässigkeit geschädigt zu haben [d] scheint, das Gericht abschätzen, was er dem Kind zahlen soll; falls er es aus Ungerechtigkeit tat, soll er zusätzlich zum Schadensersatz noch aus der Behörde der Gesetzeswächter ausgeschlossen werden, die Stadtgemeinde aber soll einen anderen Gesetzeswächter an seiner Stelle für das Land und die Stadt einsetzen.

Es kommen auch Zerwürfnisse von Vätern mit ihren Kindern und von Kindern mit ihren Erzeugern vor, die heftiger sind, als sich gehört. In diesen Fällen könnten die Väter meinen, der Gesetzgeber müsse ein Gesetz erlassen, das es ihnen erlaube, sich, wenn sie wollten, durch den Herold vor allen Leuten von ihrem Sohn loszusagen und zu verkünden, dass [e] dieser nach dem Gesetz nicht mehr ihr Sohn sei, die Söhne aber möchten ihrerseits die Erlaubnis haben, dass sie ihre Väter, wenn diese infolge von Krankheiten oder ihres Alters in einer beschämenden Verfassung sind, wegen Geistesverwirrung verklagen dürfen. So etwas pflegt gewöhnlich nur zwischen wirklich ganz schlechten menschlichen Charakteren aufzutreten; denn wenn die Schlechtigkeit nur die eine Hälfte betrifft – wenn beispielsweise der Vater nicht schlecht ist, wohl aber Sohn oder umgekehrt –, so ergeben sich keine verhängnisvollen Folgen aus einer solchen Feindschaft. In einer anderen Staatsordnung freilich müsste ein öffentlich verstoßener Sohn nicht zwangsläufig die Stadt verlassen; aus unserer Stadt jedoch, für die diese Gesetze bestimmt sind, muss der Vaterlose [929a] notwendigerweise in ein anderes Land übersiedeln – denn zu den 5040 Wohnungen darf nicht eine einzige hinzukommen –, weshalb denn auch einer, der dieses Schicksal im Einklang mit dem Recht erleiden soll, nicht nur von dem einen Vater, sondern von der ganzen Familie verstoßen werden muss.

In derartigen Fällen soll nach etwa folgendem Gesetz verfahren werden: Wen die keinesfalls glückliche Zornesaufwallung überkommt, ob mit Recht oder nicht, dass er den, den er gezeugt und aufgezogen hat, aus seiner Verwandtschaft auszustoßen wünscht, der soll das nicht so [b] schlechtweg und auf der Stelle tun dürfen, sondern soll zunächst seine eigenen Verwandten zusammenrufen bis zu den Geschwisterkindern und ebenso die Verwandten des Sohnes von mütterlicher Seite und soll vor diesen seine Klage vorbringen, indem er darlegt, dass der Sohn von allen aus der Verwandtschaft ausgestoßen zu werden verdiene; er soll aber auch dem Sohn gleiches Recht zu einer Rede gewähren, dass er es nicht verdiene, etwas Derartiges zu erleiden. Wenn sie nun der Vater überzeugt und mehr als die Hälfte der Stimmen von allen Verwandten erhält, wobei [c] nur der Vater, die Mutter und der Beklagte nicht abstimmen, sonst aber alle erwachsenen Frauen und Männer; erst dann und unter diesen Voraussetzungen soll dem Vater gestattet sein, den Sohn zu verstoßen, sonst aber auf keinen Fall. Wenn den Verstoßenen einer der Bürger als Sohn adoptieren will, so soll kein Gesetz ihn daran hindern (denn der Charakter der jungen Leute pflegt ja naturgemäß zahlreiche Veränderungen im Leben durchzumachen); wenn jedoch den Verstoßenen innerhalb von [d] zehn Jahren niemand als Sohn adoptieren will, so sollen die Beamten, die für die zur Aussendung in eine Kolonie vorgesehenen überzähligen Nachkommen zuständig sind, sich auch dieser Söhne annehmen, damit sie an derselben Koloniegründung in angemessener Weise teilnehmen.

Wenn aber eine Krankheit oder das Alter oder ein unverträgliches Wesen oder auch all dies zusammen jemandem mehr als zumeist üblich den Verstand raubt und dies allen andern verborgen bleibt außer denen, die mit ihm zusammenleben, und wenn dieser als Herr über seinen Besitz sein Haus zugrunde richtet und der Sohn sich keinen Rat mehr weiß und doch zögert, die Klage auf Geistesverwirrung einzureichen, so soll für [e] ihn das Gesetz aufgestellt sein, dass er zuerst zu den ältesten Gesetzeswächtern gehen und ihnen den unglücklichen Zustand seines Vaters schildern soll; diese sollen ihm nach eingehender Prüfung ihren Rat erteilen, ob er die Klage einreichen soll oder nicht; raten sie ihm zu einer Klage, so sollen sie selber für den Kläger als Zeuge und Rechtsbeistand auftreten; wird der Vater schuldig gesprochen, so soll er für die Zukunft nicht mehr ermächtigt sein, auch nur über den geringsten Teil seines Besitzes zu verfügen, sondern er soll für sein restliches Leben wie ein Kind behandelt werden.

Wenn ferner ein Mann und eine Frau sich überhaupt

nicht mehr vertragen, weil sie beide eine unglückliche Charakteranlage besitzen, so sollen [930a] sich zehn Männer mittleren Alters aus den Gesetzeswächtern solcher Fälle annehmen und ebenso zehn aus den für die Ehen zuständigen Frauen. Und wenn diese eine Aussöhnung zustande bringen können, so sei diese rechtskräftig; wenn aber die Seelen der beiden sich in allzu heftiger Aufwallung befinden, so sollen sie nach bestem Vermögen nach einem Partner suchen, der zu jedem der beiden passt. Wahrscheinlich werden nun solche Menschen nicht von sanfter Wesensart sein; also muss man bedächtigere und sanftere Charaktere mit ihnen als Gatten zu verbinden suchen. Und alle, die bei ihrer Entzweiung noch keine oder nur wenige Kinder haben, sollen allein schon um der Erzeugung von Kindern willen diese [b] neue Verbindung eingehen; wer aber schon genug Kinder besitzt, der soll um des gemeinsamen Altwerdens und der gegenseitigen Pflege willen die Scheidung vollziehen und eine neue Verbindung eingehen.

Stirbt eine Frau und hinterlässt weibliche und männliche Kinder, so wird das zu erlassende Gesetz dem Mann raten, ihn aber nicht dazu zwingen, die Kinder aufzuziehen, ohne ihnen eine Stiefmutter ins Haus zu holen; sind aber keine Kinder vorhanden, soll er verpflichtet sein, wieder zu heiraten, bis er für sein Haus und den Staat genügend Kinder erzeugt [c] hat. Stirbt dagegen der Mann und hinterlässt genügend Kinder, so soll die Mutter der Kinder im Hause bleiben und sie aufziehen; scheint sie jedoch jünger zu sein als nötig, um ohne Beeinträchtigung ihrer Gesundheit ohne Mann zu leben, so sollen sich die Verwandten mit den für die Ehe zuständigen Frauen besprechen und das ausführen, was ihnen selbst und jenen in solchen Fällen richtig scheint; war die Ehe aber kinderlos, so soll es schon um der Kinderzeugung willen so geschehen. Die nach dem Gesetz gerade noch ausreichende Kinderzahl sei ein Knaben und ein Mädchen.

[d] Wenn ein Neugeborenes zwar als Sprössling derer, die es gezeugt haben, anerkannt ist, aber eine Entscheidung darüber nötig ist, wem das Neugeborene gehören soll, so soll, falls eine Sklavin mit einem Sklaven oder mit einem Freien oder mit einem Freigelassenen Geschlechtsverkehr hatte, das dadurch gezeugte Kind in jedem Fall dem Herrn der Sklavin gehören; falls aber eine Freie mit einem Sklaven Verkehr hatte, so soll das Kind dem Herrn des Sklaven gehören; falls aber das Kind von einem Mann mit der eigenen Sklavin oder von einer Frau mit dem eigenen Sklaven gezeugt wurde und dies klar erwiesen ist, so sollen die *für die Ehe zuständigen* Frauen das Kind der Frau zusammen mit dem Vater und [e] die Gesetzeswächter das Kind des Mannes zusammen mit der Mutter in ein anderes Land fortschicken.

Die Eltern zu vernachlässigen wird weder ein Gott noch ein Mensch mit Verstand jemals jemandem raten. Vielmehr muss man vernünftigerweise einsehen, dass ein Vorspruch wie der folgende über die Götterverehrung sich ganz richtig auf die den Eltern gebührenden oder ihnen verweigerten Ehren beziehen lässt.

Bezüglich der Götter bestehen seit alters bei allen Menschen zweierlei Bräuche. Manche Götter verehren wir nämlich, indem wir sie mit [931a] eigenen Augen deutlich sehen; von anderen verehren wir Abbilder, indem wir Kultstatuen errichten, und wir glauben, wenn wir diese, obwohl sie unbeseelt sind, verehren, würden uns jene beseelten Götter deshalb reichlich Wohlwollen und Huld schenken. Wem nun ein Vater oder eine Mutter oder deren Väter und Mütter wie ein kostbarer, vom Alter angegriffener Schatz im Hause liegen, der soll nicht glauben, dass jemals eine Kultstatue für ihn eine mächtigere Wirkung haben wird, solange er ein solches Heiligtum in seinem Hause am eigenen Herd besitzt, vorausgesetzt natürlich, dass sein Besitzer es in der rechten Weise ehrt.

[b] KL. Was verstehst du denn unter der rechten Weise?

ATH. Ich werde es sagen. Denn es lohnt sich gewiss, ihr Freunde, so etwas zu hören.

KL. So sprich nur.

ATH. Oidipus, behaupten wir, hat nach seiner entehrenden Behandlung Verwünschungen über seine Kinder ausgesprochen, die bekanntlich, wie jedermann erzählt, von den Göttern erfüllt und erhört wurden. Amyntor soll im Zorn gegen seinen Sohn Phoinix und Theseus gegen Hippolytos und Tausende andere Väter sollen über Tausende von Kindern Flüche [c] ausgestoßen haben, die, wie sich klar erwiesen hat, von den Göttern im Namen der Eltern gegen ihre Kinder erhört wurden. Denn der Fluch des Erzeugers trifft die Kinder wie kein Fluch eines anderen einen anderen treffen kann, und dies mit vollem Recht. Nun möge aber niemand glauben, wenn ein Vater von seinen Kindern besonders entehrend behandelt wird oder eine Mutter, erhöre die Gottheit naturgemäß deren Verwünschungen; wenn er aber geehrt wird und darüber über die Maßen erfreut ist und deshalb in seinen Gebeten die Götter reichlich um Segen für seine Kinder anruft, da sollen wir etwa nicht annehmen, dass sie derartige [d] Gebete ebenso erhören und uns das Erbetene zuteilen? Aber dann wären sie ja niemals gerechte Verteiler des Guten, was sich, wie wir behaupten, für Götter am allerwenigsten ziemen würde.

KL. Ganz gewiss.

ATH. Wir wollen also bedenken, was wir kurz zuvor gesagt haben, dass wir wohl kein Kultbild besitzen können, das von den Göttern höher geachtet würde, als einen Vater und Großvater, die vom Alter ermattet sind, und Mütter, die über dieselbe Kraft verfügen. Wenn einer diese mit Ehren schmückt, freut sich die Gottheit; sonst würde sie ihnen kein Gehör schenken. Denn etwas Wunderbares ist doch das Heiligtum, das wir an [e] den Vorfahren besitzen, weit mehr als die unbeseelten Bilder; wenn nämlich diese beseelten Heiligtümer von uns verehrt werden, so vereinen sie jeweils ihre Gebete mit den unseren; und wenn sie entehrend behandelt werden, tun sie das Gegenteil; die andern Götterbilder tun keines von beiden; wer daher den Vater, den Großvater und alle diese Angehörigen in der rechten Weise behandelt, der besitzt damit wohl von allen Kultbildern die wirksamsten, um ihm ein von den Göttern gesegnetes Los zu verschaffen.

KL. Sehr schön hast du gesprochen.

ATH. Jeder also, der Vernunft besitzt, fürchtet und achtet die Gebete der Eltern, weil er weiß, dass sie schon für viele und viele Male in Erfüllung [932a] gegangen sind. Da nun dies die natürliche Ordnung ist, so sind für die guten Menschen hochbetagte Ahnen ein Glücksfall, wenn sie bis ans äußerste Ziel ihres Daseins am Leben bleiben, und wenn sie dahingehen, werden sie von den Jungen schmerzlich vermisst; für die schlechten Menschen sind sie Anlass zu gewaltiger Furcht. Jeder soll also mit allen gesetzmäßigen

Ehren seine Eltern ehren, wenn er den gegenwärtigen Mahnungen gehorchen will. Wenn aber jemandem ›der Ruf anhaftet‹, taub gegen solche Vorreden zu sein, so soll für diese Leute folgendes Gesetz mit Fug und Recht aufgestellt sein:

Wenn sich jemand in unserer Stadt um die Eltern weniger kümmert, als er sollte, und deren Wünschen nicht in jeder Hinsicht mehr als denen [b] seiner Söhne und aller Nachkommen und seinen eigenen Wünschen nachgibt und sie erfüllt, so soll derjenige, dem so etwas widerfährt, dies entweder selbst oder durch einen Boten den drei ältesten Gesetzeswächtern und auch dreien der für die Ehe zuständigen Frauen melden; diese sollen sich der Sache annehmen und die Übeltäter, wenn sie noch jung sind, mit Schlägen und Haft bestrafen, und zwar die Männer bis zum [c] 30. Lebensjahr, während die Frauen noch zehn Jahre länger mit denselben Strafen gestraft werden sollen. Wenn sie aber über diese Jahre hinaus sind und noch immer nicht von einer solchen Vernachlässigung der Eltern abstehen, sondern sie in manchen Fällen sogar schlecht behandeln, so soll man sie vor ein Gericht führen, nämlich vor die 101 Bürger, die von allen die ältesten sind. Wird einer für schuldig befunden, soll das Gericht abschätzen, was er zu bezahlen oder zu erleiden hat, wobei sie nichts von dem ausschließen sollen, was ein Mensch zu [d] bezahlen oder zu erleiden vermag. Wenn aber der schlecht Behandelte außerstande ist, es anzuzeigen, so soll jeder Freie, der davon erfährt, es den Beamten anzeigen, widrigenfalls er als ein schlechter Mensch gelten soll und von jedem, der will, wegen Schädigung verklagt werden kann. Wenn es aber ein Sklave anzeigt, soll er frei sein, und wenn er ein Sklave derer ist, die ihre Eltern schlecht behandeln, oder derer, die schlecht behandelt werden, soll er von der Behörde freigelassen werden; wenn er aber irgendeinem anderen Bürger gehört, so soll die Staatskasse seinem Besitzer den Kaufpreis erstatten. Die Beamten haben aber dafür zu sorgen, dass niemand einem solchen ein Unrecht zufügt, um sich wegen der Anzeige zu rächen.

[e] Von den Schädigungen, die jemand einem anderen durch Gifte zufügen kann, sind die tödlichen bereits durchgesprochen worden. Was aber die andern Schädigungen betrifft, die jemand durch Getränke oder auch durch Speisen oder Salben willentlich und mit Vorbedacht verübt, so ist davon noch nichts durchgesprochen worden. Denn der Umstand, dass es zweierlei Arten von Vergiftung unter den Menschen gibt, nötigt unsere Besprechung zum Innehalten.

Die eine nämlich, die wir soeben ausdrücklich erwähnt haben, fügt [933a] Körpern durch körperliche Mittel auf natürliche Weise Übel zu; die andere bringt mit gewissen Zauberkünsten und Besprechungen und dem sogenannten Bindezauber diejenigen, die damit zu schaden wagen, zu der Überzeugung, dass sie zu so etwas fähig seien, und die anderen zu der Überzeugung, dass ihnen am allerschlimmsten von diesen Leuten geschadet werde, die über die Fähigkeit zur Zauberei verfügen. Wie nun diese und alle damit zusammenhängenden Dinge ihrer Natur nach beschaffen sind, das ist nicht leicht zu erkennen; und wenn man es erkennt, ist es nicht einfach, andere davon zu überzeugen; bei Leuten aber, die in ihren Seelen in dieser Hinsicht voller Misstrauen gegeneinander sind, ist es [b] verlorene Mühe, sie davon zu überzeugen zu versuchen und, falls sie einmal irgendwo aus Wachs geformte Figuren sehen, sei es an Türen oder an Weggabelungen oder manchmal auf den Grabmälern ihrer Eltern, ihnen einzuschärfen, allen derartigen Dingen wenig Beachtung zu schenken, da sie ja hiervon keine deutliche Vorstellung haben. Wir wollen aber das Gesetz über Vergiftung in zwei Teile gliedern gemäß den beiden Verfahren, deren sich jemand zur Vergiftung bedient, und müssen sie zuerst [c] bitten, ermahnen und ihnen raten, sie sollten so etwas nicht versuchen und nicht den meisten Menschen, die wie Kinder voller Furcht sind, Angst einjagen und sollten auch nicht den Gesetzgeber und den Richter dazu zwingen, derartige Ängste der Menschen zu heilen; vor allem da ja derjenige, der Gifte anzuwenden versucht, nicht weiß, was er tut, weder was die Wirkung auf den Körper betrifft, sofern er nicht gerade ein Sachverständiger in der Heilkunst ist, noch was die magischen Praktiken angeht, sofern er nicht gerade ein Seher oder Zeichendeuter ist.

[d] So soll denn diese Überlegung als Gesetz über Giftmischerei vorgetragen werden: Wer jemanden vergiftet, um ihm einen Schaden zuzufügen, der weder für den Betroffenen selbst noch für einen seiner Leute tödlich ist, oder um dessen Herden und Bienenschwärmen einen anderweitigen oder gar tödlichen Schaden zuzufügen, der soll, falls er ein Arzt ist und der Giftmischerei schuldig befunden wird, mit dem Tod bestraft werden; ist er aber ein Laie, so soll das Gericht in seinem Fall abschätzen, was er zu erleiden oder zu bezahlen hat. Wenn er aber einem zu gleichen scheint, der durch Bindezauber oder Herbeilocken von Unglück oder [e] gewisse Besprechungen oder sonst irgendwelche Zaubermittel Schaden verursacht, so soll er,

falls er ein Seher oder Zeichendeuter ist, sterben; falls aber jemand, der nicht die Seherkunst besitzt, einer solchen Zauberei schuldig befunden wird, so soll dasselbe auch mit ihm geschehen: Denn auch bei ihm soll das Gericht abschätzen, was er ihrer Meinung nach zu erleiden oder zu bezahlen hat.

Bei allen Schädigungen, die jemand einem andern durch Diebstahl oder gewaltsamen Raub zufügt, soll er bei einem größeren Schaden dem Geschädigten eine größere Entschädigung zahlen, bei einem kleineren Schaden eine kleinere, in jedem Fall aber genau in der Höhe, in der jemand jeweils einen andern geschädigt hat, bis er den Schaden wiedergutgemacht hat. Darüber hinaus soll jeder zusätzlich für seine jeweilige [934a] Übeltat eine entsprechende Strafe zahlen, damit er wieder zur Vernunft kommt, und zwar der, der durch die Unvernunft eines anderen übel gehandelt hat, weil er sich infolge seiner Jugend oder wegen sonst etwas dieser Art dazu überreden ließ, eine leichtere; derjenige dagegen, der aus eigener Unvernunft übel gehandelt hat infolge seiner Unbeherrschtheit gegenüber Lust und Schmerz, als er in Ängste der Feigheit oder in mancherlei Begierden oder Neidgefühle oder in schwer heilbare Zornesleidenschaften geriet, eine schwerere, wobei er aber diese Strafe nicht wegen seiner Übeltat erleidet – Geschehenes lässt sich ja niemals ungeschehen machen –, sondern damit für die Folgezeit er selbst und diejenigen, [b] die sehen, wie ihm Gerechtigkeit widerfährt, die Ungerechtigkeit gänzlich verabscheuen oder doch zu einem großen Teil von einem solchen Missgeschick loskommen.

Aus all diesen Gründen und mit Blick auf dies alles müssen die Gesetze nach Art eines nicht ungeschickten Bogenschützen in jedem Einzelfall auf die rechte Größe der Strafe und überhaupt ihre Angemessenheit hinzielen. Dieselbe Aufgabe muss der Richter übernehmen und dadurch dem Gesetzgeber zu Hilfe kommen, sooft ihm das Gesetz die Abschätzung dessen überlässt, was der Verurteilte zu erleiden oder zu bezahlen hat; der [c] Gesetzgeber hat dagegen wie ein Maler die Aufgaben zu skizzieren, die sich aus seinem schriftlichen Entwurf ergeben. Dies also, Megillos und Kleinias, müssen wir auch jetzt so schön und so gut wie nur möglich tun: Für alle möglichen Fälle von Diebstahl und Raub müssen wir die Strafen benennen, wobei wir angeben, von welcher Art diese sein sollen, soweit uns Götter und Götterkinder die Aufstellung solcher Gesetze erlauben.

Wenn jemand rasend ist, soll er sich nicht in der Stadt zeigen, sondern die jeweiligen Angehörigen sollen diese Leute im Haus unter Aufsicht [d] halten, auf welche Weise auch immer sie dies vermögen, oder sie sollen eine Geldbuße zahlen, und zwar ein Bürger der höchsten Vermögensklasse 100 Drachmen gleichgültig, ob er einen Sklaven oder auch einen Freien unbeaufsichtigt lässt, ein Bürger der zweiten Klasse vier Fünftel einer Mine, drei Fünftel der dritte und zwei Fünftel der vierte.

Rasend sind nun viele Leute auf vielerlei Weise; die, von denen wir eben gesprochen haben, infolge von Krankheiten, manche dagegen infolge einer schlimmen natürlichen Neigung zum Zorn und einer ihnen zuteil gewordenen schlechten Erziehung, die denn auch beim geringsten Streit [e] mit lauter Stimme böse Schmähungen gegeneinander ausstoßen, während doch in einer Stadt gesetzestreuer Bürger so etwas auf keine Weise und unter keinen Umständen vorkommen sollte. Ein einziges Gesetz über Beleidigung soll also für alle gelten:

Niemand soll einen anderen beleidigen. Wer mit einem anderen bei irgendeiner Unterredung in Streit gerät, der soll den Streitgegner und die Anwesenden belehren und sich von ihnen belehren lassen, wobei er sich unbedingt des Beleidigens zu enthalten hat.

Denn daraus, dass man einander verwünscht und verflucht und durch [935a] Schimpfwörter Schmähungen nach Weiberart gegeneinander ausstößt, erwachsen zunächst aus Worten, einem leichten Ding, in der Tat die schwersten Hassgefühle und Feindschaften. Wer nämlich einem ungefälligen Ding wie dem Zorn beim Reden gefällig ist und seine Erbitterung mit schlimmer Nahrung füttert, der lässt alles, was an seiner Seele durch Erziehung einst gezähmt worden war, aus diesem Zustand wieder verwildern und wird durch ein Leben voller Unverträglichkeit zum Tier: ein bitterer Dank, den er da von seinem Zorn erntet. Andererseits pflegen alle [b] in solchen Situationen häufig dazu überzugehen, über ihren Gegner etwas Lächerliches zu äußern; dies hat sich noch niemand angewöhnt, der nicht dadurch den Ernst seines ganzen Wesens verloren und ein gut Teil seiner großen Gesinnung eingebüßt hätte.

Darum soll sich niemand an einer heiligen Stätte solche Reden erlauben oder bei öffentlichen Opfern und auch nicht bei Wettkämpfen oder auf dem Markt oder vor Gericht oder in irgendeiner allgemeinen Versammlung; züchtigen soll ihn der jeweils hierbei den Vorsitz [c] innehabende Beamte, oder er darf sich niemals um die höchste Auszeichnung bewerben, da er sich nicht um Gesetze kümmert und das vom Gesetzgeber ihm Aufgetragene nicht ausführt.

Wenn aber jemand an anderen Orten mit Schmähungen den Anfang macht oder auch nur sich dagegen wehrt und sich hierbei nicht solcher Reden enthält, so soll jeder Ältere, der dazukommt, dem Gesetz beistehen und mit Schlägen diejenigen auseinandertreiben, die sich mit dem Zorn, einem schlimmen Gesellen, angefreundet haben, oder er soll der festgesetzten Buße verfallen.

Wir behaupten also jetzt, dass jemand, der sich in Schmähungen [d] verwickelt, nicht fähig ist, sich hierauf zu beschränken, ohne dass er den anderen mit Worten lächerlich zu machen sucht, und dies erklären wir für schmählich, wenn es im Zorn geschieht. Wie steht es dann mit der Neigung der Komödiendichter, Lächerliches über die Menschen zu sagen? Lassen wir sie uns gefallen, wenn sie so etwas ohne Zorn als Komödienspott über unsere Bürger zu sagen versuchen? Oder sollen wir eine Zweiteilung vornehmen je nachdem, ob es im Scherz geschieht oder nicht, und soll im Scherz jemand über einen andern ohne Zorn Lächerliches [e] sagen dürfen, mit Heftigkeit dagegen und im Zorn soll es, wie eben gesagt, niemandem gestattet sein? Diese Bedingung dürfen wir auf keinen Fall zurücknehmen; wem es aber erlaubt sein soll und wem nicht, das wollen wir gesetzlich festlegen.

Einem Dichter von Komödien oder von Iamben oder von lyrischen Musengesängen soll es nicht gestattet sein, weder durch Worte noch durch imitierende Darstellung, weder im Zorn noch ohne Zorn, irgendwie einen Bürger zu verspotten; wenn sich aber jemand dem nicht fügt, [936a] sollen ihn die Preisrichter noch am selben Tag gänzlich aus dem Land verweisen, widrigenfalls sie mit drei Minen gestraft werden sollen, die dem Gott geweiht sind, zu dessen Ehren der Wettbewerb stattfindet.

Denjenigen aber, die gemäß unseren früheren Ausführungen die Erlaubnis haben, Gedichte aufeinander zu verfassen, sei es gestattet, dies ohne Zorn und im Scherz zu tun; im Ernst aber und im Zorn sei es nicht gestattet. Die Entscheidung hierüber soll dem Aufseher über die gesamte Jugenderziehung übertragen sein; und was dieser gutheißt, soll der Dichter veröffentlichen dürfen, was er dagegen missbilligt, das darf er weder selbst irgend jemandem zeigen noch sich dabei entdecken lassen, dass er es [b] einem anderen, einem Sklaven oder Freien, beibringt, sonst soll er für einen schlechten und den Gesetzen ungehorsamen Bürger gehalten werden.

Mitleid verdient nicht, wer Hunger oder sonst etwas dieser Art leidet, sondern wer besonnen ist oder sonst eine Tugend oder einen Teil von ihr besitzt, wenn er neben diesen noch irgendein Unglück sein eigen nennt. Deshalb wäre es ein Wunder, wenn ein Mensch mit solchen Eigenschaften so gänzlich ohne Fürsorge bleiben sollte, dass er, ob Sklave oder Freier, in die äußerste Armut gerät in einer auch nur mäßig gut eingerichteten Staatsordnung und Stadt. Deshalb kann der Gesetzgeber ohne Bedenken folgendes Gesetz hierfür aufstellen:

[c] Bettler darf es in unserer Stadt keine geben. Wenn aber jemand so etwas zu tun wagt und durch wirkungslose Gebete seinen Lebensunterhalt zusammenzubringen sucht, so sollen ihn vom Markt die Marktaufseher verjagen und aus der Stadt die Behörde der Stadtaufseher; die Landaufseher aber sollen ihn aus dem übrigen Land über die

Grenze fortschicken, damit das Land von einer solchen Kreatur ganz und gar gesäubert wird.

Wenn ein Sklave oder eine Sklavin auch nur irgendetwas von [d] fremdem Eigentum beschädigt, ohne dass der Geschädigte selber daran mitschuldig ist durch Unerfahrenheit oder sonst ein unbedachtes Vorgehen, so soll der Herr des Schädigers entweder den Schaden ohne Rest ersetzen oder den Schädiger selbst ausliefern. Wenn aber der Herr eine Gegenbeschuldigung vorbringt und behauptet, jene Beschuldigung gehe auf eine gemeinsame List des Schädigers und des Geschädigten zurück, die darauf ziele, ihn seines Sklaven zu berauben, so soll er gegen den, der geschädigt zu sein behauptet, einen Prozess wegen betrügerischer Machenschaften führen, und wenn er ihn gewinnt, soll er das Doppelte des vom [e] Gericht abgeschätzten Wertes des Sklaven erhalten; wenn er aber verliert, soll er den Schaden ersetzen und den Sklaven ausliefern. Und wenn ein Zugtier oder ein Pferd oder ein Hund oder sonst ein Haustier etwas vom Besitz des Nachbarn beschädigt, soll der Besitzer in gleicher Weise den Schaden ersetzen.

Will jemand nicht freiwillig als Zeuge auftreten, so soll ihn der, der auf ihn angewiesen ist, vorladen; der Vorgeladene soll sich zur Verhandlung einstellen, und wenn er etwas weiß und bereit zur Zeugenaussage ist, soll er aussagen; wenn er aber nichts zu wissen behauptet, so soll er bei den drei Göttern Zeus, Apollon und Themis schwören, dass er wirklich nichts [937a] weiß, und dann aus der Gerichtsverhandlung entlassen werden. Wer als Zeuge vorgeladen ist, sich aber dem Vorladenden nicht zur Verfügung stellt, soll wegen des Schadens nach dem Gesetz verklagt werden können.

Wenn aber jemand einen, der als Richter tätig ist, als Zeugen aufruft, so soll dieser, sobald er als Zeuge ausgesagt hat, nicht mehr an der Abstimmung über den betreffenden Fall teilnehmen.

Eine freie Frau darf als Zeugin und als Fürsprecherin auftreten, sofern sie über 40 Jahre alt ist, und einen Prozess anstrengen, sofern sie ohne Mann ist; ist ihr Mann aber noch am Leben, soll sie nur als Zeugin auftreten dürfen. Einer Sklavin, einem Sklaven und einem Kind soll es [b] nur bei Mordsachen gestattet sein, als Zeuge auszusagen und Fürsprache zu leisten, sofern der Betreffende einen zuverlässigen Bürgen dafür stellt, dass er bis zur Entscheidung der Sache am Ort bleibt für den Fall, dass der Einwand erhoben wird, dass seine Zeugenaussage falsch ist.

Solche Einwände darf jeder der beiden Prozessgegner gegen die gesamte Zeugenaussage oder einen Teil davon erheben, vorausgesetzt, dass er die Erklärung, jemand habe ein falsches Zeugnis abgelegt, noch vor der Entscheidung des Prozesses abgibt. Diese Einreden sollen die Beamten von beiden Parteien untersiegelt verwahren und bei der gerichtlichen Untersuchung wegen falscher Zeugenaussage vorlegen. Wird jemand [c] zweimal einer falschen Zeugenaussage überführt, so soll ihn kein Gesetz mehr zu einer Zeugenaussage zwingen; beim dritten Mal soll es ihm nicht mehr erlaubt sein, als Zeuge auszusagen; wagt er es aber nach dreimaliger Überführung dennoch, als Zeuge aufzutreten, so soll ihn jeder, der will, bei der Behörde anzeigen, die Behörde aber soll ihn einem Gericht übergeben, und wenn er schuldig gesprochen wird, soll er mit dem Tod bestraft werden. Im Falle derer, deren Zeugenaussagen gerichtlich verworfen werden, weil sich herausstellte, dass sie falsch ausgesagt und dadurch dem Prozessgegner den Sieg verschafft haben, da soll, falls von [d] solchen Zeugenaussagen über die Hälfte verworfen wird, der aufgrund dieser Aussagen verlorene Prozess von Neuem eingeleitet werden; eine Untersuchung und Entscheidung soll darüber stattfinden, ob der Spruch wirklich aufgrund dieser Aussagen gefällt worden war oder nicht; und je nachdem, wie hierüber entschieden wird, soll das frühere Urteil endgültige Rechtskraft besitzen oder nicht.

Obwohl es viele schöne Dinge im Menschenleben gibt, haftet doch den meisten davon gleichsam eine unheilvolle Macht an, die sie besudelt und beschmutzt. So auch das Recht: Wie sollte dies bei den Menschen [e] nicht etwas Schönes sein, da es doch alle menschlichen Verhältnisse veredelt hat? Und wenn das Recht etwas Schönes ist, wie sollte es da für uns nicht auch etwas Schönes sein, Rechtsbeistand zu leisten? Aber so schön dies beides ist, so wird es doch durch eine Schlechtigkeit in Verruf gebracht, die sich hinter dem schönen Namen einer Kunst verbirgt und als Erstes behauptet, es gebe für Prozesse eine gewisse Technik (sie selbst sei diese), um zu prozessieren und einem andern Rechtsbeistand zu leisten, die den Sieg erringen könne, ganz gleich, ob die im jeweiligen Prozess verhandelten Taten gerecht seien oder nicht; die Gabe dieser Kunst [938a] als solcher sowie der aus dieser Kunst hervorgehenden Reden erhalte man, wenn man als Gegengabe Geld biete. So etwas darf in unserer Stadt, mag das nun eine Kunstfertigkeit oder eine ohne Kunst erworbene Erfahrung und Routine sein, am besten gar nicht entstehen; und wenn der Gesetzgeber darum bittet, zu gehorchen und keine rechtswidrigen Ansichten zu äußern, sondern lieber in ein anderes Land auszuwandern, so soll für die, die dieser Bitte gehorchen, das Gesetz schweigen; gegen die Ungehorsamen aber erhebt es seine Stimme folgendermaßen:

Wenn jemand den Anschein erweckt, als versuche er, die Macht der [b] Gerechtigkeit in den Seelen der Richter ins Gegenteil zu verkehren und über das rechte Maß hinaus viele Prozesse dieser Art zu führen oder auch bloß anderen Rechtsbeistand zu leisten, so soll ihn jeder, der das will, anklagen wegen böswilligen Prozessierens oder unredlichen Rechtsbeistands. Darüber soll entschieden werden vor dem Gericht der Auserlesenen Richter; wenn er schuldig gesprochen wird, so soll das Gericht entscheiden, ob er aus Geldgier so etwas zu tun scheint oder aus Streitsucht. Und wenn es aus Streitsucht geschieht, soll das Gericht bestimmen, für wie lange Zeit ein solcher Mensch gegen niemanden einen Prozess anstrengen und niemandem Rechtsbeistand leisten darf. Geschieht es aber [c] aus Geldgier, so soll er, falls er ein Fremder ist, das Land verlassen und niemals wieder zurückkommen oder mit dem Tod bestraft werden; falls es aber ein Bürger ist, so soll er sterben wegen der Geldgier, die er so über alles hochgeschätzt hat. Und auch wenn einer zweimal verurteilt wird, weil er so etwas aus Streitsucht tut, soll er sterben.

Zwölftes Buch

[941a] ATH. Wenn sich jemand als Gesandten oder Herold der Stadt ausgibt und eigenmächtig eine Gesandtschaft zu irgendeiner Stadt unternimmt, oder wenn er als Gesandter nicht die wirklichen Botschaften, zu deren Überbringung er ausgesandt wird, übermittelt oder wenn er umgekehrt überführt wird, dass er von den Feinden oder auch von Freunden kommend deren Botschaften als Gesandter oder als Herold nicht richtig überbracht hat, so soll gegen diese Leute Klage erhoben werden, weil sie gegen die Botschaften und Befehle des Hermes und des Zeus in gesetzwidriger Weise gefrevelt haben, und eine Abschätzung soll festsetzen, was er [b] zu leiden oder zu bezahlen hat, wenn er schuldig gesprochen wird.

Diebstahl von Geld zeugt von unfreier Gesinnung, Raub von Schamlosigkeit. Von den Söhnen des Zeus hat keiner aus Freude an Listen oder Gewalt das eine oder das andere verübt. Daher soll niemand, wenn er in dieser Hinsicht eine Verfehlung begeht, sich von Dichtern oder sonst von irgendwelchen Sagenerzählern täuschen und überreden lassen und sich einbilden, wenn er etwas stehle oder raube, tue er nichts Schändliches, sondern nur etwas, das die Götter selber täten. Denn dies ist weder wahr noch wahrscheinlich, sondern wer so etwas entgegen dem Gesetz tut, der ist nimmermehr ein Gott oder ein Kind von Göttern; dies zu erkennen [c] kommt eher einem Gesetzgeber zu als allen Dichtern zusammen. Wer sich nun von unserer Rede überzeugen lässt, ist glücklich und möge für alle Zeit glücklich sein; wer ihr aber nicht glaubt, soll es als Nächstes mit etwa folgendem Gesetz zu tun bekommen:

Wenn jemand etwas stiehlt, das dem Volk gehört, sei es etwas Großes oder auch nur ein Kleines, so erfordert dies dieselbe Strafe. Denn wer etwas Kleines stiehlt, der hat mit derselben Begehrlichkeit, aber mit [d] geringerem Erfolg gestohlen: Wer aber das Größere fortschafft, das er nicht vorher hingelegt hat, der begeht das volle Unrecht. Folglich fordert das Gesetz nicht etwa im Hinblick auf die Größe des Diebstahls für den einen eine geringere Strafe als für den andern, wohl aber deshalb, weil der eine vielleicht noch heilbar, der andere dagegen unheilbar ist. Wenn also jemand einen Fremden oder einen Sklaven vor Gericht als einen Dieb von Gemeineigentum überführt, so soll in der Annahme, dass er wahrscheinlich heilbar ist, für ihn eine Entscheidung darüber getroffen werden, was [942a] er erleiden oder welche Geldbuße er zahlen soll. Einen Bürger aber, der so erzogen worden ist, wie er bei uns erzogen sein wird, den soll man, wenn er überführt wird, dass er seine Vaterstadt bestohlen oder beraubt hat, sei es auf frischer Tat oder nicht, in der Annahme, dass er so gut wie unheilbar ist, mit dem Tod bestrafen.

Für das Heerwesen sind mancherlei Rat und mancherlei Gesetze angebracht; das wichtigste aber ist dies: Niemals darf jemand ohne Führung sein, weder ein Mann noch eine Frau, und niemandes Seele darf sich daran gewöhnt haben, im Ernstfall oder bei den Kampfspielen irgendetwas [b] auf eigene Faust im Alleingang zu tun, sondern in jedem Krieg und in jeder Friedenszeit soll man fortwährend auf den Befehlshaber blicken und ihm folgend leben und indem man sich selbst im Kleinsten von ihm lenken lässt, wie zum Beispiel stehenbleiben, wenn es einer befiehlt, marschieren, exerzieren, sich waschen, essen, nachts aufstehen, um

Wache zu halten und Meldungen zu überbringen, und mitten in der Gefahr niemandem nachsetzen und vor niemandem zurückweichen ohne [c] Anweisung der Befehlshaber; mit einem Wort: Man muss seine Seele durch Gewöhnung dazu bringen, dass sie gar nicht auf den Gedanken kommt oder sich darauf versteht, etwas ohne die andern zu tun, sondern dass das Leben aller sich möglichst zusammen und gleichzeitig und gemeinsam mit allen anderen abspielt – denn ein stärkeres und besseres und wirksameres Mittel zur Rettung im Krieg und zum Sieg gibt es nicht und wird es niemals geben als dieses; darin muss man sich im Frieden schon gleich von Kind an üben, dass man über andere herrscht und sich von anderen beherrschen lässt. Die Herrschaftslosigkeit aber muss aus dem ganzen [d] Leben aller Menschen und aller Tiere ausgerottet werden, die den Menschen untertan sind.

Und so muss man auch die Reigentänze ausnahmslos mit Blick auf kriegerische Heldentaten tanzen und sich eine allumfassende Genügsamkeit und Unempfindlichkeit zu demselben Zweck aneignen, ferner Enthaltsamkeit gegenüber Speisen und Getränken und die Fähigkeit zum Ertragen der Winterkälte und ihres Gegenteils sowie eines harten Nachtlagers, und was das Wichtigste ist: Die Kraft des Kopfes und der Füße darf man nicht verderben durch Umhüllen mit fremden Bedeckungen, wodurch man das natürliche Wachstum der ihnen eigenen Filzkappe und [e] Schuhsohlen unterbindet. Denn wenn diese beiden, die die äußersten Körperteile sind, unversehrt erhalten werden, bringen sie die Kraft des ganzen Körpers zu höchster Entfaltung, während im umgekehrten Fall das Gegenteil eintritt, und der eine Teil ist der treueste Diener des ganzen

Körpers, der andere ist am ehesten zur Herrschaft über ihn bestimmt, [943a] weil er von Natur alle entscheidenden Sinnesorgane des Körpers in sich beherbergt.

Dieses Lob des kriegerischen Lebens, so sollte sich der junge Mann vorstellen, bekäme er von uns zu hören, ferner aber auch folgende Gesetze: Heeresdienst hat zu leisten, wer in die Aushebungsliste eingetragen ist oder für irgendein Teilkontingent aufgestellt ist. Wenn aber jemand aus Feigheit ohne Erlaubnis der Strategen sich dem Dienst entzieht, soll er wegen Verweigerung des Heeresdienstes vor den Militärbeamten angeklagt werden, sobald diese aus dem Felde zurückkehren; Richter sollen die Teilnehmer des Feldzuges sein, und zwar jeweils getrennt die [b] Hopliten und die Reiter und die anderen Waffengattungen ebenso; und die Hopliten soll man vor die Hopliten, die Reiter vor die Reiter und die anderen in derselben Weise vor die Angehörigen ihrer Abteilung führen, und wenn jemand schuldig gesprochen wird, soll er niemals befugt sein, sich um jegliche Art von Auszeichnung zu bewerben oder einen andern wegen Verweigerung des Heeresdienstes zu verklagen oder als Ankläger in solchen Fällen aufzutreten; außerdem soll das Gericht abschätzen, was er zu erleiden oder zu bezahlen hat.

Danach, wenn die Prozesse wegen Verweigerung des Heeresdienstes entschieden sind, sollen die Befehlshaber wiederum für jede [c] Waffengattung eine Versammlung einberufen, und jeder, der will, soll sich vor seiner eigenen Abteilung der Entscheidung über die Auszeichnungen stellen, wobei er nichts, was einen früheren Krieg betrifft, anführen darf, weder einen Beweis noch eine Bestätigung durch Zeugenaussagen, sondern nur was sich auf eben den Feldzug bezieht, den sie gerade durchgeführt haben. Siegespreis soll jeweils ein Kranz aus Olivenzweigen sein. Diesen soll der Betreffende im Heiligtum der Kriegsgötter, die er bevorzugt, mit einer Inschrift versehen aufstellen zum lebenslangen Zeugnis für die Zuerkennung der höchsten Auszeichnung und ebenso für die des zweiten oder des dritten Preises.

Wenn aber jemand zwar ins Feld zieht, aber ohne Rückzugsorder der [d] Befehlshaber vor der Zeit nach Hause geht, soll gegen diese Leute Klage wegen Verlassens des Postens vor denselben Richtern wie bei der Verweigerung des Heeresdienstes erhoben werden; die schuldig Gesprochenen sollen dieselben Strafen treffen, wie sie auch vorhin festgesetzt worden sind.

Bei jeder Klage, die ein Mann gegen einen andern vorbringt, muss er sich natürlich davor hüten, dass er ihm nicht fälschlich eine Strafe zuzieht, weder absichtlich, noch unabsichtlich, soweit dies möglich ist – [e] denn eine jungfräuliche Tochter der Aidos wird die Dike genannt und heißt mit Recht so; Falschheit ist aber der respektvollen Scheu und der Gerechtigkeit ihrer Natur nach verhasst –, und muss sich überhaupt davor in Acht nehmen, dass er sich gegen die Gerechtigkeit vergeht, besonders aber, wenn es um den Verlust der Waffen im Krieg geht, damit man nicht etwa die Fälle erzwungenen Wegwerfens falsch beurteilt und sie, als sei dies etwas Schimpfliches, jemandem zum Vorwurf macht und so einem, der es nicht verdient, unverdiente Strafen zuzieht. Allerdings ist es keineswegs leicht, dies beides voneinander zu unterscheiden; trotzdem muss [944a] das Gesetz irgendwie sie nach Arten zu scheiden versuchen. Wir wollen also die Sage zu Hilfe nehmen und feststellen: Wenn Patroklos, nachdem er ohne seine Waffen in sein Zelt gebracht worden war, wieder zu sich gekommen wäre, wie es ja schon Tausenden widerfahren ist, während jene ersten Waffen, die nach den Worten des Dichters dem Peleus von den Göttern bei der Hochzeit als Mitgift zur Thetis hinzugegeben worden waren, während diese Waffen also Hektor in Besitz hatte, so hätten alle Böswilligen damals dem Sohn des Menoitios den Verlust seiner Waffen vorwerfen können. Ebenso ferner allen, die beim Sturz von [b] Felsenhöhen ihre Waffen verloren haben oder auf dem Meer oder wenn sie im Kampf mit Stürmen plötzlich eine gewaltige Wasserflut überraschte, oder unter tausenderlei Umständen dieser Art, die man zur Beschwichtigung anführen könnte, um ein Übel, das leicht zu Verleumdungen Anlass gibt, in ein schöneres Licht zu rücken. Also muss man nach Möglichkeit das größere und unangenehmere Übel von dem entgegengesetzten trennen. Nun führt in der Regel bei solchen Vorwürfen schon der Gebrauch der entsprechenden Wörter zu einer gewissen Scheidung. Denn »Schildwegwerfer« kann man nicht in allen Fällen mit Recht als Bezeichnung [c] gebrauchen, wohl aber »Verlierer der Waffen«. Denn wem die Waffen mit entsprechender Gewalt entrissen wurden, der erweist sich nicht im selben Sinne als »Schildwegwerfer« wie einer, der sie freiwillig preisgegeben hat, sondern er ist von ihm ganz und gar verschieden. Folgendermaßen soll also die Formulierung im Gesetz lauten:

Wenn jemand, der vom Feind eingeholt wird und noch seine Waffen hat, sich nicht umwendet und sich wehrt, sondern diese freiwillig loslässt oder wegwirft, weil er lieber ein schimpfliches Leben in Feigheit wählt als einen schönen und glücklichen Tod in Tapferkeit, so soll bei einer derartigen Verkehrung der Waffen in ihr Gegenteil eine Bestrafung [d] wegen Wegwerfens erfolgen; bei dem vorhin erwähnten Verlust dagegen soll der Richter nicht auf eine genauere Prüfung verzichten. Denn einen schlechten Menschen muss man immer bestrafen, damit er sich bessert, nicht aber einen Unglücklichen; denn dies führt zu nichts. Welche Strafe wäre also für den geeignet, der diese Kraft der zur Verteidigung bestimmten Waffen zum gegenteiligen Zweck preisgibt? Ein Mensch kann ja nicht das Umgekehrte von dem tun. was einst ein Gott getan haben soll, indem er den Thessalier Kaineus aus einer Frau in einen Mann verwandelte. Für einen Mann, der seinen Schild wegwirft, wäre es nämlich [e] irgendwie die allerangemessenste Strafe, wenn die jener Geburt entgegengesetzte Geburt, die ihn aus einem Mann in eine Frau verwandelt, über ihn verhängt würde. So aber muss man dem wenigstens möglichst nahekommen, und deshalb soll wegen seiner Liebe zum Leben, damit er nicht noch sein restliches Leben in Gefahr bringt, sondern möglichst lange Zeit als ein Feigling mit Schande behaftet am Leben bleibt, folgendes Gesetz für diese Fälle gelten:

Einen Mann, der vor Gericht schuldig gesprochen wird, auf schimpfliche Weise seine Kriegswaffen verloren zu haben, den darf weder ein [945a] Stratege noch sonst einer der militärischen Befehlshaber jemals als Soldat verwenden oder ihn auf irgendeinen Posten, gleich welcher Art, stellen; widrigenfalls soll ihn der Euthyne zur Rechenschaft ziehen, und zwar wenn der, der einem Feigling einen Posten angewiesen hat, der höchsten Vermögensklasse angehört, mit 1000 Drachmen; wenn zur zweiten, mit fünf

Minen; wenn zur dritten, mit drei und wenn er der vierten Klasse angehört, mit einer Mine. Wer aber vor Gericht schuldig gesprochen wird, der soll zusätzlich dazu, dass er von den Gefahren, wie sie Männer auf sich nehmen, gemäß seiner Natur befreit ist, noch eine Geldbuße zahlen, und zwar 1000 Drachmen, wenn er zu höchsten Klasse [b] gehört; fünf Minen, wenn zur zweiten; drei, wenn zur dritten, und eine ebenso wie die Vorgenannten, wenn er zur vierten Klasse gehört.

Was nun die Euthynen betrifft: Welche Überlegungen wären hier angebracht, da ja unsere Beamten teils durch den Zufall des Loses und für ein Jahr zu Beamten werden, teils für mehrere Jahre und aus einer Vorauswahl? Wer wäre denn für solche Männer ein geeigneter Prüfer, der es wieder gerade richtet, falls einer von ihnen irgendwie etwas Krummes tut, weil er verbogen wird von der Schwere des Amtes einerseits und andererseits von seinem Mangel an Fähigkeiten gegenüber der Würde des [c] Amtes? Leicht ist es gewiss nicht, zur Kontrolle der Beamten einen Beamten zu finden, der sie an Tugend übertrifft; trotzdem müssen wir versuchen, solche Euthynen von geradezu göttlicher Art zu finden. Denn es ist doch so: Es gibt viele Stücke, die über die Auflösung einer Verfassung entscheiden, wie bei einem Schiff oder einem Lebewesen die Taue und Spanngurte bzw. die Sehnenstränge, die wir als eine ihrem Wesen nach einheitliche, aber an viele Orte zerstreute Gattung auch mit vielen Namen bezeichnen. Und hier haben wir nun ein solches und nicht das unbedeutendste Stück, das über die Erhaltung oder über die Auflösung und das [d] Verschwinden einer Staatsverfassung entscheidet. Wenn nämlich die, die von den Beamten Rechenschaft fordern, besser als diese sind und wenn dies mit untadeliger Gerechtigkeit und auf untadelige Weise geschieht, dann wird das ganze Land und die Stadt blühen und glücklich sein. Wenn es aber bei der Rechenschaftsablegung der Beamten anders zugeht, dann löst sich die Gerechtigkeit auf, welche alle politischen Aktivitäten zu einer Einheit zusammenfasst, und auf diese Weise wird jede Behörde von der anderen losgerissen, und indem sie nicht mehr auf dasselbe Ziel [e] hinstreben, machen sie aus der einen Stadt viele, erfüllen sie mit Parteiungen und richten sie bald zugrunde. Deshalb müssen auf jeden Fall die Euthynen bewundernswert in jeder Tugend sein. Wir wollen also für die Entstehung dieser Männer folgendes Verfahren gewissermaßen zurechtzimmern:

Jedes Jahr soll nach der Wende der Sonne vom Sommer zum Winter die gesamte Stadt in einem gemeinsamen heiligen Bezirk des Helios und des Apollon zusammenkommen, um dem Gott drei Männer aus ihrer [946a] Mitte zu präsentieren, und zwar jeder jeweils den, den er in jeder Hinsicht für den besten hält (sich selbst ausgenommen) und der mindestens 50 Jahre alt ist. Von denen, die vorgeschlagen werden, soll man diejenigen, für welche die meisten gestimmt haben, auswählen bis zur Hälfte, falls die Gesamtzahl gerade ist; ist sie aber ungerade, soll man einen ausscheiden, der die wenigsten Stimmen bekommen hat, dann die Hälfte übrig lassen, indem man die anderen nach der Anzahl der Stimmen aussondert; falls aber einige gleich viele Stimmen erhalten und so die Hälfte überschritten wird, soll man den Überhang beseitigen, indem man [b] jeweils die Jüngsten ausscheidet; die andern soll man zur Wahl zulassen und über sie erneut abstimmen, bis drei mit ungleicher Stimmenzahl übrig bleiben. Falls aber alle drei oder zwei gleich viele Stimmen erhalten, soll man es der glücklichen Fügung und dem Zufall anheimstellen und durch das Los den Sieger und den Zweiten und den Dritten ermitteln und sie mit einem Olivenzweig bekränzen; und wenn man ihnen die höchsten Auszeichnungen überreicht hat, soll man allen verkünden, dass die Stadt der Magneten, die nach dem Willen der Gottheit erneut der Rettung teilhaftig wurde, dem Helios ihre drei besten Männer präsentiert und sie [c] gemäß dem alten Brauch als gemeinsame Erstlingsgabe dem Apollon und dem Helios weiht für so lange Zeit, wie sie der getroffenen Wahl entsprechen werden. Solche Euthynen soll man im ersten Jahr zwölf einsetzen, bis jeder das 75. Lebensjahr erreicht hat; in der Folgezeit sollen jährlich jeweils drei hinzukommen.

Diese sollen alle Beamten in zwölf Gruppen teilen und sie unter Anwendung aller Untersuchungsmethoden, die einem Freien angemessen [d] sind, überprüfen. Wohnen aber sollen sie, solange sie als Euthynen amtieren, in dem heiligen Bezirk des Apollon und Helios, in welchem sie auch gewählt wurden. Und wenn sie teils jeder für sich, teils auch gemeinsam miteinander ihr Urteil über die ausscheidenden Beamten gefällt haben, sollen sie der Stadt durch Aufstellung einer Schrifttafel auf dem Marktplatz für jeden einzelnen Beamten bekanntgeben, was er nach dem Spruch der Euthynen zu erleiden oder zu bezahlen hat. Wenn einer der Beamten aber bestreitet, gerecht beurteilt worden zu sein, soll er die Euthynen vor die Auserlesenen Richter bringen, und wenn er vom Spruch der Euthynen freikommt, soll er die Euthynen selbst verklagen, wenn er [e] will. Wenn er aber schuldig gesprochen wird und ihm von den Euthynen der Tod als Strafe zuerkannt worden war, so soll er, wie es nicht anders möglich ist, den einfachen Tod sterben; die anderen Strafen, soweit man sie doppelt bezahlen kann, soll er in doppelter Höhe bezahlen.

Worin aber die Rechenschaftslegung eben dieser Euthynen besteht und auf welche Weise sie durchgeführt werden soll, das sollt ihr nun hören. Bei Lebzeiten soll diesen Männern, die von der ganzen Stadt der höchsten Auszeichnung gewürdigt worden sind, ein Platz in der ersten Reihe [947a] bei allen Festversammlungen zustehen, ferner sollen bei den gemeinsamen Opfern der Hellenen und bei Festspielen und allen sonstigen religiösen Feiern, die sie gemeinsam begehen, aus ihrer Mitte die Anführer der Festgesandtschaft genommen und ausgesandt werden; und sie sollen als Einzige unter Bürgern in der Stadt mit einem Lorbeerkranz geschmückt sein; und alle sollen Priester des Apollon und Helios sein; jährlicher Oberpriester aber soll der eine sein, der den ersten Rang unter denen [b] erhielt, die in jenem Jahr unter die Priester gewählt wurden; und seinen Namen soll man jährlich aufschreiben, damit er zum Maß der Zeitrechnung wird, solange die Stadt bewohnt wird.

Sind sie gestorben, soll ihre Aufbahrung und der Leichenzug und ihre Gruft sich von der aller andern Bürger unterscheiden: Man soll ein ganz weißes Gewand tragen, ohne Trauergesänge und Klagelieder soll alles vor sich gehen; vielmehr soll ein Chor von 15 Mädchen und ein weiterer aus 15 Knaben sich jeweils beiderseits der Bahre aufstellen und gleichsam als Hymnus jeweils abwechselnd ein auf diese Priester [c] gedichtetes Loblied singen, und sie so mit ihrem Gesang den ganzen Tag hindurch glücklich preisen.

Bei Tagesanbruch sollen 100 junge Männer, die das Gymnasium besuchen und von den Verwandten des Verstorbenen dazu ausersehen wurden, die Bahre zur Gruft tragen; an der Spitze sollen die unverheirateten Männer voranschreiten, ein jeder in seiner Kriegsrüstung, die Reiter mit ihren Pferden, die Hopliten mit ihren schweren Waffen und die andern ebenso; unmittelbar um die Bahre sollen vor ihr die Knaben das vaterländische Lied singen, hinter ihr [d] schließen sich die Mädchen an und alle Frauen, die über die Zeit des Kindergebärens hinaus sind; danach sollen Priester und Priesterinnen, auch wenn sie sonst von Begräbnissen ausgeschlossen sind, diesem Begräbnis folgen, das als kultisch rein gilt, sofern auch der Spruch der Pythia damit einverstanden ist. Als Gruft aber soll für die Euthynen unter der Erde ein längliches Gewölbe aus kostbaren und möglichst dauerhaften Steinen hergerichtet sein mit nebeneinander angeordneten steinernen [e] Liegebänken; darauf soll man den nunmehr glückselig Gewordenen niederlegen, dann eine kreisförmige Aufschüttung vornehmen und ringsum einen Hain von Bäumen pflanzen außer an einer Seite, damit das Grab hier für alle Zeit eine Erweiterung zulässt, die für die zu Bestattenden eine weitere Aufschüttung erfordert. Alljährlich aber soll man einen musischen und einen gymnischen Wettbewerb und einen Reiterwettkampf zu ihren Ehren veranstalten. Dies also sind die Ehrungen für diejenigen, welche die Rechenschaftslegung erfolgreich bestanden haben.

Wenn aber einer von ihnen, durch seine Wahl zuversichtlich geworden, seine menschliche Natur hervorkehrt, indem er nach der Wahl schlecht wird, soll das Gesetz anordnen, dass jeder, der will, ihn verklagen kann; [948a] die

Verhandlung vor einem Gericht soll etwa in folgender Weise durchgeführt werden. Zunächst sollen die Gesetzeswächter diesem Gericht angehören, dann diejenigen, die von eben diesen Euthynen noch am Leben sind, außerdem das Kollegium der Auserlesenen Richter. Der Kläger aber soll die Klage gegen den, den er verklagt, in der schriftlichen Formulierung vorbringen, dass »der und der der höchsten Auszeichnung und des Amtes unwürdig ist«. Und wenn der Angeklagte verurteilt wird, soll er seines Amtes und der Bestattung und der sonstigen ihm zuerkannten Ehren verlustig gehen; erhält aber der Ankläger nicht den fünften Teil [b] der Stimmen, so soll er als Angehöriger der höchsten Vermögensklasse zwölf Minen als Buße zahlen; wenn er der zweiten angehört, acht; wenn der dritten, sechs und wenn er der vierten Klasse angehört, zwei.

Rhadamanthys hat wegen der Art, wie er der Sage nach die Prozesse entschied, Bewunderung verdient. Er sah nämlich, dass die Menschen damals unzweifelhaft an das Dasein von Göttern glaubten, was ganz natürlich war, da ja in der damaligen Zeit viele von den Göttern abstammten, darunter er selbst, wie die Sage berichtet. Offenbar dachte er nun, man dürfe keinem menschlichen Richter das Richten überlassen, sondern den Göttern, weshalb die Prozesse von ihm einfach und rasch entschieden wurden. Indem er nämlich bei jedem strittigen Punkt den streitenden [c] Parteien einen Eid auferlegte, war er mit der Sache rasch und sicher fertig. Heutzutage dagegen, wo ein Teil der Menschen, wie gesagt, überhaupt nicht an Götter glaubt und andere meinen, sie kümmerten sich nicht um uns, die Meinung der meisten und schlechtesten Menschen aber die ist, dass die Götter gegen den Empfang kleiner Opfer und Schmeicheleien beim Raub großer Schätze mithelfen und sie in vielen Fällen von schweren Strafen befreien, dürfte wohl den heutigen Menschen das Verfahren [d] des Rhadamanthys bei den Prozessen nicht mehr angemessen sein. Da sich also die Ansichten über die Götter bei den Menschen geändert haben, müssen sich auch die Gesetze ändern. Beim Einreichen von Klagen müssen nämlich die Gesetze, die mit Vernunft aufgestellt sind, die Eide der beiden Prozessgegner abschaffen, und wer eine Klage gegen jemanden einreicht, soll seine Anklagepunkte niederschreiben, aber keinen Eid dazu schwören, und der Beklagte soll ebenso seine Gegendarstellung schriftlich bei den Beamten ohne Eid einreichen. Denn es wäre doch schrecklich, wenn man, falls viele Prozesse in einer Stadt stattfinden, [e] sicher wüsste, dass fast die Hälfte der Bürger einen Meineid geschworen hat und sie dennoch bei den gemeinsamen Mahlzeiten ganz unbeschwert miteinander zusammenkommen und auch bei den sonstigen Versammlungen und den privaten Zusammenkünften einzelner Bürger.

Also soll ein Gesetz aufgestellt sein, dass zwar ein Richter schwören soll, wenn er sich zu richten anschickt, und dass derjenige, der die Beamten für das Gemeinwesen bestellt, dies jedesmal so tun soll, dass er [949a] entweder unter Eid seine Stimme abgibt oder mittels Stimmtäfelchen, die aus einem Heiligtum genommen sind; ferner ein Preisrichter bei den Chören und jeder musischen Darbietung und bei gymnischen Wettbewerben und bei Reiterwettkämpfen und überhaupt bei allem, was nach menschlicher Auffassung jemandem keinen Gewinn bringt, wenn er falsch schwört. Diejenigen Streitfälle aber, bei denen einem durch Ableugnen und Abschwören ein großer Gewinn zu winken scheint, die sollen alle, die eine Klage gegeneinander vorbringen, durch Gerichtsverfahren ohne Eidschwüre entscheiden lassen. Und überhaupt sollen bei einer [b] Gerichtsverhandlung die Vorsitzenden niemandem gestatten, um der größeren Überzeugungskraft willen bei seiner Aussage zu schwören oder sich selbst und seine Familie zu verfluchen oder sich auf unwürdiges Flehen und weibisches Jammern zu verlegen, sondern der Betreffende soll den eigenen Rechtsstandpunkt stets in zurückhaltendem Ton bis zu Ende darlegen und den der Gegenseite zur Kenntnis nehmen; widrigenfalls sollen ihn die Beamten, wie einen, der nicht zum Thema spricht, wieder zur Erörterung des jeweiligen Falles zurücklenken. Einem Fremden jedoch soll gegenüber einem Fremden gestattet sein, wie heute üblich, rechtskräftig [c] Eide voneinander zu anzunehmen, wenn sie wollen, und einander aufzuerlegen – denn solche Leute werden ja meistens in unserer Stadt nicht alt werden oder sich hier einnisten und andere Leute ihres Schlages hervorbringen, die dann Wohnrecht im Land haben werden –, und bei der Einreichung von Klagen gegeneinander soll das gerichtliche Verfahren für sie alle in derselben Weise vor sich gehen.

In allen Fällen, in denen ein freier Mann der Stadt ungehorsam ist, soweit sie nicht Schläge oder Haft oder den Tod verdienen, sondern wenn es um die Teilnahme an Chören oder Prozessionen oder sonstigen [d] gemeinsamen Feiern oder um finanzielle Leistungen für das Gemeinwesen geht, wie etwa für ein Opfer im Frieden oder anlässlich der Erhebung einer Kriegssteuer, in allen Fällen dieser Art soll die erste Verpflichtung der Ausgleich des Verlustes sein. Gegen diejenigen aber, die nicht gehorchen, soll denen, die die Stadt und das Gesetz mit der Eintreibung beauftragt, das Recht zur Pfändung zustehen; wer trotz der Pfändung nicht gehorcht, dessen Pfand soll verkauft werden und das Geld soll der Stadt zufallen. Ist aber eine höhere Strafe erforderlich, so sollen die Beamten jeweils den Ungehorsamen die angemessenen Geldbußen auferlegen und [e] sie vor Gericht führen, bis sie bereit sind, das Aufgetragene zu tun.

Eine Stadt aber, die keine Erwerbsquelle außer dem Ertrag des Bodens hat und die keinen Handel treibt, muss sich bezüglich der Reisen ihrer Bürger ins Ausland und der Aufnahme von Fremden aus andern Städten überlegt haben, wie sie zu verfahren hat. Hierzu muss der Gesetzgeber seinen Rat beisteuern, indem er es zunächst nach Kräften mit Überzeugung versucht.

Es liegt nun in der Natur der Sache, dass der Verkehr von Städten mit Städten die mannigfaltigsten Sitten miteinander vermengt, indem [950a] Fremde unter Fremden gegenseitig Neuerungen einführen. Gerade dies würde den Städten, die durch richtige Gesetze gut verwaltet werden, den allergrößten Schaden zufügen; für die meisten Städte aber, die ja keineswegs gute Gesetze haben, macht es keinen Unterschied, wenn sie sich mit Fremden vermischen, sei es, dass sie diese aufnehmen oder dass sie selbst in andere Städte ausschwärmen, sooft einer Lust zu einer Auslandsreise wohin und wann auch immer bekommt, mag er noch jung oder auch schon älter sein. Andererseits aber gar keine Fremden aufzunehmen und nicht selber irgendwohin ins Ausland zu verreisen ist ganz unmöglich; [b] überdies würde dies den andern Menschen als grausam und unfreundlich erscheinen, weil wir in deren Augen die sogenannten

›Fremdenvertreibungen‹ – ein hartes Wort! – praktizieren und einen selbstgefälligen und harten Charakter besitzen würden, wie es ihnen scheinen könnte.

Man darf es aber niemals als etwas Geringes ansehen, ob man bei den anderen im Ruf eines guten Menschen steht oder nicht. Denn so sehr auch die große Masse das Wesen der Tugend verfehlt haben mag, so hat sie doch nicht in gleichem Maße die Fähigkeit verloren, die anderen danach zu beurteilen, wer schlecht und wer gut ist, sondern etwas Göttliches und Treffsicheres wohnt auch den Schlechten inne, so dass selbst [c] unter den ganz schlechten Menschen sehr viele in ihren Worten und Überzeugungen die besseren und die schlechteren Menschen gut voneinander unterscheiden können. Daher ist es für die meisten Städte eine schöne Empfehlung, auf einen guten Ruf bei der Masse Wert zu legen. Die richtigste und wichtigste allerdings ist die, dass man nur dann, wenn man auch wahrhaft gut ist, einem guten Ruf im Leben nachjagen soll, ohne diese Voraussetzung aber auf keinen Fall, wenigstens wer ein vollkommener Mann sein will; und so wird es auch der in Kreta zu gründenden Stadt gut anstehen, sich bei den anderen Menschen den denkbar [d] schönsten und besten Ruf hinsichtlich der Tugend zu erwerben. Es besteht aber alle Aussicht, dass sie, wenn sie gemäß unserem Plan geschaffen wird, wahrscheinlich zusammen mit nur wenigen die Sonne und die anderen Götter als eine von den Städten und Ländern erblicken wird, die eine gute Gesetzesordnung haben.

Folgendermaßen soll also bezüglich der Reisen in andere Länder und Orte und der Aufnahme von Fremden verfahren werden.

Zunächst soll es einem, der jünger als 40 Jahre ist, auf keinen Fall und unter keinen Umständen erlaubt sein, ins Ausland zu reisen, sodann zu privaten Zwecken niemandem; in staatlichem Auftrag aber soll es Herolden oder Gesandtschaften oder auch bestimmten Festabgeordneten [e] erlaubt sein. Die durch Kriege und Feldzüge bedingten Auslandsaufenthalte brauchen jedoch nicht unter den Reisen im Auftrag der Stadt erwähnt zu werden, als ob sie zu diesen zählten. Aber nach Pytho zu Apollon und nach Olympia zu Zeus und nach Nemea und auf den Isthmos sind Leute zu entsenden, die an den Opfern und den Wettspielen zu Ehren dieser Götter teilnehmen, und zwar möglichst viele und zugleich möglichst schöne und tüchtige Leute, welche die Stadt bei den heiligen und friedlichen Zusammenkünften in gutem Ruf erscheinen lassen und ihr so einen [951a] den Kriegstaten gleichwertigen Ruhm verschaffen und die nach ihrer Heimkehr die jüngeren Leute darüber belehren sollen, dass die gesetzlichen Verfassungseinrichtungen der anderen nur den zweiten Rang verdienen.

Aber auch noch andere Beobachter folgender Art müssen ausgesandt werden, sofern sie von den Gesetzeswächtern die Erlaubnis bekommen haben: Wenn einige Bürger Lust haben, die Verhältnisse bei den anderen Menschen in größerer Muße zu beobachten, so soll sie kein Gesetz [b] hindern. Denn eine Stadt, die keine Erfahrungen mit schlechten und mit guten Menschen macht, wird infolge ihres fehlenden Umgangs wohl niemals fähig sein, ausreichend gesittet und vollkommen zu werden; und umgekehrt wird sie ihre Gesetze nicht dauerhaft bewahren können, wenn sie diese nicht aus Einsicht statt bloß aus Gewohnheit annimmt. Es gibt nämlich auch in der großen Masse immer wieder einige göttliche Menschen – nicht viele –, mit denen zusammenzutreffen von unschätzbarem Wert ist und die in Städten mit guten Gesetzen nicht häufiger geboren werden als in den andern. Ihrer Spur muss ein Bewohner der gut verwalteten Städte immer wieder auf seinen Reisen zu Wasser und zu Lande nachgehen und nach ihnen suchen, sofern er gegen verderbliche [c] Einflüsse gefeit ist, teils um die gesetzlichen Einrichtungen, die bei ihnen daheim bereits in vortrefflicher Form vorhanden sind, noch fester zu begründen, teils um sie zu verbessern, falls sie Mängel aufweisen. Denn ohne dieses Beobachten und Nachforschen wird niemals eine Stadt in ihrer Vollkommenheit bestehen bleiben und auch nicht, wenn man dieses Beobachten schlecht durchführt.

KL. Wie könnte nun beides bewerkstelligt werden?

ATH. Folgendermaßen. Erstens muss ein solcher Beobachter über 50 Jahre alt sein, sodann zu denen gehören, die sich sowohl sonst als auch besonders im Krieg einen guten Ruf erworben haben, wenn das [d] Kollegium der Gesetzeswächter ihn als Muster in die andern Städte entsenden soll. Ist er aber über 60 Jahre alt, soll er nicht mehr als Beobachter tätig sein. Wenn er nun von den zehn Jahren so viele, wie er will, als Beobachter tätig war und nach Hause zurückgekehrt ist, soll er sich in die Versammlung derer begeben, die über die Gesetze die Aufsicht führen. Diese soll aus jungen und älteren Leuten zusammengesetzt sein und sich jeden Tag pflichtgemäß vom Morgengrauen bis zum Sonnenaufgang versammeln; an erster Stelle besteht sie aus den Priestern, die die höchste Auszeichnung erhalten haben, sodann gehören dazu von [e] den Gesetzeswächtern die jeweils zehn ältesten; ferner der Aufseher über die gesamte Erziehung, und zwar sowohl der neue wie auch die aus diesem Amt ausgeschiedenen. Jeder von diesen soll aber nicht allein kommen, sondern mit einem jungen Mann zwischen 30 und 40 Jahren, wobei er jeweils den, der ihm zusagt, mitbringen soll.

[952a] Die Zusammenkunft dieser Männer und ihre Gespräche sollen sich stets mit Gesetzen befassen, sowohl mit denen der eigenen Stadt als auch mit dem, was sie etwa andernorts auf diesem Gebiet Besonderes erfahren, und ebenso mit allen Kenntnissen, die bei einer solchen Prüfung dazu beizutragen scheinen, dass denen, die über diese Kenntnisse verfügen, die Sache klarer wird, während denen, die die Kenntnisse nicht besitzen, das Gebiet der Gesetzgebung dunkel und undurchschaubar erscheint. Was nun hieraus die Älteren auswählen, das sollen die Jüngeren mit allem Eifer lernen. Wenn aber einer der Hinzuberufenen unwürdig zu sein scheint, so soll dem, der ihn berufen hat, die ganze Versammlung [b] Vorwürfe machen; auf diejenigen von diesen jungen Männern aber, die sich einen guten Ruf erwerben, soll die übrige Stadt Acht geben, indem sie auf sie ihr besonderes Augenmerk richtet und sie beobachtet, und soll sie ehren, wenn sie sich richtig verhalten, und soll sie mehr als die anderen mit Ehrenentzug strafen, wenn sie sich schlechter als die Vielen erweisen.

In diese Versammlung also soll derjenige, der die gesetzlichen Einrichtungen bei den andern Menschen beobachtet hat, sich sogleich nach seiner Ankunft begeben; und wenn er Leute gefunden hat, die ihm irgendeine Ansicht von irgendwelchen Leuten über die Gesetzgebung oder über die Bildung oder die Erziehung aufzeigen konnten, oder wenn er gar mit eigenen Beobachtungen zurückkommen sollte, so soll er diese der ganzen Versammlung mitteilen. Und wenn er den Eindruck macht, dass er [c] um nichts schlechter oder besser zurückgekehrt ist, soll man ihn wenigstens seines großen Eifers wegen loben; erweist er sich aber als viel besser, so soll er, solange er lebt, noch viel mehr gelobt werden, und nach seinem Tod sollen ihn die Versammlungsmitglieder kraft ihrer Vollmacht mit gebührenden Ehren ehren. Wenn man aber den Eindruck hat, dass er verdorben zurückgekehrt ist, so darf er mit niemandem, weder mit einem Jungen noch einem Älteren, verkehren und sich dabei als weise aufspielen. Und wenn er den Beamten gehorcht, soll er als Privatmann [d] weiterleben; wenn nicht, soll er sterben, zumal wenn er vor Gericht überführt wird, sich in Fragen der Erziehung und der Gesetze eingemischt zu haben. Wenn ihn aber, falls er vor Gericht geladen zu werden verdient, keiner der Beamten vorlädt, soll dies den Beamten bis zur Entscheidung über die höchsten Auszeichnungen als Vorwurf vermerkt werden.

Wer also außer Landes geht, soll das in dieser Weise tun und hierfür die erwähnten Eigenschaften mitbringen. Nach ihm gilt es den, der in unser Land einreist, freundlich zu empfangen. Es gibt nun vier Arten von Fremden, die wir berücksichtigen müssen:

Der erste und länger anwesende Fremde kommt in der Regel jeweils [e] im Sommer immer wieder zu Besuch wie die durchziehenden Vögel – auch von diesen Fremden kommen ja die meisten geradezu wie auf Flügeln während der guten Jahreszeit des Gelderwerbs wegen als Handelsreisende über das Meer in die anderen Städte geflogen; diesen sollen die hierfür eingesetzten Beamten auf Märkten, in Häfen und in öffentlichen Gebäuden außerhalb der Stadt in deren Nähe aufnehmen; dabei [953a] haben sie darauf zu achten, dass keiner dieser Fremden irgendeine Neuerung einführt, und sollen ihre Rechtsstreitigkeiten richtig entscheiden, wobei sie nur soweit unbedingt nötig, aber möglichst selten mit ihnen verkehren sollen.

Der zweite Fremde ist ein wirklicher Beobachter, der mit den Augen die Schauspiele anschaut und alle für die Ohren bestimmten musischen Darbietungen. Für jeden Gast dieser Art müssen Herbergen neben den Heiligtümern zur gastfreundlichen Aufnahme von Menschen eingerichtet sein; auch müssen Priester und Tempeldiener für solche Leute sorgen und sie betreuen, bis sie dann, nachdem sie eine angemessene Zeit hier geweilt und das gesehen und gehört haben, weswegen sie gekommen [b] waren, wieder abreisen, ohne einen Schaden verursacht oder erlitten zu haben. Richter für sie sollen die Priester sein, falls jemand einem von ihnen ein Unrecht zufügt oder einer von ihnen einem andern ein Unrecht zufügt, dessen Streitwert unter 50 Drachmen liegt; falls aber eine schwerere Klage gegen sie erhoben wird, soll die richterliche Entscheidung für solche Fälle bei den Marktaufsehern liegen.

Als dritten Fremden soll man auf Staatskosten den aufnehmen, der in staatlichem Auftrag aus einem andern Land kommt. Diesen dürfen nur Strategen und Hipparchen und Taxiarchen aufnehmen; für die Betreuung [c] solcher Leute hat zusammen mit den Prytanen ausschließlich der zu sorgen, bei dem einer dieser Fremden als Gast Wohnung nimmt.

Der vierte Fremde, sofern überhaupt einer kommt, ist ein seltener Besucher; sollte aber einmal einer als Gegenstück zu unseren Beobachtern aus einem andern Land zu uns kommen, so darf er erstens nicht jünger als 50 Jahre sein; außerdem muss er die Absicht haben, etwas Schönes zu sehen, das die Verhältnisse in den anderen Städten an Schönheit übertrifft, oder auch etwas ebenso Vortreffliches einer anderen Stadt zu [d] zeigen. Jeder Fremde dieser Art soll sich nun unaufgefordert an die Türen der Reichen und Weisen begeben, da er selber ein solcher ist. Er soll nämlich im Haus des Aufsehers über die gesamte Erziehung einkehren im Vertrauen darauf, einem solchen Gastgeber ein angemessener Gast zu sein, oder im Haus eines der Bürger, die in der Tugend den Sieg davon getragen haben; und wenn er mit einigen dieser Männer zusammengewesen ist und sie teils belehrt, teils sich von ihnen hat belehren lassen, soll er wieder abreisen, als Freund von Freunden mit Geschenken und gebührenden Ehren ausgezeichnet.

Nach diesen Gesetzen also soll man alle fremden Männer und Frauen [e] aus einem anderen Land aufnehmen und die eigenen Bürger aussenden, um so Zeus, den Gott der Fremden, zu ehren, anstatt durch Essen und Opfer die Vertreibung der Fremden zu bewerkstelligen (wie dies noch heute die Zöglinge des Nils tun) oder durch grausame Erlasse.

Eine Bürgschaft, die jemand übernimmt, soll er mit ausdrücklichen Worten übernehmen, indem er seine Zustimmung zu dem ganzen Rechtsgeschäft in schriftlicher Form bekundet, und zwar vor mindestens drei Zeugen bei Beträgen unter 1000 Drachmen, bei Beträgen über 1000 [954a] Drachmen vor mindestens fünfen. Bürge ist auch der Vorverkäufer einer Ware für den Verkäufer, falls dieser nicht verklagbar oder überhaupt nicht zahlungsfähig ist; auch der Vorverkäufer soll gerichtlich belangt werden können wie der Verkäufer.

Wenn jemand bei einem anderen eine Haussuchung durchführen will, soll er dies entkleidet bis auf das Untergewand ohne Gürtel tun und zuvor bei den vom Gesetz geheiligten Göttern schwören, dass er das Gesuchte gewiss zu finden hoffe. Der andere aber soll sein Haus, und zwar sowohl den versiegelten wie den unversiegelten Besitz, zur Durchsuchung freigeben. Wenn aber jemand einem, der das Haus durchsuchen [b] will, dies nicht gestattet, so soll der Abgewiesene einen Prozess anstrengen unter Angabe des Wertes des gesuchten Gegenstandes; und wenn einer schuldig gesprochen wird, soll er das Doppelte des abgeschätzten Wertes als Schadensersatz zahlen. Wenn jedoch der Hausherr gerade verreist ist, so sollen die Hausbewohner das Unversiegelte durchsuchen lassen; auf das Versiegelte aber soll der Durchsuchende sein eigenes Siegel daneben drücken und wen er will, als Wächter für fünf Tage aufstellen; wenn der Hausherr aber noch länger abwesend ist, so soll er die Stadtaufseher hinzuziehen und mit ihnen die Haussuchung vornehmen, wobei er [c] auch das Versiegelte öffnen darf und es dann in Gegenwart der Hausgenossen und der Stadtaufseher in derselben Weise wieder versiegeln soll.

Für Gegenstände, deren Besitz strittig ist, soll folgende Frist gelten, die einer im Besitz eines Gegenstands sein muss, damit er ihm nicht mehr streitig gemacht werden kann. Über Grundstücke und Häuser wird es zwar hierzulande keinen Streit geben; für die übrigen Fälle aber gilt: Wenn jemand einen Gegenstand, den er erworben hat, in der Stadt und auf dem Markt und an den heiligen Stätten ganz offen benutzt und niemand darauf Anspruch erhebt, wohl aber jemand behauptet, er suche diesen schon die ganze Zeit, jener aber ihn offensichtlich nicht versteckt [d] hielt, wenn also auf diese Weise der eine ein Jahr im Besitz des Gegenstandes und der andere auf der Suche nach ihm gewesen ist, dann soll es niemandem mehr erlaubt sein, auf ein solches Besitzstück Anspruch zu erheben, sobald das Jahr abgelaufen ist. Wenn aber der Besitzer den Gegenstand nicht in der Stadt oder auf dem Markt, wohl aber auf dem Land ganz offen benutzt und ihm innerhalb von fünf Jahren niemand entgegentritt, so soll nach Ablauf der fünf Jahre niemand mehr in der Folgezeit einen Anspruch darauf geltend machen dürfen. Wenn ihn aber jemand in den Häusern und in der Stadt benutzt, soll die Verjährungsfrist drei Jahre [e] betragen, wenn er ihn auf dem Lande im Verborgenen in Besitz hält, zehn Jahre; wenn er ihn aber während eines Aufenthalts in einem andern Land benutzt, so soll während dieser ganzen Zeit, falls ihn jemand irgendwo entdeckt, keine Verjährung für die Geltendmachung des Anspruchs eintreten.

Wenn jemand einen anderen mit Gewalt am Erscheinen vor Gericht hindert, sei es ihn selbst oder dessen Zeugen, so soll, wenn er seinen eigenen oder einen fremden Sklaven hindert, das Urteil ungültig und unwirksam sein; hat er aber einen Freien gehindert, soll er zusätzlich zur [955a] Aufhebung des Urteils ein Jahr in Haft gehalten werden und von jedem, der das will, wegen Menschenraubs belangt werden können.

Wenn aber jemand einen Gegner in einem gymnischen oder musischen oder sonst einem Wettkampf mit Gewalt am Erscheinen hindert, so soll jeder, der will, dies den Kampfrichtern anzeigen; diese sollen dann den, der am Kampf teilnehmen will, ungehindert zum Wettkampf zulassen; wenn sie dazu nicht imstande sind, so sollen sie, falls der gewinnt, der [b] ihn am Wettkampf hindert, den Siegespreis dem Verhinderten geben und ihn als Sieger in den Heiligtümern aufschreiben lassen, in denen er das will; dem aber, der ihn gehindert hat, soll es nicht gestattet sein, jemals ein Weihgeschenk oder eine Inschrift zur Erinnerung an diesen Wettkampf aufzustellen, sondern er soll wegen des Schadens belangt werden können, gleichgültig ob er im Wettkampf unterlegen blieb oder gesiegt hat.

Wenn einer irgendwelches Diebesgut wissentlich bei sich aufnimmt, soll er dieselbe Strafe erleiden wie der Dieb. Auf die Aufnahme eines Verbannten soll der Tod als Strafe stehen.

Jeder muss dieselbe Person wie die Stadt als Freund oder Feind betrachten. Wenn aber jemand eigenmächtig mit jemandem Frieden [c] schließt oder Krieg beginnt ohne gemeinsamen Beschluss, soll dieser gleichfalls mit dem Tod bestraft werden. Wenn ein Teil der Stadt zum eigenen Vorteil mit jemandem Frieden schließt oder Krieg beginnt, sollen die Strategen die für diese Tat Verantwortlichen vor Gericht bringen; wer schuldig gesprochen wird, soll mit dem Tod bestraft werden.

Wer der Vaterstadt irgendeinen Dienst leistet, soll diesen Dienst ohne Annahme von Geschenken leisten; keinerlei Vorwand soll hierfür zulässig sein, und auch die Behauptung verdient kein Lob, dass man nur zu guten Zwecken Geschenke annehmen soll, zu schlechten aber nicht. [d] Denn dies zu unterscheiden und nach der Unterscheidung standhaft zu bleiben ist nicht leicht; am sichersten ist es, auf das Gesetz zu hören und seinem Gebot zu gehorchen, dass man keinen Dienst gegen Geschenke leisten soll. Wer aber nicht gehorcht, soll ohne Weiteres sterben, wenn er vor Gericht verurteilt wird.

Was die Geldabgabe an das Gemeinwesen betrifft, so soll ein jeder sein Vermögen aus mancherlei Gründen abgeschätzt haben, und den jährlichen Ertrag sollen die Angehörigen einer Phyle schriftlich den Landaufsehern angeben, damit die Staatskasse von den beiden Arten der Besteuerung, die es gibt, diejenige anwenden kann, die sie anwenden will, wobei [e] man jährlich darüber beraten soll, ob ein Teil des geschätzten Gesamtvermögens oder des jeweiligen Jahreseinkommens abzüglich der Beiträge für die gemeinsamen Mahlzeiten als Abgabe erhoben werden soll.

Den Göttern hat ein maßvoller Mann auch maßvolle Weihegaben zu schenken. Nun ist ja die Erde und der Herd des Hauses bei allen Menschen allen Göttern heilig; niemand soll nun aber zum zweiten Mal Heiliges den Göttern weihen. Gold und Silber, das in anderen Städten sich in [956a] privaten Häusern und in Heiligtümern befindet, ist ein Neid erregendes Besitzstück; Elfenbein, das von einem Körper stammt, der seine Seele verloren hat, ist kein unbedenkliches Weihgeschenk; Eisen und Bronze sind Werkzeuge für Kriege. Doch ein aus Holz, und zwar aus einem einzigen Stück, bestehendes Weihgeschenk und ebenso eines aus Stein mag jeder nach Belieben bei den allgemeinen Heiligtümern aufstellen; ein Gewebe aber nur, wenn es nicht die monatliche Arbeit einer Frau übersteigt. Als Farbe dürfte Weiß den Göttern sowohl sonst als auch besonders bei einem Gewebe angemessen sein; bunte Farben soll man nur zu kriegerischem Schmuck verwenden. Die den Göttern angemessensten [b] Gaben aber sind Vögel und Bilder, die ein Maler an einem einzigen Tag vollenden kann. Auch die übrigen Weihgeschenke sollen sich an derartige Muster halten.

Nachdem nun die Gliederungen der gesamten Stadt durchgesprochen sind und gesagt worden ist, wie viele und welche es geben soll, und nachdem Gesetze für die Rechtsgeschäfte auf möglichst allen wichtigen Gebieten formuliert worden sind, müssen jetzt als Letztes noch die Gerichtsverhandlungen stattfinden.

Was die Gerichtshöfe angeht, so wird der erste aus gewählten Richtern [c] bestehen, die der Beklagte und der Kläger gemeinsam wählen, Schiedsmännern also, für die aber die Bezeichnung ›Richter‹ angemessener ist. Die zweite Instanz bilden die Dorfbewohner und Phylenmitglieder, die jeweils in Zwölftel aufgeteilt sind; an diese sollen sich die Parteien, wenn sie nicht vor den ersten Richtern zu einer Entscheidung kommen, mit ihrer Streitsache wenden, aber auf die Gefahr einer größeren Geldbuße hin: Der Beklagte soll, wenn er das zweite Mal unterliegt, ein Fünftel der in der schriftlichen Klage beantragten Strafsumme zusätzlich bezahlen. Wenn jemand aber mit diesen Richtern unzufrieden ist und ein drittes [d] Mal prozessieren will, soll er den Rechtsstreit vor die Auserlesenen Richter bringen, und wenn er wieder unterliegt, soll er das Anderthalbfache der beantragten Strafsumme zahlen. Wenn dagegen der Kläger in der ersten Instanz unterliegt und keine Ruhe geben will, sondern sich an die zweite Instanz wendet, so soll er, wenn er gewinnt, den fünften Teil hinzuerhalten; wenn er verliert, soll er denselben Teil der Strafe als Buße zahlen. Wenn aber die Parteien vor das dritte Gericht gehen, weil sie sich den früheren Entscheidungen nicht fügen wollen, so soll der Beklagte im Falle der Niederlage, wie gesagt, das Anderthalbfache, der Kläger aber die Hälfte der beantragten Strafsumme zahlen.

[e] Das Auslosen der Gerichtshöfe und ihre vollzählige Besetzung, die Bestellung von Amtsgehilfen für die einzelnen Behörden, die Fristen, innerhalb deren all dies zu geschehen hat, und die Abstimmungen und die Vertagungen und alle Formalien dieser Art, die bei Prozessen unvermeidlich sind, die Auslosung der früheren und späteren Verhandlungstermine, die Erzwingung von Antworten und des Erscheinens vor Gericht und alles, was damit verwandt ist, haben wir zwar auch schon früher besprochen, aber es ist schön, das Richtige auch zwei- und dreimal zu wiederholen. [957a] Alle gesetzlichen Regelungen aber, die von geringer Bedeutung und leicht auszudenken sind, die soll, da sie der alte Gesetzgeber beiseite gelassen hat, der jüngere Gesetzgeber ergänzen. Wenn die privaten Gerichte etwa in dieser Weise eingerichtet würden, hätten sie die angemessene Form.

Was jedoch die öffentlichen und allgemeinen Gerichte angeht und alle diejenigen Gerichte, deren sich die Beamten bedienen, um die ihnen jeweils obliegenden Aufgaben durchzuführen, so gibt es hierfür in vielen Städten eine nicht geringe Anzahl von nicht ungeschickten Gesetzesbestimmungen tüchtiger Männer, aus denen die Gesetzeswächter das [b] Geeignete entnehmen und der jetzt entstehenden Staatsverfassung anpassen sollen, indem sie es durchdenken und verbessern und es in der Praxis ausprobieren, bis sie den Eindruck haben, dass alles befriedigend geregelt ist; dann erst sollen sie dies zum Abschluss bringen und in dieser Form als unveränderlich besiegeln und es das ganze Leben hindurch anwenden.

Was ferner das Schweigen der Richter und ihre Zurückhaltung sowie deren Gegenteil betrifft und all das, was von dem vielen abweicht, das in den andern Städten als gerecht und gut und schön gilt, so ist dies teils [c] schon besprochen worden, teils wird es am Schluss zur Sprache kommen.

Auf all dies muss derjenige, der ein unparteiischer Richter gemäß dem Recht werden will, sein Augenmerk richten und muss Schriften hierüber besitzen und aus diesen lernen. Denn von allen Lerngegenständen sind wohl die Schriften über die Gesetze, sofern sie richtig verfasst sind, die wirksamsten, um den Lernenden zu einem besseren Menschen zu machen; sonst würde ja unser göttliches und bewundernswürdiges Gesetz vergebens einen Namen tragen, der mit der Vernunft verwandt ist. Und ebenso auch für alle anderen Ansichten, die in Gedichten als Lob oder [d] Tadel über etwas vorgetragen werden oder in Prosa, sei es, dass sie in Schriftwerken oder täglich in allen möglichen sonstigen Unterhaltungen aus Rechthaberei bestritten werden oder manchmal auch unter ganz unbegründeter Zustimmung vorgetragen werden: Für dies alles dürften die Schriften des Gesetzgebers ein untrüglicher Prüfstein sein. Diese muss der gute Richter als Gegengifte gegen die anderen Ansichten in sich tragen und dadurch sich selbst und die Stadt auf rechter Bahn erhalten, [e] indem er in den Guten Fortbestand und Zunahme der Gerechtigkeit bewirkt, in den Schlechten aber nach Möglichkeit eine Abkehr von Unwissenheit, Zügellosigkeit und Feigheit, mit einem Wort: von jeder Ungerechtigkeit, soweit diese schlechten

Menschen heilbare Ansichten haben; wenn sie aber denjenigen, denen diese Ansichten wahrhaft *vom Schicksal* zugesponnen worden sind, den Tod als Heilmittel für ihre so [958a] beschaffenen Seelen zuteilen, wie mit Recht schon mehrfach gesagt worden ist, so dürften solche Richter von der ganzen Stadt Lob verdienen und auch die wegweisenden Führer der Richter.

Nachdem nun die jährlich anfallenden Prozesse entschieden und rechtskräftig abgeschlossen sind, sollen für den Vollzug der Urteile folgende Gesetze gelten. Zunächst soll die Behörde, die das Urteil gefällt hat, das ganze Vermögen des Verurteilten dem siegreichen Prozessgegner zuerkennen mit Ausnahme des unbedingt notwendigen Besitzes, und [b] zwar jeweils sofort nach der Abstimmung durch einen Herold im Beisein der Richter. Wenn aber der auf die Gerichtsmonate folgende Monat vergangen ist und jemand die siegreiche Gegenpartei noch nicht in beiderseitigem Einvernehmen befriedigt hat, soll die Behörde, die das Urteil gefällt hat, auf Bitten der siegreichen Partei dieser das Vermögen des Verurteilten übergeben. Wenn dieser aber nichts besitzt und der Fehlbetrag nicht geringer als eine Drachme ist, soll er nicht eher gegen jemanden klagen dürfen, als bis er der siegreichen Partei das Geschuldete ganz [c] abgezahlt hat; andere aber sollen gegen ihn rechtskräftig klagen dürfen. Wenn aber jemand der Behörde, die ihn verurteilt hat, nach der Verurteilung Widerstand leistet, so sollen ihn die widerrechtlich behinderten Beamten vor das Gericht der Gesetzeswächter bringen, und wenn einer in einem solchen Prozess schuldig gesprochen wird, soll er, weil er die ganze Stadt und die Gesetze zugrunde richtet, mit dem Tod bestraft werden.

Einem Mann – dies wäre der nächste Punkt –, der hier geboren und aufgewachsen ist und Kinder gezeugt und aufgezogen hat und sich in seinen Beziehungen zu anderen angemessen verhalten hat, indem er [d] rechtliche Genugtuung leistete, falls er jemandem Unrecht getan hatte, und umgekehrt von anderen erhielt, dem wird, wenn er im Einklang mit den Gesetzen in der gehörigen Weise alt geworden ist, sein Ende gemäß der Ordnung der Natur zuteil werden. Was nun die Verstorbenen betrifft, gleichgültig ob männlich oder weiblich, so sollen über die das Göttliche betreffenden Bräuche, die für die Götter unter der Erde und die hier oben zu vollziehen sind, die Ausleger rechtsgültig Auskunft geben; Gräber aber sollen nirgendwo inmitten anbaufähiger Gegenden angelegt werden, [e] weder ein kleines noch ein großes Grabmal, sondern nur diejenigen Gegenden, wo das Land seiner Natur nach ausschließlich dazu geeignet ist, die Leiber der Toten unter möglichst geringer Beeinträchtigung der Lebenden aufzunehmen und zu bergen, die soll man mit Gräbern belegen; alle die Gegenden aber, wo die Erde als unsere Mutter von Natur aus dazu geschaffen ist, uns Menschen willig Nahrung zu liefern, die darf weder ein Lebender noch irgendein Toter einem von uns Lebenden rauben. Einen Grabhügel darf man nicht höher aufschütten, als es der Arbeit von fünf Männern entspricht, die sich in fünf Tagen fertigstellen lässt; die steinernen Grabaufsätze soll man nicht größer machen, als erforderlich ist, um ein Lobgedicht auf das Leben des Verstorbenen aufzunehmen, das aus höchstens vier heroischen Versen besteht.

[959a] Die Aufbahrung im Haus soll erstens nicht längere Zeit dauern, als erforderlich ist, um zu klären, ob der Be-

treffende nur bewusstlos oder wirklich tot ist; in der Regel dürfte nach menschlichen Maßstäben eine Überführung zur Grabstätte am dritten Tag angemessen sein. Ferner muss man dem Gesetzgeber neben all seinen sonstigen Worten auch glauben, wenn er sagt, dass die Seele vom Leib völlig verschieden sei und dass sogar schon im Leben das, was das Selbst eines jeden von uns [b] ausmacht, nichts anderes sei als die Seele, während der Leib jeden von uns als bloße äußere Erscheinung begleite, und man sage mit Recht, dass die Leiber der Toten bloße Abbilder der Verstorbenen seien; das wahre Selbst eines jeden von uns, das als unsterbliche Seele bezeichnet werde, gehe fort zu anderen Göttern, um ihnen Rechenschaft abzulegen, wie das von den Vätern überkommene Gesetz sagt – für den Guten eine Ermutigung, für den Schlechten Anlass zu großer Furcht –, und eine große Hilfe gebe es nicht mehr für den Menschen, wenn er gestorben sei. Denn als er noch lebte, hätten ihm alle Angehörigen helfen müssen, [c] damit er zeit seines Lebens möglichst gerecht und fromm lebe und nach seinem Tod von der Strafe für schlimme Vergehen verschont bleibe in dem auf dieses Leben folgenden Dasein. Da sich dies so verhält, soll niemals einer sein Haus ruinieren in der Überzeugung, der Fleischklumpen, der da begraben wird, sei in irgendeinem besonderen Sinn sein Angehöriger, sondern man soll überzeugt sein, dass jener Sohn oder Bruder oder wen immer jemand zu bestatten glaubt und schmerzlich vermisst, dahingegangen ist in Vollendung und Erfüllung seines Geschicks, und man muss aus dem Vorhandenen das Beste machen, indem man nur [d] einen maßvollen Betrag aufwendet wie für einen unbeseelten Altar der Unterirdischen. Das richtige

Maß aber wird wohl am schicklichsten der Gesetzgeber verkünden.

Es gelte also folgendes Gesetz: Für einen Bürger der höchsten Vermögensklasse dürften als Aufwand für die gesamte Bestattung nicht mehr als fünf Minen, für einen aus der zweiten Klasse drei Minen, und zwei für einen aus der dritten und eine Mine für einen aus der vierten Klasse das rechte Maß des Aufwands darstellen.

Die Gesetzeswächter müssen schon viele sonstige Tätigkeiten verrichten und sind für viele Dinge verantwortlich, nicht am wenigsten aber dafür, dass sie ihr ganzes Leben hindurch die Kinder, die Männer und jede [e] Altersstufe beaufsichtigen, und so soll auch am Lebensende eines jeden Bürgers wenigstens ein Gesetzeswächter die Aufsicht führen, den die Angehörigen des Verstorbenen als Aufseher hinzuziehen; für diesen soll es etwas Schönes sein, wenn die Bestattung des Verstorbenen schön und maßvoll durchgeführt wird, wenn aber nicht schön, eine Schande. Die Aufbahrung und das Übrige soll nach dem hierfür üblichen Herkommen erfolgen; dem Staatsmann aber, der Gesetze aufstellt, muss man aber auch noch folgende Vorschriften gestatten.

[960a] Das Beweinen des Verstorbenen zu befehlen oder zu verbieten wäre gewiss unschicklich. Aber dass man laut klagt und außerhalb des Hauses ein Geschrei erhebt, ist zu verbieten; und dass man die Leiche in aller Öffentlichkeit durch die Straßen trägt und bei dem Gang durch die Straßen laut schreit, muss verhindert werden; und vor Tagesanbruch soll man vor der Stadt sein. Dies seien also die gesetzlichen Vorschriften für dieses Gebiet, und wer sie befolgt, soll frei von Strafe bleiben; wer aber dem einen

Gesetzeswächter ungehorsam ist, der soll von allen [b] Gesetzeswächtern mit einer gemeinsam beschlossenen Strafe belegt werden. Alle anderen Formen der Bestattung von Verstorbenen oder auch die Vergehen, die mit Verweigerung der Bestattung geahndet werden, wie im Falle der Vatermörder und Tempelräuber und aller Verbrecher dieser Art, die sind bereits im Vorigen besprochen und durch Gesetze festgelegt worden, so dass unsere Gesetzgebung hiermit so gut wie vollendet wäre.

Doch bei allen Dingen besteht die Vollendung jeweils nicht darin, dass man etwas so gut wie getan oder erworben oder eingerichtet hat, sondern wenn man für das Hervorgebrachte die Möglichkeit einer vollständigen und dauernden Erhaltung gefunden hat, dann erst darf man überzeugt sein, dass alles getan ist, was zu tun war, dass aber vorher das Ganze [c] unvollendet ist.

KL. Ein schönes Wort, Fremder. Worauf aber das eben Gesagte wiederum hinauswill, das erkläre uns noch deutlicher.

ATH. Lieber Kleinias, viele Dinge der früheren Zeit werden mit Recht gepriesen; nicht zuletzt aber die Benennungen der Moiren.

KL. Welche Benennungen denn?

ATH. Dass Lachesis die erste ist, Klotho die zweite und die dritte Atropos, die Erhalterin des durch Los Zugeteilten, die einer Frau gleicht, die auf der Spindel die unwandelbare Stärke des Gesponnenen hervorbringt. [d] Ebenso muss man auch einer Stadt und den Bürgern nicht nur Gesundheit und Erhaltung der Leiber verschaffen, sondern auch Gesetzesgehorsam in den Seelen, mehr noch: Erhaltung der Gesetze. In unserem Fall aber, so scheint mir, fehlt dies offenbar noch den Gesetzen: ein Mittel, wie ihnen auf natürliche Weise die unwandelbare Stärke eingepflanzt werden kann.

KL. Das ist nichts Geringes, wovon du sprichst, vorausgesetzt, dass es auch möglich ist, einen Weg zu finden, wie jedem Besitzstück so etwas zuteil werden könnte.

[e] ATH. Aber es ist ja möglich, wie sich mir jedenfalls jetzt ganz deutlich zeigt.

KL. So wollen wir denn auf keinen Fall davon ablassen, ehe wir nicht eben dieses Gut den von uns vorgetragenen Gesetzen verschafft haben. Denn es wäre ja lächerlich, wenn man etwas auf eine unsichere Grundlage stellen würde und sich so vergeblich damit abgemüht hätte.

ATH. Du hast recht mit deiner Aufforderung. Und in mir wirst du einen zweiten Gleichgesinnten finden.

KL. Ein schönes Wort. Worin besteht denn nun deiner Meinung nach die Erhaltung für unsere Verfassung und unsere Gesetze, und auf welche Weise könnte sie diesen zuteil werden?

[961a] ATH. Haben wir nicht gesagt, es müsse in unserer Stadt eine Versammlung folgender Art geben? Jeweils die zehn ältesten Gesetzeswächter und alle, die die höchste Auszeichnung erhalten haben, sollten sich zusammen mit diesen an einem Ort versammeln; ferner sollten diejenigen, die außer Landes auf die Suche gegangen waren, ob es dort etwas zu hören gebe, das zur Bewahrung der Gesetze von entscheidender Bedeutung sei, und die wohlbehalten nach Hause zurückgekehrt sind, nach einer Überprüfung durch eben diese Männer für würdig erachtet werden, an der Versammlung teilzunehmen. Außerdem solle jeder einen jungen [b] Mann von mindestens 30 Jahren mitbringen;

zunächst solle er ihn nach Naturanlage und Erziehung auf seine Würdigkeit prüfen und dann den jungen Mann den andern vorstellen, und wenn es auch den andern gut scheint, solle er ihn mitbringen; wenn nicht, solle die über ihn abgegebene Beurteilung vor allen anderen, besonders aber vor dem Abgewiesenen selbst geheim gehalten werden; in der Morgendämmerung solle die Versammlung stattfinden, wenn jeder am ehesten von eigenen und von die Allgemeinheit betreffenden Geschäften frei ist. Dies etwa haben [c] wir doch in unserem früheren Gespräch gesagt?

KL. So war es.

ATH. Auf diese Versammlung komme ich nun wieder zurück und möchte Folgendes sagen. Ich behaupte, wenn jemand diese gleichsam wie einen Anker der ganzen Stadt auswerfen würde, so könnte dieser, sofern er über alles für ihn förderliche Zubehör verfügt, alles vor dem Untergang bewahren, was wir nur wollen.

KL. Wieso denn?

ATH. Da ist nun wohl für uns der rechte Augenblick gekommen, wo wir es an Eifer nicht fehlen lassen dürfen, um dies als Nächstes richtig zu erklären.

KL. Sehr schön gesprochen; und verfahre gerade so, wie du dir das denkst.

[d] ATH. Wir müssen also, Kleinias, bei jeder Sache den entsprechenden Erhalter zu erfassen suchen, der sie in jeder ihrer Tätigkeiten erhält, so wie dies bei einem Lebewesen naturgemäß hauptsächlich die Seele und der Kopf ist.

KL. Wie meinst du das nun wieder?

ATH. Die Vortrefflichkeit dieser beiden sichert doch wohl jedem Lebewesen seine Erhaltung.

KL. Inwiefern?

ATH. Weil in der Seele unter anderem die Vernunft wohnt, im Kopf aber neben anderem das Gesicht und Gehör; mit einem Wort: Die Vernunft, sofern sie mit den edelsten Sinnen verbunden und mit ihnen eins geworden ist, wird wohl mit größtem Recht als die Erhalterin eines jeden Dinges bezeichnet werden.

KL. Das ist jedenfalls wahrscheinlich.

[e] ATH. Wahrscheinlich ist es allerdings. Aber worauf muss sich die Vernunft verstehen, um zusammen mit den Sinneswahrnehmungen zur Erhalterin von Schiffen bei Stürmen und bei heiterem Himmel zu werden? Müssen nicht bei einem Schiff der Steuermann und die Matrosen ihre Sinneswahrnehmungen mit derjenigen Vernunft verbinden, die sich auf das Steuern versteht, damit sie sich selbst und alles, was zum Schiff gehört, vor dem Untergang bewahren?

KL. Was denn sonst!

ATH. Nun bedarf es hierfür nicht zahlreicher Beispiele, sondern wir wollen nur etwa bei den Heeren darauf achten, welches Ziel sich die Feldherren setzen müssen und ebenso jede ärztliche Hilfeleistung, um in der [962a] rechten Weise nach der Rettung zu trachten? Ist es nicht im ersten Fall der Sieg und die Überwältigung der Feinde, während die Kunst der Ärzte und ihrer Gehilfen sich das Ziel setzt, dem Leib Gesundheit zu verschaffen?

KL. Zweifellos.

ATH. Wenn nun ein Arzt den Zustand des Leibes nicht kennt, den wir gerade Gesundheit genannt haben, oder ein Feldherr den Sieg und was wir sonst eben noch erwähnt haben, wird er da wohl als einer erscheinen können, der für dieses Gebiet die entsprechende Vernunft besitzt?

KL. Wie könnte er!

ATH. Wie steht es aber mit einer Stadt? Wenn sich zeigen sollte, dass jemand das Ziel, das ein Staatsmann ins Auge fassen muss, nicht kennt, [b] würde er da erstens mit Recht ein Herrscher genannt werden können und ferner imstande sein, das zu erhalten, dessen Ziel er überhaupt nicht kennt?

KL. Wie könnte er!

ATH. Also muss es offenbar auch jetzt, wenn unsere Besiedlung des Landes ihre Vollendung finden soll, ein Organ geben, das erstens das erkennt, wovon wir sprechen, das Ziel nämlich, was auch immer dieses Ziel des Staatsmannes für uns sein mag, und das sodann erkennt, auf welche Weise dieses Ziel zu erreichen ist und wer ihm hierbei einen guten Rat geben kann oder nicht, welches Gesetz zunächst und dann [c] welcher Mensch. Wenn aber eine Stadt ohne ein solches Organ ist, ist es kein Wunder, wenn sie, ohne Vernunft und ohne Sinneswahrnehmung, in all ihrem Tun jedesmal dem Zufall folgt.

KL. Das ist wahr.

ATH. In welcher der Gliederungen der Stadt oder ihrer Einrichtungen ist denn nun unserer Meinung nach ein solches zur Bewahrung geeignetes Organ eingerichtet? Können wir dies angeben?

KL. Nein, Fremder, jedenfalls nicht mit Sicherheit. Aber wenn ich eine Vermutung äußern soll, so scheint mir diese deine Äußerung auf die Versammlung hinzudeuten, von der du eben sagtest, sie solle in der Nacht zusammenkommen.

[d] ATH. Da hast du ganz richtig vermutet. Kleinias, und so muss denn diese Versammlung, wie unsere eben ange-

stellte Überlegung zeigt, jede denkbare Vortrefflichkeit besitzen; deren erste ist die, dass man kein Schwanken zeigt, indem man vielerlei Ziele verfolgt, sondern dass man immer nur auf eines blickt und darauf sozusagen alle Geschosse abschießt.

KL. Auf jeden Fall.

ATH. Nun werden wir auch verstehen, dass es kein Wunder ist, wenn die gesetzlichen Einrichtungen der Städte ein schwankendes Bild zeigen, weil die Gesetzgebungen in jeder Stadt jeweils ein anderes Ziel im Auge haben. So ist es in den meisten Fällen nicht zu verwundern, dass für die einen die Bestimmung des Gerechten dahin zielt, dass bestimmte Leute in der Stadt [e] herrschen, ganz gleich, ob dies bessere und schlechtere Menschen sind, für andere dagegen, dass sie reich werden, gleichgültig, ob sie hierbei jemandes Sklaven sind oder nicht; das Streben anderer ist auf ein ›freies‹ Leben gerichtet. Manche verfolgen bei ihrer Gesetzgebung sogar zweierlei, indem sie beide Ziele zugleich ins Auge fassen, nämlich dass sie einerseits frei, andererseits über viele Städte Herren sind; die Weisesten, wie sie sich selber dünken, streben alle diese und ähnliche Ziele zusammen an, nicht aber nur eines, weil sie nichts angeben können, das sie besonders hoch schätzen, auf das dann alles andere bei ihnen den Blick zu richten hätte.

[963a] KL. Also wäre unser Grundsatz richtig, Fremder, den wir vor Langem aufgestellt haben? Denn auf ein einziges Ziel, hatten wir ja behauptet, müssten alle unsere Gesetze stets den Blick richten, und als dieses werde, so waren wir uns einig, mit vollem Recht die Tugend genannt.

ATH. Ja.

KL. Die Tugend aber haben wir doch als Vierheit angesetzt?

ATH. Allerdings.

KL. Und die Vernunft sei die Führerin von diesen allen, auf welche demnach alles andere und so auch die drei übrigen Tugenden den Blick zu richten hätten.

ATH. Sehr schön folgst du mir, Kleinias, und folge mir auch weiter so. Von der Vernunft des Steuermannes und des Arztes und des Feldherrn [b] haben wir ja bereits gesagt, dass sie auf jenes eine Ziel den Blick richtet, auf das sie hinzublicken hat; jetzt aber sind wir dabei, die politische Vernunft zu prüfen, und so könnten wir sie wie einen Menschen befragen und sagen: »Du Bewundernswürdige, wohin richtest denn du deinen Blick? Was ist überhaupt jenes Eine, das die ärztliche Vernunft deutlich anzugeben vermag, während du, die du doch, wie du meinst, vor allen klugen Leuten hervorragst, es nicht solltest angeben können?« Oder seid wenigstens ihr, Megillos und Kleinias, imstande, an ihrer Stelle es genau zu bestimmen und mir anzugeben, was denn ihr für dieses Eine haltet, so wie ich schon oft stellvertretend für viele andere euch genauere [c] Bestimmungen gegeben habe?

KL. Keineswegs, Fremder.

ATH. Was meint ihr aber dazu, dass man sich bemühen muss, zusammenschauend sowohl das Eine selbst zu erkennen als auch die Dinge, in denen es sich zeigt?

KL. In welchen zum Beispiel meinst du?

ATH. Zum Beispiel: Da wir behauptet haben, es gebe vier Arten von Tugend, so müssen wir doch offenbar jede Art als eine bezeichnen, da es ja vier sind.

KL. Was sonst!

ATH. Und doch geben wir diesen allen ein und denselben Namen. Wir sagen nämlich, Tapferkeit sei eine Tugend, und die Einsicht sei eine [d] Tugend und ebenso die beiden andern, als seien sie in Wahrheit nicht viele, sondern nur dies eine: Tugend.

KL. Ja allerdings.

ATH. Inwiefern sich nun jene beiden voneinander unterscheiden und zwei Namen erhalten haben und ebenso die beiden andern, das ist nicht schwer anzugeben; inwiefern wir aber beiden den einen Namen ›Tugend‹ gegeben haben, und ebenso den andern, das ist nicht mehr so leicht.

KL. Wie meinst du das?

ATH. Es ist gar nicht schwer zu verdeutlichen, was ich meine. Wir wollen nämlich Frage und Antwort unter uns aufteilen.

KL. Wie meinst du das nun wieder?

[e] ATH. Frage du mich, warum wir überhaupt, obwohl wir beiden den einen Namen Tugend geben, sie dann doch wiederum als zwei bezeichnen, das eine als Tapferkeit, das andere als Einsicht. Ich werde dir nämlich den Grund angeben: Weil das eine mit Furcht zu tun hat, an welchem auch die Tiere teilhaben, an der Tapferkeit nämlich, und auch die Gemüter der ganz kleinen Kinder; denn auch ohne Verstand und durch bloße natürliche Veranlagung wird eine Seele tapfer; andererseits hat es ohne Verstand noch nie eine einsichtige und mit Vernunft begabte Seele gegeben noch gibt es sie noch wird es sie jemals geben, da dies etwas ganz anderes ist.

KL. Da hast du recht.

[964a] ATH. Inwiefern also beide verschieden und zwei sind, hast du von mir durch meine Erklärung vernommen;

inwiefern sie aber ein und dasselbe sind, das beantworte du mir wieder. Bedenke aber, dass du auch erklären sollst, inwiefern sie, obwohl sie vier sind, eines sind, und von mir verlange, dass ich, wenn du sie als eines erwiesen hast, wiederum zeige, inwiefern sie vier sind. Danach wollen wir prüfen, ob einer, der ein angemessenes Wissen von irgendwelchen Dingen besitzt, für die es einen Namen und außerdem eine Definition gibt, nur den Namen wissen muss, die Definition aber nicht zu kennen braucht, oder ob es für einen, der etwas taugt, und bei Dingen, die durch Größe und Schönheit hervorragen, eine [b] Schande wäre, wenn er dies alles nicht weiß.

KL. Das ist jedenfalls wahrscheinlich.

ATH. Gibt es denn nun etwas Größeres für einen Gesetzgeber und Gesetzeswächter und für einen, der sich durch seine Tugend vor allen auszuzeichnen meint und dafür auch Siegespreise erhalten hat, als eben dies, wovon wir jetzt sprechen: Tapferkeit, Besonnenheit, Gerechtigkeit und Einsicht?

KL. Wie wäre das möglich!

ATH. Und sollen nun auf diesem Gebiet die Ausleger, die Lehrer, die Gesetzgeber, die Wächter über die andern, sich nicht dadurch vor den andern auszeichnen, dass jeder von ihnen einem, der dies zu erkennen und [c] zu wissen begehrt oder der wegen eines Vergehens bestraft und zurechtgewiesen werden muss, Belehrung und völlige Aufklärung darüber geben kann, welche Wirkung die Schlechtigkeit und die Tugend haben? Oder soll statt dessen irgendein Dichter, der in unsere Stadt kommt, oder einer, der sich als Erzieher der Jugend ausgibt, sich als besser erweisen als einer, der in jeder Tugend den Sieg davongetragen hat? Und in einer solchen Stadt, wo es keine in Wort und Tat tüchtigen Wächter gäbe, die über die Tugend hinreichend Bescheid wissen, wäre es da ein Wunder, wenn diese Stadt, da sie unbewacht ist, das Gleiche erleiden würde wie viele [d] der heutigen Städte?

KL. Gewiss nicht, wie es scheint.

ATH. Was nun? Müssen wir das, was wir da sagen, auch in die Tat umsetzen, oder wie? Müssen wir die Wächter dazu befähigen, dass sie es mit der Tugend in Tat und Wort genauer nehmen als die große Menge? Oder wie sonst soll unsere Stadt dem Kopf und den Sinneswahrnehmungen der vernünftigen Menschen gleich werden, indem sie eine solche Wache in sich besitzt?

KL. Wie und in welchem Sinne, Fremder, meinen wir es, wenn wir sie mit so etwas vergleichen?

[e] ATH. Offensichtlich so, dass die Stadt selbst den Rumpf bildet und dass von den Wächtern die jüngeren, die hierfür als die am besten Veranlagten ausgewählt wurden, weil sie in der ganzen Seele scharfe Sinne haben, gleichsam auf der Höhe des Kopfes ringsum die ganze Stadt überblicken und bei ihrer Wachtätigkeit ihre Wahrnehmungen an das Gedächtnis weitergeben und den Älteren als Boten alle Vorgänge in der Stadt melden, [965a] während diejenigen, die sich mit der Vernunft vergleichen lassen, weil sie in vielen und bedenkenswerten Fragen besondere Einsicht besitzen, die Greise nämlich, beratschlagen und als Gehilfen bei ihrer Beratung die Jüngeren hinzuziehen und so beide gemeinsam wahrhaft die gesamte Stadt vor dem Untergang bewahren. Soll diese nun nach unserer Meinung so oder irgendwie anders eingerichtet werden? Etwa so, dass sie lauter Bürger von gleicher Art

besitzt und nicht einige, die eine gründlichere Erziehung und Ausbildung erhalten haben?

KL. Aber, du bewundernswerter Mann, das ist unmöglich.

[b] ATH. Also müssen wir auf eine gründlichere Bildung als die früher erwähnte ausgehen.

KL. Vielleicht.

ATH. Könnte nun nicht diejenige, die wir eben gestreift haben, gerade die sein, die wir brauchen?

KL. Auf jeden Fall.

ATH. Haben wir nicht gesagt, der auf einem Gebiet jeweils vollkommene Handwerker und Bewahrer einer Sache müsse fähig sein, nicht nur auf das Viele seinen Blick zu richten, sondern auch dem Einen nachzustreben und es zu erkennen, und wenn er es erkannt hat, alles andere in einem zusammenfassenden Blick auf jenes hin zu ordnen?

KL. Richtig.

[c] ATH. Könnte es nun für jemanden eine genauere Art der Beobachtung und Betrachtung von irgend etwas geben, als wenn er fähig ist, von dem Vielen und Ungleichartigen aus auf eine einzige Urgestalt hinzublicken?

KL. Vielleicht.

ATH. Nicht vielleicht, sondern es gibt wirklich, du Wunderlicher, für keinen Menschen einen zuverlässigeren Weg als diesen.

KL. Ich glaube dir, Fremder, und stimme dir zu, und so wollen wir in unserem Gespräch diesen Weg einschlagen.

ATH. Wir müssen also, wie es scheint, auch die Wächter unserer göttlichen Staatsverfassung dazu zwingen, zuerst genau darauf zu sehen, was [d] denn durch alle vier hindurch dasselbe ist, was ja nach unserer Behauptung sowohl in der Tapferkeit und der Besonnenheit und der Gerechtigkeit als auch in der Einsicht als Eines vorhanden ist und mit Recht mit *einem* Namen als Tugend bezeichnet wird. Das, meine Freunde, wollen wir, wenn es uns recht ist, jetzt gleichsam fest umklammern und es nicht loslassen, ehe wir nicht genau gesagt haben, was denn das ist, worauf man seinen Blick zu richten hat, ob es wie Eines oder wie ein Ganzes oder als beides oder wie auch immer es seiner Natur nach beschaffen ist. Oder meinen wir, wenn uns dies entgeht, würde es bei uns mit der [e] Tugend gut bestellt sein, von der wir dann nicht würden sagen können, ob sie eine Vielheit oder eine Vierheit oder dass sie Eines ist? Also werden wir, sofern wir unserem eigenen Rat folgen wollen, es irgendwie bewerkstelligen müssen, dass dieses Wissen in unserer Stadt vorhanden ist. Wenn es uns aber besser scheint, dies ganz beiseite zu lassen, so müssen wir es eben beiseite lassen.

KL. Auf keinen Fall, beim Gott der Gastfreundschaft, Fremder, dürfen wir so etwas beiseite lassen; denn uns scheint, dass du völlig recht hast. Aber wie könnte einer dies bewerkstelligen?

[966a] ATH. Wir wollen noch nicht darüber sprechen, wie wir es bewerkstelligen könnten; sondern ob es nötig ist oder nicht, das wollen wir zunächst in gemeinsamer Übereinstimmung feststellen.

KL. Aber gewiss ist es nötig, sofern es nur möglich ist.

ATH. Und weiter: Denken wir über das Schöne und Gute genauso? Brauchen unsere Wächter nur zu erkennen, dass jedes von ihnen eine Vielheit ist, oder auch, wieso und inwiefern es Eines ist?

KL. Es scheint fast unerlässlich, dass sie auch bedenken, wieso es Eines ist.

[b] ATH. Und weiter: Sollen sie dies zwar denkend erfassen, aber unfähig sein, den Nachweis durch das erklärende Wort zu liefern?

KL. Wie könnte das sein! Das wäre ja eine Haltung von Sklaven, die du da beschreibst!

ATH. Und weiter: Gilt nicht bei allen ernstzunehmenden Dingen für uns derselbe Grundsatz, dass diejenigen, die wirkliche Wächter der Gesetze sein sollen, ein wirkliches Wissen von dem wahren Wesen dieser Dinge besitzen und fähig sein müssen, dieses mit dem Wort darzulegen und in ihren Taten zu befolgen, indem sie das, was auf schöne Weise geschieht und was nicht, nach dessen wirklicher Natur beurteilen?

KL. Gewiss.

[c] ATH. Ist denn nun nicht eines der schönsten Dinge das, was wir über die Götter mit großem Ernst dargelegt haben, dass sie nämlich existieren und über welch große Macht sie offenbar verfügen, dies also zu wissen, soweit ein Mensch dies erkennen kann, und für die Mehrheit der Bürger der Stadt zwar Verständnis zu haben, wenn sie hierin nur der Stimme der Gesetze folgen, denen aber, die sich am Wächterdienst beteiligen sollen, dies nicht zu erlauben, sofern einer sich nicht redlich bemüht hat, jede Gewissheit zu erlangen, die über die Götter zu erlangen ist? Und soll die Verweigerung der Erlaubnis nicht darin bestehen, dass man niemals einen [d] unter die Gesetzeswächter wählt, der nicht ein göttlicher Mann ist und alle Mühe auf diese Dinge verwendet hat, und dass man ihn auch nicht unter die wegen ihrer Tugend auserlesenen Männer aufnimmt?

KL. Jedenfalls wäre es nur gerecht, wenn man, wie du sagst, einen, der auf solch einem Gebiet untätig oder unfähig ist, weit von dem Schönen absondert.

ATH. Nun wissen wir doch, dass es zwei Dinge sind, die zur Gewissheit über die Götter führen, die wir in unserem früheren Gespräch durchgegangen sind.

KL. Welche denn?

ATH. Das eine ist, was wir über die Seele gesagt haben: dass sie das [e] älteste und göttlichste von allen Dingen ist, deren Bewegung, das Werden hinzunehmend, ein ewig strömendes Sein hervorgebracht hat. Das andere ist die Regelmäßigkeit im Umlauf der Gestirne und alles anderen, worüber die Vernunft herrscht, die das All geordnet hat. Wer dies nicht oberflächlich oder laienhaft betrachtet hat, der ist niemals ein so gottloser Mensch gewesen, dass ihm nicht das Gegenteil von dem widerfahren [967a] wäre, was von den vielen erwartet wird. Die denken nämlich, dass diejenigen, die sich mit solchen Dingen befassen, durch die Astronomie und die mit ihr verbundenen unentbehrlichen Fachwissenschaften zu gottlosen Menschen würden, sobald sie entdeckt hätten, dass die Dinge weitestgehend durch Notwendigkeit entstünden, nicht aber durch die Überlegungen eines Willens, die auf die Verwirklichung des Guten aus sind.

KL. Wie mag es sich denn nun damit verhalten?

ATH. Es verhält sich damit, wie gesagt, jetzt genau umgekehrt wie zu der Zeit, als die Leute, die sich darüber Gedanken machten, sich die Sterne unbeseelt dachten. Verwunderung regte sich allerdings auch schon [b] damals über sie, und was heute zur festen Überzeugung geworden ist, wurde von denjenigen unter ihnen, die sich um genauere

Kenntnis bemühten, vermutet: dass die Gestirne, wenn sie unbeseelt wären, sich niemals Berechnungen von so wunderbarer Genauigkeit fügen könnten, da sie ja keine Vernunft besäßen. Ja, einige hatten den Mut, eben diese Behauptung schon damals zu wagen, indem sie sagten, dass es die Vernunft sei, die alles am Himmel geordnet habe. Dieselben Leute verkannten andererseits die Natur der Seele, dass sie nämlich älter ist als die Körper, [c] sondern dachten sie sich als jünger und brachten dadurch fast alles, wie man sagen muss, wieder zu Fall, am meisten aber sich selbst. Denn vor ihren Augen schien alles, was sich am Himmel bewegt, eine Masse von Steinen und Erde und vielen anderen unbeseelten Stoffen zu sein, die die Ursachen für den ganzen Kosmos lieferten. Dies war es, was damals viele gottlose Überzeugungen hervorrief und Widerwillen, sich mit solchen Gegenständen zu befassen, und so überkam die Dichter die Lust zu Schmähungen, indem sie diejenigen, die philosophierten, mit Hündinnen [d] verglichen, die ein nutzloses Gekläff von sich gäben, und noch zu sonstigen unsinnigen Äußerungen. Jetzt aber, wie gesagt, verhält es sich ganz umgekehrt.

KL. Wieso?

ATH. Es ist nicht möglich, dass jemals einer von uns sterblichen Menschen zu einer dauerhaften Verehrung Gottes gelangt, wenn er sich nicht die beiden eben erwähnten Einsichten angeeignet hat, dass nämlich die Seele das älteste von allem ist, was am Werden Anteil bekommen hat, und dass sie unsterblich ist und dass sie über alle Körper herrscht, und wenn er nicht außerdem, was wir nun schon mehrfach erwähnt haben, [e] die Vernunft alles Seienden erfasst hat, von der wir sagten, dass sie in den Gestirnen wohnt, und wenn er sich nicht die hierfür zuvor erforderlichen Lerngegenstände angeeignet und sie, wenn er ihre auf der Muse beruhende Gemeinsamkeit zusammenschauend erfasst hat, in harmonischer Weise für die der Charakterbildung dienenden Einrichtungen und Gesetzesbestimmungen nutzbar macht und wenn er nicht von allem, was eine [968a] Erklärung zulässt, diese Erklärung geben kann. Wer jedoch nicht fähig ist, diese Einsichten zusätzlich zu den bürgerlichen Tugenden zu erwerben, der wird wohl niemals ein geeigneter Herrscher über eine ganze Stadt werden können, sondern nur ein Gehilfe anderer Herrscher.

Wir müssen also jetzt zusehen, lieber Kleinias und Megillos, ob wir nunmehr zu all den vorgetragenen Gesetzen, die wir durchgegangen sind, auch dieses hinzufügen sollen, dass die nächtliche Versammlung der Beamten gemäß dem Gesetz die Wächterin zum Zweck der Erhaltung [b] sein soll, sobald sie der gesamten Erziehung teilhaftig geworden ist, die wir gerade durchgegangen sind. Oder wie sollen wir verfahren?

KL. Aber, mein Bester, warum sollten wir dieses nicht hinzufügen, wenn wir dazu auch nur einigermaßen imstande sind?

ATH. So wollen wir denn auf ein derartiges Ziel alle um die Wette hinarbeiten. Denn als Helfer hierbei würde auch ich euch gerne beistehen – neben mir werde ich vielleicht auch noch andere finden –, weil ich in derartigen Dingen eine reiche Erfahrung besitze und häufig Untersuchungen hierüber angestellt habe.

KL. Ja, Fremder, wir müssen auf alle Fälle diesen Weg gehen, auf dem uns sogar die Gottheit selber führt. Auf welche Weise wir aber vorgehen [c] müssten, um richtig vorzugehen, das wollen wir also jetzt besprechen und herauszufinden suchen.

ATH. Gesetze, lieber Megillos und Kleinias, über derartige Dinge zu erlassen ist nicht mehr möglich, ehe nicht die Versammlung eingerichtet ist – dann erst lässt sich gesetzlich festlegen, über welche Kompetenzen sie verfügen müssen; jetzt dagegen könnte die Vorbereitung derartiger Dinge nur durch Belehrung in langem Beisammensein geschehen, wenn sie richtig geschehen soll.

KL. Wieso? Was haben wir uns unter dieser Bemerkung wiederum vorzustellen?

ATH. Zuerst müsste doch eine Liste all derer zusammengestellt werden, [d] die für die Natur des Wächteramts geeignet sind aufgrund ihres Alters, ihrer Befähigung zur Wissenschaft, ihrer charakterlichen Eigenschaften und Gewohnheiten. Danach käme die Frage, was sie zu lernen haben; dies herauszufinden ist nicht leicht, ebensowenig auch, hierin Schüler eines anderen zu werden, der das herausgefunden hat. Was außerdem die Zeiten betrifft, wie lange und zu welcher Zeit man sich dies jeweils aneignen soll, so wäre es vergebliche Mühe, dies durch ein schriftliches Gesetz anzugeben; denn nicht einmal den Lernenden selbst kann es klar [e] werden, dass sie etwas zur rechten Zeit lernen, ehe nicht in der Seele eines jeden irgendwie ein Wissen von dem Lerngegenstand entstanden ist. So wäre es zwar nicht richtig, wenn man alles, was hierher gehört, als ›nicht sagbar‹ bezeichnen wollte, wohl aber, wenn man es als ›nicht vorher sagbar‹ bezeichnet; denn auch wenn es vorher gesagt würde, könnte es nichts von dem klar machen, was damit gemeint ist.

KL. Was sollen wir denn unter diesen Umständen tun, Fremder?

ATH. Mir scheint, meine Freunde, wie die Redensart sagt, dass für uns noch alles zu gewinnen ist, und wenn wir bereit sind, unsere ganze Staatsverfassung auf Spiel zu setzen und, wie man so sagt, entweder [969a] dreimal die Sechs oder drei Einsen zu werfen, so müssen wir es tun; ich aber will es mit euch wagen, indem ich euch meine Ansichten über die Ausbildung und Erziehung mitteile und erläutere, die ja jetzt in unserer Unterhaltung erneut zur Sprache gekommen ist. Allerdings ist das Wagnis nicht gering und auch mit keinem anderen zu vergleichen. Dir aber, Kleinias, lege ich die Sache ans Herz. Denn wenn du die Stadt der Magneten oder wonach sonst die Gottheit sie benennen mag, richtig einrichtest, so wirst du den größten Ruhm davontragen oder zumindest nicht [b] dem Ruf entgehen, der tapferste von allen zu sein, die nach dir geboren werden. Wenn aber diese göttliche Versammlung von uns geschaffen ist, meine lieben Freunde, dann müssen wir ihr die Stadt übergeben, und hiergegen wird fast keiner der heutigen Gesetzgeber Einspruch erheben können; vielmehr wird dann das wahrhaft und in Wirklichkeit so gut wie vollendet sein, was wir kurz zuvor wie einen Traum in unserem Gespräch berührt haben, als wir ein Bild vom gemeinsamen Wirken des Kopfes und der Vernunft zusammengesetzt haben – wenn nämlich diese Männer von uns sorgfältig ausgewählt und angemessen erzogen worden sind und [c] wenn sie nach Abschluss dieser Erziehung auf der Akropolis ihres Landes ihren Wohnsitz genommen haben und zu solchen Wächtern geworden sind, wie wir in unserem früheren Leben noch keine gesehen haben, was die Vorzüglichkeit ihrer Fähigkeit zur Erhaltung der Stadt betrifft.

MEG. Lieber Kleinias, nach allem, was wir hier besprochen haben, müssen wir entweder die Gründung der Stadt aufgeben oder wir dürfen diesen Fremden hier nicht loslassen, sondern müssen ihn durch Bitten und alle möglichen Mittel zur Beteiligung an dieser Stadtgründung veranlassen.

[d] KL. Da hast du ganz recht, Megillos, und ich werde es so machen, und du hilf mir dabei.

MEG. Das werde ich tun.

Anhang

Zu dieser Ausgabe

Die Übersetzung ist in drei Einzelausgaben in den Jahren 1994 bis 2011 im Verlag Vandenhoeck & Ruprecht erschienen. Sie wurde in der Rechtschreibung modernisiert.

Der Übersetzung Schöpsdaus liegen die Ausgaben von Burnet und des Places / Diès zugrunde, mit einigen Abweichungen (vgl. im Detail dazu Schöpsdau 1994, 143–145); Abweichungen werden in den Anmerkungen angesprochen.

Anmerkungen und Nachwort wurden von Michael Erler für diese Ausgabe neu verfasst (mit einigen Verweisen auf den grundlegenden Kommentar Schöpsdaus), die Literaturhinweise von ihm zusammengestellt. Für vielfältige Hilfe und Mitwirkung bei der Fertigstellung des Nachworts, des Kommentars und der Literaturhinweise gilt ein herzlicher Dank zudem Frau Julia Ruß, Frau Marion Schneider, Frau Vanessa Zetzmann und Herrn Dr. Jan Heßler.

Maßangaben in den *Nomoi*

Längenmaße

1 Stadion = 600 Fuß / ca. 180 m

Münzeinheiten/Gewichte

1 Talent = 60 Minen = 6000 Drachmen = 36 000 Oboloi
1 Mine = 100 Drachmen
1 Drachme = 6 Oboloi
Talent: ca. 26,4 kg Silber
Mine: ca. 0,44 kg Silber.
Drachme: ca. 4,4 g Silber.
Obolos: ca. 0,7 g Silber.

Anmerkungen

Zentrale griechische Begriffe werden zumindest bei der ersten Nennung in Umschrift geboten.

Buch I

Nach dem Einleitungsgespräch über den Urheber der Gesetzgebung wird nach dem Ziel der Gesetze in Kreta und in Sparta (= Lakedaimon; auf der Peloponnes) gefragt. Die These, dass sie auf den Krieg ausgerichtet sind, weil ein Staat im Krieg siegreich bleiben will (625c–626b), wird vom Athener kritisiert (626b–630e): Er unterscheidet Krieg und Zwist zwischen Staaten und zwischen Individuen und sieht den größten Sieg im Sieg über sich selbst, also im inneren Frieden (626b–627d). Im Bürgerkrieg ist umfassende Tugend (*aretḗ*) notwendig, um die sich der Gesetzgeber zu kümmern hat (629a–630d). Eine Untersuchung über die Gesetze geht von dieser ἀρετή (630e–631a) und einer Hierarchie der Güter aus (631b–e). Ziel der Gesetzgebung ist die Erziehung zur ἀρετή (631d–632d). Die Einrichtungen werden zunächst mit Blick auf die Tapferkeit (633a–635e) – auch im Kampf gegen die Lust –, dann mit Blick auf die Besonnenheit untersucht (635e–650b). Das Glück für den Menschen und den Staat ergibt sich aus der richtigen Bemessung von Lust und Schmerz (636d). Dabei werden der rechte Gebrauch von Wein und der rechte Ablauf eines Symposiums als Herausforderung für Besonnenheit und für die Erziehung diskutiert. Ziele der Erziehung sind der gute Mensch und Staatsbürger (643e) und Selbstbeherrschung; sie werden durch das Bild von den Marionetten illustriert (644e–650b).

624a Mit dem pointiert wiederholten Wort »Gott« wird ein wichtiges Motiv des Werkes evoziert: Gott und Gesetz. Der Ausdruck, der an Kultsprache erinnert, ist später u. a. von Lukrez wohl mit Blick auf diese Stelle aufgegriffen worden (vgl. Erler 2002, 159–181). Das Thema Gesetz und Gott wird an verschiedenen Stellen (z. B. in Buch IV 713a ff., Gott als Maß) behandelt und später theo-

logisch vertieft (Buch X). Die kretische und spartanische Verfassung wird durch göttlichen Ursprung legitimiert.
Minos spielt als menschlicher Gesetzgeber im Mythos eine Rolle (vgl. Hom. Il. 14,322). Sein Vater Zeus gibt Minos die Gesetze von Kreta ein, während Apoll durch Lykurg für die Verfassung in Sparta sorgt (vgl. Hdt. 1,65. 6,57). Kretas und Spartas Verfassungen gelten als die berühmtesten und dienen als Modell (vgl. Hdt. 1,65; Plat. Prot. 342a–e; rep. 544c; Effenterre 1948, 45–74; vgl. Odysseus' Worte in Hom. Od. 19,178 f.; Ps.-Plat. Min. 319c).

624b Der Zeussohn Rhadamanthys fungiert wie sein Bruder Minos als Gesetzgeber für Zeus (vgl. Plat. Gorg. 523e–524a; Schöpsdau 1994, 155).

625a Der Ausdruck »Staatsverfassung und Gesetze« formuliert gleichsam wie ein Titel den Inhalt des Werkes insgesamt.

625b Mit der Grotte ist wohl nicht die diktäische (Geburtsgrotte des Zeus) gemeint, sondern jene in der Antike sehr bekannte Grotte auf dem Berg Ida, südwestlich von Knossos gelegen, wo Zeus aufgezogen wurde, wo es einen Zeuskult gab und der Gott von Pilgern besucht wurde.
Der Ruheplatz wird mittags von den Wanderern erreicht (722c f.); man erinnert sich an die Platanen am Ilissos in Plat. Phaidr. 229a–b, wo es eine Mittagsrast und Gespräche gibt (242a) – auch hier ist Mittag. Dramenintern im Dialog bindet dieser Ort die Bücher I–IV zusammen (vgl. Schöpsdau 1994, 103 f.).

625c–e Es geht um richtige Gesetzgebung und hier insbesondere um die These, dass die Gesetze Kretas und Spartas allein Siege im Krieg im Sinn haben. Die gemeinsamen Mahlzeiten oder Syssitien der Männer waren in Kreta und Sparta wichtige Einrichtungen und Institutionen der Militärgesellschaft (vgl. David 1978). Dies ist bei Platon auch auf Frauen auszudehnen (vgl. 780a–781e. 806d–e). Gymnastische Übungen ergänzten die Kriegerausbildung.

625d Thessalien: Landschaft in Nordgriechenland.

626d–e Der Athener vertritt nun die von Kleinias nachgesprochene Gegenthese, dass allein im Sieg über sich selbst der schönste Sieg zu sehen ist (626b–627c). Dabei führt er in einem anagogischen Verfahren das Besiegen vom Dorf über Haus und Mann bis zum

Ich innerhalb des Menschen und einen Krieg im Inneren des Menschen an (vgl. Schöpsdau 1994, 160). Damit kommt bei der Behandlung von Krieg und Sieg eine ethische Komponente ins Spiel. Zugleich wird dieses Selbstbesiegen im Sinne der Überlegenheit über sich selbst auf die Polis übertragen, wobei dies zunächst im militärischen und dann im moralisch-sittlichen Sinne verstanden wird (vgl. Plat. rep. 430e ff.). Dass Krieg in uns selbst zu führen ist, basiert auf der Vorstellung, dass innere Begierden bekämpft werden müssen (vgl. Xen. mem. 1,2,24), was zum Ideal der Selbstbeherrschung führt (626e).

627b Die Auffassung, dass Bürger einer Polis verwandt sind, ist traditionell durch reale oder fiktive Verwandtschaftsverhältnisse begründet (vgl. Gschnitzer 1955, 130f. bzw. Gschnitzer 1969, 282). Platon bietet eine solche fiktive Verwandtschaftsthese in der *Politeia* mit der Behauptung, dass im Idealstaat Bürger »Erdentsprossene« und Brüder sind (rep. 414e). Deshalb ist man bestrebt, in der Gemeinschaft Eintracht herzustellen (627c–628e).

627d Der Ausdruck von der Richtigkeit der Gesetze spielt vermutlich auf Prodikos' Versuch an, die Richtigkeit der Wörter zu suchen und zu finden (vgl. Plat. Euthyd. 277e). Es handelt sich um den Versuch, mit dem richtigen Gesetz eine Norm für existierende Gesetze zu finden (631b).

628a–b Die Unterscheidung von Krieg und Bürgerkrieg spielt auch in der *Politeia* eine wichtige Rolle (vgl. Plat. rep. 470b). Zwietracht mit Freunden wird zu innerem Aufruhr (*stásis*). Bei Herodot wird innerer Aufruhr als schlimmer denn Krieg angesehen (vgl. Hdt. 8,3,1; Gehrke 1985, 1f.; Loraux 1997).

629a Tyrtaios, ein Dichter aus der Zeit des 2. Messenischen Krieges (um 640 v. Chr.), der höchstwahrscheinlich in Sparta geboren ist (fr. 2 Diehl = fr. 2 West), verfasste Elegien, die als kennzeichnend für spartanische Haltung und Patriotismus galten. Wenn er hier als »gebürtiger Athener« (Schöpsdau 1994, 170) bezeichnet wird (vgl. Paus. 4,15,6), ist dies ein Zeugnis für die Vereinnahmung dieses Dichters in Athen – seine Dichtung erfreute sich im 5. Jh. v. Chr. hohen Ansehens (vgl. Müller 1989, 328; De Brasi 2013, 173f.). Zitiert wird ein Vers aus einer Elegie des Tyrtaios (vgl. fr. 9,1

Diehl = fr. 12,1 West). Es schließt sich ein fiktiver Dialog mit Tyrtaios an (629b–e), der an Dichterbefragungen erinnert, wie sie Sokrates in der *Apologie* anspricht. Es zeigt sich hier, dass Tyrtaios vor allem äußeren Krieg rühmt, so dass das Lob durchaus eine ironische Note hat (629e; dort mit weiterem Zitat aus der Tyrtaios-Elegie, fr. 9,10 f. Diehl).

630a Theognis, Bürger von Megara im griechischen Mutterland (andere nennen Megara [Hyblaia] in Sizilien), war ein Elegiker aus dem 6. Jh. v. Chr. Zitiert werden zwei Verse (vgl. Thgn. 77 f. West) an Kyrnos, die wie der ursprüngliche Kontext (Thgn. 69–128 West) von der Zuverlässigkeit eines Menschen handeln. Diese Zuverlässigkeit erweist sich als weitere Tugenden umfassend (Gerechtigkeit, Besonnenheit, Weisheit; 630b–c).

630b Zu »fest auf die Füße gestemmt« vgl. Schöpsdau 1994, 174; Tyrt. fr. 9,16–18 Diehl = fr. 12,16–18 West.

630b–c Als größte Tugend (630c) wird hier Verlässlichkeit in Gefahr, verstanden als Gerechtigkeit, gerühmt, wobei Tapferkeit den vierten und letzten Platz der rangmäßig geordneten Tugenden einnimmt (bei Tyrtaios ist Tapferkeit die oberste Tugend). Zum ersten Mal werden hier die vier Kardinaltugenden eingeführt (Besonnenheit, Tapferkeit, Weisheit, Gerechtigkeit; 630b) – dabei spielt jeweils der Kampf eine Rolle: Kampf gegen Feinde (Tapferkeit), Kampf gegen Mitbürger im Bürgerkrieg (Gerechtigkeit), Kampf gegen sich selbst (Besonnenheit; vgl. Brisson/Pradeau 2006, 339 Anm. 44).

630e Es geht nun um eine richtige Art der Beurteilung, nicht nur der dorischen, sondern der Gesetzgebung allgemein. Dabei muss der Gesetzgeber die aus vier Teilen bestehende Gesamttugend und die Gesetze prüfen mit Blick auf ihre Effizienz. Es geht darum, dass die Gesetzgebung den Bürgern Glück (*eudaimonía*) ermöglicht, welches besteht, wenn alle vier Tugenden erworben sind. Zudem müssen die Gesetze geordnet sein und auf die Götter abzielen. Nach diesen Vorgaben ist das folgende Gespräch gegliedert (631b–632d).

»Erbtöchter« dienten dazu, eine Familie bzw. ein Haus zu erhalten, wenn der männliche Stamm ausgestorben war (vgl. 924d–925c).

631b Richtige Gesetze zeigen sich darin, dass sie die angemessene Reihenfolge der Güter berücksichtigen; diese Klassifizierung besteht in den Gütern der Seele, des Leibes und des äußeren Besitzes (697b).

631c Unter »kleineren Gütern« sind Reichtum, Schönheit, Gesundheit und Körperkraft zu verstehen (vgl. Plat. rep. 491c; Men. 87e), wobei Reichtum nur bei richtigem Gebrauch ein Gut ist.

631c–d Als göttliche Güter werden die vier Kardinaltugenden (Einsicht, Besonnenheit, Gerechtigkeit, Tapferkeit) angesehen. Dazu bildet die Aufzählung in Plat. rep. 491c eine Parallele; die hier demgegenüber weniger ausgeprägte Systematik mag mit dem zur *Politeia* unterschiedlichen Kontext (dreiteilige Seele) zusammenhängen (vgl. Schöpsdau 1994, 182).

632d Bei einer Staatsgründung sind Gesetzeswächter noch vor dem Erlassen der Gesetze einzusetzen (960b–968e, s. dazu S. 692f.); hier ist allerdings vom Einsetzen der Wächter nach Abschluss des Gesetzeswerkes die Rede. Deshalb sind unter Wächtern hier wohl eher jene zu verstehen, die in der Nächtlichen Versammlung eingesetzt werden, die am Ende der *Nomoi* (961a) beschrieben werden. Es gibt »von Einsicht« und »von wahrer Meinung geleitete« Wächter, womit wohl ältere und jüngere Mitglieder der Versammlung gemeint sind.

632d–633a »Wie also, Fremder, sollen wir nun unser Gespräch weiterführen?« (632d): Die Prüfung der dorischen Gesetze nach Arten der Tugend soll sich in zwei Phasen entwickeln: Erst sollen die dorischen Institutionen behandelt werden, welche zunächst der Pflege der Tapferkeit, dann der Besonnenheit, Gerechtigkeit, Vernunft dienen; dann soll gezeigt werden, dass die dorische Gesetzgebung das Leben so regelt, dass die vierfache Tugend zur Geltung kommt. Freilich ist zu bemerken, dass diese Disposition im Folgenden eher unvollständig durchgeführt wird (Schöpsdau 1994, 191).

632e Gespräche werden auch sonst in den *Nomoi* sowie in den anderen Dialogen als Mittel der Aufmunterung und des Zeitvertreibes gesehen (vgl. 625b. 685a. 752a; rep. 376d. 501e). Sogar die Argumentationen für die Unsterblichkeit der Seele an Sokrates' Todestag wird als Aufmunterung (*paramythía*; Plat. Phaid. 70b) bezeichnet (vgl. Erler 2008, 19–44, bes. 30).

633b Die Krypteia gelten als Teil der militärischen Ausbildung für junge Spartaner: Sie mussten sich ohne Sklaven und Nahrung auf dem Land verstecken und sich vom Diebstahl ernähren (vgl. Greene 1981, 306 f.). Nach Plut. Lyk. 28 machten sie Jagd auf Heloten (Sesshafte ohne Bürgerrecht). Vielleicht handelte es sich auch um einen Initiationsritus zur Aufnahme junger Männer in die Gemeinschaft.

633c Bei den Gymnopaidien handelte es sich um einen musischen Wettkampf (Tanz und Übungen im Gymnasium) zu Ehren des pythischen Apollon (vgl. Paus. 3,11,9). Der Name meint »nackt spielen« und bezieht sich wohl auf Chöre in der heißesten Zeit des Juli (Schöpsdau 1994, 196).

634a Mit dem »pythischen Gesetzgeber« ist der Gott Apollon gemeint – angespielt wird auf dessen Kultort Delphi (die dortige Apollonpriesterin wird als Pythia bezeichnet).

»gezwungen und […] überredet«: Mit Zwang und Überredung werden jene beiden Aspekte genannt, welche der Gesetzgeber hat (722b), um Recht durchzusetzen: Strafandrohung als Zwang, Überredung durch Lob und Tadel. Dies ist von Bedeutung für die Funktion jener Proömien, die Platon seinen Gesetzen vorangestellt hat.

635e–636e Besonnenheit und richtiger Umgang mit Lust als Bedingung für Glück von Staaten und ihren Mitgliedern spielen in Sparta und Kreta eine Rolle, wobei der Athener auf die damit verbundenen Gefahren u. a. widernatürlicher Lust hinweist. Doch sollen die genannten Institutionen Lust nicht meiden, sondern sie beherrschen helfen: Es geht um Kontrolle und Mäßigung naturgemäßer Lust. Syssitien und Gymnastik bieten also neben der Erziehung zu Tapferkeit auch Möglichkeit zur Erziehung zur Besonnenheit und sind deshalb nützlich; sie werden vom Athener denn auch in einen eigenen Staatsentwurf eingeordnet (780a ff.; Gymnastik 672c ff.). Deshalb soll auch das Symposium als Institution betrachtet werden (636e–638b): Es wird zunächst von Megillos negativ bewertet, dann vom Athener aber insofern aufgewertet, als es die Möglichkeit zur Selbstprüfung hinsichtlich des Rausches und damit der Besonnenheit bieten kann.

636b Die Speisegemeinschaften (Syssitien) waren wie die Gymnasien mögliche Orte, an denen sich junge Leute trafen, und damit Hort politischer Absprachen, aber auch der Päderastie (vgl. Plat. Charm. 154a–c. 155a–156d; symp. 217c; Phaidr. 255c; Aristoph. Nub. 973 ff.). Päderastie war nach vielen Zeugnissen nicht nur in dorischen Staaten verbreitet (636b; vgl. Dover 1978, 190. 194 ff.). In den *Nomoi* (836b–c) wird Laios als Urheber der Knabenliebe benannt. Kreta taucht als Ursprungsland der Päderastie auf (636d; vgl. Tim. FGrHist 566F 144).

»bei den Milesiern, Boiotern und Thuriern«: Milet war eine Polis in Kleinasien, Böotien eine Landschaft in Mittelgriechenland, Thurioi eine griechische Kolonie in Süditalien.

636d Ganymed wird bei Homer von den Göttern entführt und Zeus' Mundschenk (vgl. Il. 20,231–235). Bei anderen wird er von Zeus selbst entführt und sein Liebling (vgl. Ibyc. PMG 289; Hom. h. Aphr. 202–206). In Plat. Phaidr. 255c wird ein homoerotisches Verhältnis zwischen Zeus und Ganymed Vorbild für den päderastischen Eros.

637a–b Auf ein Symposium folgte oft ein nächtlicher Umzug (Komos) mit Musik (vgl. Plat. symp. 212c ff.).

637b Am zweiten Tag des Anthesterienfestes, beim Choenfest, gab es einen Umzug zu Ehren des Dionysos mit Schiffswagen des Dionysos und weiteren Wagen. Die Mitfahrenden wurden von der Menge verspottet.

»Dionysien«: mehrtägiges Fest zu Ehren des Dionysos.

637b–c Wenn von »Zuchtlosigkeit der Frauen« die Rede ist, bezieht sich dies darauf, dass die freie Stellung der Frau in Sparta bei den Athenern als Zuchtlosigkeit gewertet wurde (vgl. Eur. Andr. 595–600).

637c Tarent: spartanische Kolonie in Süditalien.

637d ff. »Darum wollen wir [...] über den Rausch im Allgemeinen sprechen« (637d): Die Behandlung der Sitten des Trinkens und des Rausches dient dazu, die Bedeutung des Weingenusses für die Erziehung zu bestimmen. Diese Besprechung reicht über das erste

Buch hinaus (638b–674c). Unterschiedliche, auch nichtgriechische Trinksitten werden angeführt. Es geht um die Frage, inwiefern Wein und sein Genuss als Hilfsmittel zur Probe der Besonnenheit taugt. In diesem Zusammenhang wird die richtige Beurteilung und Ausführung eines Symposiums diskutiert (638b–641a). In der Tat war das Symposium eine zentrale Institution im sozialen Leben der Griechen, zentral auch für die Bildung (*paideía*; vgl. Martin 1931; Murray 1990; Schmitt-Pantel 1997). Platon greift mit der Thematik auf eine lebendig geführte und literarisch gewordene Diskussion über Trunkenheit zurück, die freilich zumeist verloren ist (vgl. Schöpsdau 1994, 210 f.). Die Argumentation erfolgt wie in Platons sokratischen Dialogen auf epanagogische Weise, d. h. Beispiele (drei) werden angeführt, um die Notwendigkeit guter Leitung zu illustrieren (ein nicht seekranker Kapitän; ein nicht feiger Stratege; 639a ff.). Es bedarf jemandes, der für Freundschaft geeignet und Fachmann für Geselligkeit ist (640d); zudem ergibt sich, dass der Leiter des Symposiums nüchtern sein (640d) und das Trinken der Besonnenheit dienen muss (Rausch als Test; 671d); notwendig sind zudem Trinkgesetze (671c). Dann dient das Trinken der Erziehung (649a ff.).

638b Syrakus: griechische Kolonie an der Ostküste Siziliens. Lokroi: griechische Kolonie an der Spitze des italischen »Stiefels«. Keos: die westlichste der Kykladeninseln; sie liegt 60 km südöstlich von Athen.

641c Der »kadmeische Sieg« ist sprichwörtlich für einen Sieg, der dem Sieger keinen Vorteil bringt (vgl. Hdt. 1,166,2). Angespielt wird entweder auf die gegenseitige Tötung im Zweikampf der thebanischen Kadmosnachfahren Eteokles und Polyneikes oder auf das gegenseitige Töten der aus Kadmos' Drachensaat entsprungenen Soldaten (sogenannte »Sparten«, »Ausgesäte«; Schöpsdau 1994, 217).

»Kadmeische Erziehung«: Der Ausdruck spielt mit dem sprichwörtlichen »kadmeischen Sieg« als ewas Negativem und soll hier etwas Positives bezeichnen, das es nicht gibt. Die Bemerkung richtet sich gegen eine militaristische Kulturauffassung: Siege können auch destruktiv sein (kadmeisch).

642b Mit Vertrauensleuten für Fremde (*próxenoi*) ist das System der Gastfreundschaft für Angehörige anderer Städte gemeint, die keine privaten Gastfreunde in einer Stadt hatten; sie vertraten ggf. wie Honorarkonsuln deren Interessen (vgl. F. Gschnitzer in RE Suppl. XII, Sp. 629–730, s. v. *Proxenos*, bes. 729 f.).

642d–e Epimenides (vgl. DK 3) ist eine eher legendäre Gestalt aus Kreta (nach einigen Zeugnissen stammt er aus Knossos; vgl. 642d). Zu seinen Lebensdaten gibt es widersprüchliche Angaben: Im 7. Jh. v. Chr. verortet ihn Suda ε 2471 Adler, im 6. Jh. Diog. Laert. 1,110, im 5. Jh. der Kontext der *Nomoi*-Stelle (»zehn Jahre vor den Perserkriegen« [642d]; vgl. auch 677d–e). Er galt auch als Wundermann und als einer der sieben Weisen. Seine Prophezeiungen über die Perserkriege sind wohl auf die Schlacht bei Salamis zu beziehen (480 v. Chr.; vgl. Dusanic 1991, 13 Anm. 49; Schöpsdau 1994, 220 f.). Die Forschung folgt – freilich zumeist aus gutem Grund – der Datierung durch Platon (vgl. Erler 2007, 278).

643a ff. »Zunächst also wollen wir [...] definieren, was [...] Erziehung ist« (643a): Gemäß der im platonischen Dialog *Phaidros* formulierten Regel beginnt die Erörterung über das Wesen der Erziehung hier mit einer Bestimmung des Gegenstandes und seiner Leistung (vgl. Phaidr. 262d–264e). Die folgenden Ausführungen richten sich nicht genau nach dieser Disposition, wenn man nicht u. a. in dem Marionettenbild (644c–645a) die Wirkung der Erziehung dargestellt sieht. Zunächst geht es um die formale Gestaltung jeder Erziehung mit Blick auf das Spiel der Kinder (Prinzip der Nachahmung), um eine Steuerung der Affekte, Lernen und Üben, dann wird von dieser Art von Erziehung die berufliche Ausbildung abgegrenzt (643d–644a); Erziehung lässt Kinder an Tugend Anteil gewinnen (644b); ihre Leistung ist, gut zu sein im Sinne einer Selbstbeherrschung (644b–645c).

644d Der Vergleich mit Marionetten (644c–645a) soll illustrieren, was es heißt, stärker oder schwächer zu sein als man selbst; es geht um Selbstbeherrschung (vgl. Mesch 2005; Frede 2010; Müller 2013). Illustriert wird ein Spiel der Kräfte im Menschen: Wie die Fäden der Marionette lenken nach Genuss strebende, widerstrebende, Unangenehmes fliehende Kräfte (Eisen) und Vernunftkräfte (Gold) innerhalb der Seele den Körper. Erstrebt ist Selbstbeherrschung (hinsichtlich Lust und Schmerz, Furcht und Zuversicht; vernünftige Überlegungen). Dieses Kräftespiel soll das Phänomen des sich selbst unterliegenden Menschen, also der Willensschwäche (*akrasía*) erklären und fordern, dass der Mensch die Vernunft zum Herrscher über die anderen Kräfte machen soll (vgl. Schöpsdau 1986, 120 ff.). Dabei darf das Bild nicht dahingehend verstanden werden, dass Menschen ein bloßer Spielball der Götter sein sollen (*paígnion*; 644d). Denn vom Menschen werden eine aktive Haltung und ein Befolgen des goldenen Drahtes der Vernunft erwartet. Wer dem goldenen Draht folgt, erfreut die Götter. Umstritten ist, ob Platon hier eine Trichotomie der Seele behauptet (wie in der *Politeia*, aber dort nicht in Buch X, oder im *Phaidros*; vgl. Erler 2007, 278); spätere Stellen in den *Nomoi* legen eine enge Verbindung der unvernünftigen Seelenregungen nahe, so dass sich eine Dichotomie ergäbe (689a). Das Marionettengleichnis setzt ja prinzipiell eine Dichotomie voraus (vgl. Schöpsdau 1994, 229; Müller 2013), die als Quelle von Schwäche moralischer Verfehlung neben den Intellektualismus der sokratischen Dialoge zu treten scheint. Das aber ist wohl nicht als Änderung innerhalb der platonischen Psychologie zu werten, sondern kontextuell als Zugeständnis an den eher unphilosophischen Denkhorizont der Partner des Atheners, handelt es sich bei dem dichotomischen Seelenbild doch eher um eine populärpsychologische Vorstellung (vgl. Görgemanns 1960, 105–111). In den *Nomoi* ist die Vernunft zwar das Schönste, aber sie operiert anders als in der *Politeia* ohne Zwang und bedarf der Hilfe (vgl. Schöpsdau 2003, 329). Diese Hilfe gewährt vor allem die Erziehung, die Lust und Schmerz lenkt und zur »richtigen« Meinung hinführt (653a–c). Weitere Hilfen sind die Proömien als persuasive Elemente, die zu den Gesetzen hinzutreten.

In 644d wird das Gesetz als Übereinkunft der Polis angesehen. Das ist nicht im Sinne einer Relativierung wie in der Sophistik zu verstehen, was durch das Konzept der richtigen Gesetze vermieden werden soll (641a), wobei das Richtige durch den Logos garantiert wird, der göttliche Ordnung spiegelt (645b). Es geht also offenbar nicht um Mehrheitsentscheidungen (vgl. Schöpsdau 1994, 237).

644d–e Marionette: Mit θαῦμα (wörtlich etwa: »staunenswertes Werk«; vgl. Schöpsdau 1994, 237) ist hier eine Marionette mit beweglichen Gliedern gemeint, die durch Drähte und Schnüre verbunden sind. Gliederpuppen dienten in der Antike als Spielzeug (vgl. Elderkin 1930, 455–79).

645d ff. Die Diskussion über den Nutzen des Symposiums und des Weines erinnert den Athener an die These, dass Rausch der Erziehung dienen soll, denn der Weinrausch stärkt die irrationalen Kräfte. Doch zeigt der Athener, dass es eine erzieherische Komponente im Rausch gibt (645d–650b).

647e Trank in Form von Wein fördert Furchtlosigkeit im Sinne von Dreistigkeit (646e–647b). Mit ihm muss man also umzugehen lernen (vgl. Schöpsdau 1986, 97–123). Das Weintrinken erweist sich als Möglichkeit, Besonnenheit (649a–650b), aber auch Furcht vor schlechtem Ruf einzuüben. Damit ist Weintrinken rehabilitiert und als Mittel der Erziehung etabliert.

648b Wenn Platon davon spricht, Bürger mit Blick auf Tugenden »auf die Probe [zu] stellen«, verwendet er das Wort βάσανος. Dieses Wort bezeichnet einen Prüfstein, an dem Gold gerieben wird, um dessen Echtheit zu prüfen. Gerne werden dieses Substantiv und das zugehörige Verb βασανίζειν in ethischen Kontexten metaphorisch verwendet (Charakterprobe schon bei Theogn. 417 f. 449 f. u. ö.; Plat. rep. 503a); in 649d spricht Platon von der »Prüfung beim Wein«.

650a Das Dionysosfest wird gegen Megillos' Kritik (637b) gerechtfertigt, weil sich dort das Weintrinken als sinnvoll erwiesen hat. Die Übersetzung »beim Dionysiosfest« (μετὰ τῆς τοῦ Διονύσου θεωρίας) macht sich den Umstand zunutze, dass das Wort θεωρία sowohl die Betrachtung eines Festes als auch das Fest selbst meinen kann (vgl. Soph. Oid. T. 1491; Plat. Phaid. 58b; rep. 556c.). *Theoría* ist eigentlich ein politischer Ausdruck, der Besuch und Betrachtung eines Festes durch den Gesandten einer anderen Stadt bezeichnete; von dort hat er Einzug gehalten in den philosophischen Diskurs (vgl. Nightingale 2004, 66).

Buch II

In Buch II wird der Blick vom Weintrinken bzw. Symposium als Ort für die Erziehung der Seele auf die musische Erziehung allgemein erweitert (652a–664b). Auch hier spielt die Mischung von Spiel und Ernst eine Rolle, wobei das Spiel in Richtung der *areté* wirken soll. Da der Mensch von Natur zu Tanz und Gesang veranlagt ist, soll beides unter dem wachsamen Auge der Gesetzgeber gepflegt und bei Festen praktiziert werden (664b–671a). Tanz und Gesang ahmen menschliche Stimmungen und Charaktere nach. Deshalb ist nur eine Nachahmung tugendhaften Verhaltens akzeptabel, wobei Bewährtes und Zweckmäßiges unverändert zu bewahren ist. Vorbild für dieses konservative Verhalten ist Ägypten mit seinen langlebigen Institutionen. Die Musenkunst darf nicht Künstlern und Publikum sowie deren Bewertung überlassen bleiben, sondern soll kompetenten Beurteilern übertragen werden. Lust als Wirkung der Kunst ist dann zu billigen, wenn sie der Tugend entspringt. Tugend und Eudaimonie sollen vom Gesetzgeber als Einheit betrachtet werden. Kunsterziehung richtet sich an die Jugend wie an die Erwachsenen. Es sind drei Chöre für die verschiedenen Altersgruppen einzurichten, denen je eigene Aufgaben zugewiesen werden. Der Chor der erwachsenen Männer heißt »Chor des Dionysos« – es geht erneut um das Symposium. Der Bereich der Gymnastik sollte direkt im Anschluss behandelt werden, was aber auf Buch VII verschoben wird. Nochmals wird die Bedeutung eines richtigen Gebrauches von Wein betont (671a–674c)

652a Trinkgelage haben einen großen und wirklich ernst zu nehmenden Nutzen nicht nur in der Einübung von Scham (Buch I), sondern sie helfen auch, die schon seit früher Kindheit ohne Wein, aber mit Musik und Tanz erworbene Erziehung zu bewahren, die sonst verloren ginge. Denn der Wein nimmt die Hemmung vor dem Singen (665d ff.) und hilft somit, junge Menschen durch Gesang tugendhaft zu machen. Deshalb trägt das Symposium zur Erziehung (*paideía*) bei: Denn Erziehung soll zur Übereinstimmung der Affekte mit Vernunft als Wesen der Tugend führen; insbesondere soll musische παιδεια dazu dienen, Affekte an die Kontrolle durch die Vernunft zu gewöhnen (vgl. Plat. rep. 401d–402a; zur Erziehung in den *Nomoi* vgl. Cleary 2003).

652b »darauf zurückkommen«: Es wird angespielt auf 643b.

653a Die Grundempfindungen Lust und Schmerz sind Grundlage der Tugend des Kindes. Erziehung hat zum Ziel, dass die Affekte sich bei Kindern in rechter Weise einstellen; dabei spielt die Gewöhnung eine wichtige Rolle (643c). Es geht darum zu lernen, das Schöne zu loben und das Hässliche zu tadeln, ohne dass es schon vernünftige Beurteilung gibt (Vernunft kommt erst in späterem Lebensalter hinzu): Vernunftlose Kinder müssen sich durch musische Erziehung an den Logos gewöhnen (vgl. Plat. rep. 401d–402a).

653b–d Erstrebt wird laut dieser textkritisch problematischen Stelle (vgl. Schöpsdau 1994, 256 f.) die Übereinstimmung der Affekte in ihren Konsequenzen mit dem Logos (vgl. Brisson/Pradeau 2006, 350), wozu Gewöhnung beiträgt. An Festen soll mithilfe der Musen und der Götter Dionysos und Apollon die Früherziehung der Kinder erneuert und bewahrt werden (653c–654b). Denn die Musik und ein Gefühl für Rhythmus und Harmonie bringen die regellosen Bewegungen der jungen Menschen zur Ordnung des Chortanzes. Deshalb ist Chortanz nützlich als früheste Form der Erziehung (654a).

»Mitleid mit dem zur Mühsal geborenen Geschlecht der Menschen« (653d) findet sich auch anderswo, z. B. bei Hesiod (vgl. erg. 42 ff.) und in der Tragödie (vgl. Eur. Hipp. 189).

Musik und Kunst machen das Leben erträglicher (vgl. Plat. Phil. 62c); Feste zu Ehren der Götter dienen den Menschen zur Erholung (vgl. Thuk. 2,38,1). Im Staat der *Nomoi*, Magnesia, machen Feste freilich einen großen Teil des Lebens der Bürger aus (835e), wie auch Freiheit von Arbeit.

653e–655b Die Theorie der Entstehung der Musik geht vom Drang der Menschen nach Bewegung als einer Ursache und vom menschlichen Sinn für Harmonie und Rhythmus aus. Die ungeordnete Bewegung der Seele des Kindes ist zu sehen als Folge der Unordnung durch die Einkörperung der Seele (vgl. Plat. Tim. 43a ff. 90c–d). Diese Unordnung wird vornehmlich durch Musik beseitigt, durch ebenmäßige Bewegung beim Tanzen (vgl. Plat. Tim. 47d–e).

Ob Platon hier eine eigene oder eine allgemein verbreitete, vielleicht vom Musiktheoretiker Damon entliehene Theorie vorträgt, ist unsicher. Jedenfalls haben Rhythmus und Harmonie als Geschenke der Götter zu gelten und werden im Chortanz durch Gesang und Körperbewegung ausgedrückt (vgl. Schöpsdau 1994, 263). Wenn schöne Erziehung mit schönem Singen zusammenhängt (654b), stellt sich die Frage, was bei Gesang und Tanz schön ist (654d–655b). Es ergibt sich, dass alles das schön ist, was mit ἀρετή der Seele oder des Körpers zusammenhängt. Reaktion auf das Schöne ist Freude als Folge der Erziehung (654c–d); freilich ist diese Freude nicht einheitlich, wohl weil nicht von allen das Gleiche als schön empfunden wird. Daraus darf freilich nicht gefolgert werden, dass es keine objektive Norm gibt (655d–656a); die Unterschiede beruhen vielmehr auf unterschiedlicher Veranlagung und Erziehung der Beurteilenden.
Zur Verbindung von Apollon mit den Musen (654a) vgl. Hom. Il. 1,603 f.; zu den Musen vgl. schon Hes. theog. 1–115.

655d Wenn Chöre Charaktere (*mimémata*) nachahmen, kommen die grundlegenden Prinzipien der Mimesis für Platons Kunstverständnis zum Tragen, wie er sie in Buch III der *Politeia* entwickelt (vgl. rep. 398b; Halliwell 2002). Hier wird die Mimesis als Charakteristikum vor allem der Dichtung diskutiert und kritisiert (positiver vgl. Plat. rep. 398c–403c), aber auch mit Blick auf die Musik im konkreten Sinn behandelt (vgl. Plat. rep. 399a–400a). Dabei spielen vornehmlich ethische Gesichtspunkte eine Rolle. Denn es wird beklagt, dass sich Nachahmung an die unteren, eher irrationalen Seelenteile wendet und sie negativ beeinflusst. In Buch X der *Politeia* sind dann ontologische Gesichtspunkte Grundlage der Kritik (Kunstwerk als bloßes Abbild eines Bildes des wahren Seins; vgl. rep. 600e. 602c), wobei der positive Aspekt eines Verweisens auf das wahre Sein offen bleibt. In den *Nomoi* wird Mimesis eher positiver im Sinne einer richtigen Abbildung bewertet (668a–b; zum Wort »Nachahmung« vgl. Lucas 1968, 258–272). Die positivere Sicht in den *Nomoi* resultiert aus der Fokussierung auf Tanz und Musik und der »realistischen« Sichtweise von Erziehung als für alle Bürger von Magnesia gedacht, wohingegen es in der *Politeia* um die Erziehung der Wächter, also lediglich einer Elite geht.

656c Platon lehnt Musik als bloße Melodie ab; er verlangt immer die Verbindung von Rhythmus und Harmonie mit dem Wort (vgl. rep. 398d).

656d–657a Ägypten gilt Platon allgemein als Hort alten Wissens und wird von ihm geschätzt (vgl. 799a–b; vgl. Plat. Tim. 21e). Jedoch erkennt er es, wie auch generell das alte Wissen, nicht unkritisch an (vgl. 657a. 747c. 953e; rep. 436a; Erler 2001). Mit dieser Haltung nimmt Platon im Kontext der zeitgenössischen Ägyptenbewunderung (vgl. Isokr. or. 11,17) eine Art Zwischenstellung ein. Er lobt nicht an sich die festgefügten Normen Ägyptens, sondern nur insofern sie die natürliche Richtigkeit der Musik umfassen (657a). Jedenfalls gibt es nach Platon nur in Ägypten keine Freizügigkeit beim Gebrauch der Musik und von Kunst allgemein, wie die Athener sie beklagen (zur Rolle Ägyptens im Platonismus vgl. Jeck 2004). Wie weit Platons Kenntnis von ägyptischer Musik tatsächlich reichte, ist unklar (vgl. Kerschensteiner 1945; Koller 1963; Joly 1982). Jedenfalls betrachtete er die ägyptische Kunst als besonders unveränderlich, womit das Land seinen Vorstellungen nahekam, die er auch für die Musik reklamierte. In 799a–c kommt Platon auf die Rolle der Dichter in Ägypten zurück.

657b Isis ist Frau des Osiris und Schützerin der Toten. Wenn hier von Musik als einer der Schöpfungen der Isis die Rede ist, so mag dies mit Gesängen von der Art zusammenhängen, wie sie für Osirismysterien überliefert sind (zu Göttern als Herkunft der Musik bei den Ägyptern vgl. Elsner 1977, 153–155).
Mit »wie ich sagte« wird auf 657a verwiesen.

657c Wenn von einem Maßstab für die Richtigkeit von Musik die Rede ist, stellt sich die Frage, was diese Richtigkeit ist. Es wird abgelehnt, sie mit der Lustwirkung der Musik gleichzusetzen (655d). Es ist zu prüfen, ob die populäre Auffassung, richtige Praxis manifestiere sich in der größten Freude der Zuschauer, Bestand hat. Die Beurteilungen der Zuschauer fallen unterschiedlich aus, z. B. je nach Alter. Um Relativismus zu überwinden, ist also der *gute* Charakter der Richtenden ausschlaggebend. Wie allgemein ἀρετή inhaltlich ein Kriterium für das Schöne ist, so spielt die charakterlich gute Eigenschaft des Rezipienten eine Rolle bei schöner Musik (vgl. Görgemanns 1960, 188).

658b Eine Rhapsodie meint eine Rezitation von epischen Gedichten ohne Instrumentalbegleitung (vgl. Plat. Ion 535d–e). Homer galt als wandernder Rhapsode (vgl. Plat. rep. 600d). Kitharöden hingegen sangen Dichtung und spielten dabei auf der Kithara (Saiteninstrument).

658c Da es hier um mimetische Darstellungen, also Epos und Drama geht, passt als Übersetzung für θαύματα (eigentlich Kunststücke von Gauklern) »Puppenspiel« gut (Schöpsdau 1994, 282).

658c–d Diese Stelle ist ein gewichtiges Zeugnis für das Theaterpublikum der Zeit (vgl. 817c), insbesondere dafür, dass Kinder und Frauen (diese jedenfalls bei Tragödienaufführungen) im 4. Jh. v. Chr. anwesend waren (vgl. Plat. Gorg. 502d; Pickard-Cambridge 1968, 263 ff.; Dawson 1992).

Homers Epen *Ilias* und *Odyssee* wie auch Hesiods Lehrgedichte *Theogonie* und *Werke und Tage* waren zu der Zeit Platons gewissermaßen Schullektüre und Gegenstand von Vorträgen professioneller Rhapsoden (Platon diskutiert diesen Berufsstand und dessen Selbstverständnis im Dialog *Ion*).

659a Die Verbindung von Bildung und Tugend ist Merkmal des obersten Aufsehers über das Bildungswesen. Ein Lärmen des Publikums als Zeichen von Zustimmung oder Protest findet sich auch sonst in Platons Dialogen (vgl. 700c–701a. 876b; rep. 492b–c; Euthyd. 276c und dazu Erler 2017, z. St.).

659b Preisrichter saßen bei Tragödienaufführungen, die als Wettbewerb durchgeführt wurden, auf Ehrenplätzen.

659c Weil die Komödie den Zuschauern keine Charaktere präsentiert, die edler sind als sie selbst, lehnt Platon sie ab (vgl. 816d).

659d Nach ersten Versuchen (643a ff. und 652b ff.) wird eine dritte Bestimmung der παιδεία im Sinne eines Hinziehens (*agogé*) zu einem bestimmten Ziel geboten, das in der Übereinstimmung von Lust und Unlust mithilfe des Logos besteht. Hierbei spielt die richtige Meinung der Ältesten eine wichtige Rolle – aufgrund ihrer Erfahrung.

659e Der Begriff »Zauberlieder« (ἐπῳδαί) stammt aus dem Bereich der Magie; Platon übernimmt ihn, um eine Beeinflussung der Seele durch Argumentation oder durch eine Geschichte oder einen Mythos zu beschreiben (vgl. Plat. Charm. 157a; Euthyd. 289e5). In den *Nomoi* (vgl. z. B. 773d) sind diese Zauberlieder eine Alternative zum Zwang durch Gesetze (vgl. Lain-Entralgo 1958).

660b Der Hinweis auf die positiven Aspekte der Musikpflege im konservativen Sparta ergänzt den früher geäußerten Anspruch des Atheners, dass allein die ägyptische Tradition infolge ihres Konservatismus positiv zu sehen sei (vgl. 656d).

660e Es werden Vorgaben für Musenkunst gemacht; Gerechtigkeit wird als Bedingung von Glück und damit als die Grundlage platonischer Ethik angesprochen. Diese etwa im *Gorgias* (z. B. Plat. Gorg. 470a) argumentativ entwickelte These wird hier als wohlgegliederte Rede vorgeführt. Demnach hat der Gerechte echte, der Ungerechte nur scheinbare Güter. Die Lust des Ungerechten wird als nur scheinhaft erwiesen. Wie im *Protagoras* (vgl. Plat. Prot. 356d) ist die hedonistische Argumentation hier wohl kontextuell zu bewerten: Die Partner sind in Philosophie unerfahren; deshalb gibt es keine Argumentation, sondern einen Vortrag mit dialogischem Zwischenspiel (661d–662a); es geht hier um Pädagogik (vgl. Schöpsdau 1994, 293).

Der Ausdruck »reicher als Kinyras und Midas« bezieht sich auf den Dichter Tyrtaios (vgl. fr. 9,6 Diehl = 12,6 West). Kinyras und Midas waren mythische Könige von Zypern (vgl. Hom. Il. 11,20) bzw. Phrygien; beide zeichnen sich durch großen Reichtum aus. Besonders Midas illustriert Platons Auffassung, dass alle Güter, die durch Unrecht erlangt werden, sich in Unglück wandeln: Alles wurde ihm zu Gold, doch damit konnte er nichts mehr essen und trinken (vgl. Plat. Gorg. 512a–b). Tyrtaios als »euer Dichter« wird auch sonst in den *Nomoi* gern zitiert (660e5 ff. 661a ff.).

661a Boreas ist der Nordwind (Thrakien liegt im Norden).

Die Diskussion über die Rangfolge menschlicher Güter ist ein beliebtes Thema der sokratischen Literatur und der platonischen Dialoge (vgl. 631c mit abweichender Rangfolge; Müller 1975, 122; Plat. Euthyd. 280a–281e. 288d–293c; Men. 87e–89a). Hier wird offenbar die traditionelle Auffassung, wie sie auch in Liedern vorkommt (vgl. Skolion 7 Diehl = PMG 890 Page; Plat. Gorg. 451e), angeführt.

663a Da die Lust des Ungerechten nur scheinbar ein solche ist, muss der Gesetzgeber die Gerechtigkeit als angenehm erweisen, und die Erziehung muss die Scheinhaftigkeit dieser Lust durchbrechen (vgl. Plat. Prot. 356d; Schöpsdau 1994, 301).

663c Bei der »Schattenmalerei« (ἐσκιαγραφημένα) handelt es sich wohl um eine illusionistische Maltechnik, die sich des Spiels von Licht und Schatten bedient (*chiaroscuro*; vgl. Demand 1975, 5 ff.; Schöne 1912; für perspektivische Malerei vgl. Pfuhl 1910; Keuls 1978). Platon zieht sie gerne heran, um irrtümliche Urteile zu illustrieren (vgl. rep. 602c–e).

663d Um des Guten willen zu lügen ist in der *Politeia* nur den Idealherrschern erlaubt (vgl. rep. 389b. 414b–c); hier ist es nur hypothetisch erwogen. Die Möglichkeit bewusster Täuschung ist auch für die Beurteilung mancher rhetorischer Strategie des Sokrates in den Dialogen von Bedeutung; sie mag fragwürdig scheinen, ist aber immer für die Wahrheitssuche funktionalisiert (vgl. Erler 2006, 50).

663e Mit dem Hinweis auf die Sage vom Sidonier spielt der Athener auf den Gründungsmythos Thebens an: Kadmos, Sohn des Agenor und König des phönizischen Tyros (daher Mann aus Sidon, einer anderen phoinikischen Stadt), besiegt einen Drachen und sät dessen Zähne in die Erde des zukünftigen Theben. Daraus erwachsen bewaffnete Soldaten, die sich gegenseitig bekämpfen; nur fünf bleiben übrig – und gründen Theben (vgl. Plat. rep. 414c mit Anspielung auf den Mythos der erdentsprossenen Sparten als nützliche Lüge).

664b ff. Nach dem Aufriss vom Glück des Gerechten wird behandelt, wie die Botschaft im Staat verbreitet wird. Drei altersmäßig geschiedene Dionysoschöre sollen vom Glück des Gerechten singen (664b–671a). In Sparta trat neben bekannten Chören ein Chor von Alten als dritter auf (vgl. Plut. Lyk. 21,2); der Athener distanziert sich freilich von der spartanischen Praxis (666d). Die drei nach Alter geschiedenen Chöre: Der Kinderchor singt wohl vor der gesamten Stadt; der Chor junger Leute singt als Apollonchor vor anderen jungen Leuten; der Chor der Alten, die durch Wein ihre Zurückhaltung vor Singen und Tanzen verlieren (665d–e), singt als Dionysoschor (dazu 664d–665b) vor Bürgern im Alter zwischen 30 und 60. Aufgabe der Chöre ist, die Konvergenz von gerechtem und lustvollem Leben zu verbreiten.

665b Mit dem »vorhin Gesagten« ist auf 664a ff. angespielt.

666a »Feuer zu Feuer« ist eine sprichwörtliche Redewendung und soll hier warnen, Feuer der Jungen durch Feuer der Weisen zu verstärken (vgl. zum Wein Plat. Tim. 60a).

666d Musengesang steht hier wohl in Verbindung zur Philosophie (vgl. Plat. Phaid. 61a). Zwar begegnet das Wort φιλοσοφεῖν in den *Nomoi* kaum (nur in 857d; vgl. dazu Schöpsdau 1994, 314), doch wird die Muse des Dionysoschores in die Nähe der Philosophie gerückt; sie dient der Darstellung der Tugend (655b) und orientiert sich an der philosophisch begründbaren Wertordnung (vgl. Schöpsdau 1994, 315; Brisson/Pradeau 2006, 357 Anm. 74).

667a Dass man der Argumentation folgen muss, wohin diese führt, ist eine Grundregel platonisch-sokratischer Gesprächsführung (vgl. Erler 1987a, 268–279).

667b–669b Die Diskussion über Kriterien, nach denen sich der schönste Gesang bemisst, kommt auf den Begriff der »Richtigkeit« (*orthótes*). Da Musik mimetisch ist, wird sie nicht nach Lust, sondern nach Ähnlichkeit und Richtigkeit mit Blick auf das Nachzuahmende beurteilt. Bedeutsam ist die gegenüber der *Politeia* hier positivere Sichtweise der Mimesis, deren Defizite durch richtiges Abbilden gemildert werden (vgl. Schöpsdau 1994, 319). Damit erhält sie Richtigkeit und einen gewissen Wahrheitsanspruch (668a). Zur Richtigkeit kommt als Ergänzung Kenntnis des Wesens und des Guten einer Sache hinzu (668c. 669a–b), d. h., bei Musik muss man wissen, dass es um die Darstellung (z. B. im Tanz) von bestimmten Charakteren geht, dass Rhythmus und Harmonie einem bestimmten Ethos anzupassen sind und dass das Dargestellte Tugend zum Ausdruck bringt (vgl. Schöpsdau 1994, 323; vgl. 668d–e).

669b ff. Musik ist gefährdet und wird schlecht, wenn nicht zusammenpassende Elemente (Wort, Rhythmus, Harmonie) verbunden werden oder wenn Elemente getrennt werden, die zusammengehören; als Beispiel wird später der Verfall der Musik in Athen geschildert, der sich in der Gattungsmischung manifestiert (700e). Jedoch müssen Harmonie und Rhythmus dem Wort angepasst sein (vgl. Plat. rep. 400a). Platons Kritik an zeitgenössischer Musik wird von seinen Zeitgenossen geteilt; sie hebt zumeist auf »modernes« Virtuosentum und Affektregung bei Instrumentalmusik ab (vgl. Zimmermann 1992, 10 Anm. 4. 117 ff.). Vor diesem Hintergrund ist Platons Forderung nach besonderer musikalischer Bildung des Dionysoschores zu sehen (670a–671a).

669d Der mythische Sänger Orpheus wurde als großer Musiker, Dichter hexametrischer Gedichte und Erfinder der Lyra gesehen (vgl. Plat. Ion 533b. 536b). Unter dem Ausdruck »Reife des Genusses«, den Platon einem Orpheus zugeschriebenen Vers entnimmt (vgl. fr. 11 Kern = fr. 482 Bernabé; Plat. Phil. 66c), mag bei Orpheus eine Erkenntnis des Schönen, z. B. bei jungen Leuten in der Pubertät, oder Freude im Jenseits gemeint sein (so West 1983, 265). Platon versteht darunter offenbar jene oberste Stufe der Freude, die sich aus der Erkenntnis des Schönen ergibt.

670b Die dorische Tonart lässt Platon in der *Politeia* bei der Darstellung von tapferem und besonnenem Verhalten zu, neben der phrygischen (rep. 399a).

670d Mit »Taktschritten« (βάσεις) sind wohl Elemente gemeint, die mit dem Rhythmus verbunden sind (vgl. Plat. rep. 399a–400a; Palmieri 1986, 3–24).

»Töne der Melodie« (χορδαί) meinen Elemente der Melodie.

671a Im bisherigen Gespräch wurden Mittel gesucht, um die Erziehung zu gewährleisten (654d), und es ging um den Nutzen des Symposiums für das Einüben der Besonnenheit. Nun werden Symposium und Dionysoschor aufeinander bezogen, was nicht ohne Probleme gelingt (vgl. Schöpsdau 1994, 336–338); dies spricht aber wohl nicht für eine Überarbeitungsthese (vgl. z. B. Müller 1935, 66 ff.). Offenbar ist davon auszugehen, dass sich Dionysoschöre in Form von Symposien zusammenfinden (vgl. Morrow 1960b, 316), die am Dionysosfest stattfinden, da ansonsten ein Weinrausch nicht erlaubt ist.

671b Wenn Platon für aus Weingenuss folgende »Redseligkeit« das Wort *parrhesía* (Freiheit der Rede) benutzt (649b), greift er einen Begriff auf, der im politischen Kontext der Demokratie wichtig ist; im *Gorgias* wird er als Voraussetzung wissenschaftlicher Wahrheitssuche in den philosophischen Diskurs transferiert (vgl. Erler 2009a).

671c Gesetze für Trinkgelage sind für die platonische Akademie und das aristotelische Lykeion bezeugt (für Xenokrates: Athen. 3f. 186b = fr. 49 und 50 Isnardi Parente). Doch finden sich solche sympotischen Regeln auch im nicht-philosophischen Kontext (vgl. Kall. fr. 433 Pfeiffer).

671d Mit »Gesetzeswächtern« (*nomophýlakes*) sind Symposiarchen gemeint, die über die Einhaltung der Regeln beim Symposium wachen. Von ihnen wird Nüchternheit und Besonnenheit erwartet. Es handelt sich dabei nicht um Beamte wie diejenigen, von denen später die Rede ist (752d ff.).

672a–b Nach Ansicht des Atheners ist die Gabe des Weins nicht schlecht, und sie stammt auch nicht von Dionysos, der etwa Rache nehmen wollte, weil Hera ihn des Verstandes beraubt habe (672b; vgl. Eur. Cycl. 3f.), sondern mit Wein sollten die Menschen Scham und Gesundheit erwerben. Der Bericht vom rasend machenden Dionysos ist wohl als aitiologische Geschichte eingeflochten, um die Wirkung des Weins zu erklären (vgl. Eur. Bacch. 298f.). Diese traditionelle Vorstellung wurde bei Platon transformiert zum Konzept des »weisen Wahnsinns«, z.B. im Dialog *Phaidros* (Erler 2017). Die »bakchische Verzückung« (672b) gehört zum Dionysoskult der Bakchanten (Bacchus ist ein Beiname des Dionysos) und ist im Kontext von Initialriten zu sehen. Auf diese greift Platon in den Dialogen öfter zurück, auch im philosophischen Kontext (vgl. Euthyd. 277e3; Krit. 54d–e; Phaidr. 228b–c; symp. 215c–e; Linforth 1946).

672e–673a Da in der Erziehung traditionell Musik und Gymnastik verbunden sind, muss Letztere nach der Musik noch behandelt werden. Ziel ist auch hier die Tugend von Leib und Seele (673a); auch bei ihr ist Ordnung der Bewegung anzustreben, z. B. im Tanz (vgl. das Schema bei Schöpsdau 1994, 344).

673d Der andere Teil (der Gymnastik) wird später (795d ff.) aufgegriffen.

673e–674a Es wird zusammengefasst, dass der Rausch hilfreich ist, wenn dabei die Gesetze befolgt werden und die Besonnenheit getestet wird, dass er aber schädlich ist, wenn er nur dem Selbstzweck dient. Hier soll das strenge karthagische Gesetz gelten (vgl. 637d. 840e ff.), welches verlangt, sich auf Feldzügen des Weins zu enthalten (vgl. Aristot. oec. 1344a).

Buch III

Nach der Untersuchung des Ursprungs dorischer Gesetze und Gesetzgebung wird in Buch III die Geschichte der menschlichen Gesellschaft von ihrem Beginn bis zu den dorischen Staaten behandelt, die – trotz ihrer Vorzüge – infolge eines Mangels an Selbstkontrolle verfallen (682e–689e). Damit wird erfüllt, was sich in der *Politeia* andeutet, im *Timaios* und im *Kritias* verlangt wird und im nicht geschriebenen Dialog *Hermokrates* abgehandelt werden sollte: Die theoretischen Überlegungen zum Staat werden mit der geschichtlichen Wirklichkeit konfrontiert (vgl. Lisi 1985). Wichtig ist das dritte Buch, weil auf geschichtlicher Grundlage argumentiert wird. Es ist von zentraler Bedeutung für Platons Geschichtsphilosophie (vgl. Gaiser 1968; 1961, 347; Schöpsdau 1994, 351; Wilke 1997, 225 ff.), die weniger historisch als exemplarisch orientiert ist und sich der Wahrscheinlichkeitsschlüsse bedient. Überhaupt lässt sie Konvergenzen mit jener historiographischen Methode erkennen, wie man sie z. B. in der Archäologie zu Beginn von Thukydides' *Historien* findet (Thuk. 1,1–22). Es handelt sich im Grunde um eine »wahrscheinliche Erzählung« (*eikòs lógos*), wie sie die Kosmologie in Platons *Timaios* darstellt. Die Untersuchung setzt bei einem Neubeginn der Menschheit nach einer Vernichtung der Kultur durch eine Katastrophe ein (677a). In vier Stufen entwickeln sich die Staaten (677a–680d): Nach der letzten Überschwemmungskatastrophe wohnen die Menschen in Bergsiedlungen, ohne Schrift und Gesetzgeber, fern vom Meer, ohne innere Auseinandersetzung oder äußeren Krieg und ohne patriarchalische

Regierungsform (680b ff.). Es verbinden sich Familien; sie bilden die »gerechteste Königsherrschaft« (680e). Als zweite Stufe formieren sich Stadtgemeinschaften mit erster Gesetzgebung (Aristokratie oder Monarchie; 680e–681d). Auf der dritten Stufe (681d–682e) existiert eine Vielfalt von Verfassungen, es werden Städte gebaut, und es gibt Kriege (z. B. den Trojanischen). Nach der Rückkehr des Heeres von Troja gibt es in einem vierten Schritt Staatengründungen (682e–693d): Sparta, Argos, Messene u. a. Damit ist die historische Zeit erreicht und zugleich der Punkt, von dem man mit dem Exkurs über Musik und Trinkgelage abgeschweift war (637b). Von den drei dorischen Städten hat allein Sparta Bestand (685a), was zur Frage nach staatserhaltenden Satzungen führt (683b). In Sparta sicherte Vernunft den Fortbestand (687e), und Einsicht sorgte für eine ausgewogene Staatsordnung (693b), etwa durch das Doppelkönigtum (686b–687a).

In einem Exkurs (690a–691a) untersucht der Athener sieben Arten, in denen in Staaten und Hausgemeinschaften Anspruch auf Herrschaft erhoben wird: 1. Verhältnis Eltern gegenüber Kindern; 2. edle Herkunft; 3. Alter; 4. Verhältnis eines Herrn gegenüber seinem Sklaven, 5. eines Stärkeren gegenüber einem Schwächeren, 6. eines Weisen gegenüber einem Unwissenden; 7. Bestimmung durch Losentscheid (d. h. Bevorzugung durch Gott). Ein Ordnungsprinzip ist allerdings schwer zu erkennen. Die dorischen Staaten scheitern zudem an Charaktermängeln.

Ergänzt wird die Lehre aus Spartas Verfassung durch die Geschichte Persiens und Athens mit ihren Urformen von Staatsverfassungen: Monarchie und Demokratie. Um Freiheit und Vernunft zu erreichen, müssen beide Staatsformen gemischt sein (693d–698a) wie in Persien unter Kyros. Mangel an παιδεία führte jedoch zur Stärkung des tyrannischen Elements (695d). Athen verfügte über Größe, doch kam es zu einem Verfall der Normen parallel zu dem der Musik. Wie die Gattungsgrenzen verfielen auch andere Normen. Als Resümee der ersten drei Bücher werden Freundschaft und Einsicht als Ziel des wahren Gesetzgebers genannt (701d–702b). Die geplante kretische Gründung soll Prüfstein für das bisher Ausgeführte (702b–e) sein.

676c Die Ursache von etwas zu erfassen ist Leitmotiv von Buch III, aber auch Grundprinzip sokratisch-platonischen Philosophierens (λόγον δοῦναι).

677a Drei große Fluten (vgl. dazu Plat. Tim. 22c) sind durch die Mythen überliefert: die deukalische Flut, die das eherne Menschengeschlecht vernichtete und aus der nur Prometheus' Sohn Deukalion und seine Frau Pyrrha in einer Arche gerettet wurden (vgl. Hes. fr. 4 Merkelbach/West); eine spätere Flut zur Zeit des Zeussohnes Dardanos; und eine dritte Flut zur Zeit des sagenhaften Königs Ogygos – manche sehen sie zeitlich vor der deukalischen Flut, andere setzen sie mit dieser gleich. Nach Kritias (vgl. Plat. Tim. 23a–b) kennen die Griechen nur eine Überschwemmung, die Ägypter mehrere (vgl. die Diskussion in Schöpsdau 1994, 359 f.).

677d Daidalos, eine Figur insbesondere der kretischen Mythologie um König Minos, galt als großer Erfinder, Techniker, Baumeister und Künstler. Die von ihm gestalteten Figuren sollen lebensecht gewesen sein. Er spielt in Platons Dialogen auch deshalb eine Rolle, weil Platon seine »wandernden Statuen« als Bild für den unsteten Charakter »richtiger« Meinungen nutzt, die durch Dialektik »festgebunden« werden müssten (Men. 97d; Euthyphr. 11c; Ion 533a–b; Erler 1987a, 84–86).

Palamedes gilt als Erfinder der Zahlen, des Rechnens und des Brettspiels (vgl. Plat. apol. 41b; rep. 522d; Phaidr. 261b); Marsyas gilt als Erfinder des Flötenspiels (vgl. Plat. symp. 215a–c), Olympos als der Erfinder der Doppelflöte, Amphion als Erfinder der Lyra.

Der Ausdruck »gestern und vorgestern« (χθὲς καὶ πρώην) bezeichnet eine Vergangenheit, die noch nicht lange zurückliegt (vgl. auch Plat. Gorg. 470c).

677e Mit der Erfindung, die alle anderen übertrifft und die Hesiod (wohl erg. 41) schon angedeutet habe, ist wohl eine aus Asphodelos und Malven hergestellte Speise gemeint, die es Epimenides angeblich ermöglicht hat, lange Zeit nicht zu essen (vgl. Plut. sept. sap. conv. 157d–e). Indem der Athener hier eine angebliche Erfindung des aus Knossos auf Kreta stammenden Epimenides erwähnt, möchte er wohl höflich dem Kreter und Bürger von Knossos (vgl. 629c) Kleinias ein Kompliment machen.

679a–b Gaben der Flechtkunst und Töpferei sind Zeichen göttlicher Fürsorge entsprechend der Vorstellung, dass technische Fertigkeiten Göttergaben sind (vgl. Hom. h. 20,1 ff.; Aischyl. Prom. 436 ff.).

680a–c Es schließt sich die Darstellung der ersten Phase politischer Organisation an: die patriarchalisch organisierte Familie, die auf Bergen wohnt. Als Repräsentanten einer solchen Form der Gemeinschaft im Sinne einer *dynasteía* wird auf die von Homer geschilderten Kyklopen verwiesen (vgl. Od. 9,112–115).

680d–e Als zweite Form staatlicher Organisation erweist sich die Verbindung von Sippen mit erster Gesetzgebung, Aristokratie oder Königtum.

681e Zitiert wird Hom. Il. 20,216–218. Dardania und Ilios: Gemeint ist jeweils Troja. Beim Ida handelt es sich hier nicht um den Berg auf Kreta wie zu Beginn der *Nomoi*, sondern um einen Berg in Phrygien.

682a Die Chariten (Euphrosyne, Thalia, Aglaia) sind Töchter des Zeus und der Euphrynome und wohnen auf dem Olymp wie auch die Musen, Töchter des Zeus und der Mnemosyne (vgl. Plat. Phaidr. 259c–e); sie vermitteln Wahrheit und Erinnerung. Es ist bemerkenswert, dass Platon, der bei Dichtern sonst die Kompetenz für Wahrheit bezweifelt (z. B. rep. 600e), hier Homer Erkenntnis historischer Vorgänge infolge göttlicher Inspiration zubilligt.

682b Mit »vielen Flüssen« sind der Simois, der Skamander und der Xanthos gemeint.

682d Mit »Mord und Totschlag« wird auf den Trojanischen Krieg angespielt (vgl. Weil 1959, 84–87). Nach diesen Bemerkungen beginnen die Ausführungen über die dorisch-spartanische Geschichte. Die mykenischen Königshäuser werden abgelöst von Argos, Messene und Sparta (683c–693d). War bis jetzt Homer Quelle der Information, greift Platon jetzt auf andere – spartanische – Mythentraditionen zurück (vgl. Schöpsdau 1994, 375; dort auch der Vergleich mit Thuk. 1,12,1–3). Für den zeitgenössischen Leser war der Unterschied zwischen mythischer Gründungssage und historischer Geschichte nicht so relevant wie für den modernen Interpreten.

683c–d Argos liegt im Nordosten der Peloponnes. Mit der dorischen Gründung Messene ist die Landschaft auf der westlichen Peloponnes gemeint (Lakedaimon; vgl. Isokr. or. 6,21).

683e Der Rückverweis ist unklar; vielleicht ist 626e–f gemeint (vgl. Schöpsdau 1994, 386).

684c Das Problem der Durchsetzbarkeit der Gesetze (vgl. Plat. Gorg. 521d–522a; leg. 719e–722c) wurde im 5. Jh. v. Chr. und darüber hinaus kontrovers diskutiert, z. B. die Frage, ob Götter allein dazu existieren, dass die Menschen sich fürchteten und sich folglich an die Gesetze hielten (vgl. Erler 2012a).

684d–e »Das Unantastbare nicht antasten« ist ein zum Sprichwort gewordenes (vgl. Plat. Tht. 181a; Phil. 15e; leg. 736d. 843a. 913b) religiöses Gebot, das auf Gesetze übertragen wird.

685c Mit Ninos meint Platon hier wohl den sagenhaften Begründer des assyrischen Reiches (vgl. Diod. Sic. 2,1,4) oder die Stadt Ninive.

Wenn hier davon die Rede ist, dass Bewohner »rings um Ilion« den Krieg gegen Troja entfesselt hatten, dann weicht Platon von einer gängigen Version ab (Raub der Helena als Kriegsursache). Er mag die Geschichte der Vertreibung des Pelops durch Ilos (Großvater des Priamos) im Sinn haben (vgl. Paus. 2,22,3).

685e »Herakliden«: Die Nachfahren des Herakles, die erst nach Athen, dann in die Peloponnes, dann nach Makedonien zogen. Sie stehen für die Achäer (vgl. 682e).

686b Auf die Frage, durch welches Geschick das Machtgefüge zugrunde ging, wird in 688c–d und 695b–696b geantwortet.

687e Theseus steht hier für die Unvernunft mancher Wünsche: Er hat seinem von Phaedra verleumdeten Sohn Hippolytos den Tod gewünscht – der Wunsch wird dann durch Poseidon erfüllt (931b).

689a–b Die größte Unwissenheit besteht in mangelnder Übereinstimmung (*diaphonía*) zwischen Lust und Schmerz auf der einen und vernünftiger Meinung auf der anderen Seite. D. h., Übereinstimmung bedeutet die Weisheit (688b), wenn man hasst, was schön und gut ist, und liebt, was schlecht ist. Auf diese Weise wird der Vernunft als natürlicher Herrscherin die Herrschaft versagt. Gleiches gilt auch in der Polis, wenn das Volk sich über das Gesetz als vernünftiger Teil stellt (689b). Herrscher sollen als Wissende in diesem Sinne, wie zuvor schon entwickelt, sich selbst überlegen sein (626e ff. 734b. 886a–b. 902a. 934a; vgl. Schöpsdau 1994, 415).

689b Die Qualifikation von Unwissenheit als Dissonanz (διαφωνία) von Affekt und Vernunft steht in sokratischer Tradition (vgl. Plat. Prot. 357e). Freilich setzt sich bei Sokrates die Vernunft durch (vgl. Plat. Prot. 352c). In der *Politeia* wird zwar mit Konflikten in der Seele gerechnet, die Ursache für eine mögliche Unterlegenheit der Vernunft wird aber in falschem Denken gesehen. Die *Nomoi* hingegen lassen erkennen, dass Begierden oder Affekte das Handeln bestimmen können, obgleich Vernunft vorhanden ist (vgl. das Marionettengleichnis).

690b–c Bezug genommen wird auf eine Erwähnung des Nomos in einem Gedicht Pindars (Pind. fr. 169a Maehler: νόμος ὁ πάντων βασιλεύς, »das Gesetz ist der König aller«), das Kallikles im *Gorgias* (vgl. Plat. Gorg. 484b) zitiert (vgl. auch Plat. Prot. 337d; leg. 715a; 890a). Der Sophist Kallikles versteht Nomos bei Pindar im Sinne eines Naturgesetzes, das man zur Rechtfertigung von Gewalttaten heranziehen kann (Recht des Stärkeren). Der Athener sieht das Wesen des Nomos in dessen Herrschaft über freiwillig gehorchende Menschen.

690c In der Demokratie Athens spielte die Verlosung eine zentrale Rolle, z. B. bei der Wahl von Archonten, weil man überzeugt war, dass sich dabei der Wille der Götter zeige, denn Zufall werde von Gott gelenkt (757e). Der religiöse Aspekt der Losung, den Platon hier im Blick hat, spielte in der politischen Realität Athens keine Rolle. In Platons Magnesia ist Losverfahren in bestimmten Bereichen möglich (z. B. Verteilung von Landlosen 741b; oft wird nach vorausgegangener Vorwahl gelost; vgl. Schöpsdau 1994, 124).

690e »Die Hälfte oft mehr als das Ganze« bezieht sich auf Hes. erg. 40; vgl. Plat. rep. 466c. Kontext hier in den *Nomoi* ist die resümierende Bestimmung, dass die Maßlosigkeit der Könige in Argos und Messene den jeweiligen Niedergang verschuldet hat.

691c Missachtung und mangelnde Einhaltung des rechten Maßes als Ursache von Unglück zieht sich als Grundmotiv durch Platons Dialoge (vgl. Prot. 355d–357d; Phaid. 68d–69c; Phil. 55e; rep.

283b–87a; Krämer 1959). Deshalb erweist sich die Mischverfassung, wie sie Sparta bietet, als Mittel der Rettung (691d–692c), insofern sie einen Ausgleich der Macht sichert: durch ein Miteinander von Doppelherrschaft (Dyarchie) zweier Königshäuser, Gerontenversammlung (Rat der Alten), Ephoren (fünf Aufseher) und Volksversammlung (Apella).

692a Der »dritte Retter« ist Zeus Soter (»Zeus der Retter«; vgl. Aischyl. Eum. 759 f.); ihm war nach dem olympischen Zeus und den anderen olympischen Göttern und den Heroen der dritte Gebetsanruf oder Trinkspruch gewidmet; daraus entwickelte sich die Formel τὸ τρίτον τῷ σωτῆρι (wörtlich »das Dritte dem Retter«, übertragen »aller guten Dinge sind drei«; Schöpsdau 1994, 436).

692b Temenos, Kresphontes und Aristodemos waren Brüder (zur Genealogie der Könige in Sparta vgl. die Tabelle bei Schöpsdau 1994, 384).

692d Angeblich kamen die Spartaner infolge eine Auseinandersetzung mit den Messeniern erst einen Tag nach der Schlacht bei Marathon an (698e; bei Hdt. 6,106 f. aus religiösen Gründen); allein Athen verhielt sich heroisch (vgl. dazu Schöpsdau 1994, 440 f.).

694a ff. Kyros II., Enkel des Astyanax, regierte 558–528 v. Chr. Unter ihm blühte Persien, weil er freiheitliche Aspekte einführte. Er bewirkte bei seinen Befehlshabern und Soldaten Einsicht, Freiheit, Erkenntnis infolge von Redefreiheit und Freundschaft untereinander. In der Sokratik ist allgemein ein ideales philosophisches Kyrosbild zu konstatieren (Antisthenes, Xenophons *Kyrupädie*). Der Athener schildert die Entwicklung Persiens von Gründung des Reiches durch Kyros II. bis Xerxes I. Auf das Aufblühen unter Kyros II. und Dareios I. folgte jeweils Niedergang unter deren Söhnen Kambyses II. und Xerxes I. Die jeweilige Blüte war Resultat einer Berücksichtigung demokratischer Elemente – das zeigt die Notwendigkeit einer Mischung von Elementen der Monarchie und Demokratie, die Platon allgemein aufweisen will.

694b Zu Redefreiheit (παρρησία) s. die Anmerkung zu 671b.

694c Kambyses war ein Sohn des Kyros und regierte 530–522 v. Chr. Problematische Handlungen machten ihn notorisch (vgl. Hdt. 3,33); er soll seinen Bruder Smerdis getötet haben (vgl. Hdt.

3,30.65). Platon macht eine schlechte Erziehung durch Kyros für Kambyses' Verfehlungen verantwortlich (vgl. dazu Brisson/Pradeau 2006, 373 Anm. 94).

695c Durch Dareios und sechs Mitverschwörer wurde Smerdis (oder Gaumata nach der Bisutun-Inschrift) als Usurpator beseitigt (vgl. Hdt. 3,78). Unter Dareios erstarkte das Reich wieder.

695d Dareios hat das Reich vom Hellespont bis zum Indus und vom Nil bis zum Iaxarte (Syr-Daria) ausgedehnt (vgl. Hdt. 3,89–96; Aischyl. Pers. 864 ff.).

Nach Dareios I. wurde Xerxes König Persiens (486–465 v. Chr.); er leitete den Feldzug gegen Griechenland, der mit dem Sieg der Griechen bei Salamis 480 v. Chr. und Plataiai 479 v. Chr. endete. Ein Porträt seiner Person und Hybris bieten Aischylos (in den *Persern*) und Herodot mit verschiedenen Facetten (vgl. Hdt. 7,5. 35. 39. 103).

695e–696a Die These eines Niederganges der Macht Persiens war verbreitet (vgl. Isokr. or. 4,138 f.; Demosth. or. 14,29 f.; Plat. leg. 694a. 689a). Als ein wichtiger Grund gilt die mangelnde Erziehung (696a).

696a Dem gescheiterten Perserreich mit seiner falschen Erziehung wird die als richtig empfundene spartanische Ordnung entgegengestellt (zum Spartabild Platons vgl. De Brasi 2013).

696c ff. Die Diskussion über das Verhältnis der Tugenden untereinander durchzieht das Werk Platons (vgl. Prot. 328d–334c. 349a–360e; rep. Buch IV; leg. 963c–964b). Als ein Wissen sind die Tugenden verbunden, haben aber besondere Anwendungsbereiche.

697c Als Ursachen für den Niedergang Persiens waren maßlose Despotie, Aufgabe von Gemeinsinn und törichtes Verhalten ausgemacht (vgl. 689a–e); Symptom war z. B., dass die Perser Kriege mithilfe griechischer Söldner führten.

698a ff. Nach der Analyse des Niedergangs der persischen Verfassung wird die Entwicklung Athens vorgeführt und auf die Gefahren übergroßer Freiheit hingewiesen (698a–701c). Nach dem glücklichen Leben der Athener nach den Perserkriegen mit maßvoller Freiheit, geleitet von Scham, beginnt ihr Niedergang infolge falscher Erziehung des Volkes durch Dichter, die Lust zur Maßgabe z. B. der Musik machten. Dadurch wurden die Gesetze der Musen verletzt, und es trat Anarchie ins Leben ein (700a–701c).

698c Angespielt wird hier auf die persischen Invasionen und die drei Schlachten, bei Marathon 490 v. Chr. (Datis war Feldherr des Dareios), Salamis und Artemision 480 v. Chr., Plataiai 479 v. Chr. Der erste Angriff erfolgte vom Meer, der zweite von Meer und Land und der letzte nur zu Lande (vgl. Plat. Mx. 239a–242a). Eretrier: Bewohner Eretrias, einer Insel nördlich von Attika.

698e Die Spartaner kamen zur Schlacht von Marathon zu spät (vgl. Plat. Mx. 240c).

699a Das Durchstechen des Berges Athos auf der Halbinsel Chalkidike mit einem Kanal (Hdt. 7,22) und die Überbrückung des Hellespont wurden immer wieder in der antiken Literatur thematisiert (vgl. Aischyl. Pers. 65 ff. 722. 745; Thuk. 4,109; Isokr. or. 4,89–90).

700a ff. Das ursprüngliche Verhalten gegenüber den Gesetzen der Musik und ihren Gattungen wird als Illustration für richtiges Gemeinschaftsleben gewertet, das Mischen von Gattungen und das Abweichen von den Regeln der Musik hingegen als Zeichen des Niedergangs im Gemeinschaftsleben. Denn Letzteres zielte nur auf Beifall des Publikums – ohne Rücksicht (700d); daraus folgten Respektlosigkeit vor Personen, Gesetzen und Göttern (669b–670a). Zugrunde liegt offenbar eine Auffassung, wie sie Sokrates' Musiklehrer Damon vertrat, wonach Erschütterung musikalischer Stile einhergeht mit Erschütterung politischer Gesetze (vgl. Plat. rep. 424c5–6).

700b–d Es werden einzelne Gattungen diskutiert: Hymnos, Threnos (Klagelied), Paian (Chorlied an Gottheiten), Dithyrambos (Chorlied im Dionysoskult), Nomos (solistisches, instrumental begleitetes Lied an die Götter).

701a Der Ausdruck »Theatrokratie« findet sich nur hier bei Platon und meint die Herrschaft des Publikums, nach der sich manche Dichter richten. Demgegenüber ist die Aristokratie in Musik und Kunst gegeben, wenn alles sich nach dem Urteil der Besten richtet.

701c Mit »Titanennatur« wird offenbar auf die Auflehnung der Titanen gegen die Götter angespielt (vgl. Hes. theog. 617–626. 715–735); möglich ist auch ein Bezug zur orphischen Sage, wonach die Titanen den jungen Dionysos getötet und verspeist hatten und daraufhin von Zeus mit einem Blitz zerschmettert wurden – Zeus schuf aus den Resten den Menschen (vgl. Orph. fr. 220 Kern).

702d Das Resümee der Bücher I–III verdeutlicht, dass die Untersuchung Persiens und Athens die Bedeutung von Freundschaft, Freiheit, Einsicht, Erziehung illustrieren soll. Als Ausblick wird der Entwurf einer Verfassung für eine kretische Koloniegründung in Aussicht gestellt: Der Gesprächsteilnehmer Kleinias erwähnt, er sei Mitglied einer Kommission für den Entwurf einer Kolonie (701c–702e).

Buch IV

Die ersten drei Bücher bilden – auch wenn manche Themen und Exkurse nebensächlich scheinen – eine Art Vorwort zur Gesetzgebung, die in den restlichen Büchern (IV–XII) geboten wird. In Buch IV geht es konkret um die Gründung einer Kolonie und deren Gesetzgebung. Hierfür werden zunächst die Rahmenbedingungen abgesteckt: Als wichtig erweisen sich die Lage der Stadt, die Zusammensetzung der Siedler und die Rolle des menschlichen Gesetzgebers. Auch die Bedeutung des Zufalls wird thematisiert: »Zufall beinahe ist alles menschliche Tun« (709b). Die wichtigste Voraussetzung für eine neue Gesetzgebung ist, dass der Staat von einem Alleinherrscher (*týrannos*; 710d) regiert wird, der jung ist, über ein gutes Gedächtnis verfügt, lernbegierig, tapfer und selbstbeherrscht ist und eine Verbindung mit Gott hat (710d) – also die Eigenschaften des Philosophenkönigs. Zudem soll er mit einem Gesetzgeber kooperieren oder Vernunft und Macht in sich vereinen (709d–711d), wie z. B. Nestor bei Homer. Am besten ist, wenn der Gesetzgeber selbst Tyrann ist (735d). Bemerkenswert ist, dass Platon den Tyrann oder Alleinherrscher hier eher positiv sieht (anders etwa im *Gorgias* und in der *Politeia*; vgl. Heintzeler 1927). Doch geht es hier rein paradigmatisch um die Konstellation der Machtfülle und Vernunft als Grundlage für den Gesetzgeber, um seinen Entwurf zu verwirklichen. Freilich trägt dieser Wunsch utopische Züge. Es deutet sich die in der *Politeia* dezidiert verlangte, in den *Nomoi* in der Nächtlichen Versammlung im Grunde vorausgesetzte Philosophenherrscherthese an. Zwar weist Platon nicht darauf hin, aber man wird dennoch an seine Versuche denken dürfen, eine solche Konstellation herbeizuführen: mit ihm als Gesetzgeber und Dionysios II. als Tyrann von Syrakus; bekanntlich ist dieser Versuch gescheitert. Schlechter sind die Voraussetzungen, wenn es zwei Könige gibt, wie z. B. in Sparta (an anderer Stelle sieht Platon das Doppelkönigtum durchaus positiv: 691d; vgl. Morrow 1960b, 55 f.). Noch ungünstiger sind Demokratie und Aristokratie. Bei einer Verbindung von Macht und Vernunft in einem einzigen Menschen ergibt sich die beste Staatsform (712e), wobei Gesetze über die Menschen herrschen sollen (Nomokratie); aus Einsicht und freiwillig haben sich alle nach diesen Gesetzen zu richten (712b–715e).

Bevor das eigentliche Gesetzeswerk begonnen wird, bietet der Athener einen Vorspruch (Proömium) in Form einer imaginierten Rede vor den Siedlern der zu gründenden Stadt (715e–734e): Man soll Gott nachfolgen und ihm als dem wahren Maß aller Dinge nach Möglichkeit ähnlich werden (715e–717a). Der Athener will eine Probe geben, was ein Gesetzgeber – wie ein freier Arzt für freie Bürger (vgl. 720a, aufgegriffen in 857a ff.) – sagen muss (718b), um die Seele für die *areté* geneigt zu machen (718d), ehe er Vorschriften macht. Dieser doppelte Weg (720e) gilt auch für den Gesetzgeber, wie an zwei Formen der Ehegesetzgebung illustriert wird (720e–722c). Als Regel soll gelten, dass ein Gesetzgeber zunächst generell und bei jedem Einzelgesetz eine Vorrede voranstellen muss (723b). Da über die Verehrung von Göttern und Eltern eine geeignete Vorrede schon geboten wurde (723e–724a; vgl. 715e–718a), wendet sich der Athener jetzt der Sorge um die eigene Seele, um Leib und Besitz zu (724a–b).

704a Die zu gründende Stadt wird später als Polis »der Magneten« (860e) bezeichnet. Ob es sich bei dem kretischen Magnesia Platons um eine historisch belegte Stadt handelt, ist umstritten und unsicher. Eine Inschrift aus dem kleinasiatischen Magnesia am

Mäander (FGrHist 482F3), die aus der Zeit nach Platon stammt, weist immerhin darauf hin. Nach dieser gründeten die kleinasiatischen Magneten eine Stadt auf Kreta. Ob dies historisch haltbar ist, ist fraglich (dafür, dass es sich um eine Erfindung Platons handelt, plädiert Wilamowitz 1920, 529 f.). Zu bedenken ist auch, dass womöglich umgekehrt Platons *Nomoi* ihre Wirkung zeitigten. Zur Diskussion vgl. Schöpsdau 2003, 140 ff.; zur Frage, ob es wirklich ein kretisches Magnesia gab und ob Platon diese Tradition kannte, bleiben Unsicherheiten (vgl. Effenterre 1948; Morrow 1960b, 30 f.).

704b Die 80 Stadien entsprechen ca. 15 km; Brisson/Pradeau 2006, 435 versucht sich an einer Landkarte. Die Frage nach der Lage von Neugründungen, auch in Relation zum Meer, war in der Antike Gegenstand einer Diskussion, wie z. B. Cic. rep. 2,3–4 zeigt.

705a Mit »salzige und bittere Nachbarschaft« zitiert der Athener einen Ausdruck des Dichters Alkman (PMG 108) und ergänzt ihn um »und bittere«.

706b Minos soll der erste griechische Herrscher mit einer Flotte gewesen sein; er herrschte über das Mittelmeer (so Hdt. 1,171. 3,122; Thuk. 1,4). Im Mythos sühnt Athen mit den Tributzahlungen für den Tod des Minos-Sohns Androgeos. Unklar ist, ob die Sühnelieferung jedes Jahr zu erfolgen hatte. Sie bestand in sieben Mädchen und sieben Jungen – bei Platon ist jedoch nur von sieben Kindern die Rede (vgl. aber Plat. Phaid. 58a, wo von zweimal sieben die Rede ist). Theseus soll die Athener von der Tributzahlung befreit haben, indem er den Minotauros im Labyrinth tötete (vgl. Diod. 4,60–61). Zu Minos in platonischer Tradition vgl. den ps.-platonischen Dialog *Minos* und auch Plotin (z. B. Plot. VI,9,7,23–26). Zu Minos bei Platon vgl. Dalfen 2009.

706e Der Athener zitiert Homers *Ilias* (Il. 14,96–102; vgl. Labarbe 1949, 242–249; Schöpsdau 2003, 148). Bei Homer ist der Kontext der Kampf der Troer bei den Schiffen der Griechen. Diese sind ins Schiffslager der Griechen eingedrungen; Agamemnon als deren Oberbefehlshaber sieht es in dieser Situation als günstig an, sich mit einigen Schiffen aufs Meer zu retten. Darauf folgt die zitierte Reaktion des Odysseus.

707a Beim Pentekontarch handelt es sich um den Zahlmeister eines Schiffes (die Zahl 50 resultiert vielleicht daher, dass es sich früher um 50 Ruderer handelte).

707b Die Schlacht bei Salamis gegen die Perser (480 v. Chr.) galt als wichtiger Meilenstein im Perserkrieg; dass der Kreter Kleinias sie als entscheidend ansieht, hängt vielleicht damit zusammen, dass kretische Bogenschützen an der Schlacht beteiligt gewesen sein sollen (Ktesias FGrHist 688F13,30; vgl. aber Hdt. 7,169).

707c Schlacht bei Marathon: 490 v. Chr. Die Seeschlacht gegen die Perser beim Kap Artemision der Insel Euböa im August 480 v. Chr. (zeitgleich mit der Schlacht bei den Thermopylen; vgl. Hdt. 8,1–96) ging der bei Salamis voraus. Sokrates erwähnt sie im *Menexenos* (241a). Schlacht bei Plataiai: 479 v. Chr.

707e Argos: Polis auf der nordöstlichen Peloponnes. Aigina: Insel im Saronischen Golf, 25 km südwestlich von Athen gelegen.

708a Der Ort Gortys liegt in Arkadien auf der Peloponnes, nicht in Argos, wie Kleinias hier nahezulegen scheint; bekannter ist der Ort Gortys auf Kreta (vgl. Hom. Il. 2,646; Od. 3,294) wegen der dort gefundenen, wichtigen Gesetzestafeln.

709b Bei seiner Erwähnung des Zufalls und von Katastrophen erinnert der Athener an einen Vers des Dramatikers Chairemon (TrGF 71F2): »Zufall sind der Menschen Umstände, nicht Wohlberatenheit« (Gauly 1991, 157), was als kausal (beruhend auf Zufall) oder prädizierend (menschliche Dinge sind Zufall) verstanden werden kann (vgl. Vogt-Spira 1992, 20 ff.). Hier ist gemeint, dass Menschenwerk Tyche ist, später ist Zufall Ursache und handelnd (709d).

709e Das Lob des Tyrannen hier mag erstaunen, da dieser sonst bei Platon kritisch gesehen wird (vgl. polit. 276e; rep. Bücher VIII und IX). Der Tyrann muss demnach Qualitäten haben, wie man sie von den Wächtern in der *Politeia* erwartet (vgl. rep. 375a–376c. 410b–412a. 473c–503b). Hier freilich ist der Tyrann angesprochen als ein Instrument für Bildung. Es geht um die Verbindung von Tyrannis und Philosophie (Schöpsdau 2003, 158. 161), denn beim Tyrannen ist die Wirksamkeit der Philosophie am besten zu beobachten, weil seine Machtfülle am größten ist (712a). Platon hat diese Kombination in Syrakus mit Dionysios II. versucht, ist aber gescheitert. Immerhin hat Platon auch in den *Nomoi* Zweifel, dass eine Tyrannis in den guten Staat verwandelt werden kann (710c).

711a Es geht bei dem mehrfach Ausgesprochenen um Umformungen eines Staates oder einer Verfassung durch den Herrschenden. Diese freilich wird in den *Nomoi* nicht thematisiert; man mag an entsprechende Ausführungen in der *Politeia* (z. B. Buch VIII) denken (vgl. 545d), vielleicht auch an die »historischen« Ausführungen in den *Nomoi*, Buch III (vgl. 683e; Schöpsdau 2003, 168).

711e Nestor gilt schon in der *Ilias* (Hom. Il. 1,247–252) als weiser Ratgeber mit großer Eloquenz.

712d Es wird die Schwierigkeit einer Charakterisierung der spartanischen Verfassung betont (vgl. Plat. rep. 545b). Denn sie kann als demokratisch oder oligarchisch eingeschätzt werden, je nachdem, welchen Aspekt man bei der Mischverfassung betont (vgl. Aristot. pol. 1294b14 ff.).

Mit den Ephoren sind Aufsichtsbeamte (fünf Personen) in der spartanischen Verfassung gemeint, die von manchen als »demokratisches« Element angesehen wurden, weil sie aus dem Volk kommen; freilich verfügten die Ephoren über große Machtfülle (Rechtswesen, Einberufen der Volksversammlung, religiöse Aufgaben, Außenpolitik). Ihre Amtszeit war auf ein Jahr beschränkt (vgl. 691e–692a; Aristot. pol. 1313a26–27; Plut. Lyk. 7,1; Meier 1999).

713b ff. Kronos: Vater des Zeus.

713d Der Herrscher als Hirte ist ein Bild, das seit Homer (»Hirte der Völker«) verwendet wird und sich auch sonst bei Platon findet (vgl. Gorg. 516a; rep. 343b. 345c [u. ö.]; leg. 694e. 735b. 808d), wobei Fürsorge, aber auch hierarchischer Abstand (deshalb wird das Bild des Hirten verworfen in polit. 274e ff.) zwischen Hirte und Herde betont wird. Bei Platon kommt hier das Attribut »Liebe zu den Menschen« hinzu. Zur Beantwortung der Frage, was der herrschende Gott sei, benutzt Platon den Mythos (713a–714b) und legt ihn dann auch selbst aus (713e–714b). Die Motive, die dem Mythos über das Kronoszeitalter im Dialog nahestehen (268d–274e) und sich des Weltaltermythos bei Hesiod (vgl. erg. 106–201) bedienen, zeichnen den glücklichen Zustand der Menschen zur Zeit des Kronos, des Vaters von Zeus. Alles habe zur Verfügung gestanden, was zum Leben notwendig war. Da eine Herrschaft von Menschen über Menschen infolge von deren schwachem Wesen nur Unglück bringt, setzt der Gott einen Dämon als Herrscher ein, der sich um die Menschen sorgt. Bei dem Gott handelt es sich offenbar um den Nomos; es geht also um eine Nomokratie (zum Gesetzesverständis vgl. Lisi 1985).

714a Das Gesetz als Verteilung von Vernunft spielt mit der Verbindung von Gesetz (νόμος) und Verteilung (διανομή). In der Tat ist νόμος verwandt mit νέμειν, das »verteilen« und »weiden« bedeutet (Frisk 1970, 302; vgl. auch Plat. polit. 297a–b).

714c Bestritten wird auch hier die These von einem natürlichen Recht des Stärkeren, das z. B. Kallikles im *Gorgias* vertritt (Plat. Gorg. 482c–484e; vgl. Thrasymachos in Plat. rep. 338c–352d).

715a Anspielung auf Pind. fr. 169, 1–4 Maehler, wie 690b; vgl. Plat. Gorg. 484b.

715e ff. Es wird nun der Versuch eines Gesetzeswerks ins Spiel gebracht. Ziel ist, dass die Bürger bereit sind, Gesetz und Verfassung zu akzeptieren. Diese Überzeugungsaufgabe soll die Ansprache an die Siedler erfüllen (715e–734e). Diese wird in 718a–724b unterbrochen durch eine Diskussion über ihre Funktion (Überredung zur Tugend, zur Freiwilligkeit der Akzeptanz) und Form (Mahnrede als Paränese). Gehalten ist die Rede in gehobenem Stil. Das Konsensprinzip soll den Gesetzesstaat in Magnesia auszeichnen. Die Ansprache fungiert deshalb wie eine Eröffnungsrede (Proömium 723d–e) für die dann folgende Gesetzgebung (734e ff.). Sie ist klar strukturiert, und es geht um die Aufgaben der Götter und Menschen.

Gliederung (nach Schöpsdau 2003, 199 f.):

1. Gott als Maß der Dinge; Angleichung an Gott aufgrund von Besonnenheit (715e–716d).
2. Richtiges Verhalten gegenüber dem göttlichen Bereich (716d–717b).
3. Richtiges Verhalten gegenüber den Vorfahren und Eltern (717b–718a).

4. Richtiges Verhalten gegenüber sich selbst (726a–729b).
5. Richtiges Verhalten gegenüber anderen Menschen (729b–730a).
6. Eigenschaften für glückliches Leben (Wahrhaftigkeit; Meiden des Unrechts; Besonnenheit und deren Tugenden, deren Vermittlung; Zorn und Milde gegenüber Unrecht; keine zu große Selbstliebe; richtige Haltung in Glück und Unglück).
7. Tugendhaftes Leben ist lustvoll (732d–734e).

715e Der alte Spruch, wonach Gott Anfang, Mitte und Ende von allem in seinen Händen hält, hat wohl einen orphischen Hintergrund (vgl. Orph. fr. 21 Kern; Brisson 1995).

716a Dike steht für die strafende, aber auch belohnende Gerechtigkeit; sie steht in Zusammenhang mit menschlichem Handeln, insofern unrechtes Handeln Dike vertreibt und Unglück bewirkt und rechtes Handeln für die Anwesenheit Dikes und damit für Segen sorgt (vgl. Hes. erg. 259 ff.; dazu Erler 1987b). Bei Solon ist Dike eine eher strafende Gottheit. Die den höchsten Gott begleitende Dike entstammt orphischer Vorstellung (vgl. Orph. fr. 158 Kern).

716c Die Forderung, Gott zu folgen, erinnert an den Mythos im *Phaidros* (Plat. Phaidr. 246a–257a), wo die Seelen dem Zug der Götter folgen und Zeus gehorchen.
Die These, dass Gott mehr als ein Mensch Maß aller Dinge sein soll, richtet sich gegen das Wort des Protagoras (VS 80 B 1), wonach der Mensch das Maß aller Dinge als eine Art Wahrheitskriterium sei (*homo mensura*; vgl. Plat. Tht. 152a. Crat. 385e). Platon setzt die Notwendigkeit von Maß und Ordnung für alles Sein dagegen, dem man sich angleichen muss. Dann ist man Gott lieb. Die Frage, wann man von Gott geliebt ist und was fromm bedeutet, wird im Dialog *Euthyphron* besonders diskutiert.

717c–d Mit »leichten und geflügelten Worten« spielt Platon auf Homers »geflügelte Worte« an (vgl. auch Plat. Ion 534b). Hier steht der Ausdruck für unbedachte Worte und Beschimpfungen (vgl. 935a).
Nemesis ist die Tochter der Nacht (vgl. Hes. theog. 223) und steht für Rache und Vergeltung; sie meldet Untaten an Dike, die diese dann bestraft.

718b Die beiden Optionen Überredung und Gewalt sind in den *Nomoi* geradezu ein Leitmotiv (vgl. Motte 1981); aber auch sonst sind sie bei Platon wichtig: etwa im Höhlengleichnis, wo die Gefangenen, die auf die Schatten starren und diese für Realität halten, mit Zwang umgewendet werden müssen. Freilich meint Zwang dort wie auch hier weniger physische Gewalt als den Zwang durch Argumente (vgl. Erler 2010). Die Ansprache an die Siedler wird als Beispiel für Persuasion angeführt (718c–719a), der es um Offenheit und Wohlwollen der Rezipienten gegenüber den Gesetzen geht (718c).

718e Die Verse stammen mit Varianten aus Hesiods *Erga* (erg. 287–292; vgl. dazu Schöpsdau 2003, 230).

719c Hier wird von den Dichtern selbst ihre Produktionsweise als irrational dargestellt. Ihre Kraft gleicht denen der Seher mit deren gottbegeisterten Weissagungen (vgl. Plat. apol. 22c; Ion 533e–534d). Deshalb kann es bei Dichtern zu Widersprüchen kommen. Ein Gesetzgeber muss, anders als Dichter es infolge ihrer Inspiration tun, immer Ansichten über einen Sachverhalt vertreten (719e). Die Proömien sind daher keine Gesetze, weil sie eher unpräzise sind. Gesetzgeber und Dichter wollen zwar beide erziehen, doch der Dichter nutzt die paränetische Dichtung, der Gesetzgeber die Proömien (vgl. 858c ff.).

719e Das Problem des rechten Maßes ist zentral nicht nur in den *Nomoi*, sondern generell in Platons Werk (vgl. polit. 283b–287a; Phil. 55d–57a; Prot. 355d–357d; Phaid. 68d–69c).

720a–c Der Arztvergleich ist sehr beliebt bei Platon (vgl. Wehrli 1951). Die persuasive Ansprache wird vom Athener gegen die Kritik der Dichter verteidigt als notwendiges Aufmunterungselement mit Blick auf entsprechende Verfahren bei den Ärzten. Die Gesetze entsprechen jenen Ärzten, die Sklaven medizinische Behandlung einfach verordnen; die Überredung entspricht den Ärzten, die freie Menschen behandeln und ihnen ihre Anordnungen erklären (720b–c).

722d ff. Es erweist sich als notwendig, einen persuasiven Teil nicht in das Gesetz einzubauen (wie beim doppelten Ehegesetz; vgl. 721b–d), sondern ihn als Vorspruch oder Proömium (722d–e) voranzustellen. Dies ist innovativ (722d–723a) und wird mit dem Vorspiel in der Musik, besonders der Kitharodik in Zusammenhang gebracht, wo Melodien als »Nomoi« bezeichnet werden. Ob jedes Gesetz ein Proömium erhalten soll, muss der Gesetzgeber von Fall zu Fall entscheiden (723d). Die Bedeutung der Stelle wird durch den Rekurs auf die Szenerie unterstrichen (722c). In den *Nomoi* bezeichnet der Terminus »Proömium« aber auch die ersten vier Bücher als Einleitung zu den Gesetzen (vgl. Schöpsdau 2003, 246 zu diesem wechselnden Gebrauch des Wortes »Proömium«).

723d Die Rede an die Siedler erweist sich als Proömium zum gesamten Gesetzeswerk. Deshalb soll die Ansprache, die in 718a unterbrochen wurde, fortgesetzt werden.

Buch V

In Buch V wird die Ansprache an die Siedler fortgesetzt (726a–734e). Es geht um einen richtigen Umgang mit der eigenen Seele (726a ff.), dem Leib (728d ff.) und den äußeren Gütern (728e–f). Es folgen Pflichten gegenüber Kindern und Jugendlichen, gegenüber Staat und Mitbürgern sowie gegenüber Fremden und Bittflehenden. Eigenschaften, die zu einem glücklichen Leben beitragen (730b–731d), sind Mut und Besonnenheit, Neidlosigkeit und Wahrhaftigkeit (vgl. Plat. rep. 374e ff.). Das größte Übel ist die Selbstliebe (731d–732d). Zum Schluss des Proömiums (732d–734e) werden Lust und Leid als menschlich und wichtig für die Wahl der Lebensform erörtert. Es folgt eine Skizze der Staatsgesetzgebung: Zuerst soll über Besiedelung und Aufteilung des Landes verhandelt (735a–747e), dann über die Beamten mit ihren Pflichten (751a–769a) gesprochen, schließlich über die Gesetze für diese Beamten diskutiert werden (769a–960b). Wichtig ist, im Hinblick auf den Zustand des Staates zu erörtern, wie realistisch die Umsetzung ist (739a ff.): a) idealer Staat der *Politeia* mit Frauen- und Vermögensgemeinschaft (vgl. rep. 457c ff. 460b ff.) als Muster für andere Staaten (739b–d); b) der an Rang und Wert zweite Staat, der in den *Nomoi* entworfen wird (739e); c) der an Rang dritte Staat, der konkret auf Kreta realisiert werden soll (745e ff.).

726a ff. Die Ansprache an die Siedler wird fortgesetzt mit Hinweisen über richtiges Verhalten gegenüber der eigenen Seele (726a–728d); ihr kommt der zweite Rang an Ehre nach den Göttern zu, insofern sie das Göttlichste, das Herrschende ist und insofern sie allein die Tugend erkennen kann. Es gilt, falsche Ehrungen, die z. B. zu Selbstüberschätzung, Selbstentschuldigung, Absolutsetzen des Lebens, Bevorzugung körperlicher Schönheit und dem Wunsch nach äußeren Gütern führen können (727a–28a), zu meiden. Dass die Seele das eigentliche Wesen des Menschen ist, gehört zur platonischen Grundlehre (vgl. rep. 353d–354a; Alk. I 128d–132b; Pepin 1971, 55–203).

727d Der Hades ist hier vor allem der Ort des Gerichts, wie ihn Platon in Unterweltmythen im *Gorgias*, im *Phaidros* und in der *Politeia* darstellt (vgl. 870d. 881a; apol. 40b–41c).

728c Strafe (*díke*) soll nach Platon Besserung bewirken, nicht der Rache (*timoría*) dienen; diesem therapeutischen Strafen dient auch die platonische Rhetorik, wie sie im *Gorgias* (Plat. Gorg. 473c. 474a) diskutiert und in der *Apologie* vorgeführt wird (vgl. Erler 2007, 136–141. 498–506; Mackenzie 1981; Saunders 1991).

729b Mit der Forderung an Ältere, auch Ehrfurcht vor den Jungen zu haben, kehrt der Athener die traditionelle Haltung geradezu um, die von den Jungen Respekt vor Alten verlangt.

730a Das Gastrecht für Fremde war heilig und stand unter dem Schutz des Zeus Xenios; dieser bestraft den Bruch dieses Rechtes (vgl. Hom. Od. 9,270 f.).

730c Diese Mahnung zu Wahrhaftigkeit ist eine berühmte Passage in Platons Œuvre. Wahrheit erhält hier einen Rang, vergleichbar der zuvor gepriesenen Dike, als eine Institution, die für das Glück des Menschen sorgt (vgl. 716a). Wahrheit sorgt nämlich für Vertrauenswürdigkeit. Wahrheit gehört zu den Grundbedingungen für ein glückliches Leben (730b–732d). In der *Politeia* wird Wahrheitsliebe von den Philosophen verlangt (vgl. rep. 490a), hier in den *Nomoi* von allen Bürgern. Das entspricht der gegenüber der *Politeia* geänderten Darstellungsperspektive Platons, nicht einer Meinungsänderung.

730e Zu den Bedingungen eines glücklichen Lebens gehört auch, dass man Wissen und Tugend ohne Missgunst weitergeben soll. Dieser Bedingung unterliegen in der *Politeia* die Philosophen, die deshalb, ob sie wollen oder nicht, nach der Schau der Wahrheit wieder in die Höhle hinabsteigen müssen (vgl. rep. 500c–d. 519d ff.). In den *Nomoi* gilt sie für alle Menschen, entsprechend der geänderten Perspektive der Ausführungen (Gründung Magnesias).

731c Dass man nicht willentlich ungerecht ist, ist die Grundlehre sokratisch-platonischer Ethik (vgl. Plat. Prot. 345d–e. 358c–e; Gorg. 468c–e; rep. 444a ff.). Ungerechtigkeit ist unfreiwillig, weil sie aus einem intellektuellen Irrtum folgt: Es wird verkannt, was wirklich für einen gut ist. Wer sich nicht beraten und heilen lässt, ist unheilbar krank; denjenigen, die geheilt werden können, gebührt Milde, den wirklich Ungerechten hingegen ein edler Zorn.

732e Die Begründung »denn mit Menschen sprechen wir und nicht mit Göttern« (zur Differenzierung Götter–Menschen vgl. 853c) drückt jene Adressatenbezogenheit aus, welche für Platons Dialoge allgemein, aber auch für die *Nomoi* und deren Vergleich mit der *Politeia* zentral ist (vgl. Erler 2009b). Wenn es hier in den *Nomoi* um Lust, Schmerz und Begierde als etwas wesenhaft Menschliches geht, und darum, dass tugendhaftes Leben das lustvollste ist, handelt es sich nicht um einen trivialen und unplatonischen Hedonismus (vgl. Müller 1935, 42–48), bei dem Platon von seiner Position, wie sie z. B. im *Phaidon* geäußert wird (Phaid. 68c–69c), abweicht, sondern es handelt sich um eine argumentativ verwendete Position, wie sie z. B. auch im *Protagoras* beim hedonistischen Kalkül zu beobachten ist (vgl. Prot. 355e ff.; Gorg. 494c ff.). Maßgeblich bleibt das göttliche Leben auf der Grundlage von Vernunft ohne Affekte (vgl. Plat. Phil. 33a–b). Der jeweils unterschiedliche argumentative Kontext ist zu beachten, d. h., zu wem man spricht: Zudem wird in den *Nomoi* Lust als der Besonnenheit inhärent angesehen (716c; vgl. Schöpsdau 2003, 276). In den *Nomoi* spielt die menschliche Sichtweise – Götter sind frei von Lust und Schmerz – die entscheidende Rolle (vgl. Laks 1990a).

734b Hier wird das sokratische Paradox, wonach Unrecht immer unfreiwillig ist, vorausgesetzt. Dieses gilt bei Platon immer (vgl.

Prot. 345d–e; Gorg. 468c–d; Tim. 86d–e; leg. 860c–e). Folglich ist auch Zügellosigkeit, also der Mangel an Beherrschung von Affekten, im Grunde unfreiwillig. Umstritten ist, ob es in den *Nomoi* auch wissentlich begangenes Unrecht gibt. In einem solchen Fall wäre die rationale Argumentation nutzlos, und es blieben nur therapeutische Maßnahmen wie z. B. Übung im Beherrschen von Lust (vgl. Plat. Tim. 87b; Laks 1990b, 227). Die Menschen sind – wie in den *Nomoi* anerkannt wird – keine Vernunftwesen und mit Lust und Schmerz verbunden (732e).

734e ff. Das Proömium ist zu Ende, und das Gespräch geht zum Konzipieren einer Verfassung über (734e–960b). Es stellen sich die Fragen: Wer soll die Polis Magnesia regieren? Welche Ämter soll es geben, und welche Gesetze für diese Ämter? Sollen Bürger übernommen werden und, wenn ja, sollen sie mit Blick auf die erwünschten Eigenschaften »gereinigt« werden (735a–736c), oder sollen in dem neu zu gründenden Staat neue Bürger entsprechend ausgewählt werden (736c)?

737c Herakliden: die genannten Abkömmlinge des Herakles.

737e–738a Zur Zahl 5040 für die Landbesitzer vgl. Schöpsdau 2003, 299. Ausschlaggebend ist die wirtschaftliche Ertragskraft des Landes; eine gute Unterteilung muss möglich sein, die ein Anwachsen ohne Minderung der Einheit erlaubt. Bei der Zahl handelt es sich nicht um die Gesamtzahl der Menschen in Magnesia, da noch Sklaven und Fremde (Metöken) hinzukommen (Schöpsdau 1994, 109 f.). Man geht davon aus (848a), dass die Bürger etwa ein Drittel der Gesamtbevölkerung ausmachen.

738c Mit Delphi, Dodona und Ammon (Ägypten) sind die wichtigsten Orakel der Zeit genannt, wobei Platon die Autorität Delphis anerkennt (vgl. rep. 427b–c). Das Zeusorakel in Dodona (Epirus in Nordwestgriechenland) betrachtet sich als ältestes Orakel; der ägyptische Gott Ammon in der Oase Siwa (vgl. Parke 1967) wurde den Griechen wohl im 7. Jh. v. Chr. bekannt und von ihnen mit Zeus gleichgesetzt (vgl. Pind. P. 4,16).

739a Als »heilige Linie« wird die mittlere von fünf Linien auf dem Spielbrett bezeichnet. Die Regeln des Spiels sind nur schwer zu rekonstruieren (vgl. 723e. 903d; H. Lamer in RE XIII, 2, Sp. 1970 ff.,

s. v. Lusoria tabula). Der Ausdruck »von der heiligen Linie wegziehen« ist sprichwörtlich geworden für einen nur im Notfall zu vollziehenden Schritt (vgl. Theokr. 6,18; Brisson/Pradeau 2006, Bd. 2, 313 Anm. 150; dazu Kurke 1999). Hier steht das Abrücken von der heiligen Linie für das Abrücken vom Staatsideal, das die *Politeia* für Kallipolis entwickelt hat. Die Rangordnung als zweitbestes Modell ist zentral für die Bewertung des Modells von Magnesia im Verhältnis zu Kallipolis (vgl. Schöpsdau 2003, 310). Diese Aspektbeschreibung wird in der Akademie Erstaunen hervorgerufen haben und verlangt nach Rechtfertigung (vgl. Schöpsdau 2003, 308).

739c Der alte Spruch, wonach das, was Freunde besitzen, in Wahrheit gemeinsamer Besitz ist, findet sich auch sonst bei Platon (vgl. Lys. 207c; rep. 424a. 449c) und soll von den Pythagoreern stammen (Scholion zu Lys. 207c). Privateigentum ist im besten Modell, also in Kallipolis, abgeschafft (vgl. Plat. rep. 416e ff.). Doch gilt diese Regel, dass es kein Privateigentum geben soll, dort für den Stand der Wächter. In den *Nomoi* wird der aristokratische Kommunismus der oberen Klasse, wie er in der *Politeia* propagiert wird, nicht mehr vertreten, sondern wird auf die gesamte Bürgerschaft ausgedehnt. Der alte Spruch scheint eine Radikalisierung des Ideals darzustellen, vermutlich aber handelt es sich um eine Anpassung an den argumentativen Kontext (vgl. Laks 2000, 273).

739e Bei der zweitbesten Stadt handelt sich um die in den *Nomoi* entwickelte Stadt Magnesia. In ihr gibt es privaten Grundbesitz, aber es wird auch an die Besitzer appelliert, und die Siedler werden ermahnt (741a ff.).

741c Mit »Erinnerungen aus Zypressenholz« sind Archivtafeln mit der Aufzeichnung der Landlose als Grundbuch oder Kataster für Magnesia gemeint. Mit dieser Einrichtung scheint Platon seiner Zeit voraus zu sein (vgl. Schöpsdau 2003, 320 f.).

741d Die Bedeutung von Übung und Gewöhnung für das Verständnis besonderer Gegebenheiten und zur Bildung eines tüchtigen Charakters (ἐπιεικής) wird in den *Nomoi* wiederholt betont (733a. 739a. 780b).

742c Dass man nichts gegen Zinsen ausleihen soll, ist in keiner Rechtsverordnung Griechenlands vorgegeben (849d–e. 915e. 922d); nur in der Torah gibt es ein Vorbild (Ex. 22,25. Lev. 25,36; vgl. Klingenberg 1982).

744c Vorbild für die vier Vermögensklassen mag Solons Einteilung in vier Klassen gewesen sein (vgl. Aristot. Ath. pol. 7,3–4): Pentakosiomedimnoi (mindestens 500 Maß Getreide, Wein, Öl), Hippeis (ca. 300–500 Maß), Zeugiten (200–300 Maß) und Theten (unter 200 Maß). Einteilungskriterium bei Solon war nicht beweglicher Besitz, sondern Bodenertrag.

744d Als Folge großen Reichtums ergibt sich ein Unglück, das man »Spaltung« (*diástasis*), nicht »Aufruhr« (*stásis*) nennen sollte (vgl. 728e–729e). Die στάσις wird nicht selten als Krankheit einer Polisgemeinschaft bezeichnet (vgl. 628d–e; Plat. rep. 551d).

745a ff. Die Passage beschreibt den Akt der eigentlichen Stadtgründung: Ein Territorium wird ausgewählt; Befestigungsmauern und kultische Plätze werden errichtet; Boden wird unterteilt und Siedlern zugewiesen; für ein Schema der idealen Stadt s. Brisson/Pradeau 2006, 435; Schöpsdau 2003, 338 (nach Piérart 1974).

745b Hestia: griechische Göttin des Herdfeuers; bei den Römern Vesta.

745e Die Planung Magnesias soll dem Ideal sehr nahe kommen, berücksichtigt aber die Realität (739a–740a). In der *Politeia* hingegen wird die Realität beiseitegelassen (vgl. Erler 2013). Dabei ist der Athener sich der Differenz zum besten Entwurf bewusst (vgl. 702d). »Phyle«: s. die Anmerkung zu 771a.

746d ff. Was den Nutzen der Mathematik anbelangt, ist die Bewertung gegenüber der *Politeia* verändert. Es geht hier um praktischen Nutzen für Krieg, Münzwesen und Maße. Der Handel steht im Vordergrund, nicht wie in der *Politeia* der ontologische Aspekt des Führens weg von den Phänomenen. Doch wird auch da ein »niederer« Aspekt praktischen Rechnens angesprochen. In den *Nomoi* wird neben dem Praktischen auch der Nutzen der Mathematik mit Blick auf geistige Übung nicht verkannt (vgl. auch 819c). Es liegt also auch hier keine Änderung oder Entwicklung platonischen Denkens vor, sondern nur eine kontextbedingte Aspektverschie-

bung. In den *Nomoi* geht es ja nicht um Ausbildung einer Elite wie in der *Politeia*, sondern um das tägliche Leben der Bürger.
Phratrien: Unterabteilungen der Phylen (vgl. Schöpsdau 2003, 339 f.; zu den Phylen s. die Anmerkung zu 771a.). Zu den »Demen« s. die Anmerkung zu 771a.

747a Mit »Variationen« (ποικίλσεις) sind wohl bestimmte Zahlenoperationen der Arithmetik gemeint (vgl. Schöpsdau 2003, 347).

747c Zwar galt die mathematische Bildung in Ägypten und Phönizien als sehr gut, doch war sie infolge herrschender Unfreiheit nicht voll entwickelt. Hinzu kam ungünstiges Klima, weshalb – wie man glaubte – Phönizier und Ägypter geldgierig oder verschlagen waren (vgl. zu Platons Ägyptenbild Froidefond 1971, 267–342; Brisson 2000a).

747d Mit dem Thema Klima kommt das Buch in einer Art Ringkomposition auf den Beginn zurück: zur dort gestellten Frage nach einem geeigneten Siedlungsplatz. Einen Zusammenhang zwischen Klima und physischen und charakterlichen Eigenschaften meinte man in der antiken Ethnographie herstellen zu können (vgl. Hdt. 1,142; Hippokrates, *De aere aquis locis* 24 II 90,10 Littré = 80,14 ff. Diller; vgl. auch Plat. rep. 435c; Tim. 24c). Bei Platon kommen freilich als Besonderheit offenbar noch göttliche Kräfte hinzu (811c).

Buch VI

In Buch VI geht es um die Beamten in Magnesia (751b) und die Gesetze (769a), für die sie einstehen müssen. Die Ämter stehen fast allen Bürgern offen und sind zumeist auf ein Jahr befristet. Damit hat jeder Bürger die Möglichkeit und Pflicht, sich zu engagieren. Behandelt werden folgende Beamte (vgl. Schöpsdau 2003, 438 ff.):

1. Die (Gesetzes-)Wächter (752d–755b): 37 Bürger, mindestens 50 Jahre alt, sollen ihr Amt für 20 Jahre oder bis zum 70. Lebensjahr ausüben. Sie sollen den größten Einfluss in der Stadt haben (754d ff.), die Gesetze überwachen und die Vermögenseintragungen kontrollieren; zugleich sind sie die Anhörungsinstanz bei Klagen über Nichtregistrierung von Vermögen.

2. Militärbeamte (755b–756b): Die Strategen, Hipparchen, Taxiarchen, Phylarchen und Kandidaten für die Generalität werden von den Wächtern benannt, drei von ihnen von den Soldaten der verschiedenen Waffengattungen ausgesucht.
3. Ratsmitglieder und Prytanen (756b–758d): Der Rat besteht aus 90 Mitgliedern für jede Vermögensklasse, gewählt für ein Jahr. Der komplizierte Wahlvorgang dauert fünf Tage. Der Rat ist für die Tagesgeschäfte zuständig, beruft die Versammlung ein und wacht als ständiger Ausschuss (jeweils ein Teil der Prytanen für jeden Monat; 758a ff.) über die Stadt.
4. Für die sakralen Ämter (758d–760a) werden die Priester durch Los bestimmt und auf charakterliche Eignung geprüft, als Ausleger (Exegeten) wählt das delphische Orakel drei der Kandidaten, die Tempelschatzwächter werden von der obersten Vermögensklasse gewählt.
5. Als Landaufseher (Agronomen; 760a–763c) werden fünf Mitglieder aus jedem der zwölf Teile gewählt, in die das Land aufgegliedert werden soll; sie sind zwei Jahre im Amt und überwachen jeden Monat einen anderen Bezirk, sind verantwortlich für Befestigungen, Polizeiaufgaben sowie öffentliche Arbeiten und fungieren als Richter in unbedeutenderen Fällen.
6. Als Stadtaufseher (Astynomen; 763c–e) fungieren drei Bürger, die durch Los aus sechs gewählten Mitgliedern der höchsten Eigentumsklasse bestimmt werden. Sie erfüllen Polizeiaufgaben in der Stadt.
7. Als Marktaufseher (Agoranomen; 763c–764e) werden zehn Mitglieder der zwei höchsten Eigentumsklassen für ein Jahr gewählt.
8. Der Erziehungsminister (764c–766b), einer der wichtigsten Beamten in der Stadt, muss mindestens 50 Jahre alt, Vater eines legitimen Kindes und Gesetzeswächter sein. Er wird von allen Beamten mit Ausnahme des Rates gewählt und ist fünf Jahre im Amt.
9. Die Gerichtsbarkeit (766d–768e): Für Streitfälle gibt es drei Instanzen: a) Nachbarn und Freunde (766e–767a); b) Phylengerichte (768b); c) den obersten Gerichtshof (767c–d). Später kommen noch die Euthynen hinzu (945b–948b).

Es folgt die Behandlung der Gesetze (769a–960b), die so genau wie möglich zu verfassen sind. Ziel der Gesetzgebung ist der gute Mensch (770c). Es wird das Gesetz über die Organisation von Götterfesten behandelt (771a–772d). Nach einem Vorspruch (772e–774a) folgen detaillierte Vorschriften für Ehe, Haushalt und Kinderzeugung (774a–776b) mit Strafandrohung, Regelungen für Mitgift, Verlobung, Hochzeitszeremonien, Lebensweise der Jungvermählten. Dem Gesetz über den Besitz von Sklaven (776b–778a) folgen ein Nachtrag über Gebäude der Stadt (778a–779d), die Regelung über die Teilnahme an gemeinsamen Mahlzeiten und Speisegemeinschaften auch für Frauen (779d–781e), Bemerkungen über den Wechsel von Verhaltensweisen im Laufe der Zeit und über die Notwendigkeit, die drei Begierden Essen, Trinken und Lieben zum Besten hinzulenken (781e–782d), Regelungen für die Kinderzeugung (783d–784d) und Strafen für Ehebruch (784e–785a). Bemerkungen zum Geburts- und Sterberegister sowie über Altersgrenzen für die Verheiratung (785a–b) beschließen das Buch.

751d »ein Kampf […] duldet keinerlei Ausflüchte«: Es handelt sich um ein Sprichwort, das dem Chorlyrik Ibykos (PGM 344: ἀγὼν πρόφασιν οὐκ ἐπιδέχεται οὔτε φιλία, »weder Kampf noch Freundschaft duldet Ausflucht«) zugesprochen wurde (so bei Zenob. 2,45 = I 44 Leutsch-Schneidewin) und z. B. auch in Aristoph. Ach. 392 zu finden ist.

752a Der Ausdruck »Entwurf« (*mythología*) unterstreicht den theoretischen Charakter der Ausführungen (vgl. 768c–e; vgl. Schöpsdau 2003, 362), wie er auch in der *Politeia* zu beobachten ist (vgl. rep. 376d. 501e [zum Idealstaat]).

752e ff. Es handelt sich bei den 37 Männern um die höchsten Beamten in Magnesia. Sie stellen Regierung und Legislative von Magnesia dar, fungieren als Gesetzgeber (sie sollen die in den *Nomoi* entworfenen Gesetze ergänzen und ggf. alte Gesetze abschaffen; 770a–771a), als Gesetzeswächter (*nomophýlakes*), sind für die Vermögensaufzeichnung zuständig und dienen als Instanz für Anklagen (z. B. für solche wegen falscher Angabe von Vermögen; vgl. Schöpsdau 2003, 363 f.). Abgestimmt wird in dem Gremium durch

Handheben. Die Auswahl dieser Männer ist entsprechend ihrer Bedeutung wichtig: Drei Wahlgänge als sakraler Vorgang im Heiligtum; Tontäfelchen werden mit Namen versehen und auf dem Altar abgelegt, bis 37 Männer gewählt sind; diese werden der Überprüfung (Dokimasie) unterzogen. Die νομοφύλακες haben kein historisches Vorbild (vgl. Piérart 1974, 142; Schöpsdau 2003, 363–376): Die Funktion der Archonten in Athen ist nicht vollkommen gleich, wobei für sie der Ausdruck »Gesetzeswächter« durchaus üblich ist (vgl. Xen. oik. 9,14 f.; Aristot. pol. 3,16 1323a). Im Rahmen seines Versuchs, in Syrakus politisch zu wirken, wollte Platon womöglich Gesetzeswächter einführen (356d). In der Rezeption der *Nomoi* spielten die Gesetzeswächter auch im arabischen Raum eine Rolle.

753c Zur »Phyle« und zum »Demos« s. die Anmerkung zu 771a.

753e Dass der Anfang mehr ist als die Hälfte vom Ganzen, ist ein bekanntes Diktum (vgl. Aristot. pol. 5,4 1303b29; Hor. ep. 1,2,40), vermutlich mit Blick auf Hesiod gebildet (vgl. erg. 40; Plat. rep. 466c; leg. 690e).

754c Dass es nicht schadet, etwas Schönes zweimal zu sagen, ist ein von Platon gern wiederholtes Diktum; es empfiehlt Wiederholung, nicht Weitschweifigkeit (vgl. Plat. Gorg. 498e; Phil. 59e; leg. 956e). In den Dialogen Platons wird immer wieder gefordert, dass schon durchdachte Probleme wiederholt werden (vgl. Lys. 211b; rep. 532d; Phileb. 24d): fester Bestandteil von Platons pädagogischem Programm (vgl. Erler 1987a, 78–96).

755a Das Alter von 30 Jahren war für ein Amt gewöhnlich das Mindestalter; bisweilen galt auch ein Mindestalter von 50 Jahren (vgl. Piérart 1974, 147 f.).

755c Hipparchen: Kommandierende von Reitereinheiten im Militär. Phylarchen: die Anführer einzelner Phylen.

755e Prytanen: s. die Anmerkung zu 758b. Hopliten: schwerbewaffnete Fußsoldaten im griechischen Heer.

756b Die Bule (Rat) besteht aus 360 Personen: 90 Ratsmitglieder pro Vermögensklasse werden für ein Jahr gewählt. Die 360 Ratsmitglieder werden eingeteilt in zwölf Gruppen zu jeweils 30.

757a Der alte Spruch, dass Gleichheit Freundschaft erzeugt, soll von

Pythagoras stammen (vgl. Diog. Laert. 8,10; Aristot. eth. Nic. 8,7 1157b; Schöpsdau 2003, 389). Dabei spielt das Maß eine wichtige Rolle (vgl. Plat. Phil. 55d–57e. 69e; polit. 283b–287a; Gorg. 508a; leg. 693d–e).

757b Es geht um zwei Formen der Gleichheit: die arithmetische und die geometrische Gleichheit (vgl. 737c; Aristot. pol. 3,9 1280a; Lengauer 1989).

758b Monatsweise werden aus dem Rat 30 Mitglieder mit der Bewachung des Staates beauftragt (Prytanen); sie sind für die auswärtigen Beziehungen und die innere Sicherheit der Stadt zuständig und können Versammlungen einberufen. Offenbar kommt Platons Prytanen eine weniger wichtige, normsetzende Funktion zu als den Prytanen in Athen (vgl. Piérart 1974, 105–121).

759b Die Vergabe der Ämter in Magnesia geschieht durch Los; für manche Gremien wird ein Teil der Mitglieder gewählt, ein anderer Teil durch Los bestimmt (vgl. Schöpsdau 2003, 354–357). Ein Wahlverfahren erinnert eher an aristokratische (vgl. Plat. Mx. 238d; Aristot. pol. 4,9 1294b), das Losverfahren an demokratische Verfassungen. Wenn Priester durch Los – d. h. nach Entscheidung des Gottes – gefunden waren, mussten sie sich gleichwohl einer Prüfung stellen.

760a ff. Nach Möglichkeit soll alles im Land bewacht werden. Behandelt werden zunächst die Landaufseher (Agronomen) Magnesias: Anzahl, Funktionen, Lebensweise; als Wachkommandanten (Phrurachen) über jüngere Wächter (vgl. Schöpsdau 2003, 404 ff.) sind sie zuständig für das Land rings um die Stadt (760b), für die militärische Sicherung, die Anlage von Wegen, die Wasserversorgung, für Heiligtümer und Gymnasien; ihnen obliegt zudem die Rechtsprechung in Sachen, welche die Landwirtschaft betreffen; sie sind kaserniert, essen zusammen und führen ein einfaches Leben, und ihr Einsatzgebiet wechselt jeden Monat.

762d Der Ausdruck »alle 60« schließt wohl die 59 anderen Phrurarchen mit ein (Schöpsdau 2003, 414).

763c ff. Marktaufseher (Agoranomen) und Stadtaufseher (Astynomen) sind wichtige Beamte. Die Stadtaufseher werden aus der höchsten Vermögensklasse durch ein verbundenes Wahl-Los-Verfahren bestimmt; sie sind für die Straßen in der Stadt zuständig, überwachen Bauvorschriften, das Trinkwasser, die öffentliche Ordnung und wirtschaftliche Tätigkeiten (vgl. Schöpsdau 2003, 415). Auch für die Marktaufseher gibt es ein kombiniertes Wahl-Los-Verfahren; generiert werden sie aus den obersten beiden Vermögensklassen; sie sind für den Markt zuständig, samt Heiligtümern, Brunnen und Verkauf.

764c–766c Hier werden die für die Bildung (Musik, Gymnastik) zuständigen Beamten behandelt (die Bildung selbst ist Thema in den Büchern VII und VIII): Sie stehen dem Erziehungswesen vor, den Wettkämpfen und dem Unterricht, und sie beaufsichtigen die Kinder (813c). Ihre Bedeutung ergibt sich daraus, dass Hauptzweck der Gesetze insgesamt die Erziehung der Bürger ist. Der Oberaufseher über die Erziehung, der wohl als eine Erfindung Platons anzusehen ist, hat eine entsprechend große Bedeutung (765d; vgl. Schöpsdau 2003, 422).

764e Zu Rhapsoden und Kitharöden s. die Anmerkung zu 658b.

766d–768e Grundlage für das von Platon entworfene Gerichtswesen für Magnesia ist seine Überzeugung, dass die rechtliche Beurteilung einer Tat mit der psychischen Verfasstheit des Täters verbunden werden muss (vgl. Schöpsdau 2003, 426; Saunders 1991). Er beschreibt deshalb ausführlich, dass daher Richter notwendig sind, und eruiert deren nötige Eigenschaften (vgl. auch Brisson/Pradeau 2006, 415 f.): Sie müssen in der Lage sein, anders als in Athen üblich, durch Befragung aktiv ins Verfahren einzugreifen. Platon verlangt hier wie schon im Dialog *Gorgias*, dass das sokratische Prüfungsverfahren (Elenktik) im Prozess Anwendung findet (vgl. 855e–856a; vgl. Saunders 1972, 43). Er unterscheidet zudem zwischen Privatklage (*díke*), die vor einem »Schiedsrichter« oder – bei Dissens über dessen Schiedsspruch – vor einem Volksgericht verhandelt wurde, und Schriftklage (*graphé*; vgl. Piérart 1974, 386–463).

767c–d Platon legt hier den »Lunisolarkalender« zugrunde, der auf Mondzyklen basiert: Das Jahr beginnt mit dem ersten Neumond nach der Sommersonnenwende (Schöpsdau 2003, 436), mit dem Monat Hekatombeion (Juni – Juli; vgl. 683c).

768c Die Darstellung des Gerichtswesens wird als Skizze (*perigraphé*) bezeichnet (aufgegriffen in 956b), nach der die eigentlichen Gesetze behandelt werden sollen. Die Darlegung der Gesetze folgt erst in 769a–960b, mit grundsätzlichen Überlegungen über deren Aufgaben.

769a–771a Für die Darstellung des Gesetzgebers wird ein Vergleich mit einem Maler bemüht, der immer wieder Verbesserungen an seinem Werk (also von Fehlern im Gesetzeswerk) vornimmt und dieses somit nie vollendet (769a–b; zur Problematik dieses Vergleichs vgl. Schöpsdau 2003, 441 f.); zum Malervergleich sind Parallelen in der *Politeia* interessant (vgl. rep. 472d. 484d. 500e–501c).

770a Der Ausdruck »in der Neige unseres Lebens« mag an Empedokles erinnern, der offenbar ein ähnliches Bild gebraucht hat (vgl. Aristot. poet. 1457b24 und Emp. VS 31 B52).

771a ff. Fundament der griechischen Polis ist der Kult, die religiöse Verehrung der Götter, für die deshalb bestimmte Bereiche der Stadtgemeinde reserviert sind. Dies gilt auch für Platons Magnesia. Platon behandelt deshalb die Einrichtung von Festen zu Ehren der Götter. Jeder Abteilung der Stadt, den sogenannten Phylen (zwölf werden genannt), und deren jeweils zwölf Unterabteilungen oder Demen, werden zudem Götter oder Abkömmlinge von Göttern (Heroen) zugewiesen, und Stätten für deren Verehrung werden eingerichtet (zur Zahl 5040 und der Berechnung der Unterteilung vgl. Brisson/Pradeau 2006, 418; Schöpsdau 2003, 446–448). Die Feste sollen somit nicht nur der Verehrung der Götter dienen, sondern auch die soziale Identifikation der Mitglieder mit ihrer Gemeinde stärken (738d–e). Gesang und Tänze sollen bei den Menschen Harmonie und Selbstkontrolle herausbilden (vgl. 653c–654a).

772d ff. Mit den Gesetzen zur Heirat, zum gemeinsamen Haushalt und zur Zeugung von Kindern beginnt die Darlegung von Gesetzen, die das menschliche Leben regeln sollen. Danach folgen die Gesetze über die Erziehung der Kinder (Buch VII), die in diesem Zusammenhang nützlichen Spiele und der Sport (Buch VIII: 828a–835b), sowie die Gesetze über die Schließung einer Ehe unter den Nachkommen (vgl. Schöpsdau 2003, 450 f.).

Vor dem Gesetz zur richtigen Partnerwahl steht eine Vorrede (772e ff.) in Form einer fiktiven Ansprache; darin werden Kriterien aufgestellt, die man bei der Partnerwahl zu beachten hat. Zu meiden ist Streben nach Reichtum und Gleichheit der Charaktere. Es muss vielmehr hinsichtlich Vermögen und Charakterzügen ein Ausgleich erstrebt werden. Platon diskutiert dies im Dialog *Politikos* (vgl. polit. 306c ff.; Erler 2007, 245 ff.; Fortenbaugh 1975).

776b Der Generationswechsel wird mit einem Fackellauf verglichen, der wohl an das Bendisfest (vgl. 721c. 773e; Plat. rep. 328a) oder die Panathenäen erinnern soll, an denen Fackelläufe stattfanden (vgl. Schöpsdau 2003, 465).

776b–778a Anders als beim Entwurf von Kallipolis in der *Politeia* sind in Magnesia Sklaven wichtig und werden thematisiert; sie arbeiten im Haushalt (808a–b) oder auf dem Land (806d). Anders als Aristoteles (z. B. pol. 1,5 1254a–1255a) geht Platon nicht von einer Naturgesetzlichkeit aus, sieht Sklaven aber gleichwohl als Notwendigkeit.

776c Mit den Heloten ist eine soziale Schicht in Sparta gemeint: Die Heloten wohnten zwar im Staat, waren aber keine Bürger, sondern wurden als zu den öffentlichen Sklaven zugehörig angesehen, bestellten das den Spartanern gehörende Land und hatten Abgaben zu leisten; sie mögen Nachkommen der nichtdorischen Bevölkerung Lakoniens gewesen sein, die von den Dorern unterworfen worden war; sie wurden aber auch wie freigeborene Feinde betrachtet, die bekämpft werden konnten und mussten (vgl. Schöpsdau 2003, 468; Lotze 1959 und, anders gewichtend, MacDowell 1986, 31–42).

776d Die Mariandyner dienen als Gegenbeispiel im bithynischen Heraklea (heutige türkische Schwarzmeerküste) – sie waren von Kolonisten versklavt worden, die aus Megara und Boiotien stammten (vgl. Strab. 12,3,4; Athen. VI 362d–364b, dazu Lotze 1959, 48ff). Auch die in Thessalien (Nordgriechenland) lebenden Penesten wurden von Einwanderern versklavt.

776e Mit dem »weisesten unter unsern Dichtern« ist Homer gemeint; zitiert wird Hom. Od. 17,322 f., allerdings mit einer Änderung: Der Beginn des Zitats (Vers 322) lautet in der Überlieferung »die Hälfte seines Werts nimmt Zeus« (Schöpsdau 2003, 468). Es ist umstritten, ob hier eine andere Überlieferung vorliegt oder ob Platon das Zitat kontextuell angepasst hat (vgl. Labarbe 1949, 249 f.; Lohse 1961, 121–125).

777c Mit den »Aufständen der Messenier« sind wohl die Aufstände der Heloten im 7. Jh. und im Jahr 464 v. Chr. gemeint. Platon will aufzeigen, wie schwierig es ist, Sklaven richtig zu behandeln.

778d Wem das »Dichterwort« zuzuordnen ist, ist unklar. Gemeint ist, dass die beste Mauer für eine Stadt menschliche Krieger sind (vgl. z. B. Aischyl. Pers. 349; Aristot. pol. VII,11 1330b; Lykurg. contra Leocr. 47).

780b Die gemeinsamen Mahlzeiten (Syssitien) von Männern und Frauen sind vor allem für Sparta und Kreta bezeugt (Hdt. 1,65,5; Xen. Lak. pol. 5,2 ff.; Rebenich 1998, 107 ff.). In Sparta waren sie Teil der Heeresstruktur (625e). Die Mitglieder einer derartigen Spielgruppe wohnten und schliefen zusammen, auch diejenigen, die verheiratet waren (vgl. Plut. Lyk. 15,4). Auch für Kallipolis hat Platon Syssitien vorgesehen (vgl. rep. 416e. 458c), aber für Magnesia dehnt er sie auf alle Bürger und Frauen aus (vgl. Schöpsdau 2003, 475 f.).

780c Mit der Redewendung »seine Wolle ins Feuer krempeln« (vielleicht ein scherzhafter Ausdruck; vgl. Plat. rep. 422e) wird darauf angespielt, dass Schafe mit einem Kamm geschoren werden. Gemeint ist, dass eine Handlung aussichtslos ist.

780e »Wie gesagt«: Anspielung auf 780b.

781a–b Der Athener bedient sich hier antiker Vorurteile: Frauen seien verschlagen, emotional und streitsüchtig (vgl. Hes. erg. 67; Plat rep. 431b–c. 605d–e. 395e). Die Frau müsse z. B. die physische Überlegenheit des Mannes durch Gerissenheit ausgleichen (vgl. Schöpsdau 2003, 481; Aristot. eth. Nic. 7,8 1150b); später spricht sich der Athener für Gleichberechtigung aus (785b; vgl. Föllinger 1996, 92–114). Gemeinsame Mahlzeiten gab es in Sparta für Frauen nicht. In Magnesia hingegen sollen sie eingeführt werden.

782b Mit den »Gaben der Demeter und der Kore« sind Ackerfrüchte gemeint. Triptolemos verbreitete im Mythos den Ackerbau unter den Menschen; er spielte eine zentrale Rolle in den Eleusinischen Mysterien, dem Kult der beiden Göttinnen in Eleusis, westlich von Athen.

782c–d Mit »Lebensformen, die man orphisch nennt« wird u. a. auf Ernährungsvorschriften wie den Verzicht auf Fleisch angespielt (vgl. Eur. Hipp. 952–954; Haussleiter 1935, 79–86; Bernabé 1998).

782d–783a Begierden – die Lust auf Essen, Trinken und Sex bzw. die Gier nach Lusterfüllung (vgl. Plat. Phaidr. 238a–c), der ein Gefühl des Mangels und der Wunsch nach dessen Beseitigung vorausgeht (vgl. Schöpsdau 2003, 487) – sollen kontrolliert werden durch drei »Hilfsmittel«: Gesetzesfurcht, Besonnenheit und Einsicht.

Die Menschen und besonders junge Paare sollen übersteigertes Verlangen kontrollieren (783a). Sie haben die Aufgabe, für Nachwuchs zu sorgen (721b–e), sollen aber auf sich Rücksicht nehmen, damit sich alles zum Besten wende.

783b–d Dieser Abschnitt ist nur am Rand der Handschriften A (Parisinus gr. 1807; Ende 9. Jh.), O (Vaticanus gr. 1; 9.–10 Jh.) und L überliefert; er birgt zudem sprachliche und auch argumentative Probleme (zur Überlieferung vgl. Jachmann 1942, 337; zur der Übersetzung zugrunde gelegten Textgestaltung vgl. Schöpsdau 2003, 489 ff.) und gleicht einem Metadiskurs über den vorgetragenen Diskurs (vgl. Brisson/Pradeau 2006, 424 Anm. 192).

784a Eileithyia: die Göttin der Geburt.

785a Ein Kind gilt ab dem Zeitpunkt als Bürger, wenn es in ein Register in dem Heiligtum eingetragen wird, in dem die Familiengötter verehrt werden (729c), und im Bürgerverband der Phratrie (745b–e); durch diese Eintragungen soll es u. a. möglich sein, zu prüfen, ob ein Bürger die für ein Amt vorgeschriebene Altersgrenze erreicht hat (vgl. Piérart 1974, 54 f.).

785b Die Diskussion über die Altersgrenze für Frauen für Eheschließung und Militärdienst zeigt, dass sie Zugang zu den meisten Ämtern hatten – ob zu allen, bleibt unklar –, und dass sie zum Militärdienst verpflichtet waren (vgl. Saunders 1995, 596; Schaps 1982). Mit Blick auf die historischen Gegebenheiten in Griechenland sind Platons Auffassungen hier wie in der *Politeia*

(455c–547b) als etwas Besonderes anzusehen. Bei ihm haben die Frauen gleiche Qualitäten wie die Männer, nur vielleicht quantitativ weniger (917a; vgl. Erler 2000, 47–66; Laurent 2002, Kap. 2).

Buch VII

Thema des siebten Buches (und der ersten Hälfte des achten) ist die Erziehung der Kinder, die schon im Mutterleib beginnt und in altersbezogenen Stufen fortgesetzt werden soll. Bis zum zehnten Lebensjahr gibt es für die Erziehung keine Gesetze, sondern nur Anweisungen für Erzieher im Elternhaus. Vom zehnten Jahr an treten Gymnastik und Musenkunst in den Mittelpunkt. Die Stufe vom zehnten bis zum zwölften Lebensjahr umfasst Unterricht in Lesen und Schreiben sowie die Lektüre ausgewählter Texte in Dichtung und Prosa, wozu auch die Proömien der Gesetze, also Platons *Nomoi* selbst, gehören. In diesem Zusammenhang wird u. a. der Einfluss rhythmischer Bewegung auf den Charakter behandelt (790b–791d). Es geht dabei um das rechte Maß zwischen Lust und Leid. »Ungeschriebene Gesetze« und geerbte Bräuche (838b) sollen geschriebene Gesetze in dieser Phase ersetzen (793a–e). Für Kleinkinder bis sechs Jahre ist das Spiel von Bedeutung (793e–794c); vom sechsten Jahr an geht es u. a. um Musenkunst und Gymnastik (794c–804c): Es wird vor Neuerungen gewarnt (797a–798e), Ägypten als Vorbild vorgestellt (799a–800b) und die Bedeutung von Gesang diskutiert. Ziel sind Bildung (800b–802e) und die richtige Einschätzung des menschlichen Lebens (803a–804c). Behandelt werden: Schulpflicht, -bauten, -ausbildung (wie die militärische Ausbildung für Jungen und Mädchen gleich; 804c–806d), -programm (808d–822d), die Lehrer (809e–810e), das Lesen und Schreiben (809e–810e) und die Auswahl des Lektürestoffes (810b–c), wobei sich die *Nomoi* selbst als Muster für die Schullektüre erweisen (811c–812b). Schließlich werden einzelne Fächer behandelt: Tanz und Gymnastik (813a–817e) – Ringen (814c–d), kriegerische und friedliche Tanzarten (814d–817e) –, Komödie (816d–817a) und Tragödie (817a–e) sowie die mathematischen Wissenschaften (817e–822d) – Arithmetik (819a–c),

Geometrie (819c–820e) und Astronomie (820e–822d). Schließlich werden generell Methode, Proömium und das Gesetz als Darstellungsformen diskutiert (822–823d), und ein Vorspruch zum Jagdgesetz (823d–824a) und das eigentliche Jagdgesetz (824a) wird geboten.

788a ff. Es geht im Folgenden um Anweisungen für die frühe Erziehung; dabei erweist sich als problematisch, dass der private Bereich zwar kontrolliert wird (780a), diese Kontrolle aber durch Belehrung erfolgen soll, nicht durch Gesetze. Der Mensch wird nach Platon nämlich zum Tier, wenn er falsch oder gar nicht erzogen wird. Erziehung ist deshalb zentral und soll schon im Mutterleib beginnen (vgl. Cleary 2003).

788c Mit »Musterstücken« sind eigentlich Proben z. B. von Waren gemeint. Hier wird auf Teile der *Nomoi* selbst verwiesen (vgl. auch 780a oder 809e–812b). Die *Nomoi* lassen erkennen, dass Platon gegen die Tradition Prosaliteratur statt Dichtung als Unterrichtsstoff akzeptiert (vgl. Plat. Prot. 325c; rep. Bücher II und III); als paradigmatische Schullektüre hat er sogar die in den *Nomoi* beschriebenen Gespräche selbst im Blick (vgl. 811b mit Görgemanns 1960, 10 ff.) – vermutlich vor allem bestimmte Teile wie die Proömien. Durch diesen Bezug innerhalb des Werks auf dieses selbst als »literarisches Werk« wird mit dessen fiktionalem Charakter zwar gespielt (vgl. Schöpsdau 1994, 134 f.; Schöpsdau 2003, 571 zu 809e–812b), doch finden sich solche Selbstbezüge innerhalb einzelner Platon-Dialoge öfter (vgl. Erler 2007, 280. 778 f.)

789b–c »Junge Vögel zum Kampf«: Gemeint sind die bei den Griechen beliebten Hahnenkämpfe, die offenbar seit den Perserkriegen im Dionysostheater in Athen stattfanden (vgl. Ail. var. 2,28). Unter dem Arm trug man die Tiere vielleicht deshalb, weil man sie vor Konkurrenten verstecken wollte (vgl. S.. Müller in DNP V, Sp. 78 f., s. v. *Hahnenkampf*).

789e Platons Vorgaben für den Umgang mit Neugeborenen antizipieren, was man in späteren medizinischen Fachbüchern findet, etwa bei Galen (vgl. De san. tuend. 1,10 [CMG V 4,2 p. 29,1.19]). Auch dort ist z. B. die Rede davon, dass Schwangere spazieren gehen sollen und dass man Neugeborene wiegen oder herumtragen soll. Allem liegt die Überzeugung zugrunde, dass Bewegung für Körper und Seele etwas Gutes ist (vgl. Plat. Tht. 153b–c; Wöhrle 1990, 146 ff.).

790d Bei den Korybanten (vgl. Plat. Euthyd. 277) handelt es sich um Teilnehmer eines Initiationskultes, eines Rituals, das wohl von Priesterinnen vollzogen wurde und mit Tanz, Flöte, Opfer und einem Tanzen bis zur Erschöpfung verbunden war; es diente auch als Therapie z. B. bei schlechtem physischen oder psychischen Zustand (vgl. Schöpsdau 2003, 510 f.). Der Betroffene wird auf einer Sitzgelegenheit platziert (*thrónosis*), um die herum dann die anderen Teilnehmer tanzen. Von Platon werden Korybanten gerne als Beleg für die heilsame Wirkung von Bewegung herangezogen (vgl. Krit. 54d; Euthyd. 277d–e; symp. 215e; Phaidr. 228b u. ö.).

790e »Schlechte Seelenverfassung«: Mit γαλήνη ist ursprünglich eine Windstille auf dem Meer gemeint, doch wird das Wort schon im *Phaidon* (vgl. Plat. Phaid. 84a; Tim. 44b) als Metapher für einen ruhigen Seelenzustand verwendet. In der hellenistischen Philosophie (Epikur, Kyrenaiker) bezeichnet es später einen Seelenzustand, der frei ist von Beunruhigungen infolge von Irritationen durch die Phänomene.

792a Das Verhalten des Kleinkindes, »Weinen und Schreien«, wird von Aristoteles positiver und nüchterner gesehen als vom Athener: als für die Entwicklung notwendige Übung des Kleinkindes (vgl. Aristot. pol. 7,17 1316a). Der Athener sieht es nicht als positiv an, wenn eine Amme das Kleinkind durch Eingehen auf dessen Wünsche zu beruhigen sucht, denn das damit verbundene Streben nach Schmerzfreiheit entspricht nicht dem Ideal der Metriopathie (gemeint ist damit, dass die Affekte auf das rechte Maß gebracht werden sollen) für das spätere Leben (972c–d).

793a Die schon dargestellten Musterstücke (*deígmata*) für richtige Erziehung (788c–793a) sind genauso bedeutend wie ungeschriebene Gesetze (*ágrapha nómima*; der Ausdruck entstammt altem Sprachgebrauch; vgl. Thuk. 2,37,3; Xen. mem. 4,4,14–25) oder Bräuche (vgl. 838b). Sie sollen die eigentlichen, kodifizierten Gesetze zusammenhalten und ihnen eine Grundlage geben (vgl. auch

822d–823d; Schöpsdau 2003, 516–518). Damit wird angedeutet, dass derartige auf Gewohnheit basierende Bräuche wichtiger sein können als kodifiziertes Recht (vgl. Aristot. pol. 3,16 1287b). Die ungeschriebenen Gesetze umfassen Regeln wie z. B., dass man die Götter, Eltern und Fremde ehren und Wohltaten entgelten soll und dass man keinen Inzest treiben soll. Sie spielen im Drama des Aischylos (z. B. *Hiketiden*, *Eumeniden*), aber auch in Sophokles' *König Ödipus* eine zentrale Rolle (z. B. wenn als Folge des Bruchs des Inzestgebotes die Pest ausbricht; vgl. Erler 2004; Hirzel 1900, 1 ff.; Lisi 1985, 257–278; Ostwald 1973; Hentschke 1971, 279 f.; Laks 2000, 287).

794b Zur »Phyle« s. die Anmerkung zu 771a.

794e Das Plektron war ein Stab, der zum Schlagen der Saiten von Kithara, Lyra oder Barbiton diente (vgl. Hom. h. Apoll. 185).

795b Das Pankration war eine Kampfsportart, in der alles erlaubt war – auch Boxen und Ringen; eine Fußstellung bzw. deren Wechsel konnte einen strategischen Vorteil einbringen (vgl. Decker 1995, 90 ff.).

795c Mit Geryones (oder Geryoneus) und Briareos sind Monster gemeint, von denen in der Dichtung, z. B. bei Hesiod, die Rede ist. Geryones ist Sohn des Chrysaor und der Kallirrhoe, hat drei Köpfe und drei Leiber und lebt auf einer Insel im Ozean; Herakles stiehlt seine Rinder und tötet ihn schließlich. Briareus ist einer der Hunderthänder, der Kinder von Gaia (Erde) und Uranos (Himmel), die aufseiten des Zeus gegen die Titanen kämpfen (vgl. Hes. theog. 147 ff.).

795e–796a Ringen war ein bei den Griechen sehr populärer Sport; Platon will ihn in Magnesia nur im aufrechten Stand zulassen (vgl. Decker 1995, 91 f.). Genannt werden vier große Ringer aus dem Mythos, deren Kunstgriffe für den Krieg als nicht nützlich angesehen werden: Antaios, Sohn des Poseidon und der Gaia, besiegt Reisende im Ringkampf, wird aber von Herakles überwältigt und getötet. Kerkyon, ebenfalls ein Sohn des Poseidon, fordert bei Eleusis Passanten zu einem tödlichen Ringkampf heraus, wird dann aber selbst von Theseus getötet. Epeios, Sohn des Panopeus, besiegt bei den Leichenspielen für Patroklos den Eurylaos im Boxen (vgl. Hom. Il. 23,664–699), wird aber wegen seines Fehlwurfs mit dem Diskus verspottet (vgl. Hom. Il. 23,846–840); er gilt als feige – es gab das Sprichwort »feiger als Epeios«; später baut er mit Athenes Hilfe das trojanische Pferd (vgl. Hom. Od. 8,492–495). Amykos ist König der Bebryker in Mysien und unterliegt Polydeukes beim Zug der Argonauten im Boxen (vgl. Apoll. Rhod. Arg. 2,1 ff.).

796b Kureten: Dämonen, welche den neugeborenen Zeus in der Idagrotte auf Kreta vor den Nachstellungen des Kronos schützten, indem sie laute Tänze aufführten, um das Schreien des Kindes zu übertönen.
Dioskuren: die Zeussöhne Kastor und Polydeukes, die als Helfer bei Seenot angerufen und verehrt wurden.

796c Der Festzug (*pompé*) war wichtiger Teil eines Polisfestes. Die Gemeinde zog mit einem oder mehreren Opfertieren zu einem Kultplatz, Tempel oder Altar. Bekanntestes Beispiel ist wohl die Prozession an den Panathenäen (dargestellt auf dem Parthenonfries).

796e ff. Mit Blick zurück auf Buch II soll Wichtiges nachgetragen werden. Was hier als »etwas ganz Seltsames und Ungewohntes« angekündigt wird (797a), ist die Forderung nach einer Normierung von musikalischen Inhalten und Ausdrucksformen, was am Beispiel von Regeln in Ägypten illustriert wird (797a–800b). Neuerungen werden generell als schädlich angesehen, weil Änderung von dem, was als Wahres erkannt ist, nur als Änderung zum Schlechten wahrgenommen werden kann (vgl. Plat. rep. 381b). Freilich kann in bestimmten Fällen beständige Veränderung eine Gewöhnung an Schlechtes verhindern, weshalb in der Komödie immer Neues geboten werden soll (816e). Veränderung in der Musik stört die Autorität der Gesetze (700a). Platons Ansichten basieren hier wohl auf der Musiktheorie Damons (vgl. Plat. rep. 424c) und richten sich gegen musikalische Neuerungen gegen Ende des 5. Jh.s v. Chr. (z. B. im neuen Dithyrambos; vgl. Zimmermann 1989).

799b Die drei Moiren Lachesis, Klotho und Atropos stehen für das unwandelbare Schicksal. Durch Opfer sichert man sich ihren Schutz u. a. für die Bewahrung von Gesängen (vgl. 960c).

799e Dass Gesänge zu Gesetzen werden können, hängt mit der Doppelbedeutung von νόμος zusammen: »feststehende Weise« und »Gesetz« (vgl. 700b).

800b ff. Als Normen für die Musik ergeben sich sieben Gesetze für Musik (vgl. Schöpsdau 2003, 537):

1. Musik darf keine Störung bei Opfer und Kult darstellen.
2. Was beim Opfer gesungen wird, muss ein Bittgebet sein.
3. Dichter dürfen nicht gegen Normen der Stadt verstoßen.
4. Nur Hymnen und Loblieder auf Götter sind erwünscht.
5. Verdiente Bürger dürfen gepriesen werden.
6. Überlieferte Dichtung soll geprüft werden.
7. Die Gesänge von Männern und Frauen müssen sich unterscheiden.

Diese Vorschriften werden im Einzelnen im Folgenden abgehandelt.

800e »Karische Musik«: Die Karer waren bei Platon bekannt als Söldner (vgl. Lach. 187b). Im Sprichwort (Plat. Euthyd. 285b–c: ὥσπερ ἐν Καρὶ, »wie beim Karer«) waren sie leicht verfügbare Objekte, an denen man etwas Gefährliches zuerst ausprobieren soll; zu den Karern vgl. auch Hom. Il. 9,378.

803c Das menschliche Leben ist aus Sicht der Götter ein Spiel (vgl. 804b; Plat. rep. 604b); Spielen ist im Leben eines Menschen wichtiges Element, mit zentraler erzieherischer Funktion (z. B. Chortanz, Feste; Marionettengleichnis: 644d). Der Mensch mag in der Welt zum göttlichen Wesen werden (766a).

804a Zitiert wird Hom. Od. 3,26–28.

804c Die Schulgebäude an drei Stellen im Zentrum der Stadt erinnern an die drei Lehrstätten in Athen (dort allerdings nicht alle im Zentrum): Akademie, Lykeion, Kynosarges (vgl. Morrow 1960b, 327 Anm. 103).

804d–822d Innerhalb des Erziehungsprogramms Platons für Kinder bis zum zehnten Lebensjahr ist mit Blick auf die historischen Verhältnisse im Athen seiner Zeit als Besonderheit hervorzuheben, dass er eine allgemeine Schulpflicht verlangt – freilich mit Blick auf den Nutzen für den Staat, nicht auf den für die Kinder (804d). Unüblich für diese Zeit ist auch, dass Natur und Tugend von Mann und Frau als gleich angesehen werden, wie schon in der *Politeia* gefordert; freilich wird in den *Nomoi* mehr differenziert (vgl. Föllinger 1996; Erler 2000).

804e Pontos: das schwarze Meer. Sauromaten: iranische Reitervölker, mit den Skythen verwandt; Frauen genossen bei ihnen eine kämpferische Ausbildung und wurden, wie die Männer, mit ihren Waffen bestattet.

805c »Früher gesagt«: Rückverweis wohl auf 804e–805a.

805c ff. Platon propagiert nicht nur gleiche Schulbildung für Mann und Frau, sondern auch gleiche Lebensart; er setzt dies zu historischen Gegebenheiten in Relation: Zwischen Thrakien, wo Frauen die Rolle von Sklavinnen zukommt (805e), und Athen, wo die Frau Herrin des Hauses ist, nimmt die Situation in Sparta die Mitte ein; aber auch dort haben Frauen keinen Anteil an der militärischen Verteidigung (781a–b).

Amazonen: kriegerische Frauen in der griechischen Mythologie.

807c Es gab vier panhellenische Spiele, also Sportveranstaltungen, an denen Griechen aus dem gesamten griechischen Kulturbereich teilnehmen konnten, darunter die pythischen Spiele in Delphi zu Ehren Apollons und die Spiele zu Ehren des Zeus in Olympia.

808d Dass ein Kind am schwersten zu erziehen ist und bisweilen bestraft, nicht nur getadelt werden muss, hängt damit zusammen, dass bei ihm nach Ansicht Platons der Intellekt noch nicht ausgebildet ist (vgl. 653a–b) und die Seele durch Wachsen des Körpers in eine Unruhe versetzt wird (vgl. Plat. Tim. 44a–c); nach Beendigung des Wachstums lässt diese Unruhe nach.

810b Mithilfe von Texten der Dichter, wie z. B. den Epen Homers, lernten die Schüler Lesen und Schreiben; diese Texte sollten ihnen aber auch Beispiele für moralisch gutes bzw. schlechtes Verhalten vor Augen führen (858d; vgl. Russell 1981, 84 ff.). Noch Horaz berichtet, dass er in Praeneste Homer las, um daraus moralische Belehrung zu erhalten (vgl. Hor. ep. 1,2,1–30). Eben wegen dieser moralisch belehrenden Funktion und wegen des Interesses am Inhalt einer Schülerlektüre wurde traditionelle Dichtung, insbesondere Homer, auch kritisiert, besonders die anrüchigen Geschichten, wie z. B. die vom Ehebruch des Ares mit Aphrodite. Bei dieser Kritik spielte Platon eine prominente Rolle (vgl. dazu Kannicht 1996): Platon verbannt Homer, wenn auch mit großem Bedauern, aus seinem Idealstaat, weil die Geschichten in dessen Werken seinen moralischen Standards nicht gerecht werden (vgl. rep. 606e–607c). Die *Nomoi*, die als »durchaus einer Art Dichtung vergleichbar« bezeichnet werden (811c), und die übrigen Dialoge Platons sollen diese Lücke füllen (vgl. Gaiser 1984).

811c Mit dem Wort »Muster« (*deîgma*) weist der Athener auf die eigenen Gespräche mit Megillos und Kleinias hin. Die seit dem Morgen geführte Unterhaltung soll als Beispiel für einen passenden Schultext dienen und als Maßstab für andere poetische und prosaische Texte (811e); d. h., Platon bietet hier in der Maske des Atheners seine *Nomoi* als Muster für andere Texte und als Schullektüre an (vgl. Görgemanns 1960, 7 ff.). Damit ist der fiktive Charakter der Schrift gesprengt (vgl. Schöpsdau 2003, 571; anders Picht 1990, 32 ff.). Allerdings ist unklar, ob die *Nomoi* als Ganzes gemeint sind oder nur die Proömien (so Görgemanns 1960, 14 Anm. 4, 62 f.). Nicht viel spricht gegen diese Annahme, die *Nomoi* seien zur Schullektüre bestimmt gewesen (vgl. Bobonich 1996, 253; Nightingale 1999, 102). Jedenfalls sollten sie als normativer Text, als »eine Art [von] Dichtung«, mit der traditionellen Dichtung rivalisieren, nämlich wie diese – oder besser als diese – dazu beitragen, dass der Leser ein besserer Mensch wird. Als eine Art von Dichtung können die *Nomoi* bezeichnet werden wegen der poetischen Stilelemente in den Proömien oder in den Ansprachen an die Siedler, vor allem aber wegen des ermahnenden Charakters der Ausführungen, die an Dichtung erinnert.

812b Mit dem Kitharisten ist der Musiklehrer gemeint: Er benutzte bei Auftritten die Kithara; im Unterricht hingegen wurde eher die Lyra verwendet (zu Kithara und Lyra vgl. Moutsopoulos 1959, 88; Neubecker 1977, 71 ff.).

815a Mit »kriegerischem Tanz« ist der als Pyrrhiche bezeichnete Waffentanz in Kreta oder Sparta gemeint (vgl. Athen. 14 631A; vgl. 796b–c; Lawler 1965, 31 ff.). Der Name »Pyrrhiche« wird erklärt mit Hinweis auf Achilles' Tanz um den Scheiterhaufen (πυρά) des Patroklos (vgl. Aristot. fr. 519 Rose) oder auf den Tanz von Achilles' Sohn Pyrrhos (vgl. Archil. fr. 304 West; Eur. Andr. 1135).

815c Mit bakchischen Tänzen sind Tänze bei Ritualen etwa im Kult des Dionysos gemeint (vgl. Lukian. de salt. 15), dessen Verehrer als »Bakchen« bezeichnet werden. Sie werden von Platon abgelehnt, wohl wegen ihres ekstatischen, der Besonnenheit widersprechenden Charakters, und weil sie zu einer identifizierenden Nachahmung einladen und den irrationalen Seelenteil negativ beeinflussen.

Nymphen sind inspirierende Gottheiten, verbunden z. B. mit Quellen. Pan ist ein Sohn des Hermes und beschützt Viehtreiber und Hirten. Silen ist Vater der Satyrn. Alle diese Gottheiten sind mit Dionysos verbunden (vgl. Plat. Phaidr. 228b).

816d In der *Politeia* lehnt Platon die Komödie ab, in Magnesia lässt er sie nur dann zu, wenn sie einen höheren Zweck erfüllt, d. h., wenn sie durch Darstellung des Lächerlichen das Ernste erkennen lässt (vgl. Schöpsdau 2003, 595). Es geht auch hier um Erziehung, allerdings durch negative Beispiele (vgl. Männlein-Robert 2013, 123 ff.).

817a Die negative Bewertung der Tragödie hängt mit Platons Skepsis gegenüber mimetischer Dichtung zusammen, die Affekte darstellt (vgl. rep. 603c ff.) und nur auf die Lust der Rezipienten zielt. Lust aber darf nur ein Nebeneffekt der Tragödie sein, die zuvorderst dem Nutzen des Staates dienen muss (vgl. rep. 607b–d). Platon will aber nicht nur die Tragödie aus Magnesia verbannen: Er will sie ersetzen (817b; vgl. Lisi 1985, 88; Kuhn 1941 und 1942).

817c Volksredner, die sich »an Kinder und Frauen« wenden: Dies ist eine wichtige Stelle und ein Hinweis darauf, dass Frauen und Kinder bei Tragödiendarbietungen im Publikum saßen (vgl. 700a–701b; Dawson 1992).

818b Es handelt sich bei dem Sprichwort, wonach die Götter nicht gegen Notwendigkeit ankämpfen, wohl um eine Anspielung auf ein Diktum des Simonides (ἀνάγκᾳ δὲ οὐδὲ θεοὶ μάχονται; PMG 542, 29 f.), zitiert von Platon im *Protagoras* (345d).

819a Dass der Erwerb von vielem Wissen und Vielgeschäftigkeit keine Weisheit bewirken, wusste schon Heraklit (DK 22B40);

Vielgeschäftigkeit und Vielwissen (*polypeiría*, *polymathía*) wurden hingegen von Sophisten gepriesen und auch in Aristoteles' Schule positiver gesehen (vgl. Kühnert 1961, 100 ff.).

819b Den Rechenunterricht in Ägypten kannte Platon vielleicht durch seinen Schüler Eudoxos aus Knidos, der in Ägypten gewesen war. Ob Platon selbst dort war, ist umstritten (vgl. Erler 2007, 46 f.; zu Rechenweisen, die gemeint sein könnten, vgl. Schöpsdau 2003, 608 f.).

819d Schweine wurden im antiken Griechenland als besonders wenig intelligent angesehen (vgl. Plat. rep. 535e; Phaid. 82e; Schöpsdau 2003, 614). Deshalb auch das Sprichwort »sus Minervam (docet)« oder ὗς τὴν Ἀθηνᾶν (»ein Schwein belehrt Minerva«, s. Scholion zu Plat. Lach. 196d).

820a ff. In dieser schwer zu verstehenden Passage geht es offenbar um Kommensurabilität (das Konzept, dass sämtliche Werte miteinander verglichen werden können) bzw. Nicht-Kommensurabilität zwischen Größen (wichtig hierzu immer noch Sachs 1917, 174 ff.; die Deutung blieb nicht unbestritten; zur Diskussion vgl. Schöpsdau 2003, 614 f.).

820d Die Regeln des genannten »Brettspiels« (πεττεία) kennen wir nicht (vgl. Plat. polit. 528c).

821b Mit »irrenden« Sternen (nichts anderes bedeutet das Wort »Planeten«) meint Platon die fünf Planeten Saturn, Jupiter, Mars, Venus und Merkur (vgl. Plat. Tim. 38c); von (mit Mond/Selene und Sonne/Helios) sieben Planeten ist erst später die Rede (H. Gundel in RE XX, Sp. 2023 f., s. v. *Planeten*).

821c Kleinias' Ausführung zu Morgenstern und Abendstern zeigt, wie wenig viele über die Planetenbahnen wussten, wie es im *Timaios* (39c) heißt. Auch Homer sieht in Morgen-/Abendstern zwei Gestirne (vgl. Il. 23,226). Dass es sich um dasselbe Gestirn handelt, soll als Erster Pythagoras (vgl. Diog. Laert. 8,14. 9,23) oder Parmenides (vgl. Diog. Laert. 9,23) erkannt haben.

822d–823a Wie bei der Kindererziehung stellt sich auch bei der Jagd das Problem, dass wegen der Vielfalt der Methoden nicht alles gesetzlich geregelt werden kann. Deshalb soll es auch hier eher belehrende und ermahnende Vorschriften geben, die als ungeschriebene Gesetze einzuordnen sind (vgl. schon 788c–793a). Hier aber werden sie nicht so genannt, denn sie sind schriftlich fixiert (823a), in Form eines Gesetzesproömiums (823d–824a).

Buch VIII

Das achte Buch behandelt die Erwachsenenbildung. Es geht um religiöse Feste, sportliche Wettkämpfe und militärische Ausbildung, deren Zweck darin besteht, Harmonie von Körper und Seele herzustellen. Besprochen werden (vgl. Schöpsdau 2011, 163–165): das Gesetz über den Kult (828a–835b) und die Zahl der Feste (828a–d); die Vorbereitung für den Krieg (828d–832d) und die Notwendigkeit militärischer Übungen; Sportwettkämpfe (832d–834d); musische Wettbewerbe (834d–835b); Gesetze für sexuelles Verhalten (835d–842a), darunter drei Arten homoerotischer Freundschaft (836e–837e): a) die Liebe zwischen Gleichen mit Blick auf die Seele des anderen und auf das Gute; b) die Liebe zwischen Entgegengesetzten (mit Blick auf die Befreiung von körperlichen Bedürfnissen), insofern es sich um ein Verhältnis zwischen einem Bedürftigen (dem Liebenden) und einem Besitzenden (dem Geliebten) handelt; c) eine »gemischte« Form der Liebe, die zwischen Verlangen und Verzicht auf körperliche Erfüllung hin und her schwankt; die Gesetze der Stadt dürfen nur die Liebe akzeptieren, welche sich auf die Seele des anderen richtet. Anschließend geht es um Gesetze über die wirtschaftliche Organisation im Staat (842b–850d): die gemeinsamen Mahlzeiten (842b); landwirtschaftlicher Bereich (842c–846c): Beschaffung des Lebensunterhalts; Grenzverrückung; Schädigungen des Nachbarn; Wasserversorgung; Ernte; Probleme bei der Wasserversorgung; Einbringung der Ernte und Verantwortlichkeit der Magistrate; handwerklicher Bereich (846d–847b): Da niemand zwei Berufe vollkommen beherrschen kann, darf jemand, der den »Bürgerberuf« ausübt, keinen anderen Handwerksberuf ausüben; der Fremde hingegen darf Handwerker sein, aber nur *ein* Handwerk betreiben; diese Regel wird von Aufsehern (Astynomen) durchgesetzt. Es folgen Normen für die Ein- und Ausfuhr von Gütern (847b–e), die Verteilung der Ressourcen (847e–848c), die Struktur und Wohnungsanordnung in dörflichen Siedlungen (848c–849a), die Marktordnung (849a–850a), und die Regelung der Stellung der Metöken (850a–d).

828b–d Wie das reale Athen war Magnesia als Kultgemeinschaft organisiert, mit religiösen Festen und Opfern für die Stadt und deren Unterabteilungen (Phylen und Demen – vgl. dazu die Anmerkung zu 771a; vgl. Yunis 1988, 19 ff.). Der Zahl von 365 Festen liegt ein Sonnenjahr mit zwölf Monaten zugrunde wie in Ägypten (vgl. Hdt. 2,82,1; in Athen hatte das Jahr 354 Tage; zu den »Auslegern« [Exegeten] vgl. 759c), d. h.: zwölf Götter für zwölf Monate. Diese Zuordnung von zwölf Göttern zu zwölf Monaten ist vor Platon nicht überliefert. Unklar ist, ob diese zwölf mit den traditionellen zwölf olympischen Göttern (Apollon, Ares, Artemis, Athene, Demeter, Hades, Hephaistos, Hera, Hermes, Hestia, Poseidon, Zeus) identisch sind, denn sie werden in den *Nomoi* nirgends insgesamt aufgezählt. Der Gott Pluto, der auch mit Hades gleichgesetzt wird, ist erst für den Hellenismus als Mitglied der Zwölfgöttergruppe bezeugt; nicht klar ist, welche Gottheit in Magnesia für ihn aus dem traditionellen Götterkanon ausscheidet (vgl. Schöpsdau 2011, 169–172).

828c Frauenfeste, bei denen Männer ausgeschlossen waren, wurden zumeist im Rahmen des Demeterkultes gefeiert (etwa die Thesmophorien in Attika; vgl. Burkert 1977, 365 ff.).

829a Die These, dass kein Unrecht zu tun leicht, es aber schwer sei, kein Unrecht zu erleiden, ist vor dem Hintergrund der sokratischen These bemerkenswert, dass Unrecht zu tun größeres Übel sei, als es zu erleiden (vgl. Plat. Gorg. 509c). Offenbar wird mit Blick auf das Erziehungsprogramm für Magnesia geglaubt, dass das für Unrechtsvermeidung notwendige Wissen leicht zu erwerben sei. Kein Unrecht zu erleiden wird von Sokrates als möglich angesehen, wenn man Macht erlangt oder sich dieser Macht annähert (vgl. Plat. Gorg. 510a); in Magnesia ist Voraussetzung, dass man vollkommen gut ist (829a), also über alle Tugenden verfügt. Deshalb muss eine Tugend wie Tapferkeit eingeübt werden, wie im

Folgenden dargelegt wird. Das Idealbild von Magnesia bildet den Rahmen für diese optimistische Haltung.

829d–e Thamyras und Orpheus waren mythische Sänger aus Thrakien. Thamyras trat in Wettstreit mit den Musen, wurde besiegt und wegen seiner Anmaßung mit Blindheit geschlagen (vgl. Hom. Il. 2, 596–600; Plat. Ion 533c; rep. 620a). Orpheus soll sogar Pflanzen und Tiere mit seinem Gesang bezaubert haben (zu Platon und Orpheus vgl. Wilke 1997, 82–85).

830a Pankratisten: zum Pankration s. die Anmerkung zu 795b.

830e Mit dem »wirklichen Kampf mit abgestumpften Speeren« ist der griechische Ausdruck ὄντως σφαιρομαχεῖν übersetzt, wörtlich: »ein Kampf mit Bällen«. Hier ist wohl (vgl. Poliakoff 1986, 91ff; Schöpsdau 2011, 179) ein Kampf mit Wurfspeeren gemeint, deren Spitzen mit einem kugelförmigen Schutz umgeben sind, um Verletzungen zu meiden – der Ausdruck σφαιρόω im Sinne von »mit Schutz überziehen« findet sich schon bei Xenophon und Aristoteles (Aristot. eth. Nic. 3,2 1111a12; Xen. hipp. 8,10).

831c ff. Als Ursachen dafür, dass in gegenwärtigen Staaten kein Waffentanz und keine notwendigen Übungen vollzogen werden, werden das Streben nach Reichtum und der Wunsch der Regierenden nach Machterhalt angegeben. Deshalb sind in einem guten Staat wie Magnesia Wettkämpfe (832d–834d) notwendig und gegeben, denn sie dienen der Körperkraft, der Tapferkeit und damit letztlich dem Krieg. Dazu gehören Laufwettbewerbe, Kämpfe mit Waffen und zu Pferd. An den Laufwettbewerben können unter bestimmten Bedingungen auch Mädchen teilnehmen (vgl. dazu Schöpsdau 2011, 182 f.). Die militärische Zielsetzung unterscheidet die Wettkämpfe in Magnesia von dem, was von realem griechischen Sport, z. B. in Olympia, bekannt ist (der Laufwettbewerb wird z. B. durch den Waffenlauf ersetzt, Ringen durch den Kampf in Waffen [Peltastik]; 833e–834a). Möglicherweise handelt es sich bei den Wettbewerben, wie sie hier geschildert werden, um Platons Erfindung (Morrow 1960b, 381 f.).

833b Ares ist Gott des Krieges, die Götter Artemis und Apollon gelten als gute Bogenschützen. Zu den Hopliten s. die Anmerkung zu 755e.

Pferdestrecke: wohl ca. 770 m (vgl. Paus. 6,16,6).

»lange Strecke«: Die Strecke des Langlaufs wird unterschiedlich angegeben (zwischen 7 und 24 Stadien, also zwischen ca. 1260 und ca. 4320 m; vgl. dazu Morrow 1960b, 381 Anm. 289).

834c Zu Phylarchen und Hipparchen s. 755e–756b.

835e ff. Die Behandlung der Feste führt zur Frage nach dem richtigen Umgang mit Sexualität, denn die Feste waren Gelegenheit für junge Männer und Frauen, einander kennenzulernen. Zudem waren sie beim Tanzen unbekleidet (772a). Da war es geradezu notwendig, dass erotisches Verlangen aufkam (vgl. Plat. rep. 458d). Deshalb gab es, was den sexuellen Umgang betrifft, Vorschriften für Männer; erlaubt war sexueller Umgang nur zum Zweck einer Zeugung von legitimen Kindern; Ehebruch ist zu meiden. Ein Gesetz erlaubt unter besonderen Bedingungen eine geheim zu haltende Beziehung mit einer zweiten Frau (841a–b). Homosexualität ist in Magnesia wie auch in Kallipolis verboten (in transformierter und intellektueller Form ist sie in der *Politeia* erlaubt; vgl. rep. 403b).

836c Laios war König von Theben, Mann der Iokaste, Vater des Ödipus; der Sage nach hat er sich im Exil auf der Peloponnes in Chrysippos, einen Sohn des Pelops, verliebt und ihn mit nach Theben genommen (vgl. Athen. 13,79 692f–693a bzgl. der Deutung der Entführung des Ganymed, und 636c–d). Laios wurde daher als »Erfinder« der Päderastie angesehen (Dover 1978, 200).

837a Die Diskussion der Freundschaft im Kontext gleichgeschlechtlicher Liebe ist darin begründet, dass Eros als starke Form der Freundschaft verstanden wird, die verbunden ist mit einem Begehren (vgl. Plat. Phaidr. 255d) nach Körper und Seele des Geliebten; eine Freundschaft mit Gleichen wird von der mit den Entgegengesetzten unterschieden (vgl. die intensive Diskussion im Dialog *Lysis* [Lys. 214a–215e]; dazu Erler 2007, 372 f.). Das zugrunde gelegte Erosverständnis wird im *Symposium* und im *Phaidros* entwickelt und mit pädagogischen Aspekten versehen: Ziel ist die Vervollkommnung des anderen.

838c Thyest soll mit seiner eigenen Tochter Pelopia den Ägisth gezeugt haben. Ödipus heiratet seine Mutter und zeugt mit ihr Eteokles, Polyneikes, Antigone und Ismene. Makareus, der Sohn des

Aiolos, hat eine Liebesbeziehung mit seiner Schwester Kanake. Die Tragödie verarbeitete diese Stoffe, wie z. B. Sophokles im *König Ödipus* oder Euripides im *Aiolos*. In der Komödie spielt Aristophanes z. B. in den *Fröschen* auf die Ödipussage an, in den *Wolken* auf den Inzest der Aioloskinder (vgl. Aristoph. Nub. 1371 f.; Ran. 850. 1081. 1475).

839a Mit dem Vergleich des weiblichen Schoßes mit einem Ackerfeld (ἄρουρα) greift Platon auf ein (auch z. B. von Dramatikern) häufig verwendetes Bild zurück (vgl. Plat. Tim. 91d; Aischyl. Sept. 754; Soph. Ant. 569).

839e–840a Ikkos aus Tarent siegte in Olympia im Fünfkampf (um 476 v. Chr.) und galt als hervorragender Trainer; er hat wohl Schriften für Sportler über eine angemessene Ernährung und Lebensweise verfasst (nicht erhalten; vgl. Centrone 2000, 859; erwähnt wird er in Plat. Prot. 316d als Sophist mit Theorien über Gymnastik). Im Laufen siegten in Olympia Krison (448, 444 und 440 v. Chr.; zu Krison vgl. auch Prot. 335e), Astylos aus Kroton (488 und 484 v. Chr.) und Diopompos; zu diesen Olympiasiegern vgl. auch Moretti 1957, 294. 306. 312 (Krison); 178 f. 186 f. 196–198 (Astylos); 316 (Theopomp).

840e Mit »sogenannter regelloser Aphrodite« ist wohl eine widernatürliche Sexualität gemeint (vgl. Triantaphyllopoulos 1985, 89 f.). Als natürlich galt Monogamie (vgl. Hdt. 2,92,1; Aristot. eth. Nic. 8,14 1162a). Präsentiert wird ein Gesetz »zweiten Grades« (841b), weil sich die Bestimmungen als zu schwierig erweisen und die Bürger von Magnesia trotz guter Bildungsvoraussetzungen auf gewöhnliches Niveau herabsinken. Der Gesetzgeber rechnet also nicht mehr damit, dass Lustbestrebung gänzlich besiegt werden kann. Dieses zweite Gesetz (841d–e) besteht auf dem Verbot gleichgeschlechtlicher Liebe, akzeptiert aber heterogeschlechtliche Liebe zu einer Nichtbürgerin, sofern sie geheim gehalten wird; diese ist nicht mehr an die Zeugung von Nachwuchs gebunden.

841a Das Imperfekt »erwies« (ἦν) erinnert an Stellen wie 783b oder 835d–e.

842d In Magnesia sind zinslose Darlehen erlaubt. Platon steht Zinsen grundsätzlich skeptisch gegenüber (vgl. 742c; rep. 555e).

842e Das Verrücken von Grenzsteinen bedeutet den Bruch eines Eides (843a). Das sanktioniert Zeus als Schützer der Grenze (Beiname »Horios«) oder der Phylenmitglieder (»Homophylos«) oder der Fremden (»Xenios«); er bewacht den Besitz des Grenzanwohners. Die Strafe durch die Götter kann im Diesseits oder im Jenseits erfolgen.

843d »Wie bereits früher gesagt«: Verweis auf 761e.

844a Die Gesetzgebung, das Wasser betreffend, war schon für Solon sehr wichtig (vgl. Plut. Sol. 23,6).

844e Der Stern Arktur bezeichnet die Tag- und Nachtgleiche im Herbst, d. h. den 22. oder 23. September.

845a Zu den Metöken s. die Anmerkung zu 850a.

848d Hier werden die Magneten als Bewohner der früheren (vgl. 704c) und nun neu zu gründenden Stadt Magnesia erstmals genannt (vgl. 860e. 919b. 969a).

Die Göttin Hestia (vgl. 745b mit Anmerkung) steht als »Herd der Stadt« (Schöpsdau 2003, 342) im sakralen Bereich im Zentrum; sie wurde oft noch vor den anderen Göttern verehrt.

848e Die Handwerker (δημιοῦργοι) werden in 13 Abteilungen eingeteilt, von denen zwölf auf dem Land zu leben haben und nur eine in Außenbezirken der Stadt angesiedelt werden darf. Sie stehen unter dem Patronat der Götter Hephaistos und Athene (920d). Dass Aristokraten (wie Platon) selbst sich handwerklich betätigen, gilt als banausisch und unpassend (vgl. 643e–644a, 804c; Vidal-Naquet 1981, 289–316). Dies mag für das Verbot handwerklicher Tätigkeit für jene Bürger, die mit der Ordnung des Staates voll beschäftigt sind, eine Rolle gespielt haben.

850a Platon unterscheidet zwei Arten von Fremden (*xénoi*; vgl. 484a). Die Metöken, die als Nichtbürger mit den Bürgern zusammenwohnen, und die Fremden, die gleichsam auf Durchreise sind. Die Metöken waren Freigeborene, die in einer Stadt lebten, ohne das Bürgerrecht zu besitzen (z. B. Lysias, Aristoteles, Epikur); in Athen musste man sich als Metöke registrieren lassen und war zu Kriegsdienst verpflichtet; das Recht auf Grundbesitz konnte einem Metöken durch Volksbeschluss zugebilligt werden; eine maximale Aufenthaltsdauer war nicht definiert. In Platons Magnesia kann jeder, der einer beruflichen Tätigkeit nachgeht, für 20 Jahre als Metöke leben; er zahlt keine Steuern und hat keinen Kriegsdienst zu leisten; er soll sich nur zurückhaltend und unauffällig verhalten (850b).

Buch IX

Buch IX bietet strafrechtliche Anordnungen, verbunden mit einem Exkurs über die theoretischen Grundlagen des Strafrechts (857b–864c). Drei grundsätzliche Aspekte menschlicher Natur spielen eine wichtige Rolle: die Seele, der Körper und äußere Güter. Nach grundsätzlichen Erörterungen über die Notwendigkeit einer Strafgesetzgebung (853a–d) werden das Gesetz für Tempelraub (mit einer Vorrede; 853e–855c) und Gesetze für Kapitalverbrechen wie Umsturzversuch, Landesverrat und Diebstahl mit entsprechenden Strafen angegeben (856b–857b). In grundsätzlichen Überlegungen über das Strafrecht (857b–859c) wird als erzieherisches Proömium ein Exkurs (859b–c) über den Begriff der Freiwilligkeit in rechtlichem Kontext eingefügt. Zweck des Exkurses ist die Erkenntnis des Sinns der Strafe und der Einzelbestimmungen. Bei der Frage der Freiwilligkeit bzw. Unfreiwilligkeit des Unrechttuns (860c–863a) werden die Ursachen von Verfehlungen diskutiert: a) Zorn; b) Lust und Begierde; c) Streben nach Verwirklichung von Hoffnungen und wahrer Meinung über das Beste (864b). Nach einem Zusatz über in unzurechnungsfähigem Zustand begangene Straftaten (864c–e) werden Straftaten auf Grundlage der Unterscheidung von Freiwilligkeit und Unfreiwilligkeit beurteilt: a) Tötungsdelikte (865a–874d); b) Gewalttätigkeiten (874d–879b) und Misshandlungen (Realinjurien; 879b–882c).

853c Bei den Heroen handelt sich um die Söhne von Göttern (vgl. 739a–740a). Angesprochen wird damit der Unterschied zwischen philosophisch einsichtigen und gewöhnlichen Menschen (vgl. dazu Lisi 2004, 10–17).

853d »Mit einer harten Schale geboren«: κερασβόλος meint wörtlich »das Horn treffend«; angespielt wird auf den alten Glauben, dass aus den Samen, die bei der Aussaat auf das Horn des Ochsen am Pflug fallen, besonders harte Hülsenfrüchte wüchsen (vgl. Theophr. c. plant. 4,12,13).

854b Mit dem »Wahnsinnsstachel« (οἶστρος) ist auf die Rinderbremse angespielt (Tiere, die mit ihr gestochen werden, reagieren unter Umständen heftig); auch die Situation, wenn Sokrates andere im Gespräch testete, könnte man damit assoziieren. Generell steht der Begriff bei Platon für starke Leidenschaft (vgl. apol. 30d–31a; rep. 577e; Phaidr. 240d; Erler 2017).

854d–e Im Kontext der Bestrafung von Tempelräubern wird für Personen, deren Drang zu Tempelraub unheilbar ist, die Selbsttötung erwogen. Dies erstaunt mit Blick auf die strikte Ablehnung des Selbstmordes bei Platon (vgl. Phaid. 61c–62c; nur die Götter könnten einen aus dem Leben abberufen); auch in den *Nomoi* sieht Platon im Selbstmord eine Selbstberaubung der eigenen Seele und damit Unrecht gegen sich selbst. Nur im Ausnahmefall sei er erlaubt (873c–d): wenn er gerichtlich angeordnet ist, wenn eine Krankheit dazu zwingt oder wenn Schande gemieden werden soll (Schöpsdau 2011, 259. 336 f.).

855a Gemeint ist wohl, dass der Name des Verurteilten aus Listen gestrichen wird (vgl. 785b). Bestattungsverbot (*ataphía*) wird als Strafe verhängt bei Landesverrat und Umsturz sowie vorsätzlichem Mord. Auf Verrat ist für Attika tatsächlich das Verbot einer Bestattung innerhalb der Landesgrenzen belegt; hier ist an die Problematik, die Sophokles in seiner *Antigone* dramatisiert, zu erinnern.

855c Niemand soll in Magnesia alles Recht verlieren (*atimía*). Die Atimie bestand in früher Zeit in der Aberkennung aller Bürgerrechte, z. B. im Ausschluss von der Teilnahme am öffentlichen Leben und im Entzug des Rechts, vor Gericht zu ziehen. In Magnesia soll nur eine partielle Atimie möglich sein: ein Entzug sozialer Rechte wie der Teilnahme an einer Volksversammlung.

856a Zur Göttin Hestia vgl. 745b.

856b »Clique«: Bei Hetairien handelte es sich um Vereinigungen, die in Athen im 5. Jh. v. Chr. großen politischen Einfluss hatten und zumeist oligarchisch orientiert waren. Sie spielten eine wichtige Rolle bei inneren Zwistigkeiten in der Polis. Im 4. Jh. waren sie eher Vereine für Feiern und gemeinsame Interessenvertretung; von Platon wurden sie kritisch gesehen (vgl. rep. 365d; Tht. 173d; Hansen 1995, 292 f.).

858d Wie allgemein die Schriftsteller sollen die Gesetze und die Gesetzgeber vornehmlich auch mit den Proömien (720d) und durch das Gesetz Rat geben über das Gute, Schöne und Gerechte und damit in gewisser Weise die Dichtung als belehrende Instanz (632a) ersetzen.

858e Die Lektüre z. B. von Homers und Tyrtaios' Werken war in Athens Jugenderziehung von großer Bedeutung.

Solon und Lykurg waren Gesetzgeber in Athen bzw. Sparta (vgl. Plat. symp. 209a–e).

859a Der Gesetzgeber soll nicht mit Druck und Gewalt, sondern mit zugewandter Überredung belehren. Dies ist zentral für das Verständnis der Proömien als Ergänzung der Gesetze in den *Nomoi*.

Gesetze wurden bisweilen auf Wände geschrieben. In Athen z. B. diente eine Wand der Stoa Basileios (Westseite der Agora) für einige Zeit als ein solcher Bekanntmachungsort (vgl. Hansen 1995, 168–171; Hölkeskamp 1994).

859e Hier klingt eine wichtige Auffassung Platons an, wonach alles, was ist, bestimmt ist durch eigene Aktivität, die anderes betrifft, und durch Aktivitäten, die es selbst von anderem erleidet (vgl. Gorg. 476b–c; rep. 436a–c; Phaidr. 270c–e; Pradeau 2003, 15–28).

860d Die Auffassung, dass die Schlechten unfreiwillig schlecht sind, ist das Paradox des Sokrates: Man begeht Unrecht nur unfreiwillig (vgl. z. B. Plat. apol. 25d ff.; Prot. 345d–e; Gorg. 468c–e; Men. 77b; Tim. 86d–e). Demnach strebt jeder nach dem Guten, und Unrechttun entspringt aus einem Verkennen dessen, was gut ist (vgl. Saunders 1968, 37–55).

862d Das Gesetz belehrt und zwingt: Die schönsten Gesetze sind nach Platon diejenigen, die von Ungerechtigkeit befreien (862e), also präventiv sind. Dabei ist eine Belehrung hilfreich, die zumeist in den Proömien erfolgt, verbunden mit Überzeugungsmaßnahmen wie Ehrungen und Geben von Beispielen für richtiges Verhalten, was auf die rationale Seite des Menschen zielt; dazu tritt die Strafandrohung als Zwangselement hinzu (zur Funktion der Strafe vgl. auch Plat. Phaid. 113d ff.; Gorg. 478d ff.; leg. 933e–934b); Strafe wird weniger als Schadensersatz und Vergeltung für bereits Getanes denn als Versuch gesehen, Besserung zu bewirken und Straftaten zukünftig zu verhindern.

863b Der Zorn als Affekt wird als eine wichtige Quelle von Fehlverhalten und daraus resultierender Zerstörung ausgemacht. Es wird ein dreiteiliges Seelenmodell angedeutet und damit an das Marionettengleichnis erinnert; sonst ist in den *Nomoi* von einer zweiteiligen Kraft (irrationaler und rationaler Teil) die Rede (vgl. Görgemanns 1960, 137). Der Zorn, dem man Vernunftlosigkeit attestiert, wird hier mit Blick auf die zu behandelnden Tötungsdelikte diskutiert.

864c ff. Mit dem folgenden Abschnitt knüpft Platon an die in 853d–857b behandelten Gesetze an: »Kehren wir also als Nächstes dorthin zurück, von wo wir hierher abgeschweift waren, um die Aufstellung der Gesetze zu vollenden.« Es werden zusätzlich zu den dort besprochenen Ursachen weitere diskutiert, die in Richtung einer Schuldunfähigkeit deuten, wie geistige Störung, Krankheit, hohes Alter, Kindesalter. Für diese Ausführungen gibt es im attischen Strafrecht offenbar kein Vorbild (zur Diskussion vgl. Schöpsdau 2011, 305f.; zum Strafrechtsexkurs vgl. Brisson/Pradeau 2006, 334).

865a Unterschieden wird im attischen Recht zwischen absichtlicher Tötung als Mord und unabsichtlicher Tötung; als weitere Kriterien kommen Anstiftung, Planung oder eigenhändige Tötung hinzu. In klassischer Zeit wurde in Athen vorsätzliche Tötung vom Areopag abgeurteilt (vgl. Aischylos' *Eumeniden*); unabsichtliche Tötung wurde den Epheten am Palladion, einem Tempel der Athene außerhalb Athens, überlassen; gerechtfertigte Tötung wurde von den Epheten beim Delphinion, einem Tempel des Apollon Delphinion und der Artemis Delphinia beim Olympieion, verhandelt. Die Epheten wurden wohl in klassischer Zeit aus Mitgliedern des Areopags ausgewählt (vgl. Schöpsdau 2011, 307f.).

865b »Aus Delphi eingeholt«: In Platons Magnesia wird das delphische Orakel über Gesetze befragt, die religiöse Fragen betreffen (vgl. 759c–d).

865d Die Überzeugung, dass Tote Einfluss auf Geschehnisse auf der Erde haben (Dover 1974, 244 f.), ist verbreitet (vgl. Hom. Il. 23,69 ff.; Aischyl. Choeph. 40 f. 323 ff.). Die Gesetzgebung bezieht derartige Vorstellungen ein.

866c Zu den Metöken s. die Anmerkung zu 850a.

866d–867a Da Zorn wie Lust als unbeherrschbar gilt, ist eine zornige Seele ungerecht wie eine von Lust geleitete Seele. Bemerkenswert ist, dass Platon hier zwei Arten von Tötung im Zorn unterscheidet: Neben der unmittelbaren Affekthandlung im Zorn, die anschließend bereut wird, erkennt er eine Tötung mit Vorbedacht, also eine gewisse Zeit nach Entstehen des Zorns, ebenfalls als Tötung im Zorn an und bestraft sie härter (drei Jahre Exil) als den ersten Fall (zwei Jahre Exil; 867a). Im letzteren Fall handelt es sich um eine Tötungsabsicht als Folge von etwas anderem, z. B. einer Beleidigung.

869d–e Im attischen Recht konnte ein Opfer, bevor es verstarb, den Mörder oder Totschläger von dessen Schuld freisprechen (*áphesis*) – dieser war dann vor Strafverfolgung sicher (vgl. Plat. rep. 451b). Ein literarisches Zeugnis dafür finden wir am Schluss des euripideischen *Hippolytos* (Eur. Hipp. 1449 f.): Phaidra ist in unerlaubter Liebe ihrem Stiefsohn Hippolytos zugetan, wird zurückgewiesen und erhängt sich; jedoch verleumdet sie Hippolytos in einem Brief an ihren Mann, ihr nachgestellt zu haben; ihr Mann, Theseus, verbannt Hippolytos, verflucht ihn bei Poseidon; dieser erfüllt den Fluch, indem er Hippolytos durch seine Pferde zu Tode schleifen lässt; Theseus erfährt aber letztlich von der Intrige und bereut seinen voreiligen Fluch – ehe Hippolytos stirbt, vergibt er dem Vater. Anders als in Athen, wo eine solche Lossprechung den Täter gänzlich befreite, bleibt in Magnesia eine Verbannung ins Exil.

869e–870d In einer Vorrede (Proömium) zum Gesetz über vorsätzliche Tötung behandelt der Athener drei Seelenkräfte, die einen Menschen einen Mord begehen lassen können: Geldgier, Neid und Furcht. Es wird deutlich, dass diese Vorrede der Bevölkerung dient (870b: »Diese Überlegung könnte uns also [...] belehren«).

871b Mit dem Verkünden ist der formelle Akt der Ankündigung (*prórhesis*; vgl. Schöpsdau 2011, 328 f.) gemeint. Es gibt die Pflicht, einen Mörder zu verfolgen und seine Ausschließung zu bewirken: Bei der Bestattung des Opfers kündigten Verwandte dem Mörder Ausschließung an; nach Eingang der Klage beim Archon Basileus wiederholte dies ein Herold; dieser Akt war verbunden damit, dass dem Beschuldigten die bürgerlichen Rechte aberkannt wurden. Auch in Platons Magnesia sind offenbar zwei »Ankündigungen« vorgesehen (874a). Die Verfolgung des Mörders und die Ankündigung seiner Ausschließung aus der Gemeinschaft obliegt den männlichen Verwandten des Opfers; eine Vernachlässigung dieser Pflicht wird mit einem Fluch geahndet. Diese Verfluchung gehört als sakraler Aspekt zur gesetzlichen Strafe (842e–843b).

872c Die Tötung eines Sklaven wurde mit Exil, Geldstrafe oder Atimie bestraft (vgl. MacDowell 1963, 126 f.). Wenn ein Herr seinen eigenen Sklaven getötet hat, blieb auch das nach Platon nicht ungestraft; allerdings hatte ein Sklave in der Athener Realität keine Verwandten, die seinen Mord zur Anzeige bringen konnten. Aber es konnte geschehen, dass ein Verwandter des Mörders diese Aufgabe übernahm – wie Platon es im Dialog *Euthyphron* schildert (vgl. Erler 2007, 128–132; Bertrand 2001).

872e Dike als Göttin des Rechts steht für das Talionsgesetz (vgl. Hirzel 1907–10; 870e), das manche auf die Pythagoreer zurückführen (vgl. Aristot. eth. Nic. 5,8 1132b); das Talion wird diskutiert z. B. bei Aischyl. Choeph. 313.

874e–875c Wieder wird eine Vorrede geboten, diesmal über die Notwendigkeit von Gesetzen. Gesetze sind notwendig, weil die Menschen sich sonst auf das Niveau von Tieren herablassen (874c–875a). Die Ausführungen haben einen über den Kontext (Körperverletzung) hinausgehenden, allgemeinen Charakter: Macht muss – auch wenn sie in den Händen von Philosophen oder eines königlichen Staatsmanns ist – kontrolliert werden, denn die sterbliche Natur des Menschen ist schwach. Da absolute Vernunft gegenwärtig nicht zu finden ist (875a–c), bleibt als zweitbeste

Möglichkeit die Herrschaft der Gesetze. Diese können freilich nur häufig auftretende Fälle betrachten, nicht jeden Spezialfall (vgl. Schöpsdau 2003, 188 f.), die Vernunft aber ist flexibler. Die *Nomoi* können also nur Musterfälle bieten (vgl. Plat. polit. 293e–302b, wo Gesetzesherrschaft als nur »zweitbeste Fahrt« bezeichnet wird; vgl. Plat. polit. 300c2; Ausland 2002). Die Nächtliche Versammlung (960b–969d) soll die Defizite auszugleichen versuchen. Gäbe es durch göttliche Fügung einen Menschen, der wirkliches Wissen hat und dementsprechend handelt, bräuchte es keine Gesetze (vgl. dazu Lisi 2004, 14–18). Diese Stelle ist von Bedeutung für das generelle Verständnis der *Nomoi* und kann als eine Art Eigeninterpretation des Werkes angesehen werden.

875b Das Streben nach immer mehr, die Pleonexie (πλεονεξία), gilt auch Platons Glaukon in der *Politeia* (vgl. rep. 359c) als Eigenschaft des Menschen. Aus ihr entstehen Gier, Macht und Ungerechtigkeit.

879b–882c Misshandlung (*aikía*) meint nach attischem Recht das Schlagen eines anderen, der nicht selbst vorher geschlagen hat. Eine Erwiderung von Schlägen oder ein Schlag im Scherz ist nicht strafbar. Bemerkenswert ist, dass hier ein Springen zwischen Proömium und Gesetzestext zu beobachten ist (vgl. Schöpsdau 2011, 359):

1. Schläge gegen Ältere: a) Vorrede (879b–880b); b) Gesetz (880b–d).
2. Schläge gegen Eltern und Großeltern: a) Vorrede (880d–881b); b) Gesetz (881b–882a).
3. Schläge von Sklaven gegen Freie: a) Vorrede (882a); b) Gesetz (882b–c).

Dass das Alter gegenüber der Jugend einen Anspruch auf Respekt hat, ist eine der herkömmlichen Wertvorstellungen in der griechischen Ethik (879c; vgl. Plat. rep. 412c. 425b; leg. 659d. 930c ff.); der Grundsatz gilt natürlich besonders für ein Kind-Eltern-Verhältnis (vgl. Schöpsdau 2011, 361 f.). Eine Verkehrung dieser Verhältnisse gilt als Zeichen demokratischen (so in Platons *Politeia*) oder sophistischen Verfalls (so in Aristophanes' *Wolken*).

Buch X

In Buch X geht es weiter um das Strafrecht. Das Buch ist von zentraler Bedeutung für die gesamte Schrift. Denn im Rahmen der Diskussionen über das Asebiegesetz (885b–910e) geht es grundlegend um platonische Theologie; es wird eine Orientierung an Gott als Maß gefordert und damit das Fundament des gesamten Gesetzeswerkes gelegt, und das Verhältnis von überredendem Proömium und Gesetz wird als Strukturelement des Werkes gerechtfertigt. Ein Gesetz zum Schutz fremden Eigentums wird formuliert (884a). Anschließend behandelt der Athener die größten Untaten gegen das Heilige (884a). Der Frevel gegen Heiliges wird untergliedert (884a–885a) in Handlungen 1. gegen öffentliche Einrichtungen, Tempel und Statuen sowie Bräuche, 2. gegen private Einrichtungen, 3. gegen die Eltern, 4. gegen Besitz der Behörden, 5. gegen bürgerliche Rechte des Einzelnen (885a). Dann werden drei Formen des Unglaubens unterschieden (885b–e. 948c): a) Negierung der Existenz von Göttern; b) Glaube, es gebe zwar Götter, aber sie kümmerten sich nicht um die Menschen; c) Überzeugung, die Götter seien leicht durch Opfer und Gebet umzustimmen. Es folgen: 1. eine Widerlegung des Atheismus (887c–899d); 2. eine Widerlegung der These von der Sorglosigkeit der Götter (899d–905d); und schließlich 3. eine Widerlegung der These, die Götter seien durch Opfer oder Gebet zu bestechen (905d–907b). Im Rahmen dieser Widerlegungen kommen zentrale Fragen nach dem Wesen der Seele und der Religion und ihrer Funktion zur Sprache. In der Folge geht es um praktische Konsequenzen für diejenigen, bei denen Überredung nichts hilft (907b–d). In Monologform bietet der Athener ein Gesetz gegen Unfrömmigkeit (907d–910d) in drei Unterabteilungen: a) Klassifikation der Frevler nach den drei Formen des Unglaubens (908a–e); b) entsprechendes Strafmaß: Besserungsanstalt, Umgang nur mit Mitgliedern des Nächtlichen Rates, damit die Seele gerettet wird (909a); bei Fehlschlag droht die Todesstrafe; Frevel in völliger Unbeherrschtheit wird mit Gefängnishaft im »Landesinnern« geahndet; Frevler dürfen nicht bestattet werden; c) als zusätzliche Regelung werden Privatkulte verboten (909d–910e).

884a Zu Beginn des Buches wird eine Verbindung zwischen der Thematik des Buches IX und dem in Buch X zu behandelnden Asebiegesetz hergestellt. Unklar ist, was mit den angesprochenen Gewalttaten gemeint ist. Manches spricht dafür, in ihnen, nachdem Gewalttaten gegen Seele und Körper behandelt worden sind, Besitzdelikte oder Raub zu sehen, z. B. heilige Güter betreffend. Doch das erklärt noch nicht, warum in Buch X die Asebie behandelt wird (vgl. die Diskussion in Schöpsdau 2011, 365; Brisson/Pradeau 2006, 341 Anm. 2).

Zur »Phyle« s. die Anmerkung zu 771a.

885b Mit dem Hinweis auf Opfer und Gebet spielt Platon auf Homerverse an, in denen Phoinix von Achilles fordert, vom Zorn abzulassen, und darauf hinweist, dass auch die Götter sich umstimmen lassen, wenn Menschen sie zum Umdenken auffordern (vgl. Il. 9,497–501; schon in Plat. rep. 364d–e diskutiert).

885c Der griechische Ausdruck θεοὺς νομίζειν steht zunächst für ein »an die Götter glauben, wie es Brauch ist« (Burkert 1977, 411); er lässt aber die Bedeutung »an die Existenz der Götter glauben« anklingen (ähnlich wie in Plat. apol. 26b).

886a Mit dem Hinweis, dass alle Hellenen und Barbaren an die Existenz der Götter glauben, wird das Argument des *consensus omnium* angewendet (vgl. Cic. Tusc. 1,35). Der Athener kommt in 887e und 888a–d darauf zurück.

Respekt im Sinne von *aidós* ist nur gegenüber sittlich guten Menschen angebracht (vgl. 647a).

886b Bei den schriftlich aufgezeichneten Erzählungen geht es offenbar um Kosmo- und Theogonie, wie wir sie in der Dichtung in der Orphik, bei Hesiod oder Musaios finden und in der Prosa in den Werken des Pherekydes oder des Akusilaos. Was mit einer negativen Wirkung derartiger Geschichten gemeint ist, zeigt sich z. B. darin, wenn Platons Euthyphron sein Verhalten gegenüber seinem Vater mit demjenigen des Kronos gegenüber dessen Vater Uranos begründet (Kronos entmannt den Vater, verschlingt seine Kinder; vgl. Hes. theog. 161 ff.; Plat. Euthyphr. 5e–6c; rep. 378a–b) und sich auf das Verhalten des Zeus gegenüber Kronos (vgl Hes. theog. 453 ff.) beruft. Auch im Olymp gehen Götterkinder nicht immer angemessen mit ihren Eltern um. Hephaistos z. B. fesselt seine Mutter Hera (vgl. Pind. fr. 283 Maehler).

886d–e Dass Sonne, Mond und Sterne bloß Steine seien, entspricht der Lehre des Anaxagoras (vgl. Plat. apol. 26d; leg. 967c).

887c–d Für das 5. Jh. v. Chr. sind Thesen, welche die Existenz der Götter leugnen, belegt (vgl. Winiarczyk 1984; Winiarczyk 1990, 12 ff.) – offenbar handelte es sich aber um vereinzelte, radikale atheistische Thesen. Zumeist ist mit »atheistischer Position« ein Deismus gemeint, wonach sich Götter nicht um die Welt und die Menschen kümmerten (so z. B. im Epikureismus). Grundlage ist oft eine rationale Mythenauslegung (so z. B. bei Hekataios aus Milet): Mythen wurden zu Ammenmärchen (887d; vgl. 840; Plat. rep. 377a–c; polit. 268e) für Kinder erklärt (vgl. 663e. 804e). Grundlage ist aber auch häufig Kritik am Anthropomorphismus traditioneller Götter und an ihrem amoralischen Verhalten (so Xenophon aus Kolophon – vgl. 21B1 ff. DK), oder ein materialistisches Weltbild, wie es die Vorsokratiker vertraten (Vorgänge am Himmel erklärten sie nicht mehr als göttliches Wirken). Als Grund dafür, am Göttlichen zu zweifeln, wird häufig genannt, dass ungerechte Menschen Erfolg haben (vgl. Thuk. 2,52,3, wo der Mangel an Götterfurcht mit dem Umstand verbunden wird, dass die Pest in Athen Fromme wie Unfromme traf; vgl. Schöpsdau 2011, 379 f.). Platon setzt dem eine teleologische Auffassung der Welt entgegen: Ohne unsterbliche Seele und schaffenden Gott sei sie nicht erklärbar (894b–899d).

888a ff. Die an die Atheisten gerichtete »Aufforderung«, von ihrer These abzulassen, lässt sich mit dem Rechtsbereich in Verbindung bringen: Mit dem Begriff *prórhesis* ist in den Strafgesetzen eine Aufforderung an Mörder gemeint, die Stadt nicht zu beflecken. Der Atheist soll also kein Unglück über die Stadt bringen, denn Kult und Religion sind für das staatliche und nach Platons Überzeugung auch für das moralische Leben (vgl. Schöpsdau 2011, 383 f.) konstitutiv.

Im Folgenden polemisiert der Athener dann gegen Atheisten, gibt deren Position allerdings dadurch, dass er die Rolle des Zufalls stark betont, nicht fair wieder (vgl. 888e; Saunders 1972, Nr. 92,

90–96). Er zeigt auf, wie sich deren Position auf Moral und Staat auswirkt: Nach Ansicht der Materialisten basierten moralische Normen nur auf menschlicher Satzung. Man hat versucht, eine bestimmte vorsokratische Position als Gegner der platonischen Argumentation auszumachen. Wahrscheinlicher ist, dass Platon hier eine allgemeine materialistische Position eklektisch aus einzelnen Lehren zusammengestellt hat; einzelne Elemente sind gleichwohl noch zu erkennen (z. B. von Leukipp und Demokrit).

889e Wenn Götter und moralische Normen nur auf Konventionen beruhen, folgt daraus deren Relativität, denn Übereinkünfte zwischen Menschen können sich ändern. Diese Problematik diskutiert Platon u. a. im *Theaitetos* im Zusammenhang mit Protagoras' *homo-mensura*-Satz (vgl. Tht. 172b).

Der Gegensatz zwischen dem »Schönen von Natur« und dem »Schönen nach dem Gesetz« evoziert eine These, wie sie Kallikles im *Gorgias* (482e. 484a. 491c) oder Thrasymachos in der *Politeia* (338a–352d) vertreten, wonach dann das Recht des Stärkeren gilt.

890b–891b Die Reflexionen über die Notwendigkeit und die Schwierigkeiten einer Widerlegung der Atheismusthese sind interessant wegen des Zusammenhanges von schriftlich gefassten Gesetzestexten und deren mündlicher Verteidigung (890e–891a). Denn hier spiegelt sich, was in der Schriftkritik im *Phaidros* anklingt (vgl. Plat. Phaidr. 274b–278e): Geschriebene Texte seien nicht flexibel und somit defizitär – daher müsse man ihnen zu Hilfe eilen (890d–891b; Bezug auf den forensischen Bereich: Antiph. or. 1,31; Lys. or. 10,32; Isokr. or. 19,49; Bezug auf den religiösen Bereich: Aisch. or. 3,109; vgl. dazu Schöpsdau 2011, 394). Man könnte auch auf den *Protagoras* verweisen, wo davon die Rede ist, dass Bücher keine Antworten geben könnten (329a); die Fähigkeit, Rede und Antwort zu stehen, zeichne den Dialektiker aus (deshalb können Bücher im Streben nach Wissen nur eine beschränkte Rolle spielen). Platon verwendet den Ausdruck »zu Hilfe eilen« auch für schwache Argumentationen, wobei die Hilfe hier von einem höheren Niveau erfolgen müsse (vgl. Phaidr. 275d); umstritten ist, ob damit die ungeschriebene Lehre gemeint ist (vgl. Szlezák 1993, 80; dazu Erler 2007, 60 ff.). Zu beachten ist, dass Kleinias in den *Nomoi* in deren schriftlicher Fixierung einen Vorteil sieht. Damit ändert sich die platonische Position nicht, es wird – ohne Widerspruch des Atheners – lediglich die (ebenfalls im *Phaidros* angesprochene) positive Funktion geschriebener Texte aufgegriffen: als Gedächtnisstütze (*hypómnema*; vgl. dazu Erler 1987a).

891e »jene Lehren, deren Produkt«: Gemeint sind wohl die Lehren der Naturphilosophen; gemeint ist an dieser Stelle, sie hätten die Seelen der Gottesleugner gleichsam verführt (vgl. Schöpsdau 2011, 397), vor allem dahingehend, dass sie die Priorität der Seele vor dem Körper verkennen (892a).

893b ff. Analysiert werden zehn Formen der Bewegung (vgl. Skemp 1967, 96–107); Fremdbewegung wird als neunte, Selbstbewegung als zehnte Form gezählt (894a; Rotation, Ortswechsel, Zertrennung, Verbindung, Wachsen, Abnehmen, Entstehen, Vergehen, fremdbewegte und selbstbewegte Bewegung; vgl. die Liste bei Schöpsdau 2011, 400; Pietsch 2003; Plat. Tht. 181d; Parm. 138b–c). Die Seele ist das Prinzip der Bewegung und Ursprung von allen Bewegungen, denn sie ist selbstbewegend, bedarf also keines Anstoßes (895c; vgl. Plat. Phaidr. 245d); daher hat sie Vorrang vor dem Körper und allem Fremdbewegten (vgl. die Diskussion in Schöpsdau 2011, 399–406) und ist dem materiellen Bereich überlegen. Diese Priorität der Seele erweist sich als ein Grund für den Götterglauben.

894a Manche sehen in dem »Anwachsen« einen Hinweis auf die innerakademisch diskutierte Dimensionsfolge (vgl. Krämer 1996, 254 Anm. 30) der Idealzahlen, die z. B. bei Aristoteles (vgl. metaph. 992a) und späteren Autoren bezeugt ist (vgl. Gaiser 1968, 485 ff.; Burkert 1962, 24–25; Erler 2007, 423).

895d–e Die Selbstbewegung als Element in der Definition der Seele findet sich auch in Plat. Phaidr. 245e (das, was sich selbst bewegt, lebt und hat auch eine Seele).

897b Die Vernunft ist eine wesentliche Ursache der Ordnung in der Welt, insofern sie alles zum Besten und Schönsten bringt. Es ist diese teleologische Ordnung der Welt, die Platon bei Materialisten wie Anaxagoras nicht findet (vgl. Plat. Phaid. 97b ff.), und die er im *Timaios* im Kontext der Kosmologie entwickelt. Die Vernunft (vgl. Bordt 2006, 220 ff.) wirkt mittels der Seele auf die Welt des Körperlichen ein (vgl. Plat. Tim. 68a–b).

896e Der Athener nimmt »nicht weniger als zwei« Seelen an, welche die Welt durchwalten. Schon in der Antike (z. B. Plut. Is. 47–48, 370b–371a) meinte man, dass Platon eine gute von einer schlechten Weltseele oder irrationalen Kraft scheiden wollte (vgl. Santa Cruz 2003) – doch scheint das der Lehre der anderen Dialoge zu widersprechen (vgl. z. B. polit. 269e–270a). Zudem ist in 897b davon die Rede, dass *dieselbe* Seele mit Vernunft bzw. Unvernunft Gutes wie auch Schlechtes tut, da die Himmelsbewegungen regelmäßig sind. Ein Dualismus liegt hier also kaum zugrunde. Platons Verständnis von der Herkunft des Bösen ist ohnehin nicht in sich kohärent (vgl. Erler 2007, 463). Im kosmischen Bereich ist es die Bewegung der Materie, die dem Demiurgen, dem Weltenschöpfer, Grenzen setzt (vgl. Cherniss 1977, 254; Brisson 1998, 192 ff.; dazu, dass die menschliche Seele zwischen Gut und Schlecht wählen kann, vgl. Carone 1994, 290 ff.).

897d–898a Als würde man »direkt in die Sonne schauen« (897d): Ein direkter Blick auf die Wahrheit kann blenden (vgl. auch Plat. rep. 515c. 516e; Phaid. 99e). Daher will der Athener die Bewegung der Vernunft anhand eines Bildes untersuchen: Drehung einer Kugel auf der Drehbank (898a). Die Bewegung der Vernunft kann man nur mit den »Augen des Denkens« (Plat. symp. 219a) sehen; wie das Gute ist sie nur im Bild fassbar (vgl. Plat. rep. 509a).

898d ff. Die Gestirne bewegen sich, haben demnach eine Seele. Eine Seele lenkt also das Universum. Da die Seele Vorrang vor dem Körper hat und hinsichtlich der Tugend vollkommen ist (899b–d), ist sie eine Gottheit. Folglich gilt, dass das Universum insofern voll von Göttern ist (899b), als es zahlreiche Götter enthält. Damit »interpretiert« Platon gleichsam ein Diktum, das man Thales von Milet zuschreibt (vgl. Aristot. an. 411a7 = DK 11A22); man kann auch an Heraklit erinnern, der überall (auch in der Küche) Götter wähnt (vgl. DK 22A9).

899d ff. Für eine Widerlegung der These, wonach Götter sich nicht um kleine Dinge kümmern, beruft sich der Athener in einer Ansprache zunächst auf die Erfahrung, dass es schlechten Menschen gut geht. Dies kann zur Auffassung führen, dass die Existenz der Götter zu bestreiten sei (vgl. Eur. Belleroph. TrGF V F 286), dass man die Götter für schuldig hält (vgl. Soph. TrGF II F 1b), oder dass die Götter gegenüber Menschen gleichgültig sind (vgl. Eur. Hec. 488 ff.).

901a Mit dem Dichterwort von den stachellosen Drohnen ist wohl auf Hesiod verwiesen, der Menschen, die nicht arbeiten wollen, mit Drohnen vergleicht (erg. 303 f.; theog. 594–599; vgl. auch Plat. rep. 552c–e und Schöpsdau 2011, 430; zur Übersetzung »stachellos« für κόθουρος vgl. auch Rechenauer 1993).

902a–b Hier wird den Göttern eine Schwäche unterstellt (Akrasie): Sie erkennen das Richtige, tun es aber nicht – z. B. weil in ihnen die Lust obsiegt (vgl. 734b. 869c; von einer ἀκράτεια der Lust ist die Rede in 636c. 734b [u. ö.]; Plat. Tim. 86d). Dieses Akrasie-Problem lässt Platon Sokrates z. B. in Prot. 351b–358e diskutieren, wo von den Vielen zugegeben wird, dass es möglich ist, trotz richtiger Erkenntnis falsch zu handeln (vgl. Manuwald 1999, 393 ff.; zu Menschen als Eigentum der Götter vgl. Plat. Phaid. 62b–c; polit. 271c–274d; Müller 2009).

903b–905c Manchmal findet das Ergebnis einer dialektischen Argumentation keine Akzeptanz, obwohl die Beweisführung stringent war (so z. B. im Fall der Beweisführung zur Unsterblichkeit der Seele im *Phaidon*; vgl. Erler 2008). Deshalb wird bisweilen noch ein persuasives Element – etwa ein Mythos – hinzugefügt, wie z. B. in der *Politeia*, gleichsam als bezaubernde Worte.
Hier erfolgt die »Bezauberung« durch das Bild des Brettspielers (903d): Er steht für spielerische Leichtigkeit, soll aber auch an die Spielregeln denken lassen, nach denen Götter handeln. Gemeint ist wohl ein Brettspiel mit fünf Linien (vgl. Kurke 1999, 257) und einem Würfel; der Zufall des Würfelwurfs sollte durch Ziehen auf dem Brett aufgewogen werden (vgl. dazu Schöpsdau 2011, 435). Gemeint ist: Die Götter machen aus den Vorgaben auf Basis von freier Entscheidung der Seele das Beste (904b). Der eschatologische Bericht, der bis 905c reicht, soll zeigen, dass jeder Teil der

Welt zur Exzellenz des Ganzen beiträgt, aber auch der Autorität der Götter unterliegt.

904e Platon zitiert hier Homer (vgl. Od. 19,43), deutet aber die homerische Bedeutung des Wortes »Brauch« zu »Urteil« (hier übersetzt mit »richtender Spruch«) um (vgl. 905a).

905d Die Auffassung, dass man Götter beeinflussen kann, ist Grundlage des homerischen Prinzips *do ut des*. Eben dieses aber bestreitet Platon z. B. im Dialog *Euthyphron* (vgl. Erler 1987a, 145–169).

906c Das Streben nach immer mehr (*pleonexía*) führt zu einer Verkehrung des Gleichgewichtes, stört gerechte Staatsverfassungen (vgl. Plat. Gorg. 483d), Gerechtigkeit allgemein (vgl. Plat. rep. 359c) sowie die kosmische Ordnung und verursacht Krankheiten (vgl. Plat. symp. 188a–b).

906e Zu Weinspende und Fettdampf vgl. Hom. Il. 9,500, wonach Menschen die Götter durch Opfer ablenken können. Indem Platon diese Vorstellung auf den Steuermann überträgt, illustriert er die Absurdität der Auffassung.

907d Mit dem Hinweis, dass für die, die nicht gehorchen, »folgendes Gesetz über Religionsfrevel gelten« soll, wird dem Vorspruch, der ja persuasiven Charakter hat, das Gesetz beigegeben, als Mittel des Zwanges. Eine Asebieklage war beim Archon Basileus einzureichen; als Strafe war mit Geldbußen, Haft, Verbannung oder Tod zu rechnen (vgl. dazu Platons *Euthyphron*).

908a Mit dem »Haus der Besinnung« ist weniger eine Besserungsanstalt als ein Ort gemeint, an dem man zur Besinnung oder Vernunft kommen soll (*sophronistérion*; vgl. Plat. Gorg. 478d; Schöpsdau 2011, 450).

908b Es gibt »sechs Arten von Frevlern«, weil die Gottesleugner, die Deisten und die, die Götter für bestechlich halten, charakterlich in jeweils zwei Kategorien eingeteilt werden können: a) gerechte; b) heuchlerische Menschen, die die Vorstellungen anderer Menschen ausnutzen (wie z. B. umherziehende Wanderpriester, die andere verführen; 909b).

909d Ein Grund, warum es in Privathäusern keine Heiligtümer geben darf, ist darin zu sehen, dass in Magnesia die Religion allein

Sache der Gemeinschaft ist; deshalb obliegt sie ganz dem Gesetzgeber, der über entsprechendes Wissen verfügt. Freilich ist an anderen Stellen von privaten Heiligtümern durchaus die Rede (717b. 885a).

Buch XI

Thema des elften Buches sind Fragen des Eigentumsrechts, des Geschäftsverkehrs und des Familienrechts, einschließlich Testaments- und Vormundschaftsangelegenheiten:

1. Eigentumsrecht (913a–915e), ausgehend von der Pflicht, fremdes Eigentum zu achten (913a): Aneignung vergrabener Schätze (913a–914a) und anderer Fundsachen (914b–e); Behandlung von Sklaven und Freigelassenen (914e–915d); Ansprüche Dritter auf Gegenstände, die käuflich erworben sind (915c–d).
2. Handels- und Gewerberecht (915d–922a): Verbot von Kreditgeschäften; Rückabwicklung von Geschäften; Gesetz für Verfälschung und Betrug mit Vorrede (916d–918a); Vorrede und Gesetz für Kleinhandel und Ähnliches (918a–920c); Regelungen bei Nichterfüllung von Verträgen (920d); Arbeitsverträge mit Handwerkern und Verträge mit Soldaten (920d–922a).
3. Familienrecht (922a–932d): Testaments- und Erbrecht mit Erörterung über die Notwendigkeit eines Gesetzes, Trostrede an Betroffene, Erbrechtsgesetz und Ergänzungsbestimmungen für Härtefälle (922a–926d); Regelungen für Waisenfürsorge und Vormundschaft mit Vorrede und Gesetz (926d–928d); Regelungen beim Verstoßen von Söhnen (928d); Entmündigung des Vaters (929d–e); Scheidung und Wiederverheiratung (929e–930b); Tod eines Ehegatten (930b–c); Gesetz über Fürsorge für Eltern und Großeltern mit Vorrede (930e–932d).
4. Verschiedene Gesetze für die Sicherheit und zur Wahrung der Ehre der Bürger (932e–938c): Vorrede und Gesetz über Giftmischerei (932e–933e); Gesetz über Raub und Diebstahl mit Erwägungen über den Sinn der Strafe (933e–934c); Gesetz über Raserei (934c–d); Gesetz gegen Beleidigung und Schmähung (934d–935c); Ver-

bot von Spott auch für Dichter (935e–936b; speziell zur Komödie 935e); Gesetz gegen Bettelei (936b–c); Gesetz über Schädigung von Sklaven oder Haustieren (936c–e); Gesetz über Zeugenaussagen (936e–937d); Gesetz und Vorrede über Rechtsverdrehung und Prozesssucht (937d–938c).

913c–d Die Überzeugung, dass göttliche Strafen für Verbrechen Nachkommen treffen, ist alte Vorstellung auch des Mythos und findet sich bei Homer (vgl. Il. 4,160–162) und Hesiod (vgl. erg. 230–235. 282–285. 321–326), aber auch bei Rednern (vgl. dazu Dover 1974, 260 ff.), und wurde Gegenstand philosophischer Diskussion (Plutarch hat dem Thema beispielsweise einen Traktat gewidmet: *De sera numinis vindicta*, »Über die späte Rache eines Gottes«).

Die Regel, dass man nicht wegnehmen solle, was man nicht hineingelegt hat, wird von Diog. Laert. 1,57 Solon zugeschrieben: Wahrscheinlich ist diese Zuschreibung falsch, und es wäre eher Charondas zu nennen, ein im 7. Jh. v. Chr. in Katane geborener Philosoph und Gesetzgeber (vgl. Schöpsdau 2011, 228; K.-J. Hölkeskamp in DNP II, Sp. 1109, s. v. *Charondas*).

914b Mit der »Göttin der Wege« ist Hekate gemeint. An bestimmten Tagen wurden ihr an Wegkreuzungen Speiseopfer dargebracht, die man nicht berühren oder gar essen durfte. Insofern passt Hekate zum in der Passage behandelten Gesetz über Fundsachen (914b–c). Ein Scholion zur Stelle (vgl. Greene 1981, 361) erwägt auch Artemis oder Selene, die ebenfalls die Wege schützten.

914c Was man besitzt, wird in ein Vermögensregister eingetragen (754a); dieser Eintrag hilft dann, Streitfälle zu klären.

915a–c Aufgezählt werden die Pflichten des Freigelassenen; er soll dienstbar sein, dreimal pro Monat bei seinem ehemaligen Herrn erscheinen und eine Ehe nur mit dessen Zustimmung schließen; er hat eine Aufenthaltserlaubnis von maximal 20 Jahren und darf höchstens die dritte Vermögensklasse erreichen; andernfalls muss er die Stadt verlassen. Als Schiedsinstanzen fungieren Schiedsleute oder als höhere Instanz Phylengerichte (vgl. Schöpsdau 2011, 464; zu den Phylengerichten s. 768b).

915d »Fünf Monate«: Mai bis September; in dieser Zeit also kommen Gäste nach Magnesia, um zu handeln (vgl. 952d–e).
Zu den Metöken s. die Anmerkung zu 850a.

915e »Unterstützungsgelder«: ἔρανοι waren eigentlich ein Beitrag zu einer Mahlzeit; in Athen ab dem 5. Jh. v. Chr. meinte das Wort auch ein zinsloses Darlehen von mehreren Personen an einen Bekannten, der in Schwierigkeiten geraten ist.
Diskutiert wird das Problem eines Rücktritts von einem Kauf bei Sachmangel, insbesondere wenn dies Sklaven betraf (vgl. Knoll 2013, 153 ff.), die ja als Sache angesehen wurden. Der Wert von 50 Drachmen entspricht zur Zeit Platons dem 50-fachen Tageslohn eines Arbeiters.

916a »Die heilige Krankheit«: Epilepsie

916d–e In dieser Vorrede geht es vor allem darum, der Auffassung entgegenzutreten, Betrug sei unter Umständen erlaubt (916d–e). Dagegen gibt es Vorschriften des Gesetzgebers. Ebenso wird falscher Schwur als Verstoß gegen die Götter (z. B. Zeus und Hermes als Götter des Marktes) gesehen.

917e In Platons Stadt Magnesia gibt es zwei Stelen, auf denen Gesetzestexte stehen (vgl. Brisson/Pradeau 2006, 2, 357 Anm. 2).

919b »Richtiger und alter Spruch«: Wie man im *Phaidon* (89c) und im *Euthydemos* (297c) lernt, ist damit gemeint, dass es mit Zweien auch ein Herakles nicht aufnehmen kann. Damit wird auf Herakles' Kampf gegen die Hydra angespielt, bei der für einen abgeschlagenen Kopf zwei Köpfe nachwuchsen. Der Held wurde der Gefahr nur mit der Hilfe seines Freundes Herr, der die Stümpfe mit einer Fackel ausbrannte, ehe neue Köpfe wachsen konnten.

920d Hephaistos als Schmiedegott und Athene als Fürsprecherin der Arbeit von Frauen, der Zimmermänner und Töpfer sind auch schon bei Homer als Paar zu finden (vgl. Od. 6,233).

923a »Inschrift der Pythia«: Gemeint ist die Inschrift am Apollontempel in Delphi, auf die Platon auch an anderer Stelle Bezug nimmt (vgl. Charm. 164d; Prot. 343b; Phaidr. 229e; Phil. 48c).

929e–930b In Platons Magnesia ist es Paaren möglich, sich scheiden zu lassen, und zwar wegen Unfruchtbarkeit oder Zerrüttung, wenn es zuvor vor einem Gremium einen Versöhnungsversuch gegeben hat. Allerdings wird anschließend eine Neuverheiratung gefordert (zur Scheidungspraxis vgl. Schöpsdau 2003, 499). Bemerkenswert ist, dass ein Mann allein – anders als in der damaligen Athener Realität – keine Auflösung der Ehe in die Wege leiten kann; die Frau ist in dieser Hinsicht geschützt.

931b Ödipus verflucht seine Söhne Eteokles und Polyneikes im Mythos, weil sie ihn nicht verteidigen, als er aus Theben verbannt wird (vgl. Soph. Oid. K. 427–430), oder weil sie ihn, als er geblendet ist, einkerkern lassen (vgl. Eur. Phoen. 63–68. 872–877); der Fluch wird letztlich erfüllt: Die beiden töten sich gegenseitig im Kampf um Theben.

Amyntor verflucht seinen Sohn Phoinix, weil der mit seiner eigenen Geliebten geschlafen hat; er solle kinderlos bleiben (vgl. Hom. Il. 9,448 ff.).

Theseus verflucht seinen Sohn Hippolytos, weil er denkt, dieser habe ein Verhältnis mit seiner Frau. Poseidon bewirkt in der Folge Hippolytos' Tod.

933a »Bindezauber« (vgl. auch 933d): Flüche wurden auf Täfelchen geschrieben, das Opfer wurde mittels der Formel »Ich binde ihn« den angerufenen Unterweltsgöttern überantwortet. Es handelte sich um Schadenszauber (vgl. Plat. rep. 364c). Ein bekanntes Beispiel ist der Bindehymnus in Aischyl. Eum. 306 ff. In der Antike gab es auch die Praxis, das Opfer seines Fluchs in Wachs zu formen und dieser Figur dann durch Durchbohren symbolisch Schaden zuzufügen. Auf diese Weise sollten Unterweltskräfte wirksam werden (vgl. Pfister 1927).

934a Dass sich Geschehenes nicht ungeschehen machen lässt, ist eine allgemeine Weisheit (z. B. bei Pind. O. 2,15–17; Thgn. 583 f.), die auch in der Diskussion über die Sinnhaftigkeit von Strafe eine Rolle spielte. Nach Protagoras sollte eine Strafe nicht mit Blick auf eine vergangene Straftat verhängt werden (vgl. Plat. Prot. 324b): Denn die Straftat ist zwar Anlass für die Strafe, doch ziele diese auf die Zukunft (z. B. darauf, dass die Tat nicht wiederholt wird).

935e Wenn der Athener von Jamben oder von lyrischen Musengesängen spricht, sind neben der Komödie wohl noch andere Formen der Dichtung angesprochen (so entgegen anderen Meinungen bei Schöpsdau 2011, 517).

936e Themis: Tochter von Uranos und Gaia; Göttin der Gerechtigkeit und Rechtsordnung; Zeus zeugte mit ihr die Horen (Göttinnen der Jahreszeiten) und die Moiren (Schicksalsgöttinnen).

937e Wenn der Athener von Schlechtigkeit hinter dem »schönen Namen einer Kunst« spricht, die in Verbindung mit Recht steht, so meint er mit dieser Kunst die traditionelle Rhetorik als Kunst der Rechtsverdrehung und als Mittel, um Strafe abzuwenden. Diese Art von Rhetorik lehnt Platon ab, wie schon der *Gorgias* verdeutlicht (Gorg. 480a ff.) und die *Apologie* illustriert. Der wahren Rhetorik muss es darum gehen, den Täter zum Bewusstsein seiner Schuld und zur Strafe zu führen. Diese Umkehrung traditioneller Rhetorik und ihrer Mittel erklärt Sokrates' Verhalten auch in der Auseinandersetzung mit den Partnern und seine »Seelsorge« (vgl. Erler 2006, 70–84).

Buch XII

Das zwölfte Buch behandelt zunächst Strafgesetze zu Schädigungen, die den Staat betreffen, Regelungen über die Kontrolle der Behörden durch ein Richterkollegium (Euthynen) und weitere detaillierte Bestimmungen bis hin zu Verfügungen über Begräbnisse. Im Einzelnen werden behandelt: Gesetz über Betrug (falscher Herold oder Gesandter; 941a–b); Gesetz über Diebstahl von Gemeindeeigentum (941b–942a); Militärgesetze mit allgemeiner Vorrede (942a–945b): Kriegsdienstverweigerung, Desertion und Preisgabe der Waffen; Untersuchungsrichter (945b–948b): Wahl und Funktion; Ehrung in Leben und Tod; Bestrafung bei Pflichtverletzung; Gesetz über den Eid mit Vorrede (948b–949c); Gesetz über Ungehorsam des Bürgers gegenüber dem Staat (949c–e); auswärtige Beziehungen des Staates (949e–953e); gesetzliche Regelungen von Bürgschaften (953e–954a); Haussuchungen (954a–c); Verjährung von Pachtzins (954c–e); Behinderung von Gegnern in Prozessen und Wettkämpfen (954e–955b); Hehlerei und Aufnahme von Verbannten (955b); eigenmächtige Kriegserklärungen oder Friedensschlüsse (955b–c); Bestechung (955c–d); Steuern (955d–e); Weihgeschenke (955e–956b); Gerichtsverfahren (956b–958c): drei Instanzen der Gerichtsbarkeit, Richter, Dorfbewohner und Phylengenossen, ausgewählte Richter (956d), Prozessführung (956e–958a), Vollstreckung des Urteils (958a–958c); Bestattung (958c–960b).

Das Werk wird beschlossen mit Ausführungen über eine oberste Behörde, einen »Nächtlichen Rat« älterer Männer als Antwort auf die Frage nach Erhaltung und Unwandelbarkeit des Entworfenen (960b–969d). Die Versammlung dient der Erhaltung der Gesetze (960b–961c). Sie ist als geistige Führung des Staates mit Blick auf die *areté* gedacht (961d–965a). Die Mitglieder der Nächtlichen Versammlung sind in Dialektik auszubilden (965b–966b; vgl. 963a–964a), müssen die wahre Beschaffenheit der Gesetze kennen und sie in Worten darlegen und in Taten befolgen können (966b). Sie sollen für die Existenz der Götter und den religiösen Wert der Astronomie eintreten, um die materialistische Auffassung von den Gestirnen zu überwinden. Grundlage ist die Erkenntnis, dass die Seele das Älteste von allem und unsterblich ist (967d–968a). Es folgen Ausführungen zu Auswahl und Einsetzung der Nächtlichen Versammlung (968b–e) und ein Aufruf zur Realisierung des Staats der Magneten (968e–969d).

941a Zeus gilt bei Homer als Schutzgott der Herolde (vgl. Il. 1,334); Hermes tritt erst später als solcher auf (vgl. Plat. Charm. 408a).

941b Angespielt wird auf die Tradition der moralischen Götterkritik z. B. des Xenophanes (VS 21 B 11); den Göttern wurde ein unmoralisches Verhalten vorgeworfen, wie z. B. Diebstahl oder Ehebruch.

942c Die Herrschaftslosigkeit (*anarchía*) ist Gegenstand von Platons Polemik auch in seiner Auseinandersetzung mit Auswüchsen der Demokratie (vgl. Plat. rep. 560e).

943b Zu den »Hopliten« s. die Anmerkung zu 755e.

943e Dike, das personifizierte Recht, ist die jungfräuliche Tochter der Scham (*aidós*) und bei Hesiod eine der Töchter des Zeus und der Themis (Horen; vgl. Hes. erg. 257; theog. 901 f.). Bei Hesiod ist

Dike vom Verhalten der Menschen abhängig: Wird sie verehrt, bleibt sie und bringt Segen, wird sie aber nicht beachtet, verlässt sie die Polis und es folgt eine Naturkatastrophe (vgl. Erler 1987b).

944a Gemeint sind die Waffen des Achilles (Sohn des Peleus und der Thetis): Dieser hat sie Patroklos (Sohn des Menoitios) gegeben, der sie verlor, als er von Hektor getötet wurde (vgl. Hom. Il. Buch XVI).

944b »Schildwegwerfer« (*rhípsaspis*): Wer im Kampf seinen Schild wegwarf, galt als feige und wurde hart bestraft (vgl. Diod. 12,16,1); thematisiert wurde das auch in der Komödie (vgl. Aristoph. Nub. 353; Vesp. 592).

944d Kaineus: Kainis, eine Tochter des Königs der Lapithen, wird im Mythos von Poseidon vergewaltigt; daraufhin wünscht sie sich, ein Mann zu sein – und wird zu Kaineus (vgl. Verg. Aen. 6,448; Ov. met. 8,305 f.)

945a–948b Der Euthyne, selbst ein Beamter, kontrolliert die Amtsführung der übrigen Beamten und deren Diensttätigkeit, und zwar in einer besonderen Prüfung (εὔθυναι; vgl. 881e; zur Tätigkeit der Euthynen: 946c–e). Das Amt gab es in Athen, für Magnesia wertet Platon es aber auf; es unterliegt hohen moralischen Ansprüchen; so sollen die Euthynen geradezu von »göttlicher Art« sein (945c); sie genießen große Privilegien und Ehrungen (vgl. Reverdin 1945, 100–103. 125–167; Morrow 1960b; Brisson 2005).

945e Helios und Apollon bildeten eine Art Kultgemeinschaft. Apollon steht für die Selbsterkenntnis und ist für Platon auch Gott der Gesetzgeber (624a. 632d); er ist für musische Erziehung von großer Bedeutung und wird in die Nähe des obersten philosophischen Prinzips, des Guten, gerückt (vgl. Plat. rep. 509c).

947b Weiße Bekleidung gilt als der Götter würdig (vgl. 956a). In Griechenland war Schwarz die Farbe der Trauernden; in der Vorschrift für die Teilnehmer, bei der Beerdigung eines »göttlichen« Euthynen Weiß zu tragen, muss man daher wohl eine weitere Aufwertung dieses Amtes sehen (vgl. Schöpsdau 2011, 542; Piérart 2001, 157).

947d »Spruch der Pythia«: Gemeint ist ein in Delphi ergangenes Orakel.

948b Rhadamanthys war Sohn des Zeus und der Europa; als Richter wurde er dank seiner herausragenden Gerechtigkeit berühmt (vgl. 624b); eine »Entscheidung nach Rhadamanthys« (Ῥαδαμάνθυος κρίσις) war geradezu sprichwörtlich für ein gerechtes Urteil. Man sprach auch vom »Eide des Rhadamanthys«, der nicht bei den Göttern, sondern bei Gans, Hund oder Bock geschworen wurde (vgl. Porph. De abst. 3,16).

950b Die sogenannten »Fremdenvertreibungen« werden vor allem mit Sparta in Verbindung gebracht; dort sollten sie eine Verbindung mit Fremden und eine mutmaßlich daraus folgende Verweichlichung verhindern (vgl. Xen. Lak. pol. 14,4). Allerdings ist unklar, ob es sich um situationsgebundene Maßnahmen handelte oder um stete Praxis.

950d–951a »Festabgeordnete« (*theorós*): Einzelne Poleis sandten Abgeordnete zu Festen in der Fremde (z. B. Sportfeste: mit Pytho/Delphi, Olympia, Nemea und Isthmos/Korinth sind in 950e die Orte der vier panhellenischen Spiele genannt) oder zu Orakelstätten; sie sollten beobachten und dann in der Heimat berichten (951a; vgl. Hdt. 1,30,1). Denn es wird als notwendig angesehen, mit anderen – guten oder schlechten – Menschen zu interagieren (951a–c). Es gilt als im Rahmen der eigenen Perfektionierung hilfreich, fremde Gegebenheiten zu beobachten und zu untersuchen. Aus dieser Praxis entstand die abstrakte Bezeichnung »Theorie«, wörtlich: »Betrachtung« (vgl. Nightingale 2009; Erler 2012b).

953b Zu den Strategen, Hipparchen und Taxiarchen s. 755b–c mit Anmerkung.

953c Zu den Prytanen s. die Anmerkung zu 758b.

953d–e Man soll die Fremden um Zeus', des Gottes der Fremden (Beiname »Xenios«), willen ehren und sie nicht vertreiben (vgl. 950b). Als Gegenbeispiel wird Ägypten genannt, wo man Fremde von Mahlzeiten oder Opfern fernhielt; nach Isokrates (Or. 11,31) sollen – er beruft sich auf Polykrates – in Ägypten Fremde geopfert worden sein; ansonsten weiß Platon von Ägypten vor allem Positives zu berichten (vgl. 657a).

955d Zur »Phyle« s. die Anmerkung zu 771a.

956a Mit dem aus einem einzigen Stück gefertigten Weihgeschenk ist ein aus Holz geschnitztes Götterbild (*xóanon*) gemeint. Das von Platon aufgestellte Gesetz über die Weihgeschenke (955e–956b) hat in der Antike seine Wirkung gezeigt. Es ist z. B. von Cicero (leg. 2,45) übersetzt und auch von christlichen Autoren rezipiert worden.

957c-958a Dieser Abschnitt über den guten Richter ist von großer Bedeutung; er greift Überlegungen aus der *Politeia* auf, wo vom Richter eine gute Seele und Einsicht erwartet werden (vgl. rep. 408e ff.). Es ist bezeichnend, dass in den *Nomoi* weniger das Personal als die guten Gesetze als Produkte der Vernunft maßgeblich sind (714a) und Grundlage für jedwede andere Äußerung sein wollen. Die Kenntnis dieser Gesetze macht deshalb in den *Nomoi* einen guten Richter aus.

958e »Heroische Verse«: Gemeint sind Hexameter. Bei einer Grabinschrift waren ein oder zwei Disticha üblich (ein Distichon besteht aus einem Hexameter und einem Pentameter). Dass es bei Grabinschriften im Athen des 4. Jh.s v. Chr. auch vier Hexameter gab, hat man auf Platons Vorgabe hier in den *Nomoi* zurückgeführt, die Demetrios von Phaleron übernommen hatte (vgl. Bayer 1942, 65; Bertrand 1999, 139 f.).

959a War noch bei Homer das Selbst der Körper des Menschen (vgl. Il. 1,3–5), so ist es für Platon die Seele (vgl. Phaid. 115c–d; rep. 469d), während der Körper nur die äußere Erscheinung eines Menschen ist.

960b ff. Im Schlussteil wird gleichsam als Höhepunkt eine Instanz beschrieben, die den als gut befundenen Gesetzesstaat erhalten soll: die sogenannte Nächtliche Versammlung (*sýllogos nykterinós*; 909a). Sie soll zu jeder Nacht- oder Morgendämmerung in der Nähe des Sophronisterions zusammenkommen und bis zum Sonnenaufgang (951d) tagen (vgl. 908a; Morrow 1960a, 500–515; Brisson 2001; Perkams 2013, 238–245). Die Ausführungen scheinen nicht unorganisch angefügt, sondern knüpfen an das an, was zuvor schon angedeutet war (vgl. 908a. 909a. 632c; Schöpsdau 2011, 576). Die Einrichtung dieser Kontrollinstanz bedeutet auch nicht eine Abwertung der in den Büchern

zuvor behandelten Gesetzgebung, sondern Ziel ist deren Erhaltung.
Die Versammlung ist zusammengesetzt aus den Priestern mit höchster Auszeichnung, den zehn ältesten Gesetzeswächtern, den aktuellen und früheren Aufsehern über die Erziehung und aus jüngeren Leuten (zwischen 30 und 40 Jahre alt; vgl. 951d–e; mit leichten Varianten: 961b; Schöpsdau 2011, 577). Ihre Aufgabe ist nicht nur die Erhaltung der Verfassung und der Tugend, beraten wird auch darüber, wie man die Bürger zu besseren Menschen machen kann, etwa auf Grundlage von Berichten der Festgesandten (952a). Die Mitglieder müssen in der Dialektik gebildet sein, denn die Tugend tritt in vielfältiger Form auf, muss aber in einer Gestalt betrachtet werden; die Dialektik allein vermag in Vielheit Einheit zu erkennen (vgl. Plat. Phaidr. 265d). Notwendig ist also, dass die Mitglieder der Nächtlichen Versammlung philosophisch – d. h. platonisch – gebildet sind. Letztlich geht es um die Frage nach dem Guten. Vielleicht spiegelt sich in der Aufgabenstellung für die Nächtliche Versammlung, was Platon in der *Politeia* fordert, und es wird das Curriculum der Wissenschaften vorausgesetzt, das er dort skizziert.

960c Lachesis, Klotho, Atropos: Die Moiren (bei den Römern »Parzen« genannt) stehen für das unabänderliche Schicksal und gelten als Verfertigerinnen des Lebensfadens (vgl. Plat. rep. 617c; Lachesis teilt ihn zu, Klotho spinnt ihn; Atropos steht für die »Unabwendbarkeit« des Schicksals). Mit den Moiren soll hier die Möglichkeit des Erhalts und der Veränderungslosigkeit der Gesetze illustriert werden.

960c–d Zur umstrittenen textlichen Grundlage der Übersetzung vgl. Schöpsdau 2011, 586.

961d Das Auge und das Ohr gelten als wichtigste Sinnesorgane, weil sie der Voraussicht der Seele dienen (vgl. Plat. Tim. 45a ff.).

963c ff. Es geht hier um die Methode der Dialektik, die nicht nur bei der Tugend versucht, die Einheit und in dieser Einheit die Teile (Vernunft, Besonnenheit, Gerechtigkeit, Tapferkeit) zu betrachten. Denn die Mitglieder der Nächtlichen Versammlung müssen erklären können, weshalb es vier unterschiedliche Tugenden mit unterschiedlichen Namen gibt und warum gleichwohl jede von ihnen als Tugend bezeichnet werden kann (963d). Sie müssen also erkennen, was in ihnen dasselbe ist. Zu klären ist also (965d), ob die Tugenden eine Einheit oder aber eine Vielheit sind. Dieses Problem hat Platon in den Dialogen immer wieder diskutiert (vgl. Prot. 328c–d; Men. 72a ff.; rep. 427d–434d). Man muss unterscheiden zwischen natürlichen Tugenden (also solchen ohne *lógos*) und Vernunft. Wer bei der Tugend aber auf die Vernunft schaut (vgl. 631d), findet etwas, was auch alle Einzeltugenden haben (vgl. Manuwald 2005, 130). Die Perspektive des Geistes (*noûs*) ermöglicht letztlich, die Einheit auch der Tugenden zu erfassen. Dies wird in den *Nomoi* aber nicht ausgeführt. Man darf hier aber wohl in der Forderung, den Blick vom Vielen auf die eine Idee, also die Idee des Guten, zu richten (vgl. 965c; Plat. Phaidr. 265d; rep. 596a–b), die in der *Politeia* angesprochene Lehre vom Guten als Urgrund von allem angedeutet sehen.

967c–d Die materialistische Philosophie ist dieser Passage zufolge daran schuld, dass Dichter Philosophen verspotteten (zum alten Streit zwischen Philosophie und Dichtung vgl. Plat. rep. 607b); Platon zitiert hier die Worte eines alten Dichters – vielleicht Sophron. Bemerkenswert ist, dass Platon neben 857d–e nur hier (vgl. Schöpsdau 2011, 599) das Verb φιλοσοφεῖν (»philosophieren«) verwendet.

967e »Muse«: Umstritten ist, ob Platon hier im traditionellen Sinne eine musische Befähigung meint oder Musik oder eher ein Bild für (platonische) Philosophie (vgl. Cherniss 1953, 377 Anm. 1; Plat. rep. 499d), der ja Musik im Sinne einer ordnungsbildenden Fähigkeit nicht zu fehlen braucht (vgl. Gaiser 1986, 106 Anm. 23). Letzteres scheint plausibler.

969a Bei einem gleichzeitigen Wurf von drei Würfeln galt dreimal Sechs als höchster, dreimal Eins als niedrigster Wurf – offenbar soll mit dem Sprichwort eine »Alles oder nichts«-Situation evoziert werden (vgl. Schöpsdau 2011, 605).

969c Zur Akropolis (wörtlich die höchste Stelle einer Polis) vgl. 745b.

Literaturhinweise

I. Textausgaben, Fragmente, Kommentare, Übersetzungen

Platons »Nomoi«

Brisson, L. / Pradeau, J.-F.: Platon. Les Lois. Traduction inédite, introduction et notes. Tome 1 (livres I à VI), Tome 2 (livres VII à XII). Paris 2006.

Burnet, I.: Platonis opera recognovit brevique adnotatione critica instruxit I. B. Vol. 5. Minos, Leges, Epinomis, Epistulae, Definitiones, Spuria. Oxford 1907.

des Places, E. / Diès, A. / Gernet, L.: Platon. Œuvres complètes. Texte et trad. Tome 11,1: Les Lois, livres I–II. Paris 1951.

Schöpsdau, K.: Platon. Nomoi. Buch I–III. Übersetzung und Kommentar. Göttingen 1994. (Platon. Werke. IX 2.)

– Platon. Nomoi. Buch IV–VII. Übersetzung und Kommentar. Göttingen 2003. (Platon. Werke. IX 2.)

– Platon. Nomoi. Buch VIII–XII. Übersetzung und Kommentar. Göttingen 2011. (Platon. Werke. IX 2.)

Saunders, T. J.: Notes on the *Laws* of Plato. London 1972. (Bulletin of the Institute of Classical Studies. Suppl. 28.)

Platon, andere zitierte Werke

Dalfen, J.: Platon. Minos. Übersetzung und Kommentar. Göttingen 2009. (Platon. Werke. IX 1.)

Erler, M.: Euthydemos. Übersetzung und Kommentar. Göttingen 2016. (Platon. Werke. VI 1.)

Manuwald, B.: Platon. Protagoras. Übersetzung und Kommentar. Göttingen 1999. (Platon. Werke. VI 2.)

Andere Autoren

Bernabé, A.: Poetae Epici Graeci. Testimonia et Fragmenta. Pars II. Orphicorum et Orphicis similium testimonia et fragmenta. 3 Bde. München 2004–07.

CMG = Corpus Medicorum Graecorum. Leipzig/Berlin 1926 ff.

Diehl, E.: Anthologia Lyrica Graeca. 3 Bde. Leipzig [3]1949–54.

Diels, H. / Kranz, W.: Die Fragmente der Vorsokratiker. 3 Bde. Berlin [6]1951.

FGrHist = Jacoby, F.: Die Fragmente der griechischen Historiker. Hrsg. von F. Jacoby. Berlin/Leiden 1923–58.

Frisk, H.: Griechisches etymologisches Wörterbuch II. Heidelberg 1970.

Gauly, B.: Musa tragica. Die griechische Tragödie von Thespis bis Ezechiel. Göttingen 1991.

Isnardi Parente, M.: Senocrate. Ermodoro. Frammenti. Edizione, traduzione e commento. Neapel 1982.

Kern, O.: Orphicorum fragmenta. Berlin 1922.

Lasserre, F.: De Léodamas de Thasos à Philippe d'Oponte. Témoignages et fragments. Éd., trad. et comm. Neapel 1987.

Leutsch, E. L. v. / Schneidewin F. W.: Corpus Paroemiographorum Graecorum. Vol. 1. Paroemiographi Graeci: Zenobius, Diogenianus, Plutarchus, Gregorius Cyprius cum Appendice Proverbiorum. Göttingen 1839.

Littré, E.: Œuvres complètes d'Hippocrate. Traduction nouvelle avec le texte grec. I–X. Paris 1839–61.

Lucas, D. W.: Aristotle. Poetics. Introduction, Commentary and Appendixes. Oxford 1968.

Maehler, H.: Pindari Carmina cum Fragmentis. Pars II. Fragmenta. Indices. Leipzig 1964.

Merkelbach, R. / West, M. L.: Fragmenta Hesiodea. Oxford 1967.

Nauck, A.: Tragicorum graecorum fragmenta. Leipzig [2]1889.

PMG = Page, D. L.: Poetae melici Graeci. Oxford 1962.

Pfeiffer, R.: Callimachus. Vol. 1. Fragmenta. Oxford 1949.

Preisendanz, K.: Papyri Graecae Magicae. 2 Bde. Leipzig [2]1974.

Rebenich, S.: Xenophon. Die Verfassung der Spartaner. Hrsg., übers. und erl. von S. R. Darmstadt 1998.
West, M. L.: The orphic poems. Oxford 1983.
– Iambi et elegi Graeci. Ante Alexandrum cantati. Vol. 2,2. Oxford 1992.

II. Sekundärliteratur

Ausland, H. W.: La »seconde navigation« dans la philosophie politique de Platon. In: Revue Française d'Histore des Idées Politiques 16 (2002) S. 279–293.
Bayer, E. Demetrius Phalereus der Athener. Stuttgart/Berlin 1942.
Bernabé, A.: Platone e l'orfismo. In: Destino e salvezza: tra culti pagani e gnosi cristiana. Itinerari storico-religiosi sulle orme di Ugo Bianchi. Hrsg. von G. S. Gasparro. Cosenza 1998. S. 33–93.
Bertrand, J.-M.: De l'écriture à l'oralité. Lectures des *Lois* de Platon. Paris 1999.
– Sur le statut des esclaves dans la cité des Magnètes. Fictions juridiques et pourvoir politique. In: Plato's *Laws* and its Historical Significance. Hrsg. von F. L. Lisi. St. Augustin 2001. S. 193–199.
Bobonich, C. J.: Persuasion, Compulsion, and Freedom in Plato's *Laws*. In: Classical Quarterly n. s. 41 (1991) S. 365–388.
– Reading the *Laws*. In: Form and Argument in Late Plato. Hrsg. von C. Gill und M. M. McCabe. Oxford 1996. S. 249–282.
Bordt, M.: Platons Theologie. Freiburg i. Br. / München 2006.
Brisson, L.: Orphée et l'Orphisme dans l'Antiquité gréco-romaine. Aldershot 1995.
– Vernunft, Natur und Gesetz im zehnten Buch von Platons *Gesetzen*. In: The *Republic* and the *Laws* of Plato. Proceedings of the first Symposium Platonicum Pragense. Hrsg. von A. Havlíček und F. Karfík. Prag 1998. S. 182–200.
– L'Égypte de Platon. In: Lectures de Platon. Hrsg. von L. B. Paris 2000. S. 151–167. [Zit. als: Brisson 2000a.]
– La notation de phthónos chez Platon. In: Lectures de Platon. Hrsg. von L. B. Paris 2000. S. 219–234. [Zit. als: Brisson 2000b.]

Brisson, L.: Les préambules dans les *Lois*. In: Lectures de Platon. Hrsg. von L. B. Paris 2000. S. 235–262. [Zit. als: Brisson 2000c.]
– Le Collège de veille. In: Plato's *Laws* and its Historical Significance. Hrsg. von F. L. Lisi. St. Augustin 2001. S. 161–177.
– Les funérailles des Vérificateurs (Eúthunoi) dans les *Lois*. Une lecture commentée de *Lois* XII 945c–948b. In: Ktema 30 (2005) S. 189–196.

Burkert, W.: Weisheit und Wissenschaft. Studien zu Pythagoras, Philolaos und Platon. Nürnberg 1962.
– Griechische Religion der archaischen und klassischen Epoche. Stuttgart 1977.

Carone, G. R.: Teleology and Evil in *Laws* 10. In: Review of Metaphysics 48 (1994) S. 275–298.

Centrone, B.: Iccos de Tarente. In: Dictionnaire des philosophes antiques III. Hrsg. von R. Goulet. Paris 2000. S. 859.

Cherniss, H. F.: Rez. von »G. Müller, Studien zu den platonischen *Nomoi*«. In: Gnomon 25 (1953) S. 367–379.
– Selected Papers. Leiden 1977.

Cleary, J. J.: Paideia in Plato's *Laws*. In: Plato's *Laws*. From Theory into Practice. Proceedings of the VI Symposium Platonicum. Selected Papers. Hrsg. von S. Scolnicov. St. Augustin 2003. S. 165–173.

David, E.: The Spartan Syssitia and Plato's *Laws*. In: American Journal of Philology 99 (1978) S. 486–495.

Dawson, S.: The Theatrical Audience in Fifth-Century Athens. Number and Status. In: Prudentia 29 (1992) S. 1–13.

De Brasi, D.: L'immagine di Sparta nei dialoghi platonici. Il giudizio di un filosofo su una presunta pólis modello. St. Augustin 2013. (International Plato Studies. 33.)

Decker, W.: Sport in der griechischen Antike. München 1995.

Demand, N.: Platon and Painters. In: Phoenix 29 (1975) S. 1–20.

Dover, K. J.: Greek Popular Morality in the Time of Plato and Aristotle. Berkeley / Los Angeles 1974.
– Greek Homosexuality. London 1978.

Dusanic, S.: Epiménide le Cnossien et les thèmes historico-politiques des *Lois* de Platon à propos de l'inscription IG. II², 4968. In: Epigraphica 53 (1991) S. 25–57.

Effenterre, H. v.: La Crète et le monde grec à Polybe. Paris 1948.
Elderkin, K. M.: Jointed Dolls in Antiquity. In: American Journal of Archaeology 34 (1930) S. 455–479.
Elsner, J.: Ägypten. In: Musik der Urgesellschaft. Hrsg. von E. H. Meyer. Leipzig 1977. S. 153–155.
Erler, M.: Der Sinn der Aporien in den Dialogen Platons. Übungsstücke zur Anleitung im philosophischen Denken. Berlin / New York 1987. [Zit. als: Erler 1987a.]
– Das Recht (Dike) als Segensbringerin für die Polis. Die Wandlung eines Motivs von Hesiod zu Kallimachos. In: Studi Italiani di Filologia Classica 80 (1987) S. 5–36. [Zit. als: Erler 1987b.]
– Geschlechterdifferenz als Konvention. Zum Verhältnis von Körper und Rolle der Geschlechter bei Platon. In: Der Körper und die Religion. Das Problem der Konstruktion von Geschlechterrollen. Hrsg. von E. Klinger, S. Böhm und Th. Seidl. Würzburg 2000. S. 47–66.
– Legitimation und Projektion. Die »Weisheit der Alten« im Platonismus der Spätantike. In: Die Gegenwart des Altertums. Hrsg. von D. Kuhn und H. Stahl. Heidelberg 2001. S. 313–326.
– Epicurus as *Deus mortalis*. *Homoiosis theoi* and Epicurean Self. In: Traditions of Theology. Studies in Hellenistic Theology, its Background and Aftermath. Hrsg. von D. Frede und A. Laks. Leiden/Boston/Köln 2002. S. 159–181. (Philosophia Antiqua. 89.)
– Die drei Gebote des Aischylos im *Oidipus Tyrannos* des Sophokles. In: Würzburger Jahrbücher für die Altertumswissenschaft 28a (2004) S. 9–19.
– Platon. München 2006.
– Platon. Basel 2007. (Grundriss der Geschichte der Philosophie. Antike 2/2.)
– Platon. Affekte und Wege zur Eudaimonie. In: Klassische Emotionstheorien der Philosophiegeschichte. Hrsg. von H. Landweer und U. Renz. Berlin / New York 2008. S. 19–44.
– Parrhesie und Ironie. Platons Sokrates und die epikureische Tradition. In: Ironie. Griechische und lateinische Fallstudien. Hrsg. von R. F. Glei. Trier 2009. S. 59–75. (Bochumer Altertumswissenschaftliches Kolloquium. Bd. 80.) [Zit. als: Erler 2009a.]

Erler, M.: »Denn mit Menschen sprechen wir und nicht mit Göttern«. Platonische und epikureische *epimeleia tês psychês.* In: Body and Soul in Ancient Philosophy. Hrsg. von D. Frede und B. Reis. Berlin / New York 2009. S. 163–178. [Zit. als: Erler 2009b.]

– Paideia, Peitho und Bia. In: Augustinus. Recht und Gewalt. Hrsg. von C. Mayer und G. Förster. Würzburg 2010. S. 13–28.

– Furcht und Pflicht. Aischylos' *Eumeniden* und die Einbürgerung des »wilden Schreckens« in der Gesellschaft. In: Poetik des Wilden. Festschrift für Wolfgang Riedel. Hrsg. von J. Robert und F. F. Günther. Würzburg 2012. S. 101–115. [Zit. als: Erler 2012a.]

– Ἀπλανὴς θεωρία. Einige Aspekte der epikureischen Vorstellung vom βίος θεωρητικός. In: Theoria, Praxis, and the Contemplative Life after Plato and Aristotle. Hrsg. von Th. Bénatouïl und M. Bonazzi. Leiden 2012. S. 39–54. [Zit. als: Erler 2012b.]

– Plasma und Historie: Platon über die Poetizität seiner Dialoge. In: Argument und literarische Form in antiker Philosophie. Hrsg. von M. E. und J. E. Heßler. Berlin / New York 2013. S. 59–84.

– Argument and Context: Adaption and Recasting of Positions in Plato's Dialogues. In: Second Sailing: Alternative Perspectives on Plato. Hrsg. von D. Nails und H. Tarrant. Helsinki 2015. S. 91–105.

– Wahnsinn und Erkenntnis. Vom Stachel der Götter zu Sokrates als pädagogischem Stachel. In: Wahnsinn in Literatur und Künsten. Hrsg. von G. Penzkofer und I. Scharold. Würzburg 2017. S. 23–42.

Föllinger, S.: Differenz und Gleichheit. Das Geschlechterverhältnis in der Sicht griechischer Philosophen des 4. bis 1. Jahrhunderts v. Chr. Stuttgart 1996.

Fortenbaugh, W. W.: Plato. Temperament and Eugenic Policy. In: Arethusa 8 (1975) S. 283–305.

Frede, D.: Puppets on Strings. Moral Psychology in *Laws* Book 1 and 2. In: Plato's *Laws.* A Critical Guide. Hrsg. von C. Bobonich. Cambridge 2010. S. 108–126.

Froidefond, C.: Le mirage Égyptien dans la littérature grecque d'Homère à Aristote. Paris 1971.

Gaiser, K.: Platon und die Geschichte. Stuttgart 1961. [Zit. als: Gaiser 1961a.]

– Review: »L'»Archéologie« de Platon« by Raymond Weil. In: Gnomon 33 (1961) S. 344–349. [Zit. als: Gaiser 1961b.]

– Platons ungeschriebene Lehre. Stuttgart ²1968.

– Platone come scrittore filosofico. Saggi sull'ermeneutica dei dialoghi platonici. Neapel 1984.

– Platons Zusammenschau der mathematischen Wissenschaften. In: Antike und Abendland 32 (1986) S. 89–124.

Gehrke, H.-J.: Stasis. Untersuchungen zu den inneren Kriegen in den griechischen Staaten des 5. und 4. Jahrhunderts v. Chr. München 1985. (Vestigia. 35.)

– Thukydides und die Rekonstruktion des Historischen. In: Antike und Abendland 39 (1993) S. 1–19.

Görgemanns, H.: Beiträge zur Interpretation von Platons *Nomoi*. München 1960.

Greene, W. Ch.: Scholia Platonica. Haverford 1938. (Neudr. 1981.)

Gschnitzer, F.: Stammes- und Ortsgemeinden im alten Griechenland. In: Wiener Studien 68 (1955) S. 120–144.

– Zur griechischen Staatskunde. Darmstadt 1969. (Wege der Forschung. 96.)

Halliwell, S.: The Aesthetics of Mimesis. Ancient Texts and Modern Problems. Princeton 2002.

Hansen, M. H.: Die Athenische Demokratie im Zeitalter des Demosthenes. Struktur, Prinzipien und Selbstverständnis. Berlin 1995.

Haussleiter, J.: Der Vegetarismus in der Antike. Berlin 1935.

Heintzeler, G.: Das Bild des Tyrannen bei Platon. Tübingen 1927.

Hentschke, A. B.: Politik und Philosophie bei Platon und Aristoteles. Die Stellung der Nomoi im platonischen Gesamtwerk und die politische Theorie des Aristoteles. Frankfurt a. M. 1971.

Hirzel, R.: Agraphos nomos. Leipzig 1900. (AbhLeipzig. 20.)

– Die Talion. In: Philologus. Suppl. 11 (1907–10) S. 405–482.

Hölkeskamp, K. J.: Tempel, Agora und Alphabet. In: Rechtskodifizierung und soziale Normen im interkulturellen Vergleich. Hrsg. von H. J. Gehrke. Tübingen 1994. S. 135–164.

Horn, C.: Platon. *Gesetze/Nomoi*. Berlin 2013.

Horn, C. / Müller, J. / Söder, J.: Platon Handbuch. Leben – Werk – Wirkung. Stuttgart/Weimar 2009.

Jachmann, G.: Der Platontext. Göttingen 1942.

Jeck, U. R.: Platonica orientalia. Aufdeckung einer philosophischen Tradition. Frankfurt a. M. 2004.

Joly, H.: Platon égyptologue. In: Revue philosophique 172 (1982) S. 255–266.

Kannicht, R.: Der alte Streit zwischen Philosophie und Dichtung. In: R. K.: Paradeigmata. Aufsätze zur griechischen Poesie. Hrsg. von L. v. Käppel und E. A. Schmidt. Heidelberg 1996. S. 183–223.

Kerschensteiner, J.: Platon und der Orient. Stuttgart 1945.

Keuls, E.: Plato and Greek Painting. Leiden 1978.

Klingenberg, E.: Das Zinsrecht in Platons *Nomoi*. In: Symposion 1977. Hrsg. von L. Käppel und E.-A. Schmidt. Köln 1982. S. 99–112.

Knoll, M.: Der Status der Bürger, der Frauen, der Fremden und der Sklaven in Magnesia. In: Horn 2013. S. 143–164.

Koller, H.: Musik und Dichtung im alten Griechenland. München 1963.

Köppen, F.: Rechtslehre nach platonischen Grundsätzen. Landshut 1819.

Krämer, H. J.: Arete bei Platon und Aristoteles. Zum Wesen und zur Geschichte der platonischen Ontologie. Heidelberg 1959.

– Platons Ungeschriebene Lehre. In: Platon. Seine Dialoge in der Sicht neuer Forschungen. Hrsg. von T. Kobusch und B. Mojsisch. Darmstadt 1996. S. 249–275.

Kuhn, H.: The True Tragedy: on the Relationship between Greek Tragedy and Plato. In: Harvard Studies in Classical Philology 52 (1941) S. 1–140 und 53 (1942) S. 37–88.

Kühnert, F.: Allgemeinbildung und Fachbildung in der Antike. Berlin 1961.

Kurke, L.: Ancient Greek Board Games and How to Play Them. In: Classical Philology 94 (1999) S. 247–267.

Labarbe, J.: L'Homère de Platon. Lüttich 1949.

Lain-Entralgo, P.: Die Platonische Realisierung der Besprechung und die Erfindung der Psychotherapie durch das Wort. In: Hermes 86 (1958) S. 298–323.

Laks, A.: Raison et plaisir. Pour une caractérization des *Lois* de Platon.

In: La naissance de la raison en Grèce. Hrsg. von J.-F. Mattéi. Paris 1990. S. 291–303. [Zit. als: Laks 1990a.]
– Legislation and Demiurgy. On the Relationship between Plato's *Republic* and *Laws*. In: Classical Antiquity 9 (1990) S. 209–229. [Zit. als: Laks 1990b.]
– The *Laws*. In: The Cambridge History of Greek and Roman Political Thought. Hrsg. von C. Rowe und M. Schofield. Cambridge 2000. S. 258–292.
Laurent, J.: La Mesure de l'humain selon Platon. Paris 2002.
Lawler, L. B.: The dance in ancient Greece. Middeltown [2]1965.
Ledger, G. R.: Re-counting Plato. A Computer Analysis of Plato's Style. Oxford 1989.
Lengauer, W.: Das griechische Gleichheitsdenken zwischen Aristokratie und Demokratie. In: Demokratie und Architektur. Hrsg. von W. Schuller [u. a.] München 1989. S. 17–24.
Linforth, I. M.: The Corybantic Rites in Plato. In: Classical Philology 13 (1946) S. 121–162.
Lisi, F. L.: Einheit und Vielheit des platonischen Nomosbegriffes. Königstein 1985.
– Héros, dieux et philosophes. In: Revue des Études Anciennes 106 (2004) S. 5–22.
Lohse, G.: Untersuchungen über Homerzitate bei Platon. Hamburg 1961.
Loraux, N.: La cité divisée. L'oubli dans la mémoire d'Athènes. Paris 1997.
Lotze, D.: Metaxy Eleutheron kai Doulon. Studien zur Rechtsstellung unfreier Landbevölkerungen in Griechenland bis zum 4. Jahrhundert v. Chr. Berlin 1959.
MacDowell, D. M.: Athenians Homicide Law in the Age of the Orators. Manchester 1963.
– Spartan Law. Edinburgh 1986.
Mackenzie, M. M.: Plato on Punishment. London 1981.
Männlein-Robert: Poetik. Komödie und Tragödie. In: Horn 2013. S. 123–141.
Manuwald, B.: The Unity of Virtue in Plato's *Protagoras*. In: Oxford Studies in Ancient Philosophy 29 (2005) S. 115–135.

Martin, J.: Symposion. Paderborn 1931.

Martin, V.: Sur la condamnation des athées par Platon au Xe Livre des *Lois*. In: Studia philosophica 11 (1951) S. 103–154.

Meier, M.: Kleomenes I. Damaratos und das spartanische Ephorat. In: Göttinger Forum für Altertumswissenschaft 2 (1999) S. 89–108.

Mesch, W.: Marionette Mensch und ganze Tugend. Zur Bedeutung eines Gleichnisses aus Platons *Nomoi*. In: Platon über das Gute und die Gerechtigkeit. Hrsg. von D. Barbaric. Würzburg 2005. S. 93–107.

Moretti, L.: Olympionikai. I vincitori negli antichi agoni olimpici. Rom 1957.

Morrow, G. R.: The Nocturnal Council in Plato's *Laws*. In: Archiv für Geschichte der Philosophie 42 (1960) S. 229–246. [Zit. als: Morrow 1960a.]

– Plato's Cretan City. A Historical Interpretation of the *Laws*. Princeton 1960. (Neudr. 1993 mit einem Vorwort von Ch. H. Kahn.) [Zit. als: Morrow 1960b bzw. Morrow 1993.]

Motte, A.: Persuasion et violence chez Platon. In: L'antiquité classique 50 (1981) S. 562–577.

Moutsopoulos, E.: La musique dans l'œuvre de Platon. Paris 1959.

Müller, C. W.: Die Kurzdialoge der Appendix Platonica. Philologische Beiträge zur nachplatonischen Sokratik. München 1975. (Studia et testimonia antiqua. 17.)

– Der schöne Tod des Polisbürgers oder »Ehrenvoll ist es, für das Vaterland zu sterben«. In: Gymnasium 96 (1989) S. 317–340.

Müller, G.: Der Aufbau der Bücher II und VII von Platons *Gesetzen* mit Beiträgen zur Einzelerklärung und einem Exkurs über *Gesetze* 732d–734e. Weida 1935.

Müller, J.: Willensschwäche in Antike und Mittelalter. Eine Problemgeschichte von Sokrates bis Johannes Duns Scotus. Löwen 2009.

– Der Mensch als Marionette. Psychologie und Handlungstheorie. In: Horn 2013. S. 45–66.

Murray, O.: Sympotica. A Symposium on the Symposion. Oxford 1990.

Nails, H. / Thesleff, H.: Early Academic Editing. Plato's *Laws*. In: Plato's *Laws*. From Theory into Practice. Proceedings of the VI Symposium Platonicum. Selected Papers. Hrsg. von H. Scolnicov und L. Brisson. St. Augustin 2003. S. 14–29.

Neubecker, A. J.: Altgriechische Musik. Eine Einführung. Darmstadt 1977.

Nightingale, A. W.: Writing/Reading a Sacred Text. In: Classical Philology 88 (1993) S. 279–300.

– Plato's Lawcode in Context: Rule by Written Law in Athens and Magnesia. In: Classical Quarterly 49 (1999) S. 100–122.

– Spectacles of Truth in Classical Greek Philosophy. Theoria in its Cultural Context. Cambridge 2004. Tb.-Ausg. 2009.

O'Meara, D. J.: Neoplatonist Conception of the Philosopher-King. In: Plato and Platonism. Hrsg. von J. M. v. Ophuijsen. Washington 1999. S. 278–291.

– Platonopolis. Platonic Political Philosophy in Late Antiquity. Oxford 2003.

Ostwald, M.: Was There a Concept of *agraphos nomos* in Classical Greece? In: Exegesis and Argument. Studies in Greek Philosophy Presented to Gregory Vlastos. Hrsg. von E. N. Lee, A. P. D. Mourelatos und R. M. Rorty. Assen 1973. S. 70–204. (Phronesis. Suppl. 1.)

Palmieri, V.: Il significato metrico di basis. In: Vichiana 15 (1986) 3–24.

Parke, H. W.: The Oracles of Zeus. Dodona. Olympia. Ammon. Oxford 1967.

Pepin, J.: Idées grecques sur l'homme et sur Dieu. Paris 1971.

Perkams, M.: Ämter und Gesetze in Magnesia. In: Horn 2013. S. 227–248.

Pfister, Fr.: Analogiezauber. In: Handwörterbuch des deutschen Aberglaubens. Bd. I. Hrsg. von H. Bächtold-Stäubli und E. Hoffmann-Krayer. Berlin/Leipzig 1927. S. 385–395.

Pfuhl, E.: »Apollodoros o skiagrafos«. In: Jahrbuch des Kaiserlich Deutschen Archäologischen Instituts 25 (1910) S. 12–28.

Picht, G.: Platons Dialoge *Nomoi* und *Symposion*. Stuttgart 1990.

Pickard-Cambridge, A. W.: The Dramatic Festivals of Athens. Oxford 1968.

Piérart, M.: Platon et la cité grecque. Théorie et réalité dans la constitution des *Lois*. Brüssel 1974.

Piérart, M.: Le blanc, le pourpre et le noir. Les funérailles des εὔθυνοι dans les *Lois* de Platon et le culte des grands hommes. In: Κῆποι. De la religion à la philosophie. Mélanges offerts à André Motte. Hrsg. von E. Delruelle und V. Pirenne-Delforge. Liège 2001. S. 153–166. (Kernos. Suppl. 11.)

Pietsch, C.: Die Dihairesis der Bewegung in Platon, *Nomoi* X 893b1–894c9. In: Rheinisches Museum 146 (2003) S. 303–327.

Poliakoff, M.: Studies in the Terminology of the Greek Combat Sports. Frankfurt a. M. [2]1986.

Pradeau, J.-F.: Platon, avant l'érection de la passion. In: Les passions antiques et médiévales. Hrsg. von B. Besnier, P.-F. Moreau und L. Renault. Paris 2003.

Rechenauer, G.: Stachellose Drohnen bei Hesiod, *Erga* 304? In: Quaderni Urbinati di cultura classica 44 (1993) S. 45.

Reverdin, O.: La religion de la cité platonicienne. Paris 1945.

Rosenthal, F.: Corpus Platonicum medii aevi. Plato Arabus. Bd. 2: Alfarabius de Platonis Philosophia. London 1943.

Russell, D. A.: Criticism in Antiquity. Berkeley 1981.

Sachs, E.: Die fünf platonischen Körper. Zur Geschichte der Mathematik und der Elementenlehre Platons und der Pytagoreer. Berlin 1917.

Santa Cruz, M. I.: Les deux âmes dans *Lois* X et le mythe du Politique. In: Plato's *Laws:* From Theory into Practice. Proceedings of the VI Symposium Platonicum. Selected Papers. Hrsg. von S. Scolnicov und L. Brisson. St. Augustin 2003. S. 276–280.

Saunders, T. J.: The Socratic Paradoxes in Plato's *Laws:* A Commentary on 859c–864b. In: Hermes 98 (1968) 421–434.

– Plato's Penal Code. Oxford 1991.

– Plato on Women in the *Laws*. In: The Greek World. Hrsg. von A. Powell. London 1995. S. 591–609.

Schaps, D.: The Women of Greece in Wartime. In: Classical Philology 77 (1982) S. 193–213.

Schmitt-Pantel, P.: La cité au banquet. Histoire des repas publics dans les cités grecques. Rom/Paris 1997.

Schöne, R.: Skiagraphia. In: Jahrbuch des Kaiserlich Deutschen Archäologischen Instituts 27 (1912) S. 19–23.

Schöpsdau, K.: Tapferkeit, Aidos und Sophrosyne im ersten Buch der platonischen *Nomoi*. In: Rheinisches Museum 129 (1986) S. 97–123.
– Des repas commun pour les femmes – une utopie platonicienne. In: Revue Françaises d'Histoire des Idées Politiques 16 (2002) S. 331–340.
Skemp, J. B.: The Theory of Motion in Plato's Later Dialogues. Amsterdam 1967.
Steinthal, H.: Platons anthropologische Theologie. In: Geschichte – Tradition – Reflexion. Festschrift für Martin Hengel zum 70. Geburtstag. Hrsg. von H. Cancik, P. Schäfer und H. Lichtenberger. Tübingen 1996. S. 233–249.
Strauss, L.: Persecution and the Art of Writing. New York 1952.
Szlezák, T. A.: Platon lesen. Stuttgart 1993.
Triantaphyllopoulos, J.: Das Rechtsdenken der Griechen. München 1985.
Vidal-Naquet, P.: Le chasseur noir. Formes de pensée et formes de société dans le monde grec. Paris 1981.
Vogt-Spira, G.: Dramaturgie des Zufalls. München 1992.
Walzer, R.: Some Aspects of Platonism in Islamic Philosophy. Genf-Vandœuvres 1957. S. 203–226. (Recherches sur la tradition platonicienne.)
Wehrli, F.: Der Arztvergleich bei Platon. In: Museum Helveticum 8 (1951) S. 177–184.
Weil, R.: L'»Archéologie« de Platon. Paris 1959.
Wilamowitz-Moellendorff, U. von: Platon. Bd. I. Sein Leben und seine Werke. Berlin [2]1920.
Wilke, B.: Vergangenheit als Norm in der platonischen Staatsphilosophie. Stuttgart 1997.
Winiarczyk, M.: Wer galt im Altertum als Atheist? In: Philologus 128 (1984) S. 157–183.
– Methodisches zum antiken Atheismus. In: Rheinisches Museum 133 (1990) S. 1–15.
Wöhrle, G.: Studien zur Theorie der antiken Gesundheitslehre. Stuttgart 1990.
Yunis, H.: A New Creed. Fundamental Religious Beliefs in the Athenian Polis and Euripidean Drama. Göttingen 1988.

Zimmermann, B.: Gattungsmischung, Manierismus, Archaismus. Tendenzen des griechischen Dramas und Dithyrambos am Ende des 5. Jahrhunderts v. Chr. In: Lexis 3 (1989) S. 25–36.
– Dithyrambos. Geschichte einer Gattung. Göttingen 1992.

Nachwort

Platons *Nomoi* können als erstes Werk politischer Philosophie in der westlichen Tradition bezeichnet werden (vgl. Laks 2000, 258). Denn anders als in der *Politeia*, wo die Frage nach der Realisierbarkeit der idealen Staatsform, die ein glückliches Leben ermöglicht, als schwierig, aber auch als nicht ausschlaggebend bezeichnet wird (vgl. Plat. rep. 472e), treten in den *Nomoi* konkrete Fragen, inwieweit man politisch-philosophische Konzepte in der Wirklichkeit realisieren kann, verstärkt in den Vordergrund. Die *Nomoi* geben sich als realitätsbezogen, analysieren die Grundlagen der Gesetzgebung und verbinden damit Ratschläge zur konkreten Anwendung.

Geht es in der *Politeia* um das ideale Konzept von Kallipolis (»Der gute Staat«), so wird in den *Nomoi* – jedenfalls fiktiv – konkret über die Gründung einer neuen Stadt auf Kreta diskutiert: Magnesia. Bei diesen Überlegungen berücksichtigt Platon die lebensweltliche politische Realität. Empirisches und historisches Material wird herangezogen, bestehende Verfassungen in Kreta und Sparta werden diskutiert, und ihre Bedeutung für das gute Leben wird betrachtet, wofür sich Platon von den Institutionen seiner Heimatstadt Athen inspirieren ließ. Es geht aber auch um allgemeinere Fragen wie die Erziehung, wenn über die Konditionen für und die Funktion von Gesetzen allgemein und die Aufgabe einer Schrift wie dieser reflektiert wird (737d. 739b).

Titel, Personen, Szenerie

Die *Nomoi* oder *Gesetze*, mit dem Untertitel *Über Gesetzgebung* (vgl. Diog. Laert. 3,60), umfassen zwölf Bücher und sind Platons umfangreichste Schrift. Die Einteilung in zwölf Bücher soll auf Philippos aus Opus zurückgehen (T 1 Lasserre). Die *Nomoi* sind als ein dramatischer Dialog gestaltet, d. h., eine Gruppe von Menschen wird im Gespräch vorgeführt (vgl. Erler 2007, 277). Wie in anderen Dialogen Platons auch steht die literarische Gestaltung, die Einkleidung des Werkes mit Örtlichkeit und Personen, in engem Zusammenhang mit dem behandelten Thema und dem philosophischen Gehalt. Drei alte Männer, der Kreter Kleinias, der Spartaner Megillos und ein anonymer Athener, wandern in Kreta in der Jahreszeit, in der »sich der Gott von der Sommerseite zur Winterseite wendet« (683c), einen Tag lang von Knossos zu einer Grotte auf dem Ida (Psiloriti; 625b. 722c), wo einst Minos von Zeus die kretischen Gesetze empfing. Kreta ist für ein Gespräch über Gesetze als Szenerie besonders geeignet, denn kretische Gesetze standen wie die spartanischen in hohem Ansehen (vgl. Hdt. 1,65; Plat. Krit. 52e). Die Gespräche über Staatsform und Gesetzgebung auf diesem Weg sind nun also Gegenstand der Darstellung Platons. Die Pinienhaine auf dem Weg zur Grotte laden zu einer Rast um die Mittagszeit ein (625b–c. 722c). Am Ende des Gesprächs ist die Grotte noch nicht erreicht. Man hat das als Hinweis gewertet, dass manche Gesetze erst nach Gründung der Kolonie gegeben werden können. Weitere Unterredungen werden angekündigt (969a). Daran knüpft der Verfasser der pseudo-platonischen *Epinomis* an.

Das Personal des Dialoges gewinnt wenig individuelles

Profil. Alle drei Männer kommen aber aus Städten mit bedeutenden Verfassungen. Sparta und Kreta, dorische Gemeinden, die ihre Gründung auf göttliche Gesetzgeber zurückführten, wurden bewundert wegen ihrer Rechtslage und wegen ihrer militärischen Disziplin, galten aber als kulturell rückständig. Athen hingegen war als Demokratie zwar weniger stabil, galt aber als kulturell höher entwickelt. Kleinias hat familiäre Verbindungen zum kretischen Seher Epimenides. Er ist als Bürger von Knossos (629c) mit neun anderen dazu bestimmt (702c–d), eine Kolonie bei Magnesia wiedereinzurichten (860e). Megillos aus Sparta repräsentiert die spartanische Position. Ein spartanischer Friedensunterhändler dieses Namens ist bekannt (Mission nach Athen um 410–407 v. Chr.; vgl. Erler 2007, 278 f.), doch ist die zeitliche Einordnung problematisch (vgl. Nails 2003, 198). Megillos' Familienangehörige waren diplomatische Vertreter Athens in Sparta (642b–d). Seine Sprache zeichnet sich durch lakonische Kürze aus (721e). Den größten Anteil am Gespräch hat der Athener mit zum Teil monologischen Partien. Er ist weit gereist (639d–e), hat mit Tyrannen zu tun gehabt (711a–b), ist mit neuen philosophischen Strömungen vertraut (886b), kann auf hohem Niveau argumentieren (892d) und ist umfassend gebildet (Mathematik, Astronomie, Psychologie, Theologie, Dialektik; vgl. Schöpsdau 1994, 106 f.).

Schon in der Antike wurde diskutiert, ob der Athener für Sokrates stehe (vgl. Aristot. pol. 1261a–1266b; Cic. leg. 1,15) und gleichsam Sprachrohr des Verfassers Platon sei (vgl. Morrow 1960b, 573–590). Unter der zu gründenden Stadt auf Kreta (704b–705c) mag man sich einen konkreten Ort vorstellen (704a ff. mit Schöpsdau 2003, 138 ff.). Die

Beschreibung passt auf Magnesia am Mäander. Eine dortige Inschrift aus dem dritten vorchristlichen Jahrhundert besagt, dass der Ort von Immigranten aus dem kretischen Magnesia gegründet wurde (vgl. Morrow 1960b, 31 mit Anm. 60).

Entstehung

Die Fülle an verarbeitetem Material legt eine lange Entstehungszeit nahe. Nach Aristoteles (vgl. pol. 1264b) wurden die *Nomoi* später als die *Politeia* geschrieben. Für eine genauere Datierung fehlen allerdings sichere Anhaltspunkte. Doch sprechen viele Indizien dafür, dass die *Nomoi* in die Spätphase des platonischen Schaffens gehören und als Platons letztes Werk anzusehen sind. Als *terminus post quem* für die Abfassung von Buch I darf die in der Schrift erwähnte Unterwerfung von Lokroi durch Syrakus (wohl 352 v. Chr.; vgl. Schöpsdau 1994, 135) angenommen werden (638b). Eine bei Diogenes Laertios überlieferte Nachricht, Philippos aus Opus habe die *Nomoi* auf Wachstafeln übertragen (vgl. Diog. Laert. 3,37), ist inhaltlich unklar. Doch unterstreicht sie, dass die *Nomoi* in irgendeiner Weise als unfertig empfunden wurden, vielleicht weil Platon vor der Fertigstellung verstarb. Dieser Eindruck wird durch bestimmte Widersprüche im Werk (z. B. 721b. 785b gegen 772d–e) gestützt (vgl. Erler 2007, 278). Auch andere Beobachtungen, z. B. sprachstatistischer Art, stützen die späte Datierung (vgl. Ledger 1989, 171–226). Vermutlich hat Platon lange Zeit an diesem umfangreichsten Werk seines Œuvres, vielleicht schon parallel zur *Politeia*, gearbeitet.

Bei dem Gespräch in den *Nomoi* geht es u. a. um Probleme der Philosophie, der Theologie, der Geschichte, der Pädagogik und des Rechts. Trotz der großen Stofffülle ist das Werk – vor allem durch die Einteilung in Vorreden, welche die Gesetze begründen und zu ihrer Befolgung überreden sollen, und in die mit Zwang drohenden, eigentlichen Gesetze – gut strukturiert. Zwei große Hauptteile lassen sich erkennen: In den Büchern I–III werden mit Bezug auf die spartanische und kretische Verfassung prinzipielle Fragen der Gesetzgebung diskutiert; die Bücher IV–XII haben dagegen eher praxisbezogenen Inhalt. Auf Grundlage der theoretischen Überlegungen der Bücher I–III wird eine Koloniegründung in Kreta (Magnesia) entworfen. Dabei geht es um konkrete Fragen wie Topographie und Herkunft der Siedler, vor allem aber um die beste Verfassungsform, in der nicht die Interessen der Einzelnen, sondern die Gesetze herrschen sollen. Die historische Entwicklung der Staaten wird geschildert und dabei eine Fülle empirischen Materials ausgebreitet (Buch III). Eine als Proömium bezeichnete Ansprache an die Siedler (Buch IV) gibt den Rahmen für die weiteren Gespräche vor. Dabei kommen wichtige theologische Aspekte zur Sprache: Gott als Maß aller Dinge liebt Mäßigung; göttlichen Mächten wie auch Eltern und Vorfahren schuldet man Verehrung. Die rechte Einstellung gegenüber Leib und Seele (dem Göttlichsten und Eigentlichen des Menschen) und die Pflichten gegenüber Kindern werden angemahnt, außerdem wird daran erinnert, dass das tugendhafte Leben lustvoll ist (Buch V). Es folgt die eigentliche Gesetzgebung mit Vorschriften über die äußere Lage der Stadt, die Einteilung der Bevölkerung, über die mittlere Verfassungsform zwischen Allein- und Volksherrschaft, über Beamte und Gerichte bis hin zu Vorschriften für die Bestattung, bisweilen verbunden mit grundsätzlichen Erörterungen (Buch VI). Bei den Ehegesetzen wird das Wesen der Erziehung diskutiert (Buch VII); die Darstellung des Strafrechts geht mit Reflexionen über Ungerechtigkeit und Strafe einher (Bücher VIII und IX). Dem Gesetz gegen Gottesfrevel (*asebía*) ist eine Vorrede über platonische Theologie und Kosmologie vorangestellt, die sich gegen ein mechanistisches Weltbild richtet (Buch X). Hauptthesen sind ein Beweis der Existenz der Götter (Bewegungsursprung); Götter kümmern sich um Menschen; Götter sind nicht bestechlich. Nach Bemerkungen über privates und bürgerliches Recht (Buch XI) schließt das Werk mit den Pflichten der Staatsbeamten (Buch XII). Mit der sogenannten Nächtlichen Versammlung als oberster Überwachungsinstanz für die Gesetze kommt ein wichtiges platonisches Element zur Sprache. Die Mitglieder dieses Rates müssen über Kenntnisse verfügen, die nur angedeutet, im Dialog selbst aber nicht mehr dargelegt werden (Kenntnis der Tugendlehre, der Dialektik, der Psychologie und der Theologie). Doch ist der Athener bereit, bei anderer Gelegenheit darüber Auskunft zu geben.

Es ergibt sich folgende grobe Gliederung (vgl. die Feingliederung bei Schöpsdau 1994, 95–98):

Ziel der Gesetzgebung (Bücher I–III)

1.1 Vierfache Gesamttugend als Intention der Gesetzgebung (630d–632e);

1.2 Einzeltugenden (632e–650d unvollständig);

1.3 Wein und seine Bedeutung für Erziehung (666a–674c);
1.4 Ursprung, Erhalt und Verfall von Staaten anhand von Beispielen (676a–701c);
1.5 Koloniegründung auf Kreta (Magnesia) als Prüfstein für die theoretischen Erörterungen (701c–702e).

Darstellung einer Mustergesetzgebung (Bücher IV–XII)

2.1 Bedingungen für Staatsgründung (704a–715e);
2.2 »Vorspruch« zum Gesetzeswerk (715e–734e);
2.3 Gesetzgebung (734e–960b);
  2.3.1 Besiedlung, Vermögensklassen (735a–747e);
  2.3.2 Beamte (752d–755b);
  2.3.3 Gesetze (769a–960b): Götterfeste, Heirat, Erziehung (788a–824a); religiöse Feste, sexuelles Verhalten, wirtschaftliche Organisation, Strafrecht (853d–910d); Eigentumsrecht, Handelsrecht, Familienrecht, Gesetze mit unterschiedlichem Inhalt (932e–958c); Bestattungsvorschriften;
3. Bewahren des Rechts (960b–969d): die Nächtliche Versammlung, Ziele der Gesetzgebung, besondere Bildung der Mitglieder des Nächtlichen Rates, Einsetzung des Nächtlichen Rates.

Magnesia und Kallipolis

Vieldiskutiert ist das Verhältnis des Werkes zur *Politeia*, die bewusst eine ideale Skizze bietet und die Frage nach einer Realisierbarkeit beiseitelässt (vgl. Erler 2007, 279; Horn 2009, 175–178). Lange Zeit galten die *Nomoi* als Werk der Resignation des alternden Platon; von Wilamowitz-Moellendorff etwa überschreibt das entsprechende Kapitel mit »Resignation« (Wilamowitz-Moellendorff 1920, 654; vgl. dazu Hentschke 1971, 163 f.). Zwar wird die Rolle der Gesetze gegenüber der *Politeia* stark aufgewertet, und diese gelten als göttlich (715c. 762e). Doch sind sie auch hier dem absoluten Maß Gottes unterworfen, das in den Proömien angesprochen wird (716c). Auch in Magnesia ist die Erziehung wesentlicher Zweck des Staates, z. B. ist die Erziehung von Frauen und Männern gleich. Gleichwohl gibt es Unterschiede, bei deren Bewertung man – wie immer in Platons Dialogen (vgl. Erler 2015) – den jeweiligen argumentativen Kontext und auch die unterschiedliche Intention berücksichtigen muss, die Platon mit der *Politeia* bzw. den *Nomoi* verbindet (vgl. Görgemanns 1960, 105 ff.), um Beanstandungen angemessen einordnen zu können. Dazu beruhen mögliche Widersprüche oder Inkonzinnitäten innerhalb der *Nomoi* und vor allem mit Blick auf die *Politeia* bisweilen auf einer problematischen Verabsolutierung des philosophischen Gehaltes der *Nomoi*.

In der Tat ist Thema der *Nomoi* die Frage nach einer Realisierung philosophisch-politischer Erkenntnis – eine Intention, die in der *Politeia* als zweitrangig beiseitegelassen wurde. Dieses Konzept soll in den *Nomoi* als zweitbeste Weise vorgeführt werden (739a; vgl. Schöpsdau 1994, 131). Gerade mit Blick auf diese Intention manifestierten sich die Ausführungen in den *Nomoi* und die zweifellos vorhandenen Differenzen jedoch kaum als ein Bruch in Platons Denken (vgl. Laks 2000, 273–275) oder Enttäuschung über das gescheiterte Experiment einer Verwirklichung in Sizilien. Vielmehr erweisen sie sich als Folge einer Aspekt- oder Perspektivänderung. In den *Nomoi* ist das philosophische Niveau offenbar absichtlich niedrig gehalten. Platon zwingt sich durch die Wahl ungebildeter Gesprächspartner zu einer einfachen Darstellungsweise und senkt »das gesamte philosophische Denken auf eine niedrigere Stufe« (Görgemanns 1960, 106). Die Rede an die Siedler (715e–718a) und der populärere Charakter der Proömien (vgl. Görgemanns 1960, 106) lassen erkennen, dass diese Adressaten keine Fachphilosophen sind. Wie oft in den Dialogen spiegeln die Texte mit den immanenten fiktiven Rezipienten die intendierte Leserschaft. Die *Nomoi* sind vielmehr gedacht als ein Literaturwerk mit weitem Einfluss (858c–859a. 957c–958a; vgl. Görgemanns 1960, 100–105). Deshalb werden in ihnen wohl keine komplexen philosophischen Probleme erörtert. Kurz: Es geht nicht um gebildete Philosophen, sondern um eine allgemeine Leserschaft (vgl. Görgemanns 1960, 100–105), und auch nicht um dialektisch-philosophisches Wissen (vgl. des Places 1951, lxxix).

Dementsprechend wird der *Nomoi*-Staat Magnesia auch als ein nur zweitbester Gesetzesstaat angeboten (739a), was keineswegs rein negativ gemeint ist. Denn das Werk zeichnet sich gegenüber der *Politeia* durch größere Realitätsnähe aus, die sich z. B. in einer Auflistung und Diskussion zahlreicher Institutionen, Ämter und Verfahrensweisen des Staates zeigt. Es wird ein Erziehungskonzept geboten, freilich ohne ein anspruchsvolles Curriculum, wie es die *Politeia* bietet; anders als dort wird der Bürgerstatus auf alle ausgeweitet. Auch inhaltlich gibt es Aspekte, die an eine Diskontinuität in Platons politischer Philosophie denken lassen können. Zudem scheint das Menschenbild weniger optimistisch geprägt als in der *Politeia*, und der sokratische Optimismus wirkt gemildert. Z. B. wird die Notwendigkeit der Gesetze, die in der *Politeia* kaum eine Rolle spielen, damit begründet, dass es nicht menschlicher Natur entspreche, das Beste zu erkennen und zu tun. Der Mensch neige vielmehr zu Egoismus (875a). Freilich klingt auch die Möglichkeit an, dass »aus göttlicher Fügung« (875c) ein besonderer Mensch geboren werden könne, für den Gesetze nicht notwendig seien. Doch wird dies als nicht gegeben angesehen. Deshalb muss man sich für die Gesetze als zweitbeste Lösung entscheiden. Gesetze erhalten deshalb gegenüber der *Politeia*, wo Gesetze kaum eine Rolle spielen und für Philosophen nicht maßgeblich sind, eine entscheidende Rolle. Das Problem, dass Gesetze nicht auf alle Personen und Situationen in der Vielfalt reagieren können, wird zwar auch in den *Nomoi* anerkannt. Doch wird in Fortführung von Überlegungen im Dialog *Politikos* optimistisch daran geglaubt, dass Gesetze unterschiedliche Bürger berücksichtigen können, in der Überzeugung, dass Gesetze einen einsichtigen Herrscher gleichsam ersetzen können (vgl. Plat. polit. 295c). Sie können demnach Gerechtigkeit bewirken und sind revidierbar.

Insgesamt tritt das in der *Politeia* entwickelte Konzept der Philosophenherrscher in den Hintergrund; die im zwölften Buch geschilderte sogenannte Nächtliche Versammlung kann an das Konzept erinnern. Doch wird ein besonderes philosophisches Wissenskonzept, das diesen Rat auszeichnet, nur in Umrissen deutlich. So wird zwar auch in den *Nomoi* das Glück der Menschen als letztes Ziel der Gesetzgebung angegeben, aber diese Eudaimonia wird nun weniger durch ein besonderes Wissen als durch Befolgen von Regeln und Gesetzen erreicht (770c). Glück ist dementsprechend nicht mehr für einen kleinen Kreis auserwählter Experten reserviert, sondern allen gesetzestreuen Bürgern, deren Kreis gegenüber der *Politeia* erheblich erweitert ist, zugänglich. Auffällig ist, dass in der im neunten Buch entwickelten Straftheorie der Fokus nicht mehr allein auf intellektuelle Mittel wie Erkenntnisförderung gelegt wird, sondern dass Abschreckungsmaßnahmen vorgeschlagen werden.

Schließlich erhält die Tyrannis gegenüber ihrer völligen Verdammung in der *Politeia* positive Züge zugesprochen, und ihr wird eine Realisierung des Gesetzesstaates zugetraut. Diese Differenzen müssen freilich nicht notwendig als Zeichen einer geistigen Entwicklung Platons und als Selbstmodifikation von Platon als politisch-philosophischem Denker gedeutet werden. Vielmehr lassen sie sich wie zumeist in den Dialogen (vgl. Erler 2015) durch Intention des Autors Platon und durch den Kontext erklären. Es geht ja in den *Nomoi* ausdrücklich um ein zweitbestes Staatsmodell, das sich an gewöhnlichen Menschen und ihren Kapazitäten ausrichtet. Deshalb ist die Etablierung von Gesetzen, Institutionen und Vorgehensweisen sinnvoll. Zudem gibt es Zeichen für Kontinuitäten.

Gemeinsam ist der *Politeia* und den *Nomoi* die pädagogische Grundintention beider Staatskonzepte, insofern die Bürger je nach ihren Fähigkeiten, sei es durch Wissen, sei es durch Gesetzesbefolgung, zu größtmöglicher Vervollkommnung geführt werden sollen. Als Ziel setzen sich beide Konzepte die Eudaimonia der Mitglieder der Gemeinschaft durch deren glückliches Gelingen. Es geht auch in Magnesia um das Glück der Bürger (630c), um ihren freundschaftlichen Umgang untereinander und um das Band der Gerechtigkeit. Dies alles spricht dafür, dass man Differenzen zwischen den Konzepten nicht leugnen, zugleich aber bezweifeln sollte, dass diese Ausdruck einer geistig-biographischen Entwicklung Platons sind. Vielmehr sind die unterschiedlichen darstellerischen Rahmenbedingungen in Rechnung zu stellen. Handelt es sich bei Kallipolis um eine Utopie im Sinne einer schwierig, aber als möglich gedachten Verwirklichung eines idealen Konzeptes, so handelt es sich bei Magnesia um ein Konzept, das der Umsetzung harrt und im Auftrag von Knossos auf Kreta verwirklicht werden soll. Ausgangspunkt und Grundlage ist bei diesem konkreten Modell die Überzeugung, dass die menschliche Natur wegen ihrer selbstsüchtigen Bestrebungen eine äußere Kontrolle durch Gesetze bedürfe. Dabei wird der sokratische Intellektualismus, wonach keiner freiwillig schlecht handelt, jedoch nicht prinzipiell aufgegeben (vgl. Horn 2013, 12; 646b–c). Doch tritt diese These in den *Nomoi* in den Hintergrund, weil in ihnen Grundlage der Überlegungen weniger der philosophische Wissensbegriff der *Politeia*, als Wissen im Sinne von Lebensklugheit, ist, bei dem in der Tat damit gerechnet werden muss, dass es korrumpierbar ist (875c–d). Auch dies legt nahe, nicht von einem Überzeugungswandel Platons weg vom Intellektualismus, sondern von einer Perspektivänderung zu sprechen, welche die Perspektiven früherer Dialoge nicht ausschließt.

So gesehen markieren die *Nomoi* keinen Bruch in Platons Denken, sondern bieten nur andere Aspekte und folgen Ansätzen, wie sie sich schon in früheren Dialogen wie dem *Politikos* andeuten. Dabei behalten zentrale philosophische Thesen Platons wie das Philosophenideal oder der Intellektualismus ihre Gültigkeit, treten aber in den Hintergrund. In der Psychologie z. B. wird der reine Intellektualismus sokratischer Herkunft (vgl. Plat. Gorg. 509e) gemildert zu einem Konflikt zwischen irrationalen Zügen in der Seele, wobei den irrationalen Komponenten größere Macht zugebilligt wird. Dies aber muss nicht als Absage an Sokrates' These gewertet werden, sondern greift eine populäre Ansicht auf. Denn dieses Seelenbild zweier konkurrierender Instanzen spiegelt allgemeine Vorstellungen, wie sie z. B. in der Tragödie reflektiert werden. Die *Nomoi* sind also nicht das Alterswerk eines resignierenden Platon, dürfen aber als sein politisches Testament angesehen werden (vgl. Schöpsdau 1994, 131).

Die *Nomoi* als Dialog und Literatur

Wie andere Dialoge Platons auch zeichnen sich die *Nomoi* nicht nur durch besondere literarische Aspekte aus. Sie reflektieren diese auch und haben selbstreferentielle Züge, welche für ihre Gestaltung und ihren Inhalt, aber auch für Platons Dialogkunst allgemein relevant sind. »Ihr besten Fremdlinge«, antworten die Gesetzgeber in den *Nomoi* den Tragödiendichtern (817b), »wir sind selber Dichter einer Tragödie, die, soweit es in unseren Kräften steht, die denkbar schönste und zugleich beste ist.« Mit diesen Worten weist Platon das Ansinnen der Tragödiendichter zurück, in der Polis ihre Bretterbuden aufschlagen zu dürfen. Es bestehe kein Bedarf an ihnen. Über Dichter verfüge man schon, und diese hätten zudem Besseres zu bieten.

Mit dem Bild von der wahrsten und besten Tragödie als Dramatisierung des besten Lebens bietet Platon die philosophische Existenz – denn diese ist ja gemeint – als eine Alternative zum Leben des tragischen Helden an. Hintergrund für diesen Tausch ist Platons grundsätzliche Kritik an der Dichtung im Allgemeinen und speziell an ihrer vornehmsten Gattung, der Tragödie, wird diese doch dem Anspruch platonischer Ethik nicht gerecht. Denn die im prägnanten Sinne verstandene Mimesis führt dazu, dass man bei der Identifikation mit einer Rolle nach Platons Ansicht automatisch mit dem Dargestellten infiziert wird. Die Zurschaustellung von Affekten wie Leid, Mitleid, Zorn oder Verzweiflung richtet sich nach Platons Ansicht an den untersten Seelenteil der Zuschauer und hat eine verderbliche Wirkung. Diese gelte es zu meiden. Es liegt nahe, diese Bemerkungen entweder auf den *Nomoi*-Text bis zu dieser Stelle oder auf das gesamte Werk (so: Gaiser 1984, 109; anders: Görgemanns 1960, 62 f.) zu beziehen und die *Nomoi* als eine Art von Dichtung anzusehen, die nach Platon für die Erziehung von Kindern taugt.

Die Gespräche der *Nomoi* werden in der Tat als eine Art Dichtung bezeichnet (811c), die selbst als Schultext fungieren, aber auch zur Orientierung für die Gestaltung von Schultexten dienen kann (811e) und als Prosatext die Poesie in dieser Funktion übernimmt (Schulbuch: 858c–859a. 957c–958a). Offenbar geht es Platon in den *Nomoi* darum, das Modell einer auf seiner Philosophie basierenden Gesetzgebung zu erproben, ein »Handbuch für einen Gesetzgeber« vorzulegen (Schöpsdau 1994, 132) und gleichsam als Berater nicht nur den Mitgliedern der Akademie Missstände in zeitgenössischen Staaten analysieren und beheben zu helfen. Dabei deutet er eben an, dass er mit den *Nomoi* ein Lehrbuch auch für die Schule intendiert hat, das als Exemplum dienen und in entscheidenden Partien (Proömien, Rede an Siedler usw.) sogar auswendig gelernt werden soll (811b ff.; vgl. Görgemanns 1960, 7–29).

Neben derartigen selbstreferentiellen Passagen finden sich in den *Nomoi* auch Diskussionen über Gattungen wie Komödie oder Tragödie (796e–817e). Platon entwickelt in den *Nomoi* mit den Proömien sogar ein neues Genre (vgl. Schöpsdau 2003, 219 ff. bes. 225); sie sollen der Überredung (*peithó*) der Bürger dienen und ihnen zeigen, wie sie richtig zu leben haben (858c–859b; vgl. Nightingale 1993). Damit wird der Zwang ausgeglichen, der von Gesetzen ausgeht (719e) – in der Erkenntnis, dass gewöhnliche Menschen nicht durch rationale Argumentation allein überzeugt werden, sondern oft zusätzlich persuasive Zuwendung benötigen. Diese Unterscheidung wird auf die Unterredung in den *Nomoi* selbst bezogen, insofern in 734e das zuvor geführte Gespräch als Proömium für die folgende Gesetzgebung bezeichnet wird. Der Athener nutzt die Vorworte zu den Gesetzen als derartige persuasive Elemente (718a–723e), welche die Hörer nicht nur überzeugen, sondern sie auch zur freiwilligen Befolgung der Gesetze bringen sollen. Dieser persuasive Aspekt der Proömien ergänzt den Zwang, der durch die Gesetze ausgeübt wird, so wie dies im philosophischen Diskurs anderer Dialoge Platons bisweilen auch geschieht.

Theologie

In den *Nomoi* wird eine starke Konvergenz von ethisch-politischen und religiösen Aspekten deutlich. Offenbar möchte Platon nicht zuletzt den zeitgenössischen Säkularisierungsbestrebungen durch die Sophisten entgegenwirken. Jedenfalls spielen theologische Fragen in den *Nomoi* eine wichtige Rolle. Ausführlich werden die Existenz der Götter, ihre Fürsorge für die Menschen und ihre Unbeeinflussbarkeit behandelt und begründet (Buch X). Im zehnten Buch finden sich Argumente für eine natürliche Theologie in der Präambel eines Gesetzes gegen Asebie und Atheisten, die in Versen und Prosa schreiben (887a; vgl. Bobonich 1991); dieses Gesetz wird erlassen im Rahmen einer Gesetzgebung für Priester, die den Kult bewahren sollen. Es geht auch darum, atheistisch veranlagte Bürger von der Existenz, der Fürsorge sowie der Unbeeinflussbarkeit der Götter durch Opfer und Gebet zu überzeugen. Drei Ursachen unfrommen Handelns werden genannt: der Zweifel an der Existenz der Götter; der Glaube, dass es zwar Götter gibt, diese sich aber nicht um die Menschen kümmern; der Glaube, dass die Götter durch Opfer zu beeinflussen sind (885c gegen homerische Theologie). Drei Regeln machen deshalb nach Platon wahre Religiosität aus (885a–907b): Götter existieren, sie kümmern sich um die Menschen, und sie können nicht beeinflusst werden. Das zweite Prinzip folgt aus der Vollkommenheit der Götter, denn zu dieser gehört die Neidlosigkeit und damit die Sorge um das Wohlergehen anderer. Obgleich das dritte Prinzip eigentlich die Abschaffung des Kultes zur Folge haben müsste, werden in den *Nomoi* Elemente traditioneller Religiosität übernommen, freilich in einem transformierten Zustand. Erstmals wird dabei das Postulat aufgestellt, dass es bei heiligen Handlungen vor allem auf die richtige Gesinnung der Seele des Verehrenden ankommt (888b). Allein die guten Menschen sind geeignet für den Kult (716d). Generell steht der Mensch in einer Distanz zu den Göttern (vgl. Steinthal 1996, 236 ff.). Dies gilt auch für deren Sorge um die Menschen. Es geht weniger darum, wie in der homerischen Religiosität, etwas von den Göttern zu empfangen, als sich selbst den Göttern gleich zu machen.

Wenn in anderen späten Dialogen wie dem *Politikos* die Bedeutung des richtigen Maßes philosophisch reflektiert wird, so wird dieses Maß in den *Nomoi* gleichsam religiös überhöht: Denn in Abwehr der These des Protagoras, dass der Mensch das Maß aller Dinge sei, wird in den *Nomoi* Gott zum Maß aller Dinge erklärt. Ihm sollen sich die Menschen in Platons Gesetzesstaat angleichen (716a–d), indem sie die Affekte der Seele kontrollieren und die Seelenteile harmonisieren (733a). Elemente sozialen Lebens wie Tanz, Musik und Fest sind Gottesdienst und trotz ihres Spielcharakters mit Ernst verbunden. Auch die Menschen selbst sind wie Puppen der Götter (803c. 804b). Zwar sind Götter nicht beeinflussbar, doch darf man sich bei ihnen für ihre Wohltaten bedanken. Auch in Platons Polis gibt es Tempel und Kult (738b).

Institutionen und die Nächtliche Versammlung

Die *Nomoi* sind nicht nur für Platons politische Philosophie von Interesse, sondern auch für seine politische Theorie, die sich konkret in den Gesetzen und den politischen

Ämtern manifestiert, die in den *Nomoi* beschrieben und begründet werden (vgl. Perkams 2013) und mit deren Hilfe die Gesetzesordnung erhalten und verwaltet werden soll. Behandelt werden die Volksversammlung, der Rat, Beamte, Gesetzeswächter, Militärbeamte, Ordnungsbeamte, Kultusbeamte, Erziehungsbeamte, Richter, Kontrollbeamte (Euthynen) und der sogenannte Nächtliche Rat, das oberste Kontrollgremium. Viel diskutiert ist das Verhältnis dieser Instanzen zu den Gesetzen und die Frage, ob die Gesetze unverrückbare oberste Instanz sind, oder ob die Ämter Ausdruck für das Recht der Bürger sind, frei mit den Gesetzen umzugehen. So ist dies vor allem in der *Politeia* der Fall, wo die Philosophenherrscher über den Gesetzen stehen und Gesetze deshalb in Kallipolis weniger in Erscheinung treten, wie es auch in der realen Demokratie in Athen gegen Ende des 4. Jahrhunderts möglich war und praktiziert wurde.

In den *Nomoi* wird nun dargestellt, wie durch besondere Instanzen wie Gesetzeswächter (752d–755b. 769a–771a) und Euthynen als Kontrolleure (945b–948b) und den sogenannten Nächtlichen Rat (951d–952b. 961a–969d) die Gesetzesänderung im Sinne einer Verbindung von Konstanz und Wechsel bewältigt werden soll. Der Nächtliche Rat oder die Nächtliche Versammlung (ὁ νυκτερινός σύλλογος), beschrieben im zwölften Buch der *Nomoi*, besteht aus den zehn ältesten Gesetzeswächtern, den amtierenden Kontrolleuren, dem Aufseher der Erziehung und seinem Vorgänger, besonders geehrten Bürgern oder Priestern der Polis und solchen Mitbürgern, welche die Erlaubnis zu Informationsreisen erhalten und für die Gesetzgebung nützliche Informationen beigetragen haben. Jedes

Ratsmitglied soll einen jungen Bürger von 30 bis 40 Jahren vorschlagen, der nach Billigung durch den Rat ebenfalls zu diesem Gremium gehört. Das Gremium hat sich täglich von Morgengrauen bis Sonnenaufgang zu treffen (961a–b), weil die Mitglieder dann noch frei sind von privaten und öffentlichen Geschäften. Der Rat soll als Bewahrer von Staat und Gesetz fungieren (962a). Zu diesem Zweck muss sich die Versammlung mit den Wissenschaften (952a), vor allem mit Tugend und Dialektik (963a ff. 965c: πρὸς μίαν ἰδέαν), befassen, aber auch mit Theologie und Kosmologie als Grundlagen der Gesetzgebung (vgl. Schöpsdau 1994, 119). Umstritten ist, ob dieser Rat unbeschränkte Befugnisse haben soll oder doch eher Erziehungsinteressen verfolgt, um jüngere Mitglieder für die Aufgaben im Staat vorzubereiten (vgl. Morrow 1993, 500–514), was plausibler erscheint. Freilich sprechen manche Passagen, welche die besondere Verantwortung des Rats für die Verfassung betonen, gegen diese Interpretation seiner Aufgabe als bloßes Erziehungsgremium. Eine Klärung der Frage scheint noch nicht erreicht (vgl. Perkams 2013, 240), festzuhalten aber ist, dass Platon auch in den *Nomoi* an seiner engen Verbindung von theoretisch-philosophischer Reflektion und deren praktischer Anwendung festhält, wonach die Mitglieder des Nächtlichen Rats allein kompetent sind für die Legislative und zugleich für die Anwendung der Gesetze. Diese Verbindung von Theorie und Praxis belegt einerseits die Anbindung der *Nomoi* an die anderen Dialoge, zeigt aber andererseits einen wesentlichen Unterschied zu modernen Auffassungen, wo Legislative und Exekutive streng getrennt sind.

Historia: Ursprung und Verfall von Staaten

Die *Nomoi* sind nicht zuletzt auch ein Beleg und wichtige Quelle für Platons genuines Interesse an der Geschichte des Menschen und seiner historischen Vergangenheit, das man ihm bisweilen absprechen will. Gewiss ist Platons philosophisches Interesse vor allem auf die unwandelbare und ewige Existenz der Ideen als Bereich des wahren Seins und auf die Verbindung zwischen menschlichem Leben und kosmischen Kreisläufen denn auf die Welt der Phänomene gerichtet. Gleichwohl zeigen Platons Dialoge ein Interesse an der mythischen und der historischen Vergangenheit, an den Zusammenhängen von Vergangenheit, Gegenwart und Zukunft, und es finden sich Reflexionen über die Geschichte und verschiedene Zeitstufen (vgl. Gaiser 1961a; Wilke 1997, 225 ff.). Wissenschaftliches und ethisches Interesse stehen dabei nicht in einem Widerspruch, da historische Gegebenheiten für Platon nur dann zu Wissen führen können, wenn allgemeine Prinzipien zutage treten. In den *Nomoi* (Buch III) zielt die Frage nach der richtigen Verfassung, anders als in der theoretisch ausgerichteten *Politeia* (vgl. rep. 369c; Schöpsdau 1994, 349 ff.), auf geschichtliche Analyse der Entwicklung sozialer Formen ab und bedient sich historischen Materials (684a–b), wenn von den ersten Gemeinschaftsbildungen seit einer angenommenen letzten Flutkatastrophe bis ins zeitgenössische Athen berichtet wird (vorhistorische Zeit: 677a–682e; historische Zeit [Argos, Messene, Sparta]: 682e–693d; Mischverfassung: 693d–701d). Doch ist diese historische Analyse nicht Selbstzweck, sondern will Exemplarisches bieten (692c).

Der Versuch, Gründe für historische Entwicklungen zu

bestimmen, verbindet die Untersuchung mit einem didaktischen Anspruch. Gleichzeitig können entsprechende Stellen als Kommentare zu zeitgeschichtlichen Ereignissen (Bedrohung durch Persien, Karien, Makedonien) verstanden werden. Doch ist die Suche nach Gründen und Struktur hinter den historischen Prozessen ausschlaggebend. Man kann sagen, Platon ist Historiker, was die Methode angeht, bleibt aber hinsichtlich des Inhalts ein Philosoph (vgl. Weil 1959), der mythische Themen mit Blick auf seine philosophische Intention einfließen lässt.

Vor allem das dritte Buch der *Nomoi* zeigt, dass Platon die Methode kritischer Geschichtsdeutung und Forschung kennt (vgl. Schöpsdau 1994, 355 ff.) und versucht, Fragen nach einer angemessenen Verfassung durch Hinweis auf historisches Material zu beantworten (684a–b). Dabei kommen Schlussweisen zum Tragen, die Wege historischer Wahrheitsfindung repräsentieren (677a ff.). Mythisch-historischen Abschnitten in Platons Œuvre geht es weniger um Fakten als um Darstellung von Möglichkeiten im Sinne einer intentionalen Geschichte (vgl. Gehrke 1993). Für Platon ist der Mensch der Urzeit den *Nomoi* zufolge kein völliges Mängelwesen, sondern es gibt eine Hirtengesellschaft. Diese ist mit Frieden verbunden; Krieg wird erst für die Zeit der Stadtkultur charakteristisch (679d). Nicht deutlich wird in den *Nomoi*, welche Motivation für eine Kulturentwicklung gegeben ist. Antriebsgründe wie Notlage (vgl. Buch II der *Politeia*) tauchen hier nicht auf. Die Furcht freilich wird als Stimulans für Entwicklung genannt (vgl. Schöpsdau 1994, 357 f.). Platon erweist sich also insbesondere in den *Nomoi* anderen Kulturentstehungslehren gegenüber als durchaus eigenständig.

Wirkungsgeschichte

Platons *Nomoi* wurden in der Antike intensiver studiert, als es in moderner Zeit lange der Fall war (vgl. Schöpsdau 1994, 145 Anm. 119). Es hat wohl einige Kommentare zumeist spätantiker Platoniker wie Syrianos, Damaskios, vielleicht Proklos gegeben – z. B. zum zehnten Buch. Gelesen wurden die *Nomoi* nachweislich von Xenophon, Isokrates und Aristoteles. Häufig hat man auch Auswirkungen auf den praktischen Bereich vermutet oder nachgewiesen, z. B. in der Luxusgesetzgebung des Demetrios aus Phaleron (vgl. Wilamowitz-Moellendorff 1920, 702 f.). Cicero rezipierte sie, und auch die frühen Christen gewannen ihnen positive Züge ab. Der Einfluss reicht bis in die Neuzeit, etwa in das Genf Calvins, und bis zu Popper.

Vor allem in der islamischen Welt gab es eine große Kontinuität in griechischer Medizin, Wissenschaft, Mathematik und Philosophie. Neben Aristoteles galt Platon dort als Gründer der Letzteren und war bekannt als Aflatún. Anders als im lateinischen Mittelalter, das sich mit Teilen des *Timaios* zufrieden geben musste, hatten die Araber Zugang zum kompletten Text der *Politeia* sowie zu dem der *Nomoi* (*liber vaccae*). Bemerkenswert ist, dass auch und gerade der politische Aspekt des platonischen Denkens rezipiert wurde (al-Farabi; vgl. Rosenthal 1943). Die *Politeia* wurde als ein Grundtext der *Politik* des Aristoteles vorgezogen. Sie und die *Nomoi* dienten nicht nur als theoretische Grundlage, sondern wurden auch für konkrete Anweisungen herangezogen, z. B. zur Reform des Kalifats (vgl. Walzer 1957). Von besonderem Einfluss für die islamische Rezeption Platons war, dass und wie die Idee des eine Stadt offen regierenden, platonischen Philosophenkönigs sich zur Vorstellung eines philosophisch orientierten Herrschers wandelte, der die Stadt heimlich regieren muss, weil die Gesellschaft eben noch nicht vollkommen ist (al-Farabi; dazu vgl. O'Meara 1999; O'Meara 2003, 191–193). Freilich muss man dann die philosophischen Werke zwischen den Zeilen lesen, wie in moderner Zeit insbesondere Leo Strauss vorgeschlagen hat (vgl. Strauss 1952).

In der Moderne ist zu beobachten, dass die *Nomoi* weniger als Zeugnis platonischer politischer Philosophie denn als Gesetzeswerk, sozusagen als »Rechtslehre nach platonischen Grundsätzen« angesehen wurden, wie ein einflussreiches Werk von Friedrich Köppen titelt (Köppen 1819). Erst im 20. Jahrhundert hat sich eine Perspektivänderung in der Rezeption ergeben, die nun an den *Nomoi* ein zunehmend philologisch-historisches Interesse fand und sie als Werk von Platons politischer Philosophie, nicht als politische Theorie las. In der Tat bietet Platon anders als Aristoteles in seiner *Politik*, wo eine politische Theorie geboten wird, in seinen Dialogen und auch in den *Nomoi* politische Philosophie – wobei bisweilen (Buch III) politische Theorie durchaus anklingt, wenn historische Phänomene der politischen Gemeinschaft auf ihre Eigenart untersucht werden – und lässt ökonomische und soziale Ordnung (Buch IV. VI) erkennen. Leitfaden und Grundlage aller dieser Diskussionen ist bei Platon (in den *Nomoi* wie in anderen Dialogen) die Frage nach Wissen um die Seele (650b).

Inhalt

Nomoi

Anhang